인공지능

개념 및 응용 5판

인공지능

개념 및 응용 5판

인쇄 2022년 08월 12일 초판 1쇄
발행 2022년 08월 26일 초판 1쇄

저자 김종완, 도용태, 김일곤, 박창현, 강병호, 박성배

발행인 성희령
발행처 INFINITYBOOKS | **주소** 경기도 고양시 일산동구 하늘마을로 158, 대방트리플라온 C동 209호
대표전화 02)302-8441 | **팩스** 02)6085-0777
기획팀 채희만 | **영업부** 한석범, 최형진, 이호준 | **편집팀** 한혜인, 임유리 | **경영관리부** 이승희

도서 문의 및 A/S 지원
홈페이지 www.infinitybooks.co.kr | **이메일** helloworld@infinitybooks.co.kr

ISBN 979-11-92373-08-9 | **등록번호** 제2021-000018호 | **판매정가** 30,000원

Artificial Intelligence : Concepts and Applications

인공지능

개념 및 응용 5판

김종완 도용태 김일곤 박창현 강병호 박성배
공저

INFINITYBOOKS
인피니티북스

머리말

이 책은 인공지능(AI)의 다양한 기술들을 소개하기 위한 입문서로 쓰여졌다. 이 책의 주요한 독자들은 관련 산업에 종사하는 전문 기술인들과 전자 · 전기 · 컴퓨터공학, 기계 및 기전공학, 전산과학, 경영 및 산업공학 등을 전공하는 대학의 고학년생 및 대학원의 석사과정 학생들이 될 것이다.

돌이켜보면 1990년대 중반 대학에서 인공지능을 강의하던 네 명의 교수들이 국내 대학의 실정과 환경에 맞는 인공지능 서적을 집필해 보겠다는 욕심에서 의기투합하여 노력한 끝에 1997년 '인공지능 : 개념 및 응용' 초판을 출판한 바 있다. 이후 2001년과 2009년에 내용의 일부를 추가 보완하여 두 차례의 개정판을 내었다. 또한 2013년에 추가로 저자 한 분을 초빙하고 각 분야의 기술적 변화를 보완한 4판을 저술한 바 있다. 그 이후 딥러닝을 중심으로 인공지능 기술의 놀라운 실용화를 목격하는 지금 새로운 저자 한 분을 초빙하여 다섯 번째 판을 저술하게 되었다. 최근 딥러닝을 중심으로 인공지능을 서술하는 책들이 많이 출판되고 있다. 하지만, 저자들은 이 책의 최초 저술 의도를 최대한 유지하면서 딥러닝 트렌드를 반영하여 5판을 다음과 같이 기술하고자 노력하였다.

우선, 이 책에서 추구하는 첫 번째 사항으로, 내용의 깊이보다는 너비를 우선 고려하였다. 이 책은 전문 영역의 입문서 성격을 가지고 있으므로, 독자 여러분들에게 많은 영역들을 소개하고자 하였다. 다루고 있는 주제는 인공지능의 초창기 주제였던 탐색이나 지식 표현의 문제를 비롯하여, 최근에 보다 중요하게 다루어지고 있는 인공신경망과 지능로봇, 그리고 데이터마이닝에 이르기까지 다양하다. 다만 이러한 접근법이 인공지능 분야에 관심을 가진 독자로 하여금 문제를 너무 단순하게 생각하거나 실망하지 않도록 배려하는 것이 어려운 일이었으며, 이러한 어려움은 실제 적용의 사례를 제시하는 방식으로 해결하고자 하였다. 또한, 주제별 예시가 부족하다는 의견을 반영하여 장별로 예시를 추가로 제시함으로써 독자의 이해를 돕는 노력을 기울였다.

두 번째로, 인공지능의 제 영역들이 공통적인 목적을 가지면서도 다양하고 이질적인 면이 있음에 주목하여, 각 단원들을 충분히 독립적으로 기술하여 관심 있는 부분만을 선택적으로 학습할 수 있도록 하였다. 이 부분은 1장의 '[그림 1.7] 인공지능 시스템의 기능적 구성'과 '[그림 1.8] 책의 구성'을 통해서 확인할 수 있다. 특히 이 책을 교재로 사용할 경우 그 내용을 한 학기에 전부 다루기에는 부담이 있을 것으로 사료되므로, 형편에 맞게 적절한 순서와 내용으로 학습하더라도 무리가 없도록 하였다.

세 번째, 인공지능은 이해를 넘어 활용이 중요한 학문이므로, 독자 여러분들이 소개된 기술을 실제로 실현해 볼 수 있도록 과제를 각 단원의 말미에 포함시켰다. 이들은 조사나 탐구를 포함하지만, 주로 컴퓨터 프로그래밍을 통하여 기술의 활용성을 점검하기 위한 것들이다. 하나의 과제를 완료하는 데 어느 정도의 시일이 소요될 수도 있으므로, 형편과 필요에 맞게 한 학기 동안 몇 개의 중요한 과제를 선택적으로 수행할 수 있을 것이다.

인공지능 기술은 이제 우리 일상생활의 여러 영역에서 다양하게 활용되고 있다. 국내외의 대학에서 인공지능학과가 독립적으로 설립되고 있으며, 지능 시스템과 인간이 상호작용하는 일들이 늘어나고 있다. 특히 2016년 스위스 다보스포럼에서 주창된 4차 산업혁명(Fourth Industrial Revolution)은 정보통신기술(ICT)의 융합으로 이루어낸 산업혁명 시대를 의미한다. 이 혁명의 핵심기술로 인공지능이 지목된다. 4차 산업혁명 시대를 살아가는 우리 모두 인공지능에 대해 배우고 익혀서 이 기술을 잘 활용해야 한다. 아직은 일부 분야에서 인공지능 기술이 성공을 거두고 있지만, 향후에 인공지능 관련 기술들은 진보를 거듭하여 인간을 보다 편리하게 하고, 세상을 풍요롭게 만드는 데 기여할 것이다.

우리는 이 중요한 기술에 대한 독자 여러분들의 지적인 흥미를 충족시키는 데 이 책이 조금이나마 기여할 수 있게 되기를 기대하고 있다. 그러나 저자들은 책을 내놓을 때마다 스스로의 부족함을 통감하지 않을 수 없다. 무릇 비판이 없이는 발전이 없음을 잘 알고 있는 저자들로서는 아무쪼록 미진하거나 잘못된 부분에 대해 독자 여러분의 주저 없는 지적과 편달을 바라는 바이다.

마지막으로 부족함이 많은 책에 관심을 가져준 독자들과 교재로 활용하시는 교수들께 심심한 감사의 뜻을 전하고 싶다. 그 분들 덕택에 25년이 넘는 세월 동안 이 책이 5판까지 출판되어 부족함을 조금씩 메워가고 있다. 특히 어려워지는 출판 환경 속에서 이 책의 5판이 나오도록 관심과 애정으로 출판해주신 (주)인피니티북스의 관계자 여러분들, 특히 교정과 편집을 담당해 주신 분들께 감사를 드린다. 그 분들은 인내심과 전문성을 십분 발휘하여 결점이 많은 원고를 제대로 된 책의 꼴로 변모시켰다.

2022년 여름

저자 일동

저자소개

김종완 _ jwkim@daegu.ac.kr

서울대학교 컴퓨터공학과(공학사)

서울대학교 컴퓨터공학과(공학석사)

서울대학교 컴퓨터공학과(공학박사)

미국 University of Massachusetts 컴퓨터학과(Post-Doc.)

미국 University of Oregon 컴퓨터정보학과(객원교수)

현) 대구대학교 성산교양대학장

현) 대구대학교 컴퓨터정보공학부 교수

도용태 _ ytdo@daegu.ac.kr

경북대학교 전자공학과(공학사)

서강대학교 전자공학과(공학석사)

영국 University of Hull 전자공학과(공학박사)

미국 Carnegie Mellon University, Robotics Institute(객원부교수)

영국 Imperial College London, Dept of Computing(객원교수)

싱가포르 National University of Singapore, ECE Dept(객원과학자)

대구대학교 정보통신대학장

현) 대구대학교 전자전기공학부 교수

김일곤 _ ikkim@knu.ac.kr

서울대학교 수학교육과(이학사)

서울대학교 계산통계학과(이학석사)

서울대학교 계산통계학과(이학박사)

미국 Georgetown University, Medical Center, ISIS 연구소(객원연구원)

경북대학교 지능형진료지원및정보공유시스템개발연구소장

한국정보과학회 인공지능연구회 위원장

현) 대한의료정보학회 표준화특별위원회 의장

현) 경북대학교 컴퓨터학부 교수

박창현 _ park@yu.ac.kr

경북대학교 전자공학과(공학사)

서울대학교 계산통계학과(이학석사)

서울대학교 계산통계학과(이학박사)

미국 University of Maryland Institute of Advanced Computer Studies(Post-Doc.)

현) 대한임베디드공학회 상임이사

현) 영남대학교 컴퓨터공학과 교수

강병호 _ Byeong.Kang@utas.edu.au

부산대학교 수학과(이학사)

호주 University of Tasmania 컴퓨터공학과(Graduate Diploma)

호주 University of New South Wales 컴퓨터공학과(공학박사)

일본 Hitachi Advance Research Lab 연구소(연구원)

호서대학교 컴퓨터공학과 교수

현) University of Tasmania 컴퓨터공학과 교수

박성배 _ sbpark71@khu.ac.kr

KAIST 전산학과(이학사)

서울대학교 컴퓨터공학과(공학석사)

서울대학교 컴퓨터공학부(공학박사)

미국 University of Illinois at Chicago(객원교수)

경북대학교 컴퓨터학부 교수

현) 경희대학교 컴퓨터공학부 교수

01장 서론

02장 탐색

05장

퍼지 이론

06장

계획과 문제 풀이

07장

기계 학습

10장

컴퓨터 시각

11장

자연언어 처리

12장

지능형 에이전트

13장 지능 로봇

01장

서론

인공지능은 1950년 영국의 앨런 튜링 박사가 발표한 기계 지능에 대한 철학적 논문에서 튜링 테스트를 제안하면서 시작되었고, 1956년 미국 다트머스대학에서 열린 학술회의에서 매카티교수가 인공지능(Artificial Intelligence) 용어를 공식적으로 사용하였으며, 회의에 모인 관련 분야 학자들이 인공지능 연구를 시작하면서 확산되었다. 인공지능은 사람이 잘 하는 업무를 기계(컴퓨터)가 사람처럼 수행하게 만드는 것으로 정의된다. 인공지능은 기기가 더 똑똑해져서 인간의 생활 양식을 이해하고 스스로 알아서 동작하는 약한 인공지능부터, 생태계 전체의 생활 및 환경으로부터 최적의 해법을 제시하는 강한 인공지능까지 연구 범위가 다양하다. 이 장에서는 이러한 인공지능의 정의, 범주 분류, 주요 발전 현황 등의 주제를 설명한다.

01 인공지능의 정의

인공지능(Artificial Intelligence: AI)은 인간이 기계보다 잘하는 일을 기계가 인간처럼 할 수 있도록 만드는 학문이다. 기계가 더 똑똑해져서 우리의 생활 패턴을 이해하고 스스로 알아서 동작하는 약한 인공지능(weak AI)부터, 인류를 중심으로 전체 생태계의 생활 및 환경으로부터 최적의 해법을 제시하는 강한 인공지능(strong AI)까지 그 범위와 활용 영역이 매우 넓다. 2006년 토론토 대학 제프리 힌튼 교수가 「A Fast Learning Algorithm for Deep Belief Nets」 논문[Hinton 06]을 통해 발표한 심층 학습(deep learning) 연구의 결과는 근래 더욱 고도화되어 이제 영상인식 및 음성인식 등의 분야에서 사람의 능력을 능가하고 있다. 또한 자율주행차가 도로를 주행하면서 미래의 교통수단이 될 것으로 예상되고 있으며, 알파고와 이세돌 9단의 바둑 대결도 알파고의 승리로 끝나는 등 인공지능이 사람을 능가하는 분야가 점차 확대되고 있다. 하지만 2018년 미국에서 발생한 자율주행차의 인명 사망 사고에서 보듯이, 인공지능이 일으킬지 모르는 사건에 대한 법률 이슈가 문제되고 있다. 스탠퍼드대학에서 수행하려는 인공지능 100년 연구 프로젝트의 법률과 윤리 분과에서는 향후 어떤 분야에서 인공지능 활용을 금지해야 하는지를 미래 연구주제로 정하고 있다.

이제 인공지능을 본격적으로 학습하기에 앞서, 우선 이를 정의하고자 한다. 쉽게 생각하면 인공지능은 '인공적으로 지능을 실현하는 기술, 혹은 과학'이다. 그러나 이는 좋은 정의라고 할 수 없다. 인공지능의 제대로 된 정의를 위해서는 보다 본질적인 두 가지 물음에 답할 수 있어야 한다. 그 첫 번째는 '지능(intelligence)이란 무엇인가' 하는 범위 및 내용과 관련된 의문이며, 두 번째는 '지능을 인공적으로 실현하는 것이 가능한가' 하는 기술적 의문이다.

1.1 지능이란 무엇인가

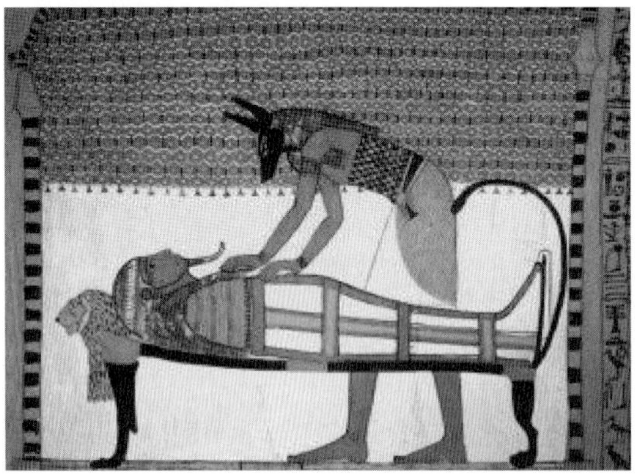

그림 1.1 두뇌와 이의 기능에 대한 비밀이 밝혀지기 시작한 것은 비교적 최근의 일이다. 고대 이집트인들이 미이라를 만들 때, 다른 내부 장기들은 죽음 후의 삶에 대비하여 항아리에 잘 보관하였으나 뇌는 버렸다. 그들은 뇌가 단지 콧물만 만드는 쓸모없는 기관이라고 생각하였다.

"나는 지능이 무엇인지 잘 안다. 그러나 지능이 무엇인지 기술하려는 순간 더 이상 그것이 무엇인지 알지 못하게 된다."라는 성 아우구스티누스(St. Augustinus)의 말처럼 지능을 정의하기는 대단히 어렵다[크루제03]. 본래 '지능'이란 단어는 'Intelligentia'라고 하는 라틴어에서 유래하였으며, 이는 통찰, 이해, 그리고 사고를 의미하였다. 즉, 사람이 주어진 문제의 내면을 뚫어보고(통찰), 이와 관련된 상황을 알아차린 후(이해), 해결하기 위한 적절한 방법을 찾는(사고) 정신적 능력을 지능이라고 할 수 있다는 것이다. 그런데 주어진 조건에 합당한 결과를 찾는 두뇌 기능은 이성(ration, reason, logos)과 깊은 관련이 있다. 즉, 사람과 이성은 지능을 정의하는 데 있어 가장 중요한 두 단어가 된다. 다음 절에서 우리는 '사람처럼(humanly)'과 '이성적으로(rationally)'라는 두 가지 부사를 가지고 '행동'과 '생각'의 절차를 통하여 인공지능의 범위를 고찰해 볼 것이다.

기존에는 지능을 인간만의 정신 능력으로 한정하여 왔으며, 특히 이성을 그 중요한 예라고 생각하였다. 이는 지능에 대한 협의의 견해가 될 수 있을 것이다. 그러나 우리 인간들이 항상 이성적이지 않음을 생각해 보라. 예를 들어 월급을 100만 원 받는 사람이 잃어버린 100원짜리 동전을 찾기 위해 하루를 소비하는 일은 이성적이지 않지만, 그 동전이 자신의 소중한 추억과 관련되어 있다면 충분히 그럴 수 있다. 그리고 어떤 사람이 그와 비슷한 행동이나 생각을 했다고 해서 비지능적이라고 할 수는 없다. 사람의 행동이나 생각을 닮은 시스템은 그 동작의 효율성이나 적합성과 상관없이, 그래서 이성적이지 않다고 하더라도 지능적이라 할 수 있다.

논란의 여지가 있을 수 있겠지만, 사람 이외의 생명체나 시스템에서 지능을 논하는 것은 가능하다. 침팬지와 바나나에 대한 Kohler[1]의 실험은 지능의 정의를 인간 이외 생명체에게까지 확대할 수 있는 중요한 근거를 제공한다. 1920년대 다수의 과학자들은 동물에서의 지능은 시행착오에 의한 학습 정도만 가능하다고 생각하였으나, Kohler는 침팬지가 두 개의 막대기를 이어 길게 만든 후([그림 1.2(a)]), 나무 상자를 쌓아올리고 그 위에 올라가서 7m 높이에 달린 바나나를 얻는 데 사용하는 것을([그림 1.2(b)]) 확인하였다. 이와 같이 침팬지가 주어진 상황에서 적합한 방식을 계획하여 목표를 달성하는 것은 이성적이며, 따라서 지능적이라 할 수 있다. 침팬지와 같은 영장류가 아니더라도, 인공지능을 연구하는 다수의 학자들은 공동생활을 영위하기 위해 서로 협력하는 개미나 혹은 환경에 적응하는 능력을 가진 식물에서까지 지능을 찾고 있다. 즉, 지능은 그 수준의 문제일 뿐, 아주 낮고 단순한 단계에서 높고 복잡한 단계까지 여러 형태로 존재한다고 하겠다. 만약 인간 이외에도 어떤 생명체나 심지어 공학적으로 설계된 시스템이 주어진 사실과 이와 연관된 경험, 또는 이로 말미암은 추측에 기반하여 합리적으로 반응하거나 행동하는 능력을 보일 때 이를 지능이라 한다면, 이는 지능에 대한 광의의 해석이 될 수 있을 것이다.

1 Wolfgang Kohler(1887~1967): 에스토니아 태생의 독일 심리학자. 나치에 반대하여 1935년 미국으로 이주한 후, 1946년 미국 시민권자가 되었다. 1956년 Dartmouth College의 연구 교수가 되었고, 1959년 미국 심리학회 회장이 되었다.

(a) (b)

그림 1.2 Kohler의 실험: (a) 막대기를 이어 길게 만드는 침팬지, (b) 긴 막대로 높은 곳에 달린 바나나를 얻는 침팬지

1.2 지능을 인공적으로 실현하는 것은 가능한가

이제 두 번째 의문, 즉 인공적으로 지능을 실현하는 것이 과연 가능할까 하는 문제를 생각해 보자. 이것의 답은 일견 자명해 보인다. 즉, 우리는 이미 컴퓨터가 체스나 바둑 등을 뛰어나게 할 수 있음을 알고 있고, 실시간으로 자동차가 목표로 하는 지점까지의 경로를 운전자에게 찾아 줄 뿐만 아니라, 어느 정도 수준에서는 자율 주행도 가능하며, 환경에 맞게 작동하는 '똑똑한' 가전제품들이 가게에서 팔리고 있음을 안다. 즉, 지능이 인공적으로 실현되고 있는 구체적인 예들을 알고 있다.

그러나 인공지능 학문의 초기부터 목표로 하였던 자동 외국어 번역기는 아직도 완벽하지 않으며, 어린 아이의 생각이나 행동 정도의 수준으로 작동하는 로봇도 실현하기가 어렵다. 결국 언어 번역기나 인간형 로봇에서와 같이 총체적인 지능을 요구하는 시스템을 완벽에 가깝게 실현하는 것은 아직까지 어렵고, 단지 특정한 영역에서 제한된 용도를 위해 지능적 기술을 실현하는 것은 가능하다.

일반적으로 '지능적(intelligent)'이라는 형용사로 부를 수 있는 다양한 기술들 중 일부만이라도 스스로 수행할 수 있을 때, 이를 인공지능의 영역에 포함시킨다. 컴퓨터 과학 백과[Ralston83]에서는 '어떤 시스템이 지능을 가지고 있는지는 그 시스템의 행동을 관찰함으로써 알 수 있다. 예를 들어 새로운 환경에 적응한다든지, 추론할 수 있다든지, 사실들 사이의 관계를 이해한다든지, 의미를 알아내고 진실을 알아차린다든지 하는 행위들이 지능을 의미한다. 또 지능을 가진 시스템은 과거의 경험으로부터 자신의 성능을 향상시킬 수 있는 능력, 즉 학습 능력을 지니고 있어야 한다'고 하였다. 특히 컴퓨터의 학습(learning)은 현대 인공지능 기술에서 중요한 주제로 대두되고 있다.

예제 01 **외국어 자동 번역 시스템은 인공지능에 대한 연구가 시작된 초기부터 주요한 목표였으나, 여전히 완벽하지 않다. 외국어 자동 번역이 어려운 이유가 무엇일지 생각해 보라.**

풀이 01 외국어 자동 번역이 어려운 첫 번째 이유는 하나의 단어가 여러 가지 뜻을 가지고 있기 때문에, 1:1 대응에 의한 단순한 변환이 제대로 동작하지 않는다는 것이다. 예를 들어 외국어 번역 앱들이 다양하게 출시되어 있고 그 성능도 과거에 비해 많이 향상되어 있으나, 여전히 원래의 문장과 의미가 다르거나 왠지 어색하게 바뀌게 되는 경우들이 있다. 둘째는 다른 어원을 가진 언어들은 문장의 구조나 사용법이 확연히 달라, 그 문장을 해석하는 것이 쉽지 않다는 점이다. 예를 들어 우리말에서는 흔히 주어가 생략되지만 영어에서는 대부분 주어가 표기된다. 세 번째로 같은 언어권이라 하더라도 지역이나 사회에 따라 동일한 단어가 다른 뜻으로 통용되는 경우가 있다. 예를 들자면 영국에서 public school이란 비싼 수업료를 내야 하는 사립학교를 지칭하나, 같은 영어권인 미국에서는 무상 교육이 제공되는 공립학교를 의미한다. 따라서 '그는 public school 졸업생이다'라는 문장이 있다면, 영국인과 미국인은 그 문장 속의 사람에게 거의 정반대의 선입견을 가지게 될 것이다. 네 번째로는 언어란 단순히 사전적 의미 외에도 생활 방식과 경험, 관습 등이 축적되는 표현이므로, 그 언어가 통용되는 사회 전반에 대한 지식이 필요하다. 예를 들어 '내 차가 교차로에 이르렀을 때, 측면에서 달려오던 차가 상향등을 번쩍였다'라고 했을 때, 자동차 상향등의 점등을 양보의 뜻으로 사용하는 유럽인과 자기가 우선 진행하겠다는 뜻으로 사용하는 아시아인들은 동일한 문장이라도 전혀 다른 뜻이 된다.

02 인공지능의 범주

인공지능 시스템의 범주를 '사람'과 '이성', 그리고 '생각'과 '행동'을 중심으로 다음의 네 가지 영역으로 나누어 고려해 보자[Russell95].

- 사람처럼 행동하는 시스템(humanly acting system)
- 사람처럼 생각하는 시스템(humanly thinking system)
- 이성적으로 생각하는 시스템(rationally thinking system)
- 이성적으로 행동하는 시스템(rationally acting system)

[표 1.1]은 이상의 분류를 요약하고 있다. 비록 이들 시스템은 상호 연관을 가지고 교집합이 되는 영역을 공유하므로 그 구분이 명확하지는 않지만, 이들에 대해 자세히 살펴보면 인공지능 시스템이 의도하는 바에 대해 보다 더 잘 이해할 수 있을 것이다.

표 1.1 인공지능 시스템을 구분하는 네 가지 범주

구분	AI 시스템 AI 정의	관련 주제어
Humanly acting system	사람이 하는 일을 대신할 수 있는 능력을 가진 시스템 '현재 사람이 더 잘 할 수 있는 일을 컴퓨터가 할 수 있는 방법을 연구하는 것' [Rich91]	튜링의 시험 (Turing Test)
Humanly thinking system	인간 두뇌의 작동 메커니즘을 실현할 수 있는 시스템 '사람의 생각과 관련된 작동, 예를 들면 의사 결정, 문제 해결, 학습 등의 작동을 자동화하는 것' [Bellman78]	인지 과학 (Cognitive Science)
Rationally thinking system	생각의 절차를 모형화하여, 주어진 사실로부터 새로운 사실이나 결론을 논리적으로 유추해 낼 수 있는 시스템 '인식하고, 추론하며, 행동하는 것이 가능하게 하는 계산법(computations)을 연구하는 것' [Winston92]	사고의 법칙 (Laws of Thought)
Rationally acting system	주어진 정보에 기반하여 목표 달성의 가능성을 가장 높일 수 있을 것으로 기대되는 절차를 수행하는 시스템 '계산 프로세서로서 지적 행위(intelligent behavior)를 설명 혹은 흉내 내려 하는 학문 분야' [Schalkoff90]	이성적 에이전트 (Rational Agent)

2.1 사람처럼 행동하는 시스템

사람처럼 행동하는 시스템의 대표적인 예로 영국의 수학자인 Turing[2]이 1950년 제안한 시험, 즉 '튜링의 시험(Turing test)'을 통과하는 시스템을 들 수 있다. 그가 제안한 시스템의 지능 시험법을 간단히 설명하면 [그림 1.3]과 같다. 즉, 질문하는 사람 A가 볼 수 없는 어떤 곳에 사람 B와 컴퓨터 C가 있고, A가 단말기를 이용하여 질문을 해서 질문에 답하는 주체가 사람인지 컴퓨터인지 구분할 수 없으면 이 시험을 통과한 것으로 판정하고, 구분할 수 있으면 실패한 것으로 판정하는 것이다. 여기서 주목하여야 할 사항 중 하나는 Turing의 시험을 통과하고자 하는 지능적 시스템은 '사람처럼 행동'하여야 하므로, 사람이 가진 한계나 결점도 그대로 실현하여야 한다. 예를 들어, 157,239,529,676 ÷ 5,228,408의 계산은 컴퓨터에게는 쉽지만 인간은 재빨리 답할 수 없다. 따라서 이러한 질문이 주어졌을 때, '사람처럼 행동하는' 시스템은 인간이 보일 수 있는 반응과 유사한 반응(질문을 무시하거나, 질문자의 정신 상태를 의심하거나, 틀린 답을 내는 등)을 출력하여야 한다. 장시간 대화를 하면 피곤하여 쉬고 싶어 해야 하며, 동시에 여러 가지 일을 수행하면 실수를 하기도 하여야 한다.

2 Alan Turing(1912~1954)은 시대를 앞서 간 천재였으나, 결국 그 시대에 발목을 잡혔다. 그는 2차 세계대전 중 암호 해독기를 개발하여 연합군의 승리에 일조하였고, 컴퓨터의 지능에 대해 예견하였으나, 동성연애를 불법 시 하던 당시의 제도에 의해 처벌받았고 결국 독이 묻은 사과를 먹고 자살하였다.

그림 1.3 튜링의 시험

Turing의 시험을 통과하기 위해 기본적으로 필요한 기술을 생각해 보면, 자연언어 처리(natural language processing), 지식 표현(knowledge representation), 자동 추론(automated reasoning), 기계 학습(machine learning) 등이 있다. 자연언어 처리 기법은 의사소통을 가능하게 하고, 지식 표현은 대화하는 동안 제공된 정보를 저장하기 위해, 또는 대화를 시작하기 전에 필요한 정보를 준비하기 위해 필요하다. 그리고 자동 추론은 질문에 답하기 위하여 저장된 정보를 이용할 수 있도록 해주며, 새로운 결론을 유도할 수 있도록 해준다. 기계 학습은 새로운 환경에 적응할 수 있도록 해주며, 어떤 패턴을 찾아내거나 주어진 패턴을 이용하여 새로운 패턴에 적응하기 위해 필요하다.

원래 튜링의 시험에서는 질문자와 컴퓨터 사이에 직접적인 물리적 상호작용은 피하였다. 그 이유는 사람에 대한 물리적 시뮬레이션은 지능에 불필요하다고 생각했기 때문이다. 그러나 Turing이 제시한 시험을 보다 완전한 시험으로 바꾸기 위해서는 더욱 광범위한 접촉이 필요할 수 있다. 즉, 질문자가 상대방의 물체 인지 능력을 시험하기 위해서 대화 중 임의의 물체를 물리적으로 보내고 받을 수 있는 것이다. 이를 위해서는 컴퓨터 시각(computer vision)과 같은 인식 기술과 물체를 조작하기 위한 로봇 공학(robotics)이 추가적으로 필요하다.

사람처럼 행동하는 인공지능 시스템의 필요성은 특히 사람과의 상호작용이 많이 일어나는 분야에서 실감할 수 있다. 예를 들면, 의료 진단용 전문가 시스템과 환자가 대화를 하는 경우이다. 또 인공지능 기술이 장착된 인형은 주어진 상황에서 인간의 행동을 그럴듯하게 흉내 낼 수 있을 것이다.

2.2 사람처럼 생각하는 시스템

사람처럼 생각하는 인공지능 프로그램은 사람이 어떻게 생각하는지를 판정할 수 있는 방법을 가져야 한다. 사람 마음(mind)의 움직임에 관한 실질적 연구를 필요로 하는 것이다. 이러한 연구의 대표적인 두 가지 방법은 자기 관찰(introspection)과 심리학적 실험(psychological experiment)이다. 이와 같은 연구를 이용하여 마음에 관한 충분하고도 정확한 이론을 갖게 되면, 그 이론을 컴퓨터 프로그램으로 표현하는 것이 가능하게 된다.

1961년 Newell과 Simon이 개발한 범용 문제 풀이자(General Problem Solver: GPS)[Newell61][Barr81]의 의도는 문제를 정확히 해결하는 것보다는 범용 문제 풀이자의 문제 풀이 과정과 사람의 문제 풀이 과정을 비교하는 데 있었다. 이 연구는 사람과는 상관없이 정확한 풀이를 얻는 것에만 관심이 있었던 Wang의 연구[Wang60]와는 대조적이다.

인지 과학(cognitive science)은 인공지능에서 제시하는 컴퓨터 모델과 심리학에서 얻은 실험적 결과를 통합하여, 인간 마음에 관한 연구를 더욱 정확하게 하고, 실험 가능한 이론을 많이 구성할 수 있게 하였다. 인지 과학은 본래 사람이나 동물의 실험적 조사를 기반으로 하여 학문적 연구를 추구하지만, 인지 과학의 연구 성과를 확인하고자 하는 사람들의 노력이 실험을 위한 컴퓨터 프로그램, 즉 인공지능 프로그램으로 발전했다고 생각할 수 있다. 이런 면에서 인공지능과 인지 과학은 상호 보충적 관계에 있고, 특히 시각, 자연 언어, 학습 분야에서 연구 성과를 서로 잘 활용할 수 있을 것이다.

2.3 이성적으로 생각하는 시스템

어떤 상황이나 질문에 대해 합당한 답에 이르는 추론 과정을 명문화하려고 노력한 최초의 사람으로는 그리스 철학자 아리스토텔레스를 지목할 수 있다. 그는 정확한 가정이 주어지면 정확한 결론을 줄 수 있는 삼단논법(syllogism)을 고안해 냈다. 이러한 사고의 법칙(laws of thought)이 사람 마음의 움직임을 지배하는 것으로 생각하였고, 이를 토대로 논리학이 발전하게 되었다. 19세기 말부터 20세기 초까지 형식 논리학의 발달로 인해 사물들 사이의 관계에 대한 정확한 표시가 가능해졌다.

여기서 한 걸음 더 나아가 충분한 메모리와 시간, 문제에 대한 논리적 표현이 주어지면 풀이를 찾아낼 수 있는 프로그램이 등장하게 되었다. 이러한 논리학적 전통과 연구 결과가 인공지능에서의 지능적 시스템 개발로 이어지게 되었다. 하지만 이러한 논리학적 접근 방법에는 두 가지 문제점이 있다. 하나는 형식적이지 않은 지식이나 확실하지 않은 지식을 논리학적 표현 방법에서 요구하는 형식 언어로 표현하기 어렵다는 것이다. 다른 하나는 문제를 원리적으로 해결하는 것과 실용적으로 해결하는 것에는 큰 차이가 있어서, 사고 과정에 대한 안내가 없으면 수십 개의 사실을 가진 문제를 해결하는 데도 가용한 컴퓨터 자원을 다 사용할 정도로 효율성이 떨어진다. 이러한 두 가지 큰 장애가 논리학적 접근 방법에만 있는 것은 아니고, 컴퓨터 추론 시스템을 구성하는 데 공통적으로 등장하는 것이지만, 논리학적 접근 방법에서는 표현과 추론 시스템이 아주 잘 정의되어 있기 때문에 두 가지 장애가 확실히 드러나게 된 것이다.

2.4 이성적으로 행동하는 시스템

이성적으로 행동한다는 것은 어떤 믿음(belief)에 근거하여 목표를 성취하기 위해 행동한다는 뜻이다. 이성적으로 행동하는 시스템에서는 이성적 에이전트(agent)의 구성이 주요한 연구 대상이며, 이는 인공지능에 대한 사고 법칙적 접근 방법, 즉 이성적으로 생각하는 접근 방법에서 정확한 추론 방법 연구에 주안점이 있다는 것과 비교된다. 이때 에이전트는 지각하고(perceive) 행동하는(act) 컴퓨터 프로그램과 같은 어떤 것을 의미한다. 물론 정확한 추론 방법은 이성적 에이전트의 구성에도 필요하다. 왜냐하면 어떤 행동이 목표를 성취하게 되고, 그 결과 결론에 도달하게 되는 것은 이성적으로 행동하는 방법이기 때문이다. 그러나 정확한 추론 방법이 이성적 행동의 전부는 아니다. 추론을 포함하고 있다고 말할 수 없는 이성적 행동도 있기 때문이다. 예를 들면, 뜨거운 솥뚜껑에 손을 댔다가 갑자기 떼는 것은 이성적 생각의 결과라기보다는 반사적이지만 당연히 이성적인 행동이다. 바퀴벌레는 다리의 섬모에서 특정한 바람의 세기와 방향을 감각할 때, 이 신호를 뇌에 전달하지 않고 바로 바람의 반대 방향으로 도망감으로써 자신을 공격하는 자로부터 민첩하게 자신을 보호하는 것으로 알려져 있는데, 이것도 바퀴벌레의 입장에서 볼 때는 이성적인 행동이다.

이성적 에이전트 구성에는 두 가지 장점이 있다. 첫째는, 이성적으로 생각하는 접근 방법보다는 일반적이다. 둘째는 사람처럼 생각하거나 행동하는 접근 방법보다 과학적 개발 능력을 갖추기가 좋다. 그 이유는 이성적 행동에 대한 분명한 정의와 일반성 때문이다. 인간의 행동은 특별한 환경에 잘 적응하지만 완전하지는 않고, 대개의 경우 밝혀지지 않은 진화의 과정을 계속한다.

03 인공지능을 위한 지식

인공지능은 컴퓨터가 어떤 대상을 인지하여 필요한 추론을 한 다음 어떻게 혹은 무엇을 해야 할 것인가를 결정하는 능력을 갖도록 하는 과학이기 때문에, 컴퓨터의 자율적인 문제 해결 능력 향상을 추구하는 분야가 될 수 있다. 하지만 컴퓨터가 이렇게 인지하고, 추론하고, 행동을 결정하기 위해서는 현실적으로 사람의 도움을 필요로 한다. 즉, 사람이 컴퓨터가 인공지능을 갖도록 만들어 주어야 하는 것이다. 컴퓨터가 향상된 문제 해결 능력을 갖기 위해서는 활용할 지식을 가지고 있어야 하고 이러한 기반을 만드는 것은 대체로 인간의 몫이다.

인공지능을 위한 다양한 기법들이 가지는 가장 큰 공통적 특징은 지식(knowledge)을 사용한다는 것이다. 지식은 큰 문제 해결 능력을 가진다. 올바른 지식을 바로 적용하면 풀 수 없는 문제가 없을 정도의 힘을 가진다. 하지만 지식이 갖는 바람직하지 못한 성질은 부피가 있고, 정확하게 특징지우기가 어려우며, 계속 변화하고, 이용하는 방법에 따라 조직하는 방법이 다르다. 인공지능이라고 해서 어떤 지식이라도 이용하는 것은 아니고, 다음과 같은 특징을 지닌 지식을 이용한다.

- 지식은 일반성을 가져야 한다. 개별 상황을 하나씩 따로 표현할 필요는 없고, 중요한 성질을 공통적으로 갖고 있는 상황들은 그룹화되어야 한다. 지식이 이러한 일반성을 가지지 않는다면, 개별 상황에 따른 메모리 갱신 요구가 너무 많기 때문에 이와 같은 성질을 갖는 것에는 지식보다는 데이터 단위로 처리하는 방법이 적절하다.
- 지식을 제공하는 사람이 이해할 수 있어야 한다. 인공지능 이외의 프로그램에서는 많은 데이터가 여러 종류의 입력 장비에 의해 자동적으로 획득되기도 하지만, 인공지능 프로그램이 갖는 지식은 사람이 제공하고, 제공한 사람이 이해할 수 있어야 한다.
- 사람이 제공한 지식인만큼 실수가 있을 수 있기 때문에, 실수를 수정하기가 쉬워야 한다. 또한 실수는 아니지만, 상황 변화에 따른 지식의 변화가 자주 일어날 수 있기 때문에 이러한 지식의 변화를 수정하기가 쉬워야 한다.
- 지식이란 완전성을 확보하기가 어렵지만 대부분의 경우에는 적용 가능하여야 한다. 우주에서 사람의 언어를 이해하는 외계 생명체 유무에 대해서 알지 못하므로, '외계에 인간 언어를 이해하는 생명체가 없다'라는 지식은 완전하지 않지만 가능한 표현이다.
- 일어날 수 있는 가능성 또는 범위를 좁힘으로써 지식이 갖는 부피를 줄일 수 있어야 한다. 지식의 양이나 범위를 너무 크게 하면 구현 측면에서 복잡해지므로, 인공지능 시스템의 지식은 줄일 수 있으면 압축하는 게 바람직하다.

컴퓨터가 활용할 수 있는 지식을 갖는다는 말은 컴퓨터가 이해할 수 있는 방법에 의한 지식의 표현이 필요하다는 것을 의미한다. 지식 표현 방법은 문제의 특성에 따라 효율성이 결정되기 때문에 어떤 특별한 표현 방법이 문제 특성에 맞게 조직화되어야 한다. 주어진 문제를 해결하기 위한 방법을 잘 고안하는 일은 문제의 특성에 맞는 지식 표현 방법을 선택한 이후의 업무일 수 있다. 문제 영역에 따라 표현 방법 및 해결 방법이 다양하게 선택되기 때문에 인공지능을 응용하는 분야는 아주 광범위하고도 다양하게 발전되어 왔다.

04 인공지능의 역사적 배경

우리는 요즈음 언론 매체나 과학 기사 등을 통해서 인공지능이란 단어를 매우 자주 듣고 있다. 그러나 인공지능은 다른 많은 과학 기술 분야와는 달리 그 역사가 일천하다. 아무리 길게 잡아야 부울 대수를 창시한 Boole[3]의 시대가 시초일 것이다. Boole은 논리합(OR)과 논리곱(AND) 등을 사용하여 논리를 연산할 수 있는 방법을 연구하였으며, 그의 유명한 저서인 '논리와 확률에 관한 수학적 이론의 토대가 된 사고의 법칙에 대한 연구(An Investigation of the Laws of Thought on Which Are Founded the Mathematical Theories of Logic and Probabilities)'의 서문에서 다음과 같이 언급하였다.

3 George Boole(1815~1864)

"우리가 조사한 법칙들은 우리들 정신 능력(mental faculties)의 가장 중요한 것들 중 하나이다. 우리가 만든 수학은 인간 지성의 수학이다."

그러나 아마도 컴퓨터의 지능에 대해 명확히 언급한 최초의 사람은 이미 앞에서 기술된 바와 같이 Turing일 것이다. MIT의 교수인 Weizenbaum은 1966년 영어로 환자와 대화하면서 심리치료사(psychiatrist)[4]의 역할을 수행할 수 있는 프로그램인 'Eliza'를 개발한 바 있다[Weizenbaum66, Weizenbaum76]. [그림 1.4]는 Eliza가 환자와의 대화에서 어떻게 작동하는가에 대한 예를 보여준다[Winston84]. Eliza는 약 200줄의 코드로 구성된 단순한 프로그램이지만, 실제로 매사추세츠 종합병원에서 행한 실험 결과 Eliza와 접한 사람들 중 상당수가 자신이 대화한 상대가 컴퓨터라는 것을 알지 못했다고 한다. 현재는 Eliza와는 비교할 수 없을 정도로 발전한 다양한 대화 프로그램들과 스마트 스피커(smart speaker)라고 부르는 대화형 기기들이 상용화되어 있다.

I am worried about the weather.
HOW LONG HAVE YOU BEEN WORRIED ABOUT THE WEATHER?

Since my mother spoke.
TELL ME ABOUT YOUR FAMILY.

They are all into computers these days.
DO MACHINE FRIGHTEN YOU?

No.
PLEASE DO NOT BE SO SHORT WITH ME.

Go to hell darn it.
PLEASE DO NOT USE WORDS LIKE THAT.

You are frustrating me.
EARLIER YOU SPOKE OF YOUR MOTHER.

Not now. Tell me about my problem.
I AM SORRY OUR TIME IS UP.

그림 1.4 Eliza 프로그램의 대화 예: 대문자로 씌어진 문장이 프로그램으로부터 생성된 것이다.

4 Eliza를 심리치료사, 혹은 정신과 의사라고 칭하면 이 직업을 가진 사람들을 분노하게 할 것이다. 보다 엄밀하게 말하자면 Eliza는 사람의 이야기를 듣고 적당하게 맞장구쳐주는 역할, 즉 적극적 청자(active listener)의 역할을 수행한다.

인공지능이란 용어가 공식적으로 최초로 사용된 것은 1956년 미국 뉴햄프셔의 Dartmouth 대학에서 열린 학술회의에서 이 대학 수학과 조교수였던 John McCarthy에 의해서였다. 이 학술회의에는 McCarthy 외에도 Minsky와 이미 앞에서 언급된 바 있는 Newell과 Simon[5] 등이 참여했는데, 이들은 이후 각각 Stanford와 MIT, 그리고 CMU에서 인공지능 연구 그룹을 창설하여 이 부분의 발전에 기여하게 된다.

McCarthy와 스코틀랜드 출신의 체스 기사인 Levy 사이에 시작된 이른바 'Levy Challenge'는 인공지능 분야의 발전을 단적으로 보여주는 예가 될 수 있을 것이다. 1968년 McCarthy는 당시 세계 체스계의 2인자였던 David Levy와의 체스 게임에서 당연히 진 후, 자신은 Levy를 이길 수 없겠지만 적어도 10년 안에 Levy를 이길 수 있는 수준의 컴퓨터 프로그램이 만들어질 수 있을 것이라고 예언하고 250파운드의 내기를 하게 된다. Levy Challenge가 시작된 후 전 세계적으로 인공지능에 종사하는 학자들이 McCarthy의 편에 합류하고 연구하게 되었다. 그러나 1977년의 경기에서 Levy는 미국 Northwestern 대학의 프로그램인 Chess 4.5와 구소련의 프로그램인 Kaissa를 차례로 격파하였다. 1978년, 즉 내기가 시작된 후 10년째 된 해 Levy는 Chess 4.7과 6차전을 치렀는데, Levy는 첫 번째에서 비겼고 네 번째에서는 졌으나 나머지에서 이겼다. 결국 Levy Challenge의 승자는 인간이 되었지만 그 사이 컴퓨터 프로그램은 인간과 선전을 펼치는 수준에 이르렀다. 체스를 둘러싼 인간과 컴퓨터와의 대결은 상징적인 의미를 가지고 이후에도 많은 사람들의 관심을 끌어왔는데, 1996년과 1997년에 벌어진 IBM의 슈퍼컴퓨터인 Deep-Blue와 1985년 이래 세계 최고수의 자리를 지켜온 러시아의 Kasparov와의 체스 경기는 인터넷을 통해 지켜보던 전 세계 사람들을 놀라게 했다. 1996년의 Deep-Blue는 전신인 Deep-Thought가 1989년 Kasparov와의 경기에서 두 번이나 진 후 6년 사이 약 200배 성능을 강화한 결과였으며, 1997년의 Deep-Blue는 전년의 패배를 설욕하기 위해 Grand Master급 체스 기사를 연구팀에 합류시키고 초당 2억 수(move)를 계산할 수 있도록 설계한 기계였다. 한편 2007년 여름, 미국 인공지능학회(AAAI)의 학술 회의장에서는 캐나다의 Alberta 대학에서 개발된 포커용 인공지능 프로그램인 Polaris와 직업 포커 경기자 2인과의 경기가 열렸다. 비록 그 결과는 2승 1무 1패로 인간의 승리였으나, PC에서 실행되는 프로그램이 상당한 능력을 발휘하였다. 경기를 치른 후, Alberta 대학의 개발자는 포커의 경우 승리를 위해서 수리적 요소 외에도(체스와는 다르게) 허풍과 감정 표현, 속임수, 그리고 우연이 필요하다고 밝혔으며, 이러한 요소들은 인간에게는 존재하지만 현재의 컴퓨터에는 없는 것들이다.

2011년에는 인공지능 컴퓨터가 일반 지식의 분야에서 인간과 경합해 이기는 사건이 일어났다. 미국의 유명 퀴즈쇼 Jeopardy에서 IBM의 슈퍼컴퓨터인 Watson이 두 명의 역대 챔피언과 대결을 벌였고, 그 결과는 Watson의 승리였다. Watson은 인간이 말하는, 즉 자연어 형식으로 구성된 질문을 빠르게 이해

5 인공지능의 선구자인 Herbert A. Simon(1916~2001)은 흥미롭게도 시카고 대학에서 정치학으로 박사학위를 취득하였으며, 1978년 인간의 의사 결정(decision-making)에 관련된 연구의 결과로 노벨 경제학상을 수상하였다.

할 수 있을 뿐만 아니라 복잡한 지식 콘텐츠에 접근하여 그 상관관계를 분석해 답을 도출해낼 수 있는 능력까지 있었다[Ferrucci10]. 2013년 IBM은 Watson의 첫 번째 상업적 활용으로써 폐암과 관련한 의료적 결정을 하는 소프트웨어를 발표하였다. 현재는 다수의 병원에서 Watson을 여러 가지 암의 진단을 위해 도입하여 의사들의 환자치료에 참고하고 있다.

바둑은 최근의 인공지능 프로그램의 발전을 보여 주는 중요한 예시가 되었다. 컴퓨터 과학자이자 체스 경기자이기도 한 영국의 데미스 허사비스가 2010년 설립한 DeepMind사는 기계학습에 기반한 범용 인공지능 시스템을 개발하였으며, 이 회사는 2014년 Google에 인수된다. DeepMind가 개발한 바둑 프로그램인 알파고(AlphaGo)는 2016년 이세돌 9단과의 경기에서 승리하여 세상을 놀라게 했다. 알파고와의 대국을 앞두고 이세돌은 자신의 승리를 예견했으나, Google의 CEO인 에릭 쉬미트는 "결과가 어떻게 되든지 그것은 인류의 승리일 것(Regardless of result of this match, mankind will be victorious in this match.)"이라는 의미심장한 언급을 한 바 있다. 인공지능 프로그램이 결국은 인간 프로그래머에 의해 개발된다는 것을 생각하면 에릭 쉬미트의 말은 공감이 간다.

그림 1.5 2016년 알파고와 이세돌 9단의 대결: 사진에서 이세돌의 왼쪽은 DeepMind사 CEO인 Hassabis이고 오른쪽은 Google의 Schmidt 회장

그러나 인공지능이 비약적 발전만 거듭해 온 것은 아니다. 1950년대 태동하여 60년대에 걸쳐 관심을 받던 인공지능에 대한 연구는 70년대에 들어 한때 침체기를 맞게 된다. 이는 여건의 미성숙과 사람들의 과잉 기대에 따른 실망과 이해 부족으로 인한 연구 투자의 미흡이 주요인이었다. 어떤 이는 인공지능이 체스 게임이나 퍼즐 풀이 외에는 무용한 것으로 오해하였으며, 뚜렷한 결과가 없는 가운데 인공지능에 대한 각국의 예산이 삭감되기도 하였다.

하지만 마이크로 전자공학의 급속적인 발전과 성공적인 전문가 시스템(expert system)의 출현 등으로 다시금 이 분야에 대한 사람들의 관심이 보다 현실적인 입장에서 증대되기 시작하였다. 일본은 1981년부터 '제5세대 컴퓨터'에 대한 연구를 전 국가적인 프로젝트로 진행시킨 바 있으며, 유럽 각국은

ESPRIT(European Strategic Program on Research in Information Technology) 계획 아래 공동 연구를 수행하였으며, 미국은 국방성의 DARPA(Defense Advanced Research Projects Agency) 등을 통해서 인공지능 연구에 지속적인 투자와 관심을 기울이고 있다. 비록 전문가 시스템 관련 산업의 침체로 1988년에서 1993년 사이 이른바 '인공지능의 혹한기(AI winter)'가 있었지만, 인공지능은 여러 분야에서 다양한 주제와 접근법으로 다시 활기를 되찾았다.

1958년에 개발된 퍼셉트론(Perceptron)은 인공지능의 침체와 재발전의 전형적인 예가 될 수 있을 것이다. 미국의 Rosenblatt에 의해 개발된 퍼셉트론은 생물의 시각 기능을 신경세포 뉴런(neuron)의 간단한 모형화로 실현하여 큰 반향을 일으키게 되지만, 1960년대 말 그 한계가 분명해지면서 관심 밖으로 밀려났다. 그러나 1980년대 초 Hopfield와 80년대 중반 Rumelhart 등에 의해 새로운 돌파구가 마련되면서 인공신경망(Artificial Neural Network, ANN)에 대한 연구 성과는 공학, 경제, 통계 등 다양한 영역에서 성공적으로 활용되게 되었으며, 근래에 와서는 한층 복잡한 구조를 가지는 신경망을 학습하여 뛰어난 성능을 가지도록 하는 심층 학습(deep learning) 기술로 발전하였다.

예제 02 **인공지능의 발전에 대한 간략한 연대표를 만들어 보아라. 또한 세계 각국에서 활발히 연구되고 있는 주제는 어떠한 것들인지 조사하여 보아라.**

풀이 02 [그림 1.6]은 인공지능의 연구개발 역사를 요약한 것이다. 그러나 이 도표는 정말 간략한 요약에 불과하여, 여기에 포함된 사건들만이 가장 중요한 것들은 아니며, 누락된 중요한 성과들도 많이 존재한다. 누락된 사건 및 기술들을 조사해 표를 더 완벽하게 만드는 작업이나, 각 사항들에 대한 개요를 조사하고 최근의 인공지능 발전사항에 대하여 추가하는 작업은 독자 여러분들의 몫으로 남겨 둔다.

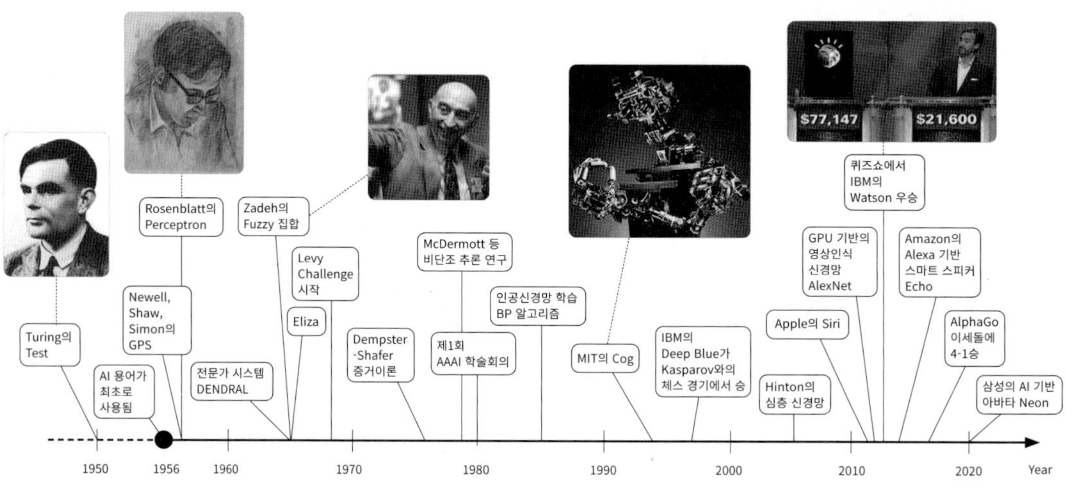

그림 1.6 인공지능의 역사

---

05 인공지능의 구성 영역과 이 책의 구성

인공지능의 목적은 다음 두 가지로 기술될 수 있다. 첫째는 컴퓨터를 인간의 사고와 행위를 시뮬레이션하는 데 이용하는 것이고, 둘째는 효율적인 알고리즘을 통하여 특정 영역에서 컴퓨터가 인간의 능력보다 뛰어난 성능을 발휘하도록 하는 것이다. 이와 같은 목적에 부합되는 인공지능의 주요한 연구영역을 살펴보면 [그림 1.7]과 같다.

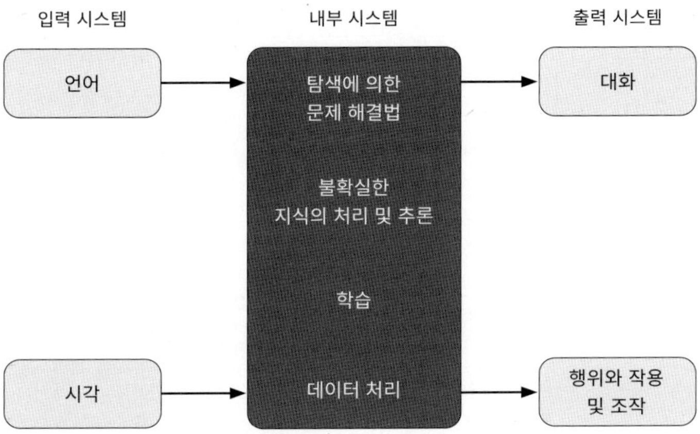

그림 1.7 인공지능 시스템의 기능적 구성

이 책에서는 [그림 1.7]과 같은 내용과 더불어 몇 가지 부가적인 주제들에 대해 소개하고 있다. 먼저 제2장에서는 문제해결을 위한 기법들을 다루게 되고, 지식의 표현과 처리를 위한 기법들을 제3장에서 다룬다. 또한 지식이나 정보에 존재하는 불확실성을 처리하기 위한 기법들이 제4장에서 소개되고, 애매성의 논리인 퍼지이론이 제5장에서 다루어진다. 자율적으로 목적을 달성하기 위한 계획법이 제6장에서 기술되고, 최근 주목을 받고 있는 기계학습법과 데이터 마이닝 기술이 제7장과 제8장에서 소개된다. 이어 기계학습의 대표적인 도구인 인공신경망이 제9장에서 소개되고, 인식을 위한 시각문제가 제10장, 인간이 사용하는 언어를 컴퓨터가 이해하도록 하는 자연언어 처리가 제11장에서 다루어진다. 제12장과 제13장에서는 이미 연구가 성숙되어 상업화가 상당히 진행된 지능형 에이전트와 로봇이 기술된다.

책의 구성을 도식화하면 [그림 1.8]과 같다. 다만, 이 그림에서의 분류는 절대적이지 않다. 예를 들어 9장의 신경회로망은 7장 기계학습의 한 분류이고, 데이터 마이닝도 퍼지이론과 마찬가지로 추론을 위해 사용되는 경우가 많다. 또한 계획과 시각은 로봇공학에서 주요한 주제이다. 비록 로봇이 인공지능의 기술을 적용할 수 있는 대표적인 영역이지만, 기계공학이나 수학과 같은 다른 영역의 지식이 필요하여 전공에 따라서는 내용이 어렵게 느껴질 수 있다.

이 책의 모든 내용을 한 학기에 소화하기엔 분량이 많은 편이고, 각 장의 내용들은 충분히 독립적으로 기술되었으므로, 이 책에 기술된 순서에 따르지 않고 학습해도 무방하다. 또한 깊이보다는 너비에 주안점을 두고 책이 집필되었기 때문에, 필요에 따라 특정 주제를 선택적으로 학습하고, 참고문헌을 활용하거나 프로그래밍을 통한 심층 학습이 필요할 수 있다.

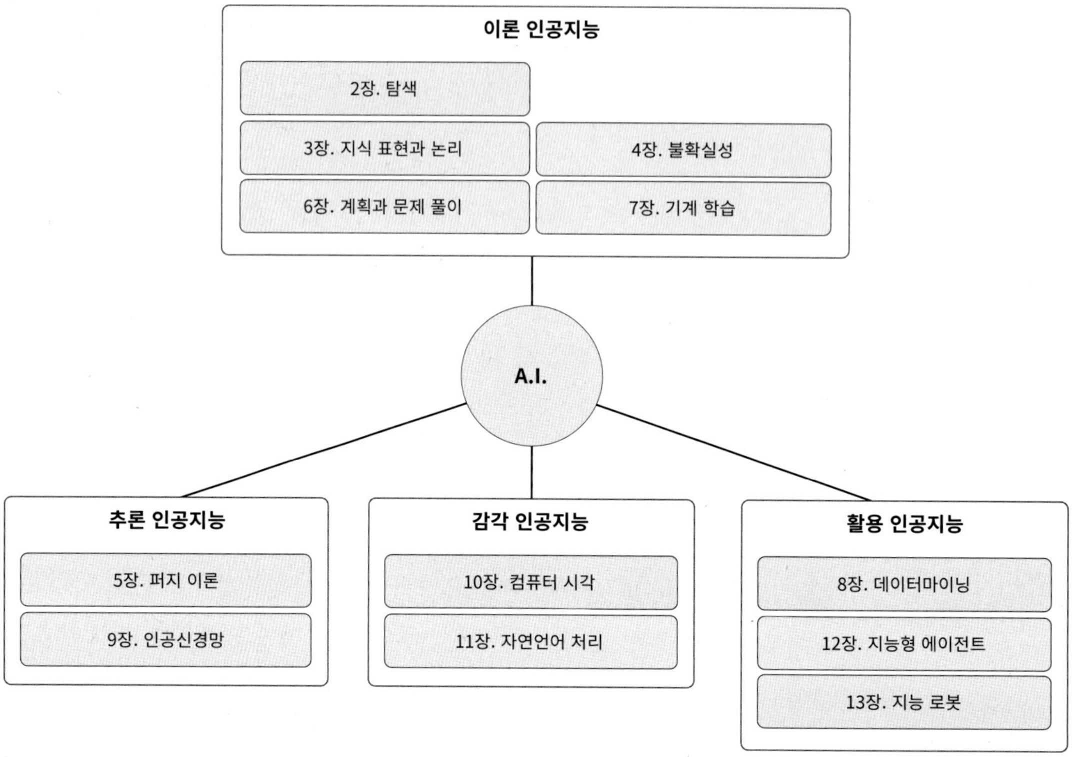

그림 1.8 책의 구성

과제

01. [그림 1.6]의 인공지능의 발전에 대한 연대표를 가능한 자세히 보완하여라. 그리고 그중 중요한 사건을 두 개 골라서 심층 조사하시오.

02. Alan Turing의 일생에 대해 조사하시오. Turing은 인공지능 발전의 토대를 만든 사람이지만 그의 인생은 '자신의 시대와 맞지 않는 비운의 천재'라고 요약할 수 있을 정도로 특이하고 공학적인 측면 외에서 많은 것을 느끼게 한다. 이 문제에 대한 조사는 다음과 같은 방식들 중 담당 교수가 지시하는 바에 따라 하나를 선택하시오.

   a) Alan Turing의 일생을 요약하되, 인공지능 및 과학 기술에 대한 그의 기여를 중요하게 다루어라.

   b) Alan Turing과 동시대의 또 다른 천재인 John von Neumann의 일생과 비교하여 조사 및 요약한 후 감상문을 제출하라.

   c) Alan Turing에 대한 영문의 웹 사이트를 하나 찾은 후, 이를 번역하고 원문과 함께 보고서를 제출하여라.

d) Alan Turing에 관해서는 전기를 비롯하여 연극 등이 만들어진 바가 있다. 그와 관련된 책을 한 권 읽고 요약하여라. 요약한 결과는 자신의 개인 웹 홈페이지, 혹은 블로그에 게시하여 공개하고, 출력하여 보고서로도 제출하여라. 단, 반드시 Turing이 책 내용의 중심이 될 필요는 없고, 그와 약간의 관련성이 있는 인공지능을 다룬 책이라도 가능하다.

e) Alan Turing이 주인공인 영화 이미테이션 게임(The Imitation Game, 2014)을 찾아보고, Turing이 어떤 면에서 컴퓨터과학에 기여하였는지 여러분의 의견을 작성하여라.

03. 국내외 인공지능 연구 기관들에 대해 각종 문헌과 인터넷을 통하여 살펴본 후, 한 곳을 선택하여 자세히 조사하시오. 보고서에는 먼저 해당 기관에 대한 전체적인 개괄 사항(위치, 규모, 연혁 등 외형적 특징 등)에 대해 다루고, 현재와 과거에 어떤 연구 주제가 진행되었는지, 대표적인 연구 개발의 성과는 어떠한지에 대해 기술하시오. 특히 인력의 구성은 어떠한지에 대해 살펴보고, 만약 자신이 그 기관의 일원이 되려면 무엇을 준비하고 노력해야 하는지도 기술하시오.

04. 인공지능에 관한 흥미있는 영화가 많이 있다. 다음 영화 가운데 한 가지를 골라서 시청하고, 영화의 어느 부분이 인공지능의 특징(학습, 추론, 계획, 불확실성, 탐색 등) 중 어떤 부분을 잘 보여주는지를 지적하고 여러분의 의견을 간단하게 기술하시오.

터미네이터2: 심판의 날(1991년), 바이센테니얼 맨(Bicentennial Man, 1999년), A.I.(2001년), 아이, 로봇(I, Robot, 2004년), 이미테이션 게임(2014년), 그 외 여러분이 시청한 인공지능 관련 다른 영화를 골라서 과제를 작성해도 된다.

02장

탐색

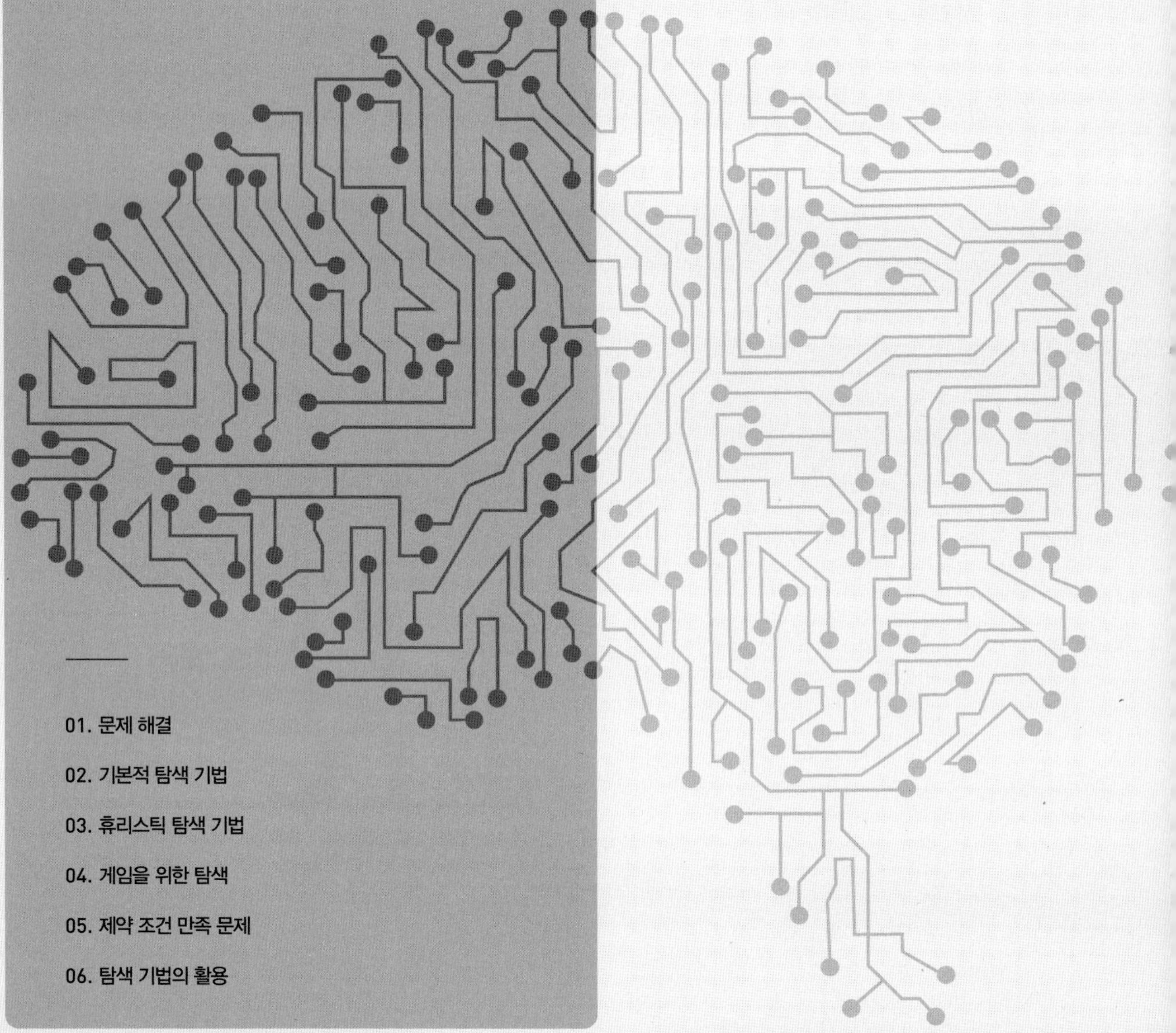

컴퓨터가 문제를 자율적으로 해결하기 위해 해, 혹은 해에 이르기 위한 경로를 찾아가는 과정을 탐색(search)이라고 한다. 탐색은 인공지능적 문제 해결에서 중요한 수단이 된다. 이 분야의 초기 연구는 주로 단순한 규칙에 의하는 서양 장기와 같은 문제들을 중심으로 진행되어 왔으며, 여기서 얻어진 성과는 구글 검색이나 스마트폰의 길찾기 같은 보다 상업적인 분야로 활용을 가능케 하였다. 탐색은 단지 가능한 해를 찾는 것만의 문제가 아니라, 해를 찾는 과정의 효율성과 찾은 해의 적합성까지의 문제이므로 다른 분야와의 관련성이 높다. 특히 학자에 따라서는 계획(planning)을 탐색의 특수한 경우로, 탐색을 학습(learning)의 특수한 경우로 이해하기도 하는 만큼 이들 사이에는 밀접한 관계가 있다[Dean95]. 이 장에서는 인공지능적 탐색 기법과 그 활용이 주제가 된다.

01 문제 해결

1.1 직접적 방법

문제 해결을 위한 지적 활동에는 여러 가지가 있을 수 있으며, 그중의 일부는 탐색에 의한 해법이 유용할 수 있다. 예를 들어 ‘1 더하기 2’를 계산하는 일은 분명히 인간의 지적 활동에 의한 것이지만, 결과를 얻기 위해 컴퓨터를 이용하였다고 해서 인공지능적 문제 해결로 보지는 않는다. 이 문제의 해법은 탐색 과정을 전혀 필요로 하지 않으며 단지 기존의 컴퓨터가 사용된 영역(즉, 인간보다 우월한 컴퓨터의 연산 및 기억 능력을 이용하는 영역)을 활용할 뿐이다. 그러나 다음에 나오는 예제와 같은 문제의 해결을 위해서는 일련의 탐색 과정을 필요로 한다.

예제 01

‘하노이의 탑(Tower of Hanoi)’[1] 문제는 인공지능 영역에서 다루어지는 대표적인 문제들 중의 하나이다. 어떤 사원에 64개의 다른 지름을 가진 고리형 원반이 세 개의 큰 기둥에 끼워져 있다고 하자. 이 사원이 처음 세워졌을 때는 원반들이 모두 하나의 기둥에 큰 것이 아래로 가도록 차곡차곡 쌓여 있었는데, 그 곳 승려들이 하는 일은 이 원반들을 다른 하나의 기둥으로 모두 옮기는 것이고, 이 일을 수행하는 과정상의 규칙은 한 번에 하나의 원반만을 옮기고 잠시라도 어떤 원반이 자기보다 큰 원반 아래에 가는 일이 없도록 해야 하는 것이라고 하자. 우리는 문제를 간단히 하기 위해 [그림 2.1]과 같이 d1, d2의 두 개의 원반만을 가지는 경우를 가정해 보자. 어떻게 하면 주어진 초기 상태에서 목표 상태에 도달할 수 있을까?

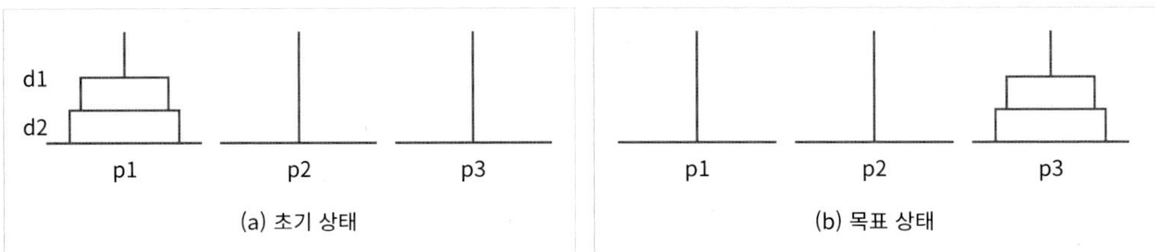

그림 2.1 하노이의 탑

풀이 01

이 문제의 풀이 과정에 있어 가장 선행되어야 할 일은 초기 상태에서 목표 상태로 각 상태를 변화시킬 수 있는 동작들을 고려하는 것이다. [표 2.1]은 이 문제의 해답을 얻는 과정에서 정의할 수 있는 동작들의 목록이며, 이로부터 목표 상태는 {m(d1,p2), m(d2,p3), m(d1,p3)}과 같은 일련의 동작을 통해 도달할 수 있을 것이다.

---

1 프랑스 수학자인 Edouard Lucas가 1883년에 처음 언급한 문제로, 이 탑이 하노이에 실재하지는 않는다. N개의 원반에 대해 문제를 푸는 데 필요한 동작은 2^N-1번이다. 따라서 만약 64개의 원반을 1초에 하나씩 밤낮으로 옮긴다고 가정했을 때 걸리는 시간을 계산해 보면 약 5.85×1011년 즉, 5900억년 가까이 걸리는 셈이다. 이는 지구의 나이가 약 45억년임을 감안하면 엄청난 시간이다.

표 2.1 [예제 2.1]을 해결하기 위한 동작의 정의

동작	작용
m(d1,p1)	d1을 p1로 옮긴다.
m(d1,p2)	d1을 p2로 옮긴다.
m(d1,p3)	d1을 p3으로 옮긴다.
m(d2,p1)	d2를 p1로 옮긴다.
m(d2,p2)	d2를 p2로 옮긴다.
m(d2,p3)	d2를 p3으로 옮긴다.

만약 위의 예제에서 얻은 해를 프로그래밍 한다고 가정해 보자. 작성된 프로그램은 [그림 2.1]의 초기 상태가 주어지면 항상 목표 상태까지 도달할 수 있는 동작들을 순차적으로 수행하게 되지만, 초기 상태가 다르게 주어졌을 경우에는 더 이상 유효하지 못하게 된다. 우리는 이런 식의 해결 방법을 직접적 기법(direct method)이라고 하며 인공지능적인 방법으로 보지는 않는다. 사실 우리가 컴퓨터를 사용하는 기존의 방식은 거의 이러한 방식이었다. 즉, 프로그래머가 문제의 적당한 해법을 고안하고 이를 컴퓨터가 순서에 따라 수행하게 하는 것이다. 이 때 프로그램은 고정 결선된 하드웨어와 같고 컴퓨터는 프로그램을 수행하는 과정에서 어떠한 지적 행위에도 관여하지 않는다. 결국 이 같은 해법에는 탐색 과정이 필요하지만 그 과정은 인간의 두뇌에서 이루어졌고, 컴퓨터는 얻어진 결과를 수행만 하는 것이 되므로 '1+2'를 연산하는 것과 다를 바가 없게 된다. 이 문제에 대한 인공지능적 해법은 탐색 과정을 컴퓨터가 수행하도록 하고, 인간은 단지 현재 주어진 상태와 문제가 해결된 후 요구되는 상태만을 부여하는 것이다.

탐색에 의한 인공지능적 문제 해결 기법의 특성들을 정리하면 다음과 같다.

- 탐색 기법은 특정한 문제의 해결에 있어 직접적인 방식보다 효율 면에서 우월하리라는 기대를 하기는 어렵다. 그러나 문제의 해에 도달하기 위한 탐색 과정을 직접 수행함으로써 보다 포괄적이며 자동화된 해결 방안이 될 수 있다.
- 탐색에 의한 문제 해결법과 직접적 해결 방법의 활용 영역은 다른 경우가 많다. 명백히 문제와 해법이 정의되는 문제에는 대부분 기존의 비인공지능적 기법으로 충분할 것이다. 단지 불확실한 상황에 의해 모호하게 표현되거나 다양한 가변성을 가지는 큰 영역의 문제 해결 과정 중에 지적 판단이 요구되는 경우 탐색 기법이 유용할 수 있다.
- 탐색에 의해 컴퓨터가 스스로 주어진 문제의 해에 도달하도록 프로그램되었다 하더라도 탐색의 방식을 결정하는 것은 대부분 프로그램 개발자, 즉 인간의 몫이다. 이는 아직 완벽한 의미의 지능적 기계(intelligent machines)[2]를 기대하기보다는 인간의 지능이 어느 정도 개입하는 시스템의 개발이 보다 현실적일 수 있다는 의미가 된다.

2 인공지능 프로그램을 실행하는 기계를 광의로 표현하기 위해 사용된 용어이다.

- 탐색은 문제를 해결하는 최적의 방법을 찾기보다는 적당한 방법(명확히 혹은 묵시적으로 제시된 기준을 만족시키는 해 중의 하나)을 찾는 것이 되기 쉬우며, 이는 인간의 문제 해결 방식과 상통하는 바가 있다. 우리는 대부분 일상의 문제를 해결하는 데 있어 적당한 결과에 만족하는 경향이 있다는 것을 상기하기 바란다.

1.2 상태 공간

앞에서 우리는 '상태(state)'라는 용어를 정의 없이 사용하여 왔다. 문제가 주어졌을 때의 상황은 풀이 과정에 의해 변화하게 되며, 이때의 각 상황은 문제 해결 과정 중의 고유한 요소로 상태라고 한다. 또 이 같은 상태들의 집합을 상태 공간(state space)[3]이라 한다. 실제로 우리가 문제 해결 과정을 컴퓨터로 수행하는 데 있어 이 상태 공간의 개념을 도입하면 과정이 쉽게 형식화될 수 있다.

임의의 문제는 상태 공간에서 초기 상태(initial state)와 목표 상태(goal state), 그리고 상태를 변화시키는 연산자(operator)로 정의될 수 있으며, 각 상태에서 연산자의 적용은 문제의 규칙(rules)에 따른다. 이를테면 [예제 2.1]의 문제에서 상태를 각 원반의 위치에 따라((p1에 있는 원반)(p2에 있는 원반)(p3에 있는 원반))과 같이 정의할 때, 문제의 초기 상태와 목표 상태는 각각 다음과 같이 표현될 수 있다.

초기 상태 : = ((d1,d2)( )( ))

목표 상태 : = (( )( )(d1,d2))

문제의 규칙에 따르면 원반은 한 번에 하나씩만 움직일 수 있으므로 초기 상태에서 적용할 수 있는 연산자는 [표 2.1]에서 m(d1,p2)와 m(d1,p3)뿐이다. [그림 2.2]는 m(d1,p2)와 m(d1,p3)을 적용했을 때 얻을 수 있는 상태와 또 여기서 적용할 수 있는 연산자를 보여준다.

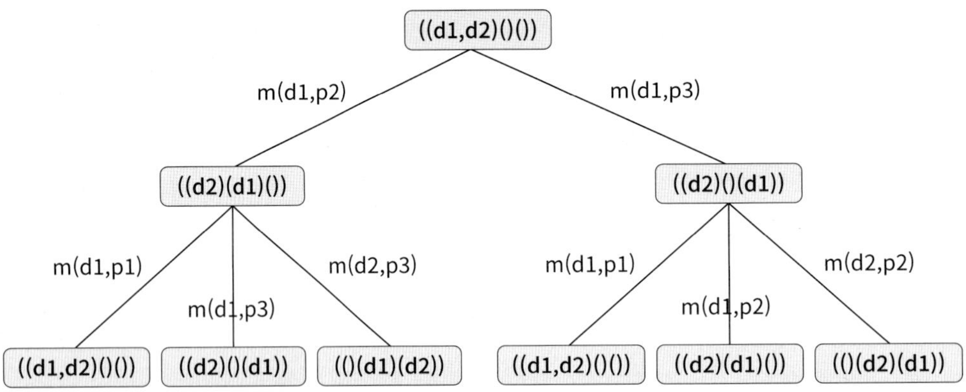

그림 2.2 [예제 2.1] 문제의 해를 구하기 위한 상태 공간의 일부분

3 문제 공간(problem space)이라고도 한다.

[그림 2.2]와 같은 표현 방식은 마치 나무의 역상과 같은 꼴이 되므로, 이를 흔히 트리 구조(tree structure)라고 한다. 여기서 트리의 구성은 다음과 같다.

각 상태 = 노드(node)

문제의 초기 상태 = 뿌리 노드(root node)

적용 가능한 연산자나 조건 = 가지(branch)

임의 노드에 연산자를 적용하여 한 개 이상의 노드를 얻게 될 때, 이들을 각각 부모 노드(parent node)와 자식 노드(children node)라 한다. 또 어떤 노드로부터 자식 노드를 찾는 것을 노드를 확장한다고 하고, 확장될 때까지 노드는 열려 있다(open)고 하며, 이미 확장된 노드는 닫혀 있다(closed)고 한다. 그리고 어떤 순간에 확장하려고 하는 노드를 활동 노드(active node)라고 한다. 문제해결을 위한 트리는 뿌리에서 시작해서 목표 상태를 노드로 생성할 때 성장을 멈추게 된다. 여기서 주의할 것은 문제를 해결하는데 트리의 전체 모양을 완성할 필요는 없다는 것이다. 많은 경우 트리의 일부만으로부터 목표 노드를 발견할 수 있다면 그것으로 족한 것이다. 뿌리에서 목표 노드까지 얼마나 간단히 도달할 수 있는가 하는 것(즉, 얼마나 작은 트리를 만드느냐 하는 것)이 문제 해결의 효율을 의미하는 것이 될 수 있으며, 이는 각 노드에서 어느 가지를 택할 것인가를 결정하는 탐색 알고리즘에 달려있다.

[그림 2.2]와 같은 탐색 트리에서 이미 생성된 적이 있는 노드가 또 다시 생성되는 현상은 주목할 필요가 있다. 먼저 생성되었던 노드의 재생성은 탐색의 효율을 저하시키거나 탐색이 무한 루프에 빠지게 될 위험을 초래할 수 있다. 따라서 [그림 2.2]와 같은 단방향성(뿌리→목표) 구조보다 노드 상호간의 관계를 표현하는 구조가 유용할 수 있다. [그림 2.3]은 그러한 구조를 보여주며 이를 그래프 구조(graph structure)라고 한다.

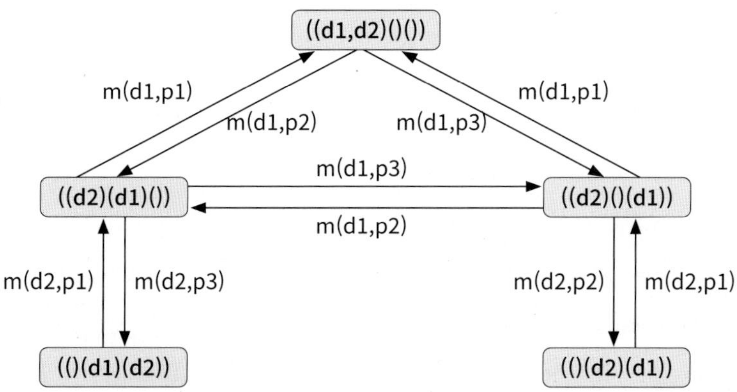

그림 2.3 [예제 2.1] 문제의 부분적인 상태 그래프

02 기본적 탐색 기법

[그림 2.2]의 탐색 트리로 표현되는 하노이의 탑 문제에서 가장 처음 부딪히게 되는 것은 m(d1,p2)와 m(d1,p3) 중 어떤 연산자를 택할 것인가를 결정하는 것이었다. 우리는 목표 상태에 도달할 때까지 이 같은 결정을 계속 반복하게 되는데, 어떤 기준으로 경로를 선택하는 것이 적절할지는 문제의 성격에 따라 다르지만, 공통적으로는 다음과 같은 사항들을 생각할 수 있다[Raphael76].

- 해에 이르는 경로는 짧을수록 좋다.
- 해의 탐색에 소요되는 계산 비용(computational cost)은 작을수록 좋다.
- 만약 해가 존재한다면 탐색 기법은 이를 반드시 찾을 수 있는 것이어야 한다.

탐색 기법 또는 알고리즘으로 해결할 수 있는 문제들로는 경로 발견(path finding), 게임(game), 제약조건 만족(constraint satisfaction) 등이 있다. 전형적인 경로 발견 문제로는 8－퍼즐(8－puzzle) 문제를 들 수 있다. 이 문제는 3 × 3 보드 위에 8개의 숫자 타일을 순서대로 조합되도록 타일을 이동하는 것이다. 이 문제는 이 책의 2.3절에서 자세히 다룬다.

두 번째 탐색 알고리즘의 부류로 체스나 바둑 같이 상대방이 존재하는 경우, 즉 게임을 들 수 있다. 이 경우 참여자들은 제한된 자원이나 이득을 차지하여 자신의 이익을 극대화시키기 위해서 경쟁하게 된다. 게임을 위한 탐색은 2.4절의 주제가 된다.

세 번째로 제약 조건 만족 문제는 목표 상태에 이르는 경로를 찾는 것이 아니라 목표 자체를 발견하는 것이다. 제약 조건 만족 문제의 대표적인 예로는 8－Queen 퍼즐을 들 수 있다. 이 문제의 목표는 8 × 8 크기의 서양 장기판 위에 8개의 여왕을 서로 위협하지 않도록 배치하는 것이다. 2.5절에서 이의 개념을 설명한다.

2.1 영국 박물관 알고리즘

목표 상태에 도달하기 위한 방법 중의 하나는 상태 공간을 아무런 기준 없이 무작정 탐색해 나가는 것이다. 이러한 방식을 사용하면 언젠가는 해를 찾게 되겠지만 분명 체계적이거나 효율적인 방법은 되지 못하며, 마치 거대한 영국 박물관에서 특정 소장품을 이리저리 찾으러 다니는 것과 비견될 수 있으므로 이를 영국 박물관 알고리즘(British Museum Algorithm: BMA)이라고 한다. BMA는 흔히 최악의 기법으로 알려져 있지만, 탐색 영역이 제한되어 있거나 적절히 축소할 수 있다면 간단하고도 유용한 알고리즘이 될 수도 있다. 예를 들어 [예제 2.1]의 경우처럼 두 개의 원반만 존재하는 하노이 탑 문제의 경우 구성할 수 있는 탐색 공간의 크기가 극히 작고 제한적이므로, 프로그래머가 탐색 기법을 고안하여 프로그램하기보다는 불규칙적이고 임의적인 탐색을 수행하게 하는 것이 오히려 쉬운 해결책이 될 수도 있을 것이다.

2.2 깊이 우선 탐색

탐색 트리의 수직 방향으로 점차 깊은 곳까지 목표 노드를 찾아 탐색해 나가는 기법을 깊이 우선(depth-first) 기법이라고 한다. 이 때 만약 목표 노드를 만나지 못하고 경로가 끝나게 되면 거꾸로 따라 올라오면서(backtracking) 탐사한 적이 없는 경로로 탐색을 계속 진행하게 된다. 예를 들어 [그림 2.4]는 전 탐색 영역이 2단계의 7노드로 구성되어 있고 ⓖ 노드가 목표인 경우, 깊이 우선 기법에 의해 탐색되는 순서를 보여준다. 그림에서와 같이 우선 종방향으로 ⓐ, ⓑ, ⓓ 노드들을 차례로 탐색한 후 경로가 끝나게 되면 ⓑ로 되돌아와서 ⓔ의 경로로 나아가는 방식으로 탐색을 진행하게 된다.

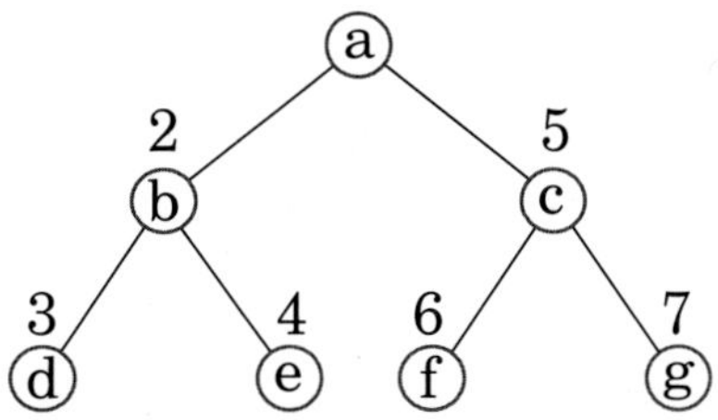

그림 2.4 깊이 우선 기법에 의한 탐색 순서(노드 위의 숫자가 순서임)

깊이 우선 탐색 방법은 다음과 같은 장점을 지닌다.

- 단지 현 경로상의 노드들만을 기억하면 되므로 저장 공간의 수요가 비교적 작다.
- 목표 노드가 깊은 단계에 있을 경우 비교적 해를 빨리 구할 수 있다.

그러나 다음과 같은 단점도 가진다.

- 해가 없는 경로에 깊이 빠질 가능성이 있다. 따라서 실제의 경우 미리 지정한 임의의 깊이까지만 탐색하고, 목표 노드를 발견하지 못하면 다음의 경로를 따라 탐색하는 방법이 유용할 수 있다.
- 얻어진 해가 최단 경로가 된다는 보장이 없다. 이는 목표에 이르는 경로가 다수인 문제에 대해 깊이 우선 탐색은 해에 다다르면 탐색을 끝내버리므로, 이 때 얻어진 해는 최적이 아닐 수 있다는 의미이다.

예제 02 만약 모든 노드가 b개씩의 자식 노드를 가지고 있으며 목표 노드가 d단계에 있다고 할 때, 깊이 우선 기법에 의해 평균적으로 탐색되는 노드의 수는?

풀이 02 만약 목표 노드가 d단계의 노드들 중 최좌측에 있을 때 탐색 과정 중에 생성되는 노드의 수는 최소가 되며, 뿌리 노드까지 합쳐 모두 $d+1$개의 노드가 탐색된다. 최악의 경우는 목표가 최우측에 존재할 때로, d단계를 포함하여 그 이전까지의 모든 노드가 탐색되어야 하므로 $1+b+b^2+...+b^d=(b^{d+1}-1)/(b-1)$개의 노드가 생성되어야 한다. 결국 깊이 우선 탐색에 의해 평균적으로 탐색되는 노드의 개수는 $(b^{d+1}-1)+(b-1)(d+1)/2(b-1)$이 된다. 즉, [그림 2.4]의 경우와 같이 $b=d=2$인 경우 탐색 노드 수는 평균 5개가 된다.

2.3 너비 우선 탐색

깊이 우선 탐색과는 달리 뿌리 노드의 모든 자식 노드를 탐색한 후 해가 발견되지 않으면 다시 이들을 확장하고 새로이 생성된 노드를 모두 탐색하는 식으로, 목표 노드를 만날 때까지 단계별로 횡방향의 탐색을 진행해 나가는 방식을 너비 우선(breadth−first) 기법이라고 한다. [그림 2.5]는 너비 우선 기법을 사용할 때의 탐색 순서를 보여준다.

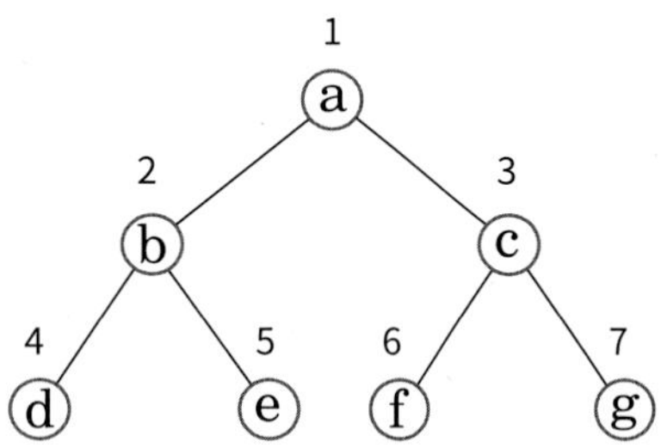

그림 2.5 너비 우선 기법에 의한 탐색 순서(노드 위의 숫자가 순서임)

너비 우선 탐색 기법의 장점은 다음과 같다.

- 목표에 이르는 최단의 경로를 찾을 수 있다. 즉, 목표에 이르는 경로가 다수일 때 횡방향 우선 탐색 기법에 의해 최초로 만나는 목표 노드는 최저의 깊이에 있는 것이므로 당연히 초기 상태로부터 목표 상태에 이르는 최단 경로를 얻게 된다.
- 각 깊이 단계마다 존재하는 모든 노드를 차례로 점검해 나가는 기법이므로 해가 존재한다면 반드시 찾을 수 있다.
- 가지의 수가 많지 않고 얕은 깊이에 해가 존재할 경우 특히 유리하다.

그러나 너비 우선 기법은 다음과 같은 단점을 지닌다.

- 실제 많은 문제들은 한 단계씩 깊이가 더해질수록 급격히 노드의 수가 늘어가는 경향이 있음[4]을 고려할 때 탐색 시간이 비현실적으로 길어질 가능성이 있다.
- 너비 우선 탐색의 경우 지나온 모든 노드를 저장하게 되므로 기억 공간에 대한 요구가 과중할 수 있다.

예제 03 **만약 모든 노드가 b개씩의 자식 노드를 가지고 있으며 목표 노드가 d단계에 있다고 할 때, 너비 우선 기법에 의해 평균적으로 탐색되는 노드의 수는?**

풀이 03 d단계에 존재하는 목표에 이르기까지 생성되는 노드의 평균 개수는 (d–1단계까지 생성된 노드의 총 수)+(d단계에서 생성되는 노드의 평균 수)에 의해 구해질 수 있다. 즉 $(b^d-1)/(b-1)+(1+b^d)/2$로부터, 너비 우선 탐색에 의해 평균적으로 생성되어야 하는 노드의 개수는 $(b^{d+1}+b^d+b-3)/2(b-1)$이 된다. 따라서 [그림 2.5]의 경우처럼 단계마다 두 개씩의 자식 노드가 있고 해가 두 번째 단계의 임의 위치에 존재할 경우, 평균 5.5개의 노드가 탐색되어야 하며 이는 깊이 우선 탐색의 경우에 비해 많은 양이다.

2.4 탐색의 방향과 경로 계획

탐색 기법 못지않게 중요한 것이 탐색의 방향이다. 지금껏 우리가 사용해 온 탐색 방법은 모두 초기 상태에서 목표 상태로 탐색해 가는 과정을 따랐다. 그러나 경우에 따라서는 역으로 주어진 목표에서부터 초기에 이르는 경로를 찾는 것이 적절할 때도 있다. 우리는 전자를 전향 추론(forward reasoning)이라 하고 후자를 후향 추론(backward reasoning)이라고 한다.

예제 04 **유럽으로 여행을 떠났다고 가정해 보자. 비행기로 영국의 런던에 도착한 후 자동차를 빌려 도버로 여행하려고 한다면, 지리에 낯선 우리가 길을 찾기 위해서는 전향 추론과 후향 추론 중 어느 것이 유리할 것인가?**

풀이 04 우리는 지금 런던에 있으므로 이를 뿌리 노드로 하고 도버를 목표 노드로 하는 경로를 찾으면 된다. 그런데 런던은 대도시이므로 [그림 2.6]과 같이 외곽으로 나가는 주요한 도로가 많이 있다. 따라서 런던 외곽으로 나가는 도로를 전향 추론에 의해 탐색해 나간다면, 깊이 우선 기법을 사용할 경우 엉뚱한 곳으로 멀리 가버릴 위험이 있으며 너비 우선 기법을 사용할 경우 많은 길을 동시에 탐색해야 하므로 긴 시간이 걸리게 된다. 이에 반해 후향 추론의 경우 도버와 같이 작은 도시에서 외곽으로 빠지는 길은 소수에 불과할 뿐 아니라(그림의 지도에서는 두 개만 나타나 있다), 이들 길 모두는 대도시인 런던으로 연결되어 있으므로 쉽게 경로를 찾을 수 있다.

4 조합적 폭발(combinatorial explosion)이라고 하며 '2.3절의 [예제 2.3]'이 한 예가 될 수 있다.

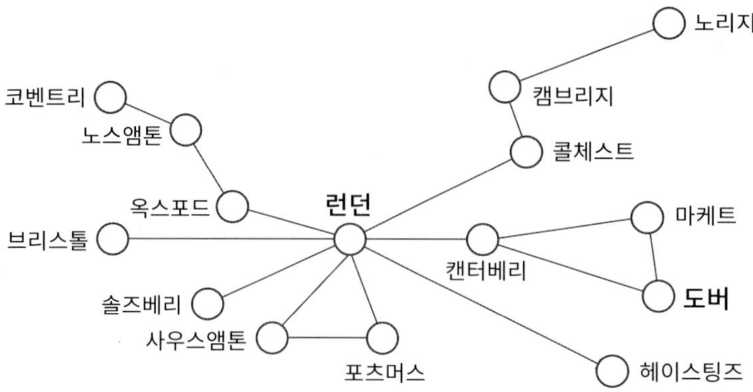

그림 2.6 전향 추론과 후향 추론에 의한 탐색의 효율 : 길찾기의 예

앞의 [예제 2.4]에서는 탐색에 있어 후향 추론이 더 적절한 예를 제시하고 있다. 그런데 전향 추론이나 후향 추론 두 접근법을 동시에 사용하면 더 효율적인 경우도 있다[이재무98].

이제 탐색의 방향 문제를 자동차의 항법(navigation)을 위한 경로 계획(path planning)의 문제를 중심으로 보다 자세히 고려해 보자. 지리에 익숙하지 못한 운전자가 GPS[5]에 의하여 자기 차량의 위치를 전자지도상에서 확인하고 목표로 가고자 하는 곳까지의 경로를 내비게이터(navigator)라고 하는 장치를 통하여 실시간으로 안내받거나[박근태05], [그림 2.7]에서와 같이 인터넷의 지도 서비스를 사용하여 미리 운행 경로를 확인해 보는 것은 이제 흔한 일이다. 여기서 우리가 관심을 가지는 것은 어떻게 프로그램이 자동으로 다양한 경로들 중 적절한 것을 선택하여 사용자에게 제시할 것인가의 문제이다.

그림 2.7 지도상의 경로 탐색 예(Daum 사이트의 서비스를 이용한 미술관으로부터 KAIST까지의 경로)

5 Global Positioning System. 이 책에서는 GPS가 이외에 General Problem Solver(범용 문제 풀이자)의 약자로도 쓰인다.

지도상의 자동 경로 계획에서 가장 기본이 되는 방법은 네덜란드의 전산학자인 Dijkstra[6]가 1959년 제안한 최단 경로(shortest path) 알고리즘이다. Dijkstra 알고리즘을 사용할 때, 탐색 그래프 상에서 각 지점은 노드(node)로, 지점들 간의 거리는 연결가중치로 간주할 수 있다. 알고리즘의 적용은 먼저 출발 노드에서 시작하여 가장 근접한 노드를 찾고, 출발 노드로부터의 거리를 이 노드의 라벨(label)로 설정하여 붙인다. 그 다음에는 탐색된 적이 없는 노드들 중 가장 근접한 노드로 나아가며 탐색을 계속하게 되는데, 이는 출발 노드로부터의 연결가중치가 가장 작은 라벨이 붙지 않은 노드를 찾아 라벨을 붙이는 과정이며 이 과정을 목표 노드에 라벨을 붙이게 될 때까지 반복한다.

[그림 2.8(a)]에서 A지점을 출발점으로 하고, F지점을 목표 위치로 할 때, 경로를 탐색한다고 하자. 그림에서 알 수 있듯이 최단 경로는 A→C→F이다. 그러나 물론 다른 가능한 경로도 있다. 예를 들면 A→B→D→E→G→F도 가능하고, A→C→E→G→F도 가능하다. 이 문제에 Dijkstra 알고리즘을 적용하면 [그림 2.8(b)]에서 볼 수 있듯이 우선 출발 노드 A에 라벨 [0]이 붙는다. 그 다음에는 A로부터 최단 거리에 있는 노드인 C에 출발 노드로부터의 거리인 5를 라벨로 할당한다. 다음 순간에는 B, E, F가 라벨이 붙어 있는 노드들과 직접적으로 연결된 노드들인데, 이들 중 B가 출발 노드로부터 가장 가까우므로 이에 라벨 [7]이 먼저 부착된다. 그리고 D, E, F 중에서 가장 근거리인 F에 [11]이 부착되고, F가 목표 노드이므로 탐색을 마치게 된다. 결국 F까지의 최단 거리는 A로부터 C를 통과하여 오는 경로이며 거리는 11이 되는 것이다. 여기서 F는 Dijkstra 알고리즘에 의하여 네 번째로 라벨이 붙은 노드였다. 그렇다면 6번째로 탐색되는 노드는 무엇이며 이의 라벨은 무엇일까? 그래프를 해석해 보면 이 물음의 답은 E이고 라벨은 [22]임을 알 수 있을 것이다.

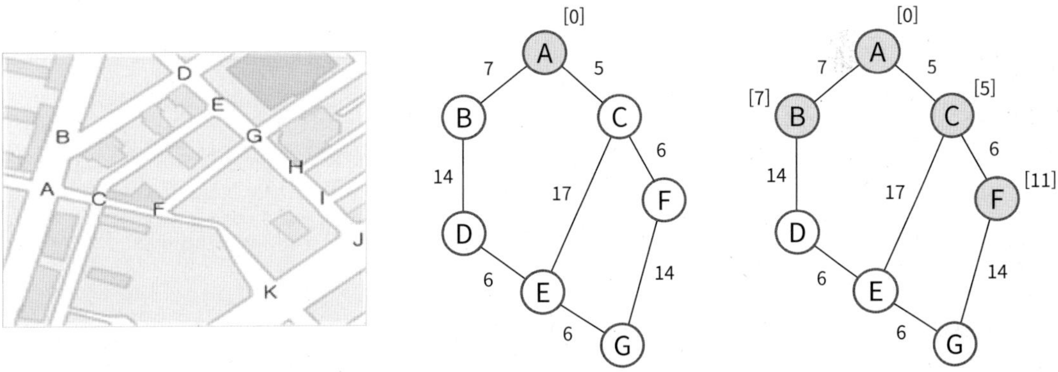

그림 2.8 지도상에서 최단 경로의 계획 : (a) 지도, (b) 탐색의 초기, (c) 목적지의 발견

6 네덜란드어에서'–ij–'발음은 영어의 '–ay–'발음에 해당한다. 따라서 이 네덜란드 이름은 '대익스트라', 혹은 '다이크스트라' 정도로 발음하면 적당하다.

Dijkstra 알고리즘은 출발지(즉, 탐색 그래프 상에서 source node)를 중심으로 근접해 있는 모든 가능한 노드들을 차례로 탐색하게 된다. 따라서 그 탐색 영역은 [그림 2.9(a)]와 같이 출발지를 중심으로 목표 지점까지를 포함하는 동심원 형태가 된다. 그런데 출발지와 목표 지점에서 동시에 상대 지점을 탐색하는 경우에는 두 개의 동심원이 [그림 2.9(c)]와 같이 만나게 된다. 만약 출발지와 목표지 주변의 모든 도로들이 동일한 복잡도를 가지고 있다고 단순하게 가정하면, 전향 추론이나 후향 추론이 Dijkstra 알고리즘에 의하여 만들게 되는 탐색 영역은 원의 면적인 πR^2이 된다. 여기서 R은 출발지와 목표 지점 간의 거리로 원의 반지름이다. 그런데 [그림 2.9(c)]와 같이 전향 및 후향 추론을 동시에 수행하는 경우에는 탐색 영역은 $\pi(R/2)^2 + \pi(R/2)^2 = (1/2)\pi R^2$로 전향 혹은 후향 추론 단독에 의한 경우에 비해 1/2이 된다.

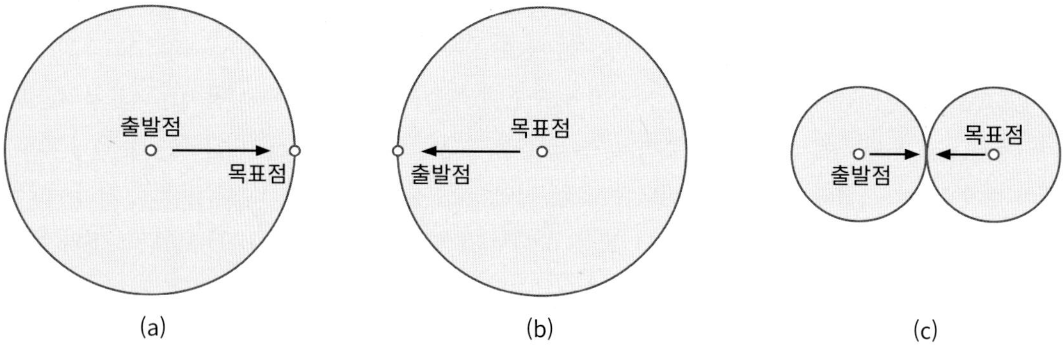

그림 2.9 최단 경로를 얻기 위한 탐색의 방향과 탐색 영역

Dijkstra 알고리즘은 범위를 점차 넓혀 가면서 주변의 모든 가능성을 탐색하고, 최단 경로를 보장한다는 점에서 너비 우선(breadth first) 탐색 기법과 공통점을 가진다. 그러나 Dijkstra 알고리즘은 노드와 노드 간의 연결에 가중치가 고려된다는 점에서 너비 우선 기법과 다르다. Dijkstra 알고리즘은 간단하지만, 실제 차량용 네비게이터에서 실현하기에는 현실적인 어려움들이 있다. 먼저 출발점과 목표점 사이의 상대적 위치는 고려하지 않고 모든 주변을 탐색하기 때문에 메모리와 실행 시간에 대한 비용이 크다. 따라서 실시간 서비스를 요구하는 사용자를 만족시키지 못할 가능성이 있다. 예를 들어 동쪽에 있는 목표를 찾기 위해 서향 도로까지 검색하는 것은 대체로 낭비이다. 이에 대한 효율적인 해결책은 다음 절에서 다루게 되는 A* 알고리즘[7]에서 찾을 수 있다. 이 밖에도 상업적으로 경쟁력을 가지는 네비게이터가 되기 위해서는 단순히 두 지점 간의 거리만 최소화해서 되는 것이 아니라, 다음의 조건들도 고려하여 최적의 경로를 제시할 필요가 있다[Pang07].

7 'A star 알고리즘'으로 읽는다.

- 좌회전의 최소화(일본이나 영국 등 일부 국가의 경우 우회전의 최소화)
- 가능한 직진 도로
- 좋은 도로 우선(포장 도로, 넓은 도로, 자동차 전용도로, 비경사 도로 우선)
- 적은 신호등 수 우선
- 어린이 보호 도로 회피 등

03 휴리스틱 탐색 기법

3.1 휴리스틱

앞에서 다룬 기본적인 탐색 기법들은 간단한 규칙에 의하므로 프로그래밍하기는 쉽지만, 해를 찾을 때까지 거의 모든 가능한 영역을 소모적으로 탐색해 나가게 된다. 따라서 우리는 이러한 방법들을 맹목적 탐색(blind search)이라고 한다. 맹목적 탐색 기법은 간단한 문제 외에는 정해진 시간과 기억 공간의 조건을 만족시키는 해를 제공하지 못하므로, 실제의 많은 복잡한 문제들에는 별 효용 가치가 없을 가능성이 크다.

예제 05 **여러 도시들을 돌아다니며 물건을 판매하는 사람이 있다. 만약 N개의 도시들을 방문하여야 한다면 가능한 경로의 숫자는 몇 개인가? 단, 모든 목표로 하고 있는 도시들을 방문하되 각 도시들을 한 번씩만 통과하여야 한다는 조건을 사용하여라.**

풀이 05 만약 A, B, C라는 세 개의 도시를 생각하면, A를 출발지로 할 경우 나머지 도시들을 방문하고 돌아올 수 있는 방법은 A–B–C–A 혹은 A–C–B–A가 있으며 이들은 방향만 다를 뿐 결국 동일한 길을 지난다. 그러나 도시가 하나 추가되면 가능한 경로는 [그림 2.10] 같이 세 가지가 되며, 또 하나의 도시가 추가되면 12가지의 다른 경로가 존재한다. 즉 임의의 도시에서 출발하여 N개의 도시를 모두 경유하는 경로는 (N−1)!/2개 있을 수 있다.

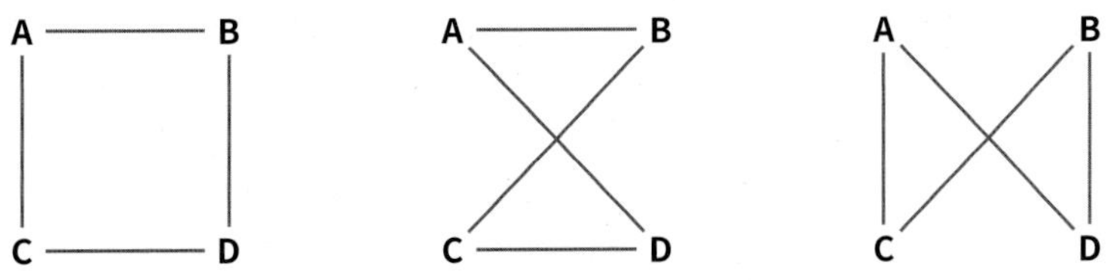

그림 2.10 네 개의 도시를 순회하는 세 가지 다른 경로

앞의 예제는 흔히 순회 판매원 문제(Traveling Salesman Problem: TSP)라고 하는 것으로, 방문하여야 할 도시의 숫자가 많아질수록 탐색량이 크게 불어나게 됨을 알 수 있다. 즉, N개의 도시에 1개의 도시만 추가되어도 탐색량은 N배 늘어나게 되는 것이다. 이런 식으로 20개의 도시를 생각한다면 무려 60,822,550,204,416,000개의 경로가 존재한다. 이처럼 많은 가능성을 모두 비교한 후 최단의 경로(즉, 최적의 해)를 찾는 것은 현대의 고속 컴퓨터를 이용한다고 하더라도 어려운 일이다. 하지만 TSP와 같은 문제는 실세계에서 흔히 있으므로 이의 효율적인 해법이 절실하다. 예를 들어 인쇄회로기판(PCB)에 로봇과 드릴을 사용하여 자동으로 구멍을 뚫는 기기를 설계하는 경우를 생각할 때, 구멍의 수를 순회할 도시의 수로, 구멍 간의 간격을 도시 간의 거리로 간주하면 이는 TSP와 동일한 문제가 된다. 이와 같은 경우 맹목적 탐색은 엄청난 계산 비용을 요구하므로, 이와는 다른 현실적인 방법을 찾게 되는 것이다.

만약 우리가 문제 영역에 대한 정보나 지식을 가지고 탐색에 이용할 수 있다면 의외로 빠르게 목표에 도달할 수도 있다. 여기서 탐색의 기준으로 사용되는 정보는 흔히 완전하지 못하며, 수학적으로 최적의 해를 제공하기보다는 경험적으로 볼 때 적절한 해를 얻을 수 있을 것이라는 기대를 가지게 할 뿐인 것이 보통이다. 이처럼 논리적으로 혹은 수학적으로 증명할 수 없으나 기대를 갖게 하는 어떤 근거에 의한 방법을 휴리스틱(heuristic)[8] 기법이라고 부른다.

가령 우리가 순회 판매원의 문제에 휴리스틱의 개념을 적용시켜 본다면, 쉽게 생각할 수 있는 방법은 가장 가까이에 있는 곳부터 먼저 여행을 해나가는 것이 경로의 총연장을 줄일 수 있을 것이라는 직관을 이용하는 것이다. 이러한 생각은 다음의 절차를 통해 실행할 수 있다.

1. 임의의 도시를 출발지로 한다.
2. 다음에 방문할 도시는 지금까지 방문하지 않은 도시 중 현재의 위치에서 가장 가까운 곳으로 정한다.
3. 더 이상 방문할 도시가 없으면 지금까지 방문한 도시의 순서가 해가 되고, 그렇지 않으면 절차 ②로 간다.

상기의 절차를 [표 2.2]의 예에 적용시켜 보면 간단한 기준을 도입함으로써 얼마나 문제의 해결이 쉬워지는지 알 수 있다. [그림 2.11]과 같은 탐색 트리에서 임의로 광주를 출발지로 하였으며, 그 결과 {광주–목포–전주–대전–광주}의 총 426km의 여로를 가게 되었다.

물론 여러분들은 그림에서 얻어진 경로보다는 대전이나 목포를 출발점으로 할 때 보다 짧은 거리(421km)가 된다는 것을 쉽사리 생각할 수 있을 것이다. 여기서 우리가 생각해야 하는 사항은 어떤 문제

8 원래 고대 희랍어로 'heuriskein'이란 '발견하다'라는 뜻을 가진다. 전산학에서는 흔히 '휴리스틱스(heuristics)'란 용어를 경험이나 직관으로 기대컨대 보다 효율적으로 해를 얻을 수 있는 방법을 의미하는 데 사용하며, 엄밀한 의미에서 휴리스틱 기법은 명확히 정해진 절차에 의하는 알고리즘적 기법과 구별된다[Ralston83]. 휴리스틱 기법의 주된 용도는 기존의 수학적 기법으로 해결하기 힘든 문제, 예를 들어 여러 개의 직업 중 어떤 것이 좋은가, 혹은 예산을 어떻게 쓰는 것이 바람직한가하는 따위의 문제들을 풀거나 맹목적인 기법으로 풀기에는 너무나 많은 시간과 기억 공간이 필요하여 현실적으로 답을 얻는 것이 불가능한 경우가 된다. 사실 인간의 사고 행태는 대부분 휴리스틱하며, 이는 인공지능의 영역에서 휴리스틱 기법이 중요하게 대두되는 이유이기도 하다. '휴리스틱' 기법은 '경험적' 기법으로 번역되기도 한다.

에 대한 휴리스틱 해법은 유일하지 않으며, 얻어진 해가 최적도 아니고, 납득할 만한 해를 얻지 못할 수도 있다는 것이다. 따라서 해를 결정해 가는 과정에서 비용(즉, 여행 경로의 총 연장)이 어떤 허용치를 초과할 때 새로운 해를 찾도록 하는 방식이 유용할 수 있다.

표 2.2 외판원이 방문하는 네 개의 도시와 이들 사이의 대략적인 직선 거리

(단위 : km)

	대전	전주	광주	목포
대전	0	65	150	208
전주	65	0	80	143
광주	150	80	0	68
목포	208	143	68	0

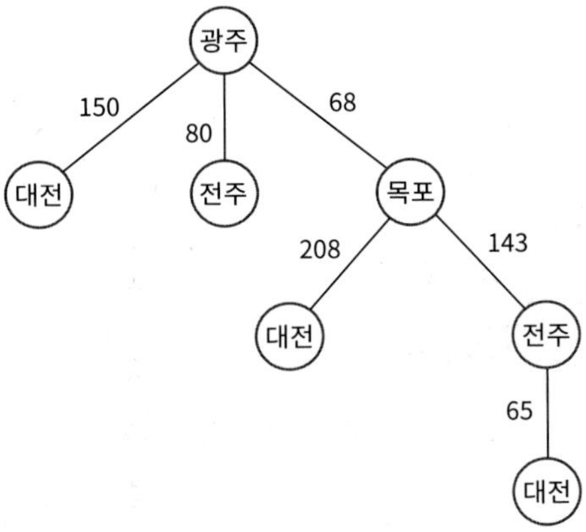

그림 2.11 [표 2.2]의 도시를 방문하는 판매원 경로의 최단 거리 휴리스틱스에 의한 해

3.2 평가 함수의 사용 : 언덕 등반 기법

임의의 노드에서 생성될 수 있는 자식 노드들 중 어떤 노드로 탐색을 해나갈 것인지의 결정은 각 경로가 목표에 이르는 데 있어서 얼마나 지름길(즉, 효율적인 해)일 수 있을 것인지를 판단할 수 있다면 자명해질 수 있다. 이와 같은 목적으로 각 경로의 효율성을 추정하기 위해 정의된 함수를 평가 함수(evaluation function)[9]라 한다. 즉, 문제의 종류, 혹은 평가 함수의 정의에 따라서 최소, 혹은 최대의 함수값을 가지는 노드를 선택하게 되는 것이다. 이를테면 평가 함수로 목표 노드와의 유사성을 사용한다면 평가 함수가 높은 노드를, 반대로 목표 노드와의 상이성을 사용한다면 평가 함수가 낮은 노드로 나아가야 할 것이

9 휴리스틱 함수(heuristic function), 또는 목표 함수(objective function)라고도 한다.

다. 이같은 탐색 전략을 언덕 등반(hill-climbing)[10] 기법이라 하는데, 특히 최대의 평가 함수를 가지는 노드를 선택해 나가는 방법을 최급 등반(steepest-ascent climbing) 기법이라 한다.

언덕 등반 기법을 보다 잘 이해하기 위해 [그림 2.12]와 같은 8-퍼즐 문제를 고려해 보자. 문제는 8개의 숫자가 새겨진 격자를 빈 칸을 적절히 이용하면서 이동시켜 목표 상태에 도달하는 것이다. 만약 평가 함수를 목표 상태와 비교해서 제자리에 놓여진 격자의 숫자로 정의하면, 초기 상태에서는 5개의 격자(즉 3, 4, 5, 6, 7)가 제자리에 있으므로 평가 함수의 값은 5가 된다. 여기서 생성 가능한 자식 노드들 중 가장 큰 평가 함수를 가지는 노드 쪽으로 [그림 2.13]과 같이 탐색해 나가게 되며, 평가 함수값이 8이 되면 탐색을 멈추게 된다.

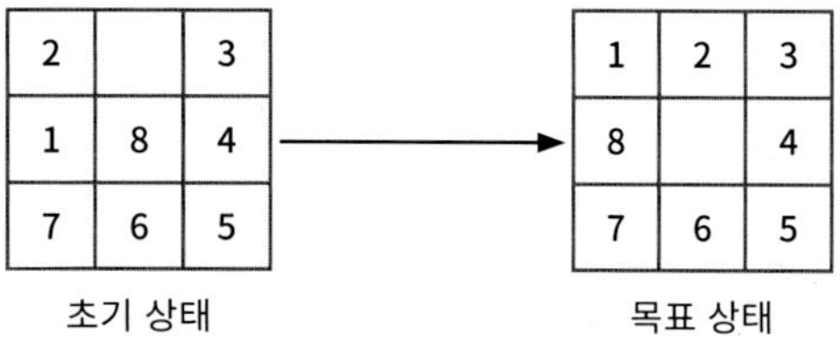

그림 2.12 8-퍼즐 문제

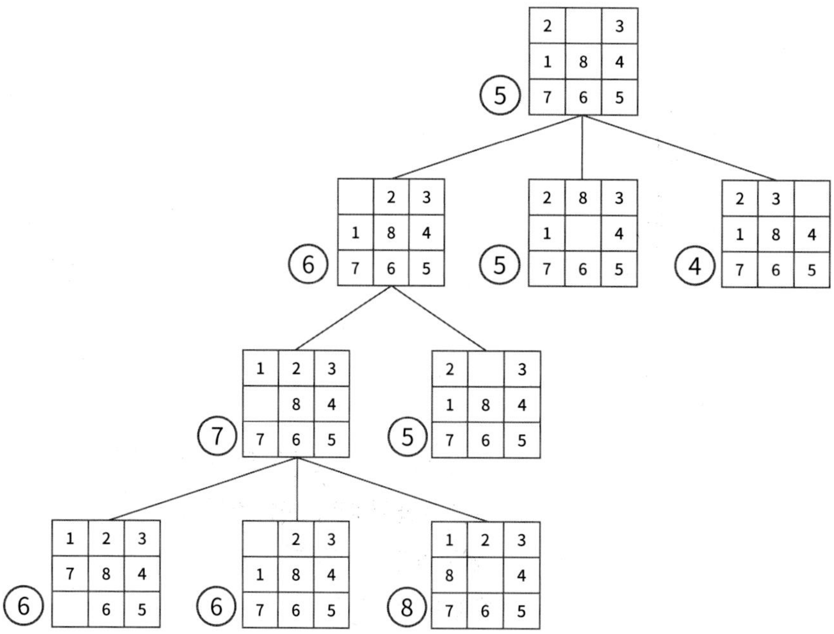

그림 2.13 언덕 등반 기법에 의한 8-퍼즐 문제의 탐색 : 원으로 둘러싸인 수는 평가 함수의 값이며 블록 상단 좌측의 숫자는 탐색 순서를 나타낸다.

10 엄밀하게 말하자면 언덕 등반 기법은 평가 함수값을 증대시키는 방향으로 탐색해 나가는 것이며 이와 반대 방향으로 탐색해 나가는 방식은 계곡 하강(valley declining) 기법이라고 따로 구분하여 부를 수 있지만, 사실 이 두 방법은 기본적으로 같은 원리에 의하므로 통괄하여 칭하여도 무리가 없을 것이다.

[그림 2.13]의 예에서 언덕 등반 기법은 적절하게 해를 구하였다. 그러나 종종 효과적이지 못한 경로를 찾거나 아예 목표 상태에 이르지 못하게 되는 경우도 발생할 수 있다. 이는 언덕 등반 기법이 하나의 경로를 따라 노드를 확장해 나가는 방식이므로, 깊이 우선 탐색 기법에 평가 함수를 활용한 것이라고 볼 수 있기 때문이다. 따라서 깊이 우선 기법을 이용했을 때와 같이 해가 없는 경로에 깊이 빠지거나, 해를 찾았다하더라도 최단의 경로에 의한 것이라고 보장할 수 없게 된다. 가령 [그림 2.14]의 경우가 그러한 경우이다. 여기서 자식 노드들은 모두 초기 노드의 함수값과 같거나 작은 평가 함수값을 가지므로 함수값을 높이는 방향으로 진행한다는 규칙이 더 이상 적용될 수 없게 되어 경로의 선택이 힘들어 진다. 우리는 특히 모든 자식 노드의 함수값이 부모 노드의 함수값보다 작은 경우, 국부 최대(local maximum)[11] 상태에 빠졌다고 한다. 사실 많은 실제적 문제들에서 이런 국부 최대의 문제가 발생할 수 있다.

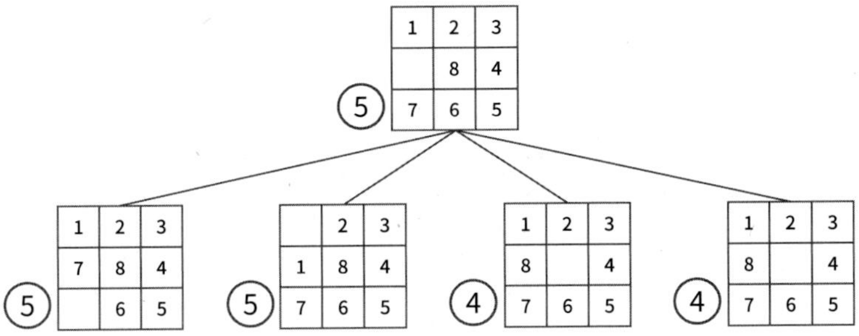

그림 2.14 단순한 언덕 등반 기법의 실패

3.3 단순한 언덕 등반 기법의 개선

이제 단순한 언덕 등반 기법을 사용할 때 발생하는 문제들을 해결할 수 있는 한 가지 방법을 설명한다. 이는 각 상태마다 해를 찾는 데 가장 유망한 노드만을 확장함으로써 탐색 트리의 크기를 줄이고자 하는 방법이다. [그림 2.15]와 같이 어떤 문제의 뿌리 노드 s가 주어진 경우를 고려해 보자. 만약 평가 함수가 목표 노드까지의 근접도를 의미한다면, 자식 노드들 중 경로의 선택은 평가 함수가 큰 c가 된다. 이제 c 노드를 확장하면 자식 노드로 d와 e 노드가 얻어지는데, 이들을 포함하여 a와 b 노드들의 함수값을 고려하면 a가 가장 큰 값을 가지므로, 이제 이를 활동 노드(active node)라고 한다. 이 때 생성되어 그 평가 함수값이 알려졌으나 아직 확장되지는 않은 탐색 트리 말단의 모든 노드들을 열린 노드(open node)라고 한다. 이에 비해 이미 확장하여 자식 노드가 얻어진 노드는 닫힌 노드(closed node)라고 한다. a를 확장한 후에는 다시 열린 노드들 중 가장 큰 값을 가지는 f를 확장하는 방식으로, 목표 노드 g가 생성될 때까지 계속 트리를 만들어 간다.

11 계곡 하강 기법의 경우 국부 최소(local minimum)가 된다.

이상의 설명은 흔히 '최고 우선(best-first) 탐색'이라 불리는 기법에 관한 것으로, 언덕 등반 기법과는 평가 함수를 활용한다는 점에서는 공통점을 가지지만 다음 두 가지 점에서 구분된다. 첫째, 언덕 등반 기법에서는 하나의 노드가 선택되면 그 노드와 같은 단계에 있는 다른 모든 노드들은 무시되고 이후에 다시 고려되지 않는다. 그러나 최고 우선 기법에서는 모든 열린 노드를 대상으로 평가 함수를 비교함으로써 한번 선택되지 못한 노드도 다음에 선택될 가능성을 가진다. 둘째로, 언덕 등반 기법에서는 자식 노드에 더 좋은 함수값을 가지는 노드가 없을 경우(즉, 지역 최대와 같은 경우를 만났을 때) 탐색에 애로를 겪게 되지만, 최고 우선법에서는 그 당시에 열린 노드들을 대상으로 가장 좋은 함수값을 가지는 노드를 택하여 나아가므로 탐색은 계속된다. 덧붙여서 최적의 경로에 의한 해를 항상 보장하는 너비 우선 방식이 각 단계에 존재하는 노드들을 모두 확장하는 것과는 달리 최고 우선 탐색법은 가장 유망한 노드만을 확장하므로 상당히 탐색 비용을 줄일 수 있다.

그러나 지금까지 설명한 최고 우선 방식으로 최적의 경로를 찾지 못할 수 있다. 즉, 해가 얻어진 후에도 아직 열려 있는 노드들 중 확장하면 더 빠른 경로로 해에 다다를 가능성을 가진 것도 있을 수 있는 것이다. 이런 경우를 대비하여 발견된 목표 노드까지의 경로보다 짧은 경로가 존재하지 않을 때까지 열린 노드들을 확장해 볼 필요가 있다. 예를 들어 [그림 2.15]에서 b노드의 자식 노드에 바로 목표가 있으면 b노드를 통하는 것이 최적의 경로가 되므로, 이를 확장해서 확인해 볼 필요가 있다.

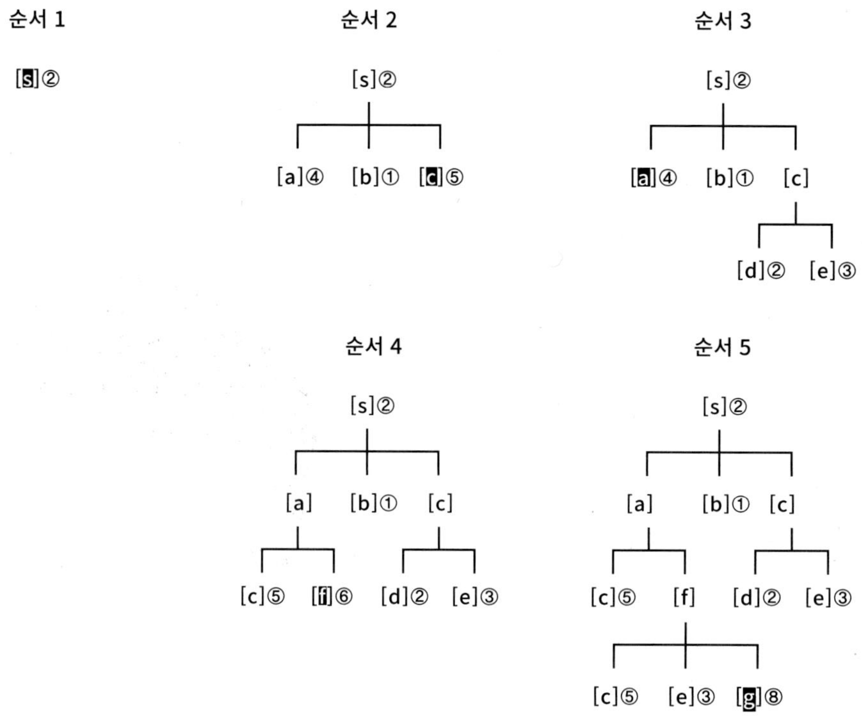

그림 2.15 최고 우선 탐색법 : 원안의 수는 평가 함수의 값이며, 활동 노드는 역상 표시되어 있다.

최고 우선 기법을 적용하여 탐색 트리를 만들어가는 과정 중에 모든 열린 노드의 목록을 유지하여야 한다는 점은 부담이 될 수 있으므로, 열린 노드들 중 단지 어떤 수만큼의 노드만을 기억하는 이른바 '빔 탐색법(beam search)'이 사용되기도 한다. 빔 탐색은 저장 공간을 축소할 수 있다는 점에서 장점이 있으나, 가지치기(pruning)가 너무 빠르게 되는 결과를 초래할 수도 있다.

지금까지 우리가 목표에 이르는 경로를 찾는데 기준으로 사용한 평가 함수는 각 노드와 목표 노드와의 근접도를 사용하였다. 그러나 기본적으로 최적의 경로는 뿌리 노드에서 목표 노드까지의 최단의 경로를 의미하므로 이를 함축하는 평가 함수를 정의해 보자.

임의 노드 N의 평가 함수 $f(N)$을 다음과 같이 정의하자.

$$f(N)=g(N)+h(N) \tag{2.1}$$

여기서 $g(N)$은 초기 노드에서 N노드까지의 최단 거리이며, $h(N)$은 N노드에서 목표 노드까지의 최단 거리라고 한다면, 이제는 가장 작은 평가 함수를 가지는 노드를 선택함으로써 빨리 해에 이를 수 있게 될 것이다. 식 (2.1)은 초기 노드에서 목표 노드에 이르는 경로를 찾되, 노드 N을 거치는 것을 제약 조건으로 하는 것을 의미한다. 그런데 $h(N)$은 해가 주어지지 않으면 알 수 없는 것이므로 실제에 있어서는 다음과 같이 식 (2.1)은 수정되어야 한다.

$$f(N)=g(N)+\hat{h}(N) \tag{2.2}$$

단, $\hat{h}(N)$은 $h(N)$의 추정치이다. 이때 모든 N에 대해 $\hat{h}(N) \le h(N)$의 조건이 성립하면 평가 함수는 허용성(admissibility)을 가진다고 하며, 허용성은 최적의 경로를 보장하는 조건이 된다[Nilsson98]. 만약 모든 N에 대해 $f(N)=g(N)$을 평가 함수로 사용한다면 이는 평가 함수로 초기 노드와의 거리만을 고려한다는 의미가 되므로, 낮은 깊이에 있는 노드를 우선 탐색하게 되어 결국 너비 우선 탐색과 같게 된다. 즉, 모든 N에 대해 $\hat{h}(N)=0$로 두면 허용성의 조건을 만족하게 되며, 너비 우선 탐색이 최단의 경로를 발견하게 한다는 것은 앞서 말한 바와 같다. 결국 식 (2.2)와 같은 평가 함수를 이용하는 기법은 너비 우선 탐색을 해나가는 데 있어 각 노드에서 목표에 이르는 경로가 얼마나 짧은 것인가의 추정치를 이용하는 것이며, 이는 국부적인 지식(local knowledge)을 이용하는 것이라고 볼 수 있으므로 'A^{KT}알고리즘'[12]이라고 한다.

12 Algorithm for Knowledgeable Tree search

식 (2.2)를 평가 함수로 하되 이미 지나온 노드를 향후의 탐색 노드에서 제외한 알고리즘을 'A* 알고리즘'이라고 한다[Hart68,72]. 따라서 A* 알고리즘은 A^{KT}알고리즘의 그래프 탐색 기법이라고 볼 수 있다.

예제 06 특정 평면상을 이동하며 작업을 수행하는 로봇을 가정해 보자. [그림 2.16(a)]와 같이 평면을 적당한 크기의 격자 좌표로 나눌 때, 현재 로봇이 좌표 (1,1)의 위치에 있고, (4,1)의 위치를 목표점으로 이동한다고 하자. 로봇의 이동 경로를 A* 알고리즘에 의하여 계획하여라. 단, 로봇은 수직 및 수평, 그리고 대각선 방향으로 진행할 수 있지만, 빗금 격자로 표시된 장애물 위로는 지나갈 수 없다.

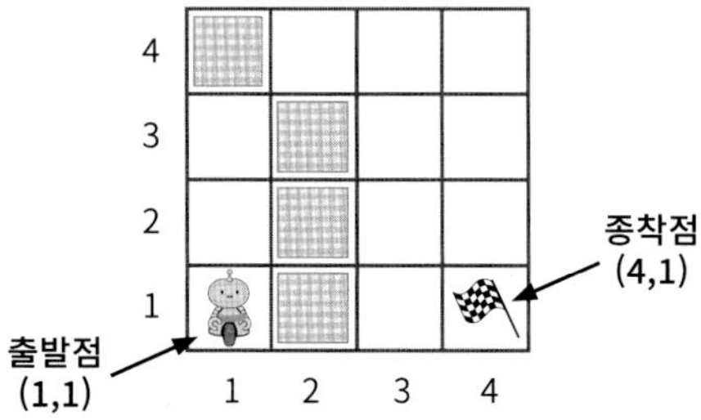

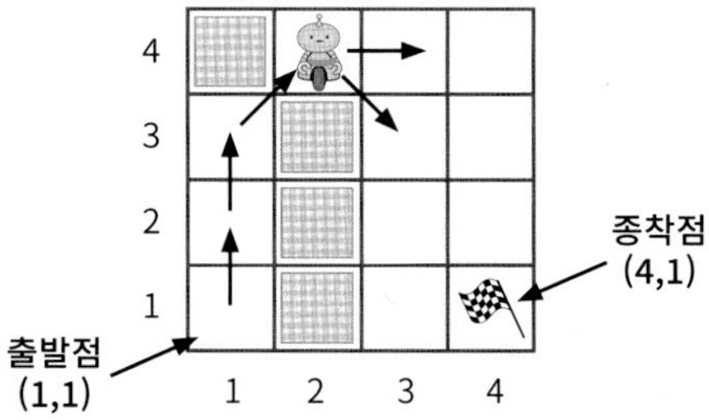

그림 2.16 격자 평면상 이동 로봇의 경로 계획 : (a) 설정된 출발점과 목표점, (b) 경로의 선택이 필요한 경우

풀이 06 [그림 2.16(a)]의 출발 위치에서 로봇이 나아갈 수 있는 곳은 위쪽뿐이다. 그러나 [그림 2.16(b)]에 보인 바와 같이, (2,4) 위치에서 로봇은 (3,4)로 가야할지, 아니면 (3,3)으로 가야할지를 결정하여야 한다. 만약 각 격자가 단위 길이의 정방형이라고 가정하고, 식 (2.2)를 사용하여 보자. 두 후보 지점에서의 $\hat{h}$값을 목표점까지의 직선 거리로 추정하면, 각각의 평가 함수는 식 (2.3)과 식 (2.4)와 같이 계산된다. 식의 계산 과정에서 앞의 괄호는 후보 지점에 올 때까지 통과한 실제 거리, 즉 식 (2.2)에서 g에 해당한다. 그리고 뒤의 괄호는 후보 지점으로부터 목표 지점까지의 직선 거리를 피타고라스의 정리를 사용하여 계산한 것으로 $\hat{h}$에 해당한다. 계산 결과 (3,3) 좌표의 평가 함수가 더 낮은 값, 즉 더 짧은 거리로 추정되므로 이 방향을 선택하는 것이 적절하다.

$$f(3,\ 4)=(1+1+\sqrt{2}+1)+(\sqrt{1^2+3^2})=7.576 \tag{2.3}$$

$$f(3,\ 3)=(1+2+\sqrt{2}+\sqrt{2})+(\sqrt{1^2+2^2})=7.064 \tag{2.4}$$

여기서 특정 좌표에서 목표 지점까지의 직선 거리는 항상 실제 로봇이 지나가게 될 경로보다 같거나 작으므로, $\hat{h}(N) \leq h(N)$의 조건이 성립한다. 즉, 허용성의 조건이 성립함을 알 수 있다.

---

04 게임을 위한 탐색

인간과 게임을 하는 기계는 오랫동안 과학자들의 관심을 끌어왔다. 특히 컴퓨터의 아버지라고 하는 Charles Babbage는 19세기에 이미 서양 장기(chess)를 하는 해석 기계의 프로그래밍에 대해 생각하였으므로 인공지능적 게임의 개념은 컴퓨터와 그 역사가 같다고 할 수 있다. 1950년대에는 Shannon[Shannon50]과 Turing[Turing53]이 독립적으로 서양 장기의 컴퓨터적 알고리즘에 대해 논한 바 있고, 10여년 후에는 Samuel[Samuel63]이 비로소 주목할 만한 성능의 프로그램을 실제 작성하였다. 1997년 IBM은 서양 장기에서 몇십억 수 앞을 내다보는 Deep Blue라는 컴퓨터를 개발하였다. 또한 2016년 DeepMind사의 AlphaGo는 서양 장기보다 훨씬 더 복잡한 바둑(Go)에서 이세돌 9단을 4:1로 이겨서 모두를 놀라게 했다.

게임은 다수의 경기자가 흔히 상호 배타적인 환경에서 승리하기 위한 경로를 탐색해 나가는 과정이라고 볼 수 있다. 그런 의미에서 게임을 위한 탐색은 지금까지 우리가 다루어 온 탐색 전략과는 몇 가지 상이한 면을 가지고 있다. 예를 들어 탐색의 주체가 복수이거나 그 이상일 수 있으며, 각자의 이익이 상대에게는 손해로 작용한다는 것 등이다. 그러나 각 참가자가 게임의 매 순간마다 자신의 이익을 극대화시키기 위한 결정을 내려야 한다는 점은 여타 탐색 기법들이 목표에 이르는 최적의 경로를 택하는 것과 다를 바 없다.

게임을 위한 탐색에 대해 보다 구체적으로 이해하기 위해 '말패(末敗, Last-One-Loses)게임'을 고려해 보자. 게임은 임의 수의 칩(chip)을 쌓아놓고 두 명의 경기자가 차례로 한 개에서 세 개까지의 칩을 들어내게 되는데, 마지막 칩을 들어내는 사람이 지는 경기이다. 이 경기는 분명 재미있지는 않겠지만 게임을 위한 탐색을 이해하는 데 간단하고도 효과적인 예가 될 수 있다. [그림 2.17]은 네 개의 칩만으로 A와 B가 게임을 하는 경우의 탐색 트리이다. 먼저 A의 차례부터 시작한다면 A는 한 개에서 세 개까지의 칩을 들어낼 수 있으므로 선택 경로도 세 가지이다. 그러나 A가 먼저 세 개의 칩을 들어내면 B는 선택의 여지 없이 남은 칩을 들어내지 않을 수 없으므로 확실히 이길 수 있게 되어 A의 선택도 자명하게 된다. 결국 앞을 내다 봄으로써 현재 상태에서의 선택을 결정할 수 있으며, 이는 게임을 위한 탐색에 있어서 기본이 되는 전략이다. 그러나 상기의 예와는 달리 대다수의 인간이 즐기는 게임에서는 보다 복잡한 규칙과 엄청나게 큰 탐색 트리를 가지게 되는 것이 보통이므로, 트리를 완전히 완성해 본 후(즉, 게임이 끝날 때까지의 단계까지를 미리 내다본 후) 선택을 한다는 것은 현실적으로 불가능하다.

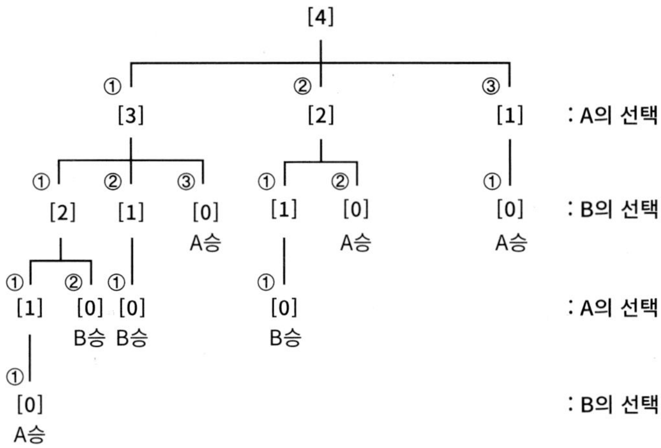

그림 2.17 네 개의 칩으로 하는 말패 게임의 탐색 트리 : 원으로 둘러싸인 수는 경기자가 들어내는 칩의 수이며, 대괄호 안의 수는 남아 있는 칩의 수이다.

예제 07 **[그림 2.17]의 예와는 달리 많은 수의 칩으로 시작하는 말패 게임을 생각할 때, 전체 탐색 트리를 완성한 후 판단을 내리는 것은 현실적으로 불가능할 수 있다. 이런 경우를 위한 평가 함수를 고려해 보아라.**

풀이 07 게임의 형태를 자세히 살펴보면 어느 쪽이든 임의의 0 이상의 정수 k에 대해 $4k+1$개의 칩이 남아있게 하면 이기게 됨을 알 수 있다. 따라서 평가 함수 f는 현재 쌓여 있는 N개의 칩에서 n개의 칩을 들어낼 때

$$f=\begin{cases} 1 & N-n-(4k+1)=0\text{을 만족시키는 }k\text{가 존재하는 경우} \\ 0 & \text{그렇지 못한 경우} \end{cases}$$

단, n=1, 2, 또는 3

으로 정의하고, 함수값이 1인 노드를 선택하면 된다. 이 평가 함수를 [그림 2.17]의 예에 적용해 보면 각 노드의 평가 함수는 다음의 [그림 2.18]과 같다.

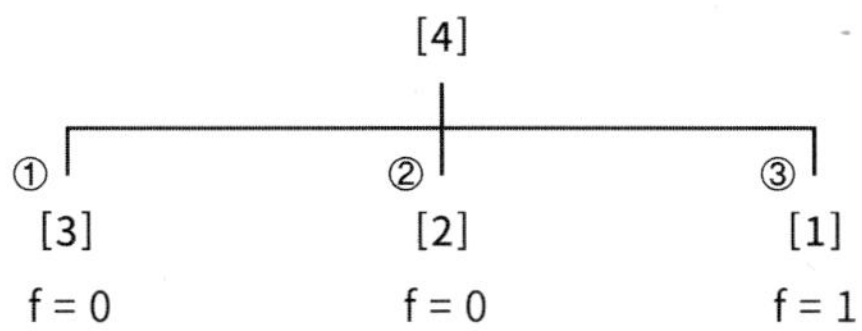

그림 2.18 평가 함수를 사용한 말패 게임

[예제 2.7]은 적절한 평가 함수의 사용으로 쉽게 게임을 풀어 나갈 수 있음을 보여준다. 그러나 말패 게임은 특수하게 간단한 예일 뿐임을 상기할 필요가 있다. 즉, 대부분의 게임(장기나 바둑 등)에서는 완벽하게 의존할 수 있는 평가 함수를 정의할 수 없으며, 함수값도 이진의 값이 될 수 없다. 따라서 평가 함수는 여러 가능한 선택들에 대해 휴리스틱한 기준에 의한 추정치만을 제공할 뿐인 경우가 대부분이다.

예를 들어 어떤 게임에서 정의된 평가 함수의 값이 1에서 −1까지의 범위에 있고, 1은 A가 이기는 것을, −1은 B가 이기는 것을 의미하며, 0은 백중하다는 의미라고 하자. 그렇다면 A는 자식 노드 중 평가 함수가 가장 큰 쪽을 선택해 나가면 될 것이고, B는 그 반대가 될 것이다. 따라서 [그림 2.19]와 같은 경우에 A의 선택은 c_1이 될 것이다. 하지만 평가 함수의 값은 완벽한 것이 아니라 단지 주어진 부분적인 정보로부터 최선의 추정일 뿐임을 생각하면, 조건이 허락하는 한 보다 많은 정보를 이용할 수 있으면 좋을 것이다. [그림 2.19]가 한 단계 앞을 내다보고 얻은 추정이라면, [그림 2.20]은 두 단계 앞까지 고려한 추정치를 보여준다. 여기서 A가 c_1을 선택했을 때 B는 평가 함수값을 최소로 하는 경로를 선택할 것이므로 c_{13}으로 나아갈 것으로 예상된다. 그러면 결국 A가 c_1을 택하는 경우 다음 자기의 차례가 되었을 때의 평가 함수값은 −0.6이 된다. 그러나 c_3을 택했을 때는 B가 c_{32}를 택할 것이므로 평가 함수값이 −0.3이 될 수있다. 이처럼 게임에 참가한 두 경기자가 평가 함수를 최소화하려는 의도를 가진 최소화자(minimizer)와 최대화하려는 의도를 가진 최대화자(maximizer)로 구성되어 있다고 가정하고 탐색해 나가는 전략을 최소최대(minimax) 탐색법이라고 한다.

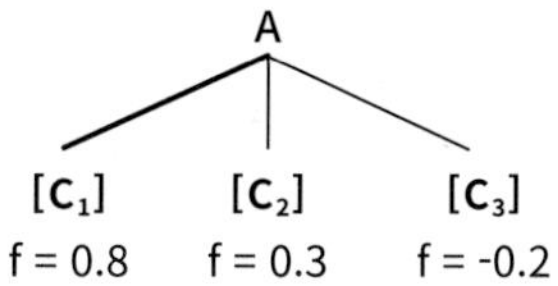

그림 2.19 평가 함수를 최대화시키려는 A의 탐색

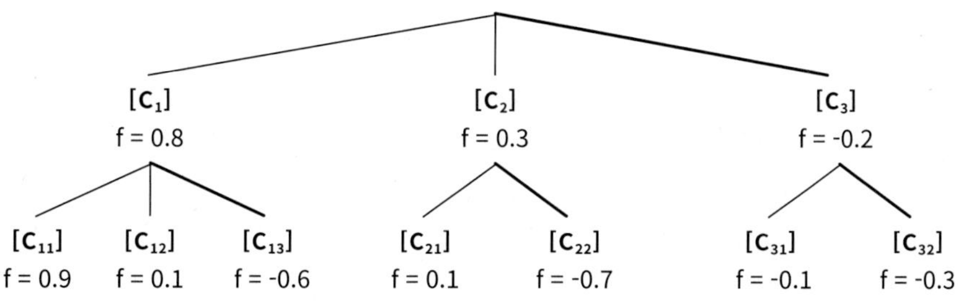

그림 2.20 평가 함수를 최소화시키려는 B의 의도를 고려한 A의 선택

일반적으로 게임을 위한 탐색에 있어서 될 수 있는 대로 멀리 내다보는 것이 승리를 위해 유리함은 당연한 사실이지만, 이는 기억 공간과 계산 비용면에서 큰 부담을 초래한다. 예를 들어 서양 장기의 경우 각 노드당 자식의 수가 평균 35개 내외이므로 각 경기자가 한 게임에 50수 정도를 둔다고 하면 게임이 끝날

때까지 약 35^{100} 정도의 경우를 생각하여야 한다. 그러므로 최소최대 탐색을 하는 데 있어서 미리 확장해 보는 노드도 컴퓨터의 성능을 고려하여 현실적으로 가능한 수로 한정할 필요가 있고, 불필요한 부담은 최소화시켜 효율적인 탐색을 진행할 필요가 있다. 다행스럽게도 최소최대 법을 사용할 때 어떤 노드는 그 함수값을 구하거나 확장하지 않아도 판단을 내리는 데 지장이 없는 경우가 있으며, 이러한 노드를 고려의 대상에서 제외함으로서 탐색의 영역을 상당히 축소할 수 있다.

예를 들어 부분적으로 확장된 게임 트리로 [그림 2.21]과 같은 경우를 고려해 보자. 여기에 최소최대 탐색법을 사용할 때, 최대화자가 c_0에서 판단을 내리는데 c_{22}와 c_{23}의 평가 함수값이 필요한가? 여기에 대한 해답은 "필요 없다"는 것이다. 그림에서 왼쪽의 경로를 택하면 0.2 또는 0.7의 함수값에 다다를 수 있으므로, 다음 단계에서 최대화자는 적어도 0.2의 값을 가질 수 있다. 그런데 오른쪽의 경로로 나아갈 경우 최소화자는 c_2의 자식 노드 중 함수값이 가장 작은 값을 택할 것이므로 최대화자의 순서가 되었을 때의 함수값은 최대로 −0.1이 되며, 이는 왼쪽으로 나아갔을 때 얻을 수 있는 최소값보다 작다. 따라서 최대화자는 왼쪽의 경로를 택하게 되며, 오른쪽의 경로는 더 이상 확장해 볼 필요가 없다.

[그림 2.21]의 경우 최대화자는 c_0 노드에서 경로를 선택하는 기준으로 0.2라는 값을 사용하였는데, 이를 알파(α)라고 한다. 마찬가지로 최소화자도 자신의 선택을 위한 기준을 사용할 수 있으며 이를 베타(β)라고 한다. 즉, 알파는 최대화 노드에서 가능한 최소의 값이며, 베타는 최소화의 노드에서 가능한 최대의 값이다. 그리고 이처럼 알파와 베타를 사용한 게임 탐색법을 '알파 베타 가지치기($\alpha-\beta$pruning)'라고 한다.

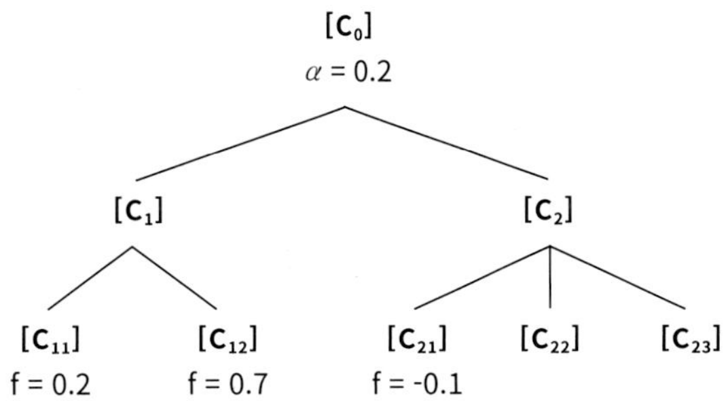

그림 2.21 알파 베타 가지치기(α=0.2)

05 제약 조건 만족 문제

제약 조건 만족 문제[13]란 변수들의 값을 유한하면서 이산적인 정의구역에서 지정하는 문제로서, CSP(Constraint Satisfaction Problem)라고 한다[Yokoo99]. 제약 조건 만족 문제를 푸는 것은 모든 제약 조건들이 만족되게끔 모든 변수들에 적당한 값이 지정되도록 탐색 공간을 순회하는 것이다. 제약 조건을 만족시키는 문제는 일반적으로 문제 크기에 따른 계산 복잡도(complexity)가 NP-Complete[14]이고, 따라서 적당한 해를 시행착오적으로 탐색하게 된다.

[그림 2.22]에 예로든 8-여왕(8-Queen) 문제는 단지 하나의 여왕만이 하나의 행이나 열에 존재하며, 대각선 방향으로도 일치하는 영역에 배치되면 안 되는 제약 조건을 만족하는 배열을 찾는 것이다. 따라서 우리는 이 문제를 다음처럼 표현할 수 있다. 8개의 변수들 $x_1, x_2, \ldots, x_8$이 있고, 변수 각각은 각 행에서 여왕이 놓일 수 있는 위치를 값으로 갖는다. 변수의 정의역은 {1, 2, ... , 8}이 된다. 해는 이들 변수들의 적절한 값 조합이 되는 것이다. 여왕이 서로를 위협하지 못하는 제약 조건은 서술어(predicate)로서 표현될 수 있다. 즉, x_i와 x_j 사이의 제약 조건은 $(x_i \neq x_j) \wedge (|x_i - x_j|)$로 표현될 수 있다.

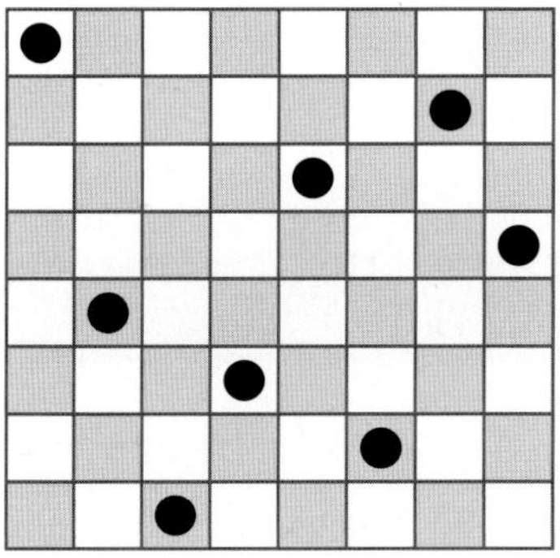

그림 2.22 제약 조건 만족 문제의 예 : 8-Queen

제약 조건 만족 문제의 다른 예로는 그래프 색칠하기(graph coloring)가 있다. 그래프 색칠하기 문제의 목표는 하나의 링크에 의해 연결된 이웃하는 노드들은 반드시 다른 색깔을 갖도록 색칠하는 것이다. 이때 각 노드는 유한한 개수의 가능한 색깔만 사용해야 한다. 이는 지도의 제작 시 유한한 물감을 가지고 인접한 나라들에 다른 색깔을 인쇄하는 지도 색칠하기(map coloring) 문제라고도 한다. 이 문제를 우리는 각 노드의 색깔을 변수로, 각 노드의 가능한 색깔을 변수의 정의역으로 표현함으로써 하나의 제약 조건 만족 문제로서 정형화할 수 있다.

---

13 여기서 다루는 문제는 3.3절에서 다시 언급될 것이다.

14 NPC(Nondeterministic Polynomial Complete, 비결정 완전)란 다항식으로 표현되는 시간 내에 문제를 해결할 수 있는 알고리즘이 존재하지 않고, 존재할 것인지도 알려지지 않은 문제들을 지칭하는 컴퓨터과학에서의 복잡성(complexity) 용어이다. 1971년 Stephen Cook에 의해 그 개념이 처음 도입되었으며, 2.3절의 순회 판매원 문제가 대표적인 NPC 문제이다. 이러한 문제가 주어졌을 때는 최적의 해를 구하기 위해 시간을 소비하기보다는 짧은 시간 내에 적당한 해를 구하는 근사법(approximation)이나 휴리스틱 기법을 사용하게 된다.

예제 08

만일 모든 제약 조건들이 참(1)과 거짓(0)의 이진수라면, 하나의 제약 조건 만족 문제는 노드가 변수를, 링크는 대응하는 변수들간의 제약 조건을 표현하는 그래프로서 표현 가능하다. [그림 2.23]은 네 개의 변수들 x_1, x_2, x_3, x_4와 제약 조건 $x_1 \neq x_2$, $x_1 \neq x_3$, $x_2 \neq x_4$, $x_3 \neq x_4$를 갖는 제약 조건 만족 문제를 나타낸다. 현재 $x_1 = \{0, 1\}$, $x_2 = \{0, 1\}$, $x_3 = \{1\}$, $x_4 = \{0, 1\}$을 값으로 가질 수 있다. 이 문제에서 적당한 해를 찾아보시오.

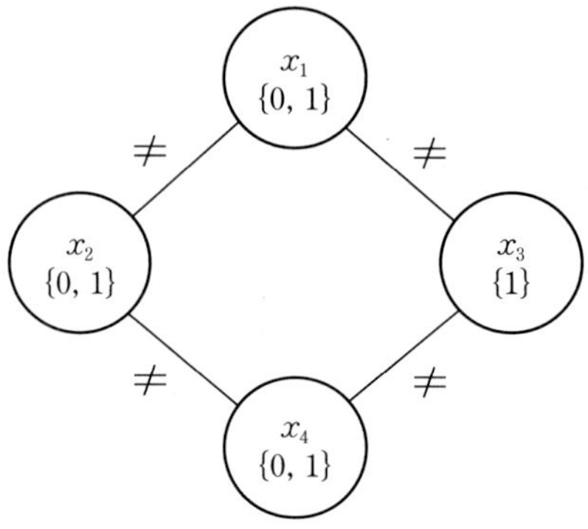

그림 2.23 제약 조건 그래프

풀이 08

제약 조건이 x_1은 x_2, x_3과 같으면 안 되고, x_2와 x_3 모두 x_4와 같으면 안 되며, [그림 2.23]에서 알 수 있듯이 현재 $x_3 = 1$을 값으로 가지므로 $x_1 = x_4 = 0$을 값으로 가지면 된다. 결과적으로 $x_2 = 1$을 가지면 제약 조건을 만족하는 올바른 해를 찾은 것이다.

06 탐색 기법의 활용

탐색은 공장 자동화에서부터 로봇의 경로 계획에 이르기까지 그 활용 범위가 다양하다. 예를 들어 미국의 케네디 우주센터에서는 우주왕복선의 수리와 점검을 위한 GPSS(Ground Processing Scheduling System)라는 프로그램을 개발한 바 있는데, 이는 주어진 인원과 장비로 정해진 시간 안에 우주왕복선의 보수를 마칠 수 있도록 적절한 일정을 탐색하기 위한 것이다. 흔히 탐색은 그 문제 영역이 방대하여 정해진 조건을 만족시키는 납득할 수 있는 해를 적당한 시간 내에 찾는 것으로 족한 경우가 많으며, 자동차의 주행을 위한 실시간 경로 안내 시스템, 즉 네비게이터가 그 대표적인 예가 된다. 그러나 때에 따라서는 최적의 해가 필요한 경우도 있다. 이러한 예는 비행기의 좌석 예약을 위한 시스템과 같은 것에서 찾을 수 있는데, 시스템은 승객의 요구를 최대한 수용하면서 항공사의 이익을 극대화시킬 수 있도록 프로그램 되어야 한다.

인간이 즐기는 대부분의 게임은 그리 복잡하지 않은 규칙을 사용함에도 엄청나게 큰 탐색 영역을 가지므로 프로그램하기가 쉽지 않고 탐색과 지식의 활용을 필요로 한다. 그러나 컴퓨터를 통한 서양 장기의 경우 인공지능 분야가 본격적으로 대두되기 이전부터 연구되어 왔고, IBM의 Deep-Blue와 같은 것들은 초고속의 병렬 하드웨어를 갖추고 인간 최고 전문가를 능가하는 수준을 보였다. 바둑은 서양 장기보다 더욱 어려운 점들이 존재하지만 이미 인공지능 시스템이 최고수의 인간을 압도하였다. 게임은 그 자체로도 상업적 의미를 가지지만, 속성상 다자가 공동의 공간에서 자신의 목적(절대적 승리나 상대적 이익)을 달성하고자 한다는 점에서 경제, 정치 등 여러 분야에서 활용 가능성을 가진다.

과제

01. A* 탐색 알고리즘을 사용하여 격자 공간 내 이동 로봇의 경로를 계획하는 프로그램을 작성하시오. 10×10의 격자를 고려하고, 출발점과 목표점, 그리고 장애물의 위치가 임의로 주어질 때, 프로그램은 적절한 경로를 제시할 수 있어야 한다. 프로그램의 입력은 텍스트 파일(.txt)로 다음과 같은 형태를 가질 수 있을 것이며, 과제를 평가할 때 제시될 임의의 파일에 대비하여 프로그램을 완성한 후 충분히 여러 가지 다른 파일에 대해 프로그램을 실행하여 그 성능을 확인하여야 한다. [그림 2.24]와 같이 데이터 파일에서 0은 자유 공간, 1은 장애물을 의미하며, 2는 출발점, 3은 목표점을 나타낸다. 두 가지 경우를 생각할 수 있는데 첫째는 대각선으로 진행할 수 있다는 것이고, 둘째는 직각 방향의 이동만 허용된다는 것이다. 찾은 경로는 8로 표시하라. 과제의 평가는 (a) 단계별로 복잡도가 다른 파일에 대한 프로그램의 성공적인 실행 여부, (b) 찾아낸 경로의 길이 – 당연히 짧은 거리를 찾을수록 점수가 높다, (c) 보고서의 충실도 등을 기준으로 한다.

(a)	(b)	(c)
1000000111	1000000111	1000000111
1110110111	1110110111	1110110111
2000010000	2888010000	2000010000
0110110111	0118110111	8110110111
0010000101	0018000101	0810000101
1000111101	1008111101	1080111101
1110110001	1118110001	1118110001
1110000111	1118800111	1110800111
1111000003	1111888883	1111088883
1000011011	1000011011	1000011011

그림 2.24 로봇의 자율 주행 프로그래밍을 위한 모의 격자 공간 : (a) 주어진 문제, (b) 직각 이동만 가능한 경우의 한 해, (c) 대각 이동이 가능한 경우의 한 예

02. 8–퍼즐 문제를 프로그램 하시오. 임의의 초기 상태에 대해 목표 상태에 이르는 절차를 모두 표시하여야 한다. 프로그램의 수행이 빠르게 진행되면 이를 일일이 확인하기 곤란하므로, 절차상의 상태들은 파일에 저장하는 것이 좋다.

03. 게임 프로그램을 만들어 보자. 프로그램이 완성되면 두 명이 각자 프로그램을 실행하면서 프로그램의 지시에 따라 실제 판(board) 상에서 게임을 진행할 수 있다. 과제의 평가 점수는 일단 완성된 프로그램에 대해서 토너먼트 방식으로 경기를 진행하여 순위에 따라 주어질 수 있다.

3-1. Tic–Tac–Toe 게임용 프로그램을 작성하시오.

3-2. 오목 게임을 위한 프로그램을 작성하시오.

03장

지식 표현과 논리

인공지능에 있어서 가장 핵심이 되는 부분은 지식(knowledge)이며, 지식을 어떻게 체계적으로 저장하고 효율적으로 사용할 수 있도록 하는가에 관한 연구로써 지식 표현 방법은 매우 중요하다. 지식이 중요한 만큼 지식의 표현을 어떻게 하느냐에 따라 주어진 문제의 인공지능적 해결 방법도 달라질 수 있다. 따라서 지식 표현 방법에 따라 문제 영역에 적합하고 성능이 좋은 문제 해결 방법이 나올 수 있다. 이 장에서는 대표적 지식 표현 방법과 각각의 특징, 간단한 문제 해결 방법, 지식을 표현하고 관리할 때 고려해야 할 몇 가지 사항에 대하여 기술한다.

01 논리

논리(logic)에 의한 지식 표현은 수학이나 논리학에서 사용되었던 논리를 이용한다. 대표적으로 사용되는 논리는 명제 논리(propositional logic)와 서술 논리(predicate logic)이다. 명제란 참(True)과 거짓(False)을 판별할 수 있는 문장으로서, And(∧), Or(∨), Not(~), Implies(→), Equivalent(=) 등과 같은 연결자(connective)에 의해 연결될 수 있다. 이러한 문장을 복합문(compound statement)이라 한다. 복합문의 참, 거짓을 판명하기 위해서는 주어진 법칙을 따른다. 예를 들어 명제 X가 참이고, 명제 Y가 거짓이라면, 'X And Y'는 거짓이며, 'X Or Y'는 참이다. 또한, 명제 X가 참이고 'X Implies Y'가 참이면, Y도 참이 된다.

서술 논리는 명제 논리를 확장한 것이다. 서술 논리의 단위는 하나의 객체(object)이다. 이 객체에 대한 문장을 서술문(predicate)이라 한다. 예를 들어 'Canary Is a Bird'는 (Is-a Canary Bird)라고 표현한다. 서술되는 Canary나 Bird와 같은 객체를 인자(argument)라고 한다. 서술문은 연결자로 연결될 수 있어서 새로운 서술문을 만들 수 있다. 서술문은 참이나 거짓 값을 갖는다. 서술 논리에서는 서술문 안에 객체에 대한 변수와 그에 대한 한정 기호(quantifier), Forall(x)나 Exists(x)를 사용할 수 있도록 한다[1]. 예를 들어, "If X Is a Bird, Then X Has Wings."라는 서술문은 (Forall(X) (If (Is-a X Bird) (Has X Wings)))로 나타내진다.

논리 표현은 개념을 자연스럽게 표현할 수 있으며, 수학적인 근거를 바탕으로 하고 있으므로 지식을 정형화할 필요가 있는 영역에 적합하다. 또한, 데이터베이스 내의 가정(assertion)들이 독립적(modular)이므로 쉽게 첨가, 삭제되며 단순하다는 장점이 있다. 반면 절차적, 결정적 지식의 표현이 어렵고, 지식베이스 구성 요소인 사실의 구성 법칙이 부족하므로 실세계의 복잡한 구조를 표현하기 어렵다는 단점이 있다.

정형 공식(well-formed formula)[2]을 정의하여 보자. 정형 공식을 정의하기 위해서는 먼저, 항(Term)과 기초 공식(Atomic Formula)에 대한 정의가 필요하다.

항(Term)의 정의

1. 상수(constant symbol)와 변수(variable symbol)는 Term이다.
2. f가 함수이고, x가 Term이면 f(x)는 Term이다.
3. t가 1번 과정과 2번 과정에 의해 구성되기만 하면 Term이다.

1 'for all'과 'there exists'의 기호로 ∀와 ∃를 사용한다.
2 종종 'wff'로 표현하며 '우프'라고 읽는다.

Term의 예

MARY, BOX : 상수

x, y, z : 변수

father : 함수

father(MARY) : Term

기초 공식(Atomic Formula)의 정의

인자를 가지는 서술어에서 인자가 Term이면, 그 서술어는 Atomic Formula이다.

Atomic Formula의 예

WOMAN(MARY)

WRITER(father(TOM))

MARRIED(father(JOHN), mother(JOHN))

정형 공식의 정의

1. Atomic Formula F는 정형 공식이다.
2. F와 G가 정형 공식이면, (F∨G), (F∧G), ~F, (F→G), (F↔G)도 정형 공식이다.
3. F가 정형 공식이면, (∀x)F와 (∃x)F도 정형 공식이다.
4. F가 1번, 2번, 3번 과정에 의해서 구성되기만 하면, 정형 공식이다.

02 비교 흡수 부정

두 개의 기초절 $P_1 \vee P_2 \vee \ldots \vee P_N$과 $\sim P_1 \vee Q_2 \vee \ldots \vee Q_M$이 있다고 하자. P_i, Q_j, $1 \leq i \leq N$, $1 \leq j \leq M$ 모두 서로 다른 것이라고 가정한다. 이 두 개의 부모절(parent clause)로부터 비교 흡수절(resolvent)이라는 새로운 절을 유도할 수 있다. 이 비교 흡수절은 두 개의 절에 대해 논리합을 취하면 $P_1 \vee \sim P_1 \vee P_2 \vee \ldots \vee P_N \vee Q_2 \vee \ldots \vee Q_M$이 되며, 여기서 보수쌍(complementary pair)인 $P_1 \vee \sim P_1$을 제거함에 의해 구해진다. 이렇게 두 개의 부모절에서 비교 흡수절을 유도하는 방법을 비교 흡수 부정(resolution refutation) 방법이라 한다. 비교 흡수 부정 방법은 다음에 기술되는 바와 같이 흔히 사실 또는 정리의 증명에 유용하게 사용될 수 있다.

2.1 비교 흡수 부정과 절 생성 방법

비교 흡수 부정(resolution refutation)에서 기술하는 절(clause)의 의미는 문자들의 논리합으로 구성된 정형 공식이라고 정의한다. 정형 공식의 집합 S에 어떤 정형 공식 X가 논리적으로 뒤따른다는 것을 증명하기 위해 비교 흡수절을 이용하는 비교 흡수 부정 방법은 먼저 집합 S에 X의 부정인 ~X를 첨가하여 집합 P = S ∪ {~X}를 형성한다. 이제 이 새로운 집합 P로부터 비교 흡수 과정을 통해 유도되는 새로운 비교 흡수절 R_i를 유도하고, 집합 P에 R_i를 추가하여 나오는 새로운 집합에 대해 다시 비교 흡수를 수행한다. 이러한 과정을 계속 반복하게 된다. 이때 과정이 종료되는 시기는 새로이 유도되는 비교 흡수절이 모순(NIL로 표기함)을 나타내는 경우이며, 이로부터 정형 공식 X는 집합 S에 논리적으로 뒤따른다고 한다. 이와 같은 비교 흡수 부정 방법에 의해 정리 증명(theorem proving)이 정당화되는 이유는 다음과 같은 논리로 설명된다.

정형 공식들로 구성된 집합 S에 논리적으로 뒤따르는 정형 공식 X가 있다고 가정하자. 그러면, 가정에 의해 S를 만족하는 모든 해석은 또한 X를 만족한다. 이것은 S를 만족하는 어떠한 해석도 ~X를 만족하지 못한다는 사실과 같다. 그러므로 위의 언급한 모든 해석들은 S와 {~X}를 동시에 만족시키지 못한다. 여기서 어떤 해석에 의해서도 만족되지 않는 정형 공식의 집합을 불만족(unsatisfiable)하다고 한다. 실제적으로 X가 S에 논리적으로 뒤따른 정형 공식이라면 S ∪ {~X}는 불만족하다. 만일 비교 흡수 과정이 불만족한 집합에 반복적으로 적용이 되면 결국에는 모순이 유도되는 것을 보일 수 있다. 그러므로 만일 X가 S에 논리적으로 뒤따르면 비교 흡수 과정에 의한 S ∪ {~X}의 집합으로부터 NIL절을 결국에는 유도하게 될 것이다. 역으로, 만일 NIL이 집합 S ∪ {~X}로부터 유도된다면 X는 S로부터 논리적으로 뒤따른다는 것을 보일 수 있다. 비교 흡수 부정에 대한 이해를 돕는 예를 비유적으로 설명하겠다. 홍길동이라는 사람이 자신의 가문 S에 잘 맞는 배우자 X를 집 식구들에게 소개한다고 하자. 이때 집 식구들은 배우자 후보 X가 가문 S에 잘 맞는지 알고 싶지만, X를 그대로 적용할 수 없어서 X와 반대되는 사람인 ~X를 대상으로 비교 흡수 부정을 해 본다. 비교 흡수 부정 결과, 가문 S가 풍비박산 나서 가문이 사라지는 모순(NIL) 상태가 된다면, ~X를 가문 S와 맞추어 보니 가문이 망했으므로, 홍길동이 데려오려는 배우자 후보 X는 가문 S와 잘 맞을 것이라고 추론할 수 있다가 된다.

비교 흡수 부정 방법은 절에 적용하는 추론 규칙이기 때문에 서술형 명제인 정형 공식을 절들의 집합으로 변환시켜야 한다. 정형 공식을 절들의 집합으로 변환시키는 방법은 다음과 같다.

1. ⇒(implication)을 제거한다.
2. ~(negation)의 영역을 축소한다.
3. 변수들을 표준화한다. 변수는 가상 이름이고 정형 공식의 진리값에는 영향을 미치지 않으므로 각 한정 기호는 고유한 가상 변수를 가질 수 있다. 즉 $(\forall x)[P(x) \Rightarrow (\exists x)Q(x)]$는 $(\forall x)[P(x) \Rightarrow (\exists y)Q(y)]$로 변형하여 변수 표준화를 이룬다.

4. 존재 한정 기호(existential quantifier)를 제거한다. $(\forall y)[(\exists x)P(x,y)]$라는 정형 공식을 우리말로 하면 "모든 y에 대해 P(x,y)를 만족시키는 y에 종속되는 x가 존재한다"가 된다. 여기서 y에 종속되어 결정되는 x를 y에 대한 어떤 함수로 표현해 g(y)로 표현할 수 있다. 이와 같은 함수 g를 스컬럼 함수(Skolem function)라 하고, 어떤 매개 변수도 가지지 않는 스컬럼 함수를 스컬럼 상수라고 한다.

5. 프리닉스 형(prenex form)으로 변환한다. 프리닉스 형이란 전체 한정 기호(universal quantifier)를 정형 공식의 제일 앞에 놓아 전체 한정 기호의 영역을 정형 공식 전체에 미칠 수 있도록 표현한 것을 의미한다.

6. 매트릭스(matrix)를 논리곱의 정규형으로 변환한다. 프리닉스 형의 정형 공식에서 전체 한정 기호로 된 앞부분을 접두사(prefix)라 하고, 나머지 부분을 매트릭스라 한다. 논리곱의 정규형이란 문자들의 논리합으로 이루어진 유한 집합에 대한 논리곱을 말한다. 예를 들어, **$X_1 \vee (X_2 \wedge X_3)$절을 $(X_1 \vee X_2) \wedge (X_1 \vee X_3)$로 변환하는 것이다.**

7. 전체 한정 기호인 접두사 ∀를 생략한다.

8. ∧(논리곱)을 없애고, 절을 분리한다.

9. 변수들을 조정한다. 8번에서 구한 어떠한 두 개의 절도 같은 이름의 변수가 나타나지 않도록 한다. 이것은 컴퓨터 입장에서 헷갈리지 않도록 하는 효과를 제공한다.

예제 01 **다음 정형 공식을 앞의 9단계에 의해 절들의 집합으로 변환시켜 보시오.**

$$(\forall x)\{P(x) \Rightarrow \{(\forall y)[P(y) \Rightarrow P(f(x,y))] \wedge \sim(\forall y)[Q(x,y) \Rightarrow P(y)]\}\}$$

풀이 01

1. $X_1 \Rightarrow X_2$와 $\sim X_1 \vee X_2$는 동치라는 사실을 이용한다.

$$(\forall x)\{\sim P(x) \vee \{(\forall y)[\sim P(y) \vee P(f(x,y))] \wedge \sim(\forall y)[\sim Q(x,y) \vee P(y)]\}\}$$

2. $\sim(\sim P) = P$, $\sim(A \wedge B) = \sim A \vee \sim B$, $\sim(A \vee B) = \sim A \wedge \sim B$,

$\sim(\forall x)P(x) = (\exists x)\sim P(x)$, $\sim(\exists x)P(x) = (\forall x)\sim P(x)$를 이용한다.

$$(\forall x)\{\sim P(x) \vee \{(\forall y)[\sim P(y) \vee P(f(x,y))] \wedge (\exists y)[Q(x,y) \wedge \sim P(y)]\}\}$$

3. $(\forall x)\{\sim P(x) \vee \{(\forall y)[\sim P(y) \vee P(f(x,y))] \wedge (\exists w)[Q(x,w) \wedge \sim P(w)]\}\}$

4. $(\forall x)\{\sim P(x) \vee \{(\forall y)[\sim P(y) \vee P(f(x,y))] \wedge [Q(x,g(x)) \wedge \sim P(g(x))]\}\}$

5. $(\forall x)(\forall y)\{\sim P(x) \vee \{[\sim P(y) \vee P(f(x,y))] \wedge [Q(x,g(x) \wedge \sim P(g(x)]\}\}$

6. '단계 5'에서의 매트릭스는 분배 규칙을 적용할 수 있다.

$(X_1 \vee (X_2 \wedge X_3))$는 $(X_1 \vee X_2) \wedge (X_1 \vee X_3)$로 변형되는 분배 규칙을 적용한다.

$$(\forall x)(\forall y)\{[\sim P(x) \vee \sim P(y) \vee P(f(x,y))] \wedge [\sim P(x) \vee Q(x,g(x))] \wedge [\sim P(x) \vee \sim P(g(x)]\}$$

7. $[\sim P(x) \vee \sim P(y) \vee P(f(x,y))] \wedge [\sim P(x) \vee Q(x,g(x))] \wedge [\sim P(x) \vee \sim P(g(x)]$

8. $X_1 \land X_2$ 는 $\{X_1, X_2\}$로 표현한다.

[~P(x)∨~P(y)∨P(f(x,y))]

[~P(x)∨Q(x,g(x))]

[~P(x)∨~P(g(x)]

9. 다음과 같이 변수를 조정할 수 있다.

[~P(x_1)∨~P(y)∨P(f(x_1,y))]

[~P(x_2)∨Q(x_2,g(x_2))]

[~P(x_3)∨~P(g(x_3)]

비교 흡수 부정 방법을 다음의 예를 통해 살펴보자.

예제 02 **정형 공식의 집합 S가 다음과 같다고 할 때, I(z) ∧ ~R(z)가 S에 논리적으로 뒤따르는지를 증명하시오.**

1. ~R(x) ∨ L(x)

2. ~D(y) ∨ ~L(y)

3-1. D(A)

3-2. I(A)

풀이 02 먼저 목표 정형 공식인 I(z) ∧ ~R(z)를 부정하여 다음의 형태와 같은 절을 구한다.

4. ~I(z) ∨ R(z)

1번에서 4번까지 이루어진 집합으로부터 NIL의 유도에 이르는 동안의 비교 흡수 과정을 나타내면 [그림 3.1]과 같은 트리가 된다.

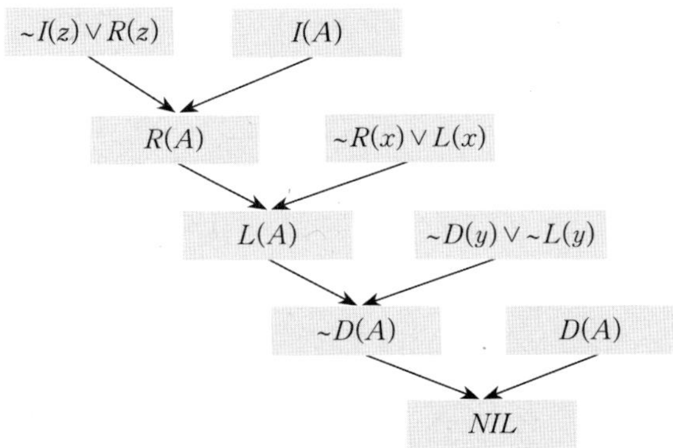

그림 3.1 비교 흡수 부정의 예

2.2 대답 유도 과정

논리에 의한 정리 증명 시스템에는 존재를 나타내는 변수가 결국 무엇을 예시하는지를 알고자 하는 경우가 있다. 예로서 기초 집합 S에 논리적으로 뒤따르는 (∃x)W(x)가 있다면 x가 무엇을 예시하는가 하는 것이다. 이를 해결하기 위해 비교 흡수 방법을 이용한 대답 유도 과정의 절차는 다음과 같다.

1. 비교 흡수 부정 트리를 구한다. 이때 단일화(unification)하는 부분에 밑줄을 긋는다.
2. 목표 정형 공식의 부정 형태에서 생기는 모든 스컬럼 함수들을 새로운 변수들로 대치한다.
3. 2번에서 생긴 절과 이것의 부정된 절을 논리합시켜 동치 명제를 기초절에 추가한다. 즉, 목표 정형 공식에서 생긴 절과 이 절을 부정한 것의 논리합은 항상 참이다. 기초절에 참인 절을 추가하여 유도한 것도 참이라는 뜻을 포함한다.
4. 1번에서 구한 트리 구조를 이용해서 수정된 증명 트리를 얻는다.
5. 증명 트리의 루트 노드에 있는 절이 구하고자 하는 대답 문장이 된다.

예제 03 **다음 물음에 비교 흡수 방법을 이용하여 답하시오.**

"종오가 가는 장소이면 민지도 반드시 그 장소에 간다."는 사실이 주어졌을 때, "종오가 학교에 가면 민지는 어디에 가는가?"

풀이 03 먼저 위 질문을 다음과 같이 표현한다.

(∀x)[AT(종오,x) → AT(민지,x)], AT(종오,학교),

(∃x)AT(민지,x)

여기서 대답하고자 하는 것은 (∃x)AT(민지,x)에서 x가 무엇인가 하는 점이다. 이를 구하기 위해 주어진 정형 공식, (∀x)[AT(종오,x) → AT(민지,x)]를 절, ~AT(종오,x) ∨ AT(민지,x)로 변형하고, 목표 정형 공식, (∃x) AT(민지,x)의 부정, (∀x)~AT(민지,x)를 기초절에 첨가하여 다음과 같은 기초절들을 형성한다.

~AT(종오,x) ∨ AT(민지,x), AT(종오,학교),

~AT(민지,x)

앞의 기초절을 이용하여 NIL을 유도하는 비교 흡수 부정 트리는 [그림 3.2]와 같다.

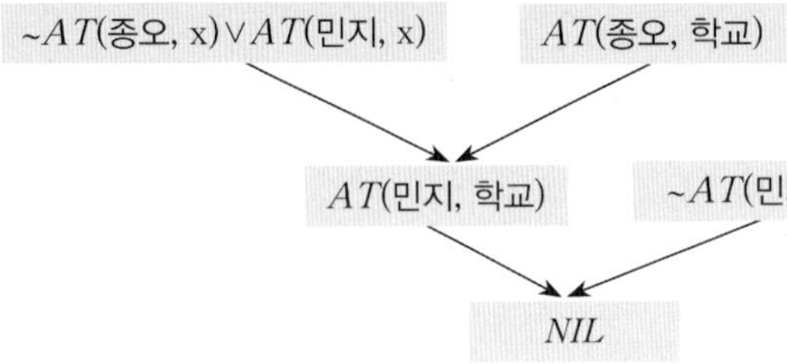

그림 3.2 기초절을 이용한 NIL 유도

앞의 그림과 같이 NIL이 유도되면, 앞의 기초절에 목표 정형 공식을 절로 변화한 AT(민지,x)를 추가하여 다시 한 번 비교 흡수를 행한다. 그런 다음 NIL이 아닌 대답을 지닌 절을 유도하면, 이 절이 대답이 된다. 대답을 유도하는 트리는 [그림 3.3]과 같고, 대답은 AT(민지,학교)이다.

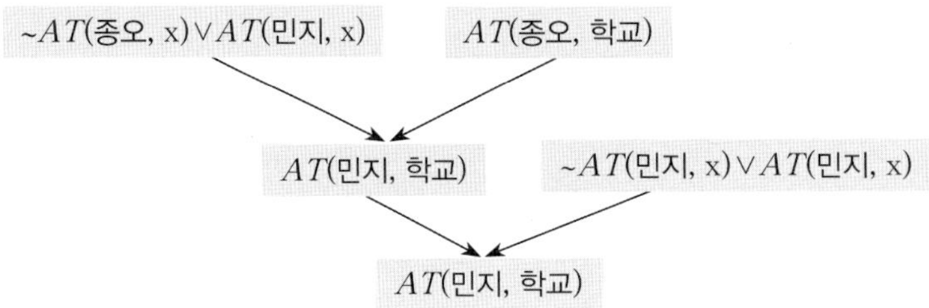

그림 3.3 대답을 유도한 트리

03 제약 조건 만족

제약 조건 만족 문제(constraints satisfaction problem)는 기본적으로 n개의 변수가 있고, 이들 변수가 각각 취할 수 있는 값의 집합(domian values)이 있으며, 변수들의 값 사이에 지켜야 할 제약이 있을 때, 각 변수에 변수가 취할 수 있는 값들의 집합 중에서 제약을 만족하는 값을 할당하는 문제이다. 만약 일변수 제약(unary constraint)과 이변수 제약(binary constraint)만 있는 조건 만족 문제를 가정한다면 해집합은 다음과 같은 관계를 만족하는 벡터(x_1, ⋯, x_n)의 집합이 된다.

해집합 $S=\{(x_1, \cdots, x_n) \mid x_i \in D_i \text{ and } (x_i, x_j) \in R_{ij} \text{ for } all\ i, j\}$,

D_i는 변수 x_i가 취할 수 있는 값의 집합,

R_{ij}는 이변수 제약으로 $D_i \times D_j$의 부분 집합

앞의 식에 의하면 여러 개의 해들이 가능하다. 엄격한 의미에서는 직교곱(cartesian product) 중 주어진 제약을 만족하는 가장 큰 부분 집합이 해집합이라고 할 수 있지만, 해결하려는 문제의 성격에 따라 해집합 전체를 구하는 것이 필요할 수도 있고, 하나의 해만 구하는 것으로 만족될 수도 있으므로, 어떤 해를 구하느냐는 것은 문제 해결자의 결정에 달려 있다. 만약 해집합이 공집합이라면, 이 조건 만족 문제는 만족되는 해가 없는 문제이다.

이상의 경우처럼 일반적 정의의 조건 만족 문제를 축소하여 실제 문제에 적용하는 경우가 많이 있다. 축소하는 방법은 위의 경우처럼 제약에 관련되는 변수의 개수를 제한하는 방법이 있고, 다음 예와 같이 변수가 가질 수 있는 값의 집합에 대해 제한하는 방법도 있다. 정도를 나타내는 변수가 가질 수 있는 값의 집합, {very_high, high, medium, low, very_low} 혹은 교통 신호등이 가질 수 있는 값의 집합, {red_on, red_off, green_on, green_off} 등이 변수가 가질 수 있는 값의 집합이 될 수 있다.

제약 조건 만족 문제를 표현하는 가장 일반적인 방법으로는 논리 표현과 네트워크 표현이 있다. 조건만족 문제 풀이 방법은 크게 세 가지로 나눌 수 있다. 생성과 검사 방법(generate and test), 역행(backtracking) 방법, 그리고 일관성(consistency) 알고리즘이 그것이다. 제약 풀이 문제에서는 주로 역행 방법이 사용되어 왔다. 그러나 전통적인 역행 방법이 제약을 만족시키는 원인과는 관계없는 변수에 반복적으로 값을 할당하는 경우가 많이 나타나기 때문에, 이러한 단점을 극복하기 위해 지능적 역행(intelligent backtracking) 방법이 연구되고 있다. 일관성 알고리즘은 역행 방법과 보완적인 방법으로 네트워크 표현에서 노드 일관성, 아크 일관성, 경로 일관성을 정의하고 이러한 일관성을 모두 만족시키기 위하여 각각의 일관성을 만족시키지 못하는 값들을 제거해 가면 결국 만족하는 것만 남게 된다.

제약 조건 만족의 풀이 방법은 다음과 같은 문제들에 적용된다. 지도 색칠하기 문제(map-coloring problem)는 주어진 색깔로 지도상의 국가들을 인접국끼리는 다른 색으로 칠해 경계를 확실히 하는 문제로, 칠해져야 할 국가가 변수가 되고, 각 변수들이 취할 수 있는 값의 집합은 주어진 색깔의 집합이 된다. 여기서의 제약은 일변수 제약과 이변수 제약 밖에는 없는 문제로 일변수 제약은 각 변수가 주어진 색깔 집합 중에서 색깔을 택해야 한다는 것이며, 이변수 제약은 인접 변수끼리는 같은 색깔이면 안 된다는 것이다. 이러한 지도 색칠하기 문제는 다항식 시간(Polynomial Time) 안에 해를 찾는 알고리즘이 보장될 수 없는 문제, 즉 NP-Complete 문제에 속한다. 다른 문제는 낱말 맞추기 문제(cross word puzzle problem)로 각기 채워져야 할 단어가 변수가 되고, 후보로 주어진 단어들이 각 변수들이 취할 수 있는 값의 집합이 된다. 이 문제도 일변수와 이변수 제약만 있는 형태로, 일변수 제약은 낱말의 길이가 빈 칸 수와 맞아야 한다는 것이고, 이변수 제약은 행단어와 열단어가 겹쳐지는 부분이 있는 경우, 그 칸의 문자는 양 낱말에서 모두 같아야 한다는 것이다. 또 다른 문제는 n개의 여왕 문제(n-queen problem)가 있다. 체스에서 여왕은 직선상의 상하좌우와 대각선으로 움직일 수 있으며, 이들 선상에 있는 두 개의 여왕은 상대편을 공격해 잡을 수 있다. n개의 여왕 문제는 $n \times n$ 격자에 n개의 여왕을 서로 공격받지 않을 위치에 놓는 문제로 각 n개의 행이 변수가 되고 변수가 취할 수 있는 값의 집합은 그 행에서 여왕이 놓일 수 있는 열의 위치가 된다. 이와 같은 기본적인 문제 이외에도, 2차원 공간 구성(floor plan design), 전기 회로 구성(electrical circuit design), 이미지 처리(image processing) 문제 등에 제약 조건 만족 방법이 많이 응용된다.

04 의미망

의미망(semantic net)은 지식, 인간의 기억, 실세계 등을 망(network)으로 표현한다. 의미망은 객체나 개념, 사건(event) 등을 표시하는 노드(node)들과 노드들 간의 관계를 묘사하는 링크(link)로 이루어진다. 다음과 같은 사실들은 [그림 3.4]와 같이 나타낸다.

Canary Is a Bird.

A Bird Has Wings.

Banney Is a Canary.

Banney Owns a Nest.

Wings Is a Organ.

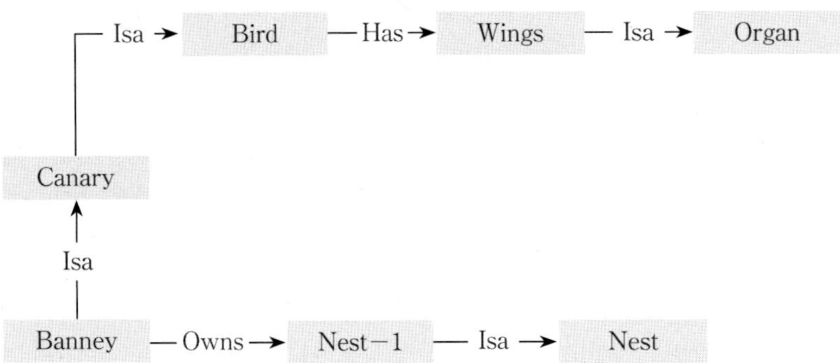

그림 3.4 의미망의 예

의미망의 링크는 구체(Isa 또는 Is-a), 절차(Is-when), 인과(Because-of), 부분(Part-of) 등의 의미 개념을 표현한다. Isa는 성질 계승(property inheritance) 링크이다. [그림 3.4]에서 성질 계승 링크에 의해 Banney가 Bird라는 것은 쉽게 연역할 수 있다. Nest-1은 Nest의 인스턴스(instance)이다. 즉, Nest 노드는 객체들의 일반적 개념인 클래스(class)가 되며, Nest-1은 Nest 클래스의 한 예이다.

의미망은 매우 복잡한 분류나 인과 관계를 갖는 추론에 자연스러운 표현이 가능하다. 그러나 지식베이스의 크기가 커지면 너무 복잡해지므로 다루기 힘들다는 단점이 있다.

05 프레임

프레임(frame)은 의미망의 한 종류로서, 프레임이라고 하는 객체의 구조와 슬롯(slot)이라고 하는 객체의 속성(attribute)의 묘사에 중점을 둔 지식 표현 방법이다. 프레임은 데이터(data)와 프로시저(procedure)를 하나의 구조로 묶는다. 프레임은 계층(hierarchy)으로 구성되며, 상위 단계는 고정되어 있고, 상황에 항상 옳은 사물을 표시한다. 하위 단계는 특정한 인스턴스나 데이터에 의하여 채워져야 하는 슬롯을 가지고 있다. 슬롯은 디폴트 값(default value), 다른 프레임을 가리키는 포인터, 규칙, 프로시쥬어로 이루어진다. 프로시저는 슬롯의 값이 요구되거나, 변하거나, 제거될 때 자동적으로 작동되는 데몬(demon)이다. 데몬의 사전적 의미는 어떤 조건이 충족된 경우에 실행에 옮겨지는 컴퓨터 프로그램이다. 프레임은 내부적으로 슬롯이 여러 가지 값을 가질 수 있도록 각 슬롯에 패싯(facet)이라는 키(key)를 갖고 있다. 프레임은 '〈프레임 이름〉-〈슬롯 이름〉-〈패싯 이름〉-〈값〉'으로 표현된다. 다음은 Canary 프레임의 예이다.

```
(FRAME Canary
   (Isa (Value Bird))
   (Color (Value Yellow))
   (Can (Default Sing))
   (Breed (Range Africa India))
   (Length (If-added Calculate-width)
           (If-removed Erase-width-weight))
   (Width (If-added Calculate-weight))
   (Weight (If-needed Calculate-weight)))
```

Isa 슬롯은 성질 계승을 위한 슬롯으로서, 이를 통하여 상위 프레임을 명시한다. 슬롯이 갖고 있는 각 패싯의 의미는 다음과 같다. Range 패싯은 슬롯의 예상될 수 있는 값들을 나타낸다. Default 패싯은 반대되는 사실이 발견되지 않을 경우에 제시될 수 있는 값을 갖는다. If-added 패싯은 슬롯에 값이 주어졌을 때 수행될 필요가 있는 프로시저를 수행시키는 것으로서, Calculate-width나 Calculate-weight는 프로시저 이름이 된다. If-needed 패싯은 슬롯의 값이 필요하지만 값이 없는 경우, 그 값을 얻을 수 있는 프로시저를 수행시킨다. If-removed 패싯은 슬롯의 값이 제거될 경우, 해당하는 프로시저를 수행시킨다.

프레임은 지식을 표현함에 있어서 보다 일반적이고 자연스러우며 강력한 방법을 제공하지만 복잡하므로 지식 작성이 어렵다는 단점을 가지고 있다.

06 규칙

규칙(rule) 혹은 생성규칙(production rule)은 'if 조건부'와 'then 결론부' 형태의 문장으로 지식을 표현하는 방법이다. 여기서 if 조건부가 만족되었을 때, then 결론부에 어떤 행동을 취할지 기술한다. 규칙의 표현법으로는 **If (A and B) then (C) 또는 (A, B) → (C) 형태가 사용된다**.

규칙으로 표현된 지식의 예는 다음과 같다.

1. IF 두통이 생긴다 THEN 아스피린을 먹는다.
2. IF 텔레비전을 가까이에서 본다 THEN 눈이 나빠진다.
3. IF 겉이 노랗고 열대지방 과일이다 THEN 바나나이다.

규칙 기반 시스템(rule-based system)에서 문제 영역에 대한 지식은 규칙으로 나타내지며, 규칙의 가정에 해당하는 조건부를 사실과 비교하여 만족될 경우 결론부를 수행하게 된다. 규칙의 결론부는 입출력이나 프로그램 제어를 위한 내용이 될 수 있으며, 경우에 따라서는 새로운 사실을 지식베이스에 추가하거나 지식베이스에 이미 존재하는 사실을 변경시키는 내용일 수 있다.

규칙 기반 시스템을 이용한 추론 방법의 종류는 크게 전향 추론(forward chaining)과 후향 추론(backward chaining)의 두 가지로 나누어진다[3]. 전향 추론은 주어진 사실과 조건으로 적절한 목표나 결론을 얻는 방법이다. 후향 추론은 그와 달리 이미 설정된 목표에서 시작하여 그에 도달하기 위한 조건들을 찾아가는 방법이다.

규칙의 장점은 다음과 같다. 첫째, 독립성(modularity)이다. 규칙은 서로 독립적으로 추가, 삭제, 변경될 수 있다. 둘째, 지식 표현의 방법에 대한 정해진 구조가 제공된다. 셋째, 결정을 필요로 하는 지식 표현에 적합하다. 단점으로는 문제 풀이에 있어서 많은 시간을 요구하며, 조건부를 만족하는 규칙이 여러 개가 있으면 어느 규칙을 선택하느냐는 규칙 제어 문제가 발생할 수 있다는 것이다[Brachman04]. 특히 마지막 문제를 규칙의 충돌 해결이라고 한다.

3 forward chaining과 backward chaining은 2장에서 배운 forward reasoning과 backward reasoning의 다른 표현으로, 각각 전방향 추론과 역방향 추론이라고 번역되기도 한다. 가끔 forward chaining은 data-driven reasoning으로, backward chaining은 goal-driven reasoning으로 표현된다.

07 객체지향 개념

객체지향 개념(object-oriented concept)은 기존의 제어지향(control-oriented) 개념에 비해서 신뢰성(reliablity), 유연성(flexibility)의 증가, 코드의 재사용(reusability), 생산성 향상 등의 많은 장점을 갖는다. 따라서 객체지향 개념은 최초로 발표된 이후, 프로그래밍 언어, 데이터베이스, 운영체제, 시스템 프로그래밍, 인공지능, 하드웨어 설계, 응용 및 소프트웨어 설계 방법론 등에서 다양하게 사용되면서 커다란 영향을 미치고 있다. 객체지향 개념은 최초의 객체지향 프로그래밍 언어라 할 수 있는 Simula에서 소개되어, 대화식이며 나열 중심으로 구현된 Smalltalk 언어에서 그 개념이 정립되었다. 그 후 Flavor, C++ 등의 많은 언어가 객체지향 개념을 도입하여 설계되었고, 그 응용 시스템들도 개발되었다.

객체지향 개념은 각 언어나 시스템에 따라 그 특성에 맞게 여러 가지로 정의되어 사용되고 있어 완전히 통일된 개념은 정립되지 못하고 있으나, 객체(object), 메시지(message), 계승(inheritance)의 세 가지 요소가 그 근간을 이루고 있다. 실세계의 모든 개체들은 시스템 내에서 객체로 모델링되며, 각 객체들은 인스턴스로 표현되고 공통된 특성을 가지는 인스턴스들이 모여 하나의 클래스를 구성하게 된다. 각 인스턴스는 인스턴스 변수(instance variable)로 자신의 데이터를 저장하는 방법을 이용하여 그 데이터에 대한 연산을 규정한다. 이러한 기능은 데이터와 연산을 별도로 취급하는 기존의 절차적 언어와 구별되는 중요한 기준이 된다. 객체지향 개념에서의 연산은 시스템에 존재하는 객체 간에 메시지를 주고받음으로써 이루어지며, 한 객체가 메시지를 받으면 그 메시지의 선택자(selector)에 맞는 메소드(method)[4]를 실행시켜 응답하게 된다. 이러한 기능은 모든 연산의 수행이 절차적으로 수행되는 절차적 언어에 비해 각 객체 자신의 연산을 내부에서 스스로 수행하게 되는 데이터 추상화를 구현하는 중요한 개념이 된다. 즉, 각 객체는 자신이 처리할 수 있는 메시지의 종류를 외부에 인터페이스로서 제공하여 다른 객체가 자신을 접근하는 수단으로 삼아 각 메시지의 구현은 외부에서 알 수 없다. 객체지향 개념에서 계승이란 하위 객체가 상위 객체의 성질인 데이터 멤버와 메소드를 모두 계승받을 수 있도록 하여 주는 개념이다. 이 개념을 이용하여 유사한 객체들이 공통적인 부분을 상위 객체로 정의함으로써 중복된 정의를 피할 수 있고, 이들의 수정도 용이하게 할 수 있다. 계승 관계로 형성된 객체 간의 구조를 계승 계층(inheritance hierarchy)이라고 한다. Smalltalk-80에서는 한 객체가 오직 하나의 상위 객체만을 가질 수 있도록 하는 트리 형태의 계승만을 지원하고, Flavor에서는 여러 개의 상위 객체를 가질 수 있도록 허용하는 다중 계승(multiple inheritance)을 지원한다.

객체지향 개념이 새로운 응용 분야에서 각광을 받는 이유는 기존의 절차적 언어에 비해 다음과 같은 장점을 갖기 때문이다.

---

4 멤버 함수(member function)라고도 한다.

첫째, 실세계의 모든 개념적 개체(entity)는 단일 개념의 객체(object)로 모델링될 수 있으므로, 객체는 데이터 저장과 데이터 추상화 개념을 효과적으로 지원해 줄 수 있다.

둘째, 데이터 사이에 존재하는 복잡한 의미적 관계성인 일반화(generalization)와 집단화(aggregation)를 쉽게 나타낼 수 있다. 특히 일반화 관계를 가지는 객체 사이에는 성질 계승 기능을 제공하여 정보의 중복 정의를 피할 수 있다.

셋째, 객체는 여러 형태의 멀티미디어(multi-media) 데이터를 다룰 수 있으며 쉽게 구현할 수 있다.

넷째, 시스템을 설계, 구현하는 데 있어서 보다 많은 모형화를 할 수 있으므로 생산성이 증가된다.

다섯째, 동시 처리(concurrent processing)를 자연스럽게 지원할 수 있다.

여섯째, 사용자에게 편리한 그래픽 인터페이스의 지원이 용이하다.

08 지식 표현 이슈

지식 표현의 중요한 이슈로는 다음 5가지가 있다.

첫째, 중요한 속성(attributes)이 무엇인가에 관한 것으로서 모든 문제 영역에 필요한 아주 기본적인 속성이 있는가에 대한 질문이다. 이 물음에 대한 답은 Instance와 Isa라는 중요한 속성이 있다는 것이다. 이 두 속성은 계승 관계를 표현하기 때문에 아주 중요하다. Slot-and-filler 구조에서는 [그림 3.5]에서 보듯이 링크를 이용하여 분명하게 표시한다. Slot-and-filler 구조는 의미망 또는 프레임들의 집합 표현 구조이다.

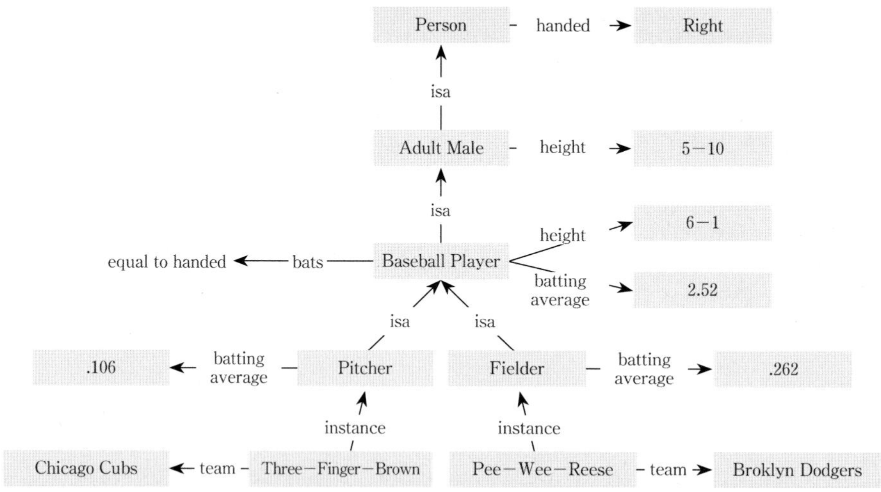

그림 3.5 계승 지식(inheritable knowledge)에 대한 Slot-and-filler 표현

논리 시스템에서는 한정 기호를 사용하여 암시적으로 표현할 수도 있고, Isa, Instance라는 서술어를 사용하여 분명하게 표현할 수도 있다.

방법 1

1. man(Marcus)
2. Pompeian(Marcus)
3. ∀x:Pompeian(x) → Roman(x)
4. ruler(Caesar)
5. ∀x:Roman(x) → loyalto(x,Caesar) ∨ hate(x,Caesar)

방법 2

1. instance(Marcus,man)
2. instance(Marcus,Pompeian)
3. ∀x:instance(x,Pompeian) → instance(x,Roman)
4. instance(Caesar,ruler)
5. ∀x:instance(x,Roman) → loyalto(x,Caesar) ∨ hate(x,Caesar)

방법 3

1. instance(Marcus,man)
2. instance(Marcus,Pompeian)
3. isa(Pompeian,Roman)
4. 4. instance(Caesar,ruler)
5. ∀x:instance(x,Roman) → loyalto(x,Caesar) ∨ hate(x,Caesar)
6. ∀x: ∀y: ∀z: instance(x,y) ∧isa(y,z) → instance(x,z)

그림 3.6 클래스 소속(class membership)을 표현하는 세 가지 방법

[그림 3.6]은 클래스 소속을 표현하는 방법들의 예를 보여준다. 첫 번째 방법은 한정 기호를 사용하여 계승 지식을 묵시적으로 표현하는 것이다. 방법 1의 2번 선언에서 '마르쿠스는 폼페이언이다'라고 표현하고, 3번 규칙에서 '폼페이언은 로마인이다'라고 하고 5번 규칙에서 '로마인은 시저에게 충성하거나 시저를 미워한다'라고 했기 때문에, 마르쿠스는 로마인들의 클래스에 속하는 한 인스턴스이며, 마르쿠스는 시저에게 충성하거나 미워한다. 방법 2에서는 방법 1과 달리 마르쿠스가 폼페이언들의 클래스에 분명히

속하는 인스턴스라고 2번에서 선언하고 3번, 5번 규칙에서도 폼페이언과 로마인의 인스턴스에 대해서만 규칙을 적용하고 있다. 방법 3에서는 방법 1, 방법 2에서의 로마인 규칙을 Isa 관계로 분명하게 명시하고 있다. 3번 선언에서 '폼페이언은 로마인이다'는 것을 Isa 관계로 명시적으로 표현하고 있다.

둘째, 속성들 사이에 존재하는 관계성이 있다. 표현하고자 하는 지식에 특정하지 않고 독립적으로 역(inverse), 속성들의 Isa 계층(isa hierarchy of attributes), 값을 추론하는 방법(techniques for reasoning about values), 단일값 속성(single-valued attributes) 등이 있다. 역 관계성에서는 속성값을 하나의 객체로 간주하면, 이 객체의 역이 무엇인지 알 필요가 있다. 부모와 자식 관계에서 김길동의 자식이 김꺽정이라고 표현되어 있다면, 김꺽정의 부모를 알고 싶을 때, 이를 어떻게 알 수 있도록 표현해 주는가 하는 문제이다. 논리 시스템에서는 '자식(김꺽정, 김길동)'이라고 표현한다. 이 표현에서는 부모 관계와 자식 관계 모두를 표현하고 있기 때문에 초점이 어디에 있는지 분명하지가 않다. 의미망이나 프레임 시스템에서는 부모, 자식 속성을 각각 기술하고 이를 쌍으로 다음과 같이 표현해야 한다.

김꺽정 부모: 김길동	김길동 자식: 김꺽정

이와 같은 표현 방법에서는 속성에 값을 추가할 때마다, 일치성 확인(consistency checking)을 해야 하는 번거로움이 있지만, 각각의 관계는 분명하게 표현하고 있다. 속성들의 Isa 계층 관계성은 클래스에 상위 클래스와 하위 클래스가 적용되듯이 속성들에게도 동일하게 적용된다. 예를 들어 '높이'라는 속성이 있다면, 이보다 일반화된 속성은 '물리적 크기'이고, 이보다 더욱 일반화된 속성은 '물리적 특성'이다. 물리적 특성에는 크기뿐만 아니라 질감, 재료 등이 있을 수 있고, 크기에는 높이뿐만 아니라 부피, 넓이 등이 있기 때문이다. 속성들의 일반화(generalization)와 상세화(specialization) 관계는 속성이 가질 수 있는 값의 제약 조건에 대한 계승 정보와 그 값을 계산하는 방법에 대한 계승 정보를 제공한다. 값을 추론하는 방법에 대한 관계성에서는 값이 분명하게 주어지지 않았을 때, 이를 추론할 수 있는 방법이 제공되어야 한다. 이를 위해, 값의 유형(type)에 관한 정보, 관련 있는 객체들로 표현된 제약 조건에 관한 정보(예를 들면, 자식의 나이는 부모의 나이보다 작아야 한다), 값을 추론하는 규칙(후향 규칙 혹은 If-needed 규칙이라고 한다), 값이 알려졌을 때 취해야 할 행동을 기술하는 규칙(전향 규칙 or If-added 규칙) 등의 정보가 아주 중요한 역할을 한다. 단일 값 속성 관계성은 어떤 속성이 단일 값을 가져야 한다는 것을 보장해야 한다. 이를 실현하는 방법으로는 ① 두 개의 다른 값이 똑같은 구간에서 사용된다면, 자동적으로 이는 모순이라고 알려줄 수 있도록 시간 구간(temporal interval)에 대한 분명한 표현을 사용하는 방법이 있고, ② 새로운 값이 첨가되면 이전의 값을 갱신할 수 있도록 현재 시간 구간(current temporal interval)을 사용하는 방법이 있고, ③ 논리 시스템에서처럼 명시적인 지원을 하지 않는 방법이 있다. 하지만, 이 시스템에서도 속성이 한 개의 값을 갖는다는 것이 알려지면 다른 값을 가지지 않는다는 것을 기술하는 공리(axiom)를 첨가할 수 있다.

셋째, 지식 표현의 크기 정도(granularity)를 결정하는 것이다. 지식 표현의 상세 범위를 어디까지 정하는가에 대한 결정이다. 최소 표현 단위인 프리미티브(primitive)가 무엇이며 몇 개가 필요한가를 결정한다는 말이다. 예를 들면, 'John spotted Sue'라는 사실이 있다고 하자. 이 사실을 spotted(agent('John'), object('Sue'))로 표현하자. 이 표현을 통해서는 "Who spotted Sue?"라는 질문에는 쉽게 답할 수 있다. 하지만, "Did John see Sue?"와 같이 아주 쉬운 질문에는 쉽게 답할 수 없다. 따라서 이 질문에 답하기 위해서는 spotted(x,y) → saw(x,y)라는 규칙 지식을 추가할 필요가 있다. 이와 같은 문제를 풀기 위한 또 다른 방법은 spotting을 seeing의 특별한 경우로 표현하는 것이다. 그래서 위 사실을 'saw(agent('John'), object('Sue'), timespan('briefly'))'로 표현해 보자. spotting이라는 사실을 seeing, timespan이라는 두 가지 프리미티브를 이용하여 표현하고 있다. 이 표현에서 'John saw Sue'라는 사실은 쉽게 알 수 있지만, 정작 John spotted Sue라는 사실은 알기 힘들다는 아이러니가 있다. 그렇지만, 사실을 프리미티브의 집합으로 표현할 때 얻는 이점은 추론에 활용하는 규칙이 프리미티브로 작성될 수 있다는 것이다.

넷째, 객체들의 집합을 표현하는 것이다. 집합을 표현하는 방법은 세 가지로 나누어볼 수 있는데, 이름에 의한 표현, 외연적 정의 방법에 의한 표현, 내연적 정의 방법에 의한 표현으로 구분된다. 이름에 의한 표현 방법은 집합을 서술어로 나타낼 수 있지만, 표현하는 집합에 관한 어떤 정보도 제공하지 않는다. 외연적 정의 방법은 집합에 속하는 원소, 즉 구성 요소들을 일일이 나열하는 것이고, 예를 들어 홀수의 집합을 {1, 3, 5, 7, ...}로 표현하는 것과 유사하다. 내연적 정의 방법은 구성 요소 여부에 대한 판단 규칙을 제공한다. 이는 홀수의 집합을 {i | i = 2n − 1, n : 자연수}로 표현하는 것과 유사하다. 두 집합이 동일한지를 알기 위한 경우, 외연적 정의 방법은 구성 요소를 하나씩 비교하면 되지만, 내연적 정의 방법에서는 이와 같은 비교를 하기가 매우 어렵다. 하지만, 내연적 정의 방법은 무한 집합과 구성 요소가 분명하게 알려져 있지 않은 집합을 표현하기가 쉽고, 시간이나 공간적 위치에 따라 변하는 변인을 사용하여 표현할 수 있는 장점이 있다.

다섯째, 지식 표현을 필요로 할 때, 적합한 구조를 찾아내는 것이다.

"종오와 같이 운동장에 가서 삼성과 롯데 경기를 보았다."라고 표현했을 때, "야구장에 갔습니까?"라는 질문에 대답을 어떻게 할 수 있을까 하는 의문을 가질 수 있다. 이때, 표현 대상이 야구장에 관한 것이라는 것을 미리 알고 있다면 이런 질문에는 쉽게 답할 수 있다. 이처럼 상황을 표현하는 구조가 올바른 구조인지를 판단하기 위해서는 다음에 있는 5가지를 고려해야만 한다.

- 초기에 가장 적절한 구조를 선택할 수 있는 방법
- 현재 상황에서 필요한 세부적인 것을 채우는 방법
- 초기에 선택한 구조가 적합하지 않다는 것이 판명되었을 때, 더욱 좋은 구조를 선택하는 방법

- 적합하게 활용 가능한 구조가 없을 때, 이를 해결하는 방법
- 새로운 구조를 생성하고 이를 기억하는 방법

이 모든 방법을 해결해 줄 수 있는 일반적이고도 좋은 해결책은 없다. 이 중에서 초기 구조를 선택하는 방법과 초기에 선택한 구조가 적합하지 않다는 것이 판명되었을 때, 더욱 좋은 구조를 선택하는 방법에 대해 상세히 알아보자.

초기 구조를 선택하는 방법으로는 다음과 같은 것이 있다.

- 구조와 구조를 기술하는 언어와의 직접적인 인덱싱(indexing) 방법이 있다. 예를 들면, 동사를 동사의 의미를 기술하는 구조와 연결시킨다. 그렇지만 여러 의미를 가지는 동사가 있을 때 적절치 못하다는 문제점이 있다.

  John flew to New York(He rode in a plane from one place to another)

  John flew a kite(He held a kite that was up in the air)

  John flew down the street(He moved very rapidly)

  John flew into a rage(Idiom)

- 중요한 개념 하나하나를 표현 구조의 포인터로 연결하고, 생성 가능한 구조들의 집합을 만들어 낸다. 예를 들면, 스테이크 개념은 레스토랑 스크립트와 슈퍼마켓 스크립트를 가리키고, 김길동 개념은 레스토랑 스크립트와 쇼핑 스크립트를 가리킬 때, 이 두 개념에 대한 공통 개념은 레스토랑 스크립트를 가리킬 수 있다. 하지만, 이때 각 개념이 이름과 관계없는 것을 표현하게 되면, 공통 개념은 공집합으로 표현되어 없을 수 있다. 또한 각 개념과 공통 개념을 처리하는 데 필요한 비용이 많다는 단점이 있다. 스크립트란 주변에서 흔히 일어날 수 있는 일련의 사건들을 슬롯들의 집합으로 표현한 것으로 프레임과 유사하지만 사건에 있을 수 있는 여러 가지 특징들, 즉 기술되지 않은 사건의 예측, 특이한 사건에 초점을 맞출 수 있는 능력 등을 가지고 있다.
- 문제 기술의 단서(clue)를 지정하고, 이를 초기 구조 선택 기준으로 한다. 다른 단서가 나타나면, 초기 구조 선택 방법을 갱신하거나 필요하다면 완전히 새로운 것을 만든다. 이 경우에 지정할 만한 단서가 없는 경우와 단서의 상황에 따른 상대성 때문에 단서가 변할 수 있다는 단점이 있다.

초기에 선택한 구조가 적합하지 않다는 것이 판명되었을 때, 더욱 좋은 구조를 선택하는 방법으로는 다음과 같은 것이 있다.

- 주어진 상황과 가장 잘 대응하는 표현 구조의 부분 조각을 찾아내고, 이를 전체적으로 적용했을 때 가장 좋은 구조를 선택한다.
- 현재 구조의 부족함을 수용하는 예외를 인정하고 적용할 수 있도록 한다. 다리가 세 개뿐인 의자를 부서진 것으로 생각할 수도 있지만, 앞쪽에 다리가 하나 있는 의자의 예외적인 경우로 인정할 수 있다. 그렇지만 부적절한 특징을 가지는 것보다 가지지 않는 것이 훨씬 더 적절할 수 있다. 예를 들면, 뿔을 가진 원숭이를 예외로 인정하는 특징을 부여할 것인가를 고려해 보면, 뿔을 가지지 않는 것이 훨씬 더 좋다는 뜻이다.

- 새로운 구조를 찾기 위해 탐색할 대상들의 집합을 모두 연결해 놓고, 이를 지속적으로 참조한다. 예를 들면, 유사한 구조들의 연결 리스트(linked list)를 계속 참조한다.
- 지식 구조가 Isa 계층 구조로 형성되어 있으면, 일반성(generality)이 있는 구조를 찾기 위해 상위 구조들을 참조하든지, 아니면 요구 사항을 만족시킬 수 있는 상세성(specificity)이 있는 구조를 찾기 위해 하위 구조들을 참조한다.

지시 표현 문제는 인공지능을 기호로 표현하고, 이를 해석해서 원하는 목적 달성을 추구하는 한 계속해서 다루어야 할 분야이다. 월드와이드웹(이하 웹으로 지칭, 11장 6.4절 시맨틱웹 참조)의 발전과 더불어 XML(eXtensible Markable Language)을 이용해서 문서의 표준화를 시도하고 있고, XML을 이용한 지식 표현 방법도 많이 연구되고 있는 추세이다[Benjamin99]. 하지만 엄격히 말하면 XML로 표현한 문서 정보 구조를 이용해서 지식을 담으려고 하는 노력이라고 보아야 할 것이다. 사람과는 물리적으로 근본적인 차이를 가진 컴퓨터에게 사람과 유사한 기능을 하도록 요구하는 것 자체가 어렵게 보이지만, 장기적인 관점에서 컴퓨터 발전을 고려하면, 지금과는 현격히 다른 구조를 가진 똑똑한 컴퓨터라야만 한다는 생각을 버릴 수 없다는 것이고, 여기에서 인공지능 발전 역사가 이루어진다고 기대한다.

과제

01. 다양한 영역에서 사용되고 있는 지식과 지식베이스(KB)에 대해 조사하고 보고서를 작성하시오.

02. 작은 영역을 설정하고 지식베이스를 구축한 후, 지식 표현과 갱신 및 신지식의 처리를 효과적으로 구현하시오. 예를 들어 다음의 문제 3번은 최근 그 중요성이 더해지고 있는 보건 영역에서의 과제 예이다.

03. 건강한 삶을 지속하기 위한 필수적 지식 중의 하나로 약물의 오남용을 적게 할 수 있는 상호 금기 약물 복용 방지와 적정 용량 약물 복용이 있다.

3-1. 약물 오남용 방지와 관련된 종류의 지식을 국민건강보험공단에서 어떻게 제공하고 있는지 조사해 보시오.

3-2. 3-1번 문제에서 제공하는 지식을 기초로 하는 약화 사고 방지 지식 정보를 각 병원 정보 시스템에서는 어떻게 활용하고 있는지를 조사해 보시오.

3-3. 3-2번 문제에서 활용하고 있는 방법은 병원 정보 시스템의 변화에 유연한지, 긴밀한 결합으로 애로 사항이 많은지를 파악해 보고, 지식의 변화를 수용할 수 있는 지식 표현 방법을 제안해 보시오.

3-4. 3-1번 문제에서 제공하는 지식을 비교 흡수 부정, 의미망, 규칙, 클래스 표현으로 했을 때, 각 표현 방법이 가지는 장단점을 토론하시오.

3-5. 지식의 하부 구조로 용어가 가지는 의미의 정확한 전달을 위한 용어 정의 방법론의 중요성을 인지하기 위해 대표적 보건 의료 정보 용어 체계를 확립한 SNOMED-CT, LOINC, ICD-10, UMLS 각각의 표현 방법을 조사해 보시오.

04장

불확실성

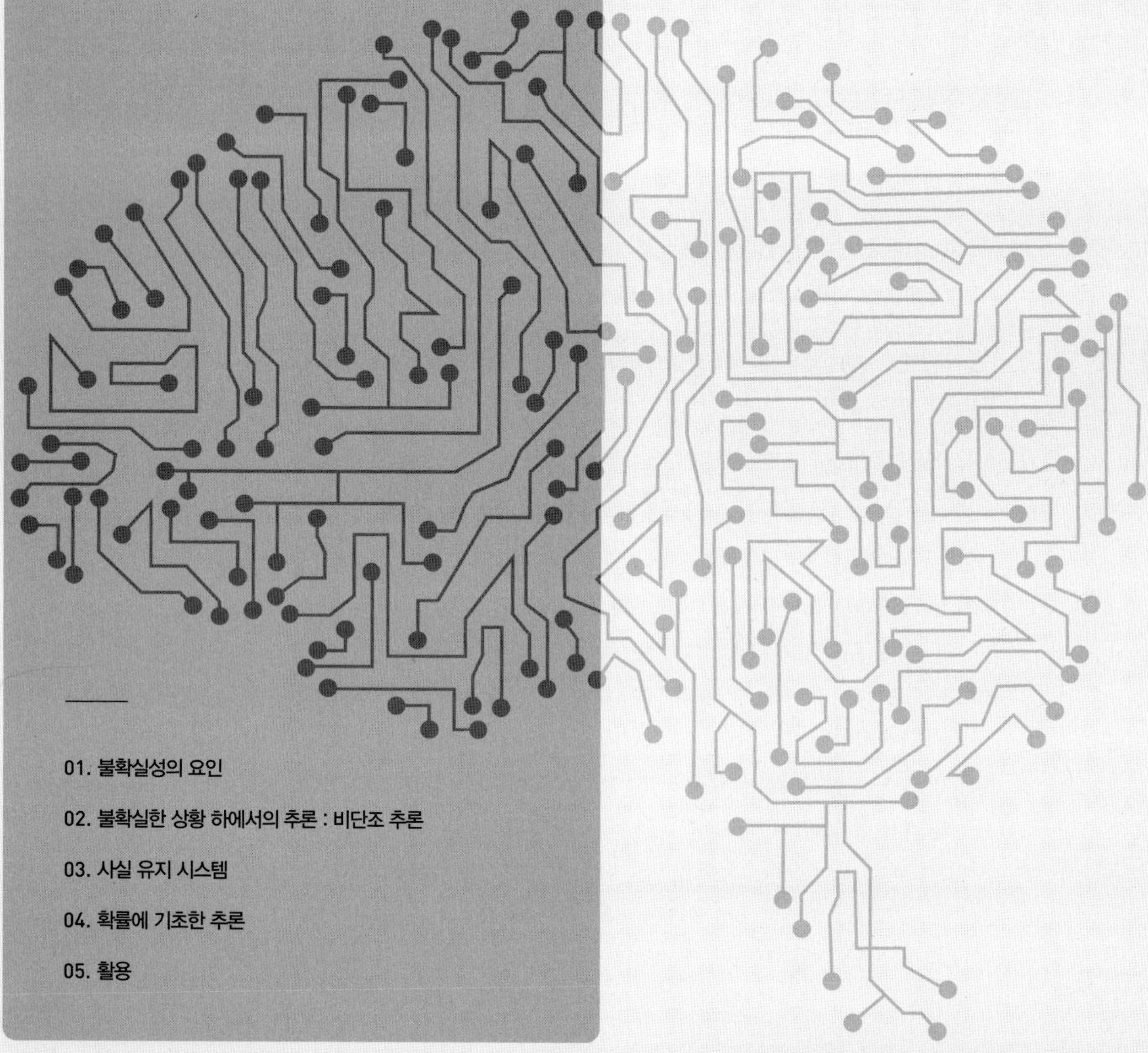

01. 불확실성의 요인

02. 불확실한 상황 하에서의 추론 : 비단조 추론

03. 사실 유지 시스템

04. 확률에 기초한 추론

05. 활용

우리가 살아가는 현실 세계는 대단히 복잡다단하고 예측하기 어려우며, 비논리적이고 상호모순적인 상황들로 얽혀 있다. 전통적으로 과학이나 공학에서는 이러한 복잡성을 단순화하고 규칙성을 지닌 모델로 기능에 맞게 형상화한 다음 해석하고 활용해 왔다. 그러나 이러한 접근법은 시스템 내외부에 존재하는 불확실성(uncertainty)에 근본적으로 대처하기 곤란한 문제가 있다. 특히 근래에 와서 시스템의 지능화와 다기능화가 진행되고 있고, 신뢰성 있고 자율적인 시스템 운용에 대한 요구가 점증됨을 생각하면, 단순화된 모델과 정형화된 설계에 의존하는 종래의 기법들이 가지는 한계가 더욱 분명해진다.

이 장에서는 불확실성의 문제를 컴퓨터를 통해 해결하기 위한 기법들과 사례들을 다룬다. 불확실하고 상호 모순적인 정보로부터 지식베이스의 일관성을 유지하면서 상황에 적절한 결론을 유도하기 위한 기법들과 불확실성을 정량화하고 수학적으로 처리할 수 있게 하는 확률 등의 기법들이 소개된다. 그러나 소개되는 기법들은 여전히 제한적이며 불확실성에 대한 인간의 대처 능력과는 비교할 수 없는 것들이다. 최근에 인공지능의 활용 영역이 확대됨에 따라 불확실성을 효과적이며 자동적으로 처리하는 방법을 찾는 연구는 더욱 강조될 것이다.

01 불확실성의 요인

대부분의 공학적으로 설계된 시스템은 단순하고 제한된 기능을 가지고 있고, 시스템의 운용 중에 발생할 수 있는 불확실성은 무시할 수 있거나 무시될 수 있도록 시스템이 설계된다. 그러나 시스템의 활용 영역이 한정되지 못하는 상황이거나 동작 환경이 구조화되어 있지 못할 때, 불확실성의 문제는 적절한 시스템의 설계를 불가능하게 할 수 있다. 예를 들어 공장에서 부품이나 제품을 운반하는 무인 운반차(Automated Guided Vehicle, AGV)의 경우를 생각해 보면, AGV는 운전자의 조정 없이 혼자서 자동주행하게 되지만, 주행 경로는 바닥의 라인에 의해 미리 지정되어 있고 그 주위는 대부분 깨끗이 정리되어 있으므로 주행에 있어 문제가 될 것이 별로 없다. 만약 경로상에 예상치 못한 장애물이 나타나는 경우에도 AGV는 정지하여 장애물이 작업자에 의해 제거될 때까지 기다리게 된다. 그러나 실제 시가지를 자율 주행하는 자동차를 생각할 경우, 주행 환경에 발생할 수 있는 갖가지 불확실성은 큰 장애가 된다. 예를 들어 공사나 사고로 인하여 도로 상황이 갑작스럽게 변경될 수 있고, 교통 법규를 준수하지 않는 운전자들이 수시로 출현하며, 신호기가 고장나는 경우가 드물지만 생기고, 보행자나 이륜차는 예상치 못한 장소나 방향에서 나타날 수 있다. 이러한 상황에 대한 대처를 위해서 라이다(LiDAR)나 카메라, 초음파 거리계와 같은 다양한 센서들을 인공지능의 기법으로 운용하지만 시스템의 기능이 제대로 발휘되지 못하는 경우들이 있다. 풍선이나 신문지와 같이 무시할 수 없는 크기를 가지지만 주행에 문제가 되지 않는 물체와 돌멩이와 같이 작지만 문제를 일으킬 수 있는 물체를 구분하여야 한다. Wall Street Journal에 따르면[WSJ18], 음료 캔과 같이 곡선으로 되어 있는 물체는 반사되는 전파를 실제보다 증폭시켜 레이더 센서의 데이터를 왜곡시킬 수 있으며, 주행 중 카메라에 부딪히는 벌레는 얼룩을 남겨 시각 센싱 기능에 제약을 준다. 세상에 수많은 물체들과 상황들이 발생할 수 있다는 것을 생각하면 모든 불확실한 상황을 처리할 수 있는 시스템을 만들기는 기술적으로도 어렵고, 실현할 수 있다고 하더라도 큰 비용이 소요된다.

미국 국방성의 DARPA[1]는 이동 로봇과 인공지능, 그리고 센서 기술이 자율 주행 자동차의 운행 중 발생하는 불확실성의 문제를 중심으로 융합하여 발전할 수 있도록 Grand Challenge 대회를 개최하였다. 이는 일찍이 Levy Challenge가 서양 장기인 체스를 중심으로 인공지능 발전에 기여한 것과 비교될 수 있다. Grand Challenge는 2004년 미국 모하비 사막의 240km 구간에서 미화 100만 달러의 상금을 걸고 시작되었고, 2007년에는 200만 달러의 상금을 걸고 도심 주행 대회인 Urban Challenge가 개최되기도 하였다. 이 대회에서는 96km의 거리를 4시간 10분대(평균 시속 22.53km/h)에 달린 CMU와 GM 연합팀이 우승하였다. 당초 목표가 6시간대였음을 고려하면 그 결과는 만족스럽다. 이러한 지속적인 연구 노력은 여러 가지 불확실한 도로 환경 속에서도 무인 주행이 가능한 능력을 가진 차량들의 등장에 기여

1 Defense Advanced Research Projects Agency

하였다. 구글(Google)의 무인 주행 자동차([그림 4.1])는 그러한 차량의 대표적인 예가 될 것이다. 2012년 미국 네바다 주 교통국은 구글의 무인 차량에 대하여 공식 면허를 부여하였고, 차량의 번호판에는 미래의 자동차라는 의미로 무한대(∞) 기호가 새겨졌다. 즉, 무인 자동차가 운송 수단으로 최초로 공인받은 것이다. 이는 구글의 차량이 지구를 12바퀴 도는 정도의 거리인 30만 마일의 무사고 주행을 완수하는 성능을 입증한데 따른 것이다. 2016년 구글은 모그룹인 알파벳(Alphabet) 산하에 자율자동차 기업인 Waymo를 분사하였고, 2018년 애리조나주의 피닉스에서 앱 기반 호출형 자율주행 택시 서비스인 Waymo One을 출범하였다.

그림 4.1 구글이 개발한 무인 주행 자동차

컴퓨터 시스템의 불확실성을 다루는 능력은 사람의 능력에 비해 떨어진다. 만약 컴퓨터가 불확실성을 보다 적절하게 처리할 수 있다면, 그 활용 분야는 크게 늘어날 것이다. 일반적으로 불확실성은 여러 가지 다양한 요인에 의하지만 대체로 다음과 같이 분류할 수 있다[Rolston88].

- **자료(data)의 불확실성**: 시스템 운용자에 의해 제공되는 자료나 센서 등의 장치로부터 얻어지는 자료는 완전할 수 없다. 여러 가지 요인에 의한 오차가 포함되기 마련인 것이다.
- **지식(knowledge)의 불확실성**: 지식은 흔히 모호하고 휴리스틱한 절차에 의해 얻어지는 경우가 많으므로 불확실하다. 특히 동일한 대상에 대해 전문가들이 가지고 있는 지식은 일치하지 않을 수 있으며, 다양하고 복잡한 지식을 효율적으로 표현하고 저장하는 것도 어려운 일이다.
- **정보(information)의 불완전성**: 불완전하고 부분적인 정보로부터 판단을 내려야 하는 경우가 자주 있다. 예를 들어 무인 주행 자동차의 경우 주행 경로와 경로 상에서 일어날 수 있는 모든 상황에 대한 방대한 정보를 미리 입력하는 것은 사실상 불가능하므로 센서로부터 입력되는 자료를 분석하여 필요한 정보를 얻고 판단을 내리게 되는데, 이 때 얻어진 정보들은 부족하거나 상호 모순될 수 있다.
- **확률적 불규칙성(randomness)**: 비예측적으로 미지의 요인에 의해 발생하는 불규칙성은 피할 수 없다.

예제 01 **자동차의 완전한 자율주행을 위한 기술적 단계에 대해 서술하여라.**

풀이 01 자동차의 완전한 자율주행을 위한 기술적 단계에 대해서는 여러 가지 의견이 있을 수 있겠으나, 통상 미국의 자동차 공학회(Society of Automotive Engineers: SAE)가 2016년에 정의한 자동화 단계인 SAE J3016이 널리 인용되고 있다. 이를 기반으로 최근에 시판되는 자동차는 종류에 따라 어떤 단계에 있는지 생각해 보는 것은 흥미로울 것이다.

단계	구분	특징
0	자동화 없음	전적으로 인간 운전자에 의한 주행
1	운전자 보조	인간 운전자의 관찰 하에 특정 주행 조건에서 시스템에 의한 운전대의 조작, 혹은 차량 가감속 제어
2	부분적 자동화	인간 운전자의 관찰 하에 특정 주행 조건에서 시스템에 의한 운전대의 조작과 가감속의 제어
3	조건적 자동화	특정 주행 조건에서 시스템이 전적으로 운전을 담당하지만 시스템 요청 시 인간 운전자가 개입
4	높은 자동화	다수의 주행 환경에서 인간 운전자의 개입 없이 시스템이 전적으로 운전을 담당
5	완전 자동화	모든 상황에서 인간 운전자와 동일한 수준의 시스템 운전

02 불확실한 상황 하에서의 추론 : 비단조 추론

기존의 일반적인 시스템에서 취급되는 정보는 다음과 같은 특성을 지니고 있었다.

- **완전성**(completeness): 문제 해결에 필요한 모든 정보가 존재하거나 일차 논리로 유도될 수 있다.
- **일관성**(consistency): 정보들은 전부 상호 간에 모순이 없다.
- **단조성**(monotonicity): 참으로 알려진 정보들의 숫자는 결코 줄어들지 않는다. 즉, 새로운 사실이 추가되었을 때 이것이 기존의 참으로 간주되어 왔던 정보들을 부정하게 되는 경우는 발생하지 않는다.

만약 어떤 이유로 상기의 가정들이 지켜질 수 없을 때 기존의 방법에 의한 추론은 부적절하게 될 것이며, 이러한 경우에 적절한 추론 방식이 바로 비단조 추론(non-monotonic reasoning)이다. 비단조 추론에서는 새롭게 취득된 사실이 기존의 것들과 모순될 수도 있으며, 이 때문에 기존 지식 중의 일부를 부정하게 될 수 있다. 이런 경우 전체 사실의 수는 새로운 사실의 취득에도 불구하고 감소될 수 있다. 즉, 새로운 사실의 첨가가 전체 사실의 수를 단조 증가시키지는 않게 된다.

[그림 4.2]는 비단조 추론의 개념을 간단히 보여 주고 있다[Rich91]. 가정하건대 정형 공식(wff)으로 표현되는 지식들이 존재하며 이들의 집합을 F1이라 할 때, F1에 의해 M1이라는 모델이 정립될 수 있다고 하자. 만약 새로운 정보가 획득되어 전체 wff의 양이 F2와 같이 증가되었다면, 이들 모두를 만족시킬 수 있는 모델은 축소되어 M2와 같이 표시될 수 있을 것이다. 그런데 여기에 다시 F3과 같이 새로운 지식이 추가되고 모델 M3으로 표현 가능해진다면, 이는 M2에 의해 일단 부정되었던 모델을 다시 받아들이는 일이 된다. 따라서 M2를 정립할 때 M3 부분을 배제하게 했던 근거가 되는 정형 공식을 삭제해야 할 필요가 생기게 되는 것이다.

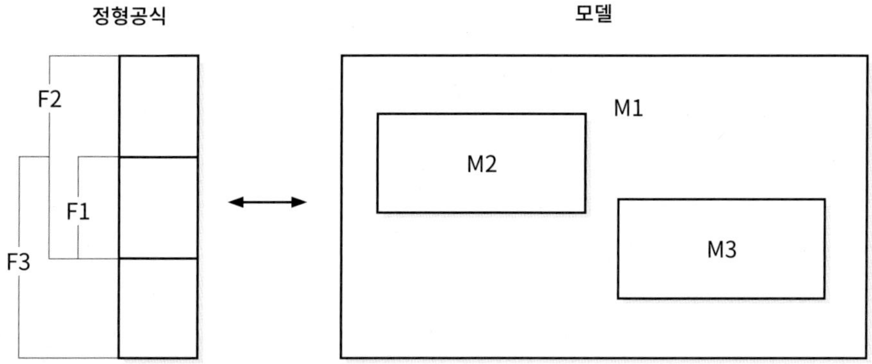

그림 4.2 비단조 추론의 개념

비단조 추론은 실제적 상황에서 흔히 발생할 수 있는 다음과 같은 사항들을 수용함으로써 가능해진다.

- 정보들은 불완전할 수 있다.
- 조건은 항상 가변적이다.
- 추론이 더 이상 불가능한 시점에서는 비록 그것이 나중에 거짓으로 판결될 가능성이 있다 하더라도 그 시점에서 적절히 세울 수 있는 가정(guess)이 유용할 수 있다.

비단조 추론 시스템(Non-Monotonic Reasoning Systems: NMRS)에서는 확실한 사실이 도출될 수 있는 정보가 부족할 경우 잠정적으로 신뢰되는 지식의 집합을 보유하고 있으며, 새로운 지식이 첨가될 경우에는 기존의 지식들을 정리하는 작업을 하게 된다.

예제 02

급한 일로 서울에서 대구까지 운전하게 된 사람이 고속도로의 극심한 정체를 피해 대전을 못 미쳐서 초행길인 지방도로 여행하게 된 경우를 가정해 보자. 마침 밤이어서 주변은 어둡고 인적도 없는 길을 남동쪽이라고 생각되는 방향으로 무작정 꽤 오랫동안 달려가다가 큰 강을 가로지르는 다리를 지나게 되었다. 이 사람이 가지고 있는 지리적인 사실들 중 이번 여행과 관련이 있는 것들을 정리하면 [표 4.1]과 같고, 이를 기초로 내린 결론은 [표 4.2]와 같다고 하자. 그런데 만약 그가(혹은 그녀가) 마침 라디오를 통해 지역 방송국의 프로그램 진행자와 어떤 청취자와의 전화 통화 내용을 듣게 되었는데, 그 청취자가 강한 전라도 사투리를 사용하고 있었을 때 그는 상황에 대한 신뢰를 [표 4.2]로부터 어떻게 바꾸어야 할 것인가?

표 4.1 여행에 관련된 운전자의 지식

사실 1 : 대전의 남쪽에는 전라도와 경상도가 있다.
사실 2 : 전라도는 서쪽에 경상도는 동쪽에 있다.
...
사실 25 : 전라도 사람의 대부분은 전라도 사투리를 사용한다.
사실 26 : 경상도 사람의 대부분은 경상도 사투리를 사용한다.
사실 27 : 북쪽에서 전라도로 남향하면 만경강을 만나게 된다.
사실 28 : 북쪽에서 경상도로 남향하면 낙동강을 만나게 된다.
사실 29 : 낙동강을 지나면 대구까지는 자동차로 1시간여 걸린다.
...
사실 50 : 대구는 경상도에 있다.

표 4.2 운전자의 현 상황에 대한 인식

운전자가 현재 신뢰하고 있는 상황	근거
신뢰 1 : 현재 남동쪽으로 여행 중이다.	추정된 사항
신뢰 2 : 현재 경상도 내에 있다.	신뢰 1, 사실 1, 사실 2
신뢰 3 : 금방 지난 다리는 낙동강에 걸려 있다.	신뢰 1, 신뢰 2, 사실 28
신뢰 4 : 목적지까지는 1시간 정도 걸린다.	신뢰 3, 사실 29

풀이 02

운전자가 라디오로부터 전라도 어투의 대화 내용을 들을 수 있었다면, [표 4.1]의 사실 25로부터 자신이 전라도 지역 방송국의 가청권 내에 있다는 상황 인식의 변화를 가지게 될 것이고, 이로부터 다음의 [표 4.3]과 같은 생각을 가지게 될 것이다. 여기서 새로운 지식(전라도로 들어왔다는 하나의 증거)에 의해 신뢰 상황이 모두 변경된 것에 유의할 필요가 있다.

표 4.3 새로운 지식이 획득된 후 수정된 상황 인식

운전자가 현재 신뢰하고 있는 상황	근거
신뢰 1 : 현재 전라도 내에 있다.	방송 청취, 사실 25
신뢰 2 : 현재 남서쪽으로 여행 중이다.	신뢰 1, 사실 1, 사실 2
신뢰 3 : 금방 지난 다리는 만경강에 걸려있다.	신뢰 1, 신뢰 2, 사실 27

[예제 4.2]에서 새로운 지식의 첨가가 신뢰 상황의 개수를 증가시키지 못함에 주목하여라. 이는 비단조 추론이 유용한 불확실성이 존재하는 영역, 혹은 현실 세계에서 흔히 일어날 수 있는 일이다. 예를 들어 2020년부터 전세계적으로 급속하게 전개된 코로나 바이러스 감염증-19(COVID-19) 사태는 수많은 비극과 상처를 남겼고 경제, 사회적 불확실성을 초래하였으며 혼란과 가짜 뉴스를 급속히 확산시켰다. 이러한 상황에서 인간의 판단과 대처 능력을 뛰어 넘는 인공지능 시스템의 역할이 가능할까 하는 것은 중요한 과학적 의문사항이었다. 문제는 COVID-19가 그 이전에 인류가 경험하지 못한 바이러스로 인한 것이어서 백신은 물론이고 마땅한 치료제가 존재하지 않았고, 사상 3번째로 선언된 팬데믹이었으나 그 이전의 대규모 전염병과는 다른 시대적 환경으로 인하여 인공지능 시스템이 학습할 데이터가 불충분했고 적절하지 않았다. 그럼에도 불구하고 인공지능 기술은 대규모 확산의 가능성을 초기에 예측하거나, 제각기 다른 환자들의 증상에 기초하여 바이러스 감염의 종합적인 진단을 내리는데 활용되었다[차미영20, Chen20]. 흥미로운 사실은 인공지능 기술을 적용하기에 어려운 문제였음에도, 많은 사람들이 인공지능 분야에서 인간을 뛰어넘는 어떤 해결책을 가져올지 모른다는 기대를 가지고 있었다는 점이다. COVID-19 사태와는 다른 문제이면서도 유사성을 가지는 상황은 1999년 20세기가 끝나고 21세기를 맞이하던 즈음에 전세계가 새로운 세기를 맞이한다는 기대 못지않게 전산시스템에서 2000년의 표기가 제대로 처리되지 못하여 대혼란이 일어날 것이라는 이른바 Y2K 밀레니엄 버그에 대한 불안감이 팽배했던 때 일어났다. Y2K 밀레니엄 버그에 대한 불안감도 우리 인간이 경험한 적이 없는 불확실한 상황에 대한 것이었으나, 그 때는 인공지능 기술에 대한 사회적 기대는 거의 없었다는 점은 큰 차이점이다. 독자 여러분이 불확실성의 처리에 사용되는 인공지능의 기법을 학습하기에 앞서, 불확실하지만 심각한 불안을 초래하거나 기존의 믿음을 뒤흔드는 정보가 입력되었을 때 자신의 지적 자아가 어떻게 반응하는지, 혹은 그 새로운 사실을 어떠한 방식으로 받아들이는지 음미해 보는 것은 흥미로운 일이 될 것이다.

2.1 부재 추론과 귀추법

우리는 흔히 환경 변수나 조건들에 대한 특별한 지정이 부재(不在)할 때 기본적으로 추정하여 사용하는 값이나 사항들을 '디폴트(default)'라고 부른다. 부재 추론(default reasoning)은 대부분 참일 것으로 여겨지는 사항들에 기초하여 결론에 이르는 비단조 추론 방식의 일종이다. 부재 추론은 다음과 같은 법칙에 의한다[Reiter80].

$$\frac{a : Mb}{b} \tag{4.1}$$

이는 '만약 a라는 전제 조건이 증명 가능하고 이로부터 일관성 있게[2] b라고 가정할 수 있다면, 우리는 b라고 결론 내릴 수 있다'는 뜻이 된다. 여기서 a와 b는 정형 공식이고, ':M'은 일관성을 나타내는 기호이다.[3] 지식베이스를 구성하는 데 있어 부재 추론을 사용하면 모든 사실들을 기술할 필요 없이 기본적인 사실들로부터 지식을 확장하는 것이 가능해진다. 그러나 이런 방식에 의해 어떤 사실로부터 추론된 결과는 다른 사실로부터 얻어진 결과와 충돌할 수도 있다.

예를 들어 다음과 같이 어떤 사람 x가 공학자이고 x가 현실적인 사람이라고 믿는 것이 일관성이 있으면, 공학자는 현실적이라고 결론 내릴 수 있을 것이다.

$$\frac{engineer(x) : M\ practical(x)}{practical(x)}$$

여기에 또 다른 다음의 규칙이 있다고 하고,

$$\frac{scientist(x) : M\ theoretical(x)}{theoretical(x)}$$

어떤 사람이 동시에 현실적이고 이론적일 수는 없다는 규칙도 있다고 하자. 즉

$$\forall x, \mathrm{theoretical}(x) \equiv \sim \mathrm{practical}(x)$$

이 때 과학자이자 공학자인 사람 홍길동에 대해 이 시스템은 어떤 결론을 내릴 수 있을까? 즉, scientist(홍길동)∧engineer(홍길동)이 참일 때 practical(홍길동)과 theoretical(홍길동)은 동시에 참일 수 없으므로, 두 가능성 중에 어떤 것을 택해야 할까하는 의문이 생긴다. 만약 우리가 일관성을 유지하기 위해서 위의 두 규칙 중 하나만 적용하기로 하고, 후(後)의 결과가 선(先)의 결과에 우선한다는 법칙을 사용한다면 practical(홍길동)은 삭제되게 된다. 이러한 사항은 항상 상호 모순됨이 없는 결과만 도출되어, 규칙의 적용 순서에 상관없는 단조 추론과는 비교되는 점이다.

---

2 여기서 언급된 '일관성(consistency)'은 인공지능 시스템에서 다음과 같이 설명될 수 있다. 어떤 P를 규칙들의 집합 R과 일관성이 있는지 점검하기 위해서는 ~P의 증명을 시도하고 만약 이 시도가 실패로 끝나면 P는 R과 일관성 있다고 결론을 내린다. 여기에 대한 보다 구체적인 사항은 [Rich91]을 참조하고, 증명에 대해서는 이 책의 3장을 참조하기 바란다.

3 M은 특별한 의미를 가지지 않으므로 생략하고 단지 ':'만 사용하거나[Rich91], 일관성(consistency)의 의미로 'C'로 표현할 수 있다[Dean95].

또 다른 비단조 추론 방식으로 귀추법(歸推法, abduction)이 있다. 이 방식은 인과적 형태로 주어진 지식에 근거하여, 결과로부터 원인을 추정하는 것이 일관성이 있으면 그렇게 결론짓는 것으로 다음과 같이 표현될 수 있다.

$$\frac{\begin{array}{l} a \rightarrow b \\ b : M\ a \end{array}}{a} \tag{4.2}$$

즉, (a → b)와 b라는 주어진 두 개의 wff로부터 a를 추정하는 것이 일관성을 유지한다면 a라고 결론짓는 것이다. 예를 들어 '자동차 축전지(battery)의 전기가 방전된 경우 시동이 걸리지 않는다'라는 지식과 '시동이 걸리지 않는다'는 현재의 사실로부터 다른 지식들과 일관성을 유지하는 한(만약 자동차의 다른 전기기구들이 바르게 작동하는 등 전기에는 이상이 없다는 증거들이 존재하는 경우에는 축전지를 의심하는 것은 일관성이 없게 된다) 다음과 같이 축전지에 전기가 없다는 결론을 내릴 수 있다.

$$\frac{\begin{array}{l} \sim electricity(car) \rightarrow \sim start(car) \\ \sim start(car) : M \sim electricity(car) \end{array}}{\sim electricity(car)}$$

그러나 귀추법으로 항상 납득할 만한 결론에 도달할 수 있는 것은 아니며 다음은 그러한 예를 보여준다.

예제 03 '서울시민이라면 교통 혼잡으로 인한 고통을 받는다'와 '교통 혼잡으로 인해 고통을 받는 사람 P'라는 사실에 귀추법을 적용하고 얻어진 결론을 검토하여라.

풀이 03 주어진 문제에 귀추법을 사용하면 다음과 같다.

$$\frac{\begin{array}{l} \forall x,\ Seoulite(x) \rightarrow suffering-of-jam(x) \\ suffering-of-jam(P) : M\ Seoulite(P) \end{array}}{Seoulite(P)}$$

그러나 얻어진 결론은 일반적으로 납득하기에 곤란한 것이다. 교통 혼잡으로 고통을 받는 사람이라고 해서 반드시 서울에 산다고 볼 수는 없는 것이다. 이와 같은 문제는 주로 인과 관계가 성립하지 않는 상황에서 발생하게 된다. 즉, 전기가 없다는 사실은 차가 출발하지 못하는 원인이 될 수 있지만, 서울에 산다는 사실은 교통 혼잡으로 인한 고통의 직접적 원인이 되지 못한다(교통 혼잡은 비단 서울뿐 아니라 도로면적에 비해 차의 숫자가 과다한 지역들의 공통적인 문제이므로). 이와 같은 예는 도심 상가의 특정 구역이 컴퓨터 전문 상가라고 해서 임의의 컴퓨터 상점이 그 특정 구역에 있다고 결론 내릴 수 없는 것과 같은 것이다.

귀추법의 또 다른 문제는 다수의 결론이 가능하다는 것이다. 예를 들어 어떤 사람이 여름에 한기를 느끼는 경우의 원인은 이상 기온일 수도 있고 그 사람의 몸 상태가 좋지 못할 수도 있는 것이다. 이런 경우 중요한 것은 여러 가지 얻어질 수 있는 결론들 중에 어느 편이 더 가능성이 큰 지를 고려하는 것이다. 이를 위해서는 ① 관련된 여러 가지 사실들에 각각 얼마만큼의 비중을 주느냐와 ② 각 사실들을 뒷받침하는 여러 가지 증거들을 어떻게 결합하느냐의 문제가 중요한데, 4.4절에서 다루는 확률적 기법들이 유용할 수 있다.

이상의 설명들로부터 여러분들이 간파할 수 있듯이 귀추법은 부재 추론의 한 특별한 경우이며, 결론지어진 사실이 다른 사실들과 상충될 수 있으므로 비단조 추론 방식이다. 귀추법은 주어진 사실들로부터 원인을 찾아내는 데 특히 유용하며, 얻어진 결론이 어느 정도의 확실성을 가지는지에 대한 고려가 병행될 수 있으면 그 유용성이 증대될 수 있다.

2.2 폐세계 가정

새로운 지식을 추론해 내는 데 있어 H라는 가설을 증명하는 것이 불가능할 때 ~H가 참이라고 가정하는 것은 타당할 수 있다. 이러한 추론 방식을 우리는 폐세계 가정(closed world assumption)이라고 하는데, 특히 주어진 문제에 관하여 완전하게 구성된 자료나 지식베이스로부터 사실을 추론하는 데 유용하다. 예를 들어 홍길동이라는 사람이 어떤 회사의 사원인지 아닌지에 대해 조회가 들어왔을 때, 그 회사의 인사 담당자는 전 사원의 기록표를 조회하고 그러한 이름이 없다면 '아니오'의 답변을 할 수 있을 것이다. 즉, 문제의 세계 내에 존재하지 않거나 증명될 수 없는 사실은 그 역이 존재한다고 결론내리는 것이다.

폐세계 가정을 사용하면 H라는 가설을 증명할 수 없을 때 ~H를 첨가함으로써 간단히 지식베이스가 증대될 수 있지만, ~H가 참이라고 결론짓는 것이 반드시 타당하지는 않음은 쉽게 짐작할 수 있는 사실이다. 예를 들어 지구 외의 우주 공간에서 생명체의 존재를 증명할 수 없었다고 해서 생명체가 없다고 결론내릴 수는 없는 것이다. 이러한 문제는 주로 완전히 닫힌 세계라는 가정이 성립될 수 없을 때 생긴다.

또 다른 문제는 폐세계 가정에 의한 추론이 순수하게 문법적 절차라는 것이다. 예를 들어 거의 매일 버스에서 마주치고 같은 학교 앞에서 내려 정문으로 들어가는 어떤 사람 P를 가정해 보자. 우리는 그 사람이 그 학교의 학생 아니면 교직원이라고 생각할 수 있고, 그 사람에 대한 지식은 단순히 다음과 같이 표현될 수 있을 것이다.

$$\text{학생}(P) \lor \text{교직원}(P)$$

그러나 우리는 P에 대해서는 그 학교와의 연관성 외에는 어떠한 지식이나 정보도 가지고 있지 못하므로, 폐세계 가정의 적용은 P가 학생임을 증명하게 하지도 못하고 교직원임을 증명하게 하지도 못한다. 따라서 다음과 같이 확대된 지식을 얻게 되지만, 이들 사이에는 일관성이 없다.

학생(P) ∨ 교직원(P)	% P는 학교에 관련된 사람이므로 매일 학교로 간다
~학생(P)	% P가 학생이라는 증거가 없다면 학생이 아니다
~교직원(P)	% P가 교직원이라는 증거가 없다면 교직원이 아니다

유사한 문제로 만약 다음과 같이 구성된 지식베이스를 가정해 보자.

미혼(김철수)
미혼(이영희)

이런 지식에 기초하여 폐세계 가정을 행하는 추론 기계에 홍길동이라는 사람에 대해 질문하게 되면, 기계의 지식베이스에는 홍길동에 대한 기록이 없고 따라서 홍길동이 미혼임을 증명할 수 없으므로 ~미혼(홍길동)이라는 결과를 출력하게 된다. 그러나 홍길동이라는 사람은 기혼자일 수 있으므로 결론은 잘못된 것일 수 있다. 특히 동일한 지식을 다음과 같이 표현했을 때는 홍길동이 기혼이냐는 질의에 대해 다른 결론, 즉 ~기혼(홍길동)을 얻게 된다.

~기혼(김철수)
~기혼(이영희)

03 사실 유지 시스템

앞 절에서 설명된 바와 같이 비단조 추론 시스템(NMRS)에서 추론된 결과는 이전에 참으로 여겨졌던 사실들을 부정하는 것일 수도 있다. 이런 경우 시스템 내에서 상호 모순되는 사실들을 정리하여 일관성을 유지시킬 필요성이 생기는데, 이러한 역할을 하는 것이 사실 유지 시스템(Truth Maintenance Systems: TMS)[4]이다[Doyle79a,79b]. 즉, NMRS에서 새로운 사실이 생성될 때마다 TMS는 지식베이스 내의 일관성을 유지하기 위해 필요한 작업을 하게 된다.

4 TMS는 '진리 유지 시스템', 혹은 '진리 보존 시스템'으로 번역되기도 한다.

예제 04 어떤 시스템에서 '식물은 지능이 없다'와 '지능이 없는 것은 반응하지 않는다.'라는 명제를 지식베이스에 참으로 보유하고 있다고 하자. 추론 시스템은 이들 두 명제로부터 '식물은 반응하지 않는다.'라는 결론을 내릴 수 있고, 이를 다시 참인 명제로 하여 지식베이스에 저장할 수 있다. 그런데 만약 '식물은 지능이 있다'라는 명제가 참으로 받아들여져 이 시스템에 입력된다면, TMS는 어떠한 역할을 수행하여야 할지 생각해 보아라.

풀이 04 '식물은 지능이 없다.'라는 기존의 명제와 '식물은 지능이 있다.'라는 추가된 명제는 상호 모순된다. 따라서 TMS는 이를 해결하여 일관성을 유지하여야만 향후 추론기관이 지식베이스를 이용하여 추론하는 데 문제가 없어진다. 만약 모순된 명제들을 취사 선택할 기준이 없어서 모두를 지식베이스로부터 삭제하여 일관성을 유지하려 한다면, 기존의 명제로부터 추론된 '식물은 반응하지 않는다.'라는 명제도 근거가 사라졌으므로 삭제되어야 한다. 그러나 실제의 경우 이처럼 일관성을 유지하기 위해 지식베이스의 내용을 삭제하는 것은 바람직하지 못하다. 이는 NMRS에서 추론된 결과는 잠정적으로 참으로 간주되어지는 사실일 뿐이므로, 언제든 다시 부정될 수 있으며 이미 삭제된 지식이 나중에는 다시 참으로 간주될 수 있기 때문이다.

TMS가 제대로 작동하기 위해서는 지식베이스 내에 저장된 지식들 사이의 관계가 정립되어 있어야 한다. 즉 [예제 4.4]의 경우, '식물은 반응하지 않는다.'라는 명제가 '식물은 지능이 없다.'라는 명제로부터 얻어진 것이라는 것을 미리 알고 있어야 한다. 이처럼 지식베이스 내에 저장된 각 지식들 사이의 관계를 표현하기 위해서는 '지원 목록(Support List: SL)'이라고 하는 것을 사용할 수 있다. 지원 목록은 지식이나 사실, 혹은 선언 등을 나타내는 노드(node)들로 구성되어 있는데, 각 노드들은 현 시점에서 참으로 인정되는가 아닌가에 따라 IN 또는 OUT의 상태를 가진다. 각 노드들의 상태는 근거(justifier)를 가지고 정당화(justification)되지만, 근거가 없는 노드도 있을 수 있으며 이를 '전제(premise)'라 한다. 임의의 노드에 대한 지원 목록은 다음과 같은 형식을 가진다.

[SL (참노드)(거짓노드)]

여기서 참노드(IN-node)는 주어진 노드가 참으로 간주되기 위해서 IN(입력)되어야 할 노드들의 집합이며, 거짓노드(OUT-node)는 반대로 OUT(출력) 상태이어야 할 노드들의 집합이다. [표 4.4]와 같은 예에서 노드 1의 경우를 살펴보면 노드 2가 참으로 노드 3이 거짓으로 되어야만 참으로 받아들여진다는 뜻이 된다. 즉, 날씨가 맑으려면 낮이어야 하고 비가 오지 않아야 하는 것이다. 표에서 노드 2는 SL의 참노드와 거짓노드가 모두 존재하지 않으므로 전제(premise)이다. 한편 노드 5는 노드 3만 IN 상태이면 따라서 참이 될 수 있으므로 일반 연역(normal deduction)이라고 한다. 일반 연역의 거짓노드는 항상 존재하지 않는다.

표 4.4 날씨에 관한 노드들과 지원 목록의 예

노드 번호	지식	의존 목록
1	날씨가 맑다	[SL (2)(3)]
2	낮이다	[SL ()()]
3	비가 온다	[SL ()(1)]
4	따뜻하다	[SL (1)(3)]
5	습도가 높다	[SL (3)()]

예제 05 **[표 4.4]의 내용을 가진 시스템에서 현재 IN과 OUT 상태에 있는 노드들은 다음과 같다고 하자.**

IN 1, 2, 4

OUT 3, 5

이 때 만약 추론 시스템에서 '비가 온다.'는 결론을 내려 TMS에 넘겨주었다고 하면, IN과 OUT목록은 어떻게 변경되어야 할까?

풀이 05 노드 3의 상태가 IN되면 3의 일반 연역인 노드 5도 IN되며, 3을 거짓노드로 가지고 있는 노드 1과 4는 OUT되어야 한다. 따라서 현재의 상태는 다음과 같이 표현될 수 있다. 여기서 노드 2는 전제이므로 계속 IN된다.

IN 2, 3, 5

OUT 1, 4

[예제 4.5]는 지원 목록을 이용함으로써 TMS의 작업이 쉽게 이루어짐을 보여주고 있다. 만약 이러한 목록이 없다면 모순이 발생하였을 때 지식베이스를 이루는 많은 노드들 가운데 모순의 원인을 맹목적으로 찾아나가야 한다. 이처럼 노드 상호 간의 관계를 사용하여 모순의 원인을 찾아 제거해 나가는 방식을 '의존성에 의한 역추적(dependency-directed backtracking)'이라고 한다.

04 확률에 기초한 추론

확률론은 전통적으로 불확실성을 정량화하는 도구로 사용되어 왔다. 특히 확률론은 17세기 이후로 오랫동안 발전되고 확립된 수학적 기반을 가지고 있어 유용하다. 이 절에서는 확률론에 기초하여 불확실성을 표현하고 처리하는 방법에 대해 소개한다. 그중에서도 Bayes의 정리를 주어진 증거에 기초하여 추론을 행하기 위한 전통적 기법으로 소개할 것이며, Bayes의 정리가 가지고 있는 제약을 극복하기 위한 기법들로 확신 인자(certainty factor)와 Dempster- Shafer의 정리도 간단하게 소개한다.

어떤 사건(event) E가 일어날 수 있는 확률을 P(E)라 하면, 이는 사건 E의 발생률에 대한 수적인 표현이 된다. P(E)는 0과 1 사이의 실수값을 가지며, 1은 E의 발생에 대한 절대적 확신을 의미하고 0은 절대적 불신을 의미하게 된다. 따라서 제한된 수의 사건으로 한정된 경우 상호 배타적인(mutually exclusive) 사건 확률들의 합은 항상 1이 된다. 예를 들어 하나의 동전을 던지는 경우 앞면과 뒷면이 나올 경우는 같은 발생 가능성을 가지며 동시에 일어날 수 없으므로, 각각 0.5의 확률을 가진다고 할 수 있다. 이는 동전을 던질 때 어떤 경우가 나올지는 불확실하지만, 각각 50%의 가능성을 가진다고 예측할 수 있다는 의미이다.

일반적으로 다수의 사건으로 구성되는 공간에서 사건들 사이의 기본적 관계는 합과 곱으로 나타난다. 예를 들어 두 사건 A와 B에 대해 A 또는 B가 일어날 확률 P(A∪B)는

$$P(A \cup B) = P(A) + P(B) - P(A \cap B) \tag{4.3}$$

이고, 상호배타적인 사건인 경우의 결합 확률 P(A ∩ B)는 0이 된다. 이에 비해 사건의 곱은 독립(independent)인 사건들 사이에 유효하다. 보통 한 사건의 결과가 다른 사건에 영향을 주지 않을 때 우리는 독립이란 용어를 사용하는데, 수학적으로는 다음과 같은 조건이 성립할 때 의미를 갖는다.

$$P(A \cap B) = P(A)P(B) \tag{4.4}$$

예제 06 카드놀이에서 어떠한 패를 가지게 될지는 항상 불확실하다. 이처럼 불확실한 상황을 확률을 사용하여 정량적으로 고려해 보자. (a) 임의로 한 장의 카드를 집을 때 그것이 Heart일 확률은? (b) 한 장의 카드가 King이고 Heart의 무늬를 가질 확률은? (c) 한 장의 카드를 뽑았을 때 이것이 King이거나 Heart의 무늬를 가질 확률은 어떠한가?

풀이 06 (a) 모두 52장의 카드 중 4종의 무늬들은 각각 13장씩 있으므로 Heart 무늬 카드를 뽑게 될 확률은 13/52가 된다. 이와 같이 다른 무늬들에 대한 확률도 각각 13/52이므로 이들의 총합은 1이 되어 상호배타적인 사건이라고 할 수 있다.

(b) King인 카드는 각 무늬별로 하나씩 모두 4장이 있으므로 4/52의 확률을 가지고, Heart일 확률은 이와는 관계 없이 13/52이다. 따라서 확률 P(King ∩ Heart) = 4/52 x 13/52 = 1/52가 된다. 이는 King의 카드가 나오는 것과 Heart 무늬의 카드가 나오는 것이 서로 독립적이라는 것을 보여준다.

(c) 문제는 P(King ∪ Heart)를 묻는 것이며, 이는 4/52 + 13/52 − 1/52 = 16/52가 된다. 여기서 두 사건은 상호배타적이지 못하다.

4.1 조건 확률과 Bayes의 정리

불확실한 지식에 근거하여 결정을 내릴 때 조건 확률(conditional probability)에 관한 이론들이 유용하게 사용될 수 있다. 조건 확률은 사건이 어떤 조건에 의해 제한되거나, 이전에 일어난 다른 사건에 의해 영향을 받게 될 때의 확률이다. 예를 들어 임의의 두 사건 A와 B에 대해 이미 사건 B가 일어난 상황에서 A가 일어날 확률은 P(A | B)로 표현하고, 이는 P(B) ≠0이라면 다음과 같이 정의될 수 있다.

$$P(A|B)=\frac{P(A\cap B)}{P(B)} \tag{4.5}$$

만약 A와 B가 상호배타적이면 결합 확률이 0이므로 P(A | B) = P(B | A) = 0이 된다. 또 두 사건이 독립이면 각 사건의 발생이 서로에 영향을 주지 않으므로, 조건 확률은 의미를 잃게 되어 단순히 다음과 같이 주어진다.

$$\begin{aligned} P(A|B)&=P(A) \\ P(B|A)&=P(B) \end{aligned} \tag{4.6}$$

예제 07 **일반적으로 표본공간(sample space) S 내에서 정의되는 임의의 사건 A의 확률에 대해 다음과 같은 공리가 성립된다. 이들 세 개의 공리가 조건 확률에도 적용될 수 있는지 살펴보아라.**

공리 1: $P(A) \geq 0$

공리 2: $P(S) = 1$

공리 3: $P\left(\bigcup_{n=1}^{N} A_n\right)=\sum_{n=1}^{N}P(A_n)$
if $A_m \cap A_n = \varnothing$ for all $m \neq n = 1,\ 2,\ \cdots,\ N$

풀이 07

공리 1의 경우 식 (4.5)에서 $P(A \cap B) \geq 0$, $P(B) > 0$이므로 $P(A|B) \geq 0$임을 쉽게 알 수 있다.

공리 2의 경우 식 (4.5)에 $A = S$로 두면 다음과 같이 만족된다.

$$P(S|B) = \frac{P(S \cap B)}{P(B)} = \frac{P(B)}{P(B)} = 1$$

공리 3에 관해서는 A와 상호배타적인 임의의 사건 C를 가정하여 만약 $P(A \cup C|B) = P(A|B) + P(C|B)$이면 유효함을 알 수 있으며, 이는 다음과 같은 절차에 의한다.

$$P(A \cup C|B) = \frac{P[(A \cup C) \cap B]}{P(B)}$$

이고, 상호배타적인 A와 C에 대해 $(A \cap B)$와 $(C \cap B)$도 상호배타적임을 고려하면 다음과 같다.

$$P[(A \cup C) \cap B] = P[(A \cap B) \cup (C \cap B)] = P(A \cap B) + P(C \cap B)$$

따라서 결국 다음과 같다.

$$\begin{aligned} P(A \cup C|B) &= \frac{P(A \cap B)}{P(B)} + \frac{P(C \cap B)}{P(B)} \\ &= P(A|B) + P(C|B) \end{aligned}$$

한편 식 (4.5)에서와 같은 형식으로 $P(B|A)$는 다음과 같이 쓸 수 있다.

$$P(B|A) = \frac{P(B \cap A)}{P(A)} \tag{4.7}$$

따라서 $P(A \cap B) = P(B \cap A) = P(A|B)P(B) = P(B|A)P(A)$로부터 다음의 식을 얻을 수 있고, 이를 발견자의 이름을 따서 Bayes의 정리라 부른다.

$$P(B|A) = \frac{P(A|B)\,P(B)}{P(A)} \tag{4.8}$$

Bayes에 의해 얻어진 식 (4.8)은 다음과 같이 확장될 수 있다. 만약 전체 공간을 S라 하고 S는 $[B_1, B_2, \cdots, B_n]$과 같은 N개의 상호배타적인 부분들로 구성되어 있다고 할 때, 임의의 사건 A는 다음과 같이 표현 가능하다.

$$
\begin{aligned}
A &= A \cap S \\
&= A \cap (B_1 + B_2 + \cdots + B_N) \\
&= (A \cap B_1) + (A \cap B_2) + \cdots + (A \cap B_N)
\end{aligned}
\tag{4.9}
$$

그런데 임의의 n, n=1, 2, …, N에 대해 $P(A \cap B_n) = P(A \mid B_n)P(B_n)$이므로 다음과 같이 된다.

$$P(A) = P(A|B_1)P(B_1) + P(A|B_2)P(B_2) + \cdots + P(A|B_N)P(B_N) \tag{4.10}$$

이로부터 우리는 다음과 같이 확장된 Bayes의 정리를 얻을 수 있다.[5]

$$P(B_n|A) = \frac{P(A|B_n)P(B_n)}{P(A|B_1)P(B_1) + P(A|B_2)P(B_2) + \cdots + P(A|B_N)P(B_N)} \tag{4.11}$$

불확실성을 처리하기 위해 Bayes의 정리를 사용하는 것은 가장 고전적이고 정형화된 접근 방식이다. 이제 얻어진 Bayes의 정리를 어떻게 이용할 것인지를 생각해 보자. 주어진 증거(evidence) E와 이로부터 고려될 수 있는 상호배타적인 N개의 가설(hypothesis) H_k, k=1, 2, …, N에 대해 식 (4.11)은 다음과 같이 다시 쓸 수 있다.

$$P(H_n|E) = \frac{P(E|H_n)P(H_n)}{\sum_{k=1}^{N} P(E|H_k)P(H_k)} \tag{4.12}$$

단, $P(H_n)$ = 증거가 없는 상황에서 특정한 가설 H_n을 신뢰할 수 있는 확률

흔히 사전 확률(priori probability)이라고 한다.

$P(E \mid H_n)$ = H_n이 참일 때 E라는 증거를 얻을 수 있을 확률

$P(H_n \mid E)$ = 증거 E가 주어졌을 때 H_n이 참일 확률

가설의 검증을 위해 Bayes의 식을 사용한 경우 H_n과 E는 원인과 결과의 관계가 되며, 사후 확률(posteriori probability) $P(H_n \mid E)$는 주어진 증거 E에 대한 원인으로 H_n을 고려할 수 있는 정도를 나타낸다. 이런 이유로 Bayes의 정리는 원인 확률의 정리(cause probability theorem)라 부르기도 한다 [Spiegel75]. 예를 들어 유전을 탐사하기 위해 여러 가지 조사를 행하고 자료들을 수집하였다면, 이들로부터 Bayes의 정리를 사용하여 조사된 위치에 유전이 존재할 가능성(즉, 확률)을 계산할 수 있다. 실제로 광물 탐사용 전문가 시스템인 PROSPECTOR[Duda80]는 구리나 우라늄 같은 광물의 탐사를 위해

5 이 식은 Thomas Bayes가 1763년에 식 (4.5)를 얻고 난 뒤 수년 후 Laplace에 의해 얻어졌다.

이러한 방식을 사용한다. 또한 박테리아성 질병에 대한 진단과 처방을 위한 MYCIN[Shortliffe76]과 같은 프로그램뿐만 아니라, 불확실한 공간에서 작업하는 로봇을 위해 다중으로 사용된 센서 정보의 융합(sensor fusion)[Luo89] 문제에서도 Bayes의 정리가 사용되고 있다.

예제 08

Bayes 정리의 활용을 다음 예를 통하여 살펴보자.

(a) 겨울철에 어떤 지역 주민의 15%가 감기에 걸린다고 하고, 감기에 걸린 사람의 50%가 기침으로 고통을 받는다고 하자. 그런데 전체 주민의 20%는 감기와 상관없이 기침에 시달린다고 한다면, 겨울철에 기침하는 사람이 감기에 걸렸다고 판정할 수 있는 확률을 계산하여라.

(b) 어떤 학교에서 인공지능 과목을 수강하는 학생들 중 통상 60%가 재학 중 군복무를 마치고 복학한 학생이라고 하자. 학기가 끝난 후 복학생의 35%, 군에 갔다 오지 않은 학생의 25% 정도가 A학점을 받았다고 하자. 그렇다면 어떤 학생이 A학점을 받았다는 정보만을 가지고 있을 때, 그 학생이 복학생이라고 추정할 수 있는 정도를 계산하여 보아라.

풀이 08

(a) 문제에서 다음의 확률이 주어져 있다.

$$P(\text{감기}) = 0.15$$
$$P(\text{기침} \mid \text{감기}) = 0.5$$
$$P(\text{기침}) = 0.2$$

따라서 식 (4.8)을 사용하면 쉽게 기침의 원인이 감기일 확률은 37.5%임을 알 수 있다. 즉, 다음을 알 수 있다.

$$P(\text{감기} \mid \text{기침}) = 0.5 \times 0.15 / 0.2 = 0.375$$

(b) 문제로부터 다음의 확률이 주어졌다.

$$P(\text{복학생}) = 0.6$$
$$P(\sim\text{복학생}) = 0.4$$
$$P(A \mid \text{복학생}) = 0.35$$
$$P(A \mid \sim\text{복학생}) = 0.25$$

다수의 가정에 대한 Bayes의 정리인 식 (4.11)을 다음과 같이 사용하면, A의 학점을 받은 학생이 복학생일 확률은 67.7%임을 알 수 있다.

$$P(\text{복학생} \mid A) = 0.35 \times 0.6 / (0.35 \times 0.6 + 0.25 \times 0.4) = 0.677$$

Bayes의 정리를 사용하는 데 있어 중요한 것은 여러 가지 확률들(주어진 식의 우변을 구성하는 확률)이 미리 주어져 있어야 한다는 점이다. 이는 실제로 정리를 활용하는데 제약이 될 수 있다. 또 증거와 가정이 다수일 경우 식이 너무 복잡해질 우려도 있다. 예를 들어 n개의 증거와 m개의 가설이 있다고 하면, 다음과 같이 약 nm개의 확률이 필요하다.

(nm개의 조건 확률) + (m개의 가설 확률) + (n개의 증거 확률)

[예제 4.8]의 (a)의 경우 하나의 질병에 대해 하나의 증상만을 고려하였지만, 실제로 진단용 전문가 시스템을 설계할 경우 수백 가지의 질병과 수천 가지의 증상을 다루어야 할 것이므로 문제가 복잡해진다. 예를 들어 500가지의 질병과 2,000가지의 증상을 생각한다면 약 100만 개의 확률이 얻어지고 저장, 계산되어야 하므로 쉬운 일이 아닌 것이다. 따라서 Bayes의 정리는 한정된 영역의 간단한 문제에 유용할 수 있다.

4.2 확신 인자

이 절에서는 순수한 Bayes의 이론을 실제 적용하는 데 생기는 문제점을 극복하기 위한 방법의 하나로 확신 인자(Certainty Factor: CF)를 이용하는 법에 대해 다룬다. CF는 주어진 증거들로부터 어떤 결론이나 가설을 신뢰할 것인지 아닌지에 대한 정도를 정량화하기 위한 방법으로, 의료용 전문가 시스템인 MYCIN을 개발하는 과정에서 고안되었다.

우선 시스템에서 지식을 표현하기 위해 증거와 결론으로 구성된 법칙(rule)을 사용하고, 각 법칙은 그 분야의 전문가들에 의해 신뢰도(즉, CF)가 주어지는 경우를 생각해 보자. 예를 들자면 내과 의사들은 다음과 같은 법칙에 0.8 정도의 신뢰도를 줄 수 있을 것이다.

if 환절기이고,
　　환자가 기침을 하고,
　　콧물을 흘리면,
then 환자가 감기에 걸렸다고 추정할 수 있다(with CF = 0.8)

실제의 시스템에서는 하나의 결론과 관련된 다수의 법칙들이 존재하게 되므로, 어떤 증거가 입력되어 이와 관련된 법칙이 적용될 때마다 결론의 CF를 적절하게 조정할 필요가 있다. 이러한 목적을 위해 신뢰 척도(Measure of Belief: MB)와 불신 척도(Measure of Disbelief: MD)를 다음과 같이 정의하고, 이로부터 식 (4.13)과 같이 CF를 얻는다.

- MB[c,e]: 주어진 증거 e에 의해 결론 c가 신뢰받을 수 있는 척도. 즉, e가 얼마나 c를 지원할 수 있는지에 대한 정량적 서술
- MD[c,e]: 주어진 증거 e에 의해 결론 c가 부정될 수 있는 척도. 즉, e가 얼마나 c에 반하는지에 대한 정량적 서술

$$\mathrm{CF[c,e] = MB[c,e] - MD[c,e]} \tag{4.13}$$

즉, 어떤 증거 e가 결론 c의 신뢰도를 증가시키게 되면 MB[c,e] 〉 0이 되고, 오히려 그 반대가 되면 MD[c,e] 〉 0이 된다. MB와 MD는 0에서 1까지의 값을 가지고 각각에서 1은 절대적인 신뢰와 불신을 의미한다. 물론 하나의 증거가 동시에 양의 MB와 MD를 가질 수는 없다. 다시 말하면 하나의 e에 대해 MB가 양(〉0)이면 MD는 0이 되어야 하고, 반대로 MD가 양이면 MB는 0이 되어야 한다. 따라서 CF는 −1에서 +1까지의 범위를 가진다.

하나의 결론에 대해 다수의 증거나 법칙이 존재할 경우 이들 모두를 고려한 누적 확신인자(cumulative certainty factor)[6]는 다음의 식과 같이 표현된다.

$$\mathrm{CF}[\mathrm{c},e_c] = \mathrm{MB}[\mathrm{c},e_f] - \mathrm{MD}[\mathrm{c},e_a] \tag{4.14}$$

단, e_c는 결론 c에 관련된 현재까지의 모든 증거

e_f는 결론 c를 신뢰하게(for) 하는 모든 증거

e_a는 결론 c를 불신하게(against) 하는 모든 증거

이상의 식을 적용하기 위해서는 누적 신뢰 척도와 누적 불신 척도를 계산할 수 있어야 한다. 즉, 주어진 증거들에 의해 어떤 가설의 CF가 얻어져 있는 상황에서 새로운 증거가 입력되었을 때, 이 증거는 가설의 불확실성을 줄일 수 있도록 MB나 MD를 증가키는 방향으로 사용되어야 한다. 새로운 증거가 불확실성을 줄일 수 있으려면 기존의 증거가 밝히지 못한 부분을 부분적이나마 규명할 수 있어야 할 것이며, 이는 새로운 증거가 기존의 증거 외에 추가적으로 기여하는 정도에 의해 가설의 CF가 갱신될 수 있음을 의미한다. 예를 들어 기존의 증거 e_1에 대한 신뢰 척도 MB[c,e_1]과 불신 척도 MD[c,e_1]이 존재하고, 새로운 증거 e_2가 입력되었을 때의 척도들은 다음의 식 (4.15a)와 식 (4.15b)와 같이 계산된다. 여기서 주의할 것은 각 증거들이나 법칙들은 서로 독립이어야 한다는 점이다. '라디오의 소리가 작아졌다는 것'과 '전지의 전압이 떨어졌다'는 사실들은 두 개의 증거라고 생각할 수 없는 것이다.

---

6 이에 비해 식 (4.13)과 같이 하나의 법칙에 할당되는 확신 인자를 component certainty factor라고 한다.

$$MB[c,e_1\&e_2] = 0 \text{ if } MD[c,e_1\&e_2] = 1$$
$$= MB[c,e_1]+MB[c,e_2](1-MB[c,e_1]) \text{ otherwise} \quad (4.15a)$$

$$MD[c,e_1\&e_2] = 0 \text{ if } MB[c,e_1\&e_2] = 1$$
$$= MD[c,e_1]+MD[c,e_2](1-MD[c,e_1]) \text{ otherwise} \quad (4.15b)$$

예제 09 **다음과 같이 '환자는 감기에 걸렸다'는 결론과 관련된 다수의 법칙들이 존재한다고 할 때, 결론에 대한 누적 확신 인자를 계산하여라.**

법칙 1: 콧물이 계속해서 흐르면 감기에 걸렸을 수 있다(CF=0.5).

법칙 2: 기침으로 고통을 받게 되면 감기에 걸렸을 수 있다(CF=0.3).

법칙 3: 식욕이 왕성하면 감기에 걸렸을 수 있다(CF=−0.2).

풀이 09 법칙 1에서 콧물은 감기에 걸렸다는 결론을 지원하는 증거가 되므로 다음을 얻는다.

$$MB = CF = 0.5 \quad MD = 0$$

법칙 2는 기존의 신뢰 척도를 다음과 같이 갱신한다.

$$MB = 0.5 + 0.3(1 - 0.5) = 0.65 \quad MD = 0$$

법칙 3에서는 CF가 음이므로 불신 척도가 다음과 같이 갱신된다.

$$MB = 0.65 \quad MD = 0.2$$

따라서 결론에 대한 누적 확신 인자는 다음과 같이 얻어진다.

$$CF = 0.65 - 0.2 = 0.45$$

이제 하나의 증거가 다수의 결론에 이르게 되는 경우를 고려해 보자. 예를 들어 '기침을 한다.'는 증거가 '감기'라는 결론과 '천식'이라는 결론을 동시에 지원할 수 있는 것이다. 이처럼 하나의 증거가 다수(예를 들어 두 개)의 결론을 지원할 경우 이들의 신뢰 척도와 불신 척도는 다음과 같이 계산될 수 있다.

$$MB[c_1 \wedge c_2,e] = \min(MB[c_1,e],MB[c_2,e]) \quad (4.16a)$$

$$\mathrm{MD}[c_1 \wedge c_2,\mathrm{e}] = \min(\mathrm{MD}[c_1,\mathrm{e}],\mathrm{MD}[c_2,\mathrm{e}]) \tag{4.16b}$$

$$\mathrm{MB}[c_1 \vee c_2,\mathrm{e}] = \max(\mathrm{MB}[c_1,\mathrm{e}],\mathrm{MB}[c_2,\mathrm{e}]) \tag{4.17a}$$

$$\mathrm{MD}[c_1 \vee c_2,\mathrm{e}] = \max(\mathrm{MD}[c_1,\mathrm{e}],\mathrm{MD}[c_2,\mathrm{e}]) \tag{4.17b}$$

예제 10 **만약 우리가 프로그램을 작성한 후 컴파일할 때까지는 아무런 문제가 없었으나 실행하여 보았더니 갑자기 컴퓨터의 작동이 중지되면서 모니터 상에서는 이상한 형태의 출력이 나타난 경우를 상상해 보자. 이러한 상황에 대해 다음의 c_1에서 c_4까지와 같이 여러 가지의 결론들이 내려질 수 있는데, 만약 '문제는 소프트웨어에 있으며 바이러스에 감염되었거나 프로그램에 버그가 있어서 검사용 프로그램을 실행시켜 보아야 한다.'라는 복합적인 결론이 내려졌다면 이 결론의 신뢰 척도를 구하여 보아라.**

c_1: 검사용 프로그램을 실행해 보아야 한다(CF=0.6).

c_2: 문제는 소프트웨어에 있다(CF=0.9).

c_3: 컴퓨터가 바이러스에 감염되었다(CF=0.3).

c_4: 프로그램에 버그가 있다(CF=0.5).

풀이 10 주어진 결론의 신뢰 척도는 식 (4.16)과 식 (4.17)을 이용하여 다음과 같이 계산할 수 있다.

$$\begin{aligned}\mathrm{MB}[c_1 \wedge c_2 \wedge (c_3 \vee c_4),\mathrm{e}] &= \min(\mathrm{MB}[c_1,\mathrm{e}],\mathrm{MB}[c_2,\mathrm{e}],\mathrm{MB}[c_3 \vee c_4,\mathrm{e}]) \\ &= \min(\mathrm{MB}[c_1,\mathrm{e}],\mathrm{MB}[c_2,\mathrm{e}],\max(\mathrm{MB}[c_3,\mathrm{e}],\mathrm{MB}[c_4,\mathrm{e}])) \\ &= \min(0.6,0.9,\max(0.3,0.5)) \\ &= 0.5\end{aligned}$$

이제까지 법칙으로 표현된 지식에 적용된 확신 인자에 대해 살펴보았다. 여기서 우리는 확신 인자의 사용이 기본적인 Bayes 정리의 사용과 구별되는 점이 무엇인지 생각해 볼 필요가 있다. CF는 임의의 결론에 관련된 각 법칙의 기여도를 의미하며, 이는 어떤 의미에서 조건 확률 P(c|e)를 뜻하는 것으로 이해될 수도 있다. 그러나 P(c|e)는 결론 c에 관련된 증거가 유일하게 e일 때 사용할 수 있으며 만약 다른 증거들이 존재할 때는 결합 확률(joint probabilities)이 고려되어야 하므로, CF가 할당된 독립적인 법칙들을 다루는 방법이 보다 간편할 수 있다. 그러나 각 법칙(혹은 법칙에 포함된 증거들)의 독립성에 대한 가정은 법칙의 작성자에 부담이 되므로 단점이 될 수도 있다. 또한 CF의 할당에 있어 대부분의 현장 전문가들이 지식의 수적인 표현에 익숙하지 못하고 동일한 기준을 가지고 있지도 못하다는 문제도 있다

[Johnson- Laird77]. 어떤 사실에 대한 그들의 추정은 자주 거의 그렇지 않다거나(0), 거의 확실하다거나(1), 완전히 모르겠다(0.5)는 태도를 보이기 쉬운 것이다[Scholz83].

4.3 Dempster-Shafer의 증거 이론

Bayes의 정리에 기초한 기존의 기법들에서 불확실성은 전문가 혹은 실험적 자료에 기초하여 얻어진 확률로 표현되었다. 이는 확신 인자를 사용하여 Bayes 정리를 변형시킨 경우도 마찬가지였다. 그러나 하나의 숫자에 의해 불확실한 가설에 대한 신뢰의 정도를 표시하는 것은 바람직하지 못할 수 있다. 예를 들어 어떤 가설에 대해 여러 전문가들의 의견이 꼭 일치하기를 기대하기란 어려울 것이며, 감기에 걸렸을 가능성을 0.30이라고 하는 것이나 0.32 혹은 0.25 등으로 이야기하는 것들 사이에 큰 차이가 없을 수 있는 것이다. 미국의 통계학자인 Dempster[Dempster68]와 그의 제자인 Shafer[Shafer76]에 의해 제안된 증거 이론(theory of evidence)은 불확실성에 대한 기존의 접근법이 가지고 있는 이러한 문제점들에 대해 효과적인 대안을 제공하고 있다.

Shafer는 어떤 가설 H에 대한 신뢰의 척도를 하나의 숫자로 표현되는 확률보다는 다음과 같은 구간으로 표시하였다.

$$[\mathrm{Bel}(H), \mathrm{Pl}(H)] \tag{4.18}$$

이를 흔히 '증거 구간(evidential interval)'이라고 하며, 여기서 Bel은 주어진 증거에 의해 임의의 가설이 지원받는 정도(belief)를 나타내고 Pl은 증거에 기초하여 가설이 부정되지 않고 남아있는 여유, 즉 차후 최대로 신뢰받을 수 있는 가능성(plausibility)을 나타낸다. [그림 4.3]에서 알 수 있듯이 Bel은 0(증거가 전혀 없음)에서 1(확정적인 증거가 있음)까지의 범위를 가지며, Pl은 다음과 같이 정의될 수 있으므로 마찬가지로 [0,1]의 값을 갖는다.

$$\mathrm{Pl}(H) = 1 - \mathrm{Bel}(\sim H) \tag{4.19}$$

여기서 가설 H의 불확실성은 Pl(H)-Bel(H)가 되는데, 이는 증거에 의해 지원되거나 부정되지 못하고 남아있는 영역이다. 기존 Bayes의 추론법에서는 이러한 영역에 대한 개념이 사용되지 못하였다.[7] 따라서 Shafer의 표현법을 사용하면 Bayes 정리를 사용했을 때 알 수 없었던 증거의 양에 대한 정보도 나타낼 수 있다. 예를 들어 어떤 가게의 점원이 창고에 물건을 찾으러 간 사이에 누군가 가게에 들어왔다가 나가는 소리를 들었다고 하자. 그 손님은 남자였을까, 아니면 여자였을까? 아마도 기존의 확률론에 익숙

7 만약 불확실성의 구간, 즉 Pl(H)-Bel(H)가 0이면 이는 Bayes의 접근법과 같게 된다. 따라서 Dempster-Shafer의 정리는 Bayes 정리의 확장이라고 볼 수 있다.

한 독자들은 남자와 여자의 가능성 모두에 0.5의 확률값을 부과하려 할 것이다. 그러나 이러한 방식은 우리가 어떠한 증거를 가지고 각 가능성에 대해 0.5만큼의 값을 부과한 것인지, 아니면 단순히 아는 것이 없어서 0.5만큼의 값을 부과한 것인지 구분할 수가 없게 한다. 이런 경우 Shafer의 표현법을 사용하면 각 가능성은 [0,1]과 같이 표현될 수 있다. 즉, 지원할 증거도 없고(Bel=0), 부정할 증거도 없어서(Pl=1) 완전히 불확실한 것이다.

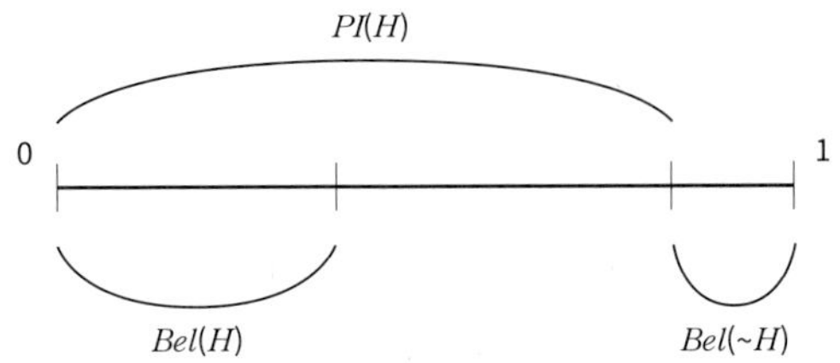

그림 4.3 증거 구간

예제 11 **임의의 가설 H에 대해 증거 구간이 다음과 같이 정의되었을 때의 의미에 대해 생각하여 보아라.**

(a) [0,0] (b) [1,1] (c) [0.25, 1] (d) [0, 0.75] (e) [0.25, 0.75]

풀이 11

(a) Bel(H)=0이므로 가설 H를 지지하는 증거가 없으며, Pl(H)=0이므로 Bel(~H)=1, 즉 부정하는 증거는 절대적이다. 따라서 가설은 거짓이다.

(b) 가설을 절대적으로 지지하는 증거만 있으므로 가설은 참이다.

(c) H를 부정하는 증거는 없으며, 약간(Bel(H)=0.25)의 지원하는 증거가 있다.

(d) H를 지원하는 증거는 없고 부정하는 증거가 약간(Bel(~H)=0.25) 있다.

(e) 가설 H가 참일 가능성은 0.25와 0.75 사이에 있다. 즉 0.25만큼의 지지하는 증거가 있고 또 같은 양만큼의 부정하는 증거가 있다.

Dempster는 개별적인 증거들을 결합하는 데 유용한 기법을 제안하였다. Dempster의 결합 규칙(combination rule)을 이해하기 위해, 어떤 증거 E_1이 서로 배타적인 N개의 가설들로 이루어진 집합[8] Θ를 지원하는 경우를 가정해 보자. Θ는 모두 2^N개의 부분 집합을 가지며, 이들 중 임의의 집합 S_n이 어떤 증거에 의해 지원받는 정도는 다음과 같이 기본 확률 할당(Basic Probability Assignment: bpa) 함수 m_1을 사용하여 표현할 수 있다.

8 이러한 공간을 분별 프레임(frame of discernment)이라 부른다.

$$m_1 : \{S_n | S_n \subseteq \Theta\} \rightarrow [0, 1] \quad (4.20)$$

함수 m_1은 다음과 같은 성질을 가진다. 즉 공집합은 0의 확률값에 사상되고 Θ의 모든 부분 집합에 할당된 확률값의 합은 1이 된다.

$$m_1(\varnothing) = 0 \quad (4.21)$$

$$\sum_{S_n \subset \Theta} m_1(S_n) = 1 \quad (4.22)$$

예를 들어 세 개의 상호 배타적인 가설로 구성된 집합 $\Theta = \{H_1, H_2, H_3\}$을 생각해 보자. 아무런 증거가 없을 때 우리는 m(Θ)=1과 같이 가설 중의 일부에 해가 있다고 설정할 수 있을 것이다. 이 때 어떤 증거로부터 $m_1(H_2, H_3) = 0.3$과 같이 일부의 부분 집합에 확률값이 사상되었다면, 나머지 함수값 0.7은 전체 집합 중의 어디에 할당될 수 있을 것이므로 $m_1(\Theta) = 0.7$과 같이 설정한다.[9] 이 때 $\{H_2, H_3\}$의 증거 구간은 $\sim\{H_2, H_3\}$에 대한 증거가 없으므로 [0.3, 1]이 되고 불확실성은 0.7이 된다.

이제 또 다른 증거가 주어진 경우를 생각해 보자. 새로운 증거는 bpa 함수 m_2에 의해 관련 있는 부분 집합에 확률치를 사상하게 된다. Dempster는 복수 증거에 의한 확률치의 결합을 얻기 위해 다음 [그림 4.4]와 같이 교집합에 각 확률의 곱을 할당할 것을 제안하였다. 즉 $m_1(S_1)$과 $m_2(S_2)$의 결합은 $(S_1 \cap S_2)$에 $m_1(S_1)m_2(S_2)$를 할당하는 것이다. 이 같은 방법을 직교합(orthogonal sum)이라고 하며, 두 개의 독립적인 증거로부터 얻어진 bpa 함수 m_1과 m_2를 결합하여 얻어지는 새로운 bpa 함수 m_3은 다음과 같이 표현된다.

$$\sum_{S_1 \cap S_2 = S_3} m_1(S_1) m_2(S_2) \quad (4.23)$$

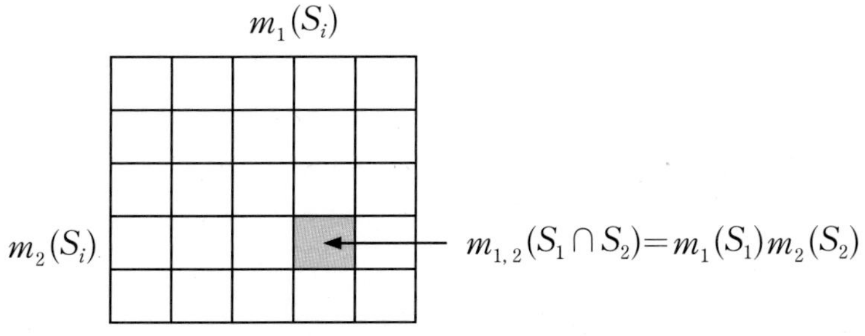

그림 4.4 두 증거에 의한 기본 확률의 할당

9 아마도 기존의 Bayes적인 접근법에 익숙한 독자들은 남은 확률치 0.7을 $\{H_2, H_3\}$의 여집합에 할당하려 할지 모르지만, Dempster-Shafer의 정리에서는 증거에 의해 뒷받침되지 않는 한 확률치를 할당하지 않는다.

예제 12

다음과 같이 날씨에 대한 세 개의 서로 배타적인 가설로 이루어진 집합을 생각하자.

$$\Theta = \{\text{비, 눈, 햇빛}\}$$

어떤 증거에 의해 다음 날의 기상에 대한 bpa 함수 m_1이 다음과 같이 얻어지고,

$$m_1(\text{비, 눈}) = 0.7$$

$$m_1(\Theta) = 0.3$$

또 다른 증거에 의해 bpa 함수 m_2가 다음과 같이 주어졌다고 할 때, 이들의 직교합을 구하여라.

$$m_2(\text{비, 햇빛}) = 0.6$$

$$m_2(\Theta) = 0.4$$

풀이 12

두 개의 함수 m_1과 m_2의 직교합은 식 (4.23)과 다음의 표를 사용하여 쉽게 구할 수 있다.

표 4.5 m_1과 m_2의 직교합

	{비, 눈} 0.7	{Θ} 0.3
{비, 햇빛} 0.6	{비} 0.42	{비, 햇빛} 0.18
{Θ} 0.4	{비, 눈} 0.28	{Θ} 0.12

즉 m_1과 m_2의 결합에 의해 얻어진 새로운 bpa 함수 m_3은 다음과 같이 정리될 수 있다. 여기서 m_3의 합이 자연스럽게 1이 됨은 주목할 필요가 있다.

$$m_3(\text{비}) = 0.42$$

$$m_3(\text{비, 햇빛}) = 0.18$$

$$m_3(\text{비, 눈}) = 0.28$$

$$m_3(\Theta) = 0.12$$

식 (4.23)을 사용하여 두 bpa 함수를 결합할 때 일어날 수 있는 문제점은 공집합이 발생하면 공집합에 0이 아닌 함수값이 배정되게 된다는 점이다. 이는 식 (4.21)에 위배될 뿐 아니라 Θ을 구성하는 가설들에 참이 없다는 뜻이 되므로 적당하지 못하다. 따라서 식 (4.21)과 식 (4.22)의 두 조건을 항상 만족시킬 수 있도록, 식 (4.23)을 다음과 같이 수정할 필요가 있다.

$$\frac{\sum_{S_1 \cap S_2 = S_3} m_1(S_1) m_2(S_2)}{1 - \sum_{S_1 \cap S_2 = \varnothing} m_1(S_1) m_2(S_2)} \tag{4.24}$$

식 (4.24)가 필요한 경우의 예를 들어보자. [예제 4.12]에 새로운 증거가 다음과 같이 추가되었다고 하자.

m_4(햇빛) $= 0.8$

$m_4(\Theta) = 0.2$

이 때 m_3과 m_4의 직교합을 구하기 위해 다음의 표를 사용할 수 있다.

표 4.6 공집합을 포함하는 직교합

	{비} 0.42	{비, 햇빛} 0.18	{비, 눈} 0.28	{Θ} 0.12
{햇빛} 0.8	Φ 0.336	{햇빛} 0.144	Φ 0.224	{햇빛} 0.096
{Θ} 0.2	{비} 0.084	{비, 햇빛} 0.036	{비, 눈} 0.056	{Θ} 0.024

표에서 공집합에 할당된 확률값을 제외하면 실제 가설에 할당된 확률의 총합은 0.44에 불과함을 알 수 있다. 이 같은 현상은 사용된 증거들 사이에 충돌이 있을 때 발생한다. 즉 m_1에서는 햇빛이 전혀 고려되지 않다가 m_4에 와서는 유일하게 지원받는 경우와 같이 증거들 사이에 일관성이 없을 때, 공집합에 큰 확률값(여기서는 총 0.56)이 할당되게 된다. 식 (4.24)를 이용하여 각 확률값을 1−0.56으로 정규화하게 되면 다음과 같이 최종의 확률값이 할당된다.

m_5(비) $= 0.084/0.44 = 0.191$

m_5(비, 햇빛) $= 0.036/0.44 = 0.082$

m_5(비, 눈) $= 0.056/0.44 = 0.127$

m_5(햇빛) $= (0.144 + 0.096)/0.44 = 0.545$

$m_5(\Theta) = 0.024/0.44 = 0.055$

예제 13 5개의 다른 레이더 송신기 {E1, ⋯ , E5}가 있고, 이 신호를 수신하기 위한 수신기가 하나 있다고 하자. 우리는 수신된 신호로부터 그 신호를 방출한 송신기를 확인(identify)하고자 하며, 송신기의 특성은 주파수 rf(radio frequency)와 펄스폭 pw(pulse width)에 의해 결정된다. 만약 어떤 순간에 수신된 신호의 rf와 pw 측정치로부터 각 송신기의 bpa 함수가 다음과 같이 얻어졌다고 가정하자.

$$\mathrm{mrf}(<E1, E2, E3, E4, E5>) = <0.13, 0.22, 0.35, 0, 0>$$

$$\mathrm{mpw}(<E1, E2, E3, E4, E5>) = <0.26, 0.085, 0.17, 0.034, 0.26>$$

(a) Dempster의 법칙을 사용하여 rf와 pw에 의한 각 송신기의 bpa 함수값들을 얻어라.

(b) 각 송신기에 대한 (a)의 결과를 Shafer의 방식으로 표현하여라. 수신된 신호는 어느 송신기로부터 방출된 신호라고 추정할 수 있을까?

풀이 13 (a) 이 문제는 서로 다른 5개의 배타적인 가능성에 관한 문제이며, 문제로부터 rf와 pw 측정치의 불확실성은 각각 $\mathrm{mrf}(\Theta) = 0.3$과 $\mathrm{mpw}(\Theta) = 0.2$와 같이 표현될 수 있다.

$$\Theta = \{E1, E2, E3, E4, E5\}$$

따라서 다음의 표에서부터 E1에 대한 합성 bpa 함수값은 식 (4.24)를 이용하여 다음과 같이 계산될 수 있다.

$$\mathrm{mrf\&pw} = \frac{0.13\times0.26+0.13\times0.2+0.26\times0.3}{\begin{array}{l}[1-0.13\times(0.085+0.17+0.034+0.26)\\ \quad -0.22\times(0.26+0.17+0.034+0.26)\\ \quad -0.35\times(0.26+0.085+0.034+0.26)]\end{array}} = 0.25$$

rf \ pw	E1 .26	E2 .085	E3 .17	E4 .034	E5 .26	Θ .2
E1 .13	E1 .034	∅ .011	∅ .022	∅ .004	∅ .034	E1 .026
E2 .22	∅ .057	E2 .019	∅ .037	∅ .007	∅ .057	E2 .044
E3 .35	∅ .091	∅ .030	E3 .060	∅ .012	∅ .091	E3 .07
Θ .3	E1 .078	E2 .026	E3 .051	E4 .010	E5 .078	Θ .06

이와 같은 방식으로 나머지 송신기에 대해 계산하면 다음과 같은 값을 얻을 수 있다.

$$\mathrm{mrf\&pw}(<E1, E2, E3, E4, E5>) = <0.25, 0.16, 0.33, 0.018, 0.14>$$

(b) 앞에서 얻어진 합성 bpa 함수값들의 합은 총 0.898이므로, 불확실성은 0.102이다. 즉, 각 송신기에 대해 0.102만큼의 기회가 더 있는 셈이다. 따라서 송신기 E1의 경우 기왕의 증거에 의해 밝혀진 0.25 외에 최대로 0.25+0.102만큼의 가능성(plausibility)을 갖는다. 마찬가지로 여타 송신기에 대해 고려하면 Shafer의 표현법은 다음과 같이 얻어진다.

E1 [0.25 0.352]

E2 [0.16 0.262]

E3 [0.33 0.432]

E4 [0.018 0.12]

E5 [0.14 0.242]

이로부터 현재 상황에서는 수신된 신호가 E3으로부터 방출된 것이라고 추정할 수 있을 것이다. 다만 아직 남아 있는 불확실성이 부가적인 다른 증거들에 의해 전적으로 E1의 지지로 확인될 경우, E1은 0.352의 값을 가지게 되고 이는 E3의 0.33보다 크므로 E1의 신호라고 결정될 가능성도 남아 있다. 이 문제에 대한 보다 구체적인 해석은 [Garvey81]을 참조하여라.

05 활용

이 장에서는 불확실성의 문제가 존재하는 여러 가지 경우들을 제시하고, 이를 표현하거나 처리하기 위한 기법들을 소개하였다. 이들은 이 책에서 다루지 못한 보다 복잡하고 구체적인 기법들의 기본이 되거나, 제한된 영역에서 그 유용함이 입증된 것들이다.

불확실성의 처리 기법이 활용될 수 있는 분야는 다양하지만, 특히 우리가 살고 있는 현실 세계가 불확실하며 우리의 인생이 선택의 연속이라는 점을 생각하면, 인공지능이 인간을 대신할 때 불확실한 상황에서 선택하여야 하는 경우가 얼마나 중요한 주제인지 알 수 있다. 5장의 내용이 되는 퍼지 이론은 지식이나 표현에 존재하는 모호함의 문제를 처리하는 데 유용하다. 퍼지 이론은 일종의 불확실성 처리 기법이라 볼 수 있으며, 다수의 공학 분야에서 이미 성공적으로 활용된 바 있다.

그러나 지식의 불확실성을 정량화하고 불확실한 지식들 사이의 관계를 정립하며 이로부터 적절한 추론을 행하는 일은 아직 많은 연구를 필요로 한다. 특히 자동화 장치나 컴퓨터 프로그램이 고도화되고, 인공지능의 활용 영역이 인간 세상의 다양한 영역으로 확대됨에 따라 불확실성의 처리 문제는 더욱 중요하게 대두될 것이며 문제의 복잡성도 증대될 것이므로 현재까지 개발된 기술 이상의 효과적인 기법이 필요하다.

이 장에서는 불확실성의 문제에 심도 있게 접근하고 있다기보다는 기본 개념과 몇 가지 기법의 소개에 그치고 있으므로, 이 문제에 관심 있는 여러분들은 다른 책들을 참조할 것을 권장한다. 대표적인 참고문헌들로는 Kanal 등이 편집한 일련의 책들[Kanal86,88,89] 외에도 Shafer와 Pearl이 편집한 책[Shafer90]과 Clark의 고전적 논문[Clark90] 그리고 중국 청화대 교수인 Li와 Du가 저술한 책[Li07], 그리고 불확실성과 관련한 다양한 논문[Zhao20] 등을 들 수 있겠다.

과제

01. DAPRA의 Grand Challenge에 대해 조사하고 보고서를 작성하여라.

1-1. Grand Challenge의 연혁, 목적, 진행 과정 등에 대해 조사하여라.

1-2. 자동차의 무인 자율 주행 시 일어날 수 있는 불확실성을 한 가지 들고 이에 대처할 수 있는 기술을 조사하여라. 관련 웹 사이트에는 기술적인 사항보다는 일반적이거나 흥미거리 위주의 사진이 주를 이루므로, 전문 잡지의 논문이나 기사를 참조하여야 할 것이다. 예를 들어 2006년 Grand Challenge 우승 자동차인 Stanley의 기술은 [Thrun06]을 참조할 수 있다.

02. 사실 유지 시스템(TMS)에 대해 보다 깊이 학습하자.

2-1. TMS를 사용하는 예(논문이나 보고서)를 찾아 요약하여라.

2-2. 특정 주제에 대한 TMS를 구성하고 실행하여라. 예를 들어 [공나영94]에서는 지능형 교수 시스템에서 학습자의 수준을 평가하고 이에 적절한 교수법을 선택하기 위하여 TMS를 구성하였다. 또 [Nilsson98]에는 간단한 논리 회로(digital logic circuit)의 고장 진단을 위한 TMS에 대한 연습 문제가 제시되어 있다. 또한 잘못된 지식으로부터 추론된 지식을 관리하기 위한 TMS에 대한 연구[전명중18]도 현실적으로 유효한 의미를 가진다. 이와 같이 자신이 흥미로운 주제에 대해 TMS를 구성하여 보라.

03. Dempster-Shafer의 기법을 사용하여 전자 우편 중 스팸 메일을 찾아낼 수 있는 프로그램을 작성하여라. 필요한 경우, 문제를 간단하게 하기 위하여 메일은 문자로만 구성되어 있다고 가정할 수 있을 것이다. 참고로 스팸 메일 차단을 위하여 [김현준04]와 같이 베이지안 분류기(Bayesian classifier)를 사용한 경우가 다수 있으며, 인터넷 전화에서의 스팸 차단을 위해 튜링의 시험(Turing Test)을 사용하는 연구 결과[김명원08]도 있다. 이와 같은 논문들을 읽어 보면 과제의 수행에 도움이 될 것이다.

05장

퍼지 이론

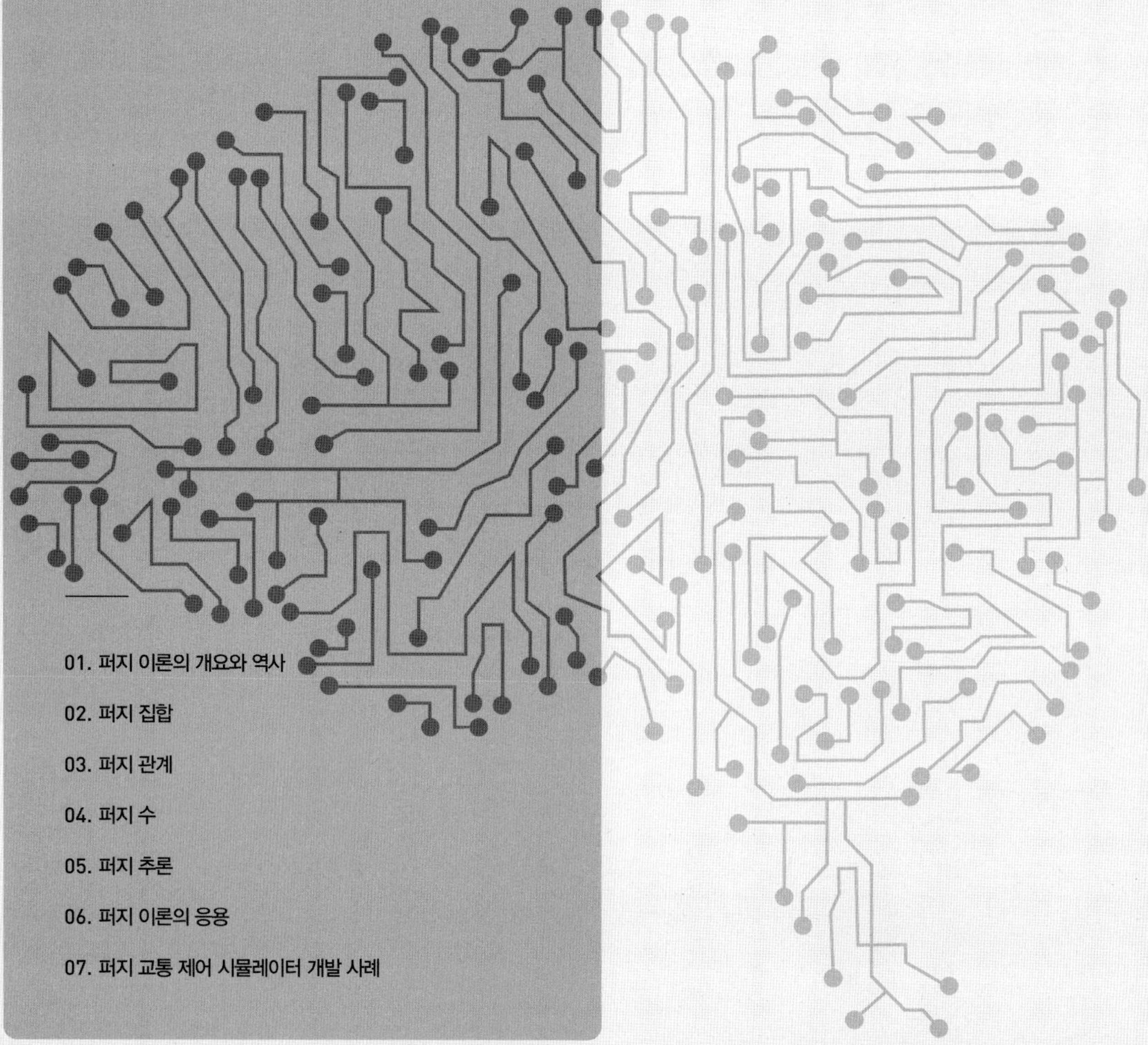

오늘날 인공지능이 각광을 받는 것은 인간의 지적 능력을 컴퓨터로 실현하려는 인류의 오랜 희망에서 유래하였고, 이러한 연구 성과로 인하여 전문가의 판단을 흉내내는 전문가 시스템이나 음성 인식 전화기도 등장하였다. 그러나 이들 기계를 보다 인간에 가깝게 하는 것은 쉽지 않았다. 가장 큰 이유는 종래의 방식이 컴퓨터의 이진 정보 처리 능력에 의존해 수치 및 기호 처리를 억지로 결합하여 인간의 기능을 지향하려는 방향으로 연구가 진행된 데 있다. 이에 인간이 가진 정보 처리 능력에 눈을 돌려야 함을 알게 되었다. 실제로 일상생활을 보더라도 사람은 복잡한 알고리즘에 따라 행동하는 것이 아니라 풍부한 지식과 함께 일상 언어와 같이 애매한 정보를 이용하고 있음을 알 수 있다. 인간의 정보 처리는 이 애매함의 처리와 깊은 관련이 있다. 퍼지 이론(fuzzy theory)은 이와 같은 애매함을 처리하는 수리적 이론이다. 요즘 퍼지 이론이 각광을 받게 된 데는 세탁기의 세제량 조절, 자동차와 기차의 속도 제어, 디지털 카메라 자동 초점 설정 등 실질적인 응용 덕분이다. 그러면 이제부터 퍼지 이론에 대해서 자세히 살펴보겠다.

01 퍼지 이론의 개요와 역사

퍼지 이론은 미국 캘리포니아대학교 버클리분교의 Zadeh교수가 1965년에 Information & Control이라는 학술지에 발표한 「퍼지 집합(fuzzy set)」이란 논문에서 최초로 탄생하였다[Zadeh65]. 이 논문에서 Zadeh는 '아름다운 여성의 집합', '키가 큰 사람의 집합', '작은 수의 집합' 등 경계가 애매한 집합을 퍼지 집합이라고 명명하였다. 또 퍼지 집합은 인간 사고의 기본인 패턴 인식, 의미 정보의 전달, 특히 추상화(abstraction)라는 부분에 중요한 역할을 부여하고 있다고 지적하였다. 즉 추상화를 수학적 이론으로써 전개한 것이 퍼지 이론의 기원이다.

일반적으로 수학에서 사용하고 있는 집합은 '정수의 집합'이나 '지하철이 있는 도시의 집합'처럼 그 소속 여부가 확실한 것이다. 소속 여부가 확실하지 않을 경우 집합이라고 부르지 않았고, 수학의 집합론에서 배제하였다. 이 같은 의미에서 퍼지 집합론은 기존의 집합론과 비교하면 완전히 새로운 제안이었다.

현대 제어 이론의 권위자였던 Zadeh가 이 같은 퍼지 집합을 고안한 이유는 다음과 같다. 원래 제어 이론은 엄밀하고 정밀한 이론이다. 따라서 복잡한 시스템을 이 이론으로 공식화하려면 아주 어려워진다. 이를 컴퓨터를 사용하여 실현하려면 아주 세밀한 부분까지 프로그래밍을 필요로 하므로 방대한 시간이 소요된다. 그래서 Zadeh는 모든 것을 낱낱이 명확하게 기술하지 않으면 안 되는 지금까지의 사고 방식에 결함이 있다고 결론을 내리고, 보다 개괄적으로 파악하는 방법으로 퍼지 이론을 제안한 것이다.

예를 들어 우리가 '오늘 비가 온다'라고 말하는 것은 1(참) 또는 0(거짓)의 진리값을 가지는 크리스프 논리(crisp logic)이다. 반면에 우리가 '오늘 비가 조금 온다'라고 말하면, '조금'이라는 단어가 가지는 애매함(ambiguousness)을 고려할 때 퍼지 논리(fuzzy logic)를 사용하고 있는 것이라 할 수 있다. 퍼지 논리는 0과 1 사이의 실수값으로 참의 정도를 나타내는 명제(proposition)를 다룬다.

Zadeh교수가 처음 퍼지 집합론을 발표했을 때, 학자들의 반응은 냉담하였다. 특히 명제의 참값은 확신도(degree of certainty)를 나타내고, 이는 곧 확률(probability)과 같은 것으로 비판받았다. 하지만 확률과 퍼지 이론의 확신도는 다르다. 왜냐하면 확률에서는 일어날지도 모르는 불규칙성(randomness)에 기초한 가능성만 취급하고 있으며, 일어날 수 있는 모든 사건들의 확률의 합은 정확히 1이 된다. 한편, 퍼지 이론에서 취급하는 퍼지니스(fuzziness)는 실제로 발생하는 사건에 대해서도 명확한 판단을 내릴 수 없는 명제를 대상으로 한다. 예를 들어, '내일 폭우가 내릴 가능성이 70%이다.' 라는 문장을 생각해 보자. 이것에 대한 답은 내일이 되지 않으면 알 수 없고, 0.7이라는 가능성이 주어지므로 여기까지는 확률의 영역이다. 그런데 다음날이 되어 비가 내린다고 하자. 내리는 비의 양과 속도에 따라 폭우인지 아닌지를 판단하는 자체가 모호하고, 비를 맞는 사람마다 폭우이다 아니다가 달라지는 애매한 상황이 발생한다. 이와 같이 퍼지 이론은 주관에 바탕을 둔 애매성을 대상으로 하는 학문인 것이다. 또한 퍼지 이론에서 퍼지니스의 합은 확률과 다르게 1을 넘을 수도 있다.

02 퍼지 집합

퍼지 이론의 바탕이 되는 퍼지 집합(fuzzy set)에 대하여 설명하기 전에 보통의 집합은 다음과 같이 정의된다.

집합은 대상물들의 모임으로 정의되는데 대개 X, Y 등의 대문자로 표시된다. 집합을 구성하는 각 대상물은 원소라 하며 a, b, c 등의 소문자로 표시된다. 즉 a, b, c를 원소로 하는 집합 X는 다음과 같이 기술된다.

$$X=\{a,\ b,\ c\}$$

보통의 집합에서는 어떤 원소가 집합에 속하거나 속하지 않거나 둘 중의 하나가 되어 속하는 것들만 모아서 집합으로 하므로 크리스프 집합(crisp set)이라고 한다. 일반적으로 집합 X의 최대값과 최소값은 기호 ∨와 ∧를 사용하여 다음과 같이 정의한다.

$$\text{집합 } X\text{의 최대값: } \bigvee_{x\in X} x, \qquad \text{집합 } X\text{의 최소값: } \bigwedge_{x\in X} x \tag{5.1}$$

X를 전체 집합이라 할 때, X의 퍼지 집합 A는 X의 임의의 원소 x가 A에 속하는 정도가 식 (5.2)와 같은 퍼지 집합 A의 소속 함수(membership function) μ_A에 의해 주어지는 x의 모임으로 정의된다.

$$\mu_A:\ X\rightarrow[0,\ 1] \tag{5.2}$$

여기서 [0, 1]은 0과 1을 포함한 0과 1 사이의 모든 실수값을 나타낸다.

식 (5.2)는 X의 모든 원소가 함수 μ_A에 의해 [0, 1] 내의 실수값으로 사상(mapping)되는 것을 나타낸다. 또한 X의 각 원소 x에 따른 $\mu_A(X)$의 값은 x가 퍼지 집합 A에 속하는 정도(degree)로서, 소속 정도(degree of membership) 또는 소속 함수값이라 한다. 보통의 크리스프 집합은 다음과 같은 소속 함수를 가지는 퍼지 집합의 특수한 경우에 해당한다.

$$\mu_A(x)=\begin{cases} 1\ if\ x\in A \\ 0\ if\ x\notin A \end{cases} \tag{5.3}$$

퍼지 집합을 표시하는 데는 다음의 두 가지 방법이 있다. 첫 번째 방법은 전체 집합 X가 이산(discrete) 집합, 즉 $X=\{x_1,\ x_2,\ \cdots,\ x_n\}$인 경우,

$$A=\mu_A(x_1)/x_1,\ \mu_A(x_2)/x_2,\ \cdots,\ \mu_A(x_n)/x_n \tag{5.4}$$

두 번째 방법은 전체 집합 X가 연속(continuous) 집합, 즉 $X = \underset{x \in X^{x}}{\forall}$ 인 경우,

$$A = \int_{x} \mu_{A}(x)/x \tag{5.5}$$

로 표시되는데, 여기서 /는 나눗셈을 의미하는 것이 아니라 함수값과 원소를 구분하기 위한 기호이며, $\int$는 적분을 의미하는 것이 아니라 X가 연속임을 나타내는 기호이다.

퍼지 집합은 일상 생활에서 많이 사용하는 착하다, 크다, 젊다, 무겁다 등의 애매한 개념을 표현하는 데 적합하다. 예를 들어 '젊은이'란 단어에 대한 정의를 생각해 보자. 대개 20에서부터 35세 사이의 사람을 젊은이라고 한다. 이런 젊은이의 집합을 보통의 집합으로 표현하면 [그림 5.1]이 된다.

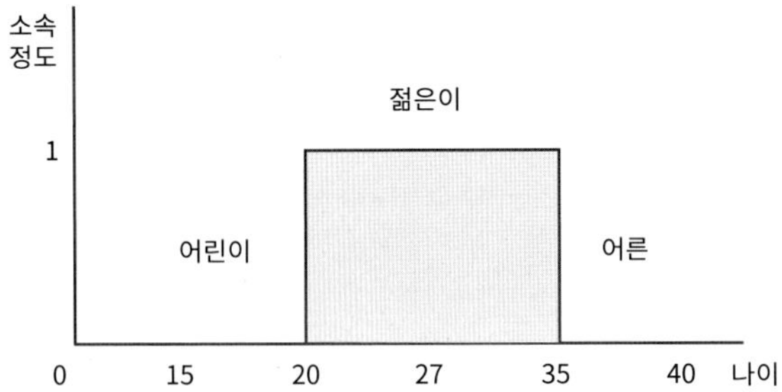

그림 5.1 보통의 집합에 의한 젊은이의 정의

그러면 19세는 아직 젊은이가 아니고, 36세가 되면 그는 벌써 늙은 사람이 된 것인가? 이것은 좀 애매한 것이 된다. 퍼지 집합에서는 이러한 문제를 해결하기 위하여 젊은이의 정의를 [그림 5.2]와 같이 나타낸다. 즉, 16세는 젊은이의 소속 정도가 0.1, 27세는 1.0이 되고, 35세는 0.5가 되는 일상적인 정의에 보다 근접하는 함수로 정의한다.

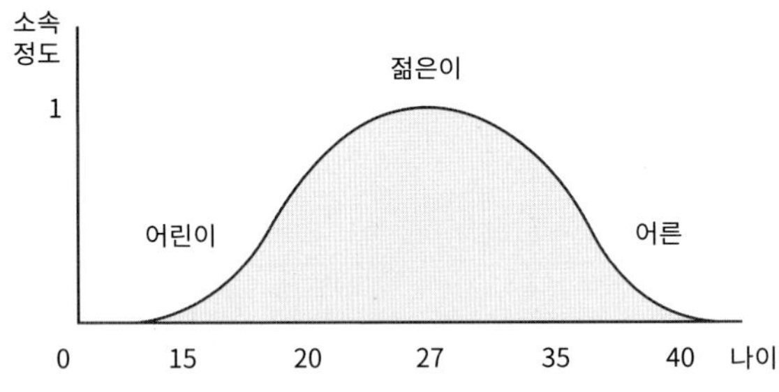

그림 5.2 퍼지 집합에 의한 젊은이의 정의

한편, 퍼지 집합에서 많이 사용되는 정의는 다음과 같다[Zimmermann01].

퍼지 집합 A에 대한 지지 집합(support set) supp(A)는 소속 함수값이 0보다 큰 원소로 이루어진 집합으로 정의된다.

$$\text{supp}(A)=\{x\in x|\mu_A(x)>0\} \tag{5.6}$$

예제 01 **퍼지 집합** A**가** A = {1.0/1, 0/2, 0.5/3, 0/4, 0.2/5}**로 주어질 때,** supp(A)**를 구하면?**

풀이 01 supp(A)는 식 (5.6)에 의해 다음과 같이 구해진다.

$$\text{supp}(A)=\{1,\ 3,\ 5\}$$

퍼지 집합 A에서 그 소속 정도의 최대값이 1일 때, 즉 $\bigvee_{x\in X}\mu_A(x)=1$이면 A는 정규(normal)라고 한다. 앞의 [예제 5.1]의 퍼지 집합 A는 $x=1$일 때 소속 정도의 최대값 1을 가지므로 정규 퍼지 집합이다.

전체 집합 X를 실수의 집합이라 정의하고, 임의의 두 개의 실수 x_1과 x_2 사이의 모든 실수 $x(x_1\le x\le x_2)$에 대하여 퍼지 집합 A의 소속 함수가 식 (5.7)을 만족할 때, A를 볼록(convex) 퍼지 집합이라 한다. 예를 들어, [그림 5.2]에서 나이의 축을 x축이라고 보면, $x_1=15$, $x_2=40$ 사이의 모든 x에 대해 볼록 퍼지 집합을 이룬다.

$$\mu_A(x)\ge(\mu_A(x_1)\wedge\mu_A(x_2)) \tag{5.7}$$

퍼지 집합에 대해서도 보통의 집합에서와 마찬가지로 여러 가지 연산이 정의되어 있다.

집합 X의 두 개의 퍼지 집합 A, B가 다음 관계를 만족하면 퍼지 집합 A와 B는 서로 같다라고 정의하며 A=B로 표시한다.

$$\mu_A(x)=\mu_B(x),\ \ \forall x\in X \tag{5.8}$$

또한 퍼지 집합 A와 B의 소속 함수가 다음 성질을 만족하면 퍼지 집합 A는 B에 포함된다고 정의하며 A⊂B로 표시한다.

$$\mu_A(x)\le\mu_B(x),\ \ \forall x\in X \tag{5.9}$$

예제 02 **퍼지 집합 A={인터넷 게임에 중독된 사람}이고, B={인터넷 게임을 싫어하지 않는 사람}이면, 두 퍼지 집합 사이의 포함관계는?**

풀이 02 퍼지 집합 A는 B에 포함된다. 즉 A⊂B가 성립한다.

퍼지 집합 A와 B의 합집합(union)은 A∪B로 표시되고, 다음의 소속 함수를 갖는 퍼지 집합으로 정의된다.

$$\mu_{A\cup B}(X)=\max\{\mu_A(x),\ \mu_B(x)\},\ \ \forall\ x\in X \tag{5.10}$$

또한 퍼지 집합 A와 B의 교집합(intersection)은 A∩B로 표시되고, 다음의 소속 함수를 갖는 퍼지 집합으로 정의된다.

$$\mu_{A\cap B}(X)=\min\{\mu_A(x),\ \mu_B(x)\},\ \ \forall\ x\in X \tag{5.11}$$

퍼지 집합 A의 여집합(complement)은 A^c로 표시되고, 다음의 소속 함수를 갖는 퍼지 집합으로 정의된다.

$$\mu_{A^c}(x)=1-\mu_A(x),\ \ \forall\ x\in X \tag{5.12}$$

퍼지 집합 A와 B의 합집합 A∪B, 교집합 A∩B, A의 여집합 A^c를 소속 함수의 그래프로 표현하면 [그림 5.3]과 같다. 우리는 식 (5.10)에서 식 (5.12)의 식들을 사용하여, 키가 큰 사람의 집합과 몸무게가 무거운 사람의 집합으로부터 키가 크거나 몸무게가 무거운 사람, 키도 크고 몸무게도 무거운 사람, 키가 크지 않은 사람과 같은 퍼지 집합을 구할 수 있다.

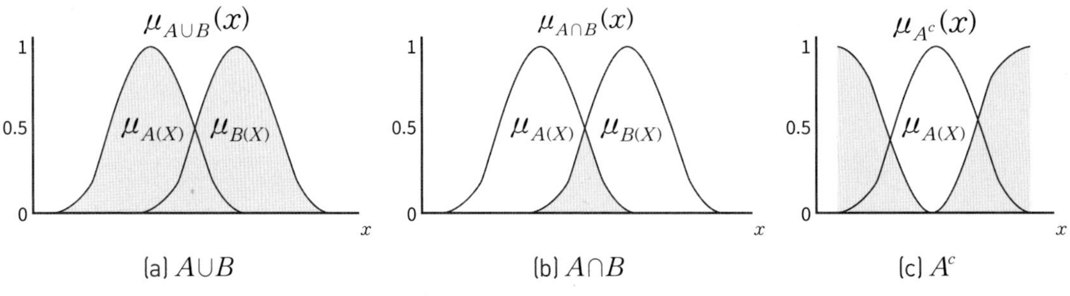

그림 5.3 퍼지 집합의 합집합, 교집합, 여집합

예제 03 **전체 집합 X={x_1, x_2, x_3, x_4}이고, 퍼지 집합 A와 B를 각각 A={0.2/x_1, 0.8/x_2, 0.5/x_3, 1.0/x_4}, B={0.4/x_1, 0.7/x_2, 0/x_3, 0.5/x_4}라 할 때 A와 B의 합집합 및 교집합, 그리고 A의 여집합을 구하면?**

풀이 03 [풀이 3] A∪B={0.4/x_1, 0.8/x_2, 0.5/x_3, 1.0/x_4}, A∩B={0.2/x_1, 0.7/x_2, 0/x_3, 0.5/x_4}, A^c={0.8/x_1, 0.2/x_2, 0.5/x_3, 0/x_4}이 된다.

퍼지 집합 A와 B의 한계합(bounded sum)은 A⊕B로 표시하고, 식 (5.13)의 소속 함수를 갖는 퍼지 집합으로 정의된다.

$$A\oplus B=(\mu_A(X)+\mu_B(X))\wedge 1,\ \ \forall x\in X \tag{5.13}$$

퍼지 집합 A와 B의 한계곱은 A⊙B로 표시하고, 식 (5.14)의 소속 함수를 갖는 퍼지 집합으로 정의된다.

$$A\odot B=(\mu_A(X)+\mu_B(X)-1)\vee 0,\ \ \forall x\in X \tag{5.14}$$

식 (5.13)과 식 (5.14)로부터 한계합의 최대값은 1 이하이며, 한계곱은 최소값 0 이상을 가짐을 알 수 있다.

이외에 A가 X의 퍼지 집합일 때 A의 α−컷(α−cut) 집합은 A_α로 나타내고, 소속 함수값이 α 이상인 원소로 구성된 보통의 집합으로 정의된다.

$$A_\alpha=\{x|\mu_A(x)\geq\alpha,\ x\in X,\ \alpha\in[0,\ 1]\} \tag{5.15}$$

예제 04 **집합 X={x_1, x_2, x_3}, A={0.3/x_1, 0.8/x_2, 0.5/x_3}로 주어질 때, α의 값으로 A의 소속 함수값인 0.3, 0.5, 0.8을 사용하여 A의 α−컷 집합을 구하면?**

풀이 04 $A_{0.3}$={x_1, x_2, x_3}, $A_{0.5}$={x_2, x_3}, $A_{0.8}$={x_2}가 된다.

03 퍼지 관계

수학에서 사용하는 관계(relation)는 '야구선수 류현진은 축구선수 손흥민보다 키가 크다'나 '형제의 성(性)은 같다'와 같이 분명하게 참, 거짓으로 판별될 수 있는 상호 간의 관련성을 가리킨다. 한편 퍼지 관계(fuzzy relation)는 수학에서 정의하고 있는 관계에 퍼지 집합의 개념을 도입하여 애매한 관계를 정량화하여 표현하는 것이다. 예를 들어, '홍보과 김씨는 비서실 이씨보다 훨씬 착하다'와 같이 애매함을 포함하는 문장이 퍼지 관계의 일례가 된다. 이 절에서는 보통의 관계와 퍼지 관계의 정의를 들고, 기본적인 연산과 합성 연산에 대하여 설명한다.

3.1 퍼지 관계의 정의 및 성질

보통의 관계란 일반적으로 두 개의 집합 X와 Y가 주어졌을 때, X의 임의의 원소 x와 Y의 임의의 원소 y에 대하여 정의된다. 원소 x가 원소 y와 R이라는 관계에 있다는 것은 xRy로 나타낸다.

집합 X와 Y의 모든 원소들로 구성된 순서쌍의 집합을 X×Y로 표시하고, 이것을 X와 Y의 직교곱(cartesian product)이라고 정의한다.

$$X\times Y=\{(x,\ y)|x\in X,\ y\in Y\} \tag{5.16}$$

이제 집합 X와 Y의 관계 R을 직교곱 X×Y로 정의해 보면 식 (5.17)이 된다.

$$R=\{(x,\ y)|xRy,\ (x,\ y)\in X\times Y\} \tag{5.17}$$

예제 05 **집합 X와 Y가 X={1, 2, 3}, Y={2}로 주어질 때, X와 Y 사이에 X≤Y 관계를 만족하는 관계 R의 순서쌍을 구하면?**

풀이 05 R = {(1, 2), (2, 2)}

이상과 같이 두 개의 집합 사이의 관계를 이항 관계(binary relation)라 한다. 마찬가지로 n개의 집합에 대해서도 관계가 성립하여, n개의 집합 사이의 관계 R은 n차원 공간 $X_1\times X_2\times\cdots\times X_n$의 부분 집합으로 정의되고, 이를 n항 관계(n-ary relation)라 한다.

$$R=\{(x_1,\ \cdots,\ x_n)|(x_1,\ \cdots,\ x_n)\in X_1\times\cdots\times X_n\} \tag{5.18}$$

이제부터 집합 X와 Y 사이의 퍼지 관계에 대하여 알아보자. 집합 X와 집합 Y 사이의 퍼지 관계 R은 소속 함수 μ_R이 다음과 같이 정의되는 X×Y상의 퍼지 집합이다.

$$\mu_R:\ X\times Y\rightarrow[0,\ 1] \tag{5.19}$$

이때 $X=\{x_1,\ x_2,\ \cdots,\ x_n\}$이고, $Y=\{y_1,\ y_2,\ \cdots,\ y_m\}$인 이산 집합이라면, 퍼지 관계 R은 다음과 같이 (n×m) 행렬로 나타낼 수 있다.

$$R=\begin{bmatrix}\mu_R(x_1,\ y_1)\mu_R(x_1,\ y_2)\cdots\mu_R(x_1,\ y_m)\\ \mu_R(x_2,\ y_1)\mu_R(x_2,\ y_2)\cdots\mu_R(x_2,\ y_m)\\ \cdots\\ \mu_R(x_n,\ y_1)\mu_R(x_n,\ y_2)\cdots\mu_R(x_n,\ y_m)\end{bmatrix} \tag{5.20}$$

예제 06 **집합 X와 Y가 X={1, 2}, Y={1, 3, 5}로 주어질 때, X×Y상의 퍼지 관계 R을 'x보다 훨씬 큰 y'라고 정의하면, 소속 함수 μ_R은?**

풀이 06 문제에서 '훨씬 큰'의 정의 자체가 애매하므로 두 수 x와 y의 크기 비를 보고 퍼지 관계 R의 소속 함수를 주관적으로 정하면, $\mu_R(1,\ 1)=0$, $\mu_R(1,\ 3)=0.3$, $\mu_R(1,\ 5)=0.7$, $\mu_R(2,\ 1)=0$, $\mu_R(2,\ 3)=0.1$, $\mu_R(2,\ 5)=0.4$가 될 수 있다.

이 값을 다시 행렬로 표현하면 다음과 같다.

$$R=\begin{bmatrix}0 & 0.3 & 0.7\\ 0 & 0.1 & 0.4\end{bmatrix}$$

퍼지 관계의 일반화로서 n차원 공간 $X_1\times X_2\times\cdots\times X_n$상에서의 n항 퍼지 관계(n-ary fuzzy relation) R은 소속 함수가 다음 식과 같은 n변수 함수에 의해 특징된 퍼지 집합이다.

$$\mu_R:\ X_1\times X_2\times\cdots\times X_n\rightarrow[0,\ 1] \tag{5.21}$$

다음에 두 개의 퍼지 집합 A와 B의 2차원 공간 A×B를 정의해 보자. A와 B가 각각 전체 집합 X, Y상의 퍼지 집합이라 하면, A×B는 X×Y상의 퍼지 관계가 되어 다음과 같이 정의된다.

$$\mu_{A\times B}(x,\ y)=\mu_A(x)\wedge\mu_B(y),\ (x,\ y)\in X\times Y \tag{5.22}$$

예를 들어 $A = \{0.2/x_1,\ 0.4/x_2,\ 0.6/x_3\}$, $B = \{0.5/y_1,\ 1.0/y_2\}$에 대해

$$\mu_{A\times B}(x,\ y)=\begin{bmatrix}0.2 & 0.2\\0.4 & 0.4\\0.5 & 0.6\end{bmatrix}$$

을 얻는다.

또한 $X\times Y$상의 퍼지 관계 R의 역퍼지 관계 R^{-1}은 $Y\times X$상의 퍼지 관계로 정의된다.

$$\mu_{R-1}(y,\ x)=\mu_R(x,\ y),\ (y,\ x)\in Y\times X \tag{5.23}$$

예제 07 **앞의 [예제 5.6]에 대한 역퍼지 관계 R^{-1}을 구하면?**

풀이 07 집합 X={1, 2}, Y={1, 3, 5}로 주어질 때, X×Y상의 퍼지 관계 R이 'x보다 훨씬 큰 y'이므로 Y×X상의 퍼지 관계 R^{-1}은 'y보다 훨씬 작은 x'로 정의되며, 소속 함수 $\mu_R{}^{-1}$은 다음과 같다.

$\mu_R{}^{-1}(1, 1)=0,\ \mu_R{}^{-1}(1, 2)=0,\ \mu_R{}^{-1}(3, 1)=0.3,$

$\mu_R{}^{-1}(3, 2)=0.1,\ \mu_R{}^{-1}(5, 1)=0.7,\ \mu_R{}^{-1}(5, 2)=0.4$

이 값을 행렬로 표현하면 다음과 같은 형태가 된다.

$$R^{-1}=\begin{bmatrix}0 & 0\\0.3 & 0.1\\0.7 & 0.4\end{bmatrix}$$

3.2 퍼지 관계의 연산과 합성

X×Y상의 퍼지 관계 P와 R의 합집합은 P∪R로 나타내고, 다음과 같은 소속 함수를 갖는 퍼지 집합으로 정의된다.

$$\mu_{P\cup R}(x,\ y)=\max\{\mu_P(x,\ y),\ \mu_R(x,\ y)\} \tag{5.24}$$

퍼지 관계 P와 R의 교집합은 P∩R로 나타내고, 다음의 소속 함수를 갖는 퍼지 집합으로 정의된다.

$$\mu_{P\cap R}(x,\ y)=\min\{\mu_P(x,\ y),\ \mu_R(x,\ y)\} \tag{5.25}$$

또한, 퍼지 관계 R의 여집합은 R^C로 표시되고, 식 (5.26)의 소속 함수를 갖는 퍼지 집합으로 정의된다.

$$\mu_{R^C}(x,\ y)=1-\mu_R(x,\ y) \tag{5.26}$$

예제 08 **집합 $X=\{x_1,\ x_2\}$, $Y=\{y_1,\ y_2\}$이고, $X\times Y$상의 퍼지 관계 P와 R이 다음과 같이 주어질 때, $P\cup R$, $P\cap R$, R^c를 구하면?**

$$P=\begin{bmatrix}0.5 & 0.4\\0.1 & 0.8\end{bmatrix},\ R=\begin{bmatrix}0.2 & 0.5\\0.3 & 0.7\end{bmatrix}$$

풀이 08 P를 $X\times Y$상의 퍼지 관계, R을 $Y\times Z$상의 퍼지 관계라 하면, P와 R의 합성(composition)은 $X\times Z$상의 퍼지 관계가 되어 $P\circ R$로 표시하고, 다음과 같이 정의한다.

$P\cup R=\begin{bmatrix}0.5 & 0.5\\0.3 & 0.8\end{bmatrix}$, $P\cap R=\begin{bmatrix}0.2 & 0.4\\0.1 & 0.7\end{bmatrix}$, $R^C=\begin{bmatrix}0.8 & 0.5\\0.7 & 0.3\end{bmatrix}$이 된다.

$$\mu_{P\circ R}(x,\ z)=\max_{y\in Y}\left[\min\{\mu_P(x,\ y),\ \mu_R(y,\ z)\}\right] \tag{5.27}$$

식 (5.27)의 기호 ∘는 최대－최소 합성(max–min composition) 연산을 의미한다.

예제 09 **집합 X, Y, Z에 대하여 $X\times Y$상의 퍼지 관계 P와 $Y\times Z$상의 퍼지 관계 R이 다음과 같이 주어질 때, P와 R의 최대–최소 합성을 구하면?**

$$P=\begin{bmatrix}0.1 & 1\\0.5 & 0.3\end{bmatrix},\ R=\begin{bmatrix}0.2 & 0.3 & 1\\0 & 0.5 & 0.8\end{bmatrix}$$

풀이 09 식 (5.27)을 사용하여 $x=1$이고 $z=1$인 경우에 $P\circ R$을 계산하면 다음과 같다.

$$\mu_{P\circ R}(1,\ 1)=\max_{y\in Y}[\min\{\mu_P(1,\ y),\ \mu_R(y,\ 1)\}]$$
$$=\bigvee_{y=1,\ 2}[\mu_P(1,\ y),\ \mu_R(y,\ 1)]$$
$$=[\mu_P(1,\ 1)\wedge\mu_R(1,\ 1)]\vee[\mu_P(1,\ 2)\wedge\mu_R(2,\ 1)]$$
$$=[0.1\wedge0.2]\vee[1\wedge0]$$
$$=0.1\vee0$$
$$=0.1$$

x와 z의 나머지 원소에 대하여 같은 방식으로 $\mu_{P\circ R}(x,\ z)$를 계산한다.

$$\mu_{P\circ R}(1,\ 2)=[0.1\wedge0.3]\vee[1\wedge0.5]=0.5$$
$$\mu_{P\circ R}(1,\ 3)=[0.1\wedge1]\vee[1\wedge0.8]=0.8$$
$$\mu_{P\circ R}(2,\ 1)=[0.5\wedge0.2]\vee[0.3\wedge0]=0.2$$
$$\mu_{P\circ R}(2,\ 2)=[0.5\wedge0.3]\vee[0.3\wedge0.5]=0.3$$
$$\mu_{P\circ R}(2,\ 3)=[0.5\wedge1]\vee[0.3\wedge0.8]=0.5$$

그러면 P와 R의 최대-최소 합성 결과는 다음 행렬이 된다.

$$P\circ R=\begin{bmatrix}0.1 & 0.5 & 0.8\\ 0.2 & 0.3 & 0.5\end{bmatrix}$$

앞의 식 (5.27)에서는 퍼지 관계의 합성으로 최대-최소 합성을 사용하였다. 하지만 퍼지 관계의 합성 연산이 반드시 최대-최소 합성을 의미하는 것은 아니다. 이외에도 퍼지 관계의 합성 연산으로는 최대-곱 합성(max-product composition), 최소-최대 합성(min-max composition), 최대-최대 합성(max-max composition), 최소-최소 합성(min-min composition), 최대-평균 합성(max-average composition) 등이 있다[Zimmermann01]. 최대-최소 합성이 퍼지 관계의 합성으로 일반적으로 가장 많이 사용되는 방법이므로, 특별한 언급이 없으면 퍼지 관계의 합성 연산으로 식 (5.27)의 최대-최소 합성을 사용한다.

지금까지는 X×Y상의 두 개의 퍼지 관계 P와 R의 합성을 다루었지만, 퍼지 관계 P 대신에 X상의 퍼지 집합 A를 사용하여 A와 R 사이의 최대-최소 합성을 정의할 수 있다. A∘R은 Y상의 퍼지 집합으로 다음과 같은 소속 함수를 갖는다.

$$\mu_{A\circ R}(y)=\max_{x\in X}[\min\{\mu_A(x),\ \mu_R(x,\ y)\}],\ y\in Y \tag{5.28}$$

퍼지 관계 R을 X에서 Y로의 사상(mapping)f : X→Y로 해석하면, 퍼지 집합 A와 퍼지 관계 R의 합성 A∘R은 퍼지 집합 A의 f에 의한 상(image)으로서 Y상의 퍼지 집합을 의미한다. 이것을 수식으로 표현하면 다음과 같다.

$$f(A)=A\circ R \tag{5.29}$$

식 (5.29)가 의미하는 바는 X×Y상에 퍼지 관계 R이 정해지면, X상의 임의의 퍼지 집합 A에 대해서 그에 대응하는 Y상의 퍼지 집합을 합성 연산 A∘R을 사용하여 구할 수 있다는 것이다.

04 퍼지 수

퍼지 수(fuzzy number)는 '개수가 거의 7' 또는 '길이가 약 30m이다'와 같이 애매한 수치를 말한다. 예를 들어 다음의 교통 제어 문제를 생각해 보자.

"신호 대기 중인 차량이 많은 방향으로 녹색 신호주기를 약 10초 범위 내에서 길게 주어라"

이 문장에서 특정 방향에 대기 중인 차량의 행렬이 얼마나 긴지, 녹색 신호 주기를 약 10초 범위 내에서 얼마나 길게 주어야 하는지가 애매하다. 이러한 경우에 퍼지 수를 사용한다.

일반적으로 실수의 집합 X 안의 임의의 수 r 에 대한 퍼지 수를 '거의 r' 또는 '약 r'이라 한다. 퍼지 수를 나타내는 퍼지 집합은 정규이고 볼록이어야 하는데, 이러한 조건을 만족하는 소속 함수는 어떠한 형태를 가져도 상관없다. [그림 5.4]는 퍼지 수의 대표적인 소속 함수 예를 나타낸 것이다.

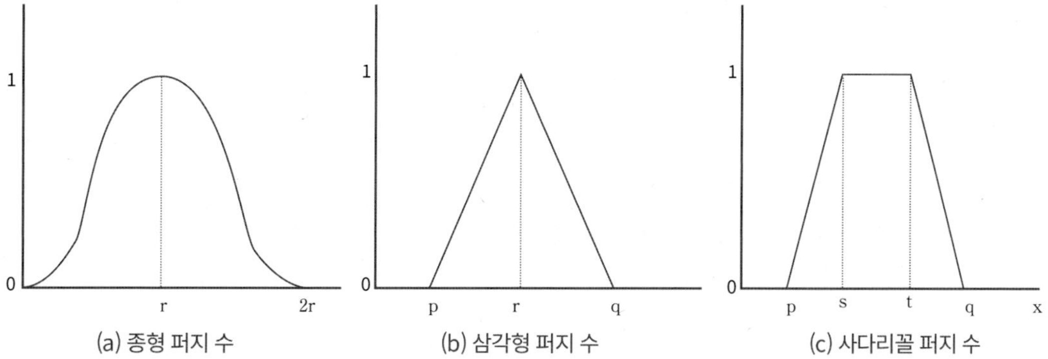

그림 5.4 퍼지 수 r의 대표적인 소속 함수들

[그림 5.4(a)]는 종형(bell-shaped) 퍼지 수로서 매끄러운 모양이지만 계산이 복잡하므로 잘 사용하지 않으며, 다음과 같은 소속 함수를 갖는다.

$$\mu_b(x)=\left[1-\frac{(x-r)^2}{r^2}\right]e^{-\frac{(x-r)^2}{r_2}} \tag{5.30}$$

식 (5.30)의 함수는 x = 0 또는 x = 2r일 때 0의 값을 가지며, x = r일 때 1의 값을 갖는 소속 함수이다.

[그림 5.4(b)]는 종형을 간략화한 삼각형(triangular) 퍼지 수로서 일반적으로 많이 사용되며, 소속 함수는 다음과 같이 정의된다.

$$\mu_{tr}(x)=\begin{cases}\frac{1}{(r-p)}(x-r)+1, & p<x\le r\\ -\frac{1}{(q-r)}(x-r)+1, & r<x\le q\end{cases} \tag{5.31}$$

단, 삼각형의 밑변의 위치를 나타내는 x≤p와 x≥q에서 소속 함수값은 0이 되도록 한다.

한편 [그림 5.4(c)]는 사다리꼴(trapezoid) 퍼지 수로서 종형과 삼각형 퍼지 수를 혼합한 형태를 갖는다. 따라서 사다리꼴 퍼지 수의 소속 함수는 식 (5.32)와 같이 정의된다.

$$\mu_{tz}(x)=\begin{cases}\frac{1}{(s-p)}(x-s)+1, & p<x\le s\\ 1, & s<x\le t\\ -\frac{1}{(q-t)}(x-t)+1, & t<x\le q\end{cases} \tag{5.32}$$

삼각형 퍼지 수와 마찬가지로, 사다리꼴의 좌점 p와 우점 q를 벗어난 좌표, x ≤ p와 x ≥ q에서 소속 함수값은 0이 된다.

퍼지 수 r에 대한 연산을 살펴보자. 일반적으로 함수 y = *f*(x)에 대하여 실수 x 대신에 퍼지 수 r을 적용하여 얻어지는 Y상의 퍼지 수 *f*(r)은 다음과 같이 정의된다[나카지89].

$$\mu_{f(r)}(y)=\bigvee_{x=f^{-1}(y)}\mu_f(x),\ y\in Y \tag{5.33}$$

예제 10 X상의 퍼지 집합 A를 '약 5'라 하고, 이의 소속 함수는 다음 그림과 같은 삼각형 퍼지 수를 갖는다. 그러면 함수 $y = f(x) = x + 3$에 의한 값, 즉 Y상의 퍼지 수는?

풀이 10 함수 $y = f(x) = x + 3$에 의한 '약 5'의 값을 $f(5)$라 쓰면, 그 소속 함수는 식 (5.33)에 의해 다음과 같이 계산된다.

$$\mu_{f(5+3)}(y) = \mu_5(y-3),\ y \in Y$$

우변의 소속 함수는 퍼지 수 5의 소속 함수를 오른쪽으로 3만큼 평행 이동한 것이며, 새로운 삼각형 퍼지 수도 [그림 5.5]에 함께 나타낸다. 이것은 '약 5'라는 X상의 퍼지 집합이 '약 8'이라는 Y상의 퍼지 집합으로 사상됨을 보여 준다.

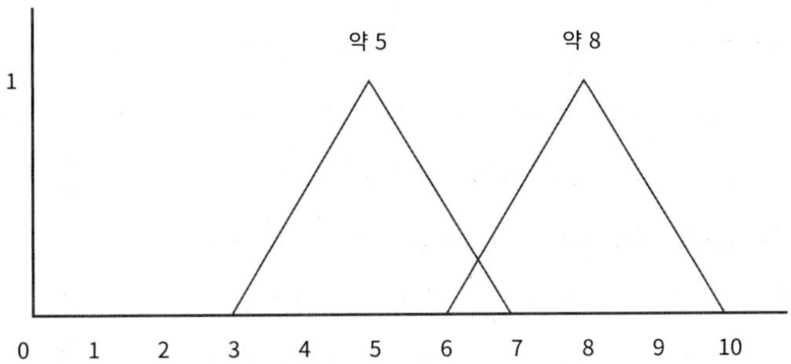

그림 5.5 삼각형 퍼지 수 '약 5'와 이를 우측으로 3 이동한 함수

05 퍼지 추론

퍼지 명제는 언어적 명제(linguistic proposition)라고도 하는데, 특징은 그 명제 중에 애매함이 포함되어 있다는 것이다. 예를 들면, 다음과 같은 문장은 퍼지 명제라고 할 수 있다.

P: "신발 크기가 300mm 이상을 신는 사람의 발은 매우 크다"

명제 P에서는 '매우 크다'라는 부분에 애매함이 포함되어 있다. 즉 '모든 사람의 발'을 전체 집합 X라 할 때, '매우 크다'는 전체 집합 X의 퍼지 집합 A에 해당한다. 퍼지 명제는 일반적으로 다음과 같이 정의된다.

x는 집합 X의 임의의 원소이고 A를 X의 퍼지 집합이라 할 때, 다음과 같이 퍼지 명제 P를 정의할 수 있다.

퍼지 명제: P="x is A"

이 퍼지 명제의 형식이 퍼지 논리를 취급하는 퍼지 명제의 기본형이 된다.

한편, 'P이면 Q이다'형의 퍼지 조건 명제는 다음과 같이 표현할 수 있다.

퍼지 조건 명제: P→Q = if P then Q
= if "x is A" then "y is B"
= (x, y) is $R_{P\to Q}$

여기서 $R_{P\to Q}$는 조건 명제 P→Q에 대한 X×Y상의 퍼지 관계를 의미하고, P와 Q는 각각 퍼지 조건 명제의 전건부(antecedent portion)와 후건부(consequent portion)를 나타낸다.

퍼지 추론(fuzzy inference)은 몇 개의 퍼지 명제로부터 하나의 다른 근사적인 퍼지 명제를 유도하는 것으로, 근사 추론(approximate reasoning)이라고도 한다. 이진 논리에 기반을 둔 명제 논리에서 추론은 보통의 조건 명제 P→Q에 의한 추론 규칙인 긍정식(modus ponens)에 기반을 두고 수행된다[Zadeh73][Mamdani77].

긍정식은 어떤 명제 P가 참이고 조건 명제 P→Q가 참이면, 명제 Q가 참임을 주장하는 규칙이다. 하지만 인간이 수행하는 추론을 생각해 보면 긍정식과 같이 정확하지 않은 경우가 더 많다. 예를 들어, '영희는 착하다'와 '착한 사람은 성격이 좋다'와 같은 명제의 경우에 영희가 착한지 아닌지 그리고 착하다면 얼마나 착한지를 결정하는 것 자체가 애매하기 때문이다.

한편, 퍼지 추론의 경우에는 어떠한 내용의 퍼지 명제가 결론으로 유추되는가를 문제로 한다. 예를 들어, 다음 식에 나타난 것처럼 퍼지 추론은 퍼지 명제 P^+를 전제, 퍼지 조건 명제 P→Q를 조건으로 하여, 이들로부터 P→Q의 후건부 Q에 의미상으로 가까운 퍼지 명제 Q^+를 추론하는 것이다.

[전제] P^+ : "저 아기는 매우 기분이 좋다."
[조건] $P\to Q$: "만일 아기가 기분이 좋으면, 그 아기는 웃는다."

[결론] Q^+ : "저 아기는 매우 웃는다."

이 추론은 전제의 P^+가 조건의 전건부 P와 달라서 결론 Q^+도 조건의 후건부와 다르므로 긍정식과는 다른 추론 형식이지만, 긍정식을 따른다는 의미에서 일반화된 긍정식(generalized modus ponens)이라고 한다.

퍼지 추론에서는 이진 논리에 의한 추론과 달리 다양한 해석이 있을 수 있으므로 여러 가지 방법이 고안되었다. 퍼지 추론법으로는 퍼지 추론의 합성 규칙을 기반으로 한 직접법, 언어적 진리값을 매개로 한 간접법, 그리고 이 둘을 혼합한 혼합법이 있다. 이제부터 퍼지 추론의 합성 규칙과 직접법에 대하여 간략히 기술한다.

5.1 퍼지 추론의 합성 규칙

퍼지 추론의 합성 규칙은 Zadeh가 고안한 것으로, 일반화된 긍정식에 대한 구체적인 추론 방법이다. 즉, 일반적인 관계 개념이 가지고 있는 논리적인 성질을 퍼지 명제에 의한 관계 개념으로 확장하고, 퍼지 관계와 최대－최소 합성 연산에 의해 근사적 결론을 추론하는 방법이다.

추론의 합성 규칙에 의한 퍼지 추론의 형식을 일반적으로 기술하면 다음과 같다.

[전제] P_1 : "x is A"
[조건] P_2 : "(x, y) is R"

[결론] Q : "y is A∘R"

여기서 x는 집합 X의 임의의 원소, A는 X상에서의 퍼지 집합, y는 집합 Y에 속하는 임의의 원 , R은 X×Y상의 퍼지 관계, ∘는 최대－최소 합성 연산을 나타낸다.

A∘R은 퍼지 관계의 합성에 의해 정해지는 Y상의 퍼지 집합이고, 다음과 같은 소속 함수를 갖는다.

$$\mu_{A \circ R}(y) = \bigvee_{x \in X} (\mu_A(x) \wedge \mu_R(x, y)) \tag{5.34}$$

한편, 실제의 퍼지 추론을 할 경우에는 조건 P_2의 퍼지 명제가 반드시 '(x, y) is R'의 형태를 갖고 있지 않을 수도 있다. 즉, 조건 P_2의 퍼지 명제가 퍼지 조건 명제일 때는 이것을 '(x, y) is R'의 형태로 변환할 필요가 있다.

[전제] P_1 : "x is A"
[조건] P_2 : if "x is A", then "y is B"

[결론] Q : "y is B^+"

이와 같이 퍼지 조건 명제가 조건이 되는 경우의 추론은 일반화된 긍정식의 형태로서 가장 중요한 추론 형식이다.

만일 조건 P_2의 퍼지 조건 명제가 '(x, y) is $R_{A \to B}$'형으로 변환되면, 결론으로서 퍼지 집합 B^+는 다음 식과 같이 구해진다.

$$B^{+} = A^{+} \circ R_{A \to B} \tag{5.35}$$

따라서 퍼지 집합 B+의 소속 함수는 식 (5.34)에 따라 다음과 같아진다.

$$\mu_{B^{+}}(y) = \bigvee_{x \in X} \left(\mu_{A^{+}}(x) \wedge \mu_{R_{A \to B}}(x, y) \right) \tag{5.36}$$

결국 퍼지 추론의 합성 규칙에 의한 추론의 경우에는 조건 P_2의 퍼지 조건 명제를 퍼지 관계 $R_{A \to B}$로 변환하는 방법이 중요한 문제이다. 이 문제에 대해서는 여러 가지 방법들이 제안되어 있지만 표준의 해결 방법은 결정되어 있지 않다. 이들 중 몇 가지 퍼지 관계에 대해서는 직접법에 의한 추론에서 설명한다.

5.2 직접법에 의한 퍼지 추론

직접법에서는 조건 명제 P→Q를 X×Y상의 퍼지 관계 $R_{P \to Q}$에 의해 정하고, $R_{P \to Q}$와 A^{+}에 대하여 최대－최소 합성 연산 $A^{+} \circ R_{P \to Q}$를 수행함으로써 근사적 결론 Q^{+}를 추론한다. 즉 직접법에 의한 퍼지 추론은 다음과 같다.

[전제] P^{+} : "x is A^{+}"
[조건] $P \to Q$: if "x is A", then "y is B"

[결론] Q^{+} : "y is $A^{+} \circ R_{A \to B}$"

여기서 결론의 퍼지 관계 $R_{A \to B}$는 $R_{P \to Q}$와 같으며, 편의상 이와 같이 기술한다. 지금부터는 퍼지 조건 명제 P→Q를 전건부와 후건부의 퍼지 집합 A와 B를 이용하여 A→B로 기술한다.

한편 퍼지 조건 명제 A→B에 대한 퍼지 관계 $R_{A \to B}$의 결정 방법에 관하여 여러 가지 방법이 제안되어 있지만, 실용상 간편하면서도 비교적 양호한 추론 결과를 유도하는 다음과 같은 방법들이 있다[Giles76][Mamdani77].

첫째, 이진 논리(binary logic)에 의한 조건 명제의 진리값을 자연스럽게 확장한 방법이다. 즉 P→Q≡(P∧Q)∨~P를 이용하여, $R_{A \to B} = R_{(A \wedge B) \vee \sim A}$로 하는 방법으로, 이것을 R_z로 표시하고, 다음과 같은 소속 함수를 갖는다.

$$\mu_{Rz}(x, y) = (\mu_A(x) \wedge \mu_B(y)) \vee (1 - \mu_A(x)) \tag{5.37}$$

둘째, Rescher가 제안한 다진 논리(multivalued logic)에 따른 방법이다.

$$\mu_{R_r}(x,\ y)=\begin{cases} 1\ if\ \mu_A(x)\le\mu_B(y) \\ 0\ if\ \mu_A(x)\le\mu_B(y) \end{cases} \tag{5.38}$$

셋째, 다진 논리에 따라 Lukasiewicz가 제안한 방법으로 다음과 같은 소속 함수를 갖는다.

$$\mu_{R_e}(x,\ y)=1\wedge(1-\mu_A(x)+\mu_B(y)) \tag{5.39}$$

넷째, Mamdani가 제안한 방법으로 소속 함수는 퍼지 조건 명제의 전건부의 퍼지 집합 A와 후건부의 퍼지 집합 B의 소속 함수값의 최소값으로 결정된다.

$$\mu_{R_m}=(\mu_A(x)\wedge\mu_B(y)) \tag{5.40}$$

이상에서 열거한 퍼지 관계를 이용하면, 전제 P^+와 조건 P→Q에 대한 직접법을 이용한 퍼지 추론의 결론은 다음과 같아진다.

[R_z를 사용한 결론] : "y is $A^+\circ\ R_z$"
[R_r을 사용한 결론] : "y is $A^+\circ\ R_r$"
[R_e를 사용한 결론] : "y is $A^+\circ\ R_e$"
[R_m을 사용한 결론] : "y is $A^+\circ\ R_m$"

이들의 추론 결과는 사용하고 있는 퍼지 관계가 서로 다르므로 결과가 반드시 같지는 않다.

예제 11 **전체 집합 X와 Y는 X=Y={1, 2, 3}일 때, 'x(∈X)가 작다'에 대한 퍼지 집합 A와 'y(∈Y)가 크다'에 대한 퍼지 집합 B가 다음과 같이 주어진다. 퍼지 조건 명제 A→B를 나타내는 퍼지 관계 R_z, R_r, R_e, R_m을 각각 구하고, 다음과 같은 직접법에 의한 퍼지 추론을 수행하시오.**

A=[1.0/1, 0.5/2, 0/3], B=[0/1, 0.5/2, 1.0/3]

[전제] P^+ : "x is A^+"

[조건] P→Q : if "x is A", then "y is B"

[결론] Q^+ : "y is $A^+\circ R_{A\to B}$"

풀이 11 전제 P^{+}의 퍼지 집합 A^{+}를 'x가 매우 작다'에 대한 퍼지 집합이라고 하면, $\mu_{A^{+}}(x)=\mu_{A^{2}}(x)=(\mu_{A}(x))^{2}$이 된다. 즉 $A^{+}=A^{2}=[1.0/1,\ 0.25/2,\ 0/3]$이다.

식 (5.37)에서 식 (5.40)까지를 사용하여 각 퍼지 관계를 구하면 다음과 같다.

$$R_{z}=\begin{bmatrix} 0 & 0.5 & 1 \\ 0.5 & 0.5 & 0.5 \\ 1 & 1 & 1 \end{bmatrix}$$

$$R_{r}=\begin{bmatrix} 0 & 0 & 1 \\ 0 & 1 & 1 \\ 1 & 1 & 1 \end{bmatrix}$$

$$R_{r}=\begin{bmatrix} 0 & 0.5 & 1 \\ 0.5 & 1 & 1 \\ 1 & 1 & 1 \end{bmatrix}$$

$$R_{m}=\begin{bmatrix} 0 & 0.5 & 1 \\ 0 & 0.5 & 0.5 \\ 0 & 0 & 0 \end{bmatrix}$$

이제 직접법에 의한 퍼지 추론을 수행한 결과는 다음과 같이 구해진다.

$$A^{+}\circ R_{z}=[1\quad 0.25\quad 0]\circ\begin{bmatrix} 0 & 0.5 & 1 \\ 0.5 & 0.5 & 0.5 \\ 1 & 1 & 1 \end{bmatrix}=[0.25\quad 0.5\quad 1]$$

$$A^{+}\circ R_{r}=[1\quad 0.25\quad 0]\circ\begin{bmatrix} 0 & 0 & 1 \\ 0 & 1 & 1 \\ 1 & 1 & 1 \end{bmatrix}=[0\quad 0.25\quad 1]$$

$$A^{+}\circ R_{e}=[1\quad 0.25\quad 0]\circ\begin{bmatrix} 0 & 0.5 & 1 \\ 0.5 & 1 & 1 \\ 1 & 1 & 1 \end{bmatrix}=[0.25\quad 0.5\quad 1]$$

$$A^{+}\circ R_{m}=[1\quad 0.25\quad 0]\circ\begin{bmatrix} 0 & 0.5 & 1 \\ 0 & 0.5 & 0.5 \\ 0 & 0 & 0 \end{bmatrix}=[0\quad 0.5\quad 1]$$

이제까지는 퍼지 조건 명제가 1개인 경우의 퍼지 추론을 설명하였다. 하지만 실제 문제들의 경우에는 다수의 퍼지 조건 명제가 다음과 같이 병렬적으로 주어질 때 퍼지 추론을 수행하게 된다.

[전제] P^+ : "x is A^+"

[조건] $P_1 \to Q_1$: if "x is A_1", then "y is B_1"

$P_2 \to Q_2$: if "x is A_2", then "y is B_2"

...

$P_n \to Q_n$: if "x is A_n", then "y is B_n"

[결론] Q^+ : "y is B^+"

조건에서 n개의 퍼지 조건 명제가 병렬적으로 나열되어 있지만, 이들 간의 논리적 관계를 논리합(or)으로 할 것인지 논리곱(and)으로 할 것인지에 따라 추론 방식이 달라지므로 주의해야 한다.

먼저, 논리적 관계를 'or'로 결합되어 있다고 해석하는 경우에는 $(P_1 \to Q_1)$ or $(P_2 \to Q_2)$ or ... or $(P_n \to Q_n)$이 된다. 따라서 조건에 있는 n개의 퍼지 조건 명제 전체에 대한 퍼지 관계는 다음 식으로 표현된다.

$$R_{P\to Q} = R_{A_1 \to B_1} \cup R_{A_2 \to B_2} \cup \cdots \cup R_{A_n \to B_n} \tag{5.41}$$

한편, 'and'로 결합되어 있다고 해석하는 경우에는 $(P_1 \to Q_1)$ and $(P_2 \to Q_2)$ and ... and $(P_n \to Q_n)$이 된다. 따라서 전체 n개의 퍼지 조건 명제들에 대한 퍼지 관계는 다음 식으로 표현된다.

$$R_{P\to Q} = R_{A_1 \to B_1} \cap R_{A_2 \to B_2} \cap \cdots \cap R_{A_n \to B_n} \tag{5.42}$$

앞에서 설명한 퍼지 관계들 중에서 어느 것을 $R_{A\to B}$로 사용하든지 퍼지 추론은 n개의 퍼지 조건 명제 전체에 대하여 정해진 퍼지 관계 $R_{P\to Q}$를 이용하여 다음과 같이 실행된다.

[결론] Q^+ : "y is $A^+ \circ R_{P\to Q}$"

06 퍼지 이론의 응용

퍼지 이론은 인공지능, 제어, 전문가 시스템, 의료, 정보 검색, 패턴 인식 등의 이공학 분야뿐만 아니라 의사 결정 지원, 앙케이트 조사 등의 인문 · 사회 과학 분야에도 폭넓게 활용되고 있다. 하지만 가장 많이 적용되는 분야는 퍼지 제어(fuzzy control)와 퍼지 전문가 시스템(fuzzy expert system)이다.

일반적으로 퍼지 논리의 원리를 제어에 응용한 것을 퍼지 제어라고 하는데, 오래 전부터 많은 연구가 진행되고 있는 분야이다. 특히 일본에서는 퍼지 제어를 상용화함으로써, 퍼지 이론이 전 세계적으로 각광받는 데 크게 기여하였다. 그중에는 세탁기의 제어, 카메라의 제어, 차량의 제어 등과 같이 이미 실용화된 제품들도 있다. 또한, 퍼지 제어와 퍼지 전문가 시스템은 유사한 면이 많다. 즉, 퍼지 제어도 결국 그 분야의 전문가의 지식에 따라 규칙을 생성하므로 일종의 전문가 시스템이라고 할 수 있다. 퍼지 전문가 시스템의 대표적인 예로는 주가 예측 시스템을 들 수가 있다. 이제부터 퍼지 제어와 퍼지 전문가 시스템에 대하여 간략히 설명한다.

6.1 퍼지 제어

애매한 값을 추론의 입력으로 사용하는 퍼지 논리에 의한 퍼지 추론과 달리 퍼지 제어는 추론의 입력으로 애매한 값이 아닌 실제 입력값을 사용하는 경우가 많다. 또한, 여러 단계의 추론을 거치는 인공지능의 생성 시스템(production system)과 달리, 퍼지 제어는 퍼지 집합으로 기술되는 퍼지 규칙(fuzzy rule)을 이용하고 1단계의 추론만을 사용하여 결과를 유추하므로 훨씬 단순하다[Lee90a][Lee90b].

퍼지 제어에서는 퍼지 규칙을 사용하여 실제의 프로세스(process)를 제어한다. 퍼지 제어에서 사용되는 퍼지 규칙을 특히 퍼지 제어 규칙이라고 부른다. 퍼지 제어의 일례로 세탁기의 세제량 조절을 설명한다. 세탁기의 제어에 사용되는 퍼지 제어 규칙은 n(i=1, 2, ⋯, n)개가 있으며, 그중에서 한 개의 제어 규칙을 가지고 추론이 이루어지는 과정을 알아보도록 하자.

i번째의 규칙이 '만약 세탁물(x)이 많아지고(A_i) 세탁물의 오염도(y)가 높을수록(B_i), 세제의 사용량(z)을 증가시켜라(C_i)'처럼 퍼지 집합 A_i, B_i, C_i를 포함한 언어 표현으로 주어진다고 하자. 이때 퍼지 입력변수 x와 y의 값이 x = a, y = b라 하자. 그리고 퍼지 집합 A_i, B_i, C_i의 소속 함수 그래프가 [그림 5.6]과 같다면, 먼저 i번째 규칙의 전건부와의 적합도를 구한다.

이것은 A_i에 대한 입력값 a와 B_i에 대한 입력값 b의 적합도, 즉 a에 있어서의 소속 함수 A_i의 값 a_i와 B_i에 대한 입력값 b의 소속 함수값 b_i와의 최소값을 택한다. 이것은 and(∧) 연산은 최소값을 취한다는 해석에 따른 것이다.

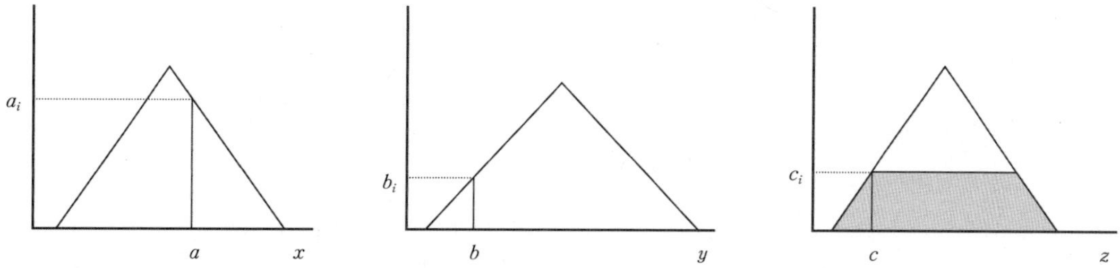

(a) i번째 규칙의 전건부 입력 (b) i번째 규칙의 후건부 출력

그림 5.6 퍼지 제어 규칙의 출력 계산 예

만일 $c_i = \min(a_i,\ b_i)$라면, 최소값으로 c_i를 사용한다. 그러면 i번째의 규칙을 이 입력에 적용한 결과는 규칙의 후건부 퍼지 집합 C_i의 소속 함수값이 c_i 이하인 퍼지 집합이 되고 [그림 5.6(b)]에 보인다. [그림 5.6(b)]로부터 우리는 세제의 사용량을 c_i까지 증가시키라는 것을 알 수 있다.

나머지 규칙들도 마찬가지 방식으로 적용하면 모두 n개의 퍼지 출력을 얻을 수 있다. 퍼지 추론의 최종 출력은 이들 퍼지 출력으로부터 하나의 명확한 제어값으로 정하게 된다. 퍼지 집합으로부터 하나의 실제 출력값을 결정하는 것은 퍼지화와는 반대되는 개념이므로 비퍼지화(defuzzification)라고 한다.

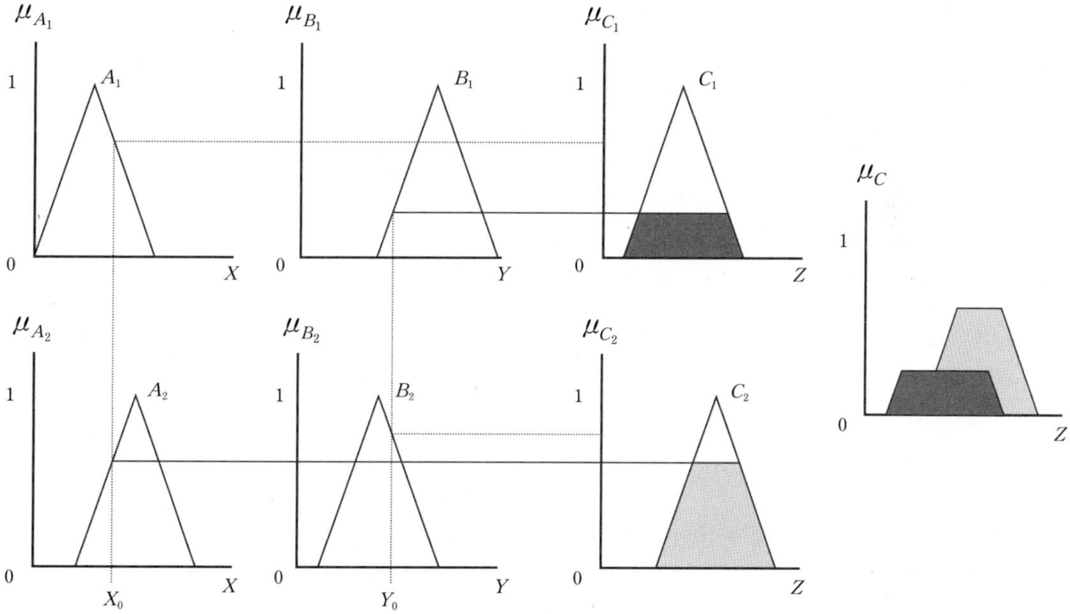

그림 5.7 n개의 퍼지 제어 규칙들의 최종 출력(n=2 경우)

일반적인 비퍼지화 방법으로 각각의 퍼지 출력의 평균을 계산하는 무게 중심법(center of gravity)이 있다. 또는 n개 출력의 합집합을 취하는 최대값을 사용한다. 즉 n개의 규칙들 각각의 소속 함수값 중에서

가장 큰 값을 취함으로써 얻을 수 있는 퍼지 집합을 최종 출력으로 한다. n개 규칙으로부터 얻어지는 퍼지 추론의 일례는 [그림 5.7]과 같다[Mamdani77].

이제까지 간략하게 퍼지 이론을 이용한 세탁기의 제어를 예로 들어 퍼지 제어를 설명하였다. 퍼지 제어는 단순한 이진 논리만으로는 하기 힘든 차량의 감속 제어, 실내 온도 조절, 교차로의 신호등 주기 조정, 에어컨의 바람 조절 등과 같이 주관적인 요소를 도입한 제어 분야에서 그 장점을 발휘하고 있다. 또한 유전자 알고리즘(genetic algorithm)이나 신경회로망(neural network)과 결합하여 퍼지 소속 함수나 제어 규칙을 개선시키는 연구도 많이 발표되고 있다 [Kim98].

6.2 퍼지 전문가 시스템

전문가 시스템(expert system)은 특정 응용 분야 전문가의 지식 및 능력을 체계적으로 잘 조직하여 컴퓨터 시스템에 입력시켜 해당 분야의 비전문가라도 전문가에 상응하는 능력을 발휘할 수 있도록 쉽고도 빠르게 도움을 주는 시스템이다. 즉, 경험과 전문성을 요구하는 문제들을 아주 효율적으로 풀 수 있는 진보된 컴퓨터 프로그램이다.

전문가 시스템은 1960년대 및 1970년대의 일반적인 문제 풀이자(general problem solver) 방법론을 개발하여 일반적 목적의 프로그램을 만들기 시작하여 1970년대 중반부터는 지식 표현, 탐색에 대한 방법을 개선하면서 탄생하였다. 이렇게 개선한 방법론을 일반적 문제 풀이보다는 특정한 문제 영역에 적용하여 시스템 성능을 급격히 개선하기 시작한다. 이와 같이 개선 · 발전시킨 방법론은 아주 좁은 범위의 문제 영역에 양질의 특별한 지식을 적용시킬 수 있는 전문가 시스템 개발에 성공적인 견인차 역할을 하게 된다.

전문가 시스템은 1980년대에 이르러 상업적으로도 성공한 인공지능 시스템 중의 대표적 예이다. 전문가 시스템의 성공을 뒷받침한 것은 문제 해결의 가장 중요한 열쇠로 특정 전문가가 가진 지식을 획득, 활용해서 시스템의 성능을 높여준 점과 특정 문제 영역에서 필요로 하는 판단력(decision-making process)을 전문가처럼 시뮬레이션하는 시스템을 구성한 점을 들 수 있다.

퍼지 전문가 시스템이란 전문가 지식에 퍼지니스(fuzziness)를 도입한 보다 인간적인 문제 해결 지원 시스템으로서 전문가 시스템을 실현한 것이다. 퍼지 전문가 시스템 연구는 종래의 지식 공학과 퍼지 이론의 접점에 위치하는 중요한 과제이며, 애매한 지식을 'IF condition THEN action' 형식의 퍼지 조건 명제로 표현하고, 추론 과정에 퍼지 추론법을 도입한 퍼지 생성 시스템(fuzzy production system)의 형태를 갖는 경우가 많다.

퍼지 전문가 시스템의 대표적인 응용 예로는 의료 진단 시스템을 들 수 있다. 퍼지 이론을 이용한 의료 시스템의 연구는 시스템의 설계 시점에서 문제 해결에 필요한 지식을 모두 얻는 것은 어렵고, 지식의 추가 및 제거와 수정에 의한 시행착오를 거쳐서 결정되는 것이 보통이다. 이러한 관점에서 의료 분야에의 적용은 중요한 의미를 갖는다. 퍼지 의료 진단 전문가 시스템이 널리 적용되고 있는 분야는 의료 문진(問診) 시스템(medical consultation system)이다[Tazaki86]. 의료 문진 시스템은 컴퓨터가 입력된 환자의 증상으로부터 시스템 내에 가지고 있는 기초 의학 지식과 경험적 지식 등에 의해 생각할 수 있는 질환과 자각 증상과의 차이를 고려하여 이에 근접하는 예상 질병을 도출한다 [Boegl04]. [그림 5.8]은 이와 같은 방식으로 개발된 시스템의 자세한 문진 프로세스 순서를 보여주고 있다.

퍼지 전문가 시스템은 의료 분야뿐만 아니라 전력 예측, 홍수 관측, 에러 예측, 행동 분석 등 다양한 분야에서 각광받고 있다[Lee11]. 또한 업무 분야의 의사 결정 지원 시스템으로서 주가 예측 및 매매 시점 결정 시스템인 K-SISS, 지진과 같은 재해에 대비하여 건물의 구조 피해 진단을 위한 시스템 SPERIL 등이 있다 [Ishizuka82].

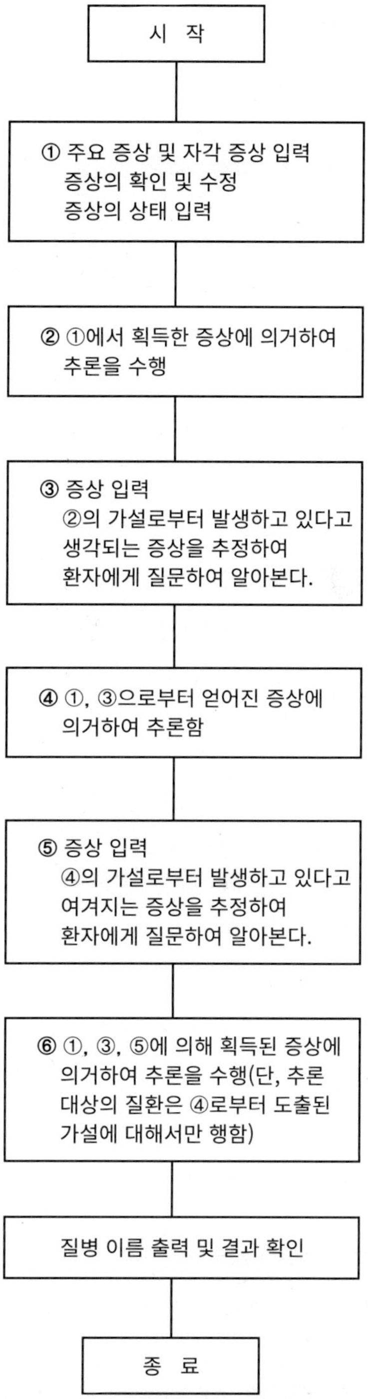

그림 5.8 퍼지 전문가 문진 시스템에서의 진단 순서

07 퍼지 교통 제어 시뮬레이터 개발 사례

7.1 지능형 교통 신호 제어기 설계

일상생활에서 차(car)는 인간과 밀접한 관계를 맺고 있다. 1980년대 후반부터 차량의 급격한 증가에 따른 교통체증으로 인해 단위 시간당 평균 주행 거리가 짧아지는 추세이고, 결과적으로 시간 낭비, 인명 피해, 연료 사용 증가 등 경제적, 사회적, 환경적 피해가 막대하여 수도권 연간 교통손실 비용이 1990년대 말 약 3조원에 이르렀다는 보고가 있다. 이와 같은 현상을 극복하기 위한 근본적인 해결책으로는 도로망의 확충, 합리적인 교통 신호 체계의 확립, 그리고 운전자의 운전 습관 변화 등을 고려할 수 있다. 이 가운데서 적은 비용으로 단시간에 성과를 기대할 수 있는 것은 합리적인 교통 신호 체계의 운용이다.

교통 신호 제어에 있어 진입 차량수, 대기 차량수, 적색신호 대기시간 등을 사용하여 현재 녹색 시간을 연장하거나 현시를 바꾸는 제어기는 여러 입력변수들로써 추론하여 가장 적절한 판단을 내려야 한다. 이러한 교통 신호 제어기의 추론방법으로 애매한 규칙 표현에 적합하고 실시간에 이용 가능한 퍼지 이론의 적용은 타당하며, 이를 도입한 지능적인 신호 제어는 교통 혼잡을 완화시키는 좋은 방안이 될 수 있다.

퍼지 제어기를 사용하는 지능형 교통 신호 제어기의 목적은 교통량이 적을 때는 연속되는 정지 신호에 의해 발생되는 교통 지체를 막고, 교통량이 많을 때는 교차로를 통과하는 차량을 최대로 이동시킴으로써 혼잡(congestion)을 경감시키는 데 있다. 이 장에서는 차량 감지기로부터 들어온 정보를 입력으로 받아들여 퍼지 이론에 따라 현재 교통 상황을 판단하여 교통 신호를 제어하는 퍼지 교통 제어기(FLC)를 개발한 사례를 제시하고자 한다. 제시된 교통 신호 제어를 위한 블럭도는 [그림 5.9]와 같다.

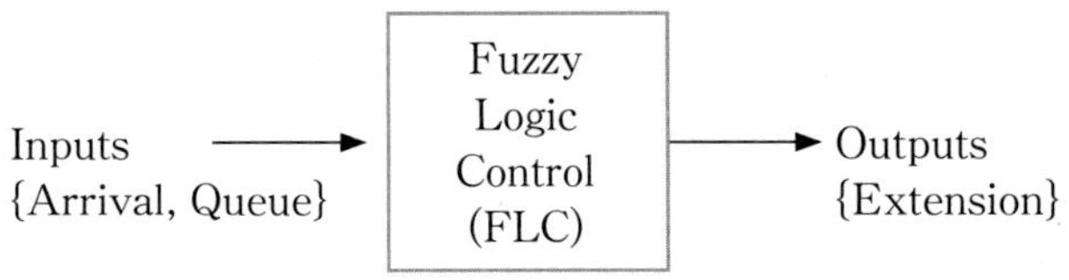

그림 5.9 퍼지 교통 신호 제어기의 블록도

일반적으로 FLC들은 녹색 신호에서 진입하는 차량수(Arrival)와 적색 신호에서 기다리는 차량수(Queue)만을 사용하여 녹색 신호의 확장시간(Extension)을 조절한다.

퍼지 입출력 변수와 이들의 소속 함수

FLC의 입력변수는 도로의 정체 상황을 잘 반영할 수 있어야 한다. 교재에서는 [그림 5.9]에 주어진 단순한 퍼지 교통 제어기를 대상으로 퍼지 추론을 통한 확장시간 계산 방법을 설명하고자 한다. 따라서 퍼지 제어의 입력변수로는 진입 차량수(Arrival)와 대기 차량수(Queue)를 사용한다. 진입 차량수와 대기 차량수는 zero(Z), light(L), normal(N), heavy(H)의 4가지 언어적 변수로 표현한다. 퍼지 논리에 의한 출력변수인 현 녹색 신호의 확장시간(Extension)은 zero(Z), short(S), medium(M), long(L)의 4단계로 표현되고, 진입 차량수 및 대기 차량수에 따라 확장시간 계산 알고리즘에 의해 계산된다. 각 입출력변수의 퍼지화(fuzzification)를 위한 소속함수가 [그림 5.10]에 나타난다.

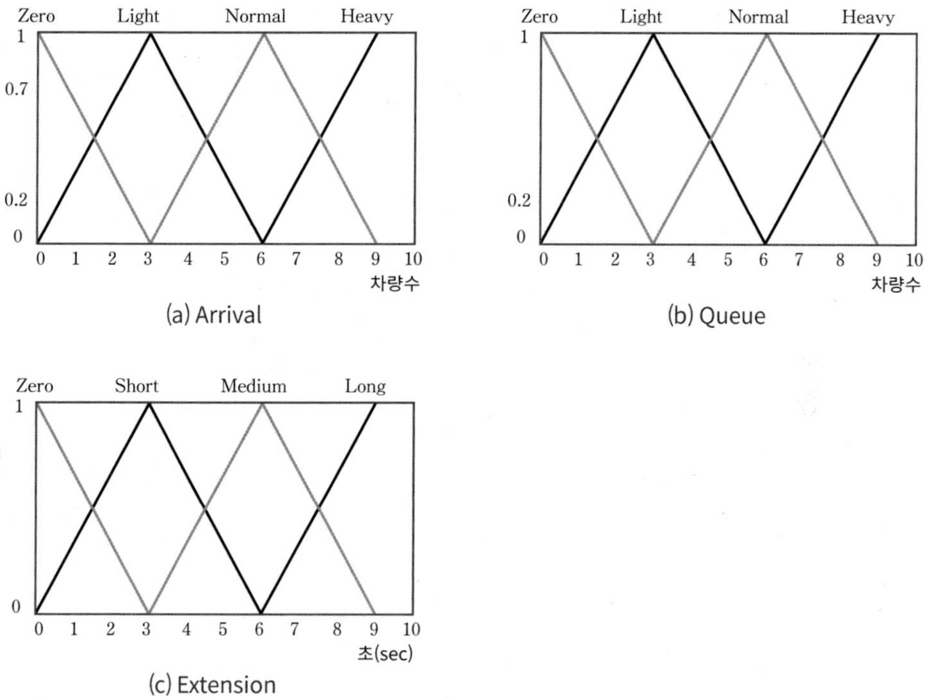

그림 5.10 퍼지 입출력 변수의 소속함수

퍼지 제어 규칙

단순 FLC에서는 Arrival과 Queue의 언어항 값에 따라 아래와 같은 16가지 퍼지 제어 규칙이 선택된다. [표 5.1]의 퍼지 규칙들의 기본 개념은 진입 차량수가 대기 차량수보다 작으면 확장을 시키지 않고, 많은 경우에는 그 정도에 따라 확장을 시킨다는 것이다. 개발된 퍼지 교통 제어 시뮬레이터에서는 신호등의 기본주기를 18초로 하고, 기본주기가 도달하면, 그 당시의 Arrival과 Queue 변수값에 따라서 연장시간을 0에서 10초 범위에서 결정하는 것이다[김종완97]. 이때 확장시간이 0초라면 신호가 다음 신호로 바뀜을 의미한다.

표 5.1 실험에 사용된 퍼지 교통 제어 규칙

Arrival \ Queue	Zero	Light	Normal	Heavy
Zero	Zero	Zero	Zero	Zero
Light	Short	Zero	Zero	Zero
Normal	Medium	Short	Zero	Zero
Heavy	Long	Medium	Short	Zero

[표 5.1]의 규칙들을 일부 설명하면, 첫 번째 규칙 R1은 if Arrival=Zero and Queue=Zero then Extension=Zero로 표현된다. 규칙 R1의 물리적 의미는 진입 차량수가 거의 없고(Zero) 대기 차량수도 거의 없으면(Zero), 확장 시간 Extension도 Zero(=0초)로 계산되므로, 신호를 바꾸라는 뜻이 된다. 5번째 규칙 R5는 if Arrival=Light and Queue=Zero then Extension=Short로 표현된다. 이때 규칙 R5의 물리적 의미는 진입 차량수가 약간 있고(Light) 대기 차량수는 거의 없으면(Zero), 진입 차량수가 더 많으므로 현재 신호의 확장 시간 Extension을 짧게 Short(=3초)[1]로 주라는 뜻이므로, 현재의 신호를 3초간 연장한 후 다시 퍼지 추론을 적용하라는 뜻이다. 나머지 규칙들도 같은 맥락으로 표현된다. 16가지의 규칙을 모두 나열하면 다음과 같다. 규칙에서 퍼지 입출력 변수들은 모두 앞에서 사용한 약어로 표현하였다. 또한 퍼지 출력 변수 Extension의 언어항 값은 [그림 5.10(c)]의 퍼지 소속 함수값에 따라 [표 5.2]와 같이 주어진다.

R1 : if Arrival = Z and Queue = Z then Extension = Z(Zero)
R2 : if Arrival = Z and Queue = L then Extension = Z
R3 : if Arrival = Z and Queue = N then Extension = Z
R4 : if Arrival = Z and Queue = H then Extension = Z
R5 : if Arrival = L and Queue = Z then Extension = S(Short)
R6 : if Arrival = L and Queue = L then Extension = Z
R7 : if Arrival = L and Queue = N then Extension = Z
R8 : if Arrival = L and Queue = H then Extension = Z
R9 : if Arrival = N and Queue = Z then Extension = M(Medium)
R10 : if Arrival = N and Queue = L then Extension = S
R11 : if Arrival = N and Queue = N then Extension = Z

1 Extension이 Short일 때 3초라고 한 이유는 [표 5.2]의 출력변수의 언어항 값을 미리 사용하였기 때문이다.

R12 : if Arrival = N and Queue = H then Extension = Z

R13 : if Arrival = H and Queue = Z then Extension = L(Long)

R14 : if Arrival = H and Queue = L then Extension = M

R15 : if Arrival = H and Queue = N then Extension = S

R16 : if Arrival = H and Queue = H then Extension = Z

표 5.2 출력 변수인 확장 시간의 언어적 표현과 실제 값

언어적 표현	시간(초)
Z(Zero)	0
S(Short)	3
M(Medium)	6
L(Long)	9

무게 중심법을 이용한 비퍼지화 과정

퍼지 추론 후 출력 변수의 비퍼지화를 위해서 무게 중심법을 사용한다. 무게 중심법은 출력 퍼지 집합의 무게 중심을 구하고 이 실수값을 제어의 실제 입력으로 사용하는 방법으로써 [그림 5.7]에서 그 개념을 보인 바 있다. 그 계산 과정은 식 (5.43)에 의해 이루어진다.

$$Extension = \frac{\sum_{i=1}^{16} u[i] \times u(i,\ Extension)}{\sum_{i=1}^{16} u[i]} \quad \text{(무게 중심법)} \tag{5.43}$$

$$u[i] = \min(\mu_i(Arrival),\ \mu_i(Queue))$$

$u(i,\ Extension) =$ 규칙 i의 $Extension$ 단위 ([표 5.2] 참조)

실제 입력 값을 이용한 퍼지화 및 비퍼지화 계산 사례

[그림 5.10]의 퍼지 소속 함수, [표 5.1]의 퍼지 제어 규칙, [표 5.2]의 출력 변수의 언어적 표현 등을 사용하여, 진입 차량수 Arrival = 7이고, 대기 차량수 Queue = 5일 때의 확장 시간 Extension의 계산 과정을 보이겠다.

R1 : if Arrival(Zero) = 0 and Queue(Zero) = 0 then Extension(Zero) = 0초

R2 : if Arrival(Zero) = 0 and Queue(Light) = 0.2 then Extension(Zero) = 0초

R3 : if Arrival(Zero) = 0 and Queue(Normal) = 0.8 then Extension(Zero) = 0초

R4 : if Arrival(Zero) = 0 and Queue(Heavy) = 0 then Extension(Zero) = 0초

R5 : if Arrival(Light) = 0 and Queue(Zero) = 0 then Extension(Short) = 3초

R6 : if Arrival(Light) = 0 and Queue(Light) = 0.2 then Extension(Zero) = 0초

R7 : if Arrival(Light) = 0 and Queue(Normal) = 0.8 then Extension(Zero) = 0초

R8 : if Arrival(Light) = 0 and Queue(Heavy) = 0 then Extension(Zero) = 0초

R9 : if Arrival(Normal)=0.7 and Queue(Zero)=0 then Extension(Medium) = 6초

R10: if Arrival(Normal)=0.7 and Queue(Light)=0.2 then Extension(Short)= 3초

R11: if Arrival(Normal)=0.7 and Queue(Normal)=0.8 then Extension(Zero)=0초

R12: if Arrival(Normal)=0.7 and Queue(Heavy)=0 then Extension(Zero)= 0초

R13: if Arrival(Heavy)=0.4 and Queue(Zero)=0 then Extension(Long) = 9초

R14: if Arrival(Heavy)=0.4 and Queue(Light)=0.2 then Extension(Medium)=6초

R15: if Arrival(Heavy)=0.4 and Queue(Normal)=0.8 then Extension(Short)=3초

R16: if Arrival(Heavy)=0.4 and Queue(Heavy)=0 then Extension(Zero)=0초

위의 퍼지 제어 규칙 적용 후에, 무게 중심법에 의한 비퍼지화 과정을 거치면 다음과 같다.

$$Extension = \frac{0\times0+0\times0+0\times0+0\times0+0\times3+0\times0+0\times0+0\times0+0\times6+0.2\times3+\ldots}{0+0+0+0+0+0+0+0+0+0.2+0.7+0+0+0.2+0.4+0}$$

$$= \frac{0.2\times3+0.7\times0+0.2\times6+0.4\times3}{0.2+0.7+0.2+0.4}$$

$$= \frac{3.0}{1.5} = 2$$

따라서 진입 차량수 Arrival = 7이고, 대기 차량수 Queue = 5일 때의 확장 시간 Extension은 2초가 되어, 현재 녹색 신호를 2초간 연장하게 된다.

7.2 퍼지 교통 제어 시뮬레이터

시뮬레이션의 편의성과 실제 적용 가능성을 고려하여 다음과 같은 상황을 고려하자. 각 방향 3차선의 단일 교차로를 가정한다. 진행 방향의 우측 차선은 우회전과 직진 차선, 중앙 차선은 직진 전용차선, 좌측 차선은 좌회전 전용 차선이다. 또한 차종으로 길이가 4m인 승용차를 가정한다. 그리고 교통 상황의 정보를 얻기 위해 직진과 좌회전 차선에 각 방향별로 교차로의 정지선에 위치한 전방 감지기와 정지선 후방 40m 떨어진 곳에 후방 감지기가 설치된 것으로 가정한다. 실험 대상 교차로 모양은 [그림 5.11(a)]와 같다.

이상과 같은 가정 아래 단일 교차로에서의 교통 신호 제어 알고리즘의 성능 평가를 위한 시뮬레이터가 저자에 의해 개발된 바 있다[김종완97]. 이 시뮬레이터에서는 난수 발생 함수로부터 포아송 분포(Poisson distribution)의 값을 얻어서 이에 따라 차량을 발생시킨다. 차량의 속도는 시속 60km로 설정하여, 16.67(m/sec)로 발생시켰다. 실험에서는 [그림 5.11(b)]와 같은 4현시(phase)를 사용하였다. 현시란 교통 공학에서 주로 사용하는 용어로서, 신호등의 신호 체계 흐름이라고 생각하면 된다. 이때 남북 및 동서 방향의 직진 및 우회전 신호는 각각 18초, 좌회전 신호는 3초, 녹색 신호가 끝난 후 황색 신호로 바뀌었을 때 정지선에 이미 진입하여 멈출 수 없는 차량을 위한 황색 신호로 2초를 주어서 신호등의 한 주기는 2 · (18초 + 2초 + 3초 + 2초)=50초를 기본 주기로 사용하였다. 시뮬레이션에 사용된 퍼지 제어기는 좌회전은 고려하지 않으므로 직진 및 우회전 신호의 기본 시간 18초 후 신호를 연장할 것인지를 계산하는 것이다. 녹색 현시의 확장은 최대 녹색 시간을 제한하기 위하여 Mamdani를 포함한 다른 FLC들처럼 최대 5회까지 허용한다.

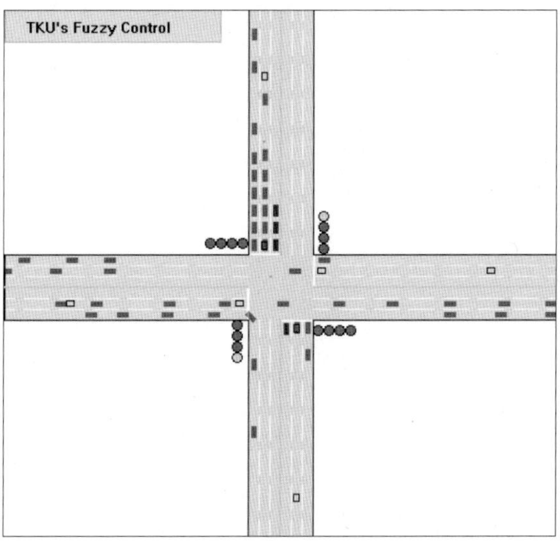

(a) 실험 대상 교차로

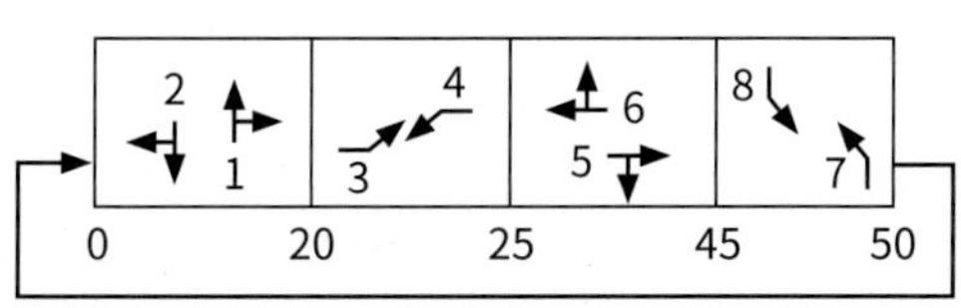

(b) 신호등 현시

그림 5.11 실험 대상의 네 방향 교차로와 신호등 현시

과제

01. 퍼지이론을 활용하는 실제 예로써 에어컨 온도 제어, 세탁기 세제 제어, 로봇 제어 등을 조사해 보시오.

02. 이동형 청소 로봇에 대한 퍼지 제어기를 설계하시오. 이때 FLC의 입력으로 계측된 먼지의 양(Dust)과 로봇의 잔존 배터리 전력량(Power)을 사용하고, 출력은 진공 흡입의 세기(Vacuum)를 사용할 수 있을 것이다.

03. 퍼지 엘리베이터를 구상해 보라. 먼저 기존의 엘리베이터에서 어떤 점을 개선하고 싶은지부터 생각해 보고, 간단한 제어기를 구상한 후, 퍼지니스를 도입하면 더 개선될 수 있을지 고민하면 된다. 5.7절의 퍼지 교통 제어기가 참고 사항이 될 수 있을 것이다.

06장

계획과 문제 풀이

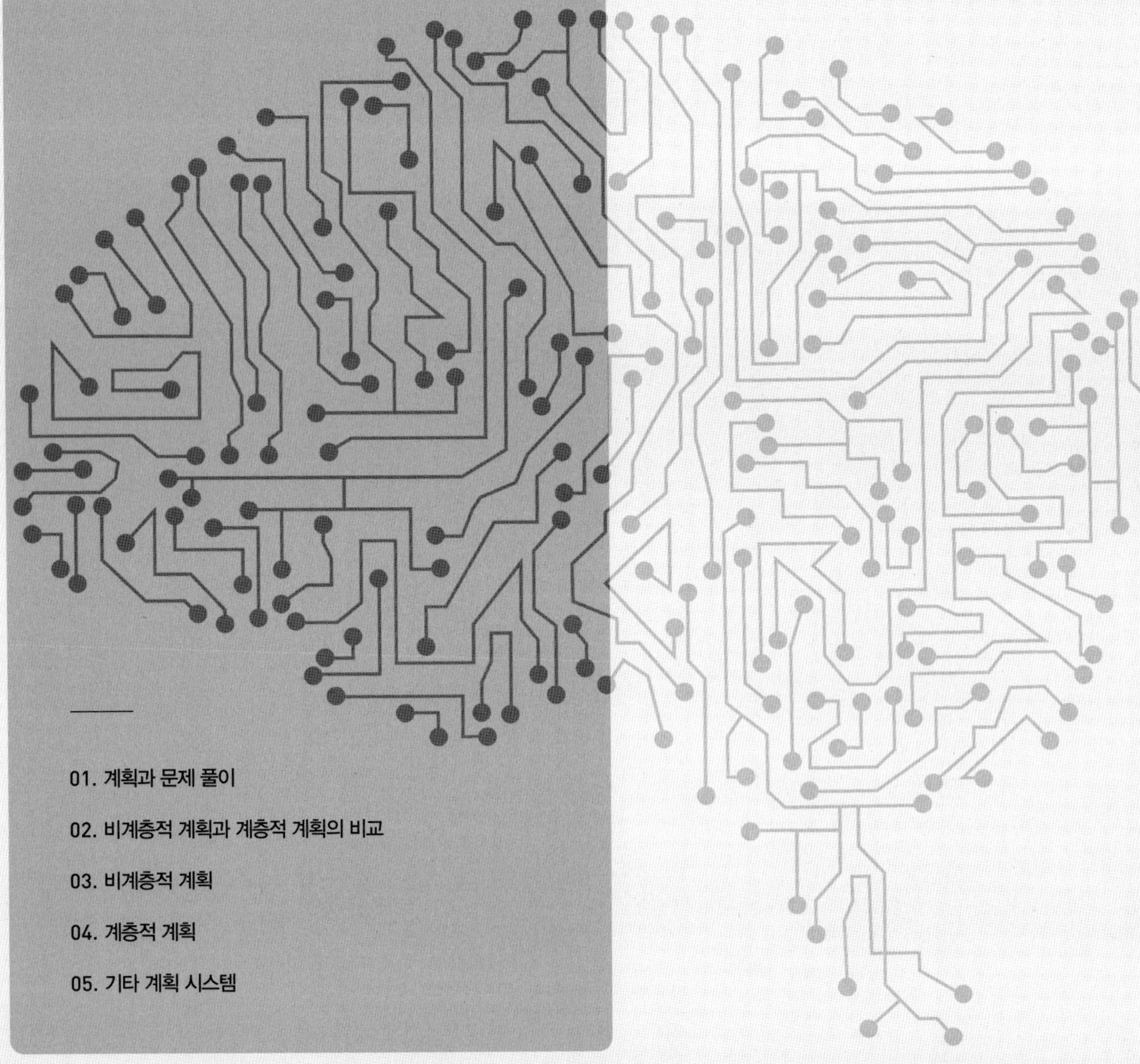

인공지능에서 문제 풀이(problem solving)란 특정의 목표를 달성하기 위하여 취해야 할 행동(action)들을 순서대로 나열하는 과정으로 볼 수 있다. 이와 같은 광역적인 정의는 목표를 위주로 움직이는 모든 인공지능 프로그램들을 의미할 수도 있다. 이 의미는 이 책의 모든 내용이 문제 풀이 시스템이라고 해도 틀린 말은 아니라는 것이며, 이 장에서는 이러한 의미의 문제 풀이보다는 특별히 계획(planning)에 대해서 기술하고자 한다.

계획의 일상적인 의미는 행동을 취하기 전에 행동들의 순서를 결정하는 것이다. 계획에 대한 이러한 정의는 이 장에서 그대로 수용할 수 있는 것으로서, 계획이란 행동 순서의 표현으로 정의할 수 있다. 보통의 계획은 막연한 단계들로부터 점차 상세한 것을 결정지어 나가는 방향으로 진행된다. 예를 들어, 하루 일과의 계획에는 점심식사에 대한 목표가 포함되어 있으며, 이것은 다시 '식사할 장소', '식사의 종류', '식사에 걸리는 시간' 등과 같은 세부적인 관련 사항들을 포함하고 있다. 이와 같이 점심식사에 대한 세부적인 계획들을 전체 계획에 대한 부계획(subplan)이라 한다. 실생활에서의 대부분의 계획들은 많은 부계획들로 구성되며, 특정 계획의 각 목표는 좀 더 세부적인 부계획들로 대치될 수 있다. 어떤 계획의 완성은 취해야 할 행동, 즉 문제 풀이 연산자(operator)들의 나열로 볼 수 있다. 완성된 연산자들의 나열은 선형 순서(linear ordering)나 또는 부분 순서(partial ordering)가 될 수 있으나, 이러한 연산자들에 의해서 달성되는 목표들은 종종 계층적인 구조를 가지는 경우가 많다([그림 6.1] 참조).

01 계획과 문제 풀이

계획의 실패는 최적을 지향하는 문제 풀이보다는 덜 치명적이다. 예를 들어, 도서관에 한 번 들러 책 한 권을 빌리고 다른 책을 반납하는 계획을 못 만들면, 사람들은 도서관에 두 번 갈 수 있다. 또한, 독립적이지 못한 목표들을 포함하는 경우에 계획의 실패는 문제에 대한 해답 자체를 미리 제외시켜 버릴 수 있다. 집을 짓는 목표가 합판 벽 세우기와 전기선 설치의 두 부목표(subgoal)들을 포함한다고 하면 이들 두 목표들은 독립적이지 못하다. 즉, 전기선이 먼저 설치된 후, 나중에 합판 벽이 세워져야 한다.

계획은 또한 문제 풀이 과정을 모니터하여 잘못된 풀이를 지적하는 데 이용될 수 있다. 이것은 특히 문제 풀이 시스템이 문제 공간 내에서의 행위자(actor)가 아니고, 문제 공간이 예상 불가능하게 변할 때 계획이 중요한 역할을 할 수 있다. 멀리 떨어져 있는 행성에서 표류하는 비행체를 생각해 보자. 이때는 먼저 행로를 계획하여 공간의 상태가 기대한 것과는 다른 경우에 다시 계획을 세울 수 있도록 되어야 한다. 공간 상태에 대한 피드백(feedback)은 계획에 의해서 예상된 것과 비교되어 수정될 수 있어야 한다. 이에 대한 기술적인 내용은 [Sacer75]에 잘 나타나 있다. 이와 같이 계획으로 얻을 수 있는 이득은 탐색 노력의 절감, 목표 충돌의 해결, 오류 수정의 기초 제공 등이 있을 수 있으며, 이에 대한 상세한 내용들이 이 장에서 설명될 것이다.

1.1 계획의 종류

계획을 세우는 기법에는 비계층적(nonhierarchical) 계획, 계층적(hierarchical) 계획, 스크립트(script) 기반 계획, 기회적인(opportunistic) 계획의 네 가지로 분류될 수 있다. 각각의 기법을 기술하기 전에 먼저 '계층적'이란 단어에 대한 의미를 정립하여야 한다. 대부분의 계획은 [그림 6.1]과 같이 목표의 부목표, 부목표의 부목표 등 계층적 구조를 가진다. 그러나 계획 기법에 따른 계층적이란 단어는 또 다른 의미로 해석되어야 한다. 이때의 계층은 계획의 표현에 대한 계층으로서, 하나의 계획이 높은 층에서는 간략한 추상적인 계획들을 형성하고, 낮은 층으로 갈수록 조금씩 세분화되어 가장 낮은 층에서는 문제 풀이를 위한 충분한 세부적인 계획들을 형성한다는 것을 의미한다. 비계층적 계획 기법은 이와는 다르게 계획을 세우는 기법이다. 그러나 이러한 두 가지 계획 기법은 모두 계층적인 부목표 구조를 생성한다.

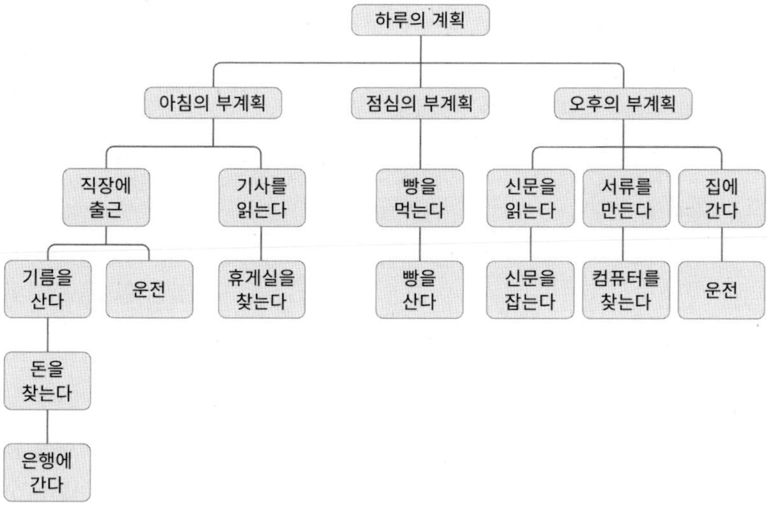

그림 6.1 하루 일과 계획의 계층적 부계획 구조

비계층적 계획 기법은 일상 회화적인 의미의 구어로서, 각 목표들을 달성하기 위한 일련의 문제 풀이 행동들을 나열하여 계획을 형성하는 것이다. 이 기법은 목표들을 더욱 단순한 것들로 줄이거나, 또는 수단-목표 분석(means-ends analysis)[1]을 이용하여 현 상태와 목표 상태의 차이(difference)를 줄이면서 진행한다. 이러한 기법으로 운용되는 대표적인 계획 시스템으로는 STRIPS[Fikes72]가 있다.

비계층적 계획 기법의 가장 큰 단점은 성공적인 계획에 중요한 행동들과 단순히 세부적이기만 한 행동들을 구별하지 않는다는 것이다. 결론적으로 이 기법은 중요하지 않은 세부 사항들에서 실패할 수 있다. 계획들 중에서는 너무나 애매한 세부 단계들을 가지는 계획이나 또는 너무나 까다롭게 세부적인 단계들을 많이 가지는 계획들이 있다. 세부적인 단계들을 너무 많이 가지는 계획의 예를 들면, '테이블에 간다', '앉는다', '냅킨을 편다', '물잔을 채운다', '성냥을 찾는다', '초에 불을 붙인다' 등이며, 애매한 단계들을 가지는 예는 '어딘가에 앉는다', '음식을 먹는다' 등이다. 세부적인 단계들을 너무 많이 가지는 계획을 형성하는 데는 많은 경비가 소요되며, 애매한 단계들을 가지는 계획은 사용해야 할 문제 풀이 연산자들을 결정하기가 어렵다. 효율적인 계획을 위해서는 이러한 극단적인 두 경우 사이에서 균형이 필요하다.

이러한 단점을 보완하기 위해서 많은 계획 시스템들이 계층적 계획 기법을 이용하고 있다. 계층적 계획 기법은 먼저 완전하지만 대략적으로(애매하게) 스케치하듯이 계획을 세우고, 다음에 대략적인 부분들을 좀 더 세부적인 부계획들로 만들어 가면서 최종적으로 세부적인 문제 풀이 연산자들을 완전하게 나열하는 방법이다.

1 인공지능 초기 발전에 크게 기여한 Newell과 Simon이 1972년의 저서 'Human Problem Solving'에서 제안한 것으로, 인간의 문제 해결 방법을 모형화한 GPS(-General Problem Solver) 프로그램에 사용하였다. 현재 상태와 목표 상태와의 차이를 감소시키기 위해 적절한 수단을 단계적으로 찾아 나간다.

계층적 계획 기법에도 계획을 형성하는 방법에 따라서 몇 가지 종류의 형태로 나뉜다. 첫 번째 형태의 대표적인 예로는 ABSTRIPS[Sacer74]가 있는데, 이는 성공적인 계획 형성을 위하여 어떤 부목표들이 가장 중요한 것인지를 결정하여, 그렇지 못한 경우들을 초기 단계에서는 제외시킨다. 예를 들면, 피아노를 구입하는 문제는 두 개의 부목표, 즉 '피아노가 있는 곳을 찾아라'와 '돈을 구하라'는 것이 해결되지 못하면 이루어질 수 없다. 그러므로 피아노를 구입하는 데 필요한 초기 계획은 단지 '피아노가 있는 곳을 찾아라', '돈을 구하라', '피아노를 사라'는 것으로 될 수 있다. 이 계획은 다시 덜 중요한 세부 계획들, 즉 '가게로 운전하라'와 '피아노를 선택하라'라는 것들로 정제(refinement)될 수 있다. ABSTRIPS에서는 계획이 추상 공간(abstraction space)의 계층 속에 있게 되는데, 가장 높은 곳에서는 중요치 않은 세부 사항들이 전혀 없는 계획으로 구성되어 있으며, 가장 낮은 곳에서는 완전하고도 가장 세부화되어 있는 문제 풀이 연산자들이 나열되어 있다. 세부 사항들보다 중요한 부목표들을 우선적으로 고려하는 장점은 탐색을 줄일 수 있다는 것이다. 이는 세부 사항들을 제외시키는 것은 어떤 위치에서 고려해야 할 부목표들의 개수를 줄일 수 있기 때문이다.

고전적인 계층적 계획 중 대표적인 것으로 정리 증명(theorem proving)을 위한 Newell과 Simon의 범용 문제 풀이자(General Problem Solver: GPS)가 있다[Newel72]. 범용 문제 풀이자와 ABSTRIPS는 조금 다르게 운용된다. ABSTRIPS에서는 추상 공간의 계층이 목표의 중요성에 의해서 정의되는 반면, 범용 문제 풀이자에서는 문제 표현상의 일반성(generality)에 의해 정의되는 단일 추상 공간으로 되어 있다. 범용 문제 풀이자에서는 하나의 추상 공간을 정의하는 모든 논리적 결합자(connectives)들을 단일 추상 기호로 대치함으로써 정의할 수 있다. 초기 문제 공간(problem space)은 네 개의 결합자들로 정의하지만, 많은 문제 풀이 연산자들이 임의의 결합자에 적용될 수 있다.[2] 단일 결합자로 구성된 추상 공간 내에서 문제는 해결될 수 있으며, 해답은 초기의 네 개의 결합자를 가지는 공간으로 역사상(back mapping)시킴으로써 얻을 수 있다.

계층적 계획의 다른 형태로는 NOAH[Sacer75]와 MOLGEN[Stefi80]이 있는데, 이들은 ABSTRIPS와 범용 문제 풀이자와는 다르게 운용되고 있다. ABSTRIPS는 중요한 목표를 추상화하고, 범용 문제 풀이자는 일반적인 문제 표현을 추상화한다. NOAH에서는 문제 풀이 연산자를 추상화하는데, 초기에는 일반화된 연산자들을 이용하여 계획을 세우고, 점차적으로 문제 공간 내에서 주어진 문제 풀이 연산자들로 정제시켜 나간다. MOLGEN은 한 단계 더 나아가 연산자와 문제공간 내의 객체(object)들을 모두 추상화한다. 그러나 이 모든 계층적 계획은 하나 이상의 추상 공간을 정의하고 그 내부에서 계획을 형성한다. 초기의 계획은 가장 추상적인 공간(즉, 가장 높은 위치)에서 형성되고, 이것은 이어서 더 낮은 추상 공간에서 세부 사항들을 붙일 수 있도록 하는 골격 구조(skeleton)를 제공하는 것이 된다.

2 논리적 결합자로는 $\wedge$(논리곱), $\vee$(논리합), ~(부정), $\Rightarrow$(조건)들이 있으며, 이들을 조합한 어떤 논리식도 단일 결합자로만 구성되는 논리식으로 변형될 수 있다.

스크립트 기반 계획(script-based planning)은 계층적 계획에서의 골격 구조를 이용한 계획을 진행하지만, 이용되는 골격 구조들이 생성되는 것이 아니고 특정의 계획 저장소로부터 도출할 수 있다는 것이 다르다. 이 기법은 MOLGEN 시스템의 변형에서 이용되었다. 계획 저장소에는 여러 가지 종류의 문제들을 해결할 수 있는 많은 골격 구조들을 가지고 있다. 이들 골격 구조들은 공통적인 문제들을 위한 아주 세부적인 계획들에서부터 여러 가지 문제들을 위한 아주 일반적인 계획들까지 다양하게 저장되어 있다. 이 계획 기법은 두 가지 단계로 진행되는데, 첫 단계는 주어진 문제에 적용 가능한 골격 구조 계획을 찾는 것이고, 두 번째 단계는 계획에 포함된 추상 부분들에 문제 풀이 연산자들을 붙여나가는 것이다. 이와 같은 계획 실현화 과정은 문제에 관련된 많은 지식들을 요구하게 되고, 또한 각 골격 구조 계획을 이루기 위한 문제 풀이 연산자들을 찾을 때까지 많은 일반화(또는 추상화) 단계를 거치면서 작업을 진행하게 된다. 이 기법은 Schank의 자연언어 이해 시스템에서 이용되었는데, 어떤 이야기 진행에 대한 기대치를 하향식(top-down)으로 제공하기 위해서 저장 스크립트(stored scripts)라는 정교한 구조를 사용하였다.

계획의 네 번째 기법은 Hayes-Roth가 인간의 계획 형성 방법을 모델로 한 기회적(opportunistic) 계획 기법이다. 이 형태는 다른 형태의 계획 기법들보다 더 융통성이 있는 제어 전략을 가지는데, 인간의 계획 형성을 모델화하기 위해서 흑판(blackboard) 제어 구조를 채택하고 있다. 여기서 흑판은 하나의 정보 센터(clearinghouse)로서 계획 단계들에 대한 제안(suggestion)을 만든다. 이러한 제안은 계획 전문가(planning specialist)에 의해서 만들어지며, 각 전문가는 특별한 종류의 계획 결정을 만들 수 있도록 설계되어 있다. 계획 전문가들은 특별한 순서로 작동되는 것이 아니고, 작동해야 할 이유가 있을 때에만 작동되는 비동기적 방식, 즉 기회적으로 행동한다. 이 기법에서 어떤 계획을 특징짓는 연산자들의 순서는 부분별로 구분되어 만들어진다.

기회적 계획 기법은 계획을 형성하는 과정에서 세부적인 문제 풀이 행동들을 포함시키기 위해서 기회적으로 운용되므로 상향식(bottom-up) 구조로 되어 있으며, 이는 계층적 계획 기법의 하향식 정제 과정과 비교될 수 있다. 계층적 계획에서는 계획이 형성되는 마지막 순간이 되기 전까지는 세부적인 문제 풀이 행동들이 결정되지 않는다. 기회적 기법이 다른 기법들과 또 다른 차이점은 계획의 행동들을 부분별로 독립적으로 형성해 나갈 수 있다는 점이다. 반면에 계층적 계획에서는 각 추상 단계마다 전체 계획을 다 고려해야 한다.

예제 01

(a) 대표적인 초기 계획법(planner)인 STRIPS, HACKER, NOAH, MOLGEN의 개발 연도와 활용 영역을 조사하고 표로 요약하여라.

(b) STRIPS의 개발 배경을 알아보고, ABSTRIPS와 비교하라.

풀이 01

(a) 개발된 순서와 활용 영역은 다음 표와 같다.

Planner	개발자, 개발 연도	영역
STRIPS	Fikes & Nilsson, 1971	Mobile Robot Control
HACKER	Sussman, 1973	Simple Program Generation
NOAH	Sacerdoti, 1977	Mechanical Engineers Apprentice Supervision
MOLGEN	Stefik, 1981	Experiment Planning in Molecular Genetics

(b) STRIPS(Stanford Research Institute Problem Solver)는 SRI가 개발한 지능형 이동 로봇인 Shakey를 위하여 개발되었다. 아래 그림은 Shakey 로봇의 계획 문제 예를 보여 주는데, Room R1에 있는 로봇이 Room R2에 있는 BOX1을 R1으로 옮겨 오기 위한 계획은 다음과 같이 서술된다.

```
1. GOTHRU(D1, R1, R2)            % Door D1을 통하여 R1에서 R2로 이동
2. PUSHTHRU(BOX1, D1, R2, R1)    % BOX1을 밀어 D1을 통하여 R2에서 R1으로 이동
```

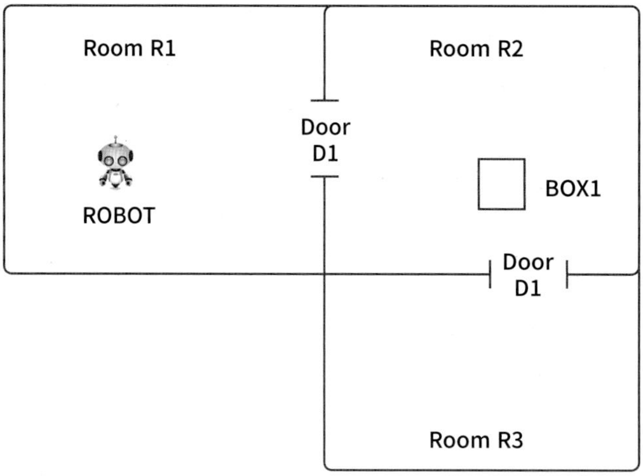

한편, ABSTRIPS(Abstraction STRIPS)는 STRIPS의 계획 효율을 높이기 위해 개발된 것으로, 추상 공간(abstraction spaces)의 계층적 구조를 사용한다. STRIPS와 ABSTRIPS의 구체적인 차이에 대해서는 이 장의 2절에서 자세히 다룬다.

1.2 탐색 및 부목표 상호작용

계획에서 고려해야 할 두 가지 주요 문제는 탐색의 제한과 부목표 상호작용(subgoal interaction)에 대한 것이다. 탐색은 특정의 목표를 달성하기 위해서, 문제 풀이 행동들의 순서를 결정하기 위해서 가능한 많은 순서들 중에서 어떤 것을 선택할 것인가를 결정하기 위해서 사용된다. 이는 문제 해결 연산자들의 조합의 수가 연산자들의 수에 지수적으로 비례하여 증가하기 때문에 일반적으로 조합적 폭발(combinatorial explosion)로 일컬어진다. 부목표의 상호작용에 대한 것은 어떤 문제를 해결하기 위해서 한 가지 이상의 목표들을 모두 만족시켜야 할 때 일어난다. 이때 각각의 목표들을 달성시켜야 할 순서가 대개 문제 내에서 정해지는 것이 아니기 때문에 잘못된 순서는 해답을 찾는 데 치명적일 수 있다. 만약 잘못된 순서로 인하여 목표를 달성할 수 없다는 것을 발견하게 되면, 이때는 역추적(backtracking)을 진행해야 된다. 역추적은 실패한 선택점(choice point)으로부터 계획을 다시 형성시켜 나가게 되며 대체로 많은 비용을 요구한다.

예제 02 **동시에 만족해야 할 목표들로 '사다리를 칠하라'와 '지붕을 칠하라'가 있는 경우 순서는 어떻게 계획되어야 하는가? 만약 잘못된 순서로 계획된 경우 어떻게 수정하여야 하는가?**

풀이 02 당연히 두 번째 목표를 먼저 이루도록 계획해야 한다. 그렇지 않으면 지붕을 칠할 때 칠이 되어있는 사다리를 망치게 된다. 불행히도 이와 같은 정보는 문제 내에 주어지지 않으므로 이런 정보를 추론해낼 방법이 필요하다. 계획 시스템이 임의로 '사다리를 칠하라'를 먼저 달성되도록 결정할 경우, '지붕을 칠하라'는 목표를 달성할 수 없다는 것을 발견하게 되면 역추적을 진행하여 사다리 칠하기와 지붕 칠하기의 선택점에서 다시 계획한다.

탐색 문제는 부목표의 상호작용 문제와 밀접하게 관련되어 있다. 이는 상호작용하는 부목표들의 특정 순서를 너무 빨리 승인하게 되면 또다시 추가적인 탐색을 필요로 하는 경우가 발생될 수 있기 때문이다. 부목표들 사이의 상호작용은 제약 조건(constraints)들로 불려지는데, 이는 연산자들의 선행 조건(precondition)들로부터 도출될 수 있다. [예제 6.2]에서 지붕 칠하기 연산자는 '페인트를 구하라', '붓을 구하라', '사다리를 구하라'와 같은 선행 조건들을 가지는데, 지적인 계획 시스템이라면 이러한 선행 조건들로부터 사다리 칠하기가 지붕 칠하기보다 먼저 진행될 수 없다는 것을 알 수 있을 것이다. 지적이지 못한 계획 시스템은 사다리 칠하기를 먼저 진행하도록 계획을 세우고는 더 이상 진행하지 못한다는 것을 나중에 인식하여 계획을 재형성하려고 할 것이다.

초기의 계획 시스템은 순서에 대한 제약 조건을 파괴하는 초기 계획을 형성하고는 다시 되돌아가서 계획을 수정하도록 하였다. 이러한 계획 시스템으로는 HACKER와 INTERPLAN이 있다. 이들 시스템들은 부목표들이 서로 독립적이라는 선형 가정(linear assumption)을 휴리스틱(heuristic)으로 이용하였다. 초기에는 이것이 중요한 휴리스틱으로 보여졌으나, 문제 풀이 연산자들의 순서들의 개수는 연산자 수의 팩토리얼(factorial)에 해당하므로 연산자들의 모든 순서들을 성공적으로 조사한다는 것은 매우 어렵다.

다른 대안적인 가정으로는 연산자들의 순서를 무시하고 무작위로 순서를 만들어서 계획을 진행하는 방법이 있다. 이 가정은 NOAH와 MOLGEN에서 조금 다르게 보여진다. NOAH에서는 문제 풀이 연산자들의 선행 조건들을 고려하여 부분 순서(partial order)를 형성한다. 예를 들어, 커피를 사기 위한 목표가 '커피 가게로 가라'와 '돈을 구하라'라는 두 개의 부목표를 가진다고 하자. NOAH는 초기에 이들의 순서에 상관하지 않는다. 그러나 각각의 목표들을 확장하려고 할 때, 돈을 구하는 선행 조건인 '은행에 가라'가 '커피 가게로 가라'라는 부목표와 서로 상충한다는 것을 지적하고, 돈을 구하는 것이 커피 가게로 가는 것보다 선행되어야 한다고 결정한다. NOAH에서는 무작위로 되어있는 순서에서 문제 풀이를 어렵게 하는 연산자들만 순서를 결정한다. MOLGEN 역시 제약 조건들이 이용될 수 있을 때까지 연산자들의 순서를 정하지 않는다. NOAH와 MOLGEN의 이러한 방법은 미리 순서를 정하고 다음에 수정하는 선형 가정 방법과는 대조적인 것으로, 이 시스템들은 연산자들 사이에서 유지되어야 하는 제약 조건들을 추론해낼 수 있다. 또한 어떤 계획이 이미 세워진 계획이나 또는 앞으로 세워질 계획들과 충돌이 일어나지 않는다는 것이 확정된 후에야 결정되기 때문에, 이 시스템들에서는 거의 역추적이 발생하지 않는다.

02 비계층적 계획과 계층적 계획의 비교

이 절에서는 STRIPS[Fikes72]와 ABSTRIPS[Sacer74]를 비교 설명함으로써 계층적 계획을 소개한다. STRIPS는 하나의 추상 공간에서 계획을 수립하는 반면 ABSTRIPS는 그들의 계층 구조 안에서 계획을 수립한다는 점을 제외하고는 두 시스템은 거의 동일하다. 이를 설명하기 위하여 하나의 문제를 제시한 후 두 시스템들이 어떻게 그것을 풀어가는지를 기술한다.

2.1 STRIPS

먼저, 문제 풀이 시스템을 문제에 대한 해결 과정을 탐색하는 가운데 문제 풀이 연산자를 적용함으로써 만들어지는 상태들을 조사하는 프로그램이라고 가정한다. 문제 풀이 시스템에 의해 첫 번째로 검사되는 상태를 시작 상태(starting state)[3]라 하고, 문제 풀이가 성공적으로 종료되었을 경우 그 마지막 상태는 목표 상태(goal state)라 한다.

3 일반적인 문제 풀이 시스템에서의 초기 상태(initial state)와 같은 의미이나 계획 시스템에서는 그와 구별하여 시작 상태(starting state)라고도 한다.

문제 풀이 시스템은 유효한 문제 풀이 연산자와 객체들의 집합을 가진다. 문제 풀이 연산자들이 실행될 때, 문제 공간의 상태 변화를 수반한다. 한 잔의 커피를 마시는 문제를 생각해 보자. 주방에 가서 커피가 끓여져 있다면, 그 커피를 적당히 잔에 따른다. 만일 커피가 끓여져 있지 않다면, 커피를 만들거나 아니면 사러 가야 할 것이다. 커피를 직접 끓이고 싶지만, 원두나 인스턴트 커피가 없다면 커피를 사러 판매점에 가야 한다. 만일 돈이 없다면, 먼저 은행에 들러야 한다. 이와 관련된 연산자와 대상들은 다음과 같다.

연산자	대상
물을 끓인다	끓는 물
X를 따른다	주방, 끓인 커피
X를 구입한다	원두커피 판매점
커피를 만든다	원두커피
X에 간다	끓인 커피 판매점, 은행
돈을 출금한다	은행, 돈

각 연산자는 그 연산자가 실행될 수 있도록 반드시 참값을 가지는 선행 조건을 가진다. 예를 들면, 따를 커피가 없다면 커피를 만들어야 한다. 선행 조건을 참으로 만드는 것은 하나의 부문제이다. 문제 풀이 연산자는 일반적으로 선행 조건을 가지기 때문에 계획을 수립하는 것은 계층적 구조를 가지고 이루어지게 된다.

앞의 문제에 대한 연산자들은 다음과 같이 선행 조건과 그에 따른 효과들이 명백하도록 표현될 수 있다. 이러한 표현을 효과 리스트(effect list)라고 한다.

연산자	선행 조건	효과
커피를 부어라	끓인 커피가 있다	문제 해결
커피를 만들어라	원두가 있다 분쇄기가 있다 끓는 물이 있다 주방 안이다	끓인 커피를 가진다
무언가를 구입하라	판매점이 있다 돈이 있다	무언가를 가진다
어떤 곳에 가라	그 장소가 존재한다	어떤 곳에 있다 그곳 외에는 없다
돈을 출금하라	은행에 있다	돈을 가진다
물을 끓여라	주방 안이다	끓는 물을 가진다

이제 이 문제의 시작 상태와 목표 상태는 다음과 같다고 가정하고 STRIPS가 계획을 형성하는 과정을 설명한다.

시작 상태	목표 상태
끓인 커피가 없다	**끓인 커피를 가진다**
주방 안이다	주방 안이다
분쇄기가 있다	분쇄기가 있다
돈이 있다	돈이 있다
끓인 물이 있다	끓인 물이 있다

만일 문제 풀이 시스템이 각 문제 풀이 연산자가 문제 공간의 상태를 어떻게 변화시키는가에 대해 알고 있고, 수행되는 연산자에 대한 선행 조건을 알고 있다면 문제를 해결하기 위하여 수단-목표 분석(means-ends analysis)이라고 하는 기법을 적용할 수 있다. 간단하게 말하면, 이 기법은 문제 공간의 현재 상태와 바람직한 목표 상태와의 차이를 조사하고, 이 차이를 줄일 수 있는 문제 풀이 연산자를 찾아내는 것이다. 이것은 문제 공간의 목표 상태에 도달할 때까지 순환적으로 계속 진행된다. STRIPS나 ABSTRIPS 그리고 다른 대부분의 계획 시스템들은 수단-목표 분석을 사용한다.

다음에 나오는 몇 개의 단락은 STRIPS가 어떻게 한 잔의 커피를 만들어 내는가 하는 문제를 해결하는 방식에 대하여 설명한다. 먼저, 시작 상태와 목표 상태를 비교하고, 곧바로 차이점 '끓인 커피를 가진다'를 찾아낸다. 즉, 효과 리스트에서 '끓인 커피를 가진다'라는 것을 포함하는 연산자를 찾는다. 그 결과 두 개의 연산자가 있다는 것을 알 수 있다. '커피를 만들어라'와 '무언가를 구입하라'라는 연산자가 그것이다. '무언가를 구입하라' 연산자에서 '무언가'는 끓인 커피를 예시한다. STRIPS는 그것 중 하나를 반드시 선택해야 한다. 첫 번째 것을 선택할 경우 더욱 흥미로운 결과가 발생하기 때문에 여기서는 이 경우를 살펴본다.

커피를 만들기 위하여, '커피를 만들어라' 연산자는 네 개의 선행 조건을 만족해야 한다. STRIPS는 문제 공간의 현재 상태(시작 상태)와 첫 번째 선행 조건을 비교하고, 즉시 그 차이점('원두가 있다')을 찾아낸다. 그 결과 앞으로 다시 돌아가서, 이 차이점을 제거하기 위한 효과로서 '원두가 있다'를 가지고 있는 연산자를 조사한다. 단 하나의 연산자가 선택된다. 즉 '무언가를 구입하라' 연산자이다. 여기서 '무언가'란 원두를 예시한다. 다시 STRIPS는 제시된 연산자의 선행 조건과 문제 공간의 현재 상태를 비교한다. 선행 조건 '판매점에 있다'가 만족되지 않음을 알 수 있다. 그래서 또다시 반복해서 조사를 해서 만족될 수 있는 연산자를 찾아야 한다. 그러한 연산자는 '어떤 곳에 가라' 연산자이다. 이 연산자는 '그 장소가 존재한다'라는 단일 선행 조건을 가지고 있다. 판매점은 STRIPS에서 유효한 객체 중 하나이기 때문에 그 연산자가 수행될 수 있다. 즉, [그림 6.2]와 같은 탐색트리 구조를 가질 수 있다.

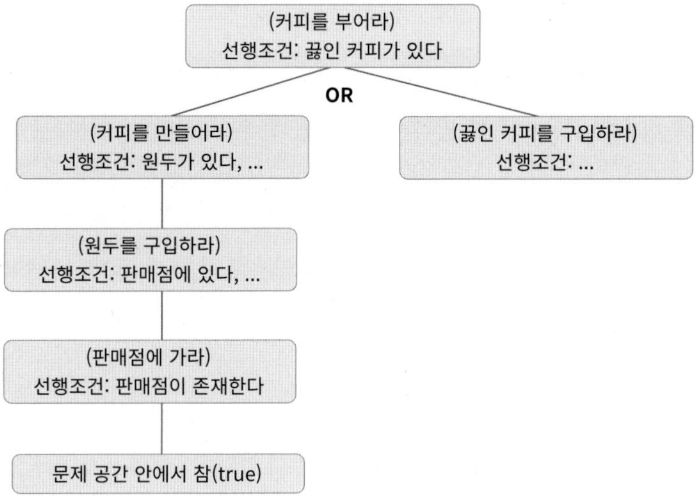

그림 6.2 계획 수립을 위한 탐색트리

'판매점에 가라' 연산자를 수행하면 문제 공간의 상태의 한 가지 형태가 변화하게 됨에 주목하자. 시작 상태는 '주방 안에 있다'이지만, '판매점에 가라'는 이것을 '판매점에 있다'로 변화시키게 된다. 이 변화는 '원두를 사라' 연산자의 선행 조건 중 하나를 만족한다. 그래서 STRIPS는 다른 선행 조건 '돈이 있다'를 검사한다. 이 선행 조건은 문제 공간의 현재 상태에서 참이기 때문에, STRIPS는 '원두를 사라' 연산자의 수행을 해제한다. 그것이 수행된다는 것은 '커피를 만들어라' 연산자의 첫 번째 선행 조건이 완수된다는 것을 의미한다. 거기에다 STRIPS는 문제 공간의 현재 상태에서 참값을 가지는 그 다음 선행 조건 '분쇄기가 있다', '끓는 물이 있다'를 찾게 된다. 그런데 커피를 만들기 전에, 마지막 선행 조건 '주방에 있다'가 판매점에 감으로 인해 거짓값을 가지게 되더라도, STRIPS는 '주방에 있다'가 다시 참이 될 수 있게 하는 효과를 가지는 연산자를 찾아야 한다. 이 연산자가 바로 단순히 '주방에 가다'이고 이것은 선행 조건을 가지지 않기 때문에 즉시 적용될 수 있다. 그것의 수행은 '커피를 만들어라'의 모든 선행 조건을 만족하기 때문에 결론적으로 그 연산자는 '커피를 부어라'의 단일 선행 조건을 완수하면서 수행될 수 있고 결국 문제를 해결하게 되는 것이다. 그리하여 커피를 만들기 위한 최종 계획은 '판매점에 가라', '원두를 사라', '주방에 가라', '커피를 만들어라', '커피를 부어라'로 결정된다.

수단-목표 분석은 문제 풀이 시스템에 의해 이루어지는 탐색의 양을 줄여주기 때문에 매우 강력한 문제 풀이 기법이다. 문제를 해결하기에 앞서 어떤 곳에서든지 하나 이상의 목표가 만족되어야만 한다. 수단-목표 분석은 두 개의 상태들 간의 차이점을 줄이기 위하여 단지 하나의 목표 형태만을 인식한다. 게다가, 이 방법은 문제 풀이 연산자가 그들이 줄여야 하는 차이점의 종류에 따라서 분류될 수 있다고 가정하고 있다. 결국 유효한 연산자들 가운데 어느 한 부분만이 어떤 주어진 목표에 적용될 수 있을 것이고, 연산자들 가운데에서 적용 가능한 연산자를 찾기 위한 탐색이 줄어들 것이다.

2.2 탐색과 역추적

수단-목표 분석의 한 가지 문제점은 여전히 큰 탐색 공간을 만들 수 있다는 점이다. 한 가지 목표에 적용되는 연산자들의 수가 제한될지라도 다수의 적용 가능한 연산자들이 있을 수 있고 선택된 연산자에 대해 선행되는 근거(prior basis)가 없을 수 있다. 게다가, 어떤 연산자의 부목표(subgoal)가 만족될 수 있는지 혹은 그것의 수행 결과가 결국 나쁜 결과(만족될 수 없는 부목표)를 이끌어내는지를 알 수 있는 방법이 없다. 예를 들어, '어떤 곳에 가라'라는 연산자가 '자동차가 있다'라는 선행 조건을 가지지만 자동차가 없을 경우, 그 연산자를 이끌어 내는 모든 과정들은 무의미하게 될 것이다. 그래서 문제 풀이 시스템은 다른 경로를 찾기 위하여 역추적을 해야 할 것이다. 이 예에서 다른 경로로 끓인 커피를 사기 위한 시도가 포함되고, 역시 앞에서와 마찬가지 이유로 인해 이것도 실패하게 될 것이다. 더욱 복잡한 문제에 있어서, 우리는 주어진 부목표를 달성할 수 있는 여러 다른 경로를 찾고자 할 수 있다. 그리고 문제 해결을 위하여 많은 양의 역추적이 필요할 수도 있다. 역추적은 매우 많은 비용이 들기 때문에 최근 여러 계획 시스템들은 가능한 한 그것을 피하도록 설계되고 있다.

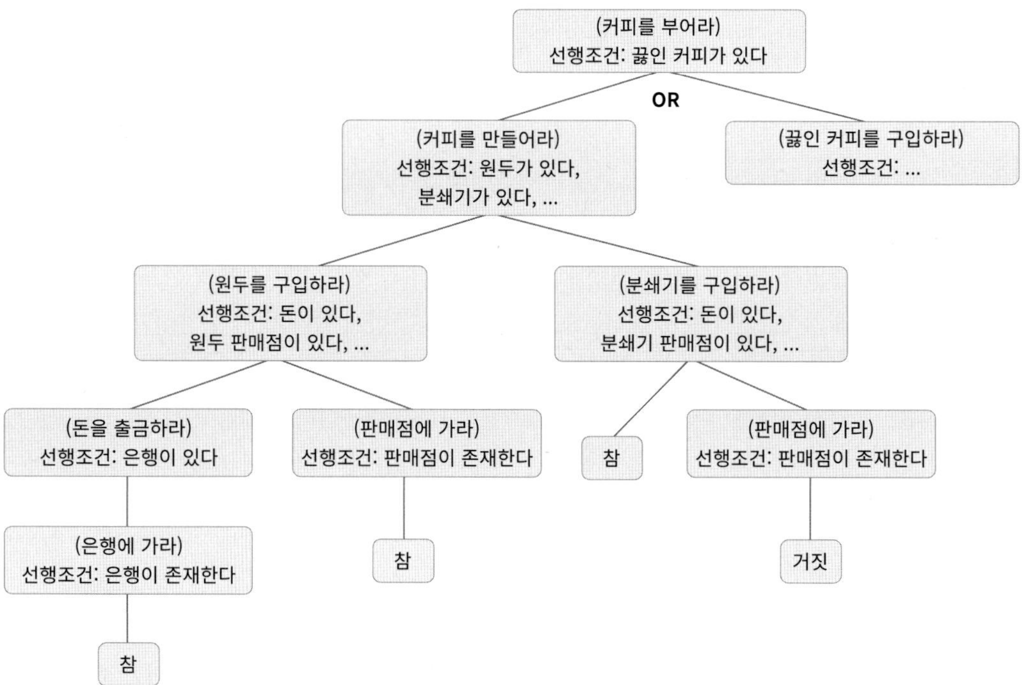

그림 6.3 계획 수립을 위한 탐색 트리

역추적은 문제 풀이 경로에 있어서 너무 이른 판단으로 인해 발생한다. 다시 커피 만들기 문제를 예로서 생각해 보자. STRIPS에 유효한 객체가 '주방', '은행', '커피 원두 판매점', '끓인 커피 판매점'이라고 가정한다. '분쇄기'와 '분쇄기 판매점'은 제외한다. 문제를 해결하기 위하여 STRIPS는 [그림 6.3]과 같은 탐색 트리(search tree)를 구성한다.

요약하자면, STRIPS는 커피를 따르기 위하여 커피를 만들든지 아니면 커피를 사야 한다고 추론할 것이다. 그러기 위해서는 원두가 필요하고 따라서 돈과 원두 판매점이 있어야 한다. 돈을 가지기 위해서 은행에 가야 하고 또한 은행이 존재해야 한다. 은행이 존재하기 때문에 STRIPS는 거기에 간다는 계획을 수립하고 돈을 가지게 된다. 그런 다음 원두 판매점에 갈 수 있는 가능성을 조사한다. 그런 판매점이 존재함으로써 STRIPS는 그곳에 갈 수 있다. 원두를 구입하기 위한 두 가지 선행 조건이 달성되고 그것을 산다는 계획이 수립된 다음에는 계속해서 '커피를 만든다'의 다음 선행 조건 '분쇄기가 있다'가 고려된다. 그러나 분쇄기가 없기 때문에 그것을 사라는 결정을 내리고, 그러기 위한 선행 조건으로 '돈이 있다'와 '분쇄기 판매점이 있다'라는 것을 생각하게 된다. 불행하게도 그런 판매점은 이 예에서 존재하지 않는다. 그래서 이런 모든 과정이 무의미하게 되고 STRIPS는 커피를 만들 수 없게 된다. 여기서 한 가지 선택은 계획 안에 있는 선택점(choice point)으로 역추적해서 다른 경로를 찾아나가는 것이다. 그 과정은 여기서 설명하지 않았지만, 끓인 커피 판매점이 존재하기 때문에 성공적으로 수행될 것이다.

앞의 예에서 역추적의 비용 부분은 여러 연산자들을 계획하는 과정에서 도출된다. 실제로 이 과정은 별로 중요하지 않은 세부 사항이다. 우리는 분쇄기 판매점이 존재하는가를 알기 위하여 계획의 초창기에 STRIPS가 검사해 주기를 직관적으로 기대할 수 있다. 만일 STRIPS가 어떤 판매점이 존재하는가를 알고 있다면 계획의 후반부에 이르기까지 그곳에 어떻게 가는가에 대해서는 걱정할 필요가 없을 것이다. 어떤 장소에 간다는 것은 세부적인 사항으로 볼 수 있다. 우리는 먼저 계획 시스템이 계획에 있어서 중요한 단계를 모두 수행한 후, 그것이 대략적으로 다른 것을 스케치한 후 덜 중요한 단계들을 채워 나가도록 계획하는 것을 기대한다. 이런 방법을 계층적 계획 기법이라고 부르며, 이 방법을 사용한 최초의 계획 시스템이 STRIPS를 발전시킨 ABSTRIPS이다.

2.3 ABSTRIPS

ABSTRIPS[Sacer74]는 추상 공간(abstraction space)의 계층 구조 하에서 계획을 형성한다. 문제의 초기 명세(기저 공간, ground space)에 주어지는 모든 객체와 연산자들은 추상 공간에 포함된다. 그러나 일부 연산자들의 몇몇 선행 조건들은 다른 것들보다 더욱 중요할 수 있다. 예를 들어, '끓는 물이 있다'라는 것은 쉽게 수행될 수 있기 때문에 커피를 만드는 데 있어서 덜 중요한 선행 조건으로 보여진다. '분쇄기 판매점이 존재한다'와 같은 선행 조건은 매우 중요하다. 왜냐하면 그것이 기저 공간에서 참이 아닐 경우 그것을 참으로 만들기 위하여 문제 풀이 시스템이 수행할 수 있는 연산자가 없다는 것을 뜻하기 때문이다. 선행 조건은 임계(criticality)라고 하는 중요한 계층으로 할당된다. ABSTRIPS가 계획 형성을 시작할 때, 최대 임계를 가지는 선행 조건만을 얻을 수 있도록 계획을 수립한다. 그러한 선행 조건들은 계획의 성공 여부에 결정적인 역할을 하게 된다. 그것은 가장 높은 계층의 추상 공간에서 계획을 형성한다. 그러고 나서 다음 임계 계층을 가지는 계획에서 여러 단계들의 선행 조건을 얻을 수 있도록 계획한다. 이러한 과정은 계획 과정 안에 있는 모든 선행 조건들이 얻어질 때까지 계속된다.

이러한 과정에서 제일 첫 번째 단계는 임계의 할당이다. ABSTRIPS에서 사용되는 방법은 사람으로 하여금 중요성을 직관적으로 판단해서 선행 조건의 부분 순서(partial ordering)를 정하게 하는 것이다. 그런 다음 ABSTRIPS는 임계를 더욱 정확하게 조정하기 위해 알고리즘을 따른다. 우리는 가장 중요한 선행 조건을 '장소가 존재한다'라고 생각할 수 있다. 만일 그것이 존재하지 않는다면, 그 존재에 의존하는 연산자들이 계획 형성에 사용될 수 없기 때문이다. '어떤 것이 있다'라는 선행 조건은 그 다음 중요하고 '어딘가에 있다'라는 것은 가장 덜 중요하다고 생각할 수 있다.

선행 조건	직관적 임계
장소가 존재한다	3
어떤 것이 있다	2
어딘가에 있다	1

ABSTRIPS는 임계를 다음과 같은 과정을 통해 조정한다. 어떠한 연산자에 의해서도 변화될 수 없는 참값을 가지는 모든 선행 조건들은 가장 높은 임계가 주어진다. 다른 선행 조건의 각각에 대해서, 그것을 이루기 위하여 단기 계획(short plan)이 발견될 경우(그 이전 선행 조건이 참이라고 가정하고) 그것은 세부 사항으로 간주하고 부분 순서에서 기술되는 것과 같은 임계가 주어진다. 만일 그러한 계획이 발견되지 않을 경우에는 부분 순서에서 가장 높은 임계보다 더 높은 임계가 주어진다.

선행 조건 '은행이 존재한다', '원두 판매점이 존재한다', '끓인 커피 판매점이 존재한다'는 어떠한 연산자에 의해서라도 참값이 변하지 않기 때문에 모두 최대값을 할당한다. 우리는 최대값을 5로 둔다. 선행 조건 '어떤 것이 있다'는 '원두가 있다', '분쇄기가 있다', '끓는 물이 있다', '돈이 있다' 등이 있는데, 그중 세 개는 이전 선행 조건이 참일 경우 단기 계획에 의해 달성될 수 있다. 예를 들어 '은행이 존재한다'가 주어질 경우, 선행 조건 '돈이 있다'를 달성하기 위해 단기 계획이 발견될 수 있다. 그래서 이 세 개의 선행 조건에는 2의 부분 순서 등급을 할당한다. 그러나 네 번째 선행 조건 '분쇄기가 있다'는 분쇄기 판매점이 존재하지 않기 때문에 단순한 계획으로 달성될 수 없다. 그래서 이 선행 조건은 다른 부분 순서 등급보다도 높은 4의 등급이 주어진다. 마지막으로 선행 조건 '어딘가에 있다'가 위치하게 된다. 이것은 단순한 계획으로 모든 것이 달성될 수 있기 때문에 1의 부분 순서 등급이 할당된다.

선행 조건	임계
원두 판매점이 존재한다	5
끓인 커피 판매점이 존재한다	5
은행이 존재한다	5
분쇄기가 있다	4
원두, 끓는 물, 돈이 있다	2
끓인 커피 판매점, 원두 판매점, 은행에 있다	1

ABSTRIPS는 임계 5의 추상 공간에서 계획 형성 과정을 시작한다. 이것은 이 계층에서 더 작은 임계값을 가지는 연산자의 모든 선행 조건들은 참이라고 가정한다는 것을 의미한다. ABSTRIPS는 커피를 만들기 위하여 두 개의 계획을 찾는다. 즉 '커피를 만들어라'와 '끓인 커피를 구입하라'라는 것이 그것이다. 그런 다음 임계 4의 추상 공간에서 '커피를 만들어라'에 대한 계획을 확장한다. 이 계층에서 '분쇄기가 있다'라는 선행 조건이 나오게 된다. ABSTRIPS는 분쇄기를 얻기 위하여 부계획을 찾으려 하지만 찾을 수가 없다. 결국 커피를 만들기 위한 계층 5의 계획은 실패할 것이라는 것을 즉시 인식하고 다시 계층 5로 되돌아가서 끓인 커피를 구입하기 위한 다른 계획을 선택하고 그것을 수행한다. [그림 6.4]는 계층 5의 추상 공간에서의 연산자의 탐색 과정을 보여준다.

이 탐색 과정에서, ABSTRIPS는 먼저 커피를 만들기 위한 계획을 형성하지만, 이 계획은 계층 4의 추상 공간에서 실패하게 된다. 그래서 그것은 계층 5로 역추적을 수행하고 끓인 커피를 구입하기 위한 계획을 수립하게 된다. 이 계획은 돈이 있다는 선행 조건이 뚜렷해질 때, 계층 2까지 확장된다. 그리고 계층 1에서 '돈이 있다'에 대한 선행 조건 '은행에 있다'와 '커피를 구입한다'에 대한 선행 조건 '판매점에 있다'가 발견된다. ABSTRIPS는 그 장소에 가기 위한 계획을 수립한다. 즉 최종 계획은 '은행에 가라', '돈을 출금하라', '커피 판매점에 가라', '끓인 커피를 구입하라'라는 것이 됨을 알 수 있다.

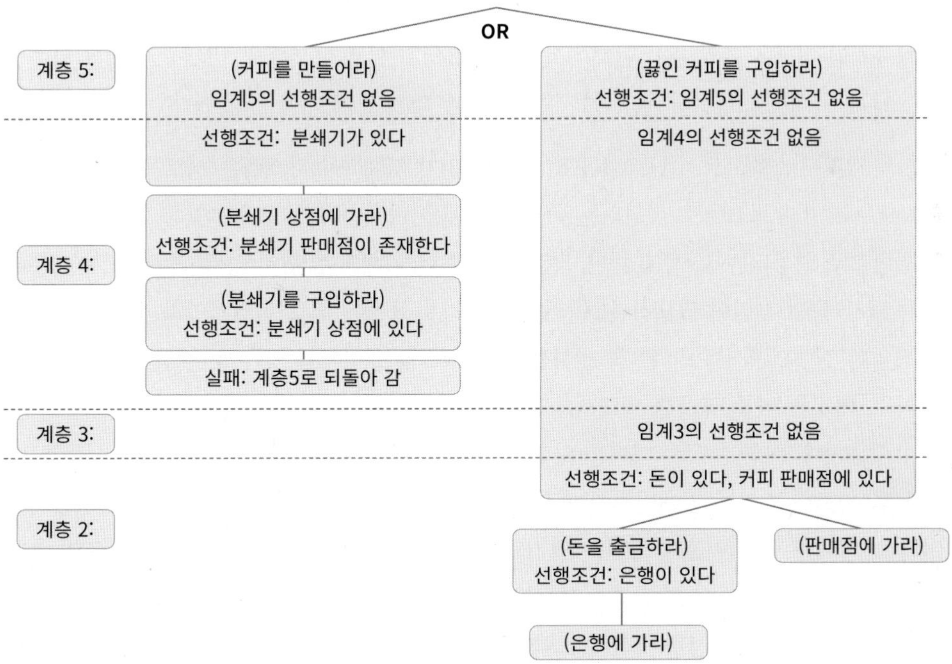

그림 6.4 5개의 추상 공간에서 ABSTRIPS의 연산자 탐색

예제 03 **커피를 마시기 위한 계획을 중심으로 STRIPS와 ABSTRIPS의 효율을 비교하라.**

풀이 03 ABSTRIPS는 계층적 계획 시스템이기 때문에 STRIPS보다 더욱 적은 탐색과 역추적으로 문제를 해결한다. 그것은 높은 계층의 계획을 대략적으로 스케치하고 낮은 계층의 계획을 세부적으로 만드는 계획의 계층 구조를 생성한다. 복잡한 계획은 다음 계층이 고려되기 전에 추상의 각 단계에서 형성되기 때문에 ABSTRIPS는 커피 분쇄기의 탐색 문제에서 일어날 수 있었던 것과 같은 잘못된 결과를 초기에 발견할 수 있다. 커피를 만들기 위한 계획의 다른 부분의 세부 사항, 즉 예를 들어 물을 끓이고 원두를 구입하는 것은 전혀 고려하지 않았다. 왜냐하면 ABSTRIPS는 커피를 만들기 위한 중요한 선행 조건이 만족될 수 없다는 점을 매우 빨리 검출했기 때문이다. ABSTRIPS가 STRIPS의 효율을 높이기 위한 목적으로 개발되었음을 고려하면 이러한 결과는 당연하다.

03 비계층적 계획

계획을 위한 비계층적인 접근은 단일 추상 단계에서 연산자들의 순서를 형성한다. 비계층적 계획 시스템은 대개 부목표들에 대한 계층을 형성하지만 이들은 모두 같은 추상 단계 내에 있게 된다.

대표적인 비계층적 계획 시스템으로서 HACKER[Sussm75]가 있다. 이 시스템은 서로 독립적이지 않은 결합적(conjunctive)인 부목표들로 형성되는 어려운 문제를 비계층적으로 해결한다. 대부분의 문제들은 목표들의 결합으로 형성되는데, 예를 들면, '집안 대청소'를 위해서는 '먼지 쓸기', '마루 닦기', '유리창 닦기', '양탄자 털기' 등의 작업이 필요하다. 이러한 각각의 목표들은 서로 독립적이지 못하기 때문에 임의의 순서로 작업이 진행되어서는 안 된다. 먼지를 쓸어내지 않고 마루를 닦는 것은 당연히 효과적인 청소 작업이 아니다. 이것은 '마루 닦기'를 위해서는 먼저 지저분한 먼지들을 제거해야 하는 것이 선행 조건으로 주어지기 때문이다. 마찬가지로, 더러운 양탄자를 털기 위해서 밖으로 끌어내는 것은 마루를 더럽게 만들어 마루를 청소한 효과를 없애버리기 때문에, 마루 닦기 이후에는 양탄자 털기가 수행되어서는 안 된다. 이와 같은 마루 쓸기 이후의 양탄자 털기와 같은 경우를 보호 목표(protected goal)의 파괴(violation)라고 한다. 이 예에서의 보호 목표는 '깨끗하게 청소된 집'으로 주어질 수 있다. 유사하게, 어떤 목표의 달성은 다른 목표들의 달성을 막을 수 있다. 예로서, 마루 닦기가 끝난 후에는 마루가 마를 때까지 사람이 마루를 지나가는 것과 다른 목적을 위해 마루를 사용하는 것이 허용될 수 없다. 집안 청소에 대한 경험이 많은 사람에게는 청소 작업들이 상호 간섭을 피할 수 있도록 순서화가 되어야 하는 이유와 방법을 쉽게 인식할 수 있지만, 단순한 계획 프로그램은 목표를 달성하기 위한 순서에 대한 근원적인 지식을 갖고 있지 않다. 이러한 계획 시스템들이 가지는 문제점은 이와 같은 근원적인 지식이 없는 상황하에서 독립적이지 못한 결합적인 목표들을 달성할 수 있도록 하는 효율적인 계획을 구축하는 것이다.

HACKER에서는 부목표들 사이의 간섭에 의한 불완전한 계획을 형성시켜 놓고 다음 단계에서 불완전한 계획 내의 연산자들을 재순서화하여 계획을 수정하도록 되어 있다. 이 시스템에서는 고려해야 할 목표 순서화에 대한 개수를 제한하도록 하는 선형 가정(linear assumption)이라는 단순한 휴리스틱을 이용한다. 이는 MIT의 Sussman이 "부목표들은 독립적이어서 무작위 순서로 차례대로 달성될 수 있다"라고 한 바에 의해 처음으로 형성되었다[Sussm75]. 물론, 이 가정은 많은 문제에 대해서는 잘못된 것이지만, 이것은 간섭이 일어나지 않은 순서를 찾는 것에 대한 탐색 문제를 피할 수 있다.

예제 04 N개 부목표의 적절한 순서를 찾기 위해 필요한 탐색의 개수는?

풀이 04 만약 N=2인 경우, 2개 부목표 A와 B의 순서는 A–B, 혹은 B–A로 2개가 있다. 만약 N=3이면, A–B–C, A–C–B, B–A–C, B–C–A, C–A–B, C–B–A로 총 6개가 된다. 이런 식으로 N개의 부목표에 대한 순서는 N의 팩토리얼(factorial), 즉 N!=N×(N–1)×(N–2)×⋯×2×1이다. 예를 들어, 10개의 결합적인 부목표들이 달성되기 위해서는 3백만 개 이상의 순서를 고려해야 한다. 즉, 순서화에 대한 탐색에 대한 경비는 계획 내의 부목표들의 개수가 커질수록 매우 방대하게 된다. 선형 가정은 계획 시스템으로 하여금 하나의 최적 계획을 찾도록 하기 보다는 부목표들을 임의로 순서화시키고 이를 나중에 수정하도록 한다.

3.1 HACKER

HACKER[Sussm75]는 MIT의 전기공학과 교수인 Sussman에 의해서 기술 습득(skill acquisition)의 모델로 개발되었다. 그는 기술이라는 것을 절차(procedure)들의 집합으로 정의하고, 각 절차들은 기술 영역 내에서의 특정 문제를 풀어나간다. 만약 어떤 기술에서 특정 문제를 해결하는 절차를 포함하지 않는다면 이 문제를 위한 새로운 절차가 설계되어야 한다. 기본적으로는 새로운 문제의 부목표들을 달성하는 수단으로 기존의 절차들을 이용하여 문제를 해결한다. 새로운 절차들은 버그(bug)를 가진 것으로 간주되며, 그들이 설계될 때의 모든 상황하에서 제대로 동작될 수 있는 것은 아니다. 특정의 기술 영역 내에서는 많은 절차들에서 버그들이 공통으로 나타날 수 있는데, 이런 의미에서 버그들도 추상화될 수 있다고 볼 수 있다. 가장 일반적인 버그로서 이 장에서 많이 언급했었던 상호 간섭하는 결합적인 부목표들의 경우가 좋은 예가 된다. Sussman은 이러한 버그는 가장 공통적인 것으로서 기술 습득 모델이 반드시 디버깅하는 방법을 알아야 하는 것이라고 언급한다. HACKER는 많은 경우에서 이러한 버그들을 처리할 수 있다. HACKER는 기술 습득의 모델로서 설계되었지만 계획 형성 관점에서도 많은 관심거리를 제공한다. 전개되는 절차들은 문제를 해결하기 위한 계획이며, 계획에 대한 디버깅은 문제 풀이의 유용한 기법으로 생각될 수 있기 때문이다.

HACKER는 지식의 절차적인 표현에 대한 연구가 활발할 때 만들어졌는데, 이것 때문에 이 시스템에서의 지식과 여러 가지 기능들을 분리하기가 어려워졌다. 주목할 사항 중 하나는 해답 라이브러리(answer library)로서, 문제 풀이 절차들을 포함하고 있다. 지식 라이브러리(knowledge library)는 문제 영역에 대한 사실들을 가지고 있으며, 프로그래밍 기법 라이브러리(programming techniques library)는 해답 라이브러리에서 문제 풀이에 대한 적적한 절차를 제공할 수 없을 때 사용할 수 있는 방법들을 제공한다. 이밖에도 버그나 적절한 수정을 위한 라이브러리들이 몇 가지 더 있다. HACKER에서의 문제 풀이는 불완전한 계획을 완성하기 위해서 역추적을 하는 시스템들과 비슷하게 작동되지만, 계획에 대한 디버거 작업을 수행한다는 점에서 차이를 보인다. 역추적만으로 작동되는 시스템들이 많은 경비를 들이는 반면에 HACKER에서는 하나의 계획을 제안하고, 이 계획 내에 포함된 오류들을 디버깅 전용 프로그램들로 수정해 나간다.

HACKER에서의 버그는 Sussman이 선형 가정을 고려하여 선행 요건(prerequisite)으로 지칭하였다. 어떤 목표의 선행 요건의 달성이 다른 목표의 달성을 막는 상황은 쉽게 발생할 수 있으며, HACKER는 항상 최적은 아니지만 이러한 상호작용 문제를 해결할 수 있다. 계획에서 많이 언급되는 블록 세계에 대한 문제가 [그림 6.5]에 나타나 있다.

HACKER는 먼저 목표(MAKE (ON B C))의 패턴과 일치하는 절차를 해답 라이브러리에서 찾아냄으로써 문제를 해결하려고 한다. 이 절차를 매개 변수 B와 C를 이용 및 실행하여 블록 B를 블록 C 위에 올린다. 그러나 시스템은 이 절차의 실행을 모의 실행(simulate)하고는 블록 A가 블록 B 위에 있으므로 해당 절차를 즉시 실행할 수 없다는 것을 알게 된다.

그림 6.5 블록 A 아래의 블록 B를 블록 C 위에 두는 계획 문제

이것은 제안된 계획에서의 버그로 간주되어 이를 수정하려고 시도하게 된다. 먼저 버그의 형태를 질의한 후, 이 시스템은 PREREQUISITE−MISSING이라는 버그 형태로 결정짓는다. HACKER는 이제 제안된 계획 내의 어떤 부분에서 선행 요건이 빠져있다는 것을 알게 되지만 어떤 선행 요건인지는 알지 못한다. 이 시스템은 지식 라이브러리를 사용하여 몇 가지 적당한 사실들을 찾아낸다. 그중 하나는

(FACT (PREREQUISITE (PUTON (X Y) (PLACE−FOR X Y))))

이다. 이것의 의미는 Y 위에 X를 두기 위해서는 Y 위에 X를 둘 여유 공간이 있어야 한다는 것이다. 그러므로 이 시스템은 B를 두기 위한 C 위의 여유 공간을 검사하게 되는데, C 위에 여유 공간이 있기 때문에 이 선행 요건은 잘못 찾은 것임을 알게 된다. 그 다음 사실은

```
(FACT (PREREQUISITE (EXPRESSION (CLEARTOP OBJECT))
                    (HAVE () (MOVES EXPRESSION OBJECT))))
```

인데, 이것은 물체를 움직이는 데 대한 선행 요건으로서, 움직일 물체의 윗부분이 비워져 있어야 한다는 것을 의미한다. 이 예에서는 B 위에 A가 있기 때문에 이 선행 요건은 B를 움직이는 데 대해서 만족될 수 없다.

HACKER는 이제 B를 C 위에 두는 초기 계획을 파괴한 버그의 본질을 발견하게 되는데 이 시스템은 이 정보를 이용하여 계획을 수정한다. 일반적으로 요구되는 선행 요건을 달성하기 위한 절차를 그 선행 요건이 필요한 곳의 앞부분에 둠으로써 계획을 수정하게 된다. 이 예에서는 달성되어야 한 선행 요건이 (CLEARTOP B)이다. 다시 이 시스템은 이 선행 요건을 위한 절차를 해답 라이브러리에서 찾게 되는데, 만약 이 절차가 해답 라이브러리에 존재하지 않는다면 이 시스템은 프로그래밍 기법 라이브러리를 이용하여 필요한 절차를 구성한다.

요약하면, HACKER는 특정 문제에 적절한 절차들을 탐색하는 것으로써 문제를 해결한다고 볼 수 있다. 적절한 절차를 찾아내지만 이것이 기대한 목표를 달성하지 못한다면, 실패에 대한 이유는 버그로 형상화된다. 버그는 즉시 계획의 수정을 개시하도록 한다. 또한, 문제 풀이 과정 중에서 HACKER는 특정의 목표를 달성하기 위한 절차를 만들어낼 수도 있다.

예제 05 아래 [그림 6.6]의 문제에 대해 HACKER의 계획법을 설명하라.

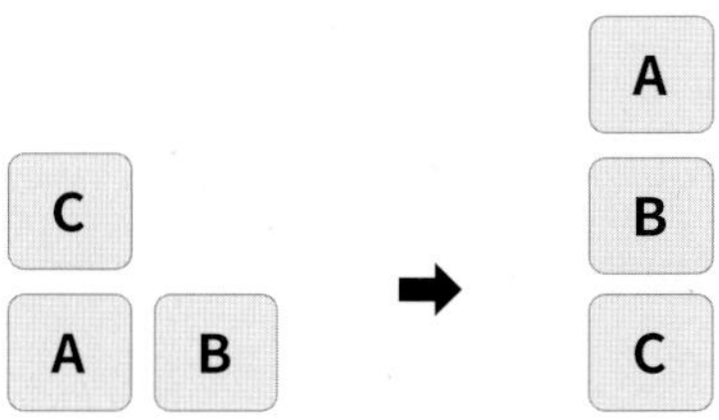

그림 6.6 HACKER가 최적 해를 만들지 못하는 문제

풀이 05 위 그림의 블록 쌓기는 HACKER가 최적 해를 만들지 못하는 문제로, Sussman은 이를 변칙 상황(anomalous situation)이라고 했다. HACKER는 이 문제를 위한 계획을 다음과 같이 구축한다.

((ACHIEVE (ON B C))
(ACHIEVE (ON A B)))

그러나 이 계획의 실행을 모의 실행해 볼 때, C 위에 B를 두는 것은 바로 다음 단계에서 그것을 제거해야 한다는 것을 알 수 있으며, 또한 A를 B 위에 두는 일은 A 위에 아무 것도 없어야 한다는 것을 알 수 있다. 이것은 먼저 달성된 목표, (ON B C)에 대해서 보호 파괴를 발생시킨다. HACKER는 이 보호 목표 파괴를 버그로 취급하여 수정하려고 하지만, 이 문제는 단순히 목표들을 재순서화시키는 것으로 수정될 수 있는 것은 아니다. 다른 방법으로, 만약에 HACKER가 (ON A B)를 먼저 달성하고 다음에 (ON B C)를 달성하려고 한다면, 이 시스템은 (ON A B)를 달성한 후에 또 다른 보호 목표 파괴가 발생한다는 것을 알 수 있다. 이것은 (ON A B)가 C 위에 B를 두기 위한 (CLEAR C)를 깨어버리기 때문이다. 결과적으로 이 문제에 대해서는 HACKER가 어떤 순서로 목표들을 달성시키더라도 보호 목표 파괴는 발생한다. 대안으로는 최적이 아닌 계획을 만드는 것인데, 먼저 보호 목표 파괴를 허용하고 나중에 파괴된 목표를 다시 달성시키는 것이다. 이 문제의 예에서는 먼저 C 위에 B를 올린 후, 다시 이것을 제거하고, 계속해서 A 위의 C도 제거한 후, B를 C 위에 올리고 마지막으로 B 위에 A를 올린다.

3.2 목표 역행 시스템

HACKER와 같은 경우에는 보호 목표 파괴가 발생할 경우 역추적을 수행한다. 즉, 여러 개의 목표들의 순서를 바꾸어서 목표들을 달성하기 위한 계획을 재형성한다. [예제 6.5]와 같이 단순한 문제에 대해서는 이 방법이 별 문제가 되지 않으나, 결합적인 목표들이 많이 있고 또한 대부분의 부목표들이 상호 간섭을 가진다면 이 방법은 매우 비효율적이다. 그리고 HACKER와 같은 계획 시스템은 목표들의 순서를 바꾸어 다시 계획을 형성하기 때문에 어떤 목표들에 대해서는 한 번 달성된 목표를 또다시 달성시키는 작업을 진행하게 된다. 이와 같은 작업은 같은 특정의 부목표를 위한 해답을 중복으로 달성시키는 비효율적인 작업이 된다.

대안적인 방법은 결합적인 부목표들 중에서 한 순간에 하나의 부목표만을 대상으로 하여 계획을 형성시키는 것이다. 이 과정에서 이미 달성된 목표들과의 간섭이 발생하는지를 항상 검사하고, 간섭이 일어나는 경우에는 그 목표를 다른 위치로 옮기도록 한다. 이와 같은 방식으로 운영되는 계획 시스템은 Waldinger에 의해서 개발되었는데, 그는 목표들 사이에서의 간섭을 다루기 위해서 목표 역행(goal regression)의 개념을 도입하였다[Waldi77].

[그림 6.6]에서 보인 문제에서와 같이 계획 형성 중의 어떤 목표는 어떤 순간에는 달성될 수도 있고, 또한 어떤 다른 순간에는 깨어질 수도 있다. 여기에서 목표 역행의 개념을 설명하면 다음과 같다. 먼저 G를 임의의 목표, O를 임의의 연산이라고 하자. 당연히 O 이후에 G가 참이 된다는 것은 보장할 수 없다. 그러나 O 이전에는 G′가 참이고, O 이후에는 G가 참이 되는 그러한 G′를 찾을 수는 있다. 이러한 새로운 목

표 G′를 찾는 작업을 목표 역행이라 한다. 목표 역행은 이미 달성된 목표들은 후속되는 연산들에 의해서 파괴되지 않는다는 것을 보장하기 위한 방법을 제공한다. 이 방법에 의한 기본적인 계획 알고리즘은 다음과 같다. 결합적인 부목표들 중에서 가장 첫 번째 부목표를 먼저 달성시킨다. 그 다음에는 계획의 끝 부분에서부터 이미 달성된 것들을 파괴하지 않는 곳까지 나머지 부목표들을 역행하면서 계획을 확장시켜 나간다.

예제 06 **[예제 6.5]에서 다룬 [그림 6.6]의 블록 문제를 목표 역행의 개념을 사용하여 해결해 보라. 그 절차는 HACKER와 어떻게 다른가?**

풀이 06 목표 역행을 이용한 계획 시스템은 부목표들의 순서에 관계없이 계획을 형성할 수 있다. 여기에서는 (ON B C)보다 (ON A B)를 먼저 달성시키는 계획 과정을 생각한다.

먼저, 이 시스템은 A 위의 여유 공간을 위하여 C를 제거한다.

목표 및 연산	**상태**
ABACHIEVE (ON A B) (Clear A)	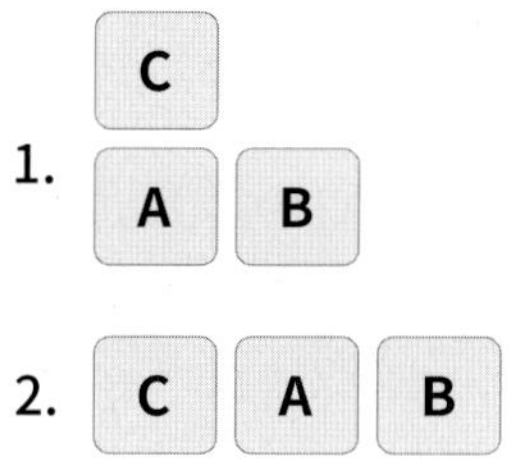

이제 이 시스템은 A를 B 위에 올린다.

(Put A on B)	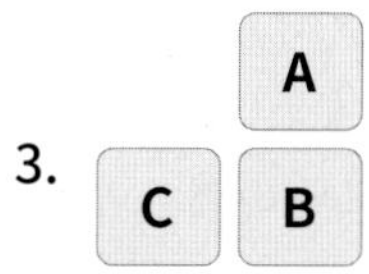

현재까지의 계획은 (Clear A), (Put A on B)의 두 개의 연산으로 구성된다. 이제 이 시스템은 나머지(두 번째) 목표 (ON B C)를 달성하기 위해서 이미 형성된 계획의 끝에 두 번째 목표를 붙인다. 여기에서 이 시스템은 두 번째 목표의 선행 조건 중의 하나인 (Clear B)가 B 위에 A가 있도록 하는 보호 목표를 파괴한다는 것은 알게 된다. 이 상황에서 시스템은 HACKER와는 달리 – HACKER에서는 결합적 목표들의 순서를 변경하였다 – 현재의 목표를 이미 달성된 목표들을 거슬러 올라가 다른 목표들과 간섭하지 않는 곳을 찾아 자리를 잡게 한다. 이 예의 경우에는 (ON B C)가 (Put A on B) 연산 앞에 위치하게 되는데, 그 상태는 다음 그림과 같다.

목표 및 연산	상태
ACHIEVE (ON A B) (Clear A)	
ACHIEVE (ON B C) (Put B on C)	
AB(Put A on B)	

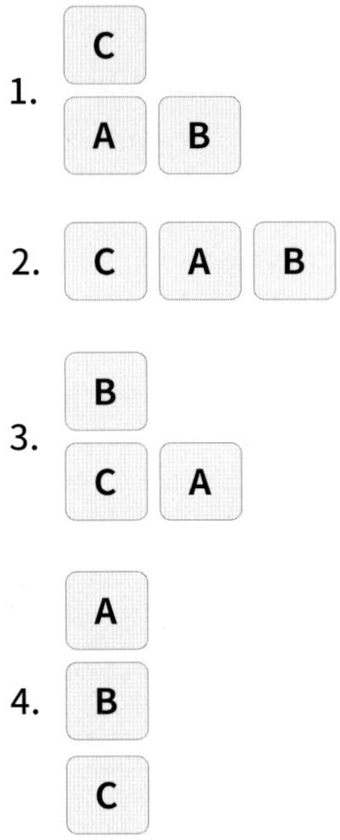

주어진 연산이 보호 목표 파괴를 발생시킨다면 이 연산을 계획 내부로 삽입하려는 시도가 일어나게 되는데, 이 과정에서는 반드시 간섭을 피할 수 있는지 또는 다른 새로운 보호 파괴를 발생시키는지를 검사해야 한다. 그러나 Waldinger의 시스템에서는 새로운 연산이 삽입될 곳의 위치를 찾을 때, 다른 어떤 정보를 이용하는 것이 아니고 단순히 계획의 끝에서부터 역으로 적당한 자리를 탐색해 나간다. 이 경우에는 좀 더 뒤의 상황을 고려하지 않기 때문에 연산의 삽입에 의해서 중복되는 단계가 생길 수 있다.

이 시스템의 주요 장점은 계획의 형성이 건설적(constructive)이라는 것이다. 즉, 계획의 형성이 연산 하나하나의 추가로 이루어진다. 단점은 각 연산의 삽입 위치를 결정하는 것이 쉽지 않다는 것이다. 그러나 이 시스템은 HACKER와 같은 시스템에 비해서 부목표의 반복적인 달성을 피함으로써 탐색에 드는 경비를 매우 많이 줄였다는 것을 알 수 있다.

04 계층적 계획

Earl Sacerdoti는 문제 풀이와 계획에 있어서 몇 가지 중요한 진보된 기법을 만들었다. NOAH(Nets of Action Hierarchies)[Sacer75]는 1975년경 SRI International에서 컴퓨터 기반 자문(computer-based consultant) 프로젝트로 설계되었다. NOAH는 계획들을 위해 이전의 문제 풀이 시스템보다 더 풍부한 구조를 가지는 절차적 네트(procedure net)라고 하는 표현 방법을 사용하였다. 이전의 연구들과는 달리, 절차적 네트는 문제 풀이에 관련된 절차적 지식(procedural knowledge)과 선언적 지식(declarative knowledge) 모두를 표현한다. 절차적 지식(또는 영역 지식: domain knowledge)은 목표들의 문장을 부목표들로 확장하고, 어떤 한 상태로부터 다른 상태로 변형하는 연산자들의 행동을 모의 실행하는 함수들을 포함하고 있다. 선언적(또는 계획) 지식은 이들 함수들의 실행에 따른 영향들을 표현한다. 예를 들면, 만약 어떤 한 블록의 상단에 다른 블록을 놓는 절차가 실행되었다면, NOAH는 밑에 있는 블록의 상단은 더 이상 비어있는(clear) 상태가 아니라는 사실을 기록한다. 행동들의 결과는 명백하게 표현되기 때문에, NOAH는 그들에 관해 추론을 할 수 있다. 실제로 NOAH는 크리틱스(critics)라고 하는 절차들의 집합을 사용하는데, 이들은 계획의 성공을 위협할 수 있는 행동들의 결과에 대해 민감하다. 크리틱스는 상호작용들을 찾아내고 수정하며, 불필요한 연산자들을 제거하는 등의 기능을 수행한다.

NOAH에서 문제 풀이는 절차적 네트를 확장함으로써 달성된다. 달성하고자 하는 목표를 표현하는 단일 노드로부터, 반드시 달성되어야 할 본래의 목표가 달성되기 전에 달성되어야 할 부목표들의 단계를 표현하는 노드들의 계층이 만들어진다. 본래의 목표 노드는 목표를 부목표로 확장하는 함수들의 집합에 대한 포인터를 포함한다. 이들 함수들 중 하나 이상이 실행되었을 때 부목표 노드들은 절차적 네트에 추가된다. 이들은 본래의 목표인 그들의 부모 노드에 연결되고, 그들의 부모와 마찬가지로, 그들은 자신의 목표를 부목표로 확장하는 함수들에 대한 포인터를 포함한다. 또한 부목표들을 표현하는 노드들은 함수들의 실행 결과에 대한 선언적인 표현을 포함한다. 본래의 목표 노드가 확장되고 난 후에, 문제를 표현하기 위한 두 단계가 존재한다. 첫 번째 단계는 목표 노드이고, 두 번째 단계는 본래의 목표를 달성하는 데 영향을 주는 부목표들의 연속이다. 이들 노드들은 그들의 부모와 마찬가지로 확장된다. NOAH는 절차적 네트에 노드들을 추가하는 작업을 계속하게 되는데, 여기서 추가되는 노드들은 그들의 부모에 의해서 표현되어지는 목표들에 비해 더욱 상세한 것이 된다. 결국 문제의 본래 목표는 더욱 상세한 목표들의 여러 단계로 대치되고, 마지막으로, 간단한 문제 풀이 연산자들에 의해서 즉시 달성될 수 있는 목표들의 단계로 대치된다.

따라서 NOAH는 부목표들에 대한 계층 확장에 의해서 계획을 행하게 된다. 이를 추상적 연산자(abstract operator)라고 하는데, 문제 공간에서 상술되는 간단한 문제 풀이 연산자와 문제 풀이 연산자들로 확장되는 추상적 연산자는 서로 구별된다. 추상적 연산자들은 목표들이고, 그들이 확장된 것은 부목표이며, 이와 같은 의미에서 이러한 연산자들은 목표들이 문제 풀이 연산자에 의해서 도달할 수 있는 부목표들로 확장되고 나면 계획 시스템이 실행할 수 있는 추상적인 행동을 기술한다.

추상적인 연산자와 문제 풀이 연산자에 추가해서, NOAH는 계획 수립 행동들을 가진다. 이들은 목표들을 부목표로 확장하는 함수들과 다양한 크리틱스의 행동을 포함한다. 그들은 최근 생겨난 계획의 부분이 아니라 오히려 NOAH가 계획을 확장하기 위한 행동들이다.

NOAH가 목표를 부목표로 확장할 경우, 상호작용이 일어날 수 있는 위험이 따른다는 것에 주목해야 한다. 이러한 문제는 계획 시스템이 결합적인 목표를 달성하기 위해 임의의 순서를 따를 경우에 발생한다. NOAH는 두 가지 방법으로 이 문제를 피해나간다. 첫 번째는 타당한 이유가 있기 전까지는 부목표들의 순서를 정하지 않는 방법이고, 두 번째는 계획을 지속적으로 확장하고 문제가 발생하기 전에 잠재적인 부목표 상호작용을 올바르게 수정하는 방법이다. 이것은 NOAH가 상호작용 문제를 건설적으로(constructively) 해결할 수 있도록 허용한다. 즉, 연산자들은 잠재적인 상호작용이 발견되기 전까지는 순서가 정해지지 않으며, 상호작용이 발견되면 발생한 상호작용을 피하기 위해서 순서를 정하게 된다. 이것은 연산자에 대해 임의적으로 순서를 정하고, 만약 상호작용이 발생하게 되면, 상호작용을 피하기 위해서 역추적을 행하고 재계획을 행하는 방식을 사용하던 이전의 연구와는 대조를 이룬다. 예전의 계획 시스템들은 임의적인 순서를 허용하기 때문에 강한 제약(overconstraint)이 따르는 계획이라 하며, 반면에 NOAH는 상호작용을 피하기 위한 경우를 제외하고는 순서를 정하지 않기 때문에 느슨한 제약(underconstraint)이 따르는 계획 확장이라고 한다.

NOAH는 실제로 조립 작업에 적용되었는데, 적용 결과 유용함과 우수성이 증명되었다. NOAH는 견습생에게 교육을 제공하고, 견습생은 NOAH의 계획을 실행하게 된다. 하나의 계획은 상세한 여러 개의 단계로 기술될 수 있기 때문에 절차적 네트는 이러한 조립 작업에 아주 적당하게 적용되었다. 예를 들면, NOAH는 훈련된 엔지니어에게 '프레임에 세공 받침대(mounting bracket)를 나사로 죄어라(고수준의 명령)'라고 명령을 내릴 수 있지만 견습생에게는 필요하다면 상세하게 이 목표를 달성하기 위한 방법을 일러주게 된다. 또한 절차적 네트는 계획의 실행을 보다 쉽게 감독할 수 있도록 만들어 준다. 만약 예상치 못했던 상황이 발생했을 경우, NOAH는 절차적 네트를 고침으로써 재계획을 수행할 수 있다. 계획의 구조는 그것의 실행으로부터 별도로 유지된다. 하지만 제어는 어떤 단계에서 계획 시스템으로부터 실행 모니터로 전달된다.

4.1 절차적 네트의 구조

절차적 네트는 계획을 표현하는 데 있어서 여러 개의 단계를 포함하며, 각 단계는 이전의 단계보다 더욱 상세하다. 각 단계는 부분적으로 순서가 정해진 연속된 노드들로 구성되는데, 이것은 추상화의 여러 단계에서 목표들을 표현한다. 목표를 달성하기 위해 순서에 지나치게 제약을 가하는 것을 피하기 위해서, NOAH는 어떤 한 목표가 다른 목표의 앞 또는 뒤에 놓여질 타당한 이유를 가지기 전까지는 목표들은 동시(parallel)에 달성될 수 있다고 본다.

절차적 네트에 있는 각 노드는 다음 단계에서 더욱 상세하게 확장된 형태로 된다. 예를 들면, 추상적인 목표인 '커피를 만들어라'를 표현하는 노드는 '커피를 갈아라', '물을 끓여라', '필터 위에 갈아놓은 커피를 놓아라', '그 위에 물을 부어라'와 같은 더욱 상세한 몇 개의 노드들로 확장된다. NOAH는 타당한 이유가 있기 전까지는 이들 연산자의 순서에 상관하지 않는다.

문제 목표의 문장은 최상위 단계에서 계획을 표현하는 최상위(top-level) 노드이다. [그림 6.7]은 두 단계를 가지는 네트 구조의 간단한 예이다. 그림에서 s와 j 노드는 각각 분할과 결합(split and join)을 표현한다. 이들 두 노드는 병렬로 처리될 수 있는 행동들과의 경계를 구분하기 위한 가상(dummy) 노드들이며, 연산자들을 표현하기 위해 이러한 형식을 사용한다.

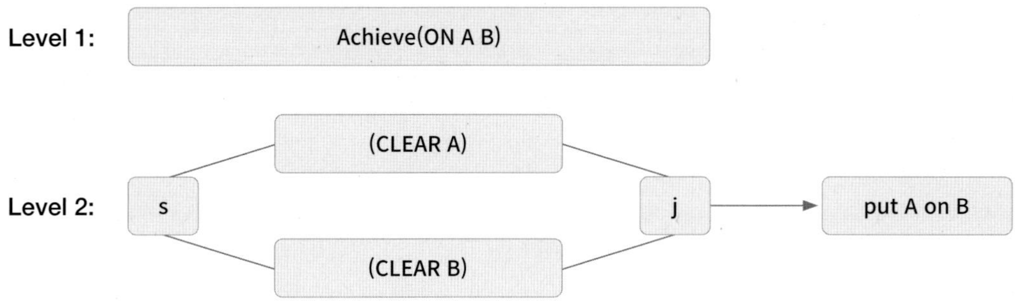

그림 6.7 블록 세계에서의 행동 계층

NOAH는 절차적 네트에 있는 단일 목표 노드를 추상화의 다양한 단계에서 계층으로 구성된 계획으로 확장한다. 이렇게 하기 위해서, NOAH는 추상적인 연산자들을 더욱 상세한 연산자들로 확장하는 절차를 사용하게 된다. 많은 영역 지식은 이들 절차들 내에 함축되어 있다. 이러한 절차의 예로서, 만약 추상적인 연산자가 (MAKE COFFEE)일 경우, 이 추상적인 연산자를 (BOIL WATER), (GRIND COFFEE), (PUT COFFEE IN FILTER), (POUR WATER THROUGH)와 같은 연산자들로 확장한다.

NOAH가 문제 해결을 위해 어떤 지식을 결정하는가에 관한 문제는 이들 절차들 내에서 표현된다. 이들 절차들은 문제 영역에 관한 아주 많은 지식을 포함하고 있기 때문에, 이들을 사용자 문제의 의미를 위한 SOUP 함수라고 부른다. 이들 SOUP 함수들은 QLISP[4]를 확장한 형태로 기술되었다.

[그림 6.7] 내의 간단한 블록 세계 행동을 다시 고려해 보자. 목표를 달성하기 위해서, 그리고 간단한 블록 문제를 해결하기 위해서, 두 개의 SOUP 함수가 필요하다. [그림 6.8]에서 그중 하나는 (ACHIEVE (ON X Y)) 형태의 목표를 확장하는 것이고, 다른 하나는 (CLEAR X) 형태의 목표를 확장하는 것이다. 문제의 시작에서 어느 것이 적용되어야 될지를 모르기 때문에, 문제의 주된 목표는 위에서 서술한 두 개의 함수 모두와 관련이 있게 된다. 그러나 (PUTON X Y)만이 주된 목표의 패턴과 일치한다. 따라서 이것이 적용된다.

문제의 주된 목표에 (PUTON X Y)를 적용함으로써 세 개의 부목표를 만들어낸다. PGOAL은 부목표들을 구축하기 위한 기초를 형성한다. PGOAL이 활성화되었을 때, 새로운 노드는 네트의 다음 단계에서 생성된다. 이때 네트의 이름은 PGOAL들의 첫 번째 인자가 되는데 (CLEAR X)가 한 예이다.

---

4 QLISP은 초기 인공지능 언어로 상호작용형의 프로그래밍 환경을 포함한다. NOAH는 원래 QLISP으로 실현되었다.

```
(PUTON
(QLAMBDA (ON ←X ←Y)
(PAND
(PGOAL (Clear X)
       (CLEARTOP X)
       APPLY
       (CLEAR))
(PGOAL (Clear Y)
       (CLEARTOP Y)
       APPLY
       (CLEAR))
(PGOAL (Put X on top of Y)
       (ON X Y)
       APPLY NIL)
(PDENY (CLEARTOP Y))))
```

그림 6.8 블록 문제를 위한 SOUP 코드

PUTON 내에 있는 세 개의 PGOAL은 (CLEAR A), (CLEAR B) 그리고 (Put A on B) 노드를 생성한다. (CLEAR A)와 (CLEAR B) 노드는 함수 내에서 'AND'로 표현되는 논리곱이다. NOAH는 이들을 달성하기 위한 순서를 선택하는 것이 아니라 이들은 동시에 실행될 수 있을 것이라고 여긴다. 따라서 이들은 분할과 결합으로 둘러싸인다.

함수 (PUTON X Y)는 이들 부목표들을 달성한 결과를 상술한다. CLEAR를 X 또는 Y에 적용한 결과는 적용된 블록을 위해 CLEARTOP이 적용되고, 그런 다음 Y 위에 X를 놓은 결과는 가설 (CLEARTOP Y)을 부정하게 된다. 이들 결과들은 노드의 추가 리스트(add list)와 삭제 리스트(delete list) 내에 선언적으로 표현된다. 추가 리스트는 목표가 달성되고 난 후 참이 되는 선결 조건들의 리스트이고 삭제 리스트는 목표가 달성된 후 더 이상 참이 아닌 선결 조건들의 리스트이다.

마지막으로, SOUP 함수는 현재 생성된 부목표들을 확장하기 위해 적용될 다른 SOUP 함수들을 상술한다. SOUP 함수는 A 또는 B의 상단을 비어있는 상태로 만들기 위한 부목표에 적당한 함수는 CLEAR 함수라는 것을 제안한다. 세 번째 부목표인 (Put A on B)에 대해서는 하나의 문제-풀이 연산자에 의해서 달성될 수 있고 더 이상의 확장을 필요로 하지 않기 때문에 이를 위한 제안은 만들어지지 않는다. 이런 체계는 문제 풀이의 능력을 증가시키고 역추적을 피하는 것을 도와주게 된다. 몇 개의 SOUP 함수가 절차적 네트 내의 어떤 노드에 적용될 것이다. 그러나 그 노드가 생성되는 바로 그때 그 노드의 부모는 확장을 위해 사용될 함수를 상세하게 기술하게 된다. 이것은 탐색을 감소시킨다.

4.2 NOAH에서 '상태'의 개념

전형적으로 문제 풀이 시스템은 상태 공간을 통한 탐색으로 여겨진다. STRIPS와 GPS 같은 문제 풀이 시스템에서 상태의 한 개념은 명제(proposition)들의 집합체를 의미한다. 새로운 상태는 예전의 상태에 연산자들을 적용함으로써 생성된다. 즉, 연산자들은 예전 몇 개의 명제를 거짓으로 만들고 새롭게 참이 되는 명제들을 추가한다. 문제 해결 시스템의 능력에 따라서, 해결해야 할 문제에 필요한 명제들만을 포함하도록 어떤 새로운 상태가 생성될 수 있다.

NOAH도 역시 이런 방법으로 특징지워질 수 있다. 그러나 NOAH에서 상태를 만드는 그런 지식은 대부분 분류되어 있다. 자신의 참값이 결코 변하지 않는 몇몇 지식이 세상 모델(world model) 내에서 표현된다. 이것은 문제 풀이가 시작되었을 때 가지는 주위 상황의 상태를 포함한다. 상태의 몇몇 상황이 변경될 경우, 그것을 묘사하는 명제들은 세상 모델로부터 제거된다. 세상의 변화된 상태는 추가 리스트 또는 상태를 변화시키는 연산자의 삭제 리스트에 추가된 명제에 의해서 표현된다. 따라서, NOAH는 세상의 어떤 상황이 변화되지 않는가를 알게 되고 철저하게 절차적 네트의 변화에 대한 기록들을 분류한다.

변화들은 다중 결과들의 테이블(Table Of Multiple Effects: TOME)에 의해서 네트 내의 각 단계에서 요약되고, TOME은 네트의 특정 단계에서 한 노드 이상에 의해서 주장되거나 부정되는 모든 명제를 위한 엔트리를 포함한다. TOME들은 목표들간의 상호작용에 관련된 검사를 하기 위해서 사용된다. 계획 내에서 하나 이상의 행동에 의해서 단일 명제의 값이 바뀔 경우, 행동들 사이에 상호 간섭의 가능성이 존재하게 된다.

NOAH는 상호 간섭에 관한 검사를 하기 위해서 크리틱스(critics) 프로그램들을 사용한다. 크리틱스는 충돌의 종류를 알기 위해 TOME을 검사하게 된다. 충돌이 발견되었을 때, 크리틱스는 수정을 위한 제한된 수의 행동들을 가진다. 만약 모든 크리틱스들이 발견된 어떤 충돌을 성공적으로 제거할 수 있다면, 다음 단계로 확장된다. 현재로는 실패가 일어났을 경우 재탐색하기 위한 제한된 능력만을 가진다. 여기에서는 세 가지 크리틱스를 서술한다.

- **충돌-해결(RESOLVE-CONFLICTS) 크리틱스**: 이것은 동시에 실행될 수 있는 결합적 목표들을 조사한다. 만약 하나의 목표를 달성하기 위해 주어진 행동이 다른 행동 내의 선결조건(precondition)을 삭제한다면, 이 크리틱스는 다른 행동의 선결조건을 위반하지 않도록 하기 위해 행동들의 순서화를 시도하게 된다. 이 크리틱스는 충돌 목표들의 재순서화를 위한 HACKER의 디버깅 절차와 비슷하다. 중요한 차이점은 HACKER는 순서화가 되어있지 않은 연산자들을 재탐색하고 재순서화하는 반면에, 이 크리틱스는 이전에 순서화가 되어 있지 않았던 목표들을 건설적으로 순서화한다.
- **중복-선결 조건-제거(ELIMINATE-REDUNDANT-PRECONDITIONS) 크리틱스**: 가끔씩 계획을 진행하는 동안에, 단지 한 번의 실행을 필요로 하는 연산이 두 번 나타나는 경우가 발생한다. 이 크리틱스는 이런 문제를 해결한다.

- **현존–객체–사용(USE–EXISTING–OBJECTS) 크리틱스:** 형식 객체(formal object)는 한 변수에 어떤 값을 할당할 것인가에 대한 선택이 불분명할 경우 사용된다. 이 비판은 하위 단계의 계획에서 명백한 선택이 가능해졌을 때 어떤 값으로 대치시키게 된다.

NOAH 시스템에는 이외에도 다른 크리틱스들이 존재한다. 그중 몇몇은 앞에서 기술한 것과 같은 범용성을 가지는 반면, 나머지 다른 크리틱스들은 주어진 영역만을 위해 특별하게 설계되었다. 여기에서는 기술한 크리틱스들만으로 충분하다.

4.3 NOAH에서의 계획

NOAH의 계획 알고리즘은 절차적 네트의 현재 최하위 단계에서 반복적으로 실행한다. 초기에 노드는 자신의 임무로서 주어진 목표를 위해 구축된다. 모든 SOUP 프로시저는 이 노드를 확장하는 데 유용하다. 확장된 노드들은 자신들을 생성하는 절차에 의해서 SOUP 프로시저들의 아주 작은 집합에 관련을 가지게 된다. 현재 단계의 모든 노드들이 새로운 단계를 만들기 위해 확장되면, 크리틱스는 다른 단계로 확장이 시도되기 전에 상호작용에 관한 검사를 한다.

아래는 NOAH가 세 개의 블록 문제를 해결하는 과정을 보여준다. 이 예의 문제는 예전의 계획 시스템에서는 아주 어려운 문제이다. 문제의 시작 상태 구성 요소는 다음의 명제로 표현된다.

(ON C A)
(CLEARTOP B)
(CLEARTOP C)

목표는 다음과 같은 명제로 작성된다고 하자.

(AND (ON A B) (ON B C))

시작 상태와 목표 상태는 다음 그림과 같다.

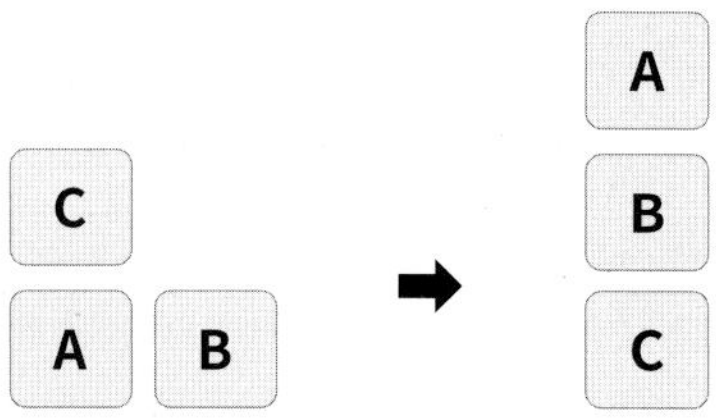

이 문제에서 사용되는 PUTON과 CLEAR 함수는 앞에서 설명하였다. 절차적 네트 내의 첫 번째 노드는 다음과 같다.

단계 1:

단계 1은 결합적 목표들에 관한 NOAH의 정책에 의해서 두 개의 행동이 동시에 확장된다. 결합적 목표들은 타당한 이유가 있기 전까지는 순서 없이 진행된다.

단계 2:

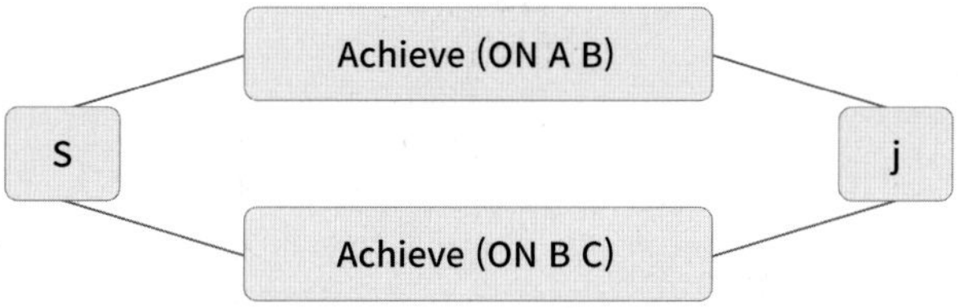

단계 2는 간단한 확장으로서, 크리틱스는 확장된 것을 검증하기 위해 아무 것도 발견할 수 없다. 단계 2에서 각 노드를 확장하기 위해서 PUTON 함수를 사용한다(이것이 행해지는 방법에 대해서는 [그림 6.7]과 [그림 6.8]을 참고하면 된다). 그 결과는 [그림 6.9]에 나타내고 있다.

충돌 해결 크리틱스는 노드 3이 노드 6의 선결 조건인 노드 4를 삭제할 수 있음을 인식하게 된다. 따라서 노드 3은 (CLEARTOP B)를 자신의 삭제 리스트 문장에 추가시킨다. 이 단계를 위해서 다중 결과 테이블이 편집될 때, NOAH는 (CLEARTOP B)가 노드 4와 노드 5 양쪽의 결과에 연루됨을 인식하게 된다. NOAH는 순서에 상관없이 자신의 목표들을 달성하기 때문에, 자신의 계획을 수정하기 위한 재탐색을 필요로 하지 않는다. 대신에, 목표들의 부분 순서를 건설적인 방식으로 이끌어내기 위한 수단으로써 크리틱스를 사용한다. 이러한 부분 순서는 다른 모든 노드들이 달성되고 난 후에야 노드 3을 달성할 수 있음을 결정한다. [그림 6.10]은 이와 같은 재순서화를 나타낸다.

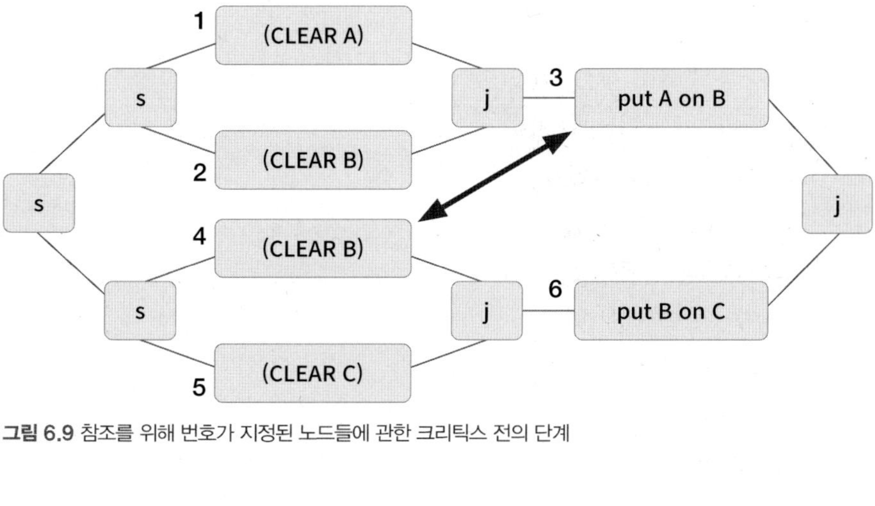

그림 6.9 참조를 위해 번호가 지정된 노드들에 관한 크리틱스 전의 단계

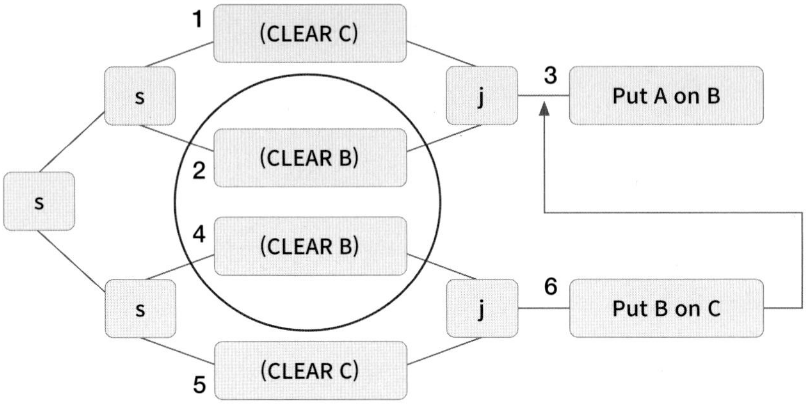

그림 6.10 충돌-해결 크리티스 후의 단계 3

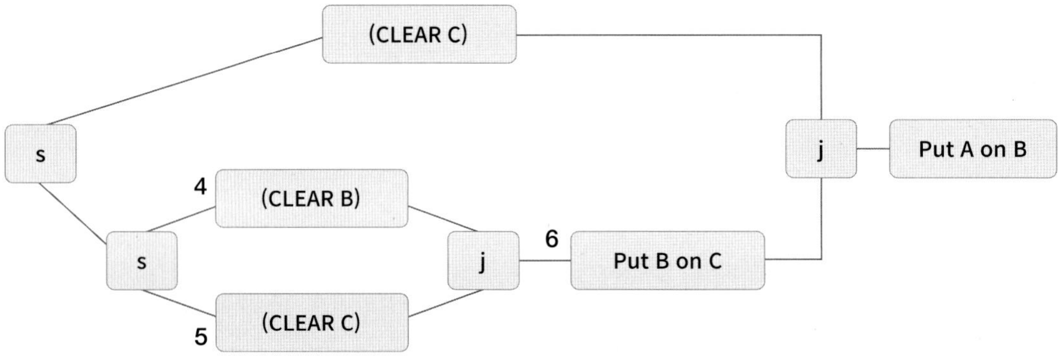

그림 6.11 모든 크리틱스 후의 단계 3

다음으로, 중복-선결 조건-제거 크리틱스는 노드 2와 노드 4가 중복됨을 인식하고 노드 2를 삭제한다. 이와 관련된 것은 [그림 6.11]에서 나타내고 있다.

그런 다음 NOAH는 단계 3에서 목표 (CLEAR A)를 확장한다. B와 C는 문제의 시작에서부터 그 상단이 비어있는 상태였고, 목표 (Put X on Y)는 간단한 문제 풀이 연산자들에 의해서 달성될 수 있기 때문에, 실제로 이 단계에서는 단지 목표를 확장된 상태로 그냥 두게 된다. (CLEAR A)를 달성하기 위해서, NOAH는 C의 이동을 필요로 하고 C를 다른 장소에 놓게 되는데, 여기에서는 그 장소를 알 수는 없다. 블록 C는 자신의 상단이 비어있지 않으면 이동을 할 수가 없다. 따라서, 최종적으로 NOAH는 A의 상단을 빈 상태가 되도록 하기 위한 계획을 수립하게 되는데 그것이 바로 (CLEAR C), (Put C on Object1)이다. 이 과정의 결과는 [그림 6.12]와 같다.

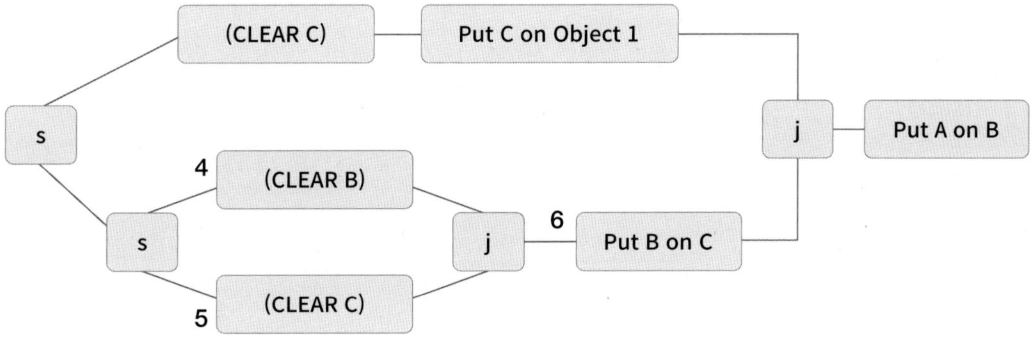

그림 6.12 크리틱스 전의 단계 4

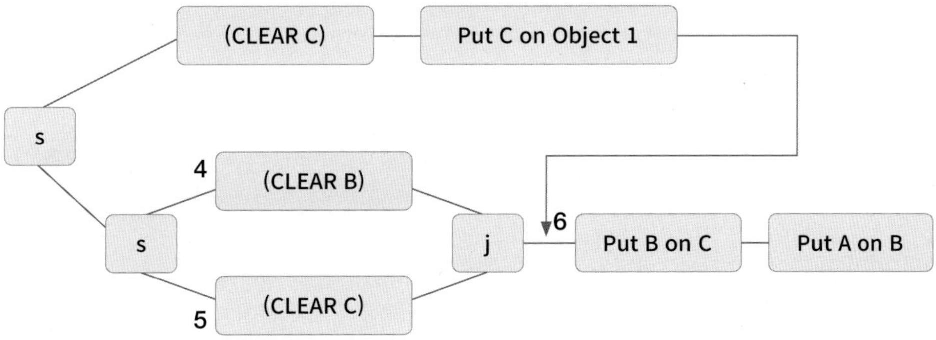

그림 6.13 해결-충돌 크리틱스 후의 단계 4

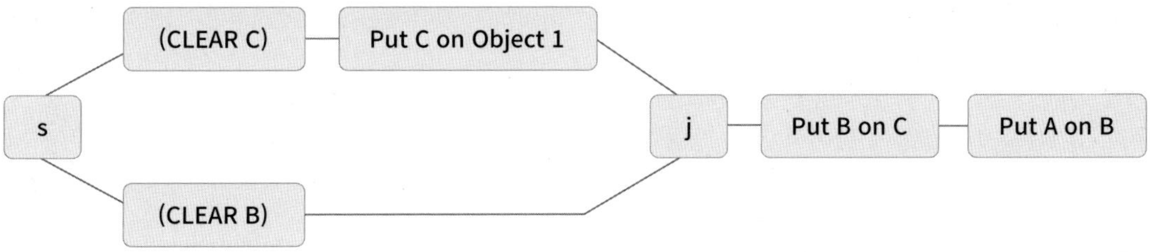

그림 6.14 단계 4, 최종 계획

NOAH는 노드 6이 자신의 최종 목표와 상호 간섭하게 됨을 인식한다. 따라서 충돌-해결 크리틱스는 노드 6의 순서를 (Put C on Object1)이 달성되고 난 후로 결정한다. 이 과정의 결과는 [그림 6.13]과 같다.

마지막으로, 중복-선결 조건-제거 크리틱스는 (CLEAR C)가 이 계획에서 두 번 나타남을 인식한다. 이 크리틱스는 중복 노드 중의 어느 하나를 제거한다. 최종 계획은 [그림 6.14]와 같다.

예제 07 NOAH의 계획([그림 6.14])을 절차별로 블록의 상태를 그려서 확인하라. 그 계획은 인간의 지능 관점에서 적절한가?

풀이 07 아래 그림과 같이 ①~④의 절차로 실행되며, 이는 적절한 처리이다.

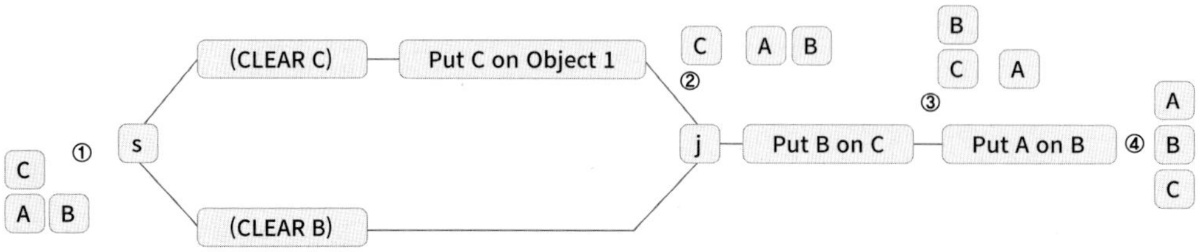

05 기타 계획 시스템

앞에서 기술했던 여러 계획 시스템들은 하나의 문제를 해결하기 쉬운 더 작은 부문제들로 분해하는 문제 축소 방식을 많이 이용하였다. 그러나 이러한 시스템들은 부문제들이 독립적이지 못한 경우에는 문제 해결이 쉽지 않다. 즉, 하나의 해결은 다른 것의 해결을 막는다는 것이다. HACKER에서는 부목표들의 파괴적인 재순서화를 이용하였으며, 이 방법에 이어서 Waldinger는 건설적인 목표 역행 방법을 제안하였다. NOAH에서는 초기에 부문제들의 선형 순서를 회피하고 부문제들이 상호작용을 일으키지 않도록 하는 추상 목표들을 이용하여 계획을 형성한다.

MOLGEN은 계획 실험에 있어서 분자 생물학자들을 보조해 주는 지식 기반 프로그램으로서, 두 가지 종류의 계획 시스템이 있다. 첫 번째 시스템은 Stefik에 의해서 연구되었던 것으로서, 계층적 계획상의 작업을 확장하여 메타 계획(meta planning)을 위한 다층 제어 구조(layered control structure)를 포함하고 있다. 하위 층에서는 계획들이 구성되고 더 높은 층에서는 계획 설계에 대한 결정들이 만들어지며, 그보다 더 높은 층에서는 설계 결정들을 조정하는 전략들이 만들어진다. 이 시스템에서는 부문제들 간의 상호작용을 선언적으로 분명하게 나타냄으로써 상호작용을 추론하여 계획 형성에 이용한다. MOLGEN에서는 상호작용을 표현하는 구조를 제약(constraint)이라고 한다. 이 시스템에 대한 자세한 내용은 [Stefi80]을 참조할 수 있다.

다른 또 하나의 MOLGEN 시스템은 Peter Friedland가 인간의 실험-계획 행동을 연구한 뒤에 개발한 분자 발생학을 위한 계획 시스템이다. 이 연구의 주요 관점은 과학자들의 어떤 실험을 위한 개략적인 계획이 발명으로 이루어질 수는 없다는 것이다. 대개의 과학자들은 기본 단계를 포함하는 추상 계획 또는 계획의 골격(skeleton)으로부터 작업을 시작한다. 다음 단계에 그들은 특정 문제 환경 내에서 작업할 수 있는 특정 방법을 이용하여 각 계획 단계를 구체화시킨다. 계획의 골격은 실험자나 문제에 따라서 일반적인 것에서부터 세부적인 것으로 진행해 나간다. 이 시스템은 골격 구조를 이용한 계획 형성 기법을 잘 나타내고 있는데, 자세한 내용은 [Fried79]에 주어져 있다.

이제까지 다룬 계획법은 주로 70년대와 80년대에 개발된 기초적인 것들이며, 실제 성공적인 활용을 통해 초기 인공지능의 발전에 기여한 것들이다. 비록 이 책의 범주는 벗어나지만 이후 효율적인 계획을 위한 여러 가지 다양한 기법들과 프로그램들이 제안되고 발전되어 왔다. 특히 관련 국제학술회의인 AIPS(international Artificial Intelligence Planning and Scheduling conference)에서 주관한 2000년 경진대회에서 우승한 FF와 2004년 대회에서 우승한 FastDownward, 그리고 이를 더욱 개선하여 2008년 대회에서 우승한 LAMA가 대표적이다[Russe10].

과제

01. 아래 그림과 같은 문제의 해결을 위한 로봇의 동작을 계획하시오. 단, STRIPS형의 계획법을 사용하고, 로봇은 임의의 블록 x와 y에 대해 STACK(x,y), UNSTACK(x,y), PUTDOWN(x), PICKUP(x)로 제한된 동작만을 수행할 수 있다고 하자.

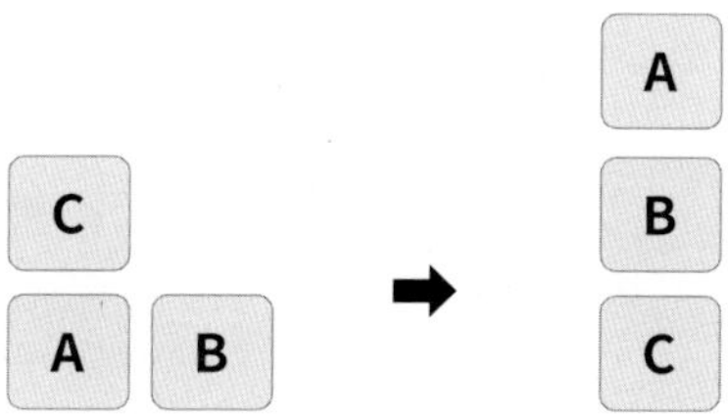

초기 상태　　　　목표 상태

02. 아침에 집에서 나와 저녁에 집으로 들어가는 것을 목표로 대학생들의 하루 일상 계획을 작성하여 보자. 추상 개념을 사용하여 대략 3단계의 추상 레벨이 있는 것으로 가정하고, 추상 레벨별로 개략적인 계획 수립부터 세부적인 실행 계획을 작성하시오.

03. 이 장에서 다룬 계획법은 주로 70년대와 80년대에 개발된 기초적인 것들이다. 근래 개발된 인공지능적 계획과 문제 풀이 기법에 대해 조사하고, 이 책에서 소개된 기법과 비교하시오.

07장

기계 학습

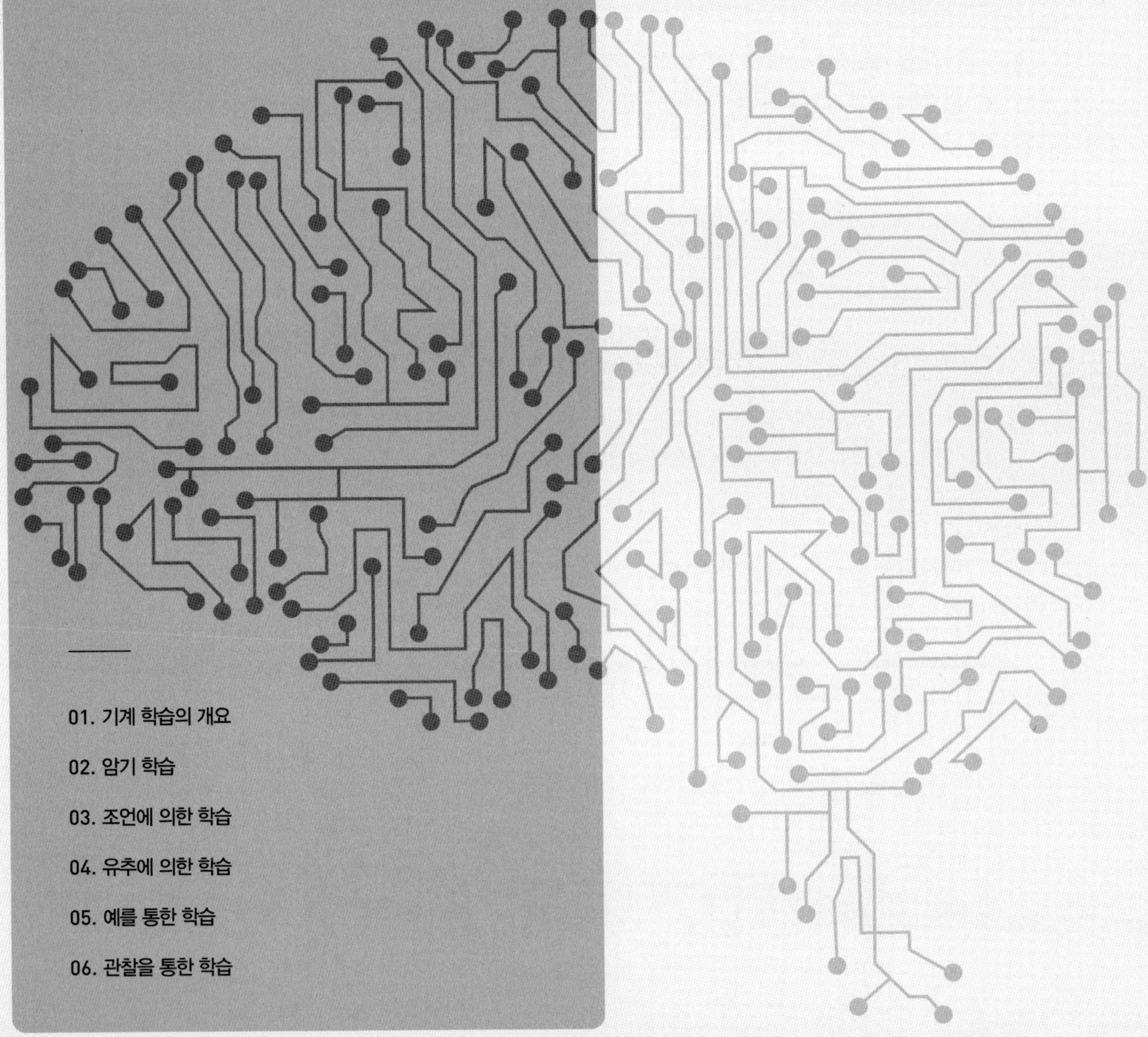

학습(learning)은 인간이나 고등 동물의 주요한 지능적 특징들 중의 하나이다. 동물은 생존에 필요한 필수적인 사항들을 태어날 때부터 지니지만, 보다 정교한 생존 방법들을 부모나 무리로부터 학습한다. 따라서 어렸을 때부터 어떤 이유로 인간의 보호 아래에 있는 동물을 야생으로 돌려보냈을 때 제대로 생존하지 못하는 경우들이 많다. 동물과는 다르게 인간은 스스로 체득한 경험이나 소속된 무리로부터 학습하는 바 이외에도 유사 이래 인류가 축적한 지식을 기록이나 관습을 통하여 전수받음(혹은 학습함)으로써 제한된 인생에서 보다 효과적으로 더 나은 삶을 영위하려 한다.

학습이 지능을 구성하는 중요한 요소임을 감안할 때, 인공지능을 연구하는 학자들이 컴퓨터에 학습 요소들을 부여하기 위해 노력해 온 것은 당연하다. 컴퓨터의 학습에는 단순히 사용자가 입력한 새로운 선언적 지식의 습득뿐만 아니라 지도(teaching), 혹은 훈련(training), 그리고 경험을 통한 인지(recognition), 새로운 지식의 일반적이고 효과적인 표현으로의 조직화, 실험을 통한 새로운 사실이나 이론의 발견과 이를 통한 기존 지식의 변경 등 다양한 과정과 기술들이 포함된다.

프로그래밍에 의한 컴퓨터의 학습, 즉 기계 학습(machine learning)이 오래전부터 인공지능 분야의 주제였으나, 최근 이 분야에서 매우 흥미로운 새로운 기술들과 뛰어난 성능을 보이는 활용 예가 보고되고 있다. 현재 우리가 마주하는 인공지능의 놀랍고 비약적인 발전에는 기계 학습 기술의 발전이 기여한 바가 매우 크며, 이와 관련한 연구들이 전세계에서 활발히 진행되고 있다.

기계 학습은 다음 8장에서 다루는 데이터 마이닝(data mining) 분야의 기술들을 포함하고 있으며, 9장의 인공신경망(artificial neural network)도 기계 학습의 일종이라고 할 수 있다. 이 장은 8장과 9장의 기초를 제공하고 있으나 고전적 이론이 중점적으로 다루어지므로, 활용 기술에 주안점을 두고자 한다면 7장을 생략하거나, 7.1절 정도만 살펴보고 바로 8장과 9장에서 실제적인 기계 학습 기법들을 익힐 수도 있다. 기계 학습에 흥미를 느끼는 독자들은 실로 다양한 문헌이나 인터넷 정보를 활용하여 관련 지식의 폭을 넓힐 수 있을 것이다. 예로서, [오일석17]은 기계 학습에 대한 광범위하고 심도있는 정보를 잘 제공하고 있다.

그림 7.1 견과를 깨는 것은 침팬지가 자신의 무리로부터 학습하는 여러 행위들 중의 하나로 알려져 있다.

01 기계 학습의 개요

학습한다는 것(learning)이 정확히 무엇을 의미하며, 또한 어떠한 컴퓨터 동작이 그러한 행동을 할 수 있도록 하는지를 생각해 보자. 학습을 한 마디로 정의하기는 어렵겠지만, 학습이 오랜 기간 중요한 연구 주제였던 심리학에서 "학습은 주어진 환경 내에서 반복되는 경험으로 인해 발생되는 어떤 주체의 행동 변화"를 말한다. 그러나 이러한 정의는 컴퓨터 분야에 바로 적용하기에는 모호한 면이 있다.

컴퓨터의 학습, 혹은 기계 학습을 수행하는 프로그램이 정확히 무엇인가를 정의하려는 많은 시도들이 있었음에도 불구하고, 만족할 만한 정의가 내려지지 못하고 있다. 특히 학습을 수행하는 프로그램들이 보통의 컴퓨터 프로그램들이나 알고리즘과 공유하는 특성들을 가지고 있다는 점이 학습 프로그램만을 별도로 구분지어 특정하는 데 어려움을 초래한다. 예를 들어 많은 어려운 문제 풀이 작업들은 지식을 요구하며, 작업의 크기가 커질수록 그에 필요한 지식의 필요성이 증대되는 것과 같이, 대부분의 학습 작업들은 유용한 지식의 양에 의존하게 된다.

1.1 기계 학습 시스템의 모델

기계 학습에 대한 초기 연구로는 Simon의 연구[Simon83]가 대표적이다. 즉, 기계 학습 시스템은 [그림 7.2]와 같은 모델로 단순화될 수 있다. 그림에서 원으로 표시된 부분은 정보의 선언적인 부분(즉, 사실 표현)을 나타내고, 사각형은 절차들을 나타낸다. 그리고 화살표는 학습 시스템 내에서의 데이터 흐름의 방향을 나타낸다. 주위 환경은 학습 요소(learning element)에 특정 정보를 제공하고, 학습 요소는 이 정보를 이용하여 지식베이스(knowledge base)를 갱신한다. 실행 요소는 지식베이스를 이용하여 특정 작업을 수행하고, 작업을 수행하는 동안에 얻은 정보는 다시 학습 요소에 반영시킨다.

Simon의 모델에는 많은 실제 세부 기능들이 생략되어 있지만, 이들 네 가지 구성요소들을 어떻게 구현하는가를 기준으로 학습 시스템을 분류하는 데 도움을 줄 수 있다. 만약 어떤 응용 시스템이 있다면, 주위 환경, 지식베이스, 실행 요소들이 주어진 학습 문제의 본질을 결정지을 수 있으며, 이를 통해서 학습 요소가 수행해야 하는 특정 기능들을 결정할 수 있다.

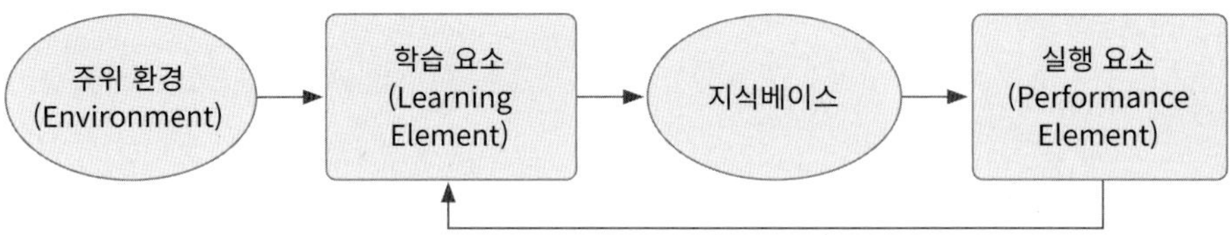

그림 7.2 Simon의 기계 학습 시스템 모델[Simon83]

1.2 기계 학습의 방법

컴퓨터가 학습할 수 있도록 하기 위한 여러 가지 방법들이 많은 연구자들에 의하여 제안되었다. 특히 관련 기술에 대한 높은 관심과 연구 열기를 생각하면, 앞으로 더욱 다양하고 효과적인 학습 방법들이 등장할 것이 틀림없다. 현재까지의 기계 학습 방법들을 크게 다음의 세 가지로 구분하고, 이에 대해서 간략히 서술한다.

- 지도 학습(supervised learning)
- 비지도 학습(unsupervised learning)
- 강화 학습(reinforcement learning)

① 지도 학습(supervised learning)

지도 학습은 가장 많은 기계 학습 기술들이 채택하고 있는 방법으로, 입력에 대한 모범 답안(적절한 출력)이 학습을 위해 주어진다. 즉, 컴퓨터가 시스템 설계자의 의도를 정확히 수행할 수 있도록, 적절한 입출력 데이터를 프로그램에 제공하고, 임의의 학습 방법은 이 데이터를 학습하며, 학습이 완료된 후에는 학습에 사용하지 않은 입력 데이터에 대해서도 유효한 출력을 할 수 있도록 하는 것이다. 이때 데이터는 스칼라, 혹은 벡터의 형태로 주어지며, 시스템은 입력에 대한 출력의 대응관계인 함수를 학습하게 되는 경우가 많다. 즉, (입력값, 출력값)과 같이 쌍으로 제시되는 데이터를 학습하는 것이 지도 학습이다.

예를 들어, 우리는 사람의 이름만으로 성별을 곧잘 짐작하며, 이는 살아가면서 경험으로부터 학습한 것이다. 즉, (용팔, 남자), (용철, 남자), (철수, 남자), (영식, 남자), …, (은숙, 여자), (영희, 여자), (혜정, 여자), (영자, 여자), … 등의 많은 데이터들을 컴퓨터 학습 프로그램에 입력하여 적절한 방법으로 학습하면, 학습에 사용한 이름들 뿐만 아니라 학습에 사용하지 않은 이름 입력에 대해 적절한 출력을 할 수 있을 것이다. 만약 '용'자가 주로 남자의 이름에 사용되고 있다고 시스템이 학습한 경우, (용식, ?)을 입력하면 '남자'를 출력할 수 있겠지만, (용숙, ?)에 대해서는 잘못된 결과를 출력할 가능성도 있다.

일반적으로 지도 학습에는 가용 데이터를 목적에 따라 나누어 사용하는데, 우선 학습에 사용하는 데이터는 훈련 데이터(training data)라고 한다. 훈련 데이터 중의 일부는 학습된 결과가 학습에 사용되지 않은 데이터에 일반적으로 작용할 수 있는지의 능력, 즉 일반화 능력(generalization capability)을 훈련 과정 중에 수시로 측정하기 위해 따로 떼어 둘 수 있는데, 이를 검증 데이터(validation data)라고 한다. 그리고 학습이 완료된 시스템의 성능을 측정하기 위한 데이터는 시험 데이터(test data)라고 한다. [그림 7.3]은 이와 같은 데이터의 분리 사용법을 보여 준다. 다만 이와 같은 방법이 절대적인 것은 아니다. 예를 들어, 데이터가 부족할 때는 가용 데이터 전부를 학습용으로만 사용할 수도 있고, 검증 데이터는 따로 사용하지 않으면서 학습 데이터와 시험 데이터만 사용하는 경우도 흔히 있다.

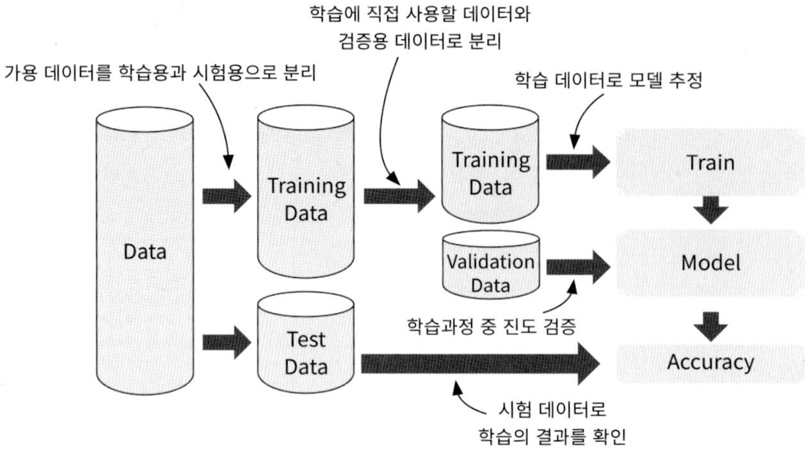

그림 7.3 학습을 위한 데이터의 분리 사용

② 비지도 학습(unsupervised learning)

비지도 학습에서는 학습을 위한 입력 데이터는 있지만, 그에 합당한 출력 데이터는 제공되지 않는다. 예를 들어 어린이들이 여러 장난감을 가지고 놀다가, 놀이를 마치고 나면 굳이 가르쳐 주지 않아도 스스로 적절하게 분류하여 통에 담아 정리할 수 있는 것과 비견될 수 있다. 이와 같이 비지도 학습은 특히 데이터를 분류하는데 유용하다. 예를 들어 노란 튤립 꽃밭 사진에서 붉은 장미를 찾을 수도 있고, 신용 카드의 도난에 의한 비이상적인 사용을 해당 카드의 지난 사용 유형을 기반으로 검출할 수도 있다. [그림 7.4]는 비지도 학습의 예를 보여 준다. [그림 7.4(a)]의 데이터 분포로부터 비지도 학습 기법은 자연스럽게 3개의 종류로 [그림 7.4(b)]와 같이 분류할 수 있다. 그런데 이 문제는 어쩌면 2개 종류의 분류일 수도 있다. 이 경우, 지도 학습의 결과는 [그림 7.4(c)]와 같이 될 수 있다. 그림의 예는 비지도 학습의 유용성과 한계를 동시에 보여 준다. 즉, [그림 7.4(b)]처럼 비지도 학습은 데이터 분류를 우리 인간이 납득할 수 있을 정도로 적절하게 수행할 수 있다. 지도 학습을 위해 모든 데이터에 라벨을 붙이는 이른바 주석달기(annotation) 작업이 현실적으로 기계 학습에서 성가시고 큰 노동력을 요구하는 작업임을 감안하면 비지도 학습은 매우 유용할 수 있다. 그러나 동시에 그 결과는 설계자가 원하는 바와 다를 수도 있다. 예를 들어 [그림 7.4(c)]가 실제 사용자가 원하는 분류임에도 비지도 학습에 의하여 [그림 7.4(b)]로 분류될 수 있는 것이다.

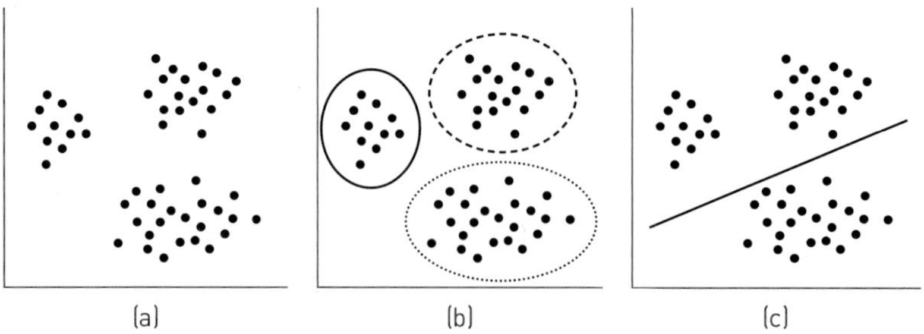

그림 7.4 학습에 의한 데이터 분류: (a) 입력 데이터, (b) 비지도 학습, (c) 사용자의 의도에 따라 2종류로 구분한 지도 학습

예제 01 아래 〈그룹 1〉과 〈그룹 2〉의 영상들을 사용하여 학습된 시스템에 그림 (a)의 영상을 입력하면 어떤 그룹으로 분류될 것인가?

(a)

⇨ 아래 영상들을 【그룹 1】과 【그룹 2】로 분류하도록 기계 학습된 시스템에 입력된 영상

【그룹 1】

(b)

(c)

(d)

(e)

(f)

(g)

【그룹 2】

(h)

(i)

(j)

(k)

(l)

(m)

그림 7.5 기계 학습에 의한 영상 분류의 예

풀이 01 두 가지 경우를 생각할 수 있겠다. 먼저 영상 데이터를 〈그룹 1〉과 〈그룹 2〉로 사람이 분류한 후, 이를 기계 학습 시스템에 학습시키는 지도 학습의 방법이 있다. 또는 (b)~(m)의 영상을 섞어서 입력하면 시스템이 비지도 학습한 후 〈그룹 1〉과 〈그룹 2〉로 분류한 결과를 내놓는 경우를 생각할 수도 있다.

어떤 방법을 사용하든지 위와 같이 두 개의 그룹으로 영상이 분류되었을 때, (a)의 입력 영상에 대해 우리는 〈그룹 1〉로 분류하는 것이 적절한 답이라고 생각할 수 있다. 이는 우리 인간에게 영상 내에 존재하는 탱크가 상당한 의미가 있는 것으로 느껴지기 때문일 것이다. 그러나 기계 학습 시스템은 우리 인간과는 다른 기준으로 영상을 분류하였을 수도 있다. 예를 들어 영상 내에 존재하는 어떤 특정 물체보다는 영상의 전체적인 특성이 더 직접적인 분류의 기준이 될 수 있다. 이 경우 〈그룹 1〉은 어두운 영상의 집합이고, 〈그림 2〉는 밝은 영상의 집합이 될 수 있으며, 따라서 입력 영상 (a)는 〈그룹 2〉로 분류될 가능성이 있다. 이 예는 학습의 방법뿐만 아니라, 학습에 사용되는 데이터의 특성, 특히 다양성이 중요하다는 것을 시사한다. 또한, 기계 학습이 설계자가 의도하는 바와는 다르게 진행될 수도 있음을 보여 준다.

③ 강화 학습(reinforcement learning)

강화학습은 학습 과정 중에 상벌의 개념을 적용한 것이다. 이는 동물을 훈련할 때 학습하는 결과에 따라 상벌을 줌으로써 학습 동기를 높이는 것과 유사하다. 이때 상과 벌은 기본적으로는 같은 개념일 수 있다. 즉, 상은 긍정적인(즉 +) 방향, 벌은 부정적인(즉 −) 방향으로 주어지는 학습자의 반응이다. 이와 같이 학습을 진행할 때, 굳이 지도 학습에 사용한 바와 같은 모범 답안을 제시할 필요는 없다. 즉, 학습이 원하는 방향(예를 들어 게임에서 승리하는 방향)으로 진행되는 경우 보상(rewards)을 지급함으로써, 목표 방향으로 학습이 가속될 수 있도록 한다. 이와 같은 과정을 변화하는 환경에 반응하여 반복적으로 계속 수행하면 학습한 컴퓨터의 성능은 상승한다. 강화 학습은 컴퓨터 게임에 자주 활용되는데, 특히 이세돌 9단과 대결한 알파고(AlphaGo)는 강화 학습 방법을 사용하였다.

[그림 7.6]은 강화 학습의 개념을 보여 준다, 에이전트는 현재 상태와 환경의 보상을 토대로 다음 행동을 결정하며, 에이전트의 행동은 환경에 영향을 미쳐서 다시 새로운 보상과 상태가 에이전트에게 전달되는 방식으로 반복 수행하여 원하는 목표 방향으로 동작을 진행시키는 것이 강화학습이다. [그림 7.7]은 지금까지 설명한 세 가지 기계 학습 방법을 요약하여 제시한다. 세 가지 학습 방법의 개념적 차이를 이해하는 데 도움을 준다.

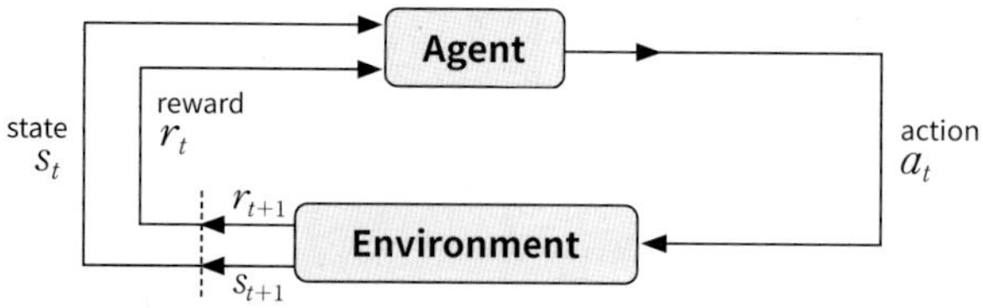

그림 7.6 강화 학습 동작 개념

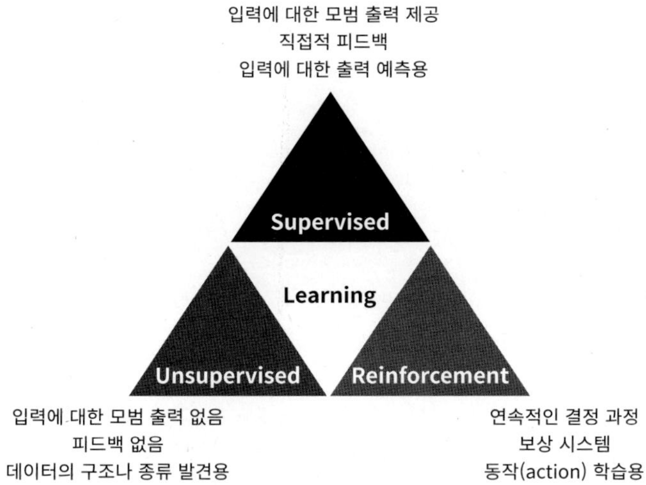

그림 7.7 기계 학습을 위한 세 가지 방법

1.3 학습 전략에 의한 기계 학습의 분류

기계 학습의 초기 연구에서 Carbonell 등은 "학습 전략"에 의하여 시스템을 분류하고자 하였다 [Carbonell83]. 이때 학습 전략은 학습 시스템이 수행하는 추론의 양을 기준으로 한다. 우선 극단적으로 전혀 추론을 수행하지 않는 경우와 실질적이고 많은 추론을 수행하는 경우를 생각해 보자. 만약에 어떤 시스템이 직접 프로그램 되고, 지식은 증가되지만 어떤 경우에도 추론은 수행하지 않는다면, 그 시스템에서의 인지적인 노력은 모두 프로그래머의 책임 하에 있게 된다. 반대로, 어떤 시스템이 독립적으로 새로운 이론들을 발견하거나 새로운 개념들을 도출해낸다면, 그 시스템은 실질적이고 풍부한 추론을 수행해야만 한다. 이 두 극단의 중간 지점은 수학 책에 주어진 예제 풀이를 유추하여 비슷한 유형의 문제를 풀 수 있는 방법을 결정하는 학생에 비교될 수 있다. 이런 경우에도 추론은 필요하지만, 책에 없는 새로운 수학 이론을 발견하는 것보다는 추론의 양이 훨씬 적을 것이다. 그럼에도 불구하고 이러한 학습이 실제적으로 중요하며, 따라서 두 극단 사이의 적당한 학습이 활용 영역에 맞게 개발될 수 있다.

학습자가 수행할 수 있는 추론의 양이 증가할수록 교사나 외부 환경에 주어지는 부담은 줄어든다. 일반적으로 어떤 사람에게 유사한 작업을 다루는 방법을 보여주는 것보다 어떤 복잡한 작업을 단계별로 일일이 설명하여 가르치는 것이 더 어렵다. 또한 사람에게 어떤 작업을 수행하도록 지도하는 것보다 컴퓨터가 복잡한 작업을 수행하도록 프로그램을 작성하는 것이 더 어렵다. 이는 컴퓨터 프로그램이 모든 필요한 세부 사항에 대한 분명한 명세가 필요한 반면에, 지도를 받는 사람은 대부분의 세부적인 사항들을 위해서 자신이 이미 보유하고 있는 근원적인 지식과 살아가면서 습득한 관련 상식을 이용할 수 있기 때문이다.

학습 전략을 기준으로 하는 [표 7.1]과 같은 분류는 위에서 언급한 학습자나 교사에게 필요한 노력의 양적인 면에서의 차이를 잘 나타낼 수 있다. 다음 절부터 다섯 가지 학습법 각각에 대해서 자세히 설명한다.

표 7.1 학습 전략에 의한 분류

1	암기 학습(Rote learning)
2	조언에 의한 학습(Learning by advice-taking / Learning by being told)
3	유추에 의한 학습(Learning by analogy)
4	예를 통한 학습(Learning from examples)
5	관찰을 통한 학습(Learning from observation)

02 암기 학습

암기는 가장 기본적인 학습법이며, 학습자의 입장에서 추론이나 지식의 변형이 필요치 않은 장점이 있다. 암기 학습(rote learning)은 단순히 기억하는 것으로, 필요할 때를 위해서 새로운 지식을 저장한다. 이러한 시스템에서 중요한 것은 반복 계산이나 추론, 질의 등이 아니라 검색(retrieve)이 된다.

암기 학습에는 대립적인 두 가지 관점이 있는데, 그중 하나는 지능 프로그램에 있어서 기억, 혹은 자료나 지식의 저장은 가장 기초적으로 필요 요소라서 따로 분리된 학습 과정으로 고려될 수 없다는 것이다. 즉, 암기는 학습이라 볼 수 없다는 것이다. 또 다른 관점은 기억이 인식 시스템에서는 매우 중요하고 그 자체로서도 연구하고 모형화할 가치가 충분한 아주 복잡한 주제라는 것이다. 실제로 우리 모두 중고등학교에 다닐 때 중요한 사건의 역사적 순서를 외우거나 새로운 한자 단어를 배울 때와 같이 암기에 의한 학습을 수행하는 경우가 자주 있다.

일반적으로 암기는 그 자체로는 지능적인 학습을 달성하기에 충분하지 않으나, 어떤 학습 시스템에서도 필요한 기초적인 학습 과정으로 볼 수 있다. 학습 시스템은 자신이 습득한 지식을 저장하고, 다시 말하면 기억하고 나중에 그것을 적용할 수 있다. 암기 학습 시스템은 지식을 어떤 방법으로 습득해 두고, 이를 바로 사용할 수 있는 형태로 저장하고 있다. 많은 정교한 학습 시스템들도 예나 관찰을 통하여 지식을 습득하여 여러 가지 형태로 기억하게 되는데, 이와 같은 관점으로 본다면 모든 학습 시스템은 지식을 습득, 유지하여 검색하는 암기 학습 형태를 기초로 하고 있다고 볼 수 있다.

암기 학습은 학습 실행 요소(performance element)가 해결한 문제를 받아서 그 문제와 그 해답을 기억함으로써 이루어진다. 이 때, 실행 요소는 입력 패턴 $(X_1, \ldots, X_n)$을 받아 출력값 $(Y_1, \ldots, Y_n)$을 계산하는 함수 f로 생각해 볼 수 있다. 함수 f를 위한 암기 학습은 기억 속에 결합쌍 $[(X_1, \ldots, X_n), (Y_1, \ldots, Y_n)]$을 단순히 저장하는 것이다. 이후에 계속되는 $f(X_1, \ldots, X_n)$의 계산은 다시 수행되는 것이 아니고 실행 요소가 단순히 기억 속에서 $(Y_1, \ldots, Y_n)$를 검색해내면 된다.

한편 Lenat, Hayes-Roth, Klahr[Lenat79] 등은 암기 학습(이를 "캐싱(caching)"이라고 부름)을 자료 감축(data reduction) 계층의 최하위 수준으로 볼 수 있다고 하였다. 암기 학습에서는 어떤 계산에 대한 입출력에 대한 세부 사항들을 저장하여, 나중에 필요할 때 중간 계산 과정을 생략할 수 있도록 한다. 즉, 계산이 단지 캐싱에 의한 검색으로 감축될 수 있다면 다른 추론 과정들이 좀 더 단순한 작업으로 감축될 수 있다.

예제 02 **암기 학습(Rote learning)과 지도 학습(Supervised learning)은 모두 입력에 대한 출력값을 학습에 이용한다. 그렇다면 암기 학습도 지도 학습의 일종이라고 할 수 있을까?**

풀이 02 주어진 입력에 적절한 출력을 학습하기 위해서, 두 방법 모두 입력과 출력의 쌍을 학습에 이용한다는 점은 동일하다. 따라서 암기 학습도 일종의 지도 학습일 수 있다. 다만, 암기 학습은 입력에 대한 출력으로의 대응 함수를 학습하는 것이 아니라, 입력에 대한 출력을 호출(retrieval)하는 것이다. 이에 비해 지도 학습은 대체로 입력으로부터 출력으로의 대응 함수를 학습한다. 예를 들어 어떤 전자식 온도 센서가 T=10V+20의 입출력 관계를 가지고 있다고 할 때, 전압[V]과 온도[T]의 함수 관계를 학습하는 것과 특정한 V값들에 대한 T값을 저장하여 활용하는 것은 다르다. 전자는 학습에 이용하지 않은 전압에 대해서도 적당한 온도값을 예측할 수 있으나, 후자는 기억하지 않은 것에 대한 해답을 할 수 없거나 (알고리즘에 따라서) 가장 가까운 값을 검색해서 출력할 수 있다.

---

03 조언에 의한 학습

인공지능의 학습에 대한 초기의 연구로서, McCarthy[McCar58]는 조언(advice, 충고 혹은 전문가의 지도)을 받아들여 계획(planning)을 형성하는데 이용하고, 또한 행동들을 실행할 수 있도록 하는 전문가 조언 청구자(advice-taker) 학습을 제안하였다. 전문가 조언 청구자는 인간 전문가의 추상적이고 고수준인 의견을 받아들여, 이를 실행 요소를 제어할 수 있도록 하는 규칙들로 변형하는 시스템이다. 이 연구에서는 조언을 받아들여 이용하는 모든 단계들을 자동화하려는 방법을 찾는다. 일반적으로 전문가의 조언을 컴퓨터 실행 프로그램으로 변형하기 위해서는 다음과 같은 단계들을 거친다.

- **요구(request) 단계**: 전문가에게 조언을 요구
- **해석(interpret) 단계**: 내부 표현으로 변환
- **연산자화(operationalize) 단계**: 사용 가능한 형태(연산자)로 변화
- **합병(integrity) 단계**: 지식베이스로 병합
- **평가(evaluate) 단계**: 실행 요소에 의한 결과적인 동작을 평가

이들 각각의 단계들을 좀 더 자세히 기술하면 다음과 같다.

① 요구 단계

첫 번째 단계는 프로그램이 전문가에게 조언을 요구하는 단계이다. 요구는 전문가에게 약간의 지식을 구하는 것과 같은 단순한 것일 수도 있고, 지식베이스 내의 결점들을 확인하여 이를 개선할 수 있도록 하는 것과 같은 정교한 것일 수도 있다. 어떤 시스템은 전문가가 시스템을 멈추고 조언을 제공해주기를 기다리는 완전히 수동적인 시스템들이 있는 반면에, 어떤 시스템은 특별한 문제에 대한 전문가의 행동에 주의 깊게 초점을 맞추기도 한다.

② 해석 단계

두 번째 단계는 조언을 시스템의 내부적 표현으로 변환하는 것이다. McCarthy는 어떤 프로그램이 전문가의 조언을 받아들이기 위해서는 그 프로그램이 적절한 표현 방식을 가져야 한다고 지적했다. 즉, 정보의 유실이 없이 전문가가 전달하는 지식을 시스템 내부에서 표현할 수 있는 방법이 필요한 것이다. 특히 조언이 자연 언어로 주어지는 경우에는 해석 단계가 매우 어려워지는데, 프로그램은 자연 언어의 조언에서 모호한 해석이나 불필요한 사항을 배제한 내부 표현으로 변환하여야 한다.

③ 연산자화 단계

전문가의 조언이 받아들여지고 내부 표현으로 잘 변환되더라도 그것이 실행 요소에 의해서 바로 수행될 수 있는 것은 아니다. 연산자화 단계는 조언이 주어지는 수준과 실행 요소가 이것을 적용하는 수준과의 차이를 줄여주는 방법을 제공한다. 예를 들어, 미국 USC대학교의 Mostow가 개발한 FOO(First Operational Operationalizer) 프로그램[Mostow81]은 하트(heart)란 카드 게임을 어떻게 진행하는가에 대한 조언를 받아들여 이를 실행 요소가 적용할 수 있도록 하는 방법을 제시하였다. 즉 제공된 조언이 완전히 실행 가능해질 때까지 조언의 재형성 및 연산자화 방법의 적용 단계들을 반복하였다. FOO의 이러한 처리 과정은 고수준의 프로그램 명세로부터 효율적인 프로그램을 완성하는 자동 프로그래밍 시스템과 유사하다. 그러나 거의 정확한 프로그램을 생성하는 자동 프로그래밍 시스템들과는 달리 FOO는 오류를 완전히 방지하지는 못하였다.

④ 합병 단계

전문가가 제공한 조언이 지식베이스로 첨가될 때는 그것이 적절하게 병합될 수 있는지가 중요한 문제이다. 기존의 지식이 여전히 타당한 상황에서 새로운 지식이 기존 지식보다 우선권을 가지게 되면 이 지도의 첨가가 오류를 초래할 수 있다. 예를 들어 어떤 행성에 관한 많은 지식에 기반하여 그 행성에 어떠한 생명체도 살 수 없다는 지식을 유지하는 중에, 유기물이나 물과 같이 생명활동과 밀접한 증거가 관찰되면 이는 기존의 지식들 중 상당수와 충돌하게 될 것이다. 실행 요소가 새로운 지식의 첨가에 의해 발생할 수 있는 부작용을 예견하고 피할 수 있도록 하기 위해서 학습 프로그램은 지식을 적용하는 방법에 대해서 충분히 고려하여야 한다.

합병 단계에서 발생할 수 있는 대표적인 두 가지 문제점은 중복 적용과 모순적 권고이다. 전자의 경우, 어떤 새로운 규칙이 첨가될 때 규칙의 조건부가 너무 일반적이게 되면, 기존의 다른 규칙이 그 조건에 따라 실행될 수가 있고, 그 실행이 적절하지 않을 수 있다는 것이다. 후자는 임의의 동일한 사항에 대해서 두 개의 다른 생성 규칙들의 결론부가 서로 다른 동작을 하도록 권고하는 것이다.

⑤ 평가 단계

새로이 생성된 지식은 단지 일시적인 것이다. 즉, 시스템에서 생성된 지식은 해석 단계, 연산자화 단계, 합병 단계들을 거친 결과일 뿐이다. 그러므로 이러한 지식은 반드시 어떤 방법으로든 평가되어야 한다. 학습 시스템은 전문가의 조언을 지식베이스로 첨가하면서 조언에 대한 오류나 불일치 등을 판단할 수 있을 것이다. 대개는 경험적 지식으로 조언을 검사할 수 있는데, 실제의 특정 작업에 적용시켜서 시스템이 적절하게 동작하는지를 평가할 수 있다.

평가는 주어진 시스템의 실제 행동들을 비교할 수 있는 특정의 실행 표준이 필요하다. 어떤 영역에서는 실행 표준이 시스템 내부에 구축될 수 있다. 게임 프로그램은 게임을 이기고 지는 것에 의해서 그 시스템의 성능을 알 수 있을 것이다. 이와 같이 다른 영역에서도 새로운 지식이 시스템의 실행에 어떻게 영향을 미칠 것인가에 대한 상세한 예상들을 설정할 필요가 있다. 이러한 예상들은 지식베이스 내에 있는 버그들을 프로그램이 찾아낼 수 있도록 한다.

평가의 결과는 첫 번째 단계인 요구 단계로의 재반영을 야기할 수 있다. 실행 요소가 적절하게 기능을 수행하지 못한다고 판단되면, 학습 프로그램은 이를 전문가에게 알려서 부가적인 조언을 요구하게 된다.

04 유추에 의한 학습

유추에 의한 학습(learning by analogy)은 인공지능에서 전통적으로 주요한 영역인 계획(planning)이나 문제 풀이(problem solving)에서 과거의 경험을 효과적으로 활용할 수 있게 하는 좋은 방법이 된다. 유추는 인간의 인식 과정에서도 중심적인 추론 방법일 뿐만 아니라 강력한 계산 메커니즘을 제공하기도 한다. 유추에 의한 추론에 대한 중심적 가설로 Carbonell[Micha83]은 "어떤 사람이 새로운 문제 상황에 직면하게 되면, 그 사람은 현재 상황에 매우 유사한 과거의 상황을 상기하게 된다."고 하였다. 이러한 경험의 상기는 과거의 문제 풀이 과정에서 적절했었던 행동들을 검색하여, 현재 상황에서의 요구를 만족할 수 있는 행동들을 형성할 수 있도록 한다.

과거와 현재 상황들 사이의 공통성 및 변경된 계획의 성공적인 적용은 일반화에 대한 기초를 제공할 수 있다. 유사하게, 새로운 상황에서 부적절한 행동을 취하는 것은 일화적(episodic) 메모리를 재구성하는 데 있어서 유용한 정보를 제공할 수 있다. 만약, 최근에 습득한 일반적 계획의 적용으로부터 부적절한 행동이 초래되었다면, 오류의 형태를 분석하여 그 계획의 적용 범위를 제약하는 식별화 과정(discrimination process)을 시작할 수 있다. 어떠한 경우이던 간에, 문제 풀이의 성공, 실패, 또는 부분적 성공 등에 대한 정보를 주는 반응적 환경(reactive environment)은 일반화나 식별화 과정을 위해서 절대적으로 요구되는 부분이다.

4.1 문제 풀이와 유추

고전적인 문제 풀이 모델들, 즉, GPS, STRIPS, NOAH 등은 유사한 문제 공간에 있는 다른 문제들의 해결에 대한 경험들을 이용하지 않았다. 또한 전통적인 수단-목표 분석(Means-Ends Analysis: MEA) 방법은 충분한 시간과 적절한 연산자들이 주어지면 문제를 풀 수 있지만, 한 문제의 해결이 다른 문제의 해결에 유용하지 않으며 이는 우리 인간의 경우와 다른 점이다.

예제 03 **경험으로부터 유추하여 문제 풀이에 적용하는 예로서, 다음의 두 가지 문제를 고려해 보자.**

- **원숭이-바나나 문제:** 배고픈 원숭이 한 마리가 방 안에 있고, 그 방에는 원숭이의 손이 닿을 수 없는 천장에 바나나가 걸려 있다. 또한, 방 안의 다른 곳에는 원숭이가 올라서면 바나나를 잡기에 충분한 크기의 나무 상자가 있다.
- **실험자-바나나 문제:** 어떤 과학자가 원숭이-바나나 실험 문제를 설정하려고 한다. 실험자는 약간의 바나나를 가지고 있고, 손이 닿지 않는 높은 천장에 고리가 있으며, 실험실의 다른 곳에는 나무 상자가 있고 원숭이도 같은 공간 내에 있다.

그림 7.8 원숭이와 바나나 문제

이 문제에서 우리가 기대하는 것은 '원숭이는 실험자가 나무 상자를 옮겨와서 바나나를 천장에 걸고 다시 상자를 원래 위치로 가져다 놓는 것을 목격하고, 실험자의 행동을 흉내 내어 상자를 이동하여 바나나를 획득할 것이다'와 같을 수 있다. 하지만 자세히 살펴보면 이 두 문제는 유사하기는 하지만 세부에서는 다르다. 어떻게 다른가? 그리고 유추적 문제 풀이의 난점은 어떤 것이 있을까?

풀이 03

실험자는 처음부터 바나나를 가지고 있었고(실험자의 초기 상태) 이를 천장에 매달았으나, 원숭이는 초기에 바나나를 가지고 있지 않다(원숭이의 초기 상태). 상자의 이동이라는 행위를 사람이 수행하였고, 이는 원숭이가 목적을 달성하기 위한 수단이라는 것을 우리는 직관적으로 인식하게 되지만, 실험자의 경우에 있어 상자의 이동은 현재 가지고 있는 바나나를 매달아 두고 나오기 위한 행위이며, 원숭이는 오히려 그 반대로 매달려 있는 바나나를 가지기 위한 목적으로 상자를 옮겨야 하는 것이다. 즉, 실험자의 행위와 원숭이의 행위는 역의 관계로 인식될 수 있고, 또 원숭이가 상자를 옮겨와서 바나나를 획득하였다면 상자를 다시 원래 장소로 가져다 놓을 필요가 없을 테니 엄밀한 역의 관계도 아니다. 결론적으로는 바나나와 상자를 둘러싼 두 주체의 초기 상태와 수단의 목표가 다른 것이다. 부가적으로 원숭이가 실험자의 행동을 목격하기는 하였으나, 실제로 자신이 이를 직접적으로 경험하지는 않았다는 문제도 있다. 물론 인간은 타인의 경험을 목격하면 타인에 자신을 대입함으로써 마치 자신의 경험처럼 활용할 수 있다. 그러나 타인이 운전하는 것을 옆에서 보았다 하더라도, 자신이 처음 운전대를 잡으면 상황이 달라진다.

[예제 7.3]에서 알 수 있듯이 어떤 경험으로부터 학습한다는 것은 단순하지 않다. 즉, 완벽하게 똑같은 경험은 실제적으로는 존재하지 않는 것이다. 그럼에도 불구하고, 우리 인간들이 과거 자신의 경험으로부터 학습하여 어떤 (동일하지는 않더라도) 유사한 상황과 마주치면 이를 인지하고 과거보다 더 효율적인 방법으로 문제를 해결할 수 있음을 생각하면, 이를 기계 학습에도 적용할 수 있을 것이다.

4.2 계획-변형(plan-transformation) 문제 공간

익숙한 문제 공간에서의 문제 풀이란 어떤 것인가에 대한 대답은 어떤 것이 문제 공간을 "익숙"하게 만드는가에 대한 대답으로 대신할 수 있다. 중요한 것은 과거 문제에 대한 기억과 현재 문제와 강한 유사성을 가지는 과거 문제의 해결 방법이다. 인간이 그러하듯 컴퓨터 프로그램도 가능하면 과거의 경험에 의존함으로써 문제 풀이 행동들을 적응시켜나가는 방법을 학습할 수 있다면 유용할 것이다. 그렇다면 어떠한 방법으로 문제 풀이 시스템이 그러한 적응적인 행동을 보일 수 있도록 확장될 수 있을까? 이 절에서는 기존의 수단-목표 분석(MEA)에 유추적 변형(analogical transformation) 과정을 추가하여 과거의 경험을 이용하는 방법에 대해서 기술한다.

MEA에서의 문제 풀이는 다음과 같이 구성된다.

1. 현재 상태와 목표 상태를 비교한다.
2. 차이를 줄일 수 있는 연산자를 선택한다.
3. 연산자가 적용 가능하면 적용시킨다. 만약 적용 가능하지 않다면, 현재 상태를 저장시켜두고, 그 연산자가 만족하지 못하는 조건부를 설정할 수 있는 부문제(sub-problem)에 대해서 다시 MEA를 적용한다.
4. 부문제가 해결되면 저장되어 있던 상태를 가져와서 원래 문제에 대한 작업을 재개한다.

이와 같은 문제 공간에서 과거 문제의 풀이에 대한 지식을 어떻게 도출할 수 있을까? 먼저 과거 문제의 풀이만으로 구성되는 지식이 있는 가장 단순한 경우를 생각해보자. 각 풀이는 여러 연산자들과 초기 상태, 최종 상태를 포함하는 일련의 상태들, 그리고 풀이를 만족시키도록 하는 경로 제약조건들로 구성된다. 단순한 방법은 과거 문제의 풀이에서 유용하다고 판단된 단위 연산자들의 나열 또는 부분적인 나열들로부터 매크로 연산자(macro-operator)들을 생성시키는 것이다.

그러나 매크로 연산자의 단순 생성은 다음 세 가지의 문제점을 가지고 있다. 첫째, 현재까지 직면했던 모든 풀이에 대한 모든 가능한 부분 나열들을 저장하고 검색하는 것은 관리하기가 힘들다. 적용 가능한 매크로 연산자를 검색하는 것은 원래 문제에 수단-목표 분석을 적용하는 것보다 더 많을 경비가 들 수도 있다. 둘째, 이러한 매크로 연산자의 적용에서는 경로에 대한 제약조건을 무시한다. 새로운 문제가 경로에 대한 다른 제약조건을 만족해야 한다면, 과거의 매크로 연산자 대부분은 더 이상 타당하지 않을 수도 있다. 셋째, 풀이에 대한 나열에서 부가적인 연산자들을 대치, 삭제, 삽입하는 작업이 쉽지 않다. 이상과 같은 작업들은 다음에 언급하는 유추적 변형 과정에서 매우 중요한 사항들이다. 그러므로 별로 많지 않은 상황에 대해서 많은 강력한 연산자들을 만들기보다는 존재하는 풀이를 새로운 문제의 요구 조건에 맞게 점차적으로 변형하는 방법을 생각해보자.

기존의 어떤 문제와 유사한 새로운 문제에 대한 풀이를 찾는 것을 다음 몇 가지로 비교해보자.

1. 새로운 문제의 초기 상태와 과거에 해결되었던 문제의 초기 상태
2. 새로운 문제의 최종 상태와 과거에 해결되었던 문제의 최종 상태
3. 새로운 문제의 풀이에서 필요한 경로 제약조건과 과거의 유사한 문제가 해결되었을 때의 경로 제약조건
4. 검색된 연산자의 나열에서 연산자들의 조건부들이 새로운 문제 상황에 얼마 정도 만족되는가의 비율. 이는 후보 풀이들에 대한 적용성의 척도로 사용.

초기 상태나 최종 상태를 비교하는 차이 함수는 MEA에서의 차이를 줄이는 데 사용하던 함수를 이용할 수 있다. 여기에서는 차이 함수를 현재 문제와 유사한 과거의 문제 풀이를 검색하는 유사성 척도(similarity metric)로 볼 수 있다. 경로 제약조건에 대한 차이 함수는 문제 상태 차이 함수에 대한 정보에 연산자 나열의 차이에 대한 설명을 첨가한 것으로 볼 수 있다. 이와 같은 문제 풀이에서의 상기(reminding)는 과거에 해결된 문제의 풀이를 가져와서 현재의 새로운 문제로 전이시키는 과정으로 볼 수 있다. 상기는 유추적 문제 풀이 과정에서 단지 첫 번째 단계일 뿐이다. 그 다음 단계는 더욱 복잡한 변형 단계인데, 과거 풀이에서의 나열을 현재 문제의 조건에 맞도록 변형하는 일을 한다.

Carbonell은 적절한 유추적 변형을 찾는 것은 그 자체가 문제 풀이 과정이며, 단지 문제 공간만 다르다고 기술했다[Micha83]. 변형 문제 공간에서의 상태들은 원래의 문제 공간상에서의 문제들에 대한 풀이들이 된다. 그러므로 변형 공간(Carbonell은 이를 'T-공간'이라 명명하였다)에서의 초기 상태는 유사한 문제에 대한 검색된 풀이이며, 목표 상태는 현재 문제의 요구 조건을 만족하는 풀이가 된다. T-공간에서의 연산자는 연산자 나열에서 특정의 연산자를 다른 것으로 대치하는 등과 같은 풀이 변형(solution transformation)들로 구성된다. 문제 풀이 시스템이 새로운 문제 해결 공간에서 줄이려고 하는 차이들은 상기하는 과정에서 유사성 척도에 의해서 계산되는 것들이다. 다시 말하자면, 목표 방향으로의 진행은 새로운 문제에 유사성이 증가하는 쪽으로의 문제들에 대응하는 풀이 쪽으로의 천이에 의해서 결정된다. [그림 7.9]는 이러한 과정을 개괄적으로 설명하고 있다. 그림에서 본래 문제 공간의 풀이 경로는 T-공간에서 새로운 문제 풀이를 위한 하나의 상태가 되고, 상태들은 T-공간에서의 연산자(T-operator: T-OP)들에 의하여 연결된 풀이 경로를 구성한다.

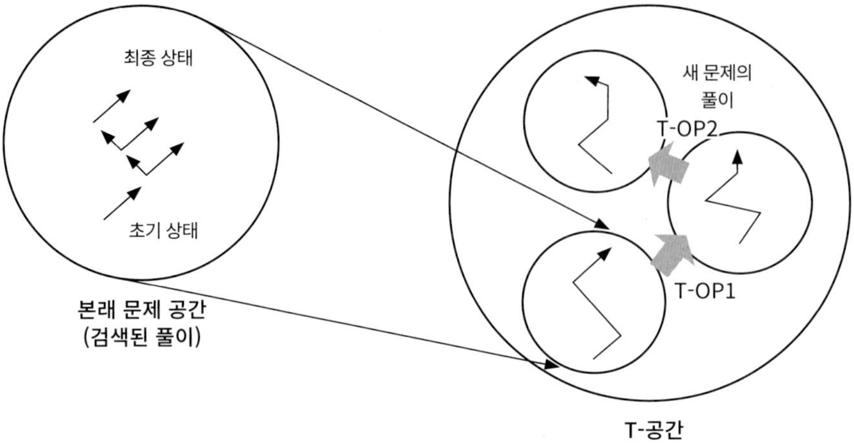

그림 7.9 T–공간에서 이루어지는 새로운 문제 풀이에 과거 문제 풀이 활용[Micha83]

예제 04 **유추적 문제 풀이의 예로서, 피츠버그에 사는 존이 뉴욕으로 여행하려고 하는 경우를 생각해 보자. 존은 항공사에 연락해보고, 모든 비행기의 예약이 끝났다는 것을 알게 되었다. 존은 도시 간 열차를 이용하여 본 적은 한 번도 없지만, 열차가 장거리 여행에 가능한 수단임은 알고 있다.**

이 문제에 대한 존의 계획은 다음과 같이 설명될 수 있다. 먼저, 도시 간 열차 회사에 예약을 하고, 티켓을 구입하기 위한 충분한 돈이 있는지를 확인한다. 그 다음에는 티켓을 구입할 수 있는 장소를 확인하고, 티켓을 구입한다. 그리고 나중에 열차역에 가서 열차를 탄다. 존은 한번도 열차를 이용하여 여행을 해본 적이 없기 때문에 기차를 이용한 여행 절차에 대해서 알고 있는 것이 없으며, 또한 열차를 이용하기 위한 사전의 자세한 정보를 가지고 있지 않다. 그렇다면 존은 어떻게 이러한 계획을 세울 수 있을까?

풀이 04 존이 이러한 계획을 세울 수 있는 한 가지 방법은 비행기를 이용하는 방법에서의 유추에 의해서 가능하다. 존이 첫 번째로 해야 할 일은 비행기를 이용했던 때를 상기하는 것이다. 존에게는 유사한 목적(도시간 여행)을 달성했던 경험과 피상적으로만 유사하지만 목적과는 다른 많은 것들이 상기될 것이다. 예를 들어, 지하철을 생각해보면 지하철도 열차라고 부르며, 트랙 위를 달리고, 많은 중도역을 거치지만, 예약의 필요성이 없으며 또한 티켓을 구입하기 위해서 총 금액을 계산해야 할 필요가 없다. 그러므로 목표 상태에 대한 비교는 상기 과정에서 필요한 유사성 판정에 있어서 매우 중요한 부분이 된다.

상기 과정의 다음 단계는 풀이 변형이 뒤따라야 하는데, 이것은 변형 공간에서 주어진 연산자(T–연산자)들을 이용하게 된다. 먼저, 부목표–보존 치환이라는 T–연산자를 적용하여 AIR–TRAVEL을 TRAIN–TRAVEL로 치환한다. 인자–치환 T–연산자는 '비행장'을 '열차역'으로, '항공표'를 '열차표'로 치환한다. 존은 AIR–TRAVEL을 위한 선결 조건을 만족시킬 수 있는 방법에 대한 지식을 이용하여, 같은 방법을 TRAIN–TRAVEL에 적용해야 한다. 만약 이것이 같은 경우가 아니라면 더 많은 문제 풀이 과정이 필요하게 된다.

---

05 예를 통한 학습

어떤 개념에 대해서 그 개념을 잘 설명하는 예(긍정적 예: positive example)와 개념을 부정하는 예(부정적 예: counterexample 또는 negative example)들의 집합이 주어질 때, 학습자는 부정적인 예들의 성질을 배제하면서 모든 긍정적인 예들의 성질을 잘 묘사하는 일반적인 개념 묘사를 추론해 낸다. 이 학습 방법은 인공지능 분야에서 자주 연구되어 왔던 방법이다. 예를 통한 학습은 예들이 주어지는 방법에 따라서 [그림 7.10]과 같으며, 이는 다음과 같이 설명할 수 있다.

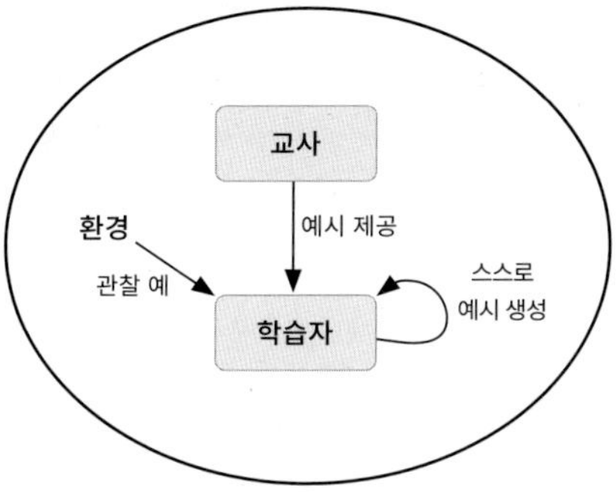

그림 7.10 예를 통한 학습의 구조

- 교사(학습 시스템 설계자, 혹은 프로그래머)가 예를 제공한다. 교사는 목표 개념을 잘 알고 있으며 가능한 도움이 되는 많은 예들을 만들어 준다. 만약 교사가 학습자의 지식 상태를 판단할 수 있다면, 목표로 하는 개념에 최적으로 수렴할 수 있는 예들을 선별할 수 있다. 다만 현실적인 많은 문제들에서 교사가 다양한 예를 제공하는 데는 큰 시간과 노력이 소요된다. 예를 들어 앞에서 다룬 지도 학습의 방법으로 고양이를 인식하는 카메라 장치를 훈련하기 위해서 교사가 수많은 종류의 고양이와 고양이가 아닌 객체들의 예를 학습을 위해 제공하는 것은 노력과 수고가 필요하지만 학습 데이터의 양과 질이 학습의 성능에 중요한 요소가 된다.
- 학습자 자신이 예를 생성하여 활용한다. 대개의 학습자는 자신의 지식 상태는 알고 있지만, 습득해야 할 개념은 분명하게 알지 못하는 경우가 많다. 그러므로 학습자는 경쟁하는 개념들을 식별하는 정보에 기초하여 스스로 예제를 생성하게 되는데, 이러한 예들은 외부 환경이나 또는 교사에 의해서 긍정적인 것인지 또는 부정적인 것인지 분류되어야 한다. 예를 들면, '강자성체'에 대한 개념을 습득하려는 학습자는 하나의 가능성을 가진 예로 '모든 금속'이라는 것을 생성할 수 있을 것이다. 그리고 학습자는 동전이나 다른 금속들을 자석과 접근시켜 보고는 동전이 이 개념에서 부정적인 예라는 것을 알 수 있게 된다[1]. 이것으로써 학습자는 강자성체가 모든 금속이라는 개념으로 되어져서는 안 된다는 것을 알게 된다.

---

1 동전을 만드는데 사용되는 구리는 외부 자기장에 대하여 원자 내부의 전자 운동이 반대 방향으로 정렬하여 결과적으로 자성을 보이지 않는 반자성체로, 철이나 니켈과 같이 외부 자기장에 대해 강하게 자화되어 자기장을 제거해도 자석의 성질을 가지는 물질과는 다르다.

- 외부 환경에서 예들을 제공한다. 이 경우에 예의 생성 과정은 무작위로 이루어지며, 학습자는 상대적으로 통제되지 않는 관찰에 의존하게 된다. 예를 들어, 초신성의 전조를 추론하려는 천문학자는 비록 초신성에 대한 개념은 알고 있다고 하더라도, 언제 어디서 초신성이 발생할지는 모르는 문제가 있다.

예를 통한 학습은 위와 같은 분류 외에도 학습자가 이용할 수 있는 예의 형태에 따라서 다음과 같이 분류할 수도 있다.

- 긍정적인 예들만 이용 가능한 경우이다. 긍정적인 예들은 습득해야 할 개념에 대한 좋은 예시(instance)를 제공하지만, 추론된 개념이 과도하게 일반화되는 것을 막을 정보는 제공하지 못한다. 만약 고양이를 인식하는 카메라 장치를 구성하기 위하여 고양이 영상만을 학습시키면 학습 과정 중에는 모든 입력 영상을 고양이로 판정할 때 최고의 성능을 얻게 된다. 즉, 고양이 영상만을 학습한 시스템은 세계에 존재하는 모든 것이 고양이라고 학습하는 셈이다. 따라서 학습된 시스템을 실제 일반 영상들에 적용할 때는 문제가 발생한다. 이와 같은 학습 상황에서 발생하는 문제는 최소의 일반화를 고려하는 방법 또는 추론되는 개념에 제약을 가하는 영역 지식에 의존하는 방법 등을 사용하여 회피할 수 있다.
- 긍정적, 부정적 예들을 모두 이용 가능한 경우이다. 이러한 상황 하에서는 긍정적인 예들이 개념을 일반화시키게 되고, 반면에 부정적인 예들은 과도한 일반화를 방지한다. 즉, 부정적인 예는 추론된 개념이 부정적인 예들을 포함하지 못하도록 일반성이 줄어들게끔 한다. [그림 7.11]과 같이 고양이를 인식하는 시스템에는 고양이 사진(긍정적인 예)과 더불어 다른 포유류 동물들의 사진(부정적인 예)까지도 같이 학습에 제공되었고, 시스템은 그 사이의 적절한 위치에 인식의 경계선을 형성한다.

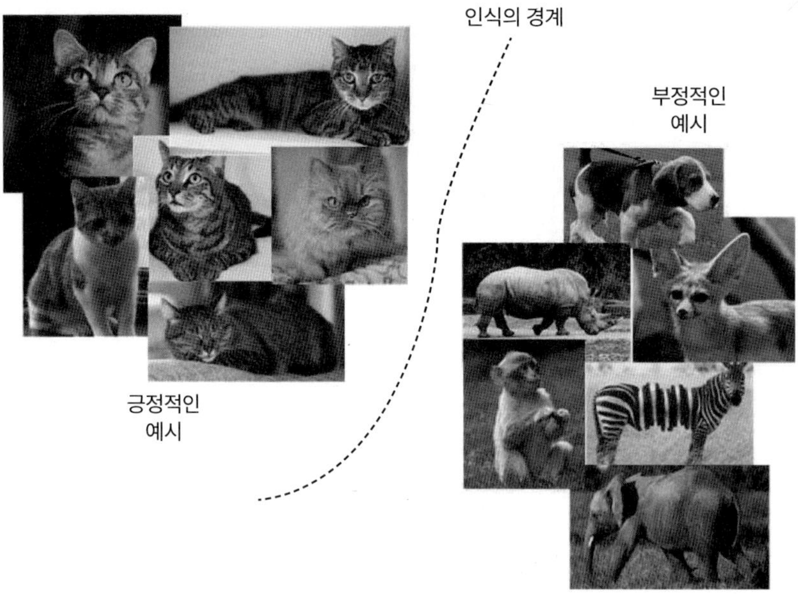

그림 7.11 포유류 중 고양이를 인식하기 위한 시스템에 제공하는 학습 예시: 다양한 고양이 영상(긍정적 예)과 비고양이 영상(부정적 예)

예를 통한 학습은 한 번에 이루어질 수 있는 배치학습(batch learning) 또는 점진적으로 이루어지는 온라인학습(incremental learning, 혹은 online learning)이 있다. 전자의 경우는 개념 형성에 필요한 모든 예들을 한 번에 모두 제공하는 경우이다. 후자의 경우는 초기 자료와 일치하는 개념 가설(또는 개념의 범위)을 형성해두고, 이후에 추가적으로 주어지는 예들을 이용하여 가설을 개선하는 방법이다. 따라서 학습 데이터가 고정된 경우에는 일괄적으로 학습하는 배치학습을 많이 사용하고, 학습 데이터가 계속 추가되는 문제에는 온라인학습을 사용하는 경향이 있다.

06 관찰을 통한 학습

과학의 모든 분야에 존재하는 문제 중의 하나는 관찰된 대상이나 상황을 의미 있는 분류로 구성하는 것이다. 그러한 분류는 관찰에 대한 인간의 이해와 이에 따르는 과학 이론의 개발을 쉽게 한다.

기계 학습의 견지에서 보면, 분류를 형성하는 과정은 관찰을 통한 학습의 형태로 볼 수 있다. 기계 학습에서는 군집분석(cluster analysis)이나 수치적 분류 등의 분야에서 이러한 형태의 학습을 체계적으로 연구해왔다. 이들 분야에서는 대상물의 집단(또는 객체들의 집단)을 형성하는 데 있어서 대상물들의 유사성을 수치적 척도를 사용하여 판정했다. 이때 동일 집단 내부의 유사성은 높으며 다른 집단과의 유사성은 낮도록 객체들이 분류된다.

일반적으로 관찰을 통한 학습은 비지도 학습에 속한다. 대체로 비지도 학습은 학습자로 하여금 다른 학습 방법보다도 더 많은 추론을 하도록 요구한다. 관찰을 통한 학습에서는 학습자에게 특정 개념을 위한 적당량의 예들도 제공되지 않을 뿐만 아니라, 어떤 주어진 개념에 대해서 주어지는 예들이 긍정적인 것과 부정적인 것을 구별할 수 있는 능력도 거의 주어지지 않는다. 더욱이 한 번에 한 개념에 대해서 초점을 맞추기보다는, 관찰에 의해서 습득될 필요가 있는 여러 가지 개념에 대해서 동시에 고려하기 때문에 심각한 초점 맞추기 문제가 발생할 수 있다. 관찰에 의한 학습은 외부 환경과의 상호 작용 정도에 따라서 여러 가지로 세분화될 수 있는데 그 관점은 다음과 같다.

- **수동적 관찰**: 학습자는 주위 환경의 다중적인 양면들을 관찰하여 분류한다. 색이나 크기, 모양 등 여러 특징들을 기준으로 사과와 오렌지를 자동으로 구분하는 시스템, 혹은 시험 성적을 기준으로 학생들을 여러 그룹으로 분류하는 프로그램이 예가 될 수 있다. 이때 학생들은 상 · 중 · 하와 같이 정해진 수의 그룹으로 분류될 수도 있고 때에 따라서는 그룹의 수도 미정일 수 있다. 이 경우에는 학생 성적분포의 밀집도에 따라 분류될 그룹의 수가 결정될 것이다.
- **능동적 실험**: 학습자는 주위 환경을 변동시키고 그 변동 결과를 관찰한다. 실험은 무작위로 이루어질 수도 있고, 관심 분야의 일반적인 기준에 따라서 능동적으로 초점이 맞추어질 수도 있으며, 또는 이론적인 제약에 강하게 유도될 수도 있다. 어떤 시스템이 지식을 습득하고, 확인을 통하여 운용될 수 있는 이론들의 가설들을 형성하면서, 필요에 따라서 여러 가지 다른 관찰 및 실험 전략들을 적용하도록 하는 환경을 구축한다. 이러한 학습 형태에서는 가설화된 개념을 검사하기 위해서 필요한 예들을 생성할 수도 있다.

자동적으로 분류를 형성하는 방법을 좀 더 구체적으로 알아보자. 이 방법에서는 선택된 객체의 속성(attribute)들 사이의 관계를 포함하는 결합적 개념이 잘 묘사될 수 있을 때 객체들이 하나의 집단을 구성할 수 있고, 이를 결합적 개념 집단화(conjunctive conceptual clustering)라고 한다. 이것은 개념 집단화의 특수 경우로서, 객체들의 집단을 특징짓는 개념망(concept network)을 형성하는 과정으로 볼 수 있다. 이 망에서 노드들은 객체 집단을 묘사하는 개념을 표시하며, 링크는 집단들의 관계를 나타낸다. 이와 같은 개념 집단화 및 결합적 계층 구조를 결정하는 방법은 Michaliski가 제안한 방법인데, CLUSTER/2 프로그램[Micha83]에서 사용되었다.

고전적인 자료 분석에서는 두 객체의 유사성을 단순히 하나의 숫자로 특징 지웠다. 이러한 유사성의 척도의 예에는 상호 거리를 이용한 것이 있다. 즉, 객체들이 동일 집단 내에서 가능한 작은 유클리드(Euclidean) 거리를 가지고, 다른 집단의 객체들과는 큰 유클리드 거리를 가지도록 분류하는 것이다. 이와 같이 비교되는 객체들의 유사성은 그들과 다른 객체들과의 관계에 의해서 결정된다.

예제 05 다음 [그림 7.12]의 점들을 두 개의 분류로 나누어 보자. A와 B점은 어떤 분류에 속할 것인가?

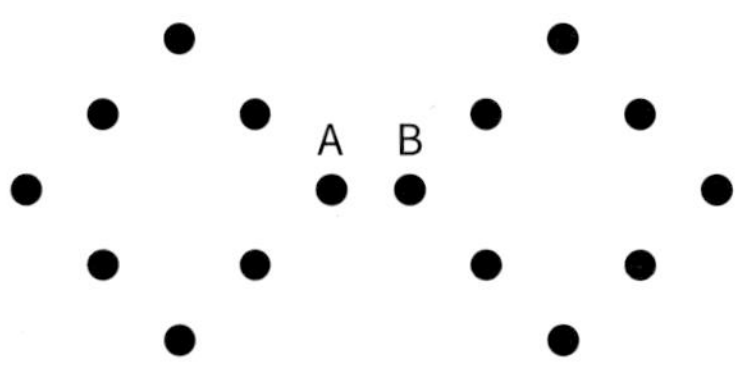

그림 7.12 점들의 분류

풀이 05 사람들은 [그림 7.12]를 보고는 관찰된 점들이 다이아몬드 형태로 배열되었다고 생각할 수 있다. 이 경우 점 A와 B는 비록 다른 점들에 비해서 더 가까이 있지만 서로 다른 집단에 속한다고 볼 수 있다. 여기에서, 우리 인간은 점들의 분류를 평면상의 유클리드 거리에 기초한 것이 아니라 개념적인 인식에 기초하였다는 것을 알 수 있다. 즉, 점들은 같은 개념을 나타내는 것들을 모아서 같은 집단에 위치시킬 수 있고, 예제에서 사용된 개념은 '다이아몬드'이다.

과제

01. 기계 학습의 여러 기법들은 다양한 분야에 활용되고 있다. 예를 들어 필기체 글자 인식, 영상에서 얼굴이나 손의 검출, 음성 인식, 의료 진단, 정상적인 상업거래(신용카드 등) 판정 등에서 기계 학습의 기법이 활발히 사용되고 있다. 그렇다면 이들 분야를 포함한 다양한 영역에서 기계 학습을 활용하는 지능 시스템의 구체적인 사례(기기나 소프트웨어 시스템 등)를 조사하시오.

02. 간단한 기계 학습 시스템을 구성하여 보아라. 기존의 어떤 기법을 이용하여도 좋다. 예를 들어서 한국인의 이름을 기준으로 남자인지, 여자인지를 구분하는 시스템을 학습할 수 있겠다. 어떤 식으로 학습할 것인지 미리 계획하고, 직접 프로그래밍할 것인지, 아니면 어떤 도구를 사용할지도 생각하시오. 이후 시스템이 완성되면 학습의 성능을 확인하시오. 성능 확인의 방법이 적절한지, 그리고 학습이 미진한 부분이나 잘못된 학습의 예를 제시하고 그 이유를 추정하여 보시오.

03. 실생활에 기계 학습이 많이 적용되고 있다. 특히 금융 기업에서는 고객의 자산을 증식하기 위하여 로봇 펀드 매니저가 운영되고 있다. 금융 분야의 대표적인 주제인 주식 가격 예측 문제와 신용카드 사기 검출 문제는 지도 학습과 비지도 학습 가운데 어떤 학습 방법이 적합한지 조사하고 자신의 의견을 기술하시오.

08장

데이터마이닝

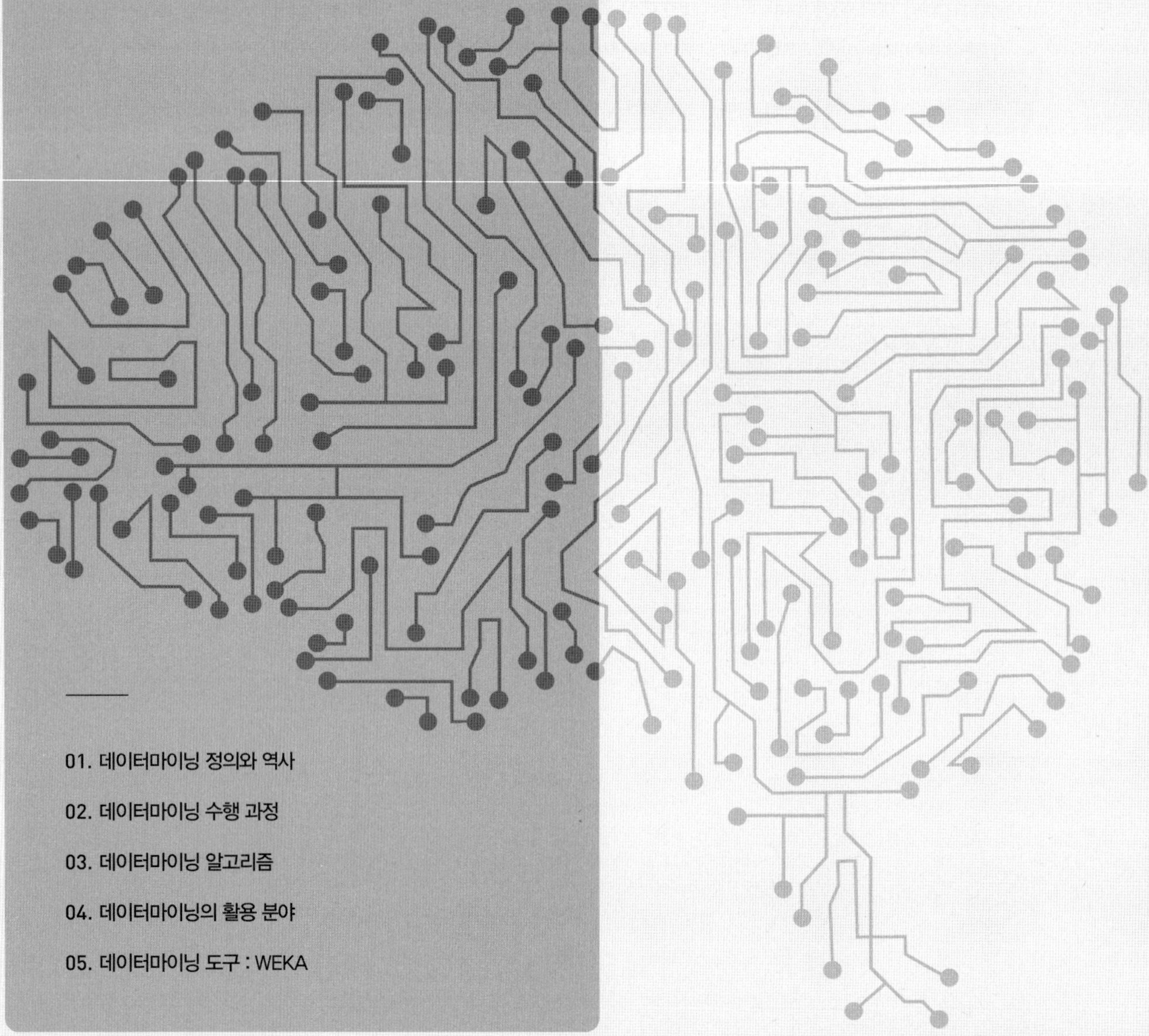

정보화 시대에는 많은 양의 데이터들이 다양한 분야에서 실시간으로 수집되고 있으며 이런 데이터들은 여러 분야에서 중요한 자료로 취급받고 있다. 따라서 대용량의 데이터 내에서 숨겨져 있는 새로운 정보와 지식을 찾아내는 '데이터마이닝' 기법이 최근 많은 관심을 받고 있다. 데이터마이닝은 이미 다양한 연구 분야, 예를 들면 비즈니스, 과학, 기계공학, 의학, 주식 분야 등에서 많이 사용되고 있다. 이 장에서는 데이터마이닝의 정의와 역사, 수행 과정, 데이터마이닝 알고리즘, 데이터마이닝 기법의 활용 등에 대해 학습한다.

01 데이터마이닝 정의와 역사

데이터마이닝(Data Mining)이란 데이터로부터 이전에 알려지지 않은 잠재적으로 유용한 정보를 추출하는 것을 목적으로 하며, 인공지능 분야에서는 데이터베이스를 자동적으로 조사해서 규칙성이나 패턴을 발견하는 프로그램으로 구현된다. 데이터마이닝은 인공지능, 통계학, 경영학, 데이터베이스 등의 학문과 연관성이 깊다. 자동화된 데이터 수집 도구와 데이터베이스 기술은 막대한 양의 데이터를 보관하는 데이터웨어하우스(data warehouse)를 만들었고, 이로부터 흥미로운 지식들인 규칙, 패턴, 제약 조건들을 추출하는 데이터마이닝 기술을 탄생시켰다. 데이터베이스 기술의 연혁을 살펴보면, 1960년대는 데이터 수집 및 데이터베이스가 탄생하였고, 1970년대는 관계형 데이터 모델과 관계형 데이터베이스 관리시스템(RDBMS)이 탄생하였으며, 1980년대는 확장 관계형 모델과 객체지향 DBMS 개념이 구현되었고, 1990년대 이후는 데이터마이닝과 데이터웨어하우스, 멀티미디어 데이터베이스와 웹 데이터베이스 등이 출현하였다. 2000년대 이후에는 기존의 데이터베이스 연구자들이 대규모 또는 이기종 데이터베이스로부터 숨겨진 정보를 발견하는 인공지능의 한 분야인 데이터마이닝 분야로 관심을 확장하게 되었다.

데이터베이스 안의 지식 발견(Knowledge Discovery in Database: KDD)은 데이터마이닝과 기본적으로 같은 의미라고 볼 수도 있으나, 특정 분야의 조금 더 깊은 의미의 관계성을 특정 표현방식으로 최종 도출하는 것을 목표로 한다는 측면에서 데이터마이닝을 포괄하는 의미라고 볼 수 있다. 데이터베이스 분석과 의사 결정을 지원하는 시장 분석 경영, 기업 분석 및 위기 관리, 사기 및 위조 발견 등이 유용한 적용 분야이며, 뉴스 기사나 이메일, 그리고 웹 문서 등의 텍스트마이닝이나 지능형 질의 응답(Question & Answering) 등이 잠재적인 데이터마이닝과 지식 발견의 응용분야이다.

먼저 시장 분석 및 경영분야의 적용 사례로는 신용카드 거래 분석, 충성도가 높은 카드 고객 분류, 고객 불만 요청 처리, 생활 패턴 연구 등이 있다. 구체적 예를 들어본다면, 데이터마이닝 기법을 사용하여 고객의 구매 패턴과 그들의 관심, 수입 수준, 취미 등의 특성을 분석하여, 고객들이 관심을 가질만한 제품이나 서비스를 제공하는 목표 마케팅(Target Marketing)이 가능하다.

둘째, 기업 분석 및 위기 관리의 적용 사례로는 기업의 현금 흐름을 분석과 예측, 우발 채무를 포함한 자산을 평가, 추세 분석 같은 시계열 분석 등이 있다. 또한 자원과 소비를 요약하고 평가하며, 시장 변동과 경쟁 기업들을 관찰하고, 고객들을 유형별로 분류하여 각 유형을 기준으로 가치를 결정할 수 있게 한다.

셋째, 사기 및 위조의 발견과 관리 기법은 건강 관리, 신용카드 서비스, 스마트뱅킹 등과 같은 대중 서비스 분야에서 폭넓게 요구된다. 사기성 행위 감지를 위해 데이터마이닝은 수집된 데이터를 활용하여 비슷한 유형의 행위를 자동적으로 식별하도록 하는 사기행위 감지 모델(fraud detection model)을 개발하는 데 유용하다. 유용한 사례를 든다면, 미국 재무성과 같은 곳에서는 돈세탁 혹은 의심스러운 금융거래의 검출을 원하고, 호주 건강보험원에서는 부적절한 의료비용의 청구를 감시하기 원하며, 많은 소매점들은 부정직한 종업원에 의해 매출액이 줄어드는 것을 방지하기를 원하는 경우들이 있다.

데이터마이닝은 또한 스포츠 마케팅, 천문 관측, 인터넷 웹 서핑 등에도 이용된다. 스포츠 뉴스 정기 구독자를 대상으로 스포츠 티켓 판매 마케팅을 강화한다거나, 구글이 수행한 방식처럼 검색어가 입력되면, 그 키워드를 입력한 이전 사용자들이 가장 선호했던 문서 순서로 웹 목록을 작성함으로써 웹 검색의 신뢰도를 향상시키는 데 사용될 수도 있다.

02 데이터마이닝 수행 과정

데이터마이닝은 데이터에서 지식을 습득하는 과정(KDD)이다. [그림 8.1]에서 볼 수 있듯이, 지식을 습득하는 과정은 여러 단계로 나뉜다. 각 단계를 자세히 살펴보면 다음과 같다[Han11].

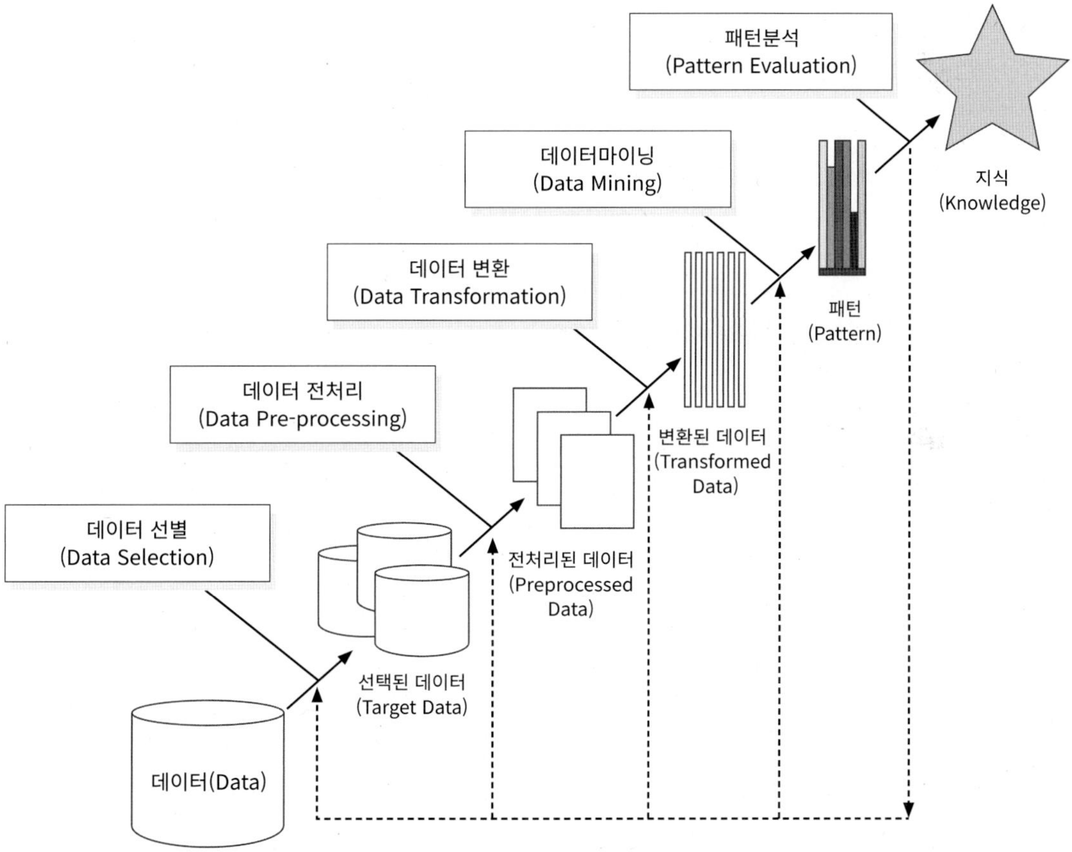

그림 8.1 데이터마이닝 과정

2.1 데이터 선별(Data Selection)

데이터마이닝은 방대한 양의 축적된 데이터를 기반으로 진행하게 되지만, 항상 축적된 데이터 전체가 사용되어야 하는 것은 아니다. 이때 고려해야 하는 과정이 데이터 선별, 즉 많은 양의 데이터에서 필요한 데이터를 선별하는 작업이다. 적절한 데이터 선별을 위해서는, 우선 데이터마이닝을 통해 습득하려는 목표 지식을 명확히 이해하는 것이 중요하다. 이런 데이터 선별 과정을 통해 선택된 데이터를 목표 데이터(target data)라고 한다.

2.2 데이터 전처리(Data Preprocessing)

이전 단계에서 선별된 목표 데이터에는 데이터를 모으는 과정(data gathering)에서 생긴 잡음(noise), 불완전성(uncertainty), 불일치성(inconsistency)이 있는 데이터가 존재할 가능성이 매우 크다. 이런 잡음이 있는 데이터가 목표 데이터 내에 있다면, 지식을 찾는 과정이 더욱 어려워질 뿐만 아니라 데이터마이닝 결과에도 영향을 끼친다. 이런 문제점들을 해결하기 위해 목표 데이터를 전처리하는 것이 필요하다. 이 데이터 전처리 단계는 데이터마이닝 수행 과정 중에 가장 중요한 단계로 손꼽힌다. 데이터 전처리는 결측치(missing values) 처리 방법, 변수값의 범위 설정, 이상치 식별과 같은 데이터 정제(data cleaning)의 과정을 거쳐 불완전한 오류 데이터를 제거하여 일관성이 있게 만들어 준다.

2.3 데이터 변환(Data Transformation)

데이터 변환은 데이터마이닝, 즉 목표하는 지식을 얻기 위해 적절한 형태로 데이터를 다차원적으로 변환, 축소, 합병하는 과정을 말한다. 데이터 변환 방법은 여러 가지가 있는데, 데이터 값의 표준화(normalization)와 일반화(generalization)가 그 대표적인 예이다. 우선 데이터의 표준화는 속성 데이터가 0.0에서 1.0과 같은 표준 범위에서 측정될 수 있도록 변환하는 방법이다. 데이터의 일반화는 하위 레벨의 데이터를 상위 레벨의 개념(concept)으로 대체시키는 방법을 말한다. 예를 들어 하위 레벨 데이터인 노트북이 상위 레벨인 컴퓨터 같은 개념으로 대체되는 것이다. 이런 데이터 변환 과정은 데이터 저장의 효율성과 안정성을 늘릴 뿐만 아니라 마이닝 과정에서 정확도를 높여준다.

2.4 데이터마이닝(Data Mining)

이제 본격적으로 목표한 지식을 얻기 위해서 적합한 데이터마이닝 방법을 선택할 단계이다. 데이터마이닝 방법은 크게 예측 기반 모델링(predictive modeling)과 서술 기반 모델링(descriptive modeling)으로 분류된다. 예측 기반 모델링은 데이터베이스에 있는 결과 값들을 기반으로 하여 새로운 데이터의 값을 예측하는 방법이고, 서술 기반 모델링은 데이터에 나타나 있는 구조 또는 패턴을 찾는 방법이다. 예측 기반과 서술 기반의 경계는 명쾌히 정의되지 않은 경우가 많으나, 두 모델의 특징을 잘 구별해서 목적에 맞게 사용하면 훨씬 효과적인 결과를 얻을 수 있다. 두 유형의 데이터마이닝을 지원하기 위해 다양한 기법이 개발되었다. 현재까지 제안된 다양한 기법을 요약하면 [표 8.1]과 같다.

표 8.1 데이터마이닝의 분석 방법

분야(Type)		설명
예측 기반 (Predictive)	분류(Classification)	여러 속성을 갖는 데이터를 미리 정의되어 있는 집단 혹은 클래스 중의 하나로 분류한다.
	예측(Forecasting)	대부분이 시계열 데이터를 사용한다. 과거 데이터와 현재 데이터를 기반으로 예측한다.
	회귀(Regression)	미래 데이터가 이전에 정의된 데이터 포맷과 같은 패턴을 가질 것으로 예측한다. 연속형 데이터에 대체로 사용된다.
서술 기반 (Descriptive)	군집(Clustering)	정의되어 있는 그룹에 분류하는 것이 아니라 유사한 데이터들끼리 동일한 그룹에 속하게 만드는 그룹 탐색 방법이다.
	연계(Association)	데이터들끼리 연관된 특징을 찾는 방법이다. 예를 들어, A음식을 먹는 사람들은 B음식도 먹었다와 같은 연관성을 찾는다.
	이상치 탐지 (Deviation Detection)	이전의 데이터들과 확연히 다른 변화를 내포하고 있는 데이터를 찾는 방법이다. 이상치 탐지 분석을 통해 자연재해(지진, 홍수) 탐지 등이 가능하다.

예측 기반 방법에는 분류, 예측, 회귀 방법이 있으며, 서술 기반 방법에는 군집, 연계, 이상치 탐지 방법이 있다. 그 외의 데이터마이닝 방법에는 연속성 분석(sequencing), 요약(summarization), 의존성 모형(dependency modeling) 등이 있다. 각 알고리즘에 대해서는 8.3절에서 설명할 것이다.

2.5 패턴 분석(Pattern Evaluation)

패턴 분석은 데이터마이닝 과정을 통하여 추출된 패턴을 해석하고 평가하는 단계이다. 우선 데이터마이닝으로부터 발견된 패턴들이 모두 흥미로운 패턴인지를 확인할 필요가 있다. 이 단계를 거치는 이유는 데이터마이닝 시스템이 수천 가지의 패턴들을 생성할 수 있지만 그들 모두가 유용한 것은 아닐 수 있기 때문이다. 그러므로 패턴 분석은 찾아낸 특정 패턴이 실제 지식을 표현하는 데 적합한지 결정하는 단계를 반드시 포함해야 한다. 분석 결과가 예상한 것에 만족하지 못한다면 문제가 무엇인지 분석한 뒤 이전 단계로 돌아가 다시 데이터마이닝을 수행해야 한다.

최종적으로 이상의 여러 단계들을 통하여 얻은 결과를 지식으로 표현한다. 결국 원하는 의미 있는 지식을 얻기 위해서는, 데이터마이닝 기법의 효율성을 포함하여, 데이터마이닝 수행 과정 전 단계가 적절히 이루어져야 한다는 것을 알 수 있다.

03 데이터마이닝 알고리즘

데이터마이닝 기법은 활용 분야에 따라 다양한 연구가 진행되고 있다. 적용되는 분야와 상황에 따라서 여러 가지 기법들 중에서 상대적으로 높은 성능 혹은 정확도에 따라 선택하게 된다.

근접 이웃(Nearest Neighbor)

근접 이웃 방법은 아주 간단한 분류 방법 중 하나다. 새로운 데이터가 들어오면 기존의 데이터 중에서 가장 가깝게 위치하거나 가장 비슷한 특성을 가진 데이터 1개와 같은 클래스에 분류를 한다. 하지만 이 방법은 가장 근접한 1개의 데이터만 확인하기 때문에 복잡하고 잡음이 많은 데이터에서는 효율적이지 않다. 이런 근접 이웃 분류의 문제점을 고려하여 도입된 알고리즘이 K 근접 이웃(K-Nearest Neighbor: KNN)이다. 근접 이웃은 가장 근접한 1개의 데이터만 확인하는 반면에, K 근접 이웃은 가장 근접한 K개의 데이터로 클래스를 분류한다. K가 1이면, 근접 이웃 분류가 되는 것이다. [그림 8.2]는 K 근접 이웃의 간단한 예를 보여주고 있다.

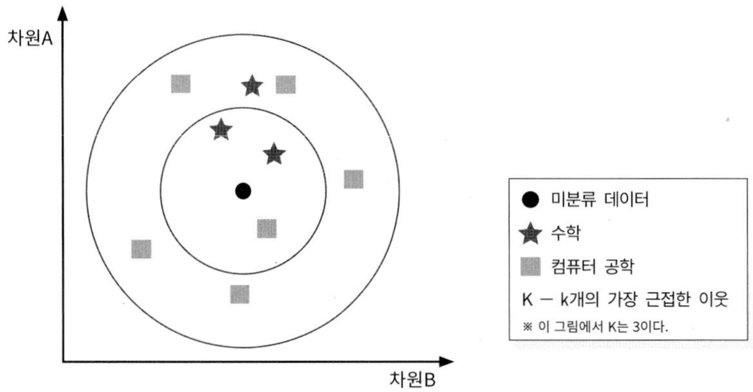

그림 8.2 K 근접 이웃 예시

[그림 8.2]에서는 이해를 돕기 위해서 2차원 형태의 그래프로 K 근접 이웃을 표현해 보았다. 미분류 데이터(그림에서 중앙의 원 모양으로 표시)가 들어왔을 때 수학이나 컴퓨터 공학 중에서 어떤 주제로 분류가 될지 찾고 있다고 가정해 보자. 우선 기존의 데이터들과 새롭게 주어진 데이터와의 거리(distance)를 계산한다. 그 후에 K개, 즉 그림에서는 가장 가까운 거리에 있는 3개의 데이터(작은 원 안에 위치)를 고려한다. [그림 8.2]를 살펴보면 세 가지 문서 중 두 문서가 수학으로 분류된 문서이고, 나머지 한 문서가 컴퓨터공학으로 분류된 문서이다. 따라서 새로운 문서는 수학으로 분류가 된다[Friedman75].

하지만 K 근접 이웃은 매개변수(parameter) K를 구하는 과정에서 많은 어려움을 겪는다. 가장 대표적인 매개변수 K를 구하는 방법은 K를 여러 숫자로 임의로 지정하여 가장 좋은 결과가 나오는 값을 선택하는 것이다. 매개변수 선택 방법으로는 교차 확인(cross validation)이 많이 사용된다.

서포트 벡터 머신(Support Vector Machine)

서포트 벡터 머신은 1995년 Vapnik이 발표한 대표적인 지도 학습 알고리즘으로 기계 학습 알고리즘에서 높은 성능이 보장되는 방법 중의 하나이다. 서포트 벡터 머신은 간단히 말하자면 서로 다른 클래스에서 속해 있는 데이터들을 분류하는 초평면(hyper-plane) 중 거리가 가장 먼 초평면을 찾아내는 알고리즘이다.

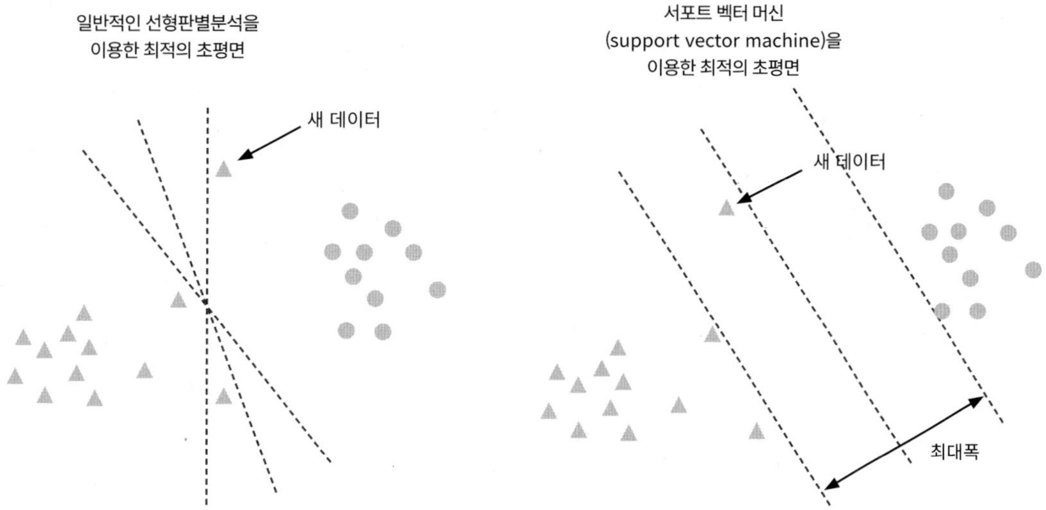

그림 8.3 일반 선형판별분석과 서포트 벡터 머신을 이용한 초평면의 차이

[그림 8.3]은 일반 선형판별분석법과 서포트 벡터 머신을 이용한 판별 결과를 각각 비교하고 있다. 위 그림에서 삼각형과 원형의 데이터들이 학습을 위해 사용되었다고 가정해 보자. 이 두 데이터 그룹을 분류하는 초평면을 구하는 여러 가지의 방법이 존재하겠지만, 일반적인 선형판별분석에서는 각 군집의 중앙값을 구하여 초평면 간의 거리가 같은 곳을 최적의 초평면으로 정할 것이다. 서포트 벡터 머신의 경우에는 각 군집의 경계에 선을 그어 선들 안에 위치한 새로운 선을 최적의 초평면으로 정한다. 서포트 벡터 머신에서 최적의 초평면을 구하는 방법은 여러 가지이지만, 공통적으로 초평면은 최대폭 안에 존재하며 최대폭 안에는 그 어떤 데이터도 존재하지 않는다. 일반적인 선형판별분석을 이용한 경우 새로운 삼각형 데이터가 원형의 그룹으로 잘못 분류될 가능성이 높지만 서포트 벡터 머신을 이용한 경우 새로운 데이터가 삼각형의 그룹으로 올바르게 분류될 것이다[Mountrakis11].

K-means 군집(K-means clustering)

K-means 군집 알고리즘은 데이터들을 K개의 군집으로 나누는 대표적인 군집화(clustering) 기법이다. 이 알고리즘은 각 데이터들의 평균값 혹은 중심값을 계산하여 그것을 기준점으로 세워 그와 가장 가까운 곳의 데이터부터 차례차례 군집으로 만드는 방법이다.

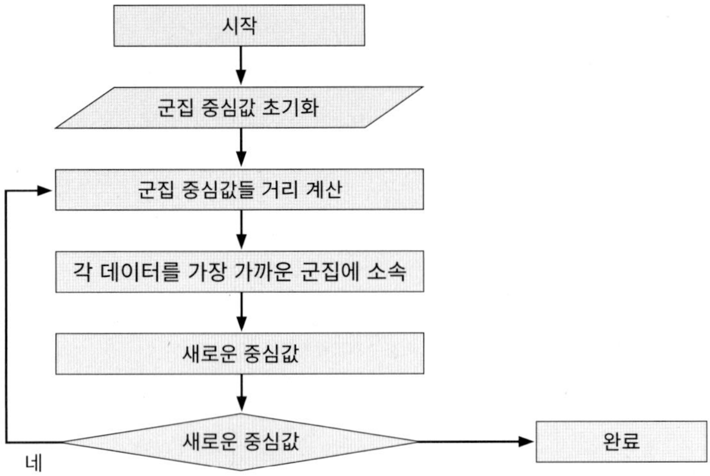

그림 8.4 K-means 군집의 진행 과정

[그림 8.4]은 K-means 군집의 진행 과정을 흐름도(flow chart)로 보여주고 있다. 그림에 대한 자세한 설명은 다음과 같다.

1. 임의의 K값이 결정되면, 데이터들을 K개의 군집으로 나누어 각 군집들의 중앙값을 정한다.
2. 각각의 데이터들과 각 군집들의 중앙값 사이의 거리를 계산한다.
3. 계산된 거리 값을 기준으로 각각의 데이터들을 가장 가까운 군집에 소속시킨다.
4. 새롭게 소속된 데이터들을 포함하여 군집 중앙값을 새롭게 구한다.
5. 새로 구해진 중앙값이 이전의 중앙값과 같으면 알고리즘을 종료하고, 그렇지 않으면 두 번째 과정부터 다시 수행한다.

K-means 군집은 대표적인 서술 기반 알고리즘이다. 즉, 이전의 정보나 데이터 분류 없이 의미 있는 결과를 얻을 수 있어 다양한 구조의 도메인에서도 유용하게 쓰인다. 하지만 앞서 설명했던 K 근접 이웃과 같이 K-means 군집에서는 매개변수 K를 먼저 결정한 후 사용할 수 있기 때문에 어려움이 따른다[Zhou08].

예제 01 다음 표와 같은 7개의 개체를 두 개의 특징 변수 x, y로 표현할 때, K-means 군집법에 의하여 두 개의 그룹으로 나누어 보아라.

표 8.2 군집이 필요한 데이터

개체 번호	x	y
1	1.0	1.0
2	1.5	2.0
3	3.0	4.0
4	5.0	7.0
5	3.5	5.0
6	4.5	5.0
7	3.5	4.5

풀이 01 다음과 같이 다단계의 절차를 거쳐서 군집화를 수행한다.

절차 01 우선 주어진 개체들 중 (x,y) 평면상의 거리가 가장 먼 것을 두 개 고르면, 개체 1이 (1.0, 1.0)에 있고, 개체 4가 (5.0, 7.0)에 있어 선택될 수 있다. 이들 두 개의 개체는 초기의 두 개의 그룹을 대표하게 된다.

절차 02 이제 나머지 개체들은 각각 다음과 같이 거리가 가까운 그룹에 분류될 수 있다. 단, 새로운 개체가 그룹에 들어올 때마다, 그 그룹의 특징 변수는 개체들의 특징 값들의 평균으로 갱신된다. 즉, 주어진 문제와 같이 K=2일 때, 각 K의 평균값(mean)이 군집화의 기준이 된다.

표 8.3 군집화의 과정

	그룹 A		그룹 B	
군집화 단계	소속 개체	특징 평균 (x_mean, y_mean)	소속 개체	특징 평균 (x_mean, y_mean)
Step 1	1	(1.0, 1.0)	4	(5.0, 7.0)
Step 2	1, 2	(1.3, 1.5)	상동	상동
Step 3	1, 2, 3	(1.8, 2.3)	상동	상동
Step 4	상동	상동	4, 5	(4.2, 6.0)
Step 5	상동	상동	4, 5, 6	(4.3, 5.7)
Step 6	상동	상동	4, 5, 6, 7	(4.1, 5.4)

절차 03 이상의 절차를 통하여 각 개체들은 두 개의 그룹으로 나누어졌으나 그 결과는 최적의 군집화를 보장하지 못한다. 즉, 각 개체들을 두 그룹의 평균값과 비교해 보면, 개체 3의 경우 그룹 A와의 거리가 2.1인데 비해, 그룹 B와의 거리가 1.8로 그룹 B에 더 가깝다. 따라서 개체 3은 그룹 B로 바꾸어 소속되며, 그 결과는 다음과 같다.

표 8.4 수정된 군집

	소속 개체	특징 평균(x_mean, y_mean)
그룹 A	1, 2	(1.3, 1.5)
그룹 B	3, 4, 5, 6, 7	(3.9, 5.1)

절차 04 새로이 정의된 두 개의 그룹에 대해서 절차 3을 되풀이한다. 그러나 이제는 더 이상 군집화의 결과에 변화가 없다. 따라서 최종적으로 얻어진 결과는 절차 3의 결과와 동일하다.

회귀(Regression)

회귀(Regression)는 예측 기반 데이터마이닝 기법으로 미래 데이터가 과거 데이터와 같은 패턴을 가질 것이라는 가정 하에 예측 값을 제공하는 기법이다. 회귀 분석법에는 선형 회귀(Linear Regression)와 다중 회귀(Multiple Regression)가 있다. 선형 회귀의 기본은 직선 그래프(y=mx+b)이며, 주어진 x의 값에 따른 y의 값을 예측하기 위해 가장 적합한 m과 b의 값을 결정하는 것이다. 다중 회귀 기법은 선형 회귀 분석을 확장한 것으로 추정하는 변수가 두 개 이상이며, 선형 회귀 분석보다 더 복잡한 수학적 모델이 쓰인다.

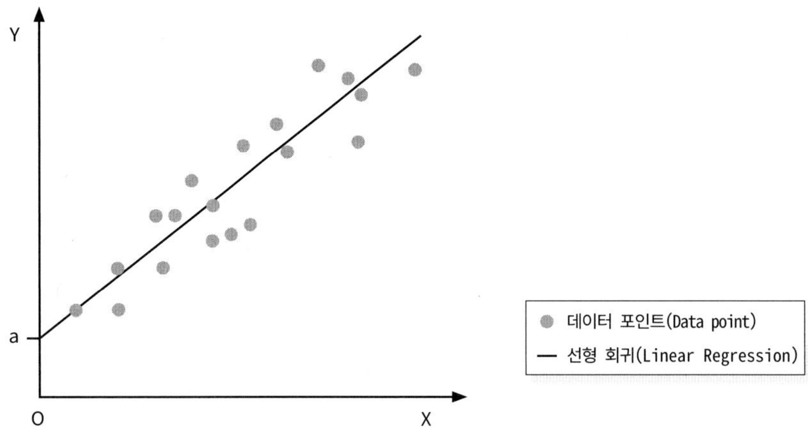

그림 8.5 단순 선형 회귀의 예시

[그림 8.5]에서는 단순 선형회귀의 예를 간단히 보여주고 있다. X축은 독립 변수이며, Y축은 종속 변수를 표현하고 있다. 각각 데이터 포인트의 위치를 반영해, 그 관계를 직선으로 설명할 수 있다 [Kenney62].

이외의 대표적인 데이터마이닝 기법에는 신경회로망(Neural Network)이 있는데 신경망은 이 책의 10장에 자세히 설명되어 있다.

예제 02 **다음 [표 8.5]와 [표 8.6]에서 변수 x에 따른 y의 값이 측정되었다. 주어진 데이터로부터 회귀 직선을 결정하여라.**

표 8.5 회귀용 데이터

x	y
10	1.2
20	2.9

표 8.6 회귀용 데이터

x	y
10	1.2
20	2.9
30	3.4

풀이 02 직선의 방정식은 y = mx + b와 같이 두 개의 계수 m과 b에 의해 결정된다. [표 8.5]의 경우, 두 개의 데이터만 존재하므로 이로부터 두 개의 미지 계수를 결정하는 것은 간단하다. 즉, 다음의 두 개 연립방정식의 해를 구하면 된다.

```
1.2 = 10m + b
2.9 = 20m + b
```

이로부터 얻어지는 직선은 y = 0.17x − 0.50이다.

[표 8.6]의 경우는 보다 복잡하다. 결정할 미지의 계수는 2개이지만 주어진 데이터는 3개이다. 즉, 데이터의 개수가 직선을 결정하기 위해 필요한 최소한의 데이터 개수보다 많다. 이와 같이 과결정된(over-determined) 시스템의 계수를 결정하는 한 가지 유용한 방법은 주어진 데이터의 오차를 최소화하는 직선을 결정하는 것이다. 즉, N개의 데이터를 최대한 만족하는 직선은 다음과 같이 오차 e를 최소화함으로써 결정된다. 주어진 수식에서 제곱은 오차가 음이 되는 것을 방지하기 위한 것이다.

$$e=\sum_{i=1}^{N}(y_i-mx-b)^2 \tag{8.1}$$

위의 수식을 m과 b에 대하여 각각 편미분하면, e를 최소화할 수 있는 계수는 다음과 같이 결정됨을 알 수 있다.

$$m=\left(\frac{1}{N}\sum_{i=1}^{N}x_iy_i-\overline{xy}\right)/\left(\frac{1}{N}\sum_{i=1}^{N}x_i^2-\overline{x^2}\right) \tag{8.2.a}$$

$$b=\bar{y}-m\bar{x} \tag{8.2.b}$$

단, $\bar{x}$와 $\bar{y}$는 각각 x와 y값들의 평균이다.

이 식들을 사용하면, 직선의 계수는 근사적으로 $m=8.27$, $a=-0.68$과 같이 구할 수 있으며, 직선은 [그림 8.6]과 같이 그릴 수 있다.

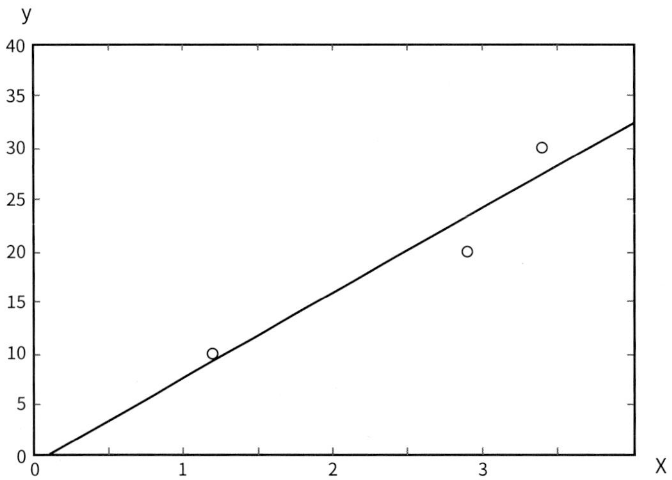

그림 8.6 [표 8.6]의 데이터에 대한 회귀 직선

04 데이터마이닝의 활용 분야

데이터마이닝은 [그림 8.7]에 보이는 것처럼 여러 분야와 관련이 있다. 데이터베이스 분야는 데이터마이닝이 다루는 데이터들의 시발점으로서 관련이 깊으며, 통계학과 기계학습은 데이터마이닝 알고리즘들의 모태가 된 학문이다. 전산학은 데이터마이닝 연구자들의 원래 전공 분야로서 통계학과도 관련이 있으며, 적용 분야로서의 경영학 등 여러 다른 학문 분야가 관련을 맺고 있다. 가시화(visualization) 분야는 데이터마이닝 결과를 사람들이 이해하기 쉽도록 보여주는 그래픽스 영역이다.

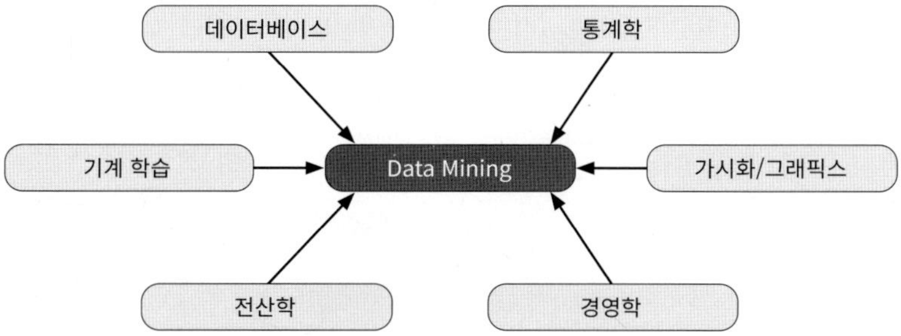

그림 8.7 학제적 관련성의 데이터마이닝 시스템

데이터마이닝을 분류하는 다른 견해로서는 처리할 데이터베이스 관점에 따른 분류, 마이닝할 지식 관점에 따른 분류, 이용할 기법 관점에 따른 분류, 적용 관점을 기준으로 한 분류 등이 있다. 먼저 데이터베이스 관점에서는 관계형, 거래형, 객체지향형, 객체관계형, 공간형, 시간형, 문자형, 멀티미디어형, 이기종형, 웹 등에 따른 분류가 있다. 지식 관점에서는 연관, 분류, 군집화, 추세, 이상점 분석 등이 있다. 이용 기법 관점에서는 데이터베이스, 데이터웨어하우스, 기계 학습, 통계학, 가시화, 인공신경망 등에 따라 분류할 수 있다. 적용 관점에서는 소매점, 통신사, 은행, 사기분석, 유전 정보 분석, 주식 시장 예측, 웹 마이닝, 웹 로그 분석 등이 있다. 이와 같이 데이터마이닝의 적용 분야는 다양하다는 사실을 알 수 있다.

05 데이터마이닝 도구: WEKA

WEKA는 "Waikato Environment for Knowledge Analysis"의 약어로서, 뉴질랜드 와이카토대학 컴퓨터학과에서 자바 언어로 개발된 기계 학습 및 데이터마이닝을 위한 소프트웨어이다. 이 도구는 2005년 SIGKDD 학회에서 가장 많이 다운로드된 소프트웨어로 SERVICE AWARD 특별상을 받은 바 있으며, 연구나 교육에 무상으로 사용 가능하며, Witten교수와 Frank박사가 저술한 Data Mining 교재와 함께 사용된다[Witten05]. WEKA의 기능들은 명령어라인(command line) 또는 GUI 환경에서 사용 가능하며, 데이터 전처리 기능, 학습 알고리즘 및 평가 방법, 학습 알고리즘 비교 기능, 처리 결과를 시각적으로 보여주는 가시화(visualization) 기능 등이 제공된다. WEKA는 http://www.cs.waikato.cs.nz/ml/weka에서 다운로드 받을 수 있다. 이 책에서는 2019년에 배포된 weka 3.8.4 버전을 대상으로 설명한다.

WEKA의 데이터 형식 및 기능 소개

WEKA는 arff라는 단순한 플랫 파일을 다룬다. 물론 csv 파일도 지원하며, 마이크로소프트 엑셀 파일도 csv로 저장한 후, 다시 arff로 변환하여 사용 가능하다. 아래 그림은 날씨에 관한 arff 파일을 보여준다. 날씨(weather) 파일은 outlook, temperature, humidity, windy, play의 다섯 가지의 속성이 있으며, 14개의 레코드 데이터를 가지고 있다. 첫 번째 인스턴스 레코드는 outlook=sunny, temperature=85, humidity=85, windy=FALSE, play=no를 나타내며, 나머지 인스턴스들도 같은 방식으로 표현된다.

```
@relation weather

@attribute outlook {sunny, overcast, rainy}
@attribute temperature real
@attribute humidity real
@attribute windy {TRUE, FALSE}
@attribute play {yes, no}

@data
sunny,85,85,FALSE,no
sunny,80,90,TRUE,no
overcast,83,86,FALSE,yes
rainy,70,96,FALSE,yes
rainy,68,80,FALSE,yes
rainy,65,70,TRUE,no
overcast,64,65,TRUE,yes
sunny,72,95,FALSE,no
sunny,69,70,FALSE,yes
rainy,75,80,FALSE,yes
sunny,75,70,TRUE,yes
overcast,72,90,TRUE,yes
overcast,81,75,FALSE,yes
rainy,71,91,TRUE,no
```

그림 8.8 weather 데이터의 arff 포맷

WEKA를 실행하면 [그림 8.9]와 같은 인터페이스를 보여준다. 아래의 Simple CLI 모드, Explorer 모드, Experimenter 모드, KnowledgeFlow 모드, Workbench 모드, 단순 커맨드 모드 가운데 Explorer 모드가 사용하기 쉬우므로, 이를 중심으로 설명하겠다. Explorer 모드를 클릭하면 [그림 8.10]과 같은 실행 화면이 보인다. [그림 8.10]의 상단의 메뉴를 보면, 전처리(Preprocess), 분류(Classify), 클러스터링(Cluster), 연관분석(Association), 속성선택(Select Attribute), 가시화(Visualization) 기능이 있다. 이제 주요 기능을 간단하게 설명한다.

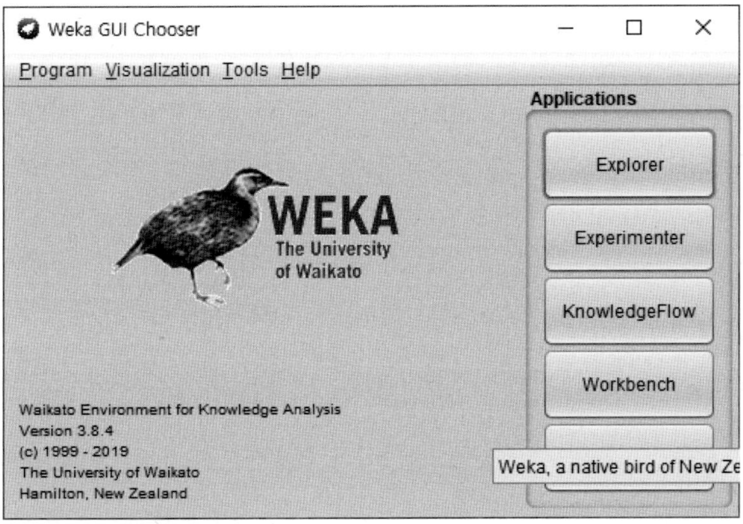

그림 8.9 WEKA 실행 화면

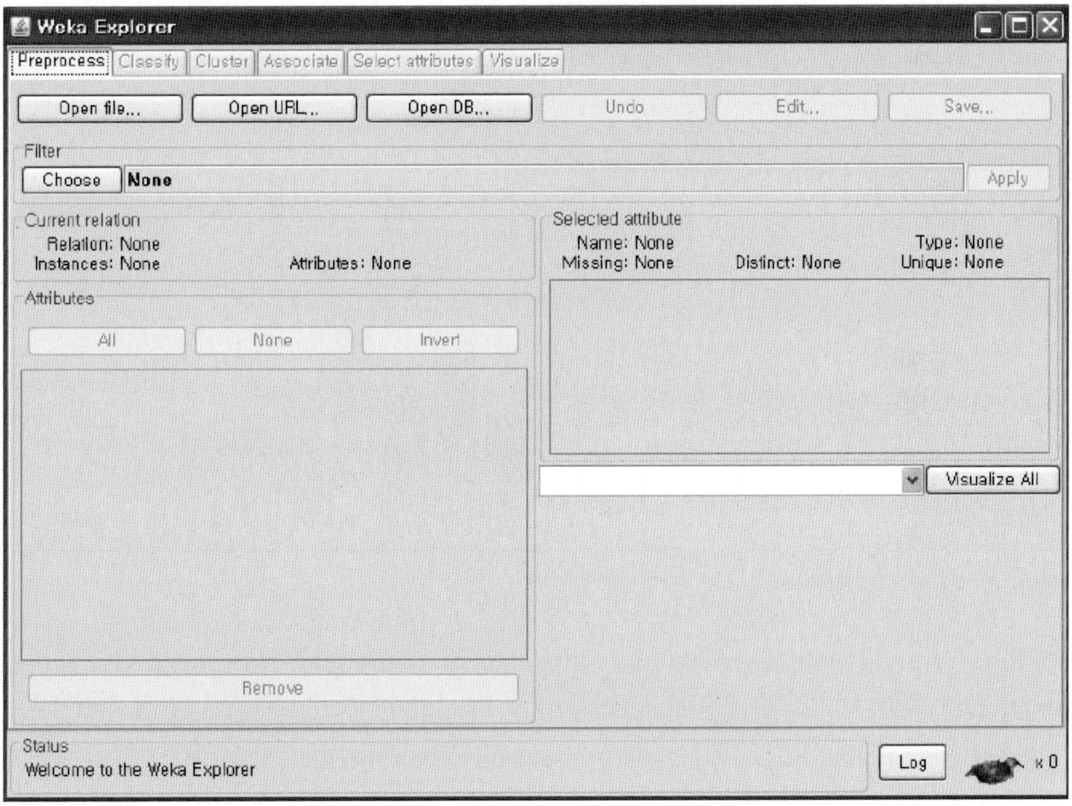

그림 8.10 WEKA의 Explorer 실행 화면

전처리 기능은 arff, csv, c4.5, binary의 다양한 형식으로 데이터를 입력받을 수 있다. WEKA의 큰 장점은 우리가 자주 사용하는 엑셀 파일을 사용할 수 있다는 것이다. 다만 여러분이 가진 엑셀 데이터를 저장할 때 다른 이름으로 저장 메뉴를 불러서 저장 형식으로 CSV(쉼표로 분리)를 선택해야 하며, 필드이름은 반드시 영어를 사용해야 한다는 사실은 주의해야 한다. 또한 URL이나 JDBC를 사용한 SQL 데이터베이스로부터도 입력받을 수 있다. WEKA의 전처리 도구인 필터는 이산화, 정규화, 표본화, 속성선택, 변환, 속성결합 등의 기능을 포함하고 있다. 아래 [그림 8.11]은 iris 데이터에 대하여 이산화 연산을 적용한 결과를 보여준다.

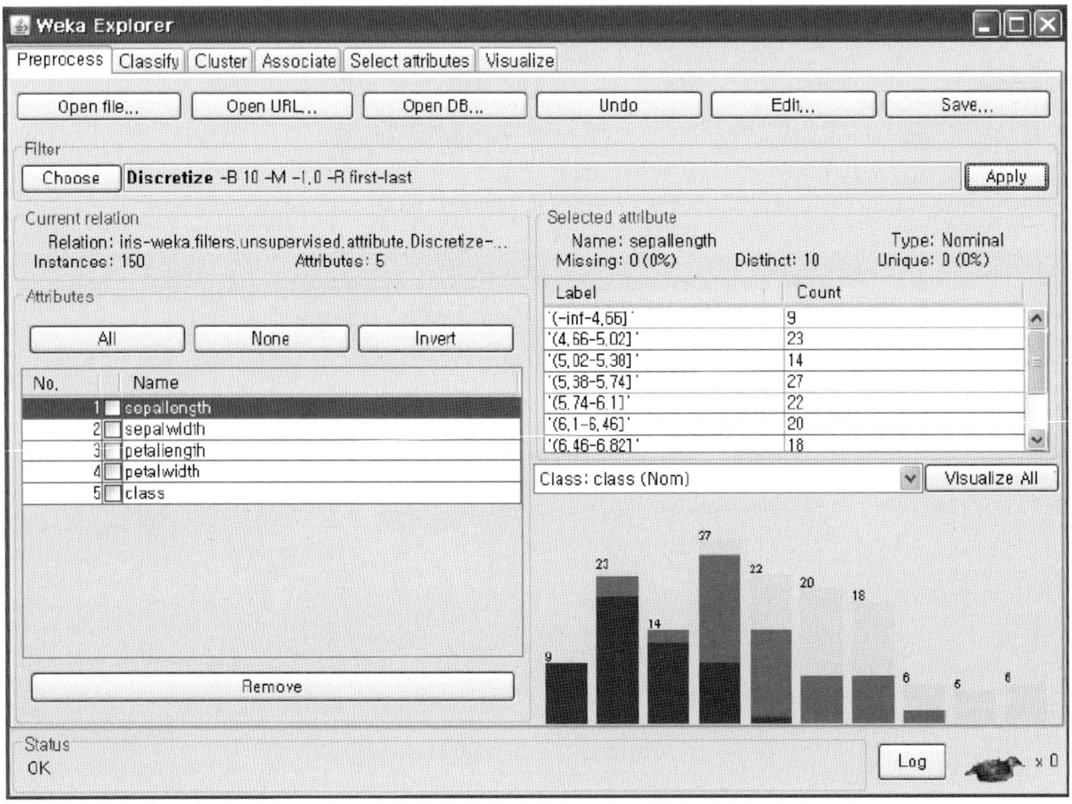

그림 8.11 이산화 연산 실행 결과

WEKA의 분류기는 명목형(nominal) 또는 수치형(numeric) 속성들을 예측하기 위한 모델이다. 현재 구현된 학습 방법들로는 의사결정트리(decision tree), 의사결정리스트(decision list), 개체기반 분류기(instance-based classifier), 서포트벡터머신(support vector machine), 다층 퍼셉트론, 논리회귀(logic regression), 베이지안 신경망(Bayesian network), 나이브 분류기(Naive Bayes), 1속성 분류기(1R) 등이 있다. 그러면 지금부터 iris 데이터를 대상으로 C4.5 의사결정트리를 수행한 결과를 보여주겠다. 대표적인 의사결정트리 알고리즘으로는 ID3과 C4.5가 있는데, ID3이 명목형 데이터만 처리하는 데 비하여, C4.5 알고리즘은 명목형과 수치형 데이터를 모두 처리하므로 사용범위가 더 넓다. WEKA에서는 C4.5 알고리즘이 J48이란 이름으로 사용되고 있다.

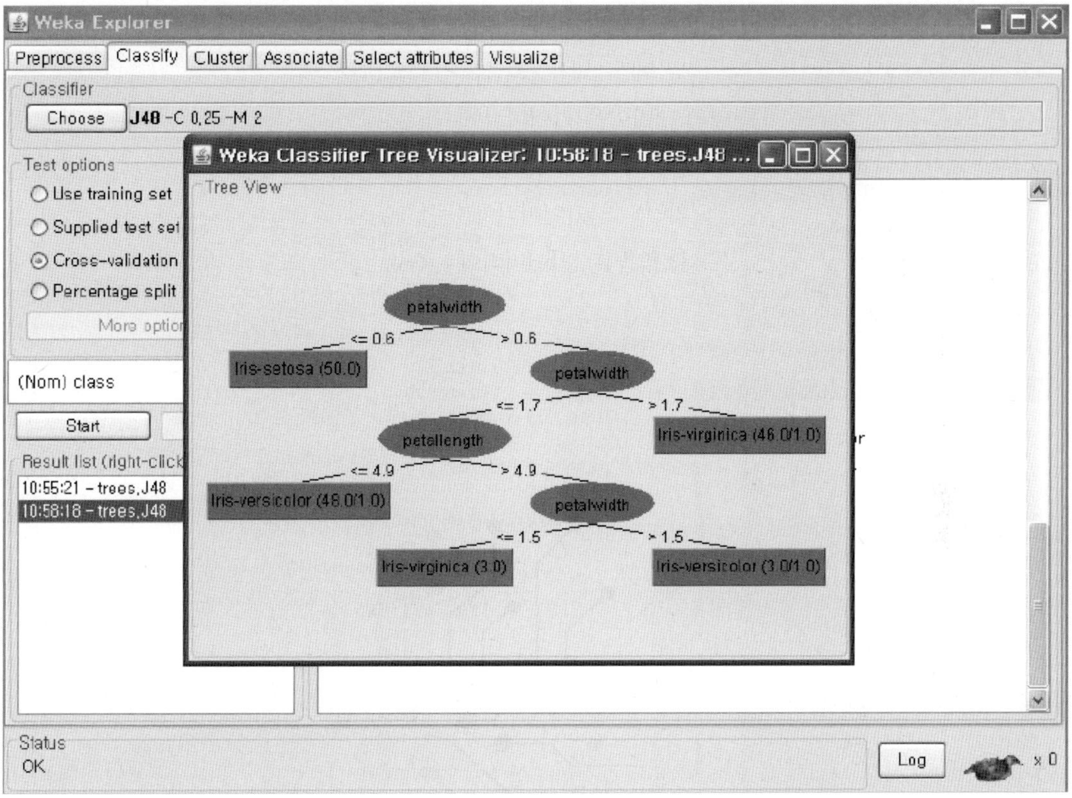

그림 8.12 J48 의사결정트리 실행 결과

WEKA는 데이터집합에 있는 유사한 인스턴스들의 그룹을 찾아주는 클러스터를 포함하고 있다. 구현된 방식으로는 K-평균(K-means), 최대예측(Expectation Maximum), Cobweb, FarthestFirst 등이 있다. 구해진 클러스터들은 가시화되고, 올바른 클러스터가 주어졌다면 그것과 비교될 수도 있다. 클러스터링 방법들이 확률분포를 계산해주면 로그확률 기반의 평가도 가능하다는 특징을 갖는다. [그림 8.13]은 iris 데이터를 대상으로 EM 방법으로 클러스터링한 결과를 보여준다. 클러스터는 4개 선택되었으며, 클러스터 0과 1은 47개와 50개로 분류되어 어느 정도 잘 분류되었으나, iris-vesicolor 데이터가 클러스터 1과 2에 28과 25개로 과다 분류되어 오류가 발생하였음을 볼 수 있다.

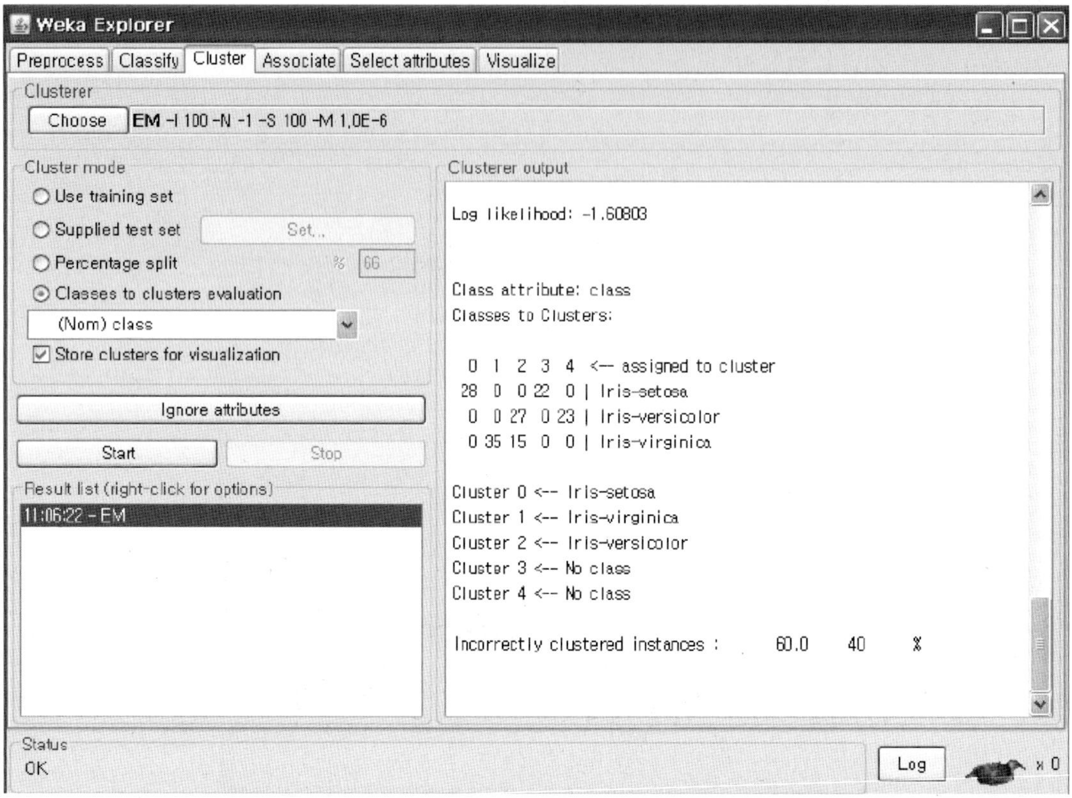

그림 8.13 EM 클러스터링 실행 결과

WEKA는 대표적인 연관규칙 학습 방법인 Apriori 알고리즘을 구현하고 있다. Apriori 알고리즘은 이산 데이터만 대상으로 동작하므로 주의하기 바란다. 또한 WEKA는 속성들의 그룹들 사이의 통계적 종속성을 식별할 수 있다. Apriori 알고리즘은 주어진 최소 지지도(support)와 신뢰도(confidence)를 초과하는 모든 규칙들을 발견하여 제시한다. 예를 들어, 대형 마트의 장바구니를 분석해보면, 빵과 버터를 구매하는 손님은 우유도 함께 구매하는 경우가 0.9의 신뢰도를 가지고 있다가 해당된다. [그림 8.14]는 명목형 속성만 가지는 weather 데이터를 대상으로 Apriori 알고리즘으로 연관분석한 결과를 보여준다. 모두 10개의 연관규칙이 유도되었다. 세번째 규칙은 if humidity=normal and windy=false then play=yes(confidence=1, support=4/4)이므로, 습도가 적당하고 바람이 불지 않으면 테니스 시합을 100% 할 수 있다는 뜻이다. 연관규칙이 분류규칙(classification rule)과 다른 점은 6번째 규칙을 보면 알 수 있듯이, if outlook=rainy and play=yes then windy=false(confidence=1, support=3/3)이므로, 분류규칙에서는 항상 우변에 위치해야 하는 play 변수가 조건부에 위치할 수 있다는 것이다. 즉 연관규칙은 속성들 사이의 연관성만 계산해준다.

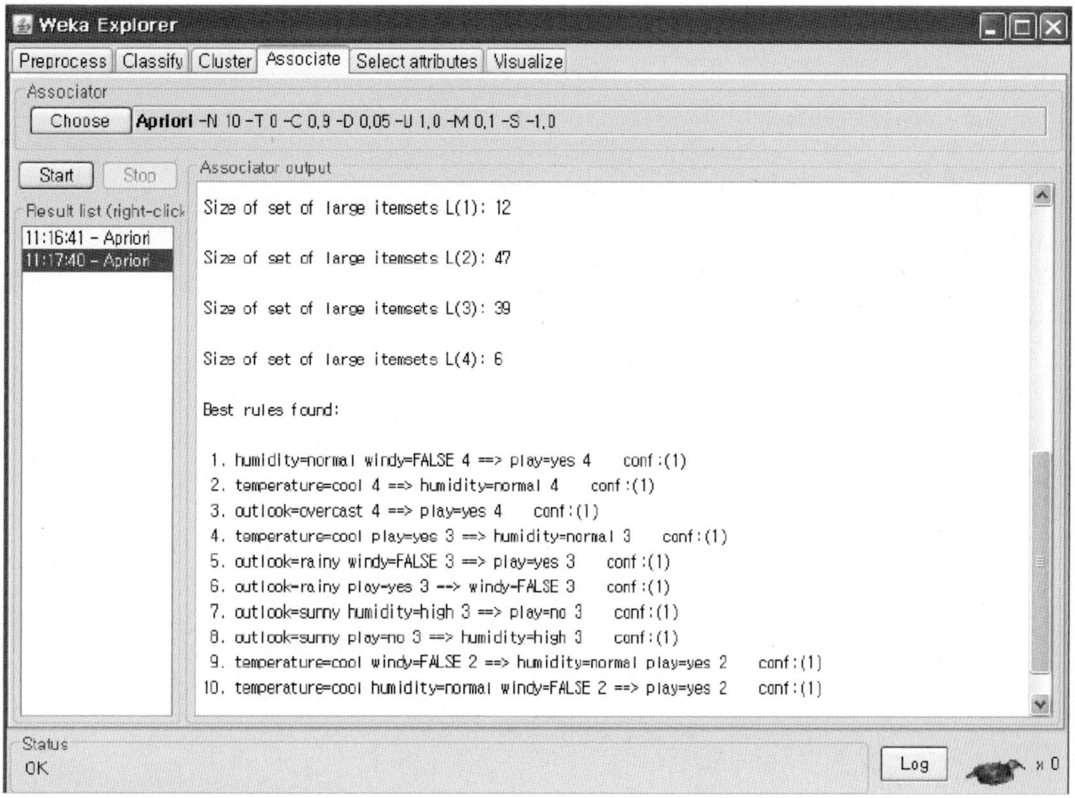

그림 8.14 Apriori 실행 결과

WEKA의 속성선택은 정확한 예측을 산출하는 속성들의 부분집합을 조사하는 기능이다. 속성선택 방법들은 두 가지 부분으로 구성된다. 먼저 탐색 단계로서 최고우선(best-first), 전향선택(forward selection), 랜덤(random), 유전 알고리즘(genetic algorithm), 순서화(ranking) 등이 적용된다. 다음 평가단계에서는 상관관계(correlation-based), 래퍼(wrapper), 정보이득(information gain), 카이제곱 통계량(chi-squared) 등이 사용된다. WEKA는 두 단계의 방법들을 조합하는 다양한 방법들을 시도할 수 있다. 아래 [그림 8.15]는 20개의 속성들과 810개의 인스턴스를 가진 segment 데이터 대상으로 정보이득을 평가 방법으로 선택하고, 탐색 방법으로 순서화를 선택했을 때의 선택된 상위 19개의 속성을 보여준다. 20번째 클래스 속성만 제외한 상태이다. 하지만 속성번호 기준으로 3, 5, 4인 하위 3가지 속성들은 정보이득이 0이므로 제외할 수 있게 되어, 상위 16개의 속성을 클러스터링이나 분류 작업 등에 사용해도 되고, 정보이득이 1.0 이상인 속성만 선택한다면, 추가로 속성번호 8, 6, 9, 7, 1의 5개 속성이 제거될 수 있다. 이러한 속성의 선택은 문제에 따라 사용자가 결정하면 된다.

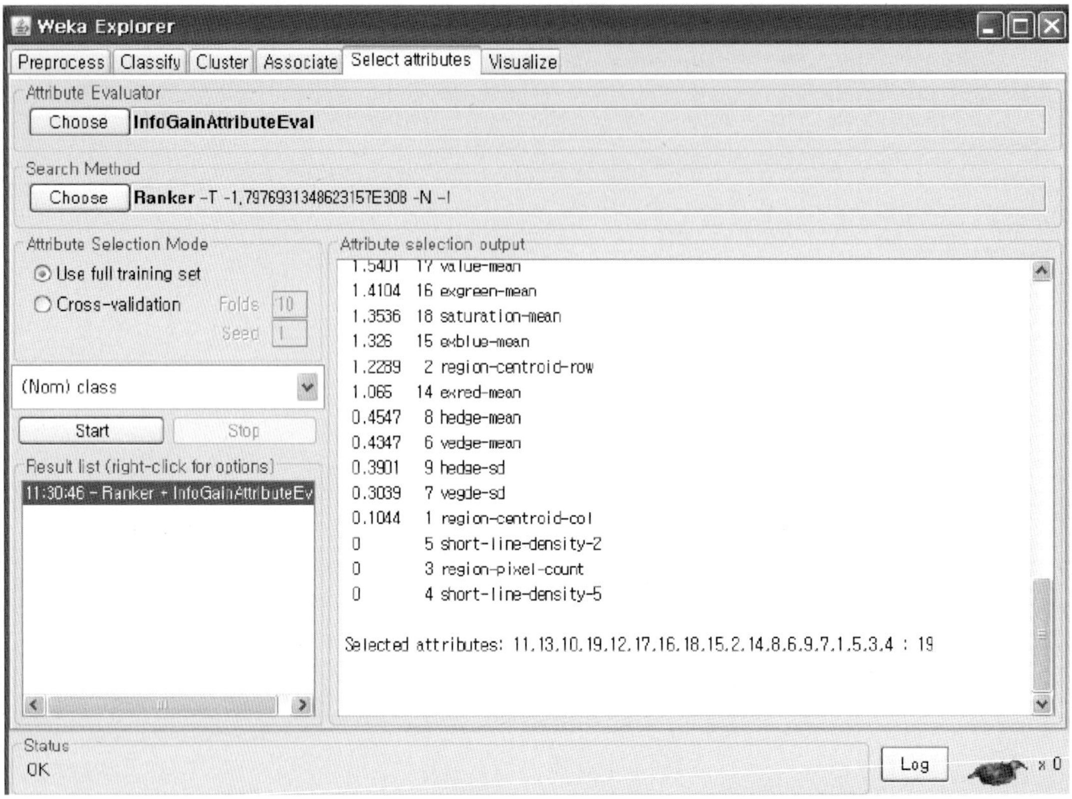

그림 8.15 정보이득과 순서화 방법을 조합한 속성선택 실행 결과

WEKA의 가시화는 학습 결과를 시각적으로 보여주므로 과정을 이해하는 데 도움이 된다. WEKA는 1차원의 단일 속성들과 속성들을 결합한 2차원 속성을 보여준다. 그 외에도 클래스 변수들을 색깔로 구분해서 보여주며, 줌인 기능도 제공한다. 아래 [그림 8.16]은 X축 변수로 sepalwidth, Y축 변수로 petalwidth를 사용하였을 때, iris-setosa 클래스는 파란색으로, iris-versicolor는 빨간색으로, iris-verginica는 녹색으로 표시한 결과를 보여준다[1]. 가시화 결과를 통해서, iris-setosa는 petalwidth 〈 1이면 쉽게 분류될 수 있으나, iris-versicolor와 iris-verginica의 구분은 쉽지 않다는 사실을 발견하게 된다. 결국 가시화는 데이터의 형태를 분석하거나 분류 결과를 해석하는 데 유용한 기능이다.

1 이 책이 흑백으로 출판되어 서술한 색상 구분이 보이지 않을 것이므로, 독자들은 프로그램을 실행하여 확인해 보기를 권한다.

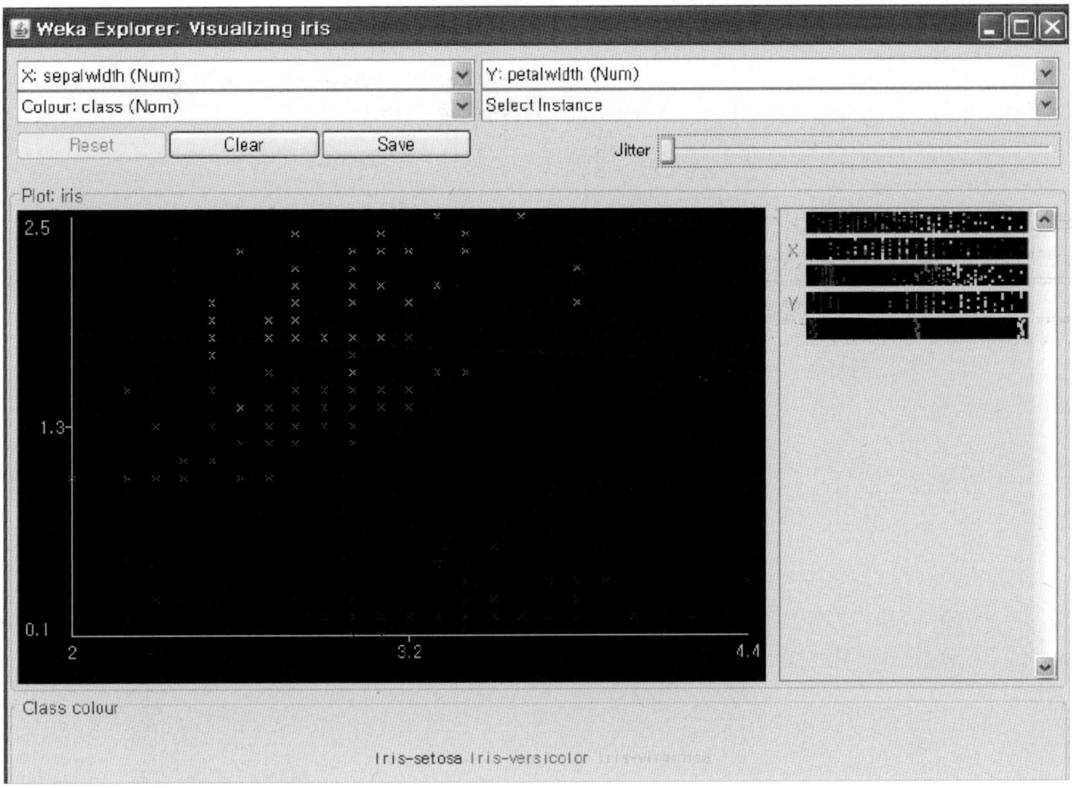

그림 8.16 가시화를 선택한 실행 결과

과제

01. K-means 알고리즘을 프로그래밍하시오. 단, 이 알고리즘의 코드는 인터넷 등에 다수 존재하므로, 이를 그대로 활용하는 것은 허용되지 않는다. 다만 참조 및 비교는 할 수 있으며, 발표자는 완성된 프로그램을 충분히 설명할 수 있어야 한다.

02. 데이터마이닝 툴인 WEKA로 data 폴더에 보관된 contact-lenses.arff 파일을 다음과 같은 방법으로 분석해 보시오. 분류기들이 어떻게 콘택트 렌즈 타입을 결정하는지, 그리고 분류기의 분류 결과가 타당한지 분석하면 된다.

OneR	– weka.classifiers.OneR
DecisionTable	– weka.classifiers.DecisionTable –R
C4.5	– weka.classifiers.j48.J48
PART	– weka.classifiers.j48.PART

03. Quinlan 교수가 제안한 ID3 의사 결정 트리 알고리즘을 직접 구현하시오. 구현 결과를 테스트하기 위해 WEKA의 data 폴더에 보관된 weather.arff 데이터를 사용하시오.

09장

인공신경망

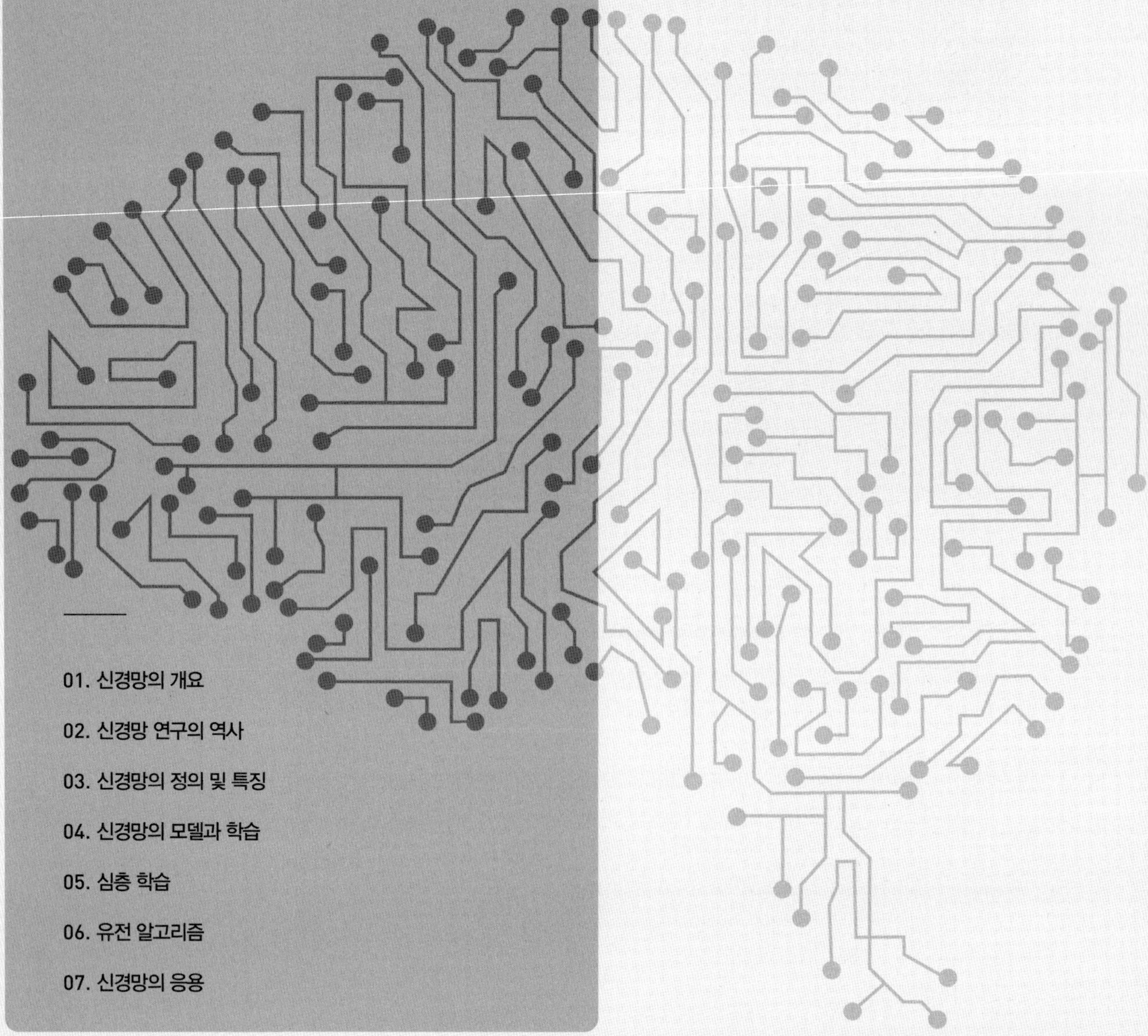

인공지능의 여러 가지 연구에는 크게 두 가지 접근법이 있다. 첫째는 사람이나 생명체의 지적인 기능을 컴퓨터를 이용하여 효율적으로 실현하고자 하는 방식이며, 둘째는 생명체가 어떻게 그러한 지적 기능을 발휘하는지 원리를 발견하고 그 원리를 흉내 내고자 하는 방식이다. 전자는 '두뇌의 기능(What the brain does)'을 인공적으로 실현하려 하는 데 반해, 후자는 '두뇌의 동작 원리(How the brain works)' 모형을 정립하는 데 관심을 가진다. 전자의 경우 문제의 해결에 필요한 방법이나 절차, 혹은 제약 조건 등을 컴퓨터가 처리할 수 있도록 기호로 표현하는 것이 기본이 되므로 이 부류의 연구를 기호주의(symbolism)라고 부른다. 한편 후자에 있어서는 인간 두뇌의 신경 연결 구조와 이를 통한 신호 전달 및 처리 방식에 관심을 가지므로 연결주의(connectionism)라고 부른다.

근대 이후 연결주의자(connectionist)의 연구는 생물학, 인지과학, 심리학 등의 분야에서 흥미로운 주제였다. 그러나 공학적인 측면에서 볼 때, 오랫동안 그 연구의 성과가 실용화의 단계에 이르지 못하였다. 따라서 1950년대부터 시작된 인공지능 연구는 기호주의 학자들이 주도하였다. 하지만 점차 기능주의적 접근법의 한계가 드러나기 시작하고, 이의 해결책으로 생물학적 모델에 기반한 접근법이 각광받기 시작하면서 인공신경회로망(artificial neural networks(ANN), 혹은 단순히 신경회로망, 또는 신경망(NN))에 대한 관심도 자연스럽게 높아졌다. 특히 1980년대 중반 이후 기존의 기술적 난점을 극복할 수 있는 방법이 제안되면서 다양한 이론과 모델 및 활용법이 폭발적으로 생겨났다.

신경망은 학습(learning)과 재생(recall)이라는 2단계로 작업을 수행한다. 예를 들어 패턴 인식(pattern recognition)★에서 학습이란 주어진 패턴에 따라 신경망 내의 연결 강도(가중치)를 적당한 값으로 결정하는 과정이고, 재생이란 학습된 가중치를 이용하여 주어진 입력과 가장 연관된 패턴을 신경망의 출력으로 계산하는 과정이다. 신경망은 패턴 인식 외에도 최적화(optimization)나 예측(prediction) 등의 여러 가지 영역에서 기존의 기법들이 가진 문제점들을 해결하는 새로운 계산틀로서 인정받고 있다[Schalkoff92].

★ 패턴 인식이란 주어진 입력을 이미 알고 있는 부류(즉, 패턴)들 중의 하나로 분류하는 기술이다. 예를 들어 어떤 숫자를 사람마다 다른 필체로 쓰더라도 우리 인간은 대체로 0부터 9까지 중 하나의 패턴으로 인식하는데 어려움이 없다.

01 신경망의 개요

Kohonen[1]의 정의에 따르면, "인공신경망(ANN)은 생물학적 신경계에서와 같은 방법으로, 실세계의 사물과 상호 작용할 수 있도록 하기 위해 대량으로 병렬 연결된 단순한 요소들과 이들의 계층적 조직이다(Massively parallel interconnected networks of simple(usually adaptive) elements and their hierarchical organizations which are intended to interact with the objects of the real world in the same way as biological nervous systems do). 이 같은 정의에서 인공신경망이 실제 생물을 모델로 하고 있다는 점은 주목할 만한 사항이다. 과학기술의 창의적 혁신들 중 많은 경우가 동일한 기능을 가지는 자연적 존재와는 무관한 원리로 동작한다는 사실[2]과 현재의 디지털 컴퓨터가 인간의 두뇌 작용과는 상당히 유리된 형태를 지니고 있다는 사실([표 9.1])에 비추어 볼 때, 패턴인식과 같은 분야에서 컴퓨터보다 인간이 우월하다고 해서 인간(혹은 동물)을 모델로 하여 이의 기능이나 구조를 모방하는 것이 최선의 접근법인지는 의문이 될 수 있다. 하지만 신경망은 이미 많은 영역에서 뛰어난 성능을 발휘하고 있기 때문에, 이제 신경망에 대한 회의론은 거의 존재하지 않는다.

[그림 9.1]은 일반적인 생물학적 뉴런(biological neuron)의 구조를 보여준다. 이를 9.3절의 [그림 9.2]와 비교해 보면, 기본적으로 인공 뉴런이 생물학적 뉴런을 모델로 하고 있음을 알 수 있을 것이다.

표 9.1 컴퓨터, 신경망, 그리고 인간 두뇌의 비교

구분	기존의 컴퓨터	신경망	인간의 두뇌
외형과 진화	하드웨어와 소프트웨어로 구성되며, 지난 수십 년간 엄청난 속도로 진화(발전)하여 왔다. 계산의 성능이나 기억능력은 일단 설계와 생산이 완성된 상태에서 변화되지 않는다.	컴퓨터상에서 실행되는 프로그램 형태나 반도체 칩의 결선된 형태로 실현 가능하다. 프로그램 소프트웨어에서는 적응적으로 그 크기나 성능을 조정할 수 있다.	인간의 두뇌는 진화하지만 지난 10여만 년 동안 진화의 증거는 미미하다. 그러나 한 인간이 출생한 후 성장하면서 두뇌의 크기와 기억 능력은 변화한다.
신호의 형식	전기	전기	화학(혹은 화학반응에 의한 전기)
데이터의 형식	디지털	아날로그, 디지털	아날로그

1 Teuvo Kohonen은 핀란드 공과대학 신경망 연구센터의 소장을 역임하였으며, SOM(Self-Organizing Map)을 비롯한 다수의 신경망 구조와 이론을 제안한 바 있다.

2 예를 들어 비행기의 경우, 사람들은 새를 모델로 (날개를 퍼덕이며) 나는 기계를 발명하고자 하였으나 모두 실패하였다. 오늘날 비행기는 새와는 분명히 다른 비행 메커니즘에 의해 더 빨리, 더 높이, 그리고 더 멀리 날 수 있게 되었다.

구분	기존의 컴퓨터	신경망	인간의 두뇌
결정, 판단, 계산 등의 기능	미리 정해진 알고리즘에 의하며, 최적의 결과를 얻고자 한다. 대체로 얻어진 결과가 결과를 얻기 위한 방법(알고리즘)을 변화시키지는 않는다.	정해진 알고리즘에 의해 기능을 학습한 후, 학습한 방식대로 결과를 산출한다. 그 결과는 대체로 주어진 조건을 만족시키면 된다. 어떤 순간 얻어진 결과는 다음 순간의 계산능력 향상을 위해 이용될 수 있다.	휴리스틱 절차에 의하며, 최적이기보다는 주어진 조건을 만족시키는 적절한 결과를 얻으려 한다. 과거에 얻어진 결과는 학습되어 미래의 사고방식을 변화시킨다.
결함 허용성	조금의 이상이나 결함은 바로 시스템의 동작을 정지시키거나 치명적 결과를 초래한다.	다수의 병렬연결은 경미한 손상에도 그럴듯한 결론에 도달할 수 있게 한다.	특정 신호전달 경로가 손상되어도 이를 우회할 다른 경로를 가지고 있다. 그러나 그 손상의 정도가 지나치면 사고나 행동에 제약을 초래한다.
기능상의 강점	계산과 기억	컴퓨터를 사용한 판단과 인식	판단과 인식

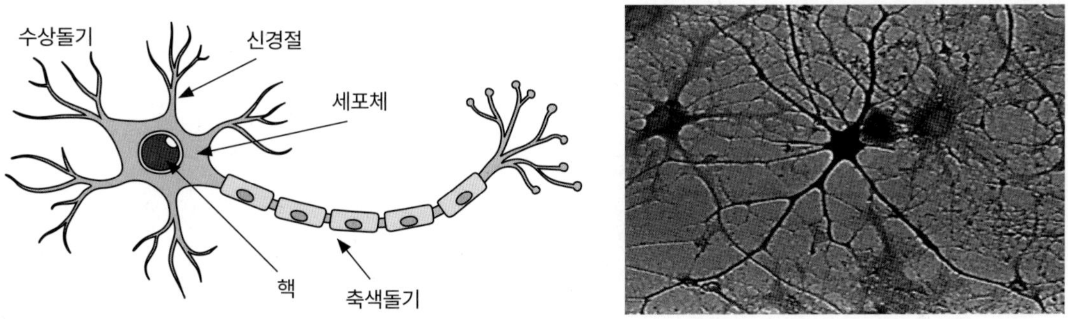

그림 9.1 생물학적 신경구조

02 신경망 연구의 역사

고대부터 인간은 자신의 인지 기능과 인식 과정에 대하여 관심을 가져왔다. 인류의 문화가 시작됨과 더불어 철학자들은 인간의 사고(thoughts) 능력의 원천에 의문을 가지고 있었다. 근대에 와서 신경생물학자들과 신경해부학자들이 이 의문에 대한 해답을 찾는 작업에 있어서 실질적인 진척을 이루었으며, 인간의 두뇌에는 약 10^{11}개의 신경 세포들이 10^{15}개의 상호 연결을 이루는 것으로 추정하고 있다. 이 세포들 사이의 정보 교환은 병렬적으로 수행되고, 학습에 의하여 이러한 정보 교환 기능이 활성화된다고 한다.

비록 두뇌 신경계의 동작 원리에 대한 이해가 부족함에도 불구하고, 학자들은 신경의 기능과 상호연결 형식을 실현하고 신경과학자들의 연구를 검증하기 위하여 수학적인 모델을 만들었다. 즉, 신경해부학, 신경생리학, 심리학의 발전에 따라 인간의 학습 기능을 모형화하는 시스템들이 만들어지기 시작했다.

신경망의 기원은 1943년 McCulloch과 Pitts가 주장한 "신경세포들을 단순히 연결한 신경망은 산술 및 논리연산을 수행할 수 있다"에서 찾을 수 있을 것이다[McCulloch43]. 이후 1949년에 "Hebb의 법칙"이라 불리는 최초의 인공신경망 학습규칙이 제안되었다[Hebb49]. Hebb의 규칙은 '임의의 두 개 뉴런 A와 B를 가정할 때, 이들이 반복적, 지속적으로 발화(firing)하여 상호 간에 변화를 초래하면 점차 그 활성화(activation)의 정도가 증대된다'는 것으로, Hebb는 이 학습규칙을 사용하여 몇 가지 심리학적 실험 결과를 설명하였다. 1950년대와 60년대에는 일련의 생물학 및 심리학적인 통찰력을 결합하여 인공적으로 신경망을 생성하려는 연구가 활발하였다. 예를 들어, Rosenblatt이나 Widrow 등의 연구자들이 단층의 인공세포들로 연결된 인공신경망을 개발하였다. 보통 퍼셉트론(Perceptron)이라 불리는 단층 신경망은 일기예보, 심전도해석, 인공시각(artificial vision) 등 다양한 분야에 응용되었다. 이 당시에는 인공신경망을 확장하면 인조인간도 만들 수 있다는 기대를 했지만, 이러한 기대는 곧 깨졌다.

1969년 MIT의 Minsky[3]와 Papert는 'Perceptrons'라는 저서[Minsky69]에서 퍼셉트론은 exclusive-or(XOR: 배타적 논리합)과 같은 간단한 이진 논리도 학습할 수 없다는 것을 수학적으로 밝혀냄으로써 신경망의 한계를 지적하였다. 결국 실망한 과학자들은 연구 주제를 연결주의 인공지능(connectionism AI)에서 기호주의 인공지능(symbolic AI) 분야로 돌리게 되었고, 이후 신경망은 거의 20년 가까이 암흑기를 맞이하게 된다.

그럼에도 불구하고 Amari, Anderson, Fukushima, Kohonen, Grossberg 등 소수의 과학자들은 신경망의 이론적 기초를 강화하고 패턴인식, 신호처리 등으로 연구 분야를 확대하였다. 1980년대 중반에 Rumelhart와 Hinton, Williams는 다층으로 구성된 퍼셉트론을 학습시킬 수 있는 오류역전파(error back-propagation: EBP 또는 BP) 학습 알고리즘을 제안하였다[Rumelhart86]. 이들의 이론에 의해 신경망 연구는 침체에서 벗어나 다시금 연구가 활발하게 진행되고, 많은 학자들이 다시 신경망 연구를 시작하여 기존의 컴퓨터에 의해 풀기 어려웠던 문제들에 대한 해결책을 제시하였다.

이와 같이 많은 연구자들의 노력으로 인해 신경망 연구는 급속히 활기를 띄게 되어 1987년에 최초의 관련된 국제 학술회의(International Conference on Neural Networks: ICNN)가 개최되었으며, 그 후 각국에서 관련 학회와 연구소가 발족되기에 이르렀다. 신경망에 대한 연구는 2006년 G. Hinton교수[4]가 심층 신경망을 위한 빠른 학습 알고리즘(A fast learning algorithm for deep belief nets) 논문

3 MIT의 Marvin Minsky교수는 기호주의 인공지능 학파의 선구자이며, MIT 미디어랩을 공동 설립하였다.

4 G. Hinton교수는 BP 알고리즘의 공동개발자이며, 오늘날 인공지능의 대중화에 큰 기여를 한 심층 학습(Deep Learning) 또는 심층 신경망(Deep NN)의 창시자로서 토론토 대학 교수 재직과 함께 구글 인공지능 개발팀을 이끌고 있다.

을 발표하면서 시작된 심층 학습(deep learning)의 근간이 되는 심층 신경망(Deep Neural Network: DNN)에 대한 연구로 발전하여, 인공지능의 활용 영역을 넓혀 가고 있다.

03 신경망의 정의 및 특징

과학자들의 연구에 의하면 복잡한 인지 작업을 수행하는 각 신경세포는 약 천 개부터 십만 개에 이르는 다른 신경세포와 신경절을 통해 서로 연결되어 정보를 전달한다. 이런 인간 두뇌의 기능을 모방하고자 하는 인공신경망은 노드(node) 혹은 처리요소(Processing Element: PE)라고 하는 많은 수의 뉴런들이 복잡하게 연결된 망(network)으로 구성된다. 즉, 임의의 뉴런은 주어진 입력에 반응하여 생성된 나름대로의 출력을 얻거나 이를 다른 뉴런의 입력으로 보내게 되는 것이다. 이러한 기능을 수행할 수 있는 인공신경망의 뉴런 구조는 [그림 9.2]와 같이 표현할 수 있다.

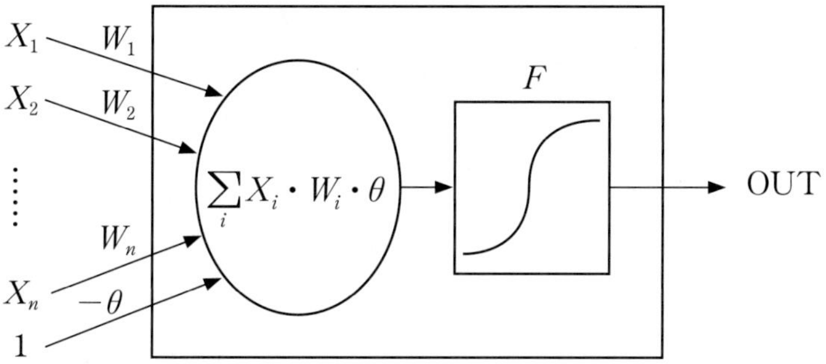

그림 9.2 인공신경망의 뉴런 구조

하나의 뉴런은 X_1, X_2, ... , X_n의 n개 입력을 위한 연결선을 가지며, 각 입력 성분은 각각의 연결선에 가해지는 가중치 W_i와 곱해진 후, 이들의 가중합(weighted sum)이 어느 임계치(threshold) θ 이상이면[5] 뉴런은 활성화되어 출력이 된다. 이때 [그림 9.3]에 보인 바와 같은 활성화 함수(activation function) F를 수행한 결과값이 뉴런의 최종적인 출력이 된다. 예를 들어서 [그림 9.3(a)]는 뉴런의 가중입력값과 임계치와의 차이가 0 이상이면 1, 그렇지 않으면 0을 출력하는 이진 함수이다. 그리고 [그림 9.3(d)]는 연속적이지만 비선형의 입출력 관계를 가지는 함수이다. 각 뉴런의 출력은 생물학적 신경세포와 마찬가지로 다른 뉴런들의 입력이 될 수 있다.

5 다르게 표현하자면, (가중합$-\theta$)≥0 이상. 임계치 θ 대신에 바이어스 b라는 용어를 사용하기도 한다.

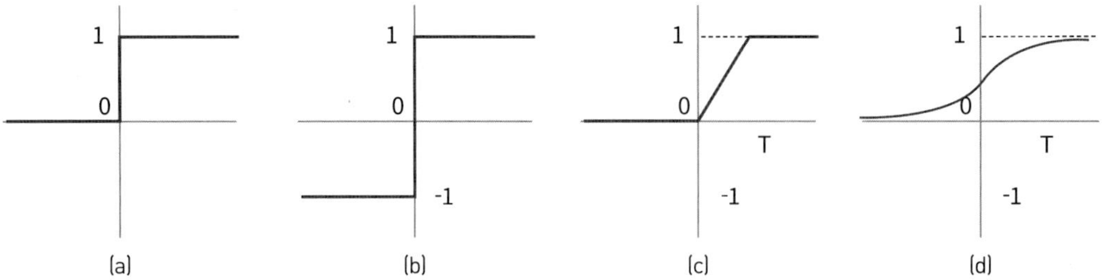

그림 9.3 인공신경망의 뉴런에서 사용하는 여러 가지 출력 활성 함수: (a) 이진 하드리미터, (b) 쌍극 하드리미터, (c) 선형, (d) 시그모이드

뉴런 1개는 단순한 기능을 갖지만 이들이 연결된 신경망은 강력한 기능을 수행할 수 있다. 가장 간단한 신경망은 다수의 입력 뉴런들로 구성된 입력층과 한 개 이상의 출력 뉴런으로 구성된 출력층으로 형성된 단층 신경망(single-layer neural network)이며, [그림 9.4]에 이의 구조를 보인다. 일반적으로 입력층은 단순히 입력벡터들을 전송하는 역할만을 수행하고 연산이 일어나지 않으므로 층의 개수를 헤아릴 때 고려되지 않는다.

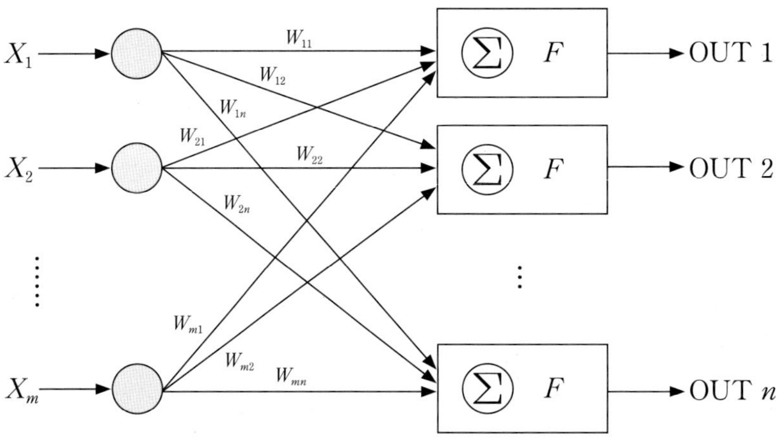

그림 9.4 단층 신경망

대체로 신경망이 커지고 복잡해질수록 더 나은 계산 기능을 수행할 수 있게 된다. 따라서 신경망의 입력층과 출력층 사이에 새로운 층들을 추가하는 다층 신경망(multi-layer neural network)은 더 복잡한 기능을 수행할 수 있다. 다층 신경망에서 입력층과 출력층 사이의 층들은 은닉층(hidden layer), 내부층(internal layer), 혹은 중간층(middle layer)이라 부른다.

인공신경망은 인간의 두뇌가 수행하는 예를 통한 학습(learning by example), 일반화(generalization), 연상기억(associative memory), 그리고 결함 허용성(fault tolerance) 등의 특징을 보이고 있다. 예를 통한 학습이란 (입력, 출력) 쌍의 예를 계속적으로 제시함으로써 원하는 형태의 사상(mapping)을 만들어가는 것을 의미한다. 일반화란 학습이 완료된 신경망은 학습하지 않은 입력에 대해서도 올바른 결과를 출력한다는 것이다. 연상기억이란 새로운 입력이나 일부 정보가 유실된 입력에 대해서 저장된 패턴과 내용면에서 가장 유사한 출력을 찾아내는 능력을 말한다. 결함 허용성이란 신경망 자체가 무수히 많은 뉴런들로 연결되어 있으므로 작업 중에 일부 뉴런이 고장 나거나 뉴런들의 연결이 끊어지더라도 남아있는 많은 뉴런들에 의해 작동을 보장해 주는 특성이다.

이중에서도 특히 학습능력은 신경망의 가장 중요한 성질이라 할 수 있으며, 학습에 의하여 신경망의 작동은 수정될 수 있다. 이때, 뉴런 간의 연결가중치를 조정하는 방법에 따라 신경망의 종류를 나눌 수 있다. 7장에서 설명한 바와 같이 학습의 방법에는 여러 가지가 있는데, 신경망의 학습은 크게 교사(teacher, trainer)가 가르쳐주면서 학습하는 지도 학습(supervised learning)과 교사 없이 스스로 학습하는 비지도 학습(unsupervised learning)으로 분류된다.

지도 학습이란 실험 데이터의 입력벡터와 그에 대응하는 출력값을 함께 신경망에 입력시킨 후 학습시키는 방법으로써, 입력이 주어짐에 따라 원하는 출력값이 활성화되도록 뉴런 간의 연결가중치를 조정한다. 이 방식은 입력과 출력 사이의 사상(mapping)이 분명한 경우에 좋은 결과를 얻으며, 학습 전에 미리 수집하여 적절하게 정리된 데이터와 신경망에 입력된 데이터를 처리하여 얻어진 출력이 의도한 결과와 일치하는지를 알려주는 교사를 필요로 한다. 따라서 데이터 준비의 부담이 크고, 교사가 일일이 학습에 관여해야 하는 단점이 있다. 대표적인 알고리즘으로 오류역전파(BP) 학습규칙이 있다.

비지도 학습이란 목표값 없이 학습용 데이터만을 신경망에 입력하면, 신경망이 스스로 연결가중치들을 학습하는 방식이다. 이 방식은 출력층의 목표값을 필요로 하지 않으며, 따라서 신경망의 출력이 목표값과 비교되지 않는다. 대신에 학습 알고리즘은 비슷한 입력패턴들이 같은 출력 뉴런으로 학습되도록 연결가중치들을 수정하여 준다. 대표적인 알고리즘들로는 Kohonen의 경쟁학습(competitive learning) 알고리즘과 Grossberg가 제안한 ART(Adaptive Resonance Theory) 모델이 있다.

모든 신경망은 나름대로의 장단점을 가지고 있으며, 각 구조마다 독특한 학습규칙(learning rule)을 이용한다. 다음 절에서 대표적인 신경망 모델들과 학습규칙들을 설명한다.

04 신경망의 모델과 학습

[표 9.2]는 입력의 형식과 학습방식에 따라 신경망들을 분류한 결과이다[Lippman87]. 표에서 알 수 있듯이 신경망은 처리할 데이터와 학습 시 교사의 유무에 따라 Hopfield 신경망, 단층 퍼셉트론과 다층 퍼셉트론, 자기조직화 신경망(SOM), ART 모델 등을 분류할 수 있다. 이들 중 일부는 이진의 입출력 데이터만을 처리할 수 있으나, 이진수와 실수를 모두 처리할 수 있는 것들도 있다. 이 밖에도 Kohonen 신경망과 Grossberg의 신경망을 결합한 양방향 학습 구조를 가지는 counter-propagation 신경망, 통계

적 모델인 Boltzmann machine과 simulated annealing, 순환 신경망(recurrent neural network), RCE(Reduced Coulomb Energy) 신경망, 고차 신경망(high-order network), 확률적 신경망(Probabilistic Neural Network) 등 다양한 모델들이 존재한다.

표 9.2 신경망 모델의 분류

입력 형식	학습 방식	신경망 모델
이진 입력	지도 학습	Hopfield network Perceptron
	지도 학습 및 비지도 학습을 결합한 학습	Counter-propagation network
	비지도 학습	ART model
실수 입력	지도 학습	Perceptron Multi-layer Perceptron
	비지도 학습	Competitive learning Self-Organizing Map(SOM)

4.1 신경망의 학습

임의로 주어진 데이터로부터 인공신경망이 학습을 수행할 수 있는 방법을 생각해 보자. 이진의 두 입력을 처리하여 특정한 출력을 생성하는 이진 논리는 간단하고 기본적이면서도 활용도가 높으므로 이를 고려해 본다. 예를 들어 [표 9.3]의 논리합(logical OR)을 처리할 수 있는 간단한 신경망을 구성해 보면 [그림 9.5]와 같다.

우선 연결가중치와 임계치를 임의의 값, 예를 들어 W_0와 W_1을 각각 0.1과 0.2로 두고 임계치 θ는 0.5로 둔다고 하고, 뉴런의 활성 함수는 [그림 9.3(a)]와 같은 이진 하드리미터를 사용한다고 하자. [표 9.3]의 ①번 패턴의 데이터를 입력하면, 그 결과는 $Y=F(W_0X_0+W_1X_1-\theta)=F(0.1\times0+0.2\times0-0.5)=F(-0.5)=0$이므로, 입력 (0,0)을 논리합한 결과인 $0\vee0=0$과 동일하다. 그런데 이제 ②번 데이터를 입력하면 $Y=F(0.1\times0+0.2\times1-0.5)=F(-0.3)=0$과 같이 계산되므로, $0\vee1=1$이 나와야 하는 논리합과는 다른 출력이 나왔다. 이 문제를 해결하기 위해서는 여러 가지 방법이 있겠지만, 만약 임계치를 낮추는 전략은 어떨까? 즉, (0,1)의 입력에 대해 원하는 출력인 1이 나올 수 있으려면, 임계치를 0.2 이하로 설정하면 될 것이다. 그래서 임계치를 0.1로 바꾸면, $Y=F(0.1\times0+0.2\times1-0.1)=F(0.1)=1$이 되어 원하는 값을 얻었다. 이제 이 신경망에 ③번 데이터를 입력하면 $Y=F(0.1\times1+0.2\times0-0.1)=F(0.0)=1$로 원하는 값이 나온다. 그리고 ④번 데이터에 대해서도 $Y=F(0.1\times1+0.2\times1-0.1)=F(0.2)=1$과 같이 원하는 값을 얻을 수 있다. 즉, $W_0=0.1$, $W_1=0.2$, $\theta=0.1$의 조합은 논리합에 대한 신경망의 수많은 해들 중 하나가 될 수 있다.

표 9.3 논리합의 진리표

패턴	입력		출력
	X_0	X_1	Y
①	0	0	0
②	0	1	1
③	1	0	1
④	1	1	1

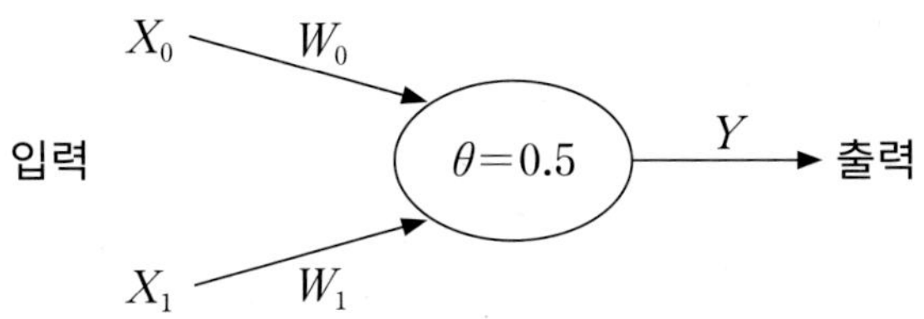

그림 9.5 논리합 연산을 위한 신경망

예제 01 **[표 9.3]의 논리합을 [그림 9.5]의 신경망 구조로 구현한다고 하자.**

(a) 우리는 이미 임계치 θ를 학습 데이터에 맞도록 변경하는 예를 이 절에서 살펴 본 바 있다. 이와 같은 접근법으로 임계치가 아니라 연결가중치를 조정하여 논리합을 구현하는 것이 가능한지 보여라.

(b) 자동화된 학습 규칙을 설명하여라.

풀이 01

(a) 먼저 [그림 9.5]와 같은 신경망에 임의로 파라미터를 지정한다. 예를 들어 $W_0=0.1$, $W_1=0.2$, $\theta=0.5$와 같이 초기화된 경우를 생각하자. 이미 설명한 바와 같이 ①번 패턴의 데이터에 대해서는 적절한 값이 출력되지만, ②번 데이터에 대해서는 출력이 0으로 계산되어, 실제로 원하는 출력인 1과는 다르다. 이제 이를 해결하기 위해서 W_1을 변경해 본다고 할 때, 예를 들어 0.5 이상이 되면 1의 출력을 얻을 수 있을 것이다. 즉, $\mathrm{Y}=\mathrm{F}(0.1\times0+0.5\times1-0.5)=\mathrm{F}(0.0)=1$. 그러나 ③번 데이터가 입력되면, 출력은 $\mathrm{Y}=\mathrm{F}(0.1\times1+0.5\times0-0.5)=\mathrm{F}(-0.4)=0$이 되어, 원하는 출력인 1과 맞지 않게 되므로, W_0을 0.5 이상으로 조정하여야 한다. 즉, $\mathrm{Y}=\mathrm{F}(0.5\times1+0.5\times0-0.5)=\mathrm{F}(0.0)=1$. 그리고 여기에 ④번 패턴의 데이터가 입력되어도 출력은 1이 된다. 즉, $W_0=W_1=0.5$, $\theta=0.5$가 하나의 해가 되겠다.

(b) 인공신경망의 자동화된 학습규칙은 다양하지만, 단순하면서도 기본이 되는 것은 Widrow-Hoff 규칙 [Widrow60], 또는 델타 규칙(delta rule)으로 부르는 알고리즘으로 9.4.2절의 퍼셉트론 학습에 사용된다. 어떤 입력 X_i에 대해 임의의 가중치 W_i를 가진 신경망에서 계산된 실제 출력(real output) Y와 주어진 입력에 대해 요구되어지는 출력(desired output) d 사이의 차이 (d-Y)를 델타라 하고, 델타로부터 오차함수 E를 다음과 같이 정의하자.

$$E=\frac{1}{2}(d-Y)^2=\frac{1}{2}\left(d-\sum_i W_i X_i\right)^2 \tag{9.1}$$

오차를 줄일 수 있는 가중치의 변화 또는 다르게 표현하면 가중치의 변화에 의한 오차함수의 변화를 음의 방향으로 진행하는 방법은 다음 식 (9.2)와 같다.

$$-\frac{\partial E}{\partial W_i}=-\left(d-\sum_i W_i X_i\right)(-X_i)=(d-Y)X_i \tag{9.2}$$

식 (9.2)로부터 오차함수를 줄이기 위한 가중치 W의 변화는 다음과 같은 방식이 적당할 것이다.

$$W_i(t+1)=W_i(t)+(d-Y)X_i \tag{9.3}$$

이제 이상의 방법을 [예제 9.1(a)]의 문제에 적용해 보자. $W_0(0)=0.1$, $W_1(0)=0.2$, $\theta(0)=0.5$와 같이 $t=0$에서 임의로 초기화된 경우를 가정한다. ①번 데이터에 대한 출력은 $Y=0$이고 원하는 출력도 $d=0$이므로, 이 경우에는 델타 $\Delta=(d-Y)=(0-0)=0$이어서 식 (9.3)에 의한 가중치의 변화는 없다. 즉, $W(1)=W(0)$이다. 그러나 ②번 데이터의 경우에는, $Y=0$이고 $d=1$이므로 델타가 1이고, 이를 해결할 수 있도록 식 (9.3)에 의하여 $t=2$에서의 가중치가 변경된다.

$$W_0(2)=W_0(1)+(1-0)\times 0=0.1+0=0.1$$
$$W_1(2)=W_1(1)+(1-0)\times 1=0.2+1=1.2$$

이제 $W_0=0.1$, $W_1=1.2$, $\theta=0.5$는 $Y=F(0.1\times 0+1.2\times 1-0.5)=F(0.7)=1$로 $d=1$과 일치한다. 그런데 ③번 데이터에 대해서는 $Y=0$으로 원하는 출력 $d=1$과는 차이가 있으므로,

$$W_0(3)=W_0(2)+(1-0)\times 1=0.1+1=1.1$$
$$W_1(3)=W_1(2)+(1-0)\times 0=1.2+0=1.2$$

와 같이 W_0만 변화하였다. 이제 $W_0=1.1$, $W_1=1.2$, $\theta=0.5$는 $Y=1$을 출력하여 $d=1$과 일치한다. 이러한 패러미터 값들은 ④번 데이터에 대해 적용한 경우, $Y=F(1.1\times 1+1.2\times 1-0.5)=F(1.8)=1$로써, $d=1$과 일치하여 더 이상의 변화는 필요 없다.

4.2 단층 퍼셉트론

신경망 연구의 선구자인 Rosenblatt에 의해 개발된 퍼셉트론(Perceptron)은 눈의 망막을 모형화한 것이다. 퍼셉트론은 지도 학습을 수행하고 구조가 단순한 신경망이지만, 이진 입력뿐만 아니라 아날로그 입력도 처리할 수 있는 패턴인식 능력 때문에 큰 관심을 끌었다.

퍼셉트론의 가중치와 임계치를 학습하기 위한 알고리즘으로는 [예제 9.1(b)]의 식 (9.3)으로 설명한 델타 규칙이 자주 사용된다. 델타 규칙은 전체 출력 뉴런들에 대하여 계산된 출력값과 목표값 사이의 차이를 최소화시킨다. 만일 계산값과 목표값 사이에 차이가 없으면 연결가중치는 변경되지 않으며, 차이가 있으면 차이를 줄이는 방향으로 가중치를 변경시킨다. 델타 규칙에 의한 퍼셉트론의 구체적인 학습 알고리즘은 아래와 같은 단계에 의한다.

- 1단계: 가중치와 임계치를 초기화한다.
  N개의 입력변수에 대해서 $W_i(0)$, $(0 \leq i \leq N-1)$과 θ를 임의의 작은 값으로 지정한다. 여기서 $W_i(t)$는 시간 t일 때 입력 i로부터의 가중치이고, θ는 출력 뉴런의 임계치이다.

- 2단계: 새로운 입력패턴과 목표로 하는 출력패턴을 제시한다.
  즉, 입력패턴 $X_0, X_1, \ldots, X_{N-1}$과 목표출력 $d(t)$를 함께 입력한다.

- 3단계: 이진 하드리미터 함수 f_h를 사용하여 실제 출력값을 계산한다.

$$Y(t)=f_h\left(\sum_{i=0}^{N-1} W_i(t) X_i(t)-\theta\right) \tag{9.4}$$

- 4단계: 가중치를 갱신한다.

$$W_i(t+1)=W_i(t)+\alpha[d[t]-Y(t)] \cdot X_i(t), \ (0 \leq i \leq N-1) \tag{9.5}$$

  여기서 $d(t)$는 현재 입력에 대한 목표 출력이다. α는 학습률(learning rate)로서 1보다 작은 양수이다[6]. 학습률이 크면 어떤 특정 데이터에 대해서 원하는 출력과 실제로 계산된 출력 사이의 차이, 즉 델타를 가중치의 변화에 크게 반영하고, 반대의 경우에는 조금만 반영한다. 일반적으로 학습률이 크면 학습속도가 빠를 수 있지만, 신경망의 연결가중치가 안정적으로 수렴되지 못할 수 있다. 식 (9.5)에서 알 수 있듯이 신경망의 계산된 실제 출력값과 목표 출력값이 같으면, 가중치의 변화는 없다.

- 5단계: 연결가중치의 변화가 어떤 기준치 이하가 되어 그 값이 수렴되었다고 판단될 때까지 2단계로 분기하여 반복 수행한다.

---

6 [예제 9.1]의 (b)에서는 α가 고려되지 않았지만(엄밀하게는 $\alpha=1$) 쉽게 문제가 풀렸다. 그러나 많은 실제 문제는 논리합보다 훨씬 복잡하며, 학습할 데이터의 개수가 많다. 따라서 각각의 입력 데이터를 100% 수용하여 학습하는 것(즉, $\alpha=1$로 하는 것)은 전체 데이터에 대한 최적의 해를 찾기 위해 각 데이터마다 조금씩 접근하는 것(즉, $\alpha<1$로 하는 것)에 비해 바람직하지 않는 경우가 대부분이다. 즉, 특정 데이터에 완전히 맞추어 신경망의 연결가중치를 조정하는 것은 다음에 입력되는 데이터에 대해서는 오히려 적절하지 않을 수 있기 때문에, 조정은 점진적으로 조금씩 시행하여 마지막에는 모든 데이터를 대체로 만족시키는 어떤 값으로 수렴하도록 하자는 것이 학습률을 1보다 작은 소수 값으로 두는 이유이다.

예제 02

[그림 9.6(a)]는 입력 뉴런 X_0, X_1을 갖고, 출력 뉴런 Y를 갖는 간단한 퍼셉트론의 구조를 보여준다. 이때 입력에 연결된 가중치는 W_0과 W_1이고, 임계치는 θ이다. 퍼셉트론의 기능을 논리함수(logic function)를 중심으로 알아보자. (a) [표 9.4]와 같은 여러 가지 논리함수의 진리표를 고려한다. 함수 A, B, C를 각각 만족하는 연결가중치 W_0와 W_1이 존재하는지 살펴보아라. 단, $\theta=0.5$라고 하자. (b) OR 논리(논리합)를 만족하는 가중치와 임계치를 자동으로 찾기 위한 컴퓨터 프로그램을 작성하고 실행시켜 보아라.

표 9.4 논리함수의 진리표

입력		논리함수의 출력(Y)		
X_0	X_1	A	B	C
0	0	0	0	0
0	1	0	1	1
1	0	0	**1**	1
1	1	1	**1**	0

풀이 02

(a) 퍼셉트론은 뉴런에 입력되는 가중치 합이 임계치를 초과하면 1이 되고, 아니면 0이 된다. 먼저 논리 A를 수행할 수 있는 가중치를 찾아보면 다음과 같다.

$$0 \times W_0 + 0 \times W_1 = 0 \qquad < 0.5$$
$$0 \times W_0 + 1 \times W_1 = W_1 \qquad < 0.5$$
$$1 \times W_0 + 0 \times W_1 = W_0 \qquad < 0.5$$
$$1 \times W_0 + 1 \times W_1 = W_0 + W_1 \qquad > 0.5$$

이를 만족하는 W_0와 W_1은 많이 있다. 예를 들어 $W_0=0.4,\ W_1=0.2$는 위의 방정식을 모두 만족하므로 해가 될 수 있다. 같은 방식으로 논리 B를 수행하는 가중치도 무한히 많으며, $W_0=0.6,\ W_1=0.7$이 한 예가 될 수 있다. 하지만 논리 C를 만족시킬 수 있는 가중치를 찾기 위해 다음과 같이 방정식을 세워보면, 이를 만족하는 W_0와 W_1은 존재하지 않는다는 것을 알 수 있다.

$$0 \times W_0 + 0 \times W_1 = 0 \qquad < 0.5$$
$$0 \times W_0 + 1 \times W_1 = W_1 \qquad > 0.5$$
$$1 \times W_0 + 0 \times W_1 = W_0 \qquad > 0.5$$
$$1 \times W_0 + 1 \times W_1 = W_0 + W_1 \qquad < 0.5$$

(b) 임계치 θ를 연결가중치와 별도로 구하기보다는 이를 −1의 입력에 대한 가중치라고 생각하면 편리하다. 즉, [그림 9.6(b)]와 같이 생각하면, 식 (9.4)는

$$y(t)=f_h\left(\sum_{i=0}^{N} W_i(t) X_i(t)\right) \text{ 단, } W_N(t)=\theta,\ X_N(t)=-1$$

과 같이 수정될 수 있다. 이 식을 보면, 임계치는 입력 뉴런들의 총 가중합 $\sum_{i=0}^{N-1} W_i X_i$에 추가적으로 가산되는 값이므로 바이어스(bias) 항이라고 부르기도 한다. 이제 델타규칙의 알고리즘을 적용하여 가중치를 학습한다.

우선 1단계로 가중치를 초기화한다. 예를 들어 $W_0=0.2$, $W_1=-0.1$, W_2(즉 θ)$=0.3$과 같이 임의로 둘 수 있다. 2단계는 패턴을 제시하는 단계이므로, $X_0=0$ $X_1=0$, $X_2=-1$일 때 $\mathrm{d}=0$에서부터 $X_0=1$ $X_1=1$, $X_2=-1$일 때 $d=1$에 이르기까지 4개의 패턴을 입력한다. 각각의 패턴에 대해 현재의 가중치로 위의 식에 의해 결과로 계산되는 값 y와 원하는 출력 d의 차이를 이용하여 식 (9.5)와 같이 가중치를 갱신한다. 이러한 절차를 원하는 출력을 얻을 때까지 되풀이한다.

이상의 절차를 Python으로 프로그래밍하면 아래와 같은 코드가 될 것이며, 프로그램은 단지 2번의 반복(iteration)에 의해 $W_0=0.2$, $W_1=0.1$, $W_2=0.1$과 같이 논리를 만족시키는 가중치와 임계치를 얻을 수 있다.

```
W=[0.2, -0.1, 0.3]          # 연결가중치를 임의의 초기값으로 설정
X0=[0, 0, 1, 1]             # 입력1
X1=[0, 1, 0, 1]             # 입력2
X2=[-1, -1, -1, -1]         # 임계치 W2를 학습하기 위한 가상 입력
d=[0, 1, 1, 1]              # OR 논리에서 요구되는 출력
y=[0, 0, 0, 0]              # 실제 계산 출력 초기치 설정
a=0.2                       # 학습률을 임의로 지정
err_limit=0.5               # 학습을 종료할 수 있는 최대 오차값 지정
max_epoch=10                # 장시간 학습을 방지하기 위해 최대 학습 횟수 제한
epoch=1                     # 반복학습 횟수 초기화
while (True):                                     # 학습 루프 시작
    error=0                                       # 학습 오류 초기화
    for i in range(4):                            # 2입력 OR논리의 4개 패턴에 대해 학습
        s=W[0]*X0[i]+W[1]*X1[i]+W[2]*X2[i]        # 가중합
        if s>=0:                                  # 하드리미터 함수
            y[i]=1
        else:
            y[i]=0
        delta=d[i]-y[i]                       # 델타는 실제 출력과 요구되는 출력의 차이
        W[0]=W[0]+a*delta*X0[i]               # 연결가중치 수정
        W[1]=W[1]+a*delta*X1[i]
        W[2]=W[2]+a*delta*X2[i]
        error=error+delta                                 # 4개 패턴에 대한 오차합
    if error<err_limit or epoch>max_epoch:  # 오차가 충분히 작거나 너무 오래 학습하는 경우
        print('Epoch=',epoch, ', Error=',error, ', Weight=',W) # 학습 결과 출력
        break                                 # 학습 종료
    epoch=epoch+1                             # 반복학습 계속
```

만약 이 문제를 MATLAB[7]으로 프로그래밍하면 아래와 같은 코드가 될 것이다.

```
clear all                          % 모든 변수 초기화
W=[0.2 -0.1 0.3];                  % 연결가중치를 임의의 값으로 초기화
X=[0 0 1 1;                        % 입력
   0 1 0 1;
   -1 -1 -1 -1];                   % -1은 임계치를 학습하기 위한 가상 입력
[N,M]=size(X);                     % 노드 개수 N=3, 학습 패턴의 수 M=4
d=[0 1 1 1];                       % 요구되는 출력
a=0.2;                             % 임의로 설정된 학습률
err_limit=0.5;                     % 학습을 종류하기 위해 설정된 학습오차의 크기
max_epoch=10;                      % 장기간 학습을 방지하기 위해 최대 학습 횟수를 제한
epoch=1;                           % 학습 횟수 초기화
while (1)                          % 반복학습
   error=0;                        % 학습 횟수별 오차 초기화
   for i=1:M                       % 4개 패턴에 대해 학습
       y(i)=W*X(:,i);              % 현재의 가중치로 계산한 출력값
       if y(i)>=0                  % 하드리미터 함수
           y(i)=1;
       else
           y(i)=0;
       end
       delta=d(i)-y(i);            % 원하는 출력과 실제 계산된 출력 간의 차이
       dW=a*delta*X(:,i)';         % 가중치 수정값
       W=W+dW;                     % 가중치 수정
       error=error+abs(delta);     % 패턴별 오차의 합
   end
   if error<err_limit || epoch>max_epoch          % 학습 종료 조건 확인
       fprintf('Epoch=%d,Error=%.2f,Weight=[%.2f %.2f %.2f] \n',epoch,error,W)
       break                       % 학습 종료
   end
   epoch=epoch+1;                  % 종료 조건이 만족하지 않으면 학습 횟수를 증가하고 학습 반복
end
```

7 MATLAB은 MathWorks사의 과학기술용 프로그래밍 언어이며, 기능과 활용영역에 맞는 다양한 Toolbox를 제공한다. 특히 전기전자 및 기계공학 계열에서 많이 사용된다.

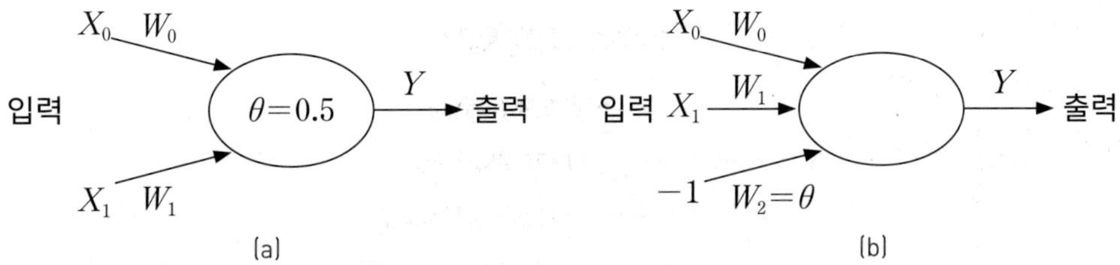

그림 9.6 퍼셉트론

[예제 9.2(a)]의 결과는 선형 분리성(linear separability)으로 설명할 수 있다. 즉, [표 9.4]의 A함수는 AND논리이며, 이를 만족시킬 수 있는 한 경우인 $W_0=0.4$, $W_1=0.2$, $\theta=0.5$는 [그림 9.7(a)]에서 보인 바와 같이 $0.4X_0+0.2X_1=0.5$를 분리선(separating line)으로 출력 영역을 나눌 수 있다. 같은 방식으로 B함수인 OR논리의 분리선도 그릴 수 있지만, C함수(즉, XOR)의 분리선은 [그림 9.7(b)]에서 알 수 있듯이 존재하지 않는다.

퍼셉트론이 XOR처럼 단순한 문제도 해결할 수 없다는 사실의 발견[Minsky69]은 신경망 연구에 대한 사람들과 학자들의 열정을 순식간에 식게 하였다. 그러나 이 문제는 다음 9.4.3절에서 발견할 수 있듯이 하나 이상의 층(layer)을 추가함으로써 해결될 수 있다. 일반적으로 2개 이상의 층을 가진 퍼셉트론을 다층(multi-layer) 퍼셉트론이라 하며, 어떠한 문제도 3층의 퍼셉트론으로 해결할 수 있음이 이미 입증되었다[Cybenko88]. 결론적으로 퍼셉트론은 분명한 한계를 가지고 있지만, 후에 다층 퍼셉트론 모델의 기반이 되었으므로 그 기여한 바는 크다고 할 수 있다.

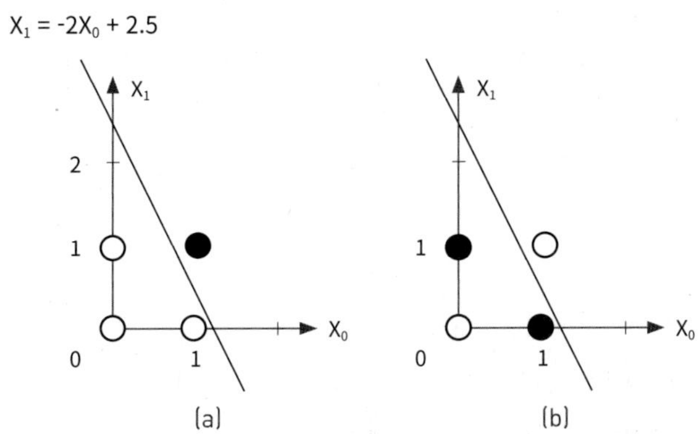

그림 9.7 선형 분리성: (a) AND 논리의 경우 두 출력 패턴의 영역을 직선으로 분리할 수 있다. (b) XOR의 경우 영역을 분리할 수 있는 하나의 직선이 존재하지 않는다.

4.3 다층 퍼셉트론

다층 퍼셉트론은 입력층과 출력층 사이에 하나 이상의 은닉층(hidden layer)을 가지는 전방향(feed-forward) 신경망이다. 은닉층이란 명칭은 출력층과는 달리 뉴런의 목표 출력값이 학습 시에 알려지지 않고 숨겨져 있다는 의미에서 붙여진 이름이다. 다층 퍼셉트론의 구조는 [그림 9.8]에 제시된 1개의 은닉층을 갖는 2층 퍼셉트론이 한 예가 되며, 입력층과 출력층 사이에 쌓는 은닉층의 수에 따라 3층, 4층 등의 신경망의 구성이 가능하다. 다층 퍼셉트론은 단층 퍼셉트론의 많은 문제점을 해결할 수 있게 하는 등, 그 필요성을 사람들이 오래 전부터 알고 있었음에도 불구하고, 효과적인 학습 알고리즘이 없어서 1960~70년대에는 사용되지 못하였다. 하지만 1980년대 중반에 오류역전파 알고리즘이라 불리는 다층 퍼셉트론의 학습규칙이 Rumelhart로 대표되는 PDP 그룹에 의해 제안되면서 상황이 달라졌다 [Rumelhart86].

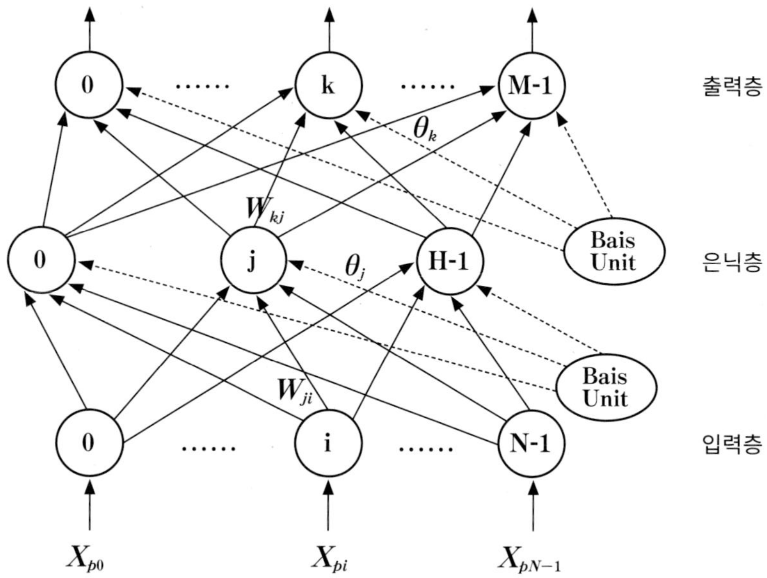

그림 9.8 다층(2층) 퍼셉트론

오류역전파 학습규칙은 다층 퍼셉트론을 학습시킬 수 있는 알고리즘이다. 이 알고리즘은 원하는 목표값(d)과 신경망이 계산한 출력값(o) 사이의 오차제곱합(sum of squared errors)으로 정의된 비용함수(cost function) E의 값을 경사하강법(gradient descent method)에 의해 최소화하는 방향으로 학습한다.

$$E=\sum_{p} E_p, \left(E_p=\frac{1}{2}\sum_{j}(d_{pj}-o_{pj})^2\right) \tag{9.6}$$

여기서 p는 p번째 학습패턴을, E_p는 p번째 패턴에 대한 오차를, d_{pj}는 p 패턴에 대한 목표 출력의 j번째 요소를, o_{pj}는 실제 출력의 j번째 요소를 의미한다. 다시 말하면, 오류역전파 규칙은 다층 신경망의 지도 학습을 위하여 다수의 입력과 출력의 쌍이 주어질 때, 주어진 목표 출력과 신경망이 계산한 출력 간의 차이를 식 (9.6)과 같이 평균제곱오차(Mean Square Error: MSE)로 표현하고, 이를 최소화시키기 위해서 연결가중치에 대한 식 (9.6)의 미분[8]이 감소하는 방향으로 연결가중치를 조금씩 반복적으로 변경시키는 알고리즘이라 할 수 있다. 각 출력 뉴런 및 은닉 뉴런들은 식 (9.7)로 표현되는 [그림 9.3(d)]의 비선형 S자형의 시그모이드 함수(sigmoid function)를 활성화 함수로 자주 사용한다.

$$f(x)=\frac{1}{1+e^{-x}} \tag{9.7}$$

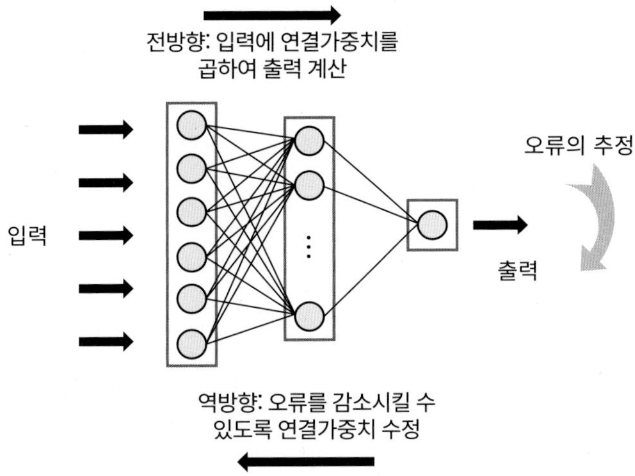

그림 9.9 오류역전파 알고리즘에 의한 신경망 학습은 전방향으로 입력에 대한 출력의 오류를 계산하고, 그 오류를 줄일 수 있도록 역방향으로 가중치를 수정한다.

[그림 9.9]는 오류역전파 학습 알고리즘의 전반적인 동작을 보여 준다. 주어진 입력은 연결가중치와 곱해진 후 뉴런에서 합쳐지고 활성함수에 의해 출력이 계산되는 방식으로 진행되어 나가며, 이것이 입력으로부터 출력으로의 전방향(feedforward) 연산이 된다. 전방향 연산에 의해 계산된 신경망의 출력은 주어진 입력에 대해 원하는 출력과 비교되며, 그 차이인 오류를 줄일 수 있도록 출력 뉴런으로부터 입력 뉴런의 방향으로 단계별로 연결가중치를 수정하게 되는데, 이는 오류가 역방향으로 진행(back-propagation)하면서 신경망의 성능을 개선하는 것이라 볼 수 있다. 오류역전파 알고리즘의 가중치 수정 방법은 이미 앞에서 설명한 바 있는 델타 규칙과 근본적으로 같지만, 다층의 신경망에서 은닉층의 델

8 식 (9.6)에는 연결가중치 w가 겉으로 나타나 있지 않으나, 실제 출력 o는 연결가중치와 뉴런의 입력값에 의해 계산된다. 이는 다음의 오류역전파 알고리즘에 대한 구체적인 서술에서 알 수 있다.

타를 계산하는 방법을 오류역전파 알고리즘에서 제시하기 때문에 오류역전파 알고리즘은 "일반화된 델타 규칙(generalized delta rule)"이라고 부르기도 한다. 오류역전파 학습 알고리즘은 흔히 역전파 알고리즘, 혹은 BP(back-propagation) 알고리즘이라고 불리며, 자세한 처리 단계는 다음과 같다. [그림 9.10]은 아래 단계별 처리를 간단한 신경망 구조에 요약하여 도시한 것이다.

[신경망의 초기화 단계: Initialization]

- **I-1단계:** 주어진 문제에 적당한 신경망의 구조를 가정한다. 즉, 문제에 맞게 입출력 뉴런의 수를 정하고, 필요한 은닉층의 수와 은닉 뉴런의 수를 결정한다. 일반적으로 1층의 은닉층과 적은 수의 은닉 뉴런으로부터 시작하여 그 결과가 불만족스러울 때 그 수를 늘리거나, 역으로 많은 수의 은닉 뉴런으로부터 시작하여 영향이 작은 뉴런을 제외하는 방식을 사용할 수 있다.
- **I-2단계:** 가중치와 임계치를 초기화한다. 모든 연결가중치와 뉴런의 임계치를 임의의 작은 불규칙한 값으로 설정한다.

[신호의 전방향 진행 단계: Feedforward propagation]

- **F-1단계:** 입력과 목표 출력을 제시한다. 즉, 입력 데이터 벡터

  $X_p=(x_{p0}, x_{p1}, \cdots, x_{pN-1})^T$에 따른 목표 출력 벡터

  $D_p=(d_{p0}, d_{p1}, \cdots, d_{pM-1})^T$를 함께 고려하되, 필요할 경우 데이터를 -1과 1 사이 혹은 0과 1 사이의 범위로 정규화(normalizing)한다.
- **F-2단계:** 제시된 입력벡터를 이용하여 각 은닉층 뉴런에서 입력값의 합을 구한다. 즉, 임의의 은닉층 뉴런 j에서의 입력값의 합 Net_{pj}는 다음과 같이 계산된다.

$$Net_{pj}=\sum_{i=0}^{N-1} w_{ji}x_{pi}-\theta_j, \text{ 단 } N\text{은 입력 뉴런의 개수} \quad (9.8)$$

- 이 식은 [그림 9.6(b)]에서 보인 바와 같이 임계치를 $\theta_j=w_{jN}$으로 간주하여 아래와 같이 다시 쓸 수 있다.

$$Net_{pj}=\sum_{i=0}^{N} w_{ji}x_{pi}, \text{ 단 } x_{pN}=-1 \quad (9.9)$$

- **F-3 단계:** 시그모이드 함수를 뉴런의 활성 함수 f로 사용한다고 할 때, 각 은닉 뉴런의 출력 o_{pj}를 다음과 같이 계산한다.

$$o_{pj}=f_j(Net_{pj})=\frac{1}{1+\exp(-Net_{pj})} \quad (9.10)$$

- **F-4단계**: 은닉층 뉴런의 출력 o_{pj}은 출력층 뉴런의 입력으로 사용된다. 이 경우 임의의 출력층 뉴런 k로 입력되는 값들의 총합 Net_{pk}은 다음과 같이 계산된다.

$$Net_{pk} = \sum_{j=0}^{H} w_{kj} o_{pi} \tag{9.11}$$

단, H는 은닉 뉴런의 개수, $w_{kH} = \theta_k$는 출력 뉴런 k의 임계치, $o_{pH} = -1$

- **F-5단계**: 출력층 뉴런의 출력 o_{pk}를 계산한다.

$$o_{pk} = f_k(Net_{pk}) \tag{9.12}$$

[오류의 역전파 및 연결가중치의 수정 단계: Backward error propagation]

- **B-1단계**: k번째 출력 뉴런에 있어 목표 출력 d_{pk}와 실제 출력 o_{pk}와의 오차로부터 델타(delta) δ_{pk}를 아래와 같이 계산하고, 출력 뉴런의 오차합 E을 누적한다. 단, 출력 뉴런의 활성함수는 시그모이드 함수라고 가정한다.

$$\delta_{pk} = (d_{pk} - o_{pk}) f'_k(Net_{pk}) = (d_{pk} - o_{pk}) o_{pk}(1 - o_{pk}) \tag{9.13}$$

$$E = E + E_p \tag{9.14}$$

단, $E_p = \frac{1}{2} \sum_{k=0}^{M-1} (d_{pk} - o_{pk})^2$, M은 출력 뉴런의 개수

- **B-2단계**: 출력층의 델타 δ_{pk}와 은닉층과 출력층 사이의 가중치 w_{kj}를 이용하여, j번째 은닉 뉴런의 p번째 패턴에 대한 델타 δ_{pj}를 아래와 같이 계산한다.

$$\delta_{pj} = f'_j(Net_{pj}) \sum_{k=0}^{M-1} \delta_{pk} w_{kj} = \sum_{k=0}^{M-1} \delta_{pk} w_{kj} o_{pj}(1 - o_{pj}) \tag{9.15}$$

- **B-3단계**: 은닉층 뉴런 j의 출력 o_{pj}와 출력층의 델타 δ_{pk}를 사용하여 은닉층과 출력층 사이의 연결가중치 w_{kj}와 임계치 $\theta_k = w_{kH}$를 갱신한다.

$$w_{kj}(t+1) = w_{kj}(t) + \alpha \delta_{pk} o_{pj} \tag{9.16}$$

위 식에서 $w_{kj}(t)$는 시간 t일 때 은닉 뉴런 j로부터 출력 뉴런 k로의 가중치이고, α는 임의의 학습률(learning rate)이다. 수렴속도는 다음 식과 같이 가중치의 변화값으로 정의되는 모멘트(momentum) 항이 추가되면 증가될 수도 있다.

$$w_{kj}(t+1) = w_{kj}(t) + \alpha \delta_{pk} o_{pj} + \eta(w_{kj}(t) - w_{kj}(t-1)) \tag{9.17}$$

η과 α는 1보다 작은 양의 실수로, 대개 실험적으로 적당한 값을 선택한다.

- **B-4단계**: 입력층과 은닉층 사이에서도 상기의 단계와 마찬가지로 가중치와 임계치를 갱신한다. 여기서도 필요하다면 학습속도의 향상을 목적으로 모멘트항을 추가할 수 있다.

$$w_{ji}(t+1)=w_{ji}(t)+\alpha\delta_{pj}x_{pi} \tag{9.18}$$

[프로그램 제어 단계: Program control]

- **C-1단계**: 모든 데이터에 대해 학습이 이루어질 수 있도록, p+1번째 데이터에 대해 F-1단계로 돌아가서 이후 작업을 계속 수행한다.
- **C-2단계**: 만약 모든 데이터를 학습에 사용하였으면, 누적된 오차 E가 미리 정한 임의의 기준오차 이하에 도달하였는지 확인하고, 조건이 만족하면 프로그램을 정지한다. 만약 아직 E가 기준오차보다 크면 이미 사용한 학습 데이터를 재사용하여 학습이 더 이루어질 수 있도록 p=1로 하고 F-1단계로 다시 돌아간다.

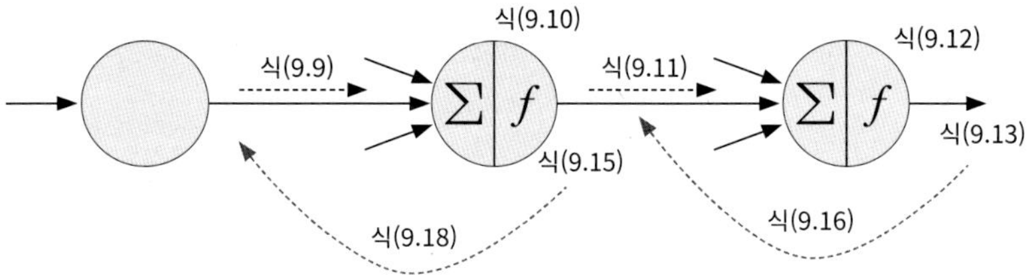

그림 9.10 오류역전파 알고리즘의 계산 흐름

예제 03 XOR 문제를 중심으로 다층 퍼셉트론의 동작을 살펴보자. (a) 다층 퍼셉트론이 XOR 문제를 만족시킬 수 있다는 것을 예를 통하여 보여라. (b) 문제를 자동으로 해결하기 위해 역전파 알고리즘을 적용하여 신경망을 학습시키는 프로그램을 작성하여 보아라. 단, 신경망은 2층 구조를 사용한다고 가정한다.

풀이 03 (a) 문제의 해는 무한 개 있으며, [그림 9.11]은 하나의 은닉 뉴런만을 추가함으로써 간단히 XOR논리를 실현할 수 있는 예를 보여준다. 그림에서 뉴런 내의 숫자는 임계치이다.

예를 들어 입력이 $X_1=1$, $X_2=0$일 때 출력은

$1/\left[1+e^{-\left\{(-4.2)+(-9.4)\frac{1}{1+e^{-(-6.4+2.2)}}+6.3\right\}}\right]=0.877$로 1에 근사한 값이 된다. 같은 방식으로 다른 입력들에 대해서도 원하는 출력에 근사한 값을 얻을 수 있음을 확인할 수 있다.

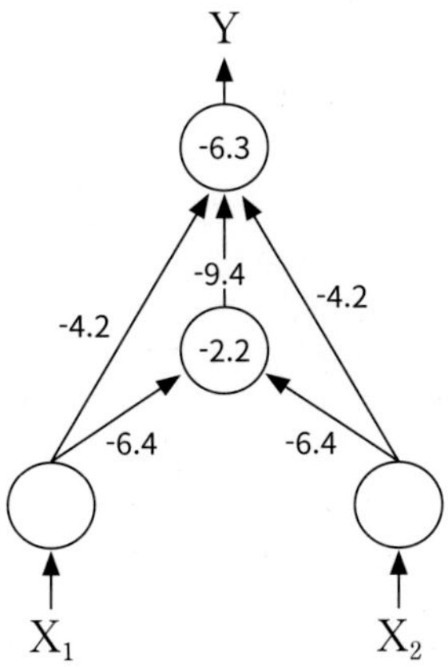

그림 9.11 XOR 논리를 수행할 수 있는 2층 퍼셉트론의 예

(b) BP 학습규칙의 단계별로 지금까지 설명한 방법에 따라 Python 언어를 이용하여 프로그램한 예를 보인다. 아래에 주어진 예에서는 배열의 효율적인 처리를 위해 Python의 넘파이(Numpy) 라이브러리를 활용하였다. 프로그래밍에 선행되어야 할 것은 사용할 신경망의 구조를 결정하는 것이다. XOR 문제는 [표 9.5(a)]의 진리표에서 알 수 있듯이 입력 뉴런은 두 개, 출력 뉴런은 한 개로 정해지며, 은닉층의 뉴런은 설계자가 주어진 문제의 복잡도와 학습데이터 패턴의 수 등을 고려하여 임의로 정할 수 있다. 주어진 문제와 같이 4개의 입출력 패턴을 가지는 간단한 문제에서는 2개 정도의 은닉 뉴런이면 충분할 것이다. [그림 9.6(b)]에서와 같이 뉴런의 임계치를 연결가중치처럼 학습하기 위하여 –1의 입력을 가정하면 학습 데이터 패턴은 [표 9.5(b)]와 같이 변경할 수 있다.

표 9.5 (a) 신경망의 학습에 사용된 XOR 논리의 진리표

p	X_1	X_0	D
1	0	0	0
2	1	0	1
3	0	1	1
4	1	1	0

표 9.5 (b) 임계치를 연결가중치로 간주하여 학습하기 위한 진리표

p	X_2	X_1	X_0	D
1	–1	0	0	0
2	–1	1	0	1
3	–1	0	1	1
4	–1	1	1	0

```
# 2입력 1출력 XOR 논리를 학습하기 위한 BP 알고리즘
import numpy as np    # 넘파이 라이브러리 사용

# I-1단계: 초기 설정 = 2층 퍼셉트론, 2입력 뉴런 2은닉 뉴런 1출력 뉴런 ------
N=2                   # 2개의 입력 뉴런
H=2                   # 2개의 은닉 뉴런
M=1                   # 1개의 출력 뉴런
alpha=0.2             # 학습률을 임의로 설정

E=100                 # 아래 while문에 진입하도록 임의의 큰 비용함수값으로 초기화
Es=0.01               # 학습을 중지할 충분히 작은 오차(비용함수) 기준
max_epoch=7000        # 너무 긴 시간 학습을 방지하기 위해 최대 학습 횟수 제한
epoch=0               # 학습 횟수 계수기 초기화

w_ji=np.random.rand(H,N+1)-0.5     # I-2단계
w_kj=np.random.rand(M,H+1)-0.5     # 연결가중치를 -0.5~0.5의 임의 실수로 초기화

out=np.zeros(4)                    # 신경망 출력값 초기화
while E>Es and epoch<max_epoch:    # 학습이 충분히 이루어질 때까지 반복학습
    epoch=epoch+1                  # 반복학습 횟수 계수
    E=0                            # 반복학습별 비용함수를 0으로 초기화
    X=np.array([[0,0,1,1],[0,1,0,1],[-1,-1,-1,-1]])        # F-1단계: 입력값 제시
    D=np.array([0,1,1,0])                                  # XOR 논리의 목표 출력값 제시

# 입력값의 전방향 전파를 통하여 출력값 계산 ----------------------------
    for p in range (4):                # 4개의 XOR 논리 패턴에 대해 학습
        net_pj=np.zeros(H)             # 은닉 뉴런 입력이 되는 가중합을 초기화
        o_pj=np.zeros(H)               # 은닉 뉴런 출력 초기화
        for j in range (H):            # H개 은닉 뉴런에 대해 순방향 연산
            for i in range (N+1):      # N개 입력과 임계치 학습을 위한 -1입력
                net_pj[j]=net_pj[j]+w_ji[j,i]*X[i,p]  # F-2단계
            o_pj[j]=1/(1+np.exp(-net_pj[j]))    # F-3단계: 은닉 뉴런 현재 출력 계산
        o_pj=np.append(o_pj,[-1])      # 은닉 뉴런의 임계치 학습 위한 가상입력 -1

        net_pk=np.zeros(M)             # 출력 뉴런에 입력되는 가중합 초기화
        o_pk=np.zeros(M)               # 출력 뉴런의 출력값 초기화
        for k in range (M):            # 모든 출력 뉴런에 대해서
            for j in range (H+1):
                net_pk[k]=net_pk[k]+w_kj[k,j]*o_pj[j]  # F-4단계: 출력 뉴런의 가중입력합
            o_pk[k]=1/(1+np.exp(-net_pk[k]))    # F-5단계: 출력 뉴런의 현재 출력 계산
```

```
# 이제부터 오류를 입력쪽으로 역전파하면서 연결가중치 수정 ------------------
        delta_pk=np.zeros(M)             # 출력 뉴런 델타 초기화
        for k in range(M):                                     # B-1단계
            delta_pk[k]=(D[p]-o_pk[k])*o_pk[k]*(1-o_pk[k])  # 출력 뉴런 델타 계산
            E=E+0.5*(D[p]-o_pk[k])**2    # 패턴별 비용함수 계산
        delta_pj=np.zeros(H)             # 은닉 뉴런의 델타값 초기화
        for j in range(H):               # B-2단계: 은닉 뉴런의 델타 계산
            for k in range (M):
                delta_pj[j]=delta_pj[j]+delta_pk[k]*w_kj[k,j]*o_pj[j]*(1-o_pj[j])
        for k in range(M):               # B-3단계: 은닉층과 출력층 간의 연결가중치 조정
            for j in range(H+1):
                w_kj[k,j]=w_kj[k,j]+alpha*delta_pk[k]*o_pj[j]
        for j in range(H):               # B-4단계: 입력층과 은닉층 간의 연결가중치 조정
            for i in range(N+1):
                w_ji[j,i]=w_ji[j,i]+alpha*delta_pj[j]*X[i,p]
        out[p]=o_pk[k]                   # 4개 패턴별 신경망의 출력

        if (epoch % 1000)==0 and (p==3): # 1000회 학습마다 학습오류 출력
            print('Error at epoch ', epoch,' = ', E)
# 학습 종료 ----------------------------
print("NN's' output values: ",out[:], 'after',  epoch, '[learning epochs]') # 신경망 출력값
# 프로그램 종료 ----------------------------
```

위 프로그램의 실행 결과는 아래와 같다. 여기서는 6797회의 반복학습 후 XOR 출력 [0 1 1 0]에 원하는 정확도로 근접한 결과를 얻었다. 그러나 연결가중치의 초기값이 난수발생기에 의해 임의로 지정되었기 때문에 학습효율과 결과의 정확도는 프로그램 실행마다 달라지며, 경우에 따라서는 이 코드에서 한계로 설정한 7000회보다 훨씬 많은 반복학습이 필요할 수도 있다. 독자들은 동일한 코드를 여러 번 실행하면서 가중치 초기값의 변화에 따른 결과 정확도의 변화를 살펴보거나, 학습률(현재는 0.2로 설정)이나 은닉 뉴런의 수(현재는 2개로 지정)를 변화하면서 학습 효율이 어떻게 달라지는지 확인해 보는 것도 흥미로울 것이다.

```
Error at epoch  1000  =  0.5079905565753482
Error at epoch  2000  =  0.5072642557371201
Error at epoch  3000  =  0.4968759526521462
Error at epoch  4000  =  0.35618488523801833
Error at epoch  5000  =  0.27883189488814064
Error at epoch  6000  =  0.021111661508642417
NN's' output values:  [0.07223735 0.94158798 0.9121766  0.06045869] after 6797
[learning epochs]
```

위의 Python BP 학습 코드는 쉽게 MATLAB으로도 변환하여 구현할 수 있다. 아래는 MATLAB 코드이며, 여기에는 학습 오차의 감소 추이를 볼 수 있도록 Error 배열과 그래픽 출력 코드만 추가하였다. [그림 9.12]는 그 결과, 즉 학습 시 비용함수(혹은 오차함수) 값의 변화 추이를 보여주는데, 3000회 이상의 반복학습 후 급격히 오차가 감소하여 6000회 학습 이후에 목표로 하는 오차에 도달하여 학습을 종료하였음을 알 수 있다.

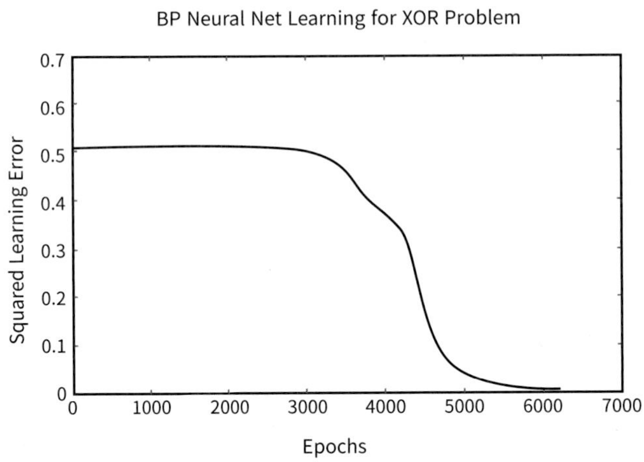

그림 9.12 반복 학습에 따른 오차의 변화 추이

```
% MATLAB으로 구현한 BP에 의한 XOR 문제 해결
clear all    % 모든 변수 지우기(프로그램 실행 전 초기화)
% I-1단계: 초기설정 = 2층 퍼셉트론 -----------------------
N=2;                          % 2 입력 뉴런
H=2;                          % 2 은닉 뉴런
M=1;                          % 1 출력 뉴런
alpha=0.2;                      % 학습률 설정

E=100;                       % 아래 while문 안으로 진입하도록 비용함수를 큰 값으로 초기화
Es=0.01;                     % 프로그램을 정지시킬 때 기준이 되는 비용함수
max_epoch=7000;
epoch=0;                     % 반복학습 횟수 계수

w_ji=rand(H,N+1)-0.5       % I-2단계
w_kj=rand(M,H+1)-0.5       % 연결가중치와 임계치를 -0.5~0.5의 임의값으로

while E>Es && epoch<max_epoch  % 주어진 XOR 패턴을 충분히 반복학습 ------
    epoch=epoch+1;
    E=0;                     % 반복학습 전에 반복 횟수별로 비용함수를 0으로 초기화
    X=[0 0 1 1; 0 1 0 1; -1 -1 -1 -1];    % F-1 단계: 입력과 출력값들 제시
    D=[0 1 1 0];
```

```
% 입력의 전방향 전파 ---------------------------------
    for p=1:4
        for j=1:H
            net_pj(j)=0;
            for i=1:N+1
                net_pj(j)=net_pj(j)+w_ji(j,i)*X(i,p); % F-2단계: 은닉 뉴런의 입력합
            end
            o_pj(j)=1/(1+exp(-net_pj(j)));              % F-3단계: 은닉 뉴런의 출력
        end
        o_pj(j+1)=-1;           % 출력 뉴런의 임계치 학습하기 위한 설정

        for k=1:M
            net_pk(k)=0;
            for j=1:H+1
                net_pk(k)=net_pk(k)+w_kj(k,j)*o_pj(j); % F-4단계: 출력 뉴런의 입력합
            end
            o_pk(k)=1/(1+exp(-net_pk(k)));          % F-5단계: 출력 뉴런의 실제 출력값
        end

% 이제부터 오류를 입력쪽으로 역전파하면서 연결가중치 수정 ---------------
        %E_p(p)=0;                                   % 데이터 패턴별 비용함수 초기화
        for k=1:M                                    % B-1단계: 출력 뉴런의 델타 계산
            delta_pk(k)=(D(p)-o_pk(k))*o_pk(k)*(1-o_pk(k));
            E=E+0.5*(D(p)-o_pk(k))^2;
        end
        for j=1:H                                     % B-2단계: 은닉 뉴런의 델타 계산
            delta_pj(j)=0;
            for k=1:M
                delta_pj(j)=delta_pj(j)+delta_pk(k)*w_kj(k,j)*o_pj(j)*(1-o_pj(j));
            end
        end
        for k=1:M                     % B-3단계: 은닉층과 출력층 간의 연결가중치 갱신
            for j=1:H+1
                w_kj(k,j)=w_kj(k,j)+alpha*delta_pk(k)*o_pj(j);
            end
        end
        for j=1:H                      % B-4단계: 은닉층과 입력층 간의 연결가중치 갱신
            for i=1:N+1
                w_ji(j,i)=w_ji(j,i)+alpha*delta_pj(j)*X(i,p);
            end
        end
        out(p)=o_pk(k);                % 학습 후 4개 패턴별 신경망의 출력
```

```
    end                          % C-1단계: 다른 입출력 데이터 패턴에 대해 학습
    Error(epoch)=E;              % 반복학습에 따른 오차의 변화 기록하여 그래픽으로 확인
end                              % C-2단계: Es 이하의 오차를 얻을 때까지 반복 학습
% 학습 종료 ----------------------

plot(Error);                     % 학습추이의 그래픽 출력: 학습 횟수에 따른 오차 감소
title('BP Neural Net Learning for XOR Problem');
xlabel('Epochs');
ylabel('Squared Learning Error');
```

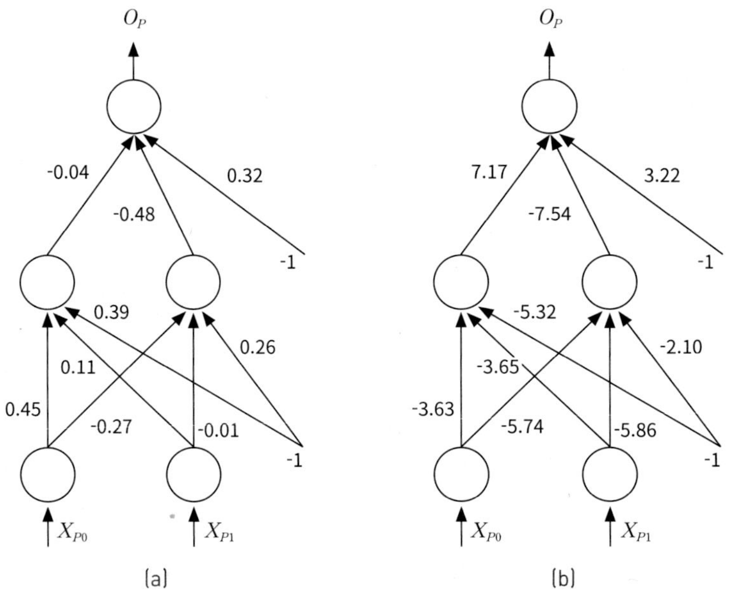

그림 9.13 XOR 문제 학습의 결과 예시: (a) 임의로 설정된 초기의 연결가중치, (b) 학습 후 연결가중치

이제 학습된 신경망의 동작을 살펴보자. [그림 9.13]은 프로그램의 실행의 결과 예시를 보여 준다. [그림 9.13(b)]와 같이 얻어진 신경망에 예를 들어 $X_0=0$와 $X_1=0$의 입력을 인가하면, 두 은닉 뉴런의 출력은 각각

$$1/[1+\exp\{-((-3.63)\times 0+(-3.65)\times 0-(-5.32))\}]=1.00 \tag{9.19}$$

$$1/[1+\exp\{-((-5.74)\times 0+(-5.86)\times 0-(-2.10))\}]=0.89 \tag{9.20}$$

와 같고, 이로부터 출력값은

$$1/[1+\exp\{-((7.17)\times 1.00+(-7.54)\times (0.89)-(3.22))\}]=0.06 \tag{9.21}$$

과 같이 계산될 수 있는데, 이는 주어진 입력에 대한 목표 출력 0에 근접하다. 이와 같은 방식으로, $(X_0, X_1)=(1, 0)$, $(X_0, X_1)=(0, 1)$ 그리고 $(X_0, X_1)=(1, 1)$에 대한 출력은 각각 0.93, 0.93, 그리고 0.09와 같이 얻어지며, 이는 우리가 원하는 출력 1, 1, 그리고 0에 근접하다.

상기의 예시 프로그램은 각 데이터가 제시될 때마다 연결가중치와 임계치의 갱신이 이루어졌으며 이러한 방식을 증가형 학습(incremental learning)이라 한다. 이와 비교하여 모든 데이터 패턴이 한꺼번에 제시된 후 학습이 이루어지는 방식을 일괄 학습(batch learning)이라 부른다.

예제 04

입출력 전달특성(transfer function)이 $y=0.5(\cos(8x)+\sin(4x)-x+0.8)$인 시스템을 고려하자. 만약 우리가 시스템의 이러한 특성을 모른다고 가정하면, 임의의 입력에 대한 시스템의 출력 데이터를 학습함으로써 시스템의 전달 특성을 근사적으로 파악할 수 있을 것이다. 입력값을 0.1에서 0.95까지 0.05 단위로 변화시키면서 그 출력을 측정한 후 이를 이용하여 전달특성을 근사화할 수 있도록 다층 퍼셉트론을 학습하여라.

풀이 04

시그모이드 전달함수를 가지는 2층 퍼셉트론을 구성하고 가중치와 임계치들을 임의의 값으로 둔 후 오류역전파 알고리즘을 사용했을 때, 학습추이의 예를 [그림 9.14]에 보였다. 그림에서 볼 수 있듯이 신경망은 주어진 데이터의 예들로부터 시스템의 비선형적인 특성을 대략적으로 학습할 수 있었다. 이처럼 주어진 데이터들로부터 입출력 간의 대응관계를 알아내는 신경망의 능력을 함수근사화(function approximation)라 한다.

[그림 9.15]는 실험에서 20000번 입출력 데이터를 반복하여 신경망에 적용한 결과 얻은 가중치와 임계치를 보여준다. 이 같이 얻어진 신경망에 학습에 사용되지 않은 값, 예를 들어 0.23을 입력시키면 신경망은 0.547을 출력하게 되는데, 이는 실제 전달함수에 이 값을 입력했을 때 얻을 수 있는 값인 0.550에 근접한다. 즉, 미지의 대응관계를 신경망이 학습한 것이다. 일반적으로 학습 데이터와 반복 횟수가 많아질수록, 학습하고자 하는 대상 함수의 형태가 간단한 형태이고 연속일수록, 그리고 은닉층 뉴런의 수가 많아질수록 보다 정확한 근사화가 가능하다.

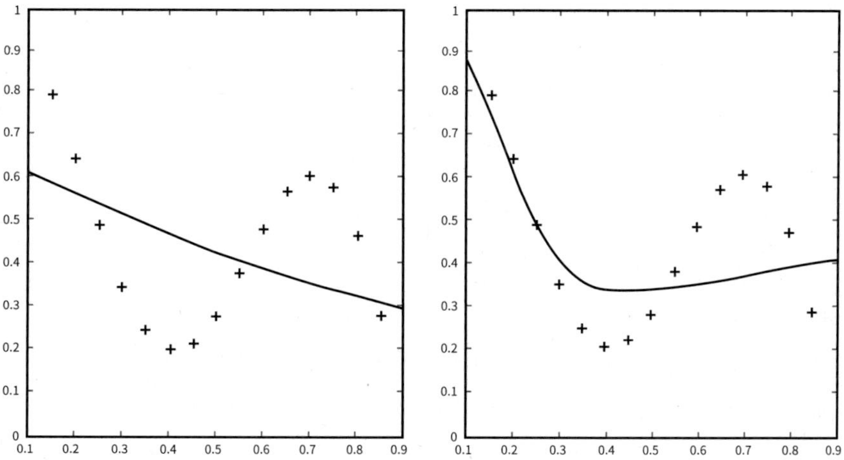

(a) (b)

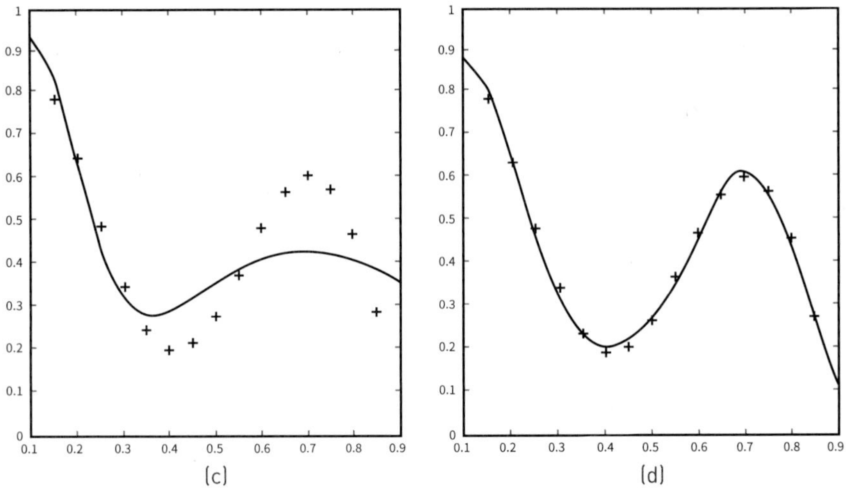

그림 9.14 다층 퍼셉트론에 의한 함수근사화의 예: (a) 1000회 반복학습, (b) 5000회 반복학습, (c) 10000회 반복학습, (d) 20000회 반복학습 후 신경망의 출력. 단, 실험에서 학습률은 0.25, 은닉층 뉴런의 수는 6을 사용했다. 그림에서 가로축은 입력, 세로축은 출력을 나타내며, '+' 표시는 학습 데이터이고, 실선은 이에 상응하는 신경망의 출력을 연결한 것이다.

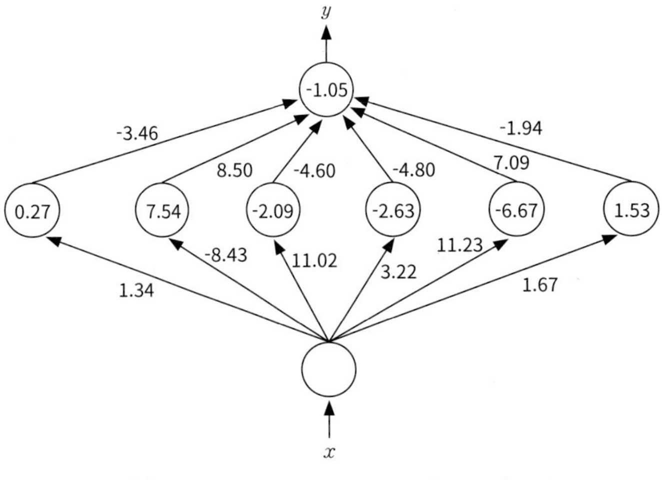

그림 9.15 $y=f(x)$의 근사화 기능을 수행하는 신경망: [예제 9.4]의 경우

위의 [예제 9.4]에서 다음의 두 가지 점에 주목하여라. 첫째, 지금까지의 예들과는 달리 실수 데이터가 학습에 사용되었다는 것이고, 두 번째로는 학습에 사용되지 않은 데이터가 입력되었을 때 신경망은 그럴듯한 값을 출력하는 일반화 능력을 보여준 것이다. 이러한 능력은 여러 가지 영역에서 유용하게 활용될 수 있다. 예를 들어 음성합성 및 인식, 시각 패턴인식, 제어 등과 같은 다양한 응용분야에서 오류역전파 알고리즘에 의해 학습된 다층 퍼셉트론을 적용했을 때 좋은 결과를 얻을 수 있다.

한편 오류역전파 기법의 문제점과 이와 관련된 연구의 이슈들은 다음과 같이 요약될 수 있다. 첫째, 결과된 해가 최적이라는 보장을 할 수 없다는 것이다. 이는 오류역전파 알고리즘이 원하는 전역 최적해(global optimum)가 아닌 최소평균제곱(Least Mean Square: LMS) 비용함수의 국부 최적해(local optimum)를 발견하는 경사하강추적 방법이기 때문이다([그림 9.16] 참조)[9]. 신경망의 성능을 향상시키고 국부 최소를 벗어나기 위하여 은닉층의 뉴런수를 늘리고, 가중치를 적응시키는데 쓰이는 학습률을 낮추고, 초기 가중치를 다르게 하여 여러 번 학습을 시키는 방법인 simulated annealing 기법[Wasserman89] 등이 제안되었다. 둘째로, 신경망의 구조에 대해 신뢰할 만한 기준이 없다는 것이다. 즉, 주어진 임의의 문제를 해결하기 위해 신경망을 적용할 때, 은닉층은 몇 층으로 할 것인지, 또 각층의 뉴런은 몇 개로 할 것인지에 대한 기준이 없다. 이들 은닉 뉴런이 너무 적으면 제대로 학습이 되지 않고, 또 반대로 너무 많으면 학습에 시간이 오래 걸리고 학습이 과적합(overfitting)되어 주어진 데이터를 암기하게 되므로 학습에 사용되지 않은 데이터에 대해서는 제대로 된 결과를 출력하지 못하게 된다. 결국 현실적으로 사용되는 방법은 여러 번의 시행착오를 거쳐서 결정하는 것이다. 셋째, 뉴런 간의 연결 가중치와 뉴런의 임계치는 초기에 임의로 결정되지만 이들 값은 학습에 큰 영향을 미치게 된다. 하지만 이들 값을 어떻게 초기화하는가의 문제는 여전히 모호하다. 넷째, 학습률을 얼마로 주어야 할지도 정해진 기준이 없다. 대체적으로 단순한 문제에 대해서는 학습률이 커도 좋다는 정도이다. 이러한 문제는 모멘트항의 이득(식 9.17의 h)에 대해서도 마찬가지로 존재한다. 다섯째, 어느 정도의 데이터가 학습에 필요한 적당한 수인가하는 문제도 모호하다. 될 수 있는 대로 많은 데이터가 유리할 것이지만 학습시간이 오래 걸리는 문제가 있다. 여섯째, 신경망의 설계와 관련된 모호성과 더불어 오류역전파 알고리즘에서 상위층의 목표값과 실제 출력값 사이의 오류를 하위층으로 역전파시키는 방식이 생물학적으로 타당하지 않다는 점도 주목할 필요가 있다. 만일 이런 기능이 인간의 두뇌에서 이루어진다면, "목표값을 어떻게 알 수 있는가"와 "유아의 뇌세포가 초기 학습에서 자기조직화(self-organization)를 어떻게 달성하는가" 하는 등의 의문이 생긴다[Wasserman89]. 그러나 이러한 여러 문제들에도 불구하고 오류역전파 알고리즘은 교사가 있는 지도 학습을 수행하는 문제에서 표준적인 해결 알고리즘으로 알려져 있으며, 다양하게 변형 및 개선되어 널리 사용되고 있다.

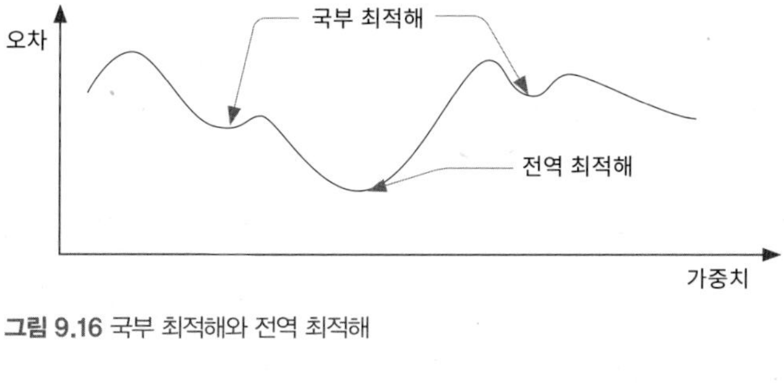

그림 9.16 국부 최적해와 전역 최적해

9 전역 최적해는 오차 함수의 전역 최소값(global minimum), 국부 최적해는 지역 최소값(local minima)이라고 부르기도 한다.

4.4 경쟁 학습과 자기조직화 신경망

경쟁학습 알고리즘은 입력벡터들을 신경망에 계속적으로 제시하면서 자율적으로 연결가중치들을 변경시키는 방법으로서, 알고리즘이 단순하고 하드웨어로 구현 시 그 구조가 간단한 장점이 있다. 경쟁학습은 본래 통계학에서 데이터 분류를 목적으로 수행된 k-means 군집화(clustering) 알고리즘을 근본으로 하는 방법이다. k-means 알고리즘은 8장에서 서술한 바와 같이 주어진 데이터들을 k개의 클래스로 원하는 오차수준 이하로 구분될 때까지 반복 수행함으로써 패턴을 분류하는 방법이다.

경쟁학습 신경망은 한 개의 입력층과 출력층으로 구성된다. [그림 9.17]은 단순한 경쟁학습 신경망의 구조를 보여준다. 그림에서 보는 바와 같이 경쟁학습 신경망은 입력층과 출력층이 완전연결(fully-connected)되어 있으며, 입력층의 뉴런들과 출력층의 뉴런들 간에는 흥분적(excitatory) 연결을 이루고, 출력층의 뉴런들 간에는 서로 억제적(inhibitory) 연결을 가진다. 경쟁학습은 입력벡터와 출력 뉴런들 간의 유클리드 거리(Euclidean distance)를 계산하여 거리가 가장 가까운 뉴런만을 학습시킨다. 즉, 출력 뉴런들은 승자 뉴런(winner neuron)이 되기 위하여 경쟁하고, 오직 승자 뉴런만이 학습된다. 경쟁학습이라는 어원도 출력 뉴런들 상호 간의 억제적 신호 연결에 따라서 입력된 패턴을 서로 차지하려는 경쟁 관계에서 유래하였다.

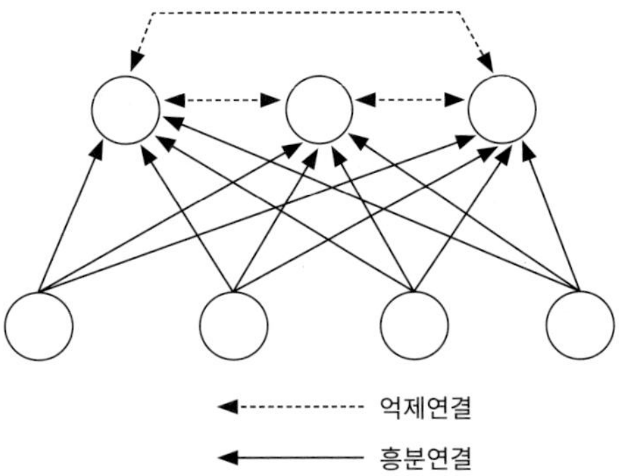

그림 9.17 단순 경쟁 학습 신경망의 구조

초기의 경쟁학습 알고리즘은 경쟁에서 승리한 승자 뉴런만을 학습시키는 단순 경쟁학습(Simple Competitive Learning: SCL), 일명 WTA(Winner Takes All) 학습을 수행하였다. 하지만 이 알고리즘은 매번 승자 뉴런만을 학습시키므로 초기 가중치 벡터들의 분포에 따라 전혀 학습이 이루어지지 않는 출력 뉴런들(dead neurons)이 생기는 문제가 발생하였다. 이를 해결하기 위한 여러 시도가 있었고, 이 중에서 가장 대표적인 경쟁학습 방법은 Kohonen의 자기조직화(Self-Organizing Map: SOM) 알고리즘이다.

Kohonen의 SOM 알고리즘은 해부학적인 이론에 근간하여 인간의 두뇌구조를 모델링한 방법이다. 즉 인간의 뇌는 위치에 따라 시각을 인지하는 영역, 청각을 인지하는 영역, 운동을 제어하는 부분 등으로 분류된다. Kohonen은 이를 바탕으로 인접한 출력 뉴런들은 비슷한 기능을 수행할 것이라는 예측에 따라 기존의 경쟁학습을 개선하여 입력벡터와 가장 가까운 출력 뉴런의 이웃 뉴런들을 함께 학습시키는 자기조직화 알고리즘을 제안하였다[Kohonen95]. Kohonen이 제안한 이론은 주어진 입력에 대해 시간이 경과함에 따라 두뇌의 신경세포들이 임의의 신경세포를 중심으로 활성화되는 뉴런의 군집이 점점 내부적으로 모이면서 조직화된다는 사실에 기초를 두고 있다. 자기조직화 신경망의 구조는 [그림 9.18]에 보인다.

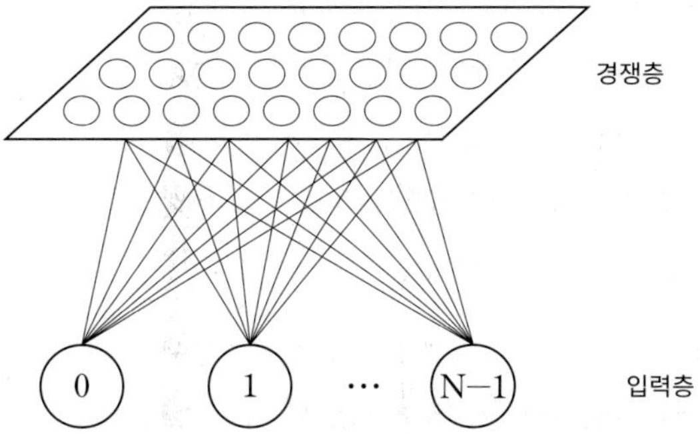

그림 9.18 자기조직화(SOM) 신경망

자기조직화 알고리즘은 승자 뉴런뿐만 아니라 위상적으로 이웃한(topological−neighbor) 뉴런들도 함께 학습시킨다. 이렇게 함으로써 인간의 두뇌와 마찬가지로 비슷한 입력패턴들은 인접한 출력 뉴런들 사이의 기하학적인 관계를 형성하게 된다. 출력 뉴런들의 기하학적인 이웃관계의 예는 [그림 9.19]와 같다. 그림에서 NEc(t)는 시간 t에서 승자 뉴런 c의 이웃 뉴런들의 집합을 의미한다.

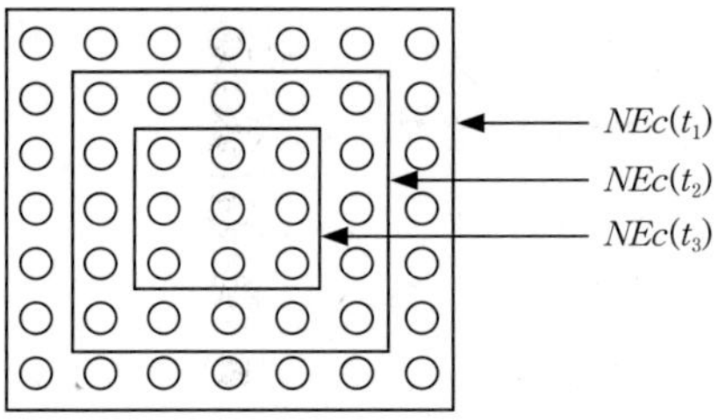

그림 9.19 승자 뉴런 c의 위상적으로 인접한 이웃 관계(이때 학습시간들은 $t_1<t_2<t_3$ 관계를 이룬다)

자세한 자기조직화 신경망의 학습 규칙은 다음과 같다.

- **1단계:** 연결가중치를 초기화한다.

  [그림 9.18]에 보인 신경망의 N개의 입력과 M개의 출력을 연결하는 가중치들은 아주 작은 값으로 임의로 지정한다. [그림 9.19]에 보이는 이웃의 초기 범위도 지정한다. 이 값의 사용이 자기조직화 신경망의 특성이다.

- **2단계:** 새로운 입력벡터를 입력 뉴런에 제시한다.
- **3단계:** 입력벡터와 모든 출력 뉴런들과의 거리를 계산한다.

$$d_j = \sum_{i=0}^{N-1} [X_i(t) - W_{ji}(t)]^2 \qquad (9.22)$$

여기서 $X_i(t)$는 시간 t에서 뉴런 i로의 입력이고, $w_{ji}(t)$는 시간 t에서 입력뉴런 i로부터 출력 뉴런 j로의 가중치이다.

- **4단계:** 최소 거리를 가지는 승자 뉴런 c를 구한다.

$$c = \min_j d_j \qquad (9.23)$$

- **5단계:** 승자 뉴런 c와 이웃한 출력 뉴런 j에 연결된 가중치들을 갱신한다.

$$W_{ji}(t-1) = W_{ji}(t) + \alpha(t)[X_i(t) - W_{ji}(t)] \text{ for } j \in NE_C(t) \qquad (9.24)$$

여기서 $\alpha(t)$는 0과 1 사이의 값을 갖는 학습률로서 시간에 따라 감소하는 함수이다. $NE_C(t)$는 승자 뉴런 c로부터 일정한 범위 안에 있는 출력 뉴런들을 포함하는 것으로 이것도 시간에 따라 감소하여 마지막에는 출력 뉴런 c만 포함한다.

- **6단계:** 2단계로 가서 새로운 입력벡터를 처리한다.
- **7단계:** 지정된 학습 횟수까지 2단계부터 6단계의 과정을 반복한다.

예제 05 **[그림 9.20]과 같은 자기조직화 신경망이 주어질 때, 2차원 입력 패턴 $X=(0.1, 0.9)$가 제시되는 경우에 연결가중치를 구하면?**

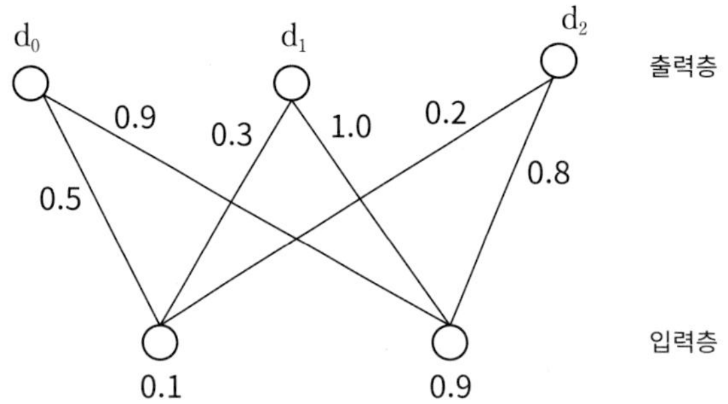

그림 9.20 자기조직화 신경망의 예

풀이 05

입력 패턴 $X=(0.1, 0.9)$가 입력되면, 각 출력 뉴런과의 거리 d_j는 식 (9.22)에 따라 다음과 같이 계산된다.

$$d_0=(0.1-0.5)^2+(0.9-0.9)^2=0.16$$
$$d_1=(0.1-0.3)^2+(0.9-1.0)^2=0.05$$
$$d_2=(0.1-0.2)^2+(0.9-0.8)^2=0.02$$

그러면 최소 거리를 가지는 뉴런 2가 승자 뉴런으로 선정되고, 이의 연결가중치는 식 (9.24)에 따라 갱신하면 된다.

$$W_{20}(t+1)=0.2+0.5(0.1-0.2)=0.15$$
$$W_{21}(t+1)=0.8+0.5(0.9-0.8)=0.85$$

결과적으로 제시된 입력패턴과 가장 유사한 출력 뉴런의 연결가중치벡터가 입력패턴을 향하여 이동하는 현상을 보게 된다.

자기조직화 알고리즘은 음소 및 단어 인식에 이용되어 음성 타자기를 만드는데 사용되었으며, 최적화 문제, 화상압축, 로봇 제어 등에서 좋은 성능을 보이고 있다. 또한 Kohonen은 이를 지도 학습 방식으로 수정한 LVQ(Learning Vector Quantization) 알고리즘도 제안하였으며, Kangas는 Kohonen과 함께 SOM을 변형하여 승자 뉴런의 이웃을 승자 뉴런과 다른 출력 뉴런들의 가중치 벡터들 간의 상대적인 거리 크기를 이용하는 변형된 SOM을 제안하였다[Kohonen95].

05 심층 학습

근래 심층 학습(deep learning)을 이용한 다수의 성공적인 활용 사례 덕분에 이에 대한 관심이 크게 증대되었다. 심층 학습은 기계 학습(machine learning)의 한 형태로써, 주로 영상이나 음성, 혹은 텍스트 등으로부터 컴퓨터가 자동적으로 패턴을 학습하고 분류 및 인식하여 관련된 지식을 유추해 내기 위한 용도로 사용된다. 그런데 심층 학습의 주요한 도구가 심층 신경망(Deep Neural Network: DNN)이다. 신경망은 BP 학습 알고리즘에 의하여 학습되는 기존의 다층 퍼셉트론[10]이 통상 2~3개의 층(layer)으로 구성되는 것과는 달리 많은 수의 층들로 구현되며, 경우에 따라서는 수백 개의 층을 가지기도 한다. DNN의 학습은 다층 인공신경망의 '보편적 근사 정리(universal approximation theorem)'에 기초하고 있다. 즉, 만약 신경망이 충분한 수의 은닉 뉴런을 가지고 학습하게 되면 어떠한 연속적인 함수도 원하는 정확도로 근사할 수 있다는 것이다. [그림 9.21]은 DNN의 구조를 보여 주며, [표 9.6]은 기존의 다층 신경망과의 특징을 비교하고 요약한 것이다.

10 DNN과 대비하여 Shallow Neural Networks라고 부르기도 한다.

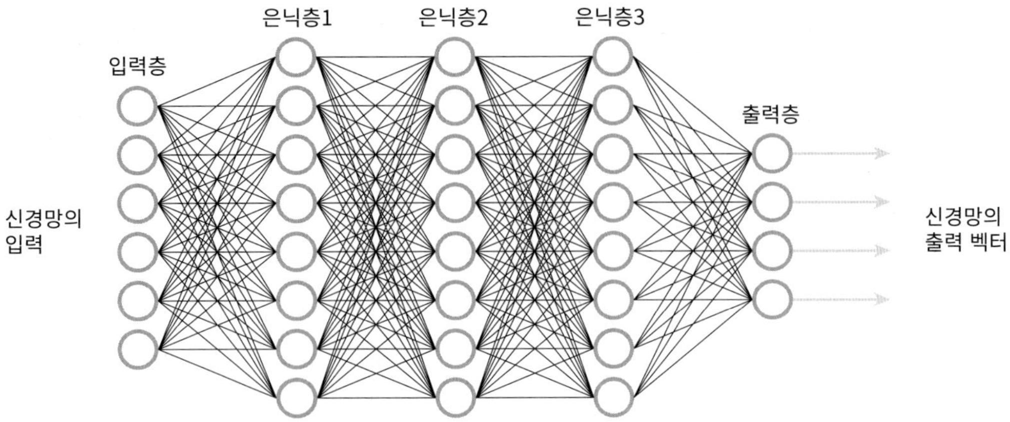

그림 9.21 심층 신경망(Deep Neural Network)의 구조

표 9.6 심층 신경망과 다층 신경망 비교

기존의 다층 신경망(SNN)	심층 신경망(DNN)
통상 3개 이하의 층으로 구성	4개~수백 개의 층으로 구성
적은 수의 자료 학습에 유효	방대한 자료의 학습에 유효
빠른 학습 속도	오랜 학습 시간 (수 일 이상이 걸리는 경우도 많음)
주어진 자료로부터 추출된 학습에 효과적인 입력 벡터를 프로그래머가 지정해야 하며, 이에 따라 학습 성능이 달라짐	주어진 원시 자료로부터 신경망이 자동적으로 특징을 학습
CPU로 처리	영상/음성 등 대용량에 적용할 경우 GPU 처리
적용 예: 숫자 인식	적용 예: 영상 내 임의의 사물 인식

연구 개발자들은 많은 수의 은닉 뉴런을 가지는 신경망의 학습에서 몇 가지 문제를 발견하였다. 먼저, 학습 데이터의 숫자가 제한적인 경우, 많은 은닉 뉴런을 가지는 신경망은 주어진 데이터를 학습하기보다는 암기하는 문제(overfitting)가 발생한다. 이 경우 학습에서 뛰어난 성능을 보이더라도, 학습에 사용하지 않은 별도의 데이터가 제시되었을 때는 적절한 결과를 보이지 못하는 문제, 즉 낮은 일반화 능력의 문제가 있었다. 이러한 문제는 근래 인터넷과 빅데이터의 발전으로 인하여 충분한 수의 학습 데이터를 확보하는 것이 쉬워져서 어느 정도 해소될 수 있었다. 두 번째 문제로 복잡한 구조의 신경망으로 많은 데이터를 학습하는 것은 큰 계산 부담을 가진다. 이 문제는 과거에 매우 큰 현실적 문제였으나, 근래 컴퓨터 및 GPU(Graphic Processing Unit)의 비약적인 발전에 따라 상당 부분 해소되었다. 세 번째 문제로 많은 은닉층을 가지는 큰 구조의 신경망을 학습하는 데 기존의 방법은 대체로 효율적이지 않았다.

많은 은닉층을 가지는 DNN의 학습에 대한 중요한 돌파구는 1986년 BP 학습법을 최초로 제안한 학자들 중의 한 명인 G. Hinton 교수의 토론토대학 연구실에서 이루어 졌다. 2006년 Hinton은 9개의 층으로 구성된 심층 자기부호화기(deep auto-encoder: DAE)를 제안하고, 이를 효율적으로 학습하였다. 또한 Hinton의 대학원생이었던 Alex Krizhevsky는 최초의 GPU 기반 신경망인 AlexNet을 구현하여 기존의 CPU 기반의 신경망에 비해 훨씬 빠른 속도로 영상을 학습함으로써, 2012년에 열린 ImageNet Large Scale Visual Recognition Challenge[11]에서 우수한 성능을 입증했다.

AlexNet은 영상 인식에 특화된 DNN의 일종으로 [그림 9.22]와 같은 구조를 가진다. 총 8개의 층으로 구성되어 있으며, 특히 앞쪽의 5개 층은 합성곱(convolution) 층이며, 뒤쪽의 3개 층은 통상의 신경망과 같이 완전 연결된(fully-connected) 망이다. 합성곱은 이 책의 10.2절을 참조할 수 있다. 신경망의 입력은 227×227 화소 배열로 정형화된 크기의 영상이다. RGB(Red, Green, Blue) 형식의 3개 컬러 채널의 영상 입력을 사용하므로, 실제 입력의 수는 227×227×3개가 된다. 한편 출력은 1,000개의 뉴런으로 구성된 확률 벡터이다. 이때 가장 큰 확률을 가지는 출력이 1,000개의 서로 다른 유형들 중 신경망이 인식한 피조물의 종류를 가리킨다.

[그림 9.22]에서 볼 수 있듯이 AlexNet은 합성곱 연산(convolution processing)에 기초하는 CNN(convolutional neural network)의 일종이다. CNN은 인간 두뇌의 시각 피질(visual cortex) 기능으로부터 착안되었다. 시각 피질 내 각각의 뉴런은 눈으로 보이는 범위 중에서 작은 제한된 영역에만 제각기 반응한다고 알려져 있다. 즉, 우리의 시각적인 인식 기능은 이 제한된 작은 영역들의 중첩에 의하여 가능해 지는 것이다. 합성곱 연산은 Kernel(혹은 Filter)이라 부르는 작은 마스크를 사용하여 영상 내 제한된 영역을 덮어 연산(covering computation)을 수행하는 영상 처리 기술이다. CNN에서는 여러 층의 합성곱 연산을 통하여 영상 내 특징을 효과적으로 추출하고, 추출된 특징들을 기준으로 서로 완전히 연결된 뉴런들의 층을 통하여 인식하는 구조이다. 기존의 BP 학습 알고리즘 기반의 다층 신경망에서 사용자가 신경망의 입력 벡터를 적절하게 지정하여야 하는 것과는 달리 CNN은 자동적으로 입력 영상 내 특징을 추출하여 인식하므로 사용이 편리하다.

11 ImageNet 프로젝트는 AI 연구 활성화를 위하여 Fei-Fei Li 교수가 2006년 제안하였다. ImageNet은 2만 개 이상의 종류로 분류되는 1400만 개 이상의 영상 데이터를 제공한다. ImageNet Large Scale Visual Recognition Challenge(ILSVRC)는 이들 영상 데이터의 일부를 이용하는 인식 경진대회로, 2012년 AlexNet은 12%의 인식 오류를 보였으며, 이후 관련 기술의 급격한 발전으로 2017년의 경우에는 다수의 참가팀들이 5% 이하의 인식 오류를 보였다.

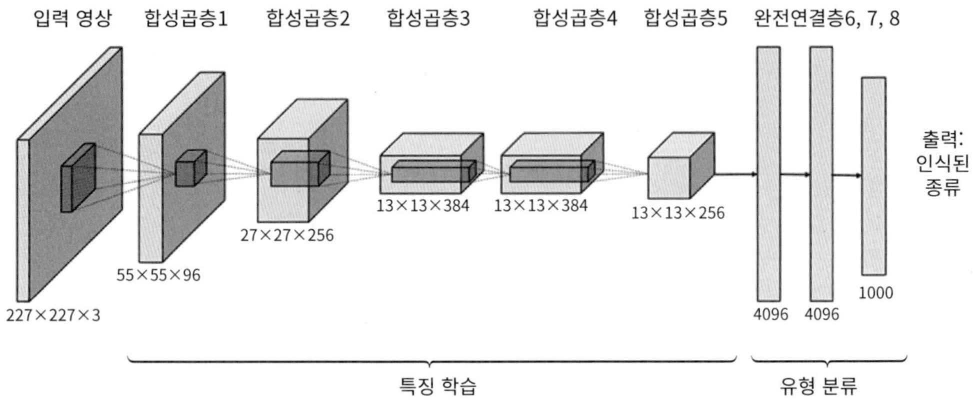

그림 9.22 영상 인식용 DNN인 AlexNet의 구조

예제 06 **인공신경망이나 심층 학습을 위한 여러 가지 도구들을 온라인에서 발견할 수 있다. 이들 도구를 검색해 보고, 활용해 보라.**

풀이 06 온라인 신경망 시뮬레이터들이 다수 있다. 예를 들어 몇 가지 온라인 학습 시뮬레이터를 https://www.mladdict.com 사이트에서 제공하고 있으며, [그림 9.23]에서와 같이 XOR문제에 대한 단계별 학습 절차를 확인할 수 있다.

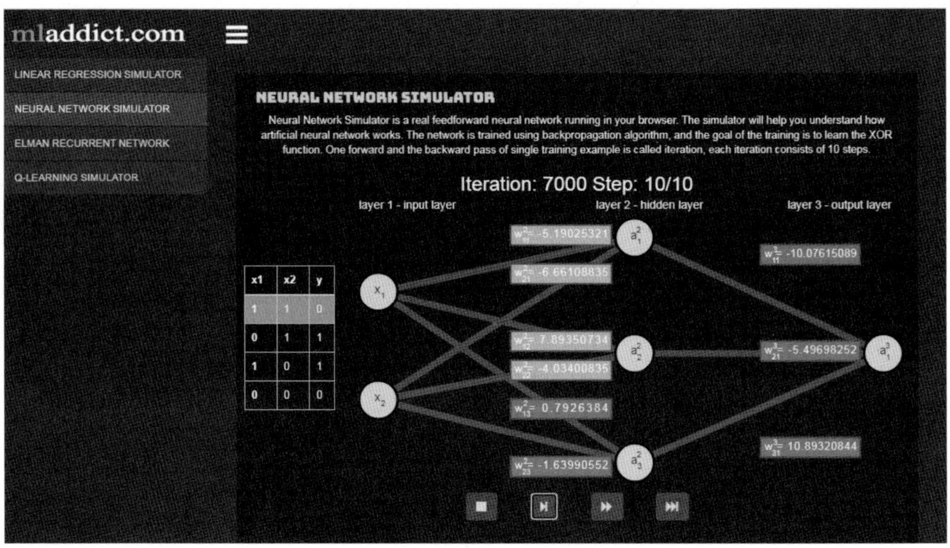

그림 9.23 mladdict.com의 Neural Network Simulator(https://www.mladdict.com/neural-network-simulator)

또한 Google의 Tensorflow Playgound(https://playground.tensorflow.org) 사이트에서도 여러 가지 신경망 기반 학습을 쉽게 경험해 볼 수 있다. 패턴인식이나 회귀의 여러 가지 예제 문제에 대해서 학습 조건을 변경하면서 어떤 식으로 학습이 일어나는지 그래픽 화면을 통해 확인할 수 있다. [그림 9.24]는 XOR와 같은 유형의 분류 문제에 대한 학습 과정 화면을 보여 준다.

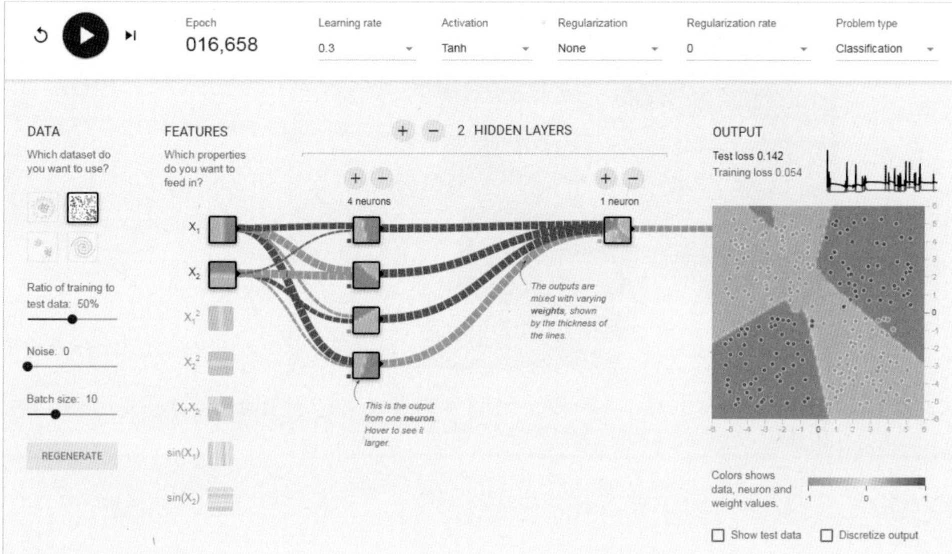

그림 9.24 Google의 tensorflow playground(https://playground.tensorflow.org)

MATLAB의 Deep Learning Toolbox(이전의 Neural Network Toolbox)를 사용하면 AlexNet을 통한 영상 내 물체의 실시간 인식 프로그램을 아래와 같이 쉽게 구현할 수 있다[12]. 프로그램의 실행 결과는 [그림 9.25]에 보인 예와 같다. 화면 영상의 상단에 물체 인식의 결과(이 예에서는 pineapple)가 출력된다.

```
% MATLAB Deep Learning Toolbox 사용
% Support package for using webcams in MATLAB 사용
% Support package for using AlexNet 사용

camera = webcam;          % 카메라에 연결
nnet = alexnet;           % 기학습된 AlexNet 사용
while true                % 연속적으로 계속 영상 처리
    picture = camera.snapshot;                  % 영상 획득
    picture = imresize(picture,[227,227]);      % 영상 크기를 AlexNet에 맞게 정형화
    label = classify(nnet, picture);            % AlexNet에 의한 영상 내 물체 분류
    image(picture);     % 영상을 화면에 출력
    title(char(label)); % 신경망의 물체 인식 결과를 화면 출력 영상의 제목으로 표시
```

12 https://kr.mathworks.com/videos/deep-learning-in-11-lines-of-matlab-code-1481229977318.html

```
        drawnow;
    end
```

그림 9.25 AlexNet이 영상 내 물체를 인식하는 예(사진 위 text가 인식 결과)

06 유전 알고리즘

유전 알고리즘(genetic algorithm: GA)은 신경망 학습을 위해 개발된 것은 아니지만, 신경망과 마찬가지로 자연적 현상을 모델로 해를 탐색한다는 점에서 공통점이 있다. 즉, 신경망이 인간의 두뇌 기능을 모델링한 것이라면, 유전 알고리즘은 자연의 진화 과정을 모델링한 것이다. 뿐만 아니라 유전 알고리즘을 인공신경망의 구조나 학습 능력을 개선하기 위한 용도로 사용하는 다양한 연구들이 있어 왔다[Leung03, Ding11]. 유전 알고리즘을 책의 5장에서 다룬 퍼지이론의 멤버십 함수 생성에 활용한 연구도 있다[Kim98].

유전 알고리즘은 미시간 대학의 교수였던 J. H. Holland에 의해 그 기반이 다져졌으며[Holland75], 기본적인 개념은 주어진 문제에 대해 가능한 해들을 정해진 형태로 표현한 후, 이들을 변화시키고, 그 결과들 중 적합도가 높은 것들을 선택하여 변화를 계속함으로써, 보다 좋은 해에 도달한다는 것이다. 이는 마치 부모의 유전 인자 중 우성의 형질을 지닌 개체가 번성해 간다는 다윈[13]의 진화론적 적자생존의 법칙(survival of the fittest)과 유사하다.

13 Darwin 이전에도 생물의 종간의 경쟁적 진화에 대한 학설이 존재했다. 그러나 Lamarck 등에 의해 연구된 보다 오래된 이론의 오류는 자연이 개체에 영향을 미치고 각 개체들은 이들을 수용한다는 것이다. 하지만 생물학적으로 이러한 이론은 받아들여지지 않는다. 자연은 다만 선택(natural selection)할 뿐이다.

유전 알고리즘을 구성하는 요소들은 다음과 같다.

- **해의 표현법**: 주어진 문제에 가능한 해나 가설은 단수나 복수의 염색체(chromosomes)로 구성되는 개체(individual)로 인식되며, 이들의 집합을 개체군(population)이라고 한다. 각 개체들의 유전적 구조는 고정된 길이의 이진값으로 표현된다. 예를 들어 사과의 특성을 표현하기 위해 색깔={적, 녹, 황}을 고려하고 각각의 색깔은 001, 010, 100으로 표현할 때, 적 혹은 녹색은 011로, 적 혹은 황색은 101로, 그리고 아무 색(즉 don't care)은 111로 표현할 수 있을 것이다.
- **복제 기법**: 부모 개체로부터 새로운 개체를 생성하는 방법에는 크게 두 가지가 사용된다. 그 첫째는 교차변이(crossover)라고 하는 것으로 부모 개체들의 특정 교차점에서 그 이후의 값들을 서로 교환하는 것이다. 예를 들어 (111111)과 (000000)과 같은 개체들에서 교차점을 4라고 하면, 이로부터 생성되는 개체들은 (111100)과 (000011)이 된다. 두 번째 복제 방법은 돌연변이(mutation)로 0을 1로, 혹은 1을 0으로 비트 값을 반대값으로 변환하는 것이다. Holland가 제안한 원래 알고리즘에서는 돌연변이가 상실된 유전적 정보를 복구하기 위한 부가적 복제 연산자(reproduction operator)로 사용되었다. 즉, 어떤 특정 순간(혹은 세대: generation)에 모든 개체들이 1의 값만을 가진다면, 이후로는 아무리 교차변이를 해도 0의 값이 나올 수 없을 것이므로 돌연변이에 의해 0의 가능성을 창출하는 것이다.
- **적합도 함수**: 주어진 문제에 대해 개체로 표현된 해가 얼마나 좋은가를 나타낼 수 있는 목표함수(objective function)를 적합도 함수(fitness function)라고 부르며 [0,1]의 범위를 가지는 실수로 표현한다.
- **선택의 기준**: 임의의 개체군에서 보다 적합도가 높은 개체가 다음 세대에서 생존할 가능성을 높이고자 한다. 간단한 방법들 중의 하나는 특정 개체 i가 $\frac{f(i)}{\overline{f}}$개의 자식을 생성하게 하는 것이다. 여기서 $\overline{f}$는 적합도 함수값의 평균이다. 즉, 평균 이상의 적합도를 가진 개체는 한 개 이상의 자식을 복제할 수 있다. 이러한 방법을 적합도 비례 선택법(fitness proportionate selection)이라 한다.

이상의 요소들로부터 기본적인 유전 알고리즘은 아래와 같이 표현될 수 있다.

```
procedure GA()
{
  initialize population;
  find the fitness function of population;
  while (termination criterion is not met)
  begin
     select solutions for next population;
     do crossover and/or mutation;
     find the fitness function of population;
  end
}
```

예제 07 다음 [표 9.7]과 같이 4개의 개체로 구성된 군을 고려하자. (a) 적합도 비례선택법에 의해 새로운 개체를 생성하여라. (b) 무작위로 추출된 두 개의 개체가 교차변이를 일으킨 경우의 결과를 살펴보아라. (c) 임의의 개체에 대하여 돌연변이 연산을 적용시켜 보아라. 단, 군을 이루는 개체의 수는 변화하지 않는다고 가정하여라. 또 적합도 함수 $f=(1$ 비트의 개수$)/10$이라고 하여라.

표 9.7 4개의 개체로 구성된 군의 예

번호	개체	적합도
1	01001	0.2
2	11000	0.2
3	01000	0.1
4	10111	0.4

풀이 07 (a) 먼저 개체의 적합도 함수 평균을 구하면 $\overline{f}=\left(\sum_{i=1}^{4} f_i\right)/4=0.225$가 된다. 따라서 각 개체는 0.9, 0.9, 0.4, 1.8개의 자식 개체를 만들 수 있으며, 이를 반올림하여 각각 1, 1, 0, 2개의 자식 개체를 만드는 것으로 해석하면 다음과 같은 개체군이 얻어진다.

번호	개체	적합도
1	01001	0.2
2	11000	0.2
4	10111	0.4
4	10111	0.4

(b) 예를 들어 1번과 4번 개체가 선택되어 3을 교차점으로 교차변이하게 되면 다음과 같은 개체들이 얻어진다.

개체의 개수가 4로 고정되어 있으므로, 새롭게 생성된 개체들은 적합도가 낮은 1번과 2번 개체를 대체할 수 있을 것이다.

(c) 예를 들어 개체 6의 2번째 비트에 돌연변이 연산이 적용되면, 새로운 개체 7은 11101이 되어 적합도 함수는 0.4가 된다.

이런 식의 절차가 개체군에서 더 이상의 개선이 일어나지 않을 때까지 반복되고, 탐색은 모든 개체의 적합도 함수가 커지는 방향으로 진행된다. 이 예에서는 최종적으로 4개의 개체가 모두 11111이 될 것이다.

유전 알고리즘은 여러 해들을 동시에 병렬로 평가하는 탐색법이므로 신경망과는 달리 탐색 과정 중에 지역 최소에 빠질 위험이 작다([그림 9.16] 참조). 또 오류역전파 알고리즘에서와는 달리 탐색공간이 미분 가능하고 연속이라는 가정이 필요하지도 않다. 유전 알고리즘은 최적화, 탐색, 제어 등의 영역에 적용되어 좋은 결과를 보였고, 퍼지이론과 같은 다른 인공지능 기법들과 융합되어 사용되기도 한다.

07 신경망의 응용

신경망은 단순히 영상처리, 문자인식과 음성인식을 포함한 패턴인식에 국한되지 않고 다양한 분야에 응용되고 있다. 대표적으로 활용 가능한 분야는 다음과 같다.

먼저 패턴인식은 미리 알고 있는 사실과 자료에 따라 미지의 입력을 클래스별로 분류하는 기술로 인공신경망의 가장 대표적인 활용 영역이다. 필기된 글자나 음성, 혹은 영상을 인식하는 신경망은 이제 보편적으로 사용되고 있고, 상용화된 제품들도 많이 있다. 예를 들어 구글 클라우드에서는 사람이 마이크로 발음한 음성이나 음성 파일을 단어로 작성해주는 Speech-to-Text가 제공되고 있다. [그림 9.26]은 신경망을 사용하여 사람의 얼굴을 인식하는 시스템의 예이다.

둘째, 연상기억은 일부 유실되거나 변형이 가해진 자료로부터 완전한 정보를 추출하는 기술이다. 광학적인 Hopfield 연상기억장치, Kohonen 신경망을 사용한 자동 연상기억장치, BAM(Bidirectional Associative Memory)을 사용한 이형(heterogeneous) 연상기억장치 등이 있다.

셋째, 최적화 문제는 입력의 수가 증가할 때, 이의 처리시간이 지수함수적으로 증가하여 기존의 디지털 컴퓨터로는 다항 함수시간 안에 풀 수 없는 NP(Non-deterministic Polynomial) 문제이다. 이러한 문제를 알고리즘적으로 해결하기에는 한계가 있으며, Hopfield 신경망이나 Kohonen 신경망 등을 사용하여 순회판매원(travelling salesman) 문제, 그래프 색칠하기, 채널 경로배정(channel routing) 문제를 해결하였다.

신경망은 기존의 컴퓨터가 처리하기 어려운 문제들에서 뛰어난 능력을 발휘하였고, 최근 인공지능의 가장 중요한 도구들 중의 하나가 되고 있다. 그러나 인간의 신경체계, 인지 및 사고능력이 완전하게 밝혀지지 않은 상태에서, 신경망 모델 및 학습 알고리즘들이 설계되고 있다. 따라서 해결하려는 문제가 어려울수록 신경망의 구조가 복잡해지고, 결과적으로 학습 알고리즘도 여러 가지 측면에서 한계가 있다. 그럼에도 불구하고 컴퓨터 기술, 디지털/아날로그 집적회로 기술, 광기술, 생체과학의 발전과 세계 각국의 연구 열기는 인공신경망의 성능을 지속적으로 개선해 나감으로써 더욱 유용한 AI 도구로 만들어 가고 있다.

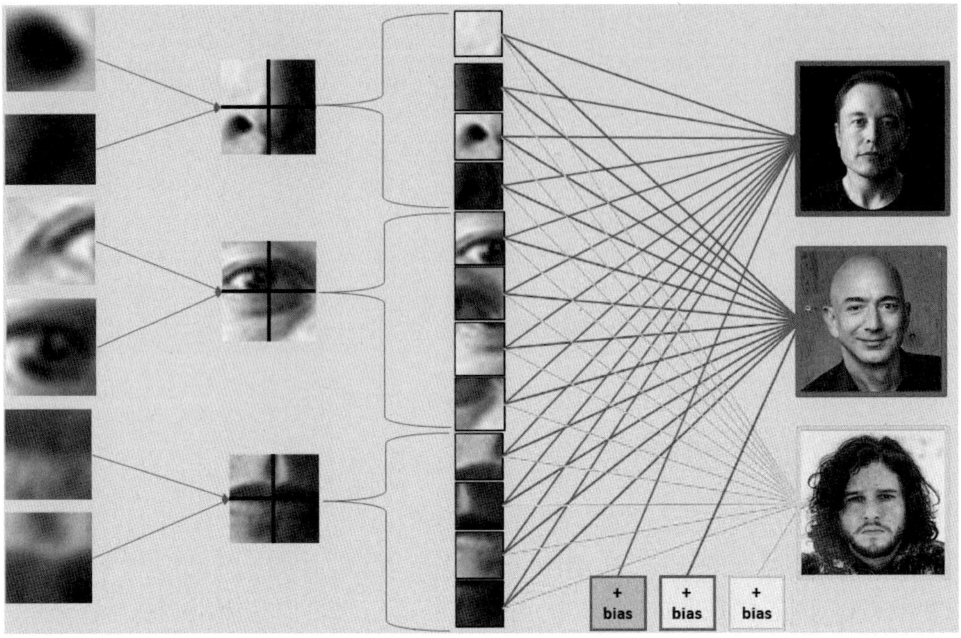

그림 9.26 신경망에 의한 얼굴 인식(https://towardsdatascience.com)

과제

01. 현재 다양한 인공신경망의 구조와 학습 알고리즘이 제안되어 있다.

    1-1. 이 장에서 다루어지지 않은 인공신경망을 한 가지 심층 조사하시오. 보고서에는 신경망의 구조, 학습법, 특징, 주요한 활용영역 등이 포함될 수 있을 것이다.

    1-2. 세계 각국의 인공신경망 연구 기관이나 연구실을 조사하시오. 어떤 연구가 이루어지고 있으며, 어떤 괄목할 성과가 있었는지를 기술하면 된다.

02. 다층 퍼셉트론의 오류역전파에 의한 함수 근사화를 프로그래밍하시오. 2개의 입력을 가지며 1개의 출력을 가지는 신경망을 가정하면 된다. 과제를 검사할 때 실제 함수는 주어지지 않고 학습용 입출력쌍만 주어질 것이며, 일정 시간 동안의 학습이 끝나면 신경망은 학습에 사용되지 않은 입력에 대해서도 제대로 된 출력을 내보낼 수 있어야 한다. 예를 들어 과제의 검사는 다음과 같은 절차를 거칠 수 있다.

    (1) 과제 검사 시간이 시작되면 검사자는 웹에 제시된 특정 데이터 파일(txt 형식)을 다운받도록 지시할 것이다. 학생은 다운받은 파일을 이용하여 일정 시간(약 10분여) 동안 자신의 프로그램을 학습한다. 데이터 파일의 형식은 다음과 같은데, 앞의 두 실수는 입력이고, 맨 우측의 실수는 출력이다.

    0.25 0.70 0.83

    0.65 0.58 0.43

    ...

(2) 학습이 완료되면 검사자는 학습 오차가 충분히 작은지 확인한다.

(3) 학습 오차가 충분히 작은 프로그램은 학습을 통해 얻어진 신경망의 파라미터(즉 연결 강도와 임계치)를 가진 채, 새로운 데이터(학습에 사용되지 않은)의 입력을 기다린다. 검사자는 이때 예를 들어 '$x_1 = 0.2, x_2 = -0.3$을 입력해 보라'는 식으로 지시하고, 학생의 프로그램은 즉시 그 결과를 출력하여 보이게 된다.

(4) 검사자는 결과로 얻어진 출력이 얼마나 참값에 가까운지 확인한 후

- OK 확인하거나
- 미심쩍으면 다른 데이터로 (3)번의 절차를 되풀이하여 다시 확인하거나
- 불합격 처리한다.

03. 다층 퍼셉트론의 오류역전파 학습 알고리즘을 유도하시오.

04. Tensorflow는 오픈소스 기계학습용 라이브러리이다. 그리고 Keras는 신경망 라이브러리로 고수준의 API를 제공한다. Tensorflow나 Keras로 XOR 문제에 대한 프로그램을 작성하시오.

10장

컴퓨터 시각

인간과 같은 생명체가 주변 환경으로부터 정보를 획득하기 위해서는 감각 기능이 필요하다. 마찬가지로 자율성을 가지는 지능 시스템에서도 감각 기능, 특히 환경이나 특정 대상을 인식하는 문제가 중요한 과제가 된다. 인공지능의 영역에서 인지(perception)의 문제는 크게 두 가지의 측면에서 현실적 중요성을 찾을 수 있다[Raphael75]. 먼저 3장에서 살펴본 바와 같이 아무리 간단한 사실이나 현상이라도 적절히 표현하는 것은 쉽지 않으므로, 인간(특히 인공지능 프로그램의 작성자나 사용자)이 어떤 사실을 요약하거나 해석하여 컴퓨터에 입력하기보다는 컴퓨터가 직접 스스로에 필요한 사항을 감각 기기를 사용하여 얻게 하는 것이 바람직할 수 있다는 것이다. 둘째로 인지 능력이 대화의 효율을 높일 수 있다는 점에 주목할 필요가 있다. 사람이나 동물은 언어와 같이 정해진 규약을 사용하지 않고도 표정이나 동작 등으로 의사를 전달할 수 있고 그림이나 소리로부터도 정보를 획득할 수 있다. 따라서 문법적인 프로그래밍 언어나 잘 배열된 자료를 키보드를 통해 입력하지 않고도 컴퓨터와의 상호작용이 가능하다면 시스템의 자율적이고 지능적인 동작을 위해 유용할 수 있는 것이다.

시각(vision)은 방대한 정보를 정확하고 빠르게 획득할 수 있게 하므로 고등 생명체의 가장 중요한 감각 수단이 된다. 따라서 제한적이기는 하지만 지능 기계에 시각 기능을 부여하기 위한 노력이 인공지능 연구의 초기부터 계속 이어져 왔다. 인공적인 시각(artificial vision)은 컴퓨터와 카메라, 그리고 영상 신호를 처리하고 해석할 수 있는 하드웨어와 소프트웨어에 의해 실현될 수 있다. 이는 인간에 있어 두뇌와 눈 및 시신경, 전파된 시각 신호를 이해할 수 있는 지식과 경험, 그리고 논리적이고 이성적인 추론 능력들을 통해 시각이 완성되는 것과 비교될 수 있다.

본 단원에서는 카메라를 사용하여 획득한 영상을 처리하고 피사체들의 특성과 상대적 관계를 이해하여 시스템의 지능적 동작을 위해 사용하는 과정 중에 발생하는 여러 문제들을 살펴본다. 여기서 다루는 내용은 흔히 컴퓨터 시각(computer vision)이라고 불리는 기술 영역에 속하는 것들이다.

컴퓨터 시각은 '영상을 해석하여 인간이 얻는 것과 비슷한 결과를 얻기 위한 기술'[Levine85], 혹은 '영상 내 물체를 명확하고 의미 있게 묘사하는 기술'[Ballard82]로 정의된다. 그러나 이러한 정의들은 컴퓨터 시각과 자동화 시스템의 요소 기술로서의 기계 시각(machine vision) 및 로봇 공학의 영역에 속하는 로봇 시각(robot vision) 사이의 차이를 뚜렷하게 하지 못한다. 사실 이들은 다른 분야의 학자들이 나름대로의 활용을 위해 각각 정의한 동일한 기술일 수 있다. 이에 비해 영상 신호처리(image signal processing), 혹은 디지털영상처리(digital image processing: DIP)는 피사체의 특성 추출이나 인식보다는 영상 대 영상의 변환을 중심으로 신호 자체의 처리와 활용에 주안을 두고 있으므로, 시각 분야와 상당 부분 교집합을 가지나 구별될 수 있는 기술이다.

컴퓨터 시각의 학문적 범위와 활용영역은 넓으며, 또한 하나의 영상이 내포하는 정보가 방대하고 복잡하므로, 본 단원의 내용은 기초적인 기술들을 중심으로 서술된다. 먼저 영상을 얻기 위한 공학적 방법에 대해 간략히 설명한 후, 획득된 영상의 2차원 혹은 3차원적 처리 기법들과 인식 문제가 간단히 다루어질 것이다.

예제 01 **인터넷에 존재하는 컴퓨터 시각(computer vision) 관련 웹 사이트를 검색하여 보라. 가능한 풍부한 정보들이 들어 있고, 인공지능과 관련된 사이트이면 좋을 것이다.**

풀이 01 웹 사이트를 학습 및 연구의 참조 소스로 하는 데 있어 문제점들 중의 하나는 어떤 시점에 존재했던 사이트가 시간이 경과한 후에는 존재하지 않거나 내용이 변화될 수 있다는 데 있을 것이다. 어떤 사이트는 다른 주소로 이전했을 수 있고, 또는 완전히 사라져 더 이상 찾을 수 없을 수 있고, 더 이상 갱신되지 않아 최신의 내용을 소개하지 않을 수 있다. 그러나 기술이 발전함에 따라 그와 유사한 사이트가 더욱 풍부하게 출현할 것은 확실하므로, 이 책이 저술되는 시점에서 유용한 웹 사이트들을 아래와 같이 예시하는 것도 그 나름대로 의미가 있을 것이다.

▶ OpenCV(https://opencv.org/)

컴퓨터 시각 분야의 다양한 프로그램 함수들을 공유하기 위한 사이트로 매우 널리 활용되는 시각 프로그래밍 참조 소스이다. Intel사에 의하여 C++ 기반의 실시간 영상 처리를 위해 개발되었으며 누구나 무료로 활용할 수 있다. 수백 개의 컴퓨터 시각 알고리즘들이 모듈 형식으로 제공된다.

▶ BoofCV(https://boofcv.org/)

컴퓨터 시각과 관련한 오픈 소스 Java 라이브러리. 미국의 소프트웨어 기술자인 Peter Abeles에 의하여 개발되었다.

▶ SimpleCV(http://simplecv.org/)

Python으로 작성된 컴퓨터 시각 오픈 소스 프레임워크. Sight Machine사에서 개발되었으며 Windows, Mac, Linux 등에서 실행 가능하다.

▶ MATLAB Computer Vision Toolbox(https://kr.mathworks.com/products/computer-vision.html)

Mathworks사의 Computer Vision Toolbox에 대한 온라인 페이지. 만약 독자들이 C나 Python 등의 언어를 사용하여 본 장에서 학습한 내용을 프로그래밍하는 경우에도 MATLAB의 Computer Vision Toolbox나 Image Processing Toolbox에서 제공되는 m 파일 중에 동일한 목적을 가진 것이 있을 가능성이 있고, 이 경우 두 프로그램의 결과를 비교해 보는 것도 흥미로울 것이다.

▶ CV Online(http://homepages.inf.ed.ac.uk/rbf/CVonline/)

영국 Edinburgh 대학의 교수인 Robert Fisher가 운영하는 사이트. 시각 분야의 다양한 주제에 대해 전세계의 전문가들이 투고한 원고를 게재하고 있다. 특정 영역이나 기술을 이해하고 싶을 때 참조 소스로 유용하며, 전문가라면 자신의 지식과 연구 경험을 바탕으로 참여함으로써 시각 기술의 전파에 기여할 수도 있다.

01 영상의 획득

1.1 영상 센서

일반적으로 시각 장치(vision system)는 영상을 획득하기 위한 카메라와 피사체에 빛을 공급하는 조명, 그리고 카메라를 제어하고 그 출력신호를 저장하여 컴퓨터와 접속할 수 있게 하는 프레임 그래버(frame grabber)로 구성된다. 카메라는 시각 장치에 있어 가장 기본적인 구성요소이며, 그 카메라의 핵심 요소는 내부에 장착된 영상 센서(image sensor)이다. 예를 들어 CCD(Charge Coupled Device), CID(Charge Injected Device), 그리고 CMOS(Complementary Metal Oxide Semiconductor) 등이 디지털 카메라를 위해 사용된다. 영상 센서를 구분하는 근거는 영상이 구성되어지는 원리의 상이성에 있다. 그러나 이들은 모두 기본적으로 센서로 입사된 광신호가 전압과 같은 형태의 전기신호로 변환되는 광전효과(photoelectric effect)에 기반한다는 공통점을 지닌다.

근래에는 반도체 기술의 발전에 힘입어 양질의 디지털 영상을 얻을 수 있는 영상 센서가 시장에 저가로 공급되고 있고, 따라서 카메라도 다양하고 값도 싸졌다. 영상 센서들 중 가장 대표적인 것은 전하결합소자, 즉 CCD에 기반한 것들이다. CCD는 1960년대 말 미국의 AT&T Bell Labs에서 개발된 광반응 축전기(capacitor) 배열이다. CCD가 여타 광반응 소자들과 비교하여 가지는 차별성은 축적된 전하(charge)를 반도체의 표면상에서 쉽게 이송시킬 수 있다는 점이며, 이는 CCD 배열에 저장된 정보를 외부로 읽어 내는데 유용하다. 초기의 CCD는 외부에서 인가한 전압에 의해 주입된 전하를 나중에 다시 외부로 읽어 내는 용도, 즉 메모리로 사용되었지만, 곧 광전효과를 이용한 영상 센서로서의 유용성이 입증되어 카메라용 센서로 판매되기 시작하였다. 1974년 미국의 Fairchild사에서 판매한 영상 센서는 일만 화소, 즉 100×100의 CCD 배열을 실현하였다.

CCD 영상 센서에 렌즈를 통과한 빛이 도달하면, 센서를 구성하는 축전기들에는 각각에 입사된 광량에 비례하여 전하가 축적된다. 이 때 광량은 입사되는 빛의 밝기와 빛에 노출된 시간에 비례하므로, 영상을 취득할 때는 밝기에 따라 노출 시간을 셔터(shutter) 등에 의하여 조절해 주어야 한다. [그림 10.1]은 CCD의 구조를 보여준다. 각 행의 축전기들은 외부 클럭(clock)에 맞추어 자신에게 축적된 전하를 아래 행의 축전기로 이송하고, 맨 하단의 축전기가 수평 전송 레지스터(horizontal transmitting registers)로 전하를 병렬 이송한 후, 이에 비례하는 아날로그 전압을 출력한다. 이러한 구조를 전 프레임 전송방식(full-frame transmission)이라 하는데, 작은 크기로 제작이 용이하여 널리 사용된다. 또 다른 방식으로는 각 축전기에 축적된 전하가 이웃하는 수직 전송 레지스터(vertical transmitting registers)로 이송되고, 가장 하단까지 이송된 전하들은 수평 전송 레지스터에 의해 출력된다. 이 방식은 선간 전송구조(interline architecture)라 한다. 한편 프레임 전송구조(frame transfer architecture)는 CCD 배열과 동일한 크기의 저장공간을 구성하고, 여기에 CCD에 저장된 값을 빠른 시간 내에 일단 이송시킨 후, 여기서 출력값을 필요한 속도로 읽어 낸다.

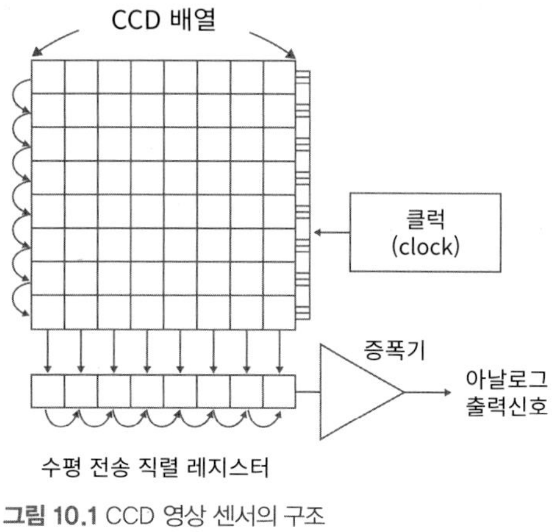

그림 10.1 CCD 영상 센서의 구조

한편 CID 기술은 1970년대 초반 CCD와 마찬가지로 메모리 용도로 개발되었으나, CCD보다 늦게 카메라용 센서로 상업화되었다. CCD에서와 같이 광반응 축전기 배열이 사용되지만, 출력 영상을 얻기 위해 전하를 이동시키는 CCD의 경우와는 달리 전하에 비례하는 전류를 읽으며, 전류는 증폭된 후 전압으로 변환되고 출력된다. CID를 사용하면 영상 내에 불꽃과 같이 아주 밝은 부분이 있을 경우 그 주변부까지 그 밝기가 전파되는 현상, 즉 블루밍(blooming) 현상이 최소화될 수 있다. 이는 CCD의 경우 부분적으로 밝은 빛에 의해 생긴 전하가 이웃 축전기로 넘치게 되지만, CID에서는 기본적으로 전하의 이동이 없기 때문이다. [그림 10.2]는 CID의 반블루밍 특성(anti-blooming)을 CCD에 의한 영상과 비교하여 보여준다. CID에 기반한 카메라는 미사일과 같이 화염을 가진 물체를 촬영하거나, 반도체를 검사할 때와 같이 조명에 의한 반사광이 있을 때, 또는 레이저와 같이 강렬한 빛을 사용할 때 유용하다.

(a) (b)

그림 10.2 영상에서의 블루밍 현상 : (a) CID 소자에 의한 영상, (b) CCD 소자에 의한 영상[출처 : http://www.cis.rit.edu/research/CID/a_cid_is.htm]

영상 센서를 선택할 때 주요한 요소 중의 하나는 해상도(resolution)이다. 그런데 고해상도의 CCD나 CID는 가격이 비싸므로, 고해상도의 영상 센서를 낮은 비용으로 구현하고자 하는 시도가 있어 왔다. CMOS의 경우 고집적성과 낮은 가격을 장점으로 가지고 있을 뿐 아니라, 극도로 낮은 전력 소비의 특성을 지니고 있다. 사실 CMOS는 1970년대부터 영상 센서로 개발되어 왔으나, CCD에 비해 크게 떨어지는 성능 때문에 널리 사용되지 못하였다. 특히 CCD 센서에 비해 영상에서의 잡음 문제가 단점이었다. 그러나 근래 휴대폰 및 PC용 저가 카메라의 수요가 급격히 증대됨에 따라 CMOS 영상 센서와 관련된 기술이 급격히 향상되고 개선되었고, 최근에 와서는 거의 CCD 센서와 버금가는 성능을 실현하여 고급의 디지털 카메라에서도 CMOS 영상 센서를 채용하기 시작하는 추세에 있다.

예제 02 **CCD, CID, CMOS 카메라를 비교하여라. 단, 비교의 요소로 기술적 특성과 가격, 그리고 시장 현황을 사용하여라.**

풀이 02 현재 가장 널리 사용되고 있는 3가지 영상 센서들의 비교는 아래의 표와 같이 정리될 수 있다.

표 10.1 영상 센서들의 비교

영상 센서		특성	가격과 시장 현황
CCD	Charge Coupled Device	• 현재 자동화용 시각 센싱용으로 널리 사용 • 광전 소자 배열의 라인별 출력	• 일반적으로 낮은 가격 • 수많은 제조자와 공급자가 있음

영상 센서		특성	가격과 시장 현황
CID	Charge Injection Device	• 블루밍에 대한 면역성이 큼 • 광전 소자 배열의 특정 부분만 읽는 것이 가능	• 고가임 • 제조자와 공급자가 제한적임
CMOS	Complementary Metal Oxide Semiconductor	• 휴대폰 카메라에서 채용 • 메모리가 아닌 영상 센서로서의 역할과 기능이 급격히 증대	• 저가로 고해상도 실현이 가능 • 전반적으로는 성능이 비교적 낮은 편이나, 근래 CCD 수준과 동등한 제품들이 출시 • 급격히 시장이 커지고 있음

1.2 표본화와 양자화

카메라로부터 출력되는 영상 신호는 아날로그 전압의 형태를 가지므로, 컴퓨터(혹은 마이크로프로세서)에 의한 처리를 위해서는 [그림 10.3]과 같이 표본화(sampling)와 양자화(quantization)의 과정을 거쳐 디지털 값으로 변환하여야 한다.

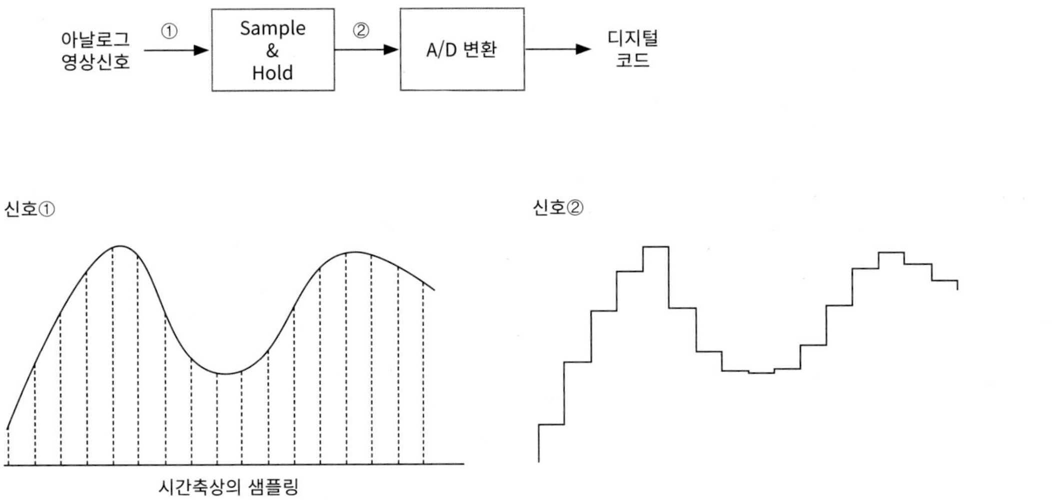

그림 10.3 카메라 출력의 변환

표본화는 연속적으로 변화하는 아날로그 신호를 시스템의 성능과 활용상의 요구를 만족시키는 범위 안에서 어떤 시간 간격으로 신호의 표본을 취하는 것을 말한다. 또한 표본화된 아날로그 신호는 다음 표본화가 일어날 때까지는 일정한 값을 유지하므로 디지털 코드로 변환(A/D 변환) 과정 동안 신호를 고정(holding)시키는 역할도 하게 된다. 이와 같은 과정을 Sample & Hold(S&H)라고 한다.

영상의 해상도(resolution)는 아날로그 카메라를 사용할 경우 카메라 출력 전압 파형을 얼마나 조밀하게 표본화하느냐에 의해 결정되며, CCD와 같은 이산적인 영상 센서를 사용하는 디지털 카메라의 경우는 CCD 요소 배열(array)의 크기에 의해 결정된다. 즉 디지털 영상은 [그림 10.4]에 보인 바와 같이 이산적인 밝기의 배열로 구성되며, 배열의 각 요소를 화소(pixel)라고 부른다. [그림 10.5]는 다른 해상도를 가지는 영상을 비교한 것이다. 그림의 영상에서 알 수 있듯이 일반적으로 고해상도의 영상에서 더 뚜렷한 화질을 기대할 수 있다. 그러나 더 높은 해상도는 더 많은 계산량과 긴 처리 시간을 초래하며, 이는 더 높은 성능의 컴퓨터 및 주변 요소를 필요로 하는 문제가 있다.

시중에서 판매되는 많은 카메라들은 그 출력 영상을 TV와 같은 모니터를 통해 볼 수 있으며, 이 경우 수직 해상도는 525 수평줄(horizontal line)의 해상도를 가지는 EIA(Electronics Industry Association)나 625줄의 CCIR(Comittee Consultatif International Radiotelecommunique)의 형식을 지원한다. EIA 형식은 흔히 RS-170으로 불리며, 컬러의 경우 NTSC(National Television Systems Committee) 방식으로 호칭된다. NTSC 방식은 우리나라를 비롯한 미국과 일본 등지에서 TV의 표준 형식으로 사용되고, CCIR의 컬러 형식인 PAL(Phase Alternate Line)은 유럽과 오세아니아 및 아프리카 지역에서 표준으로 사용된다. CCIR 형식이 EIA 형식에 비해 해상도가 높으므로 화면이 더 선명하지만, 초당 화면수는 EIA가 30 프레임(frame)인 데 비해 CCIR은 25 프레임이다.

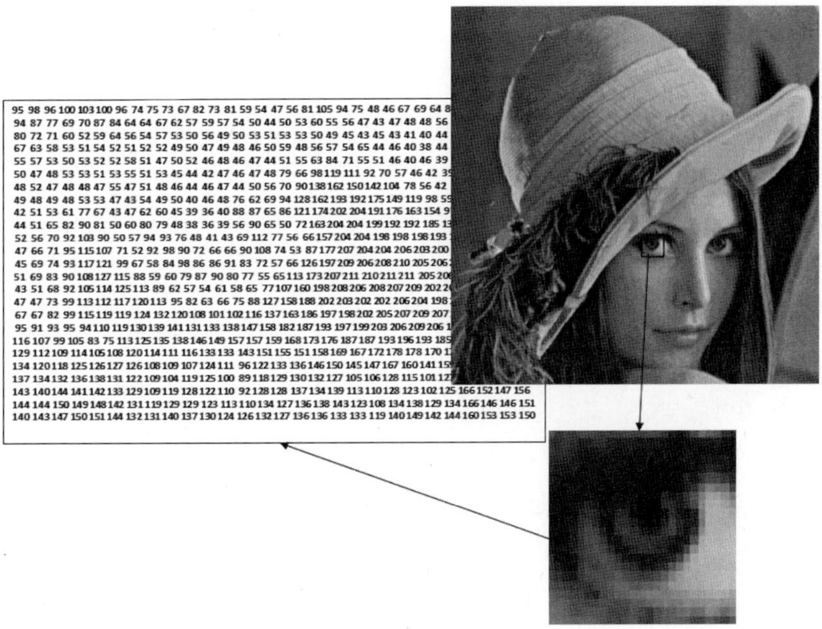

그림 10.4 디지털 영상의 구성 : 연구용으로 널리 사용되는 Lena 영상의 눈 부분

그림 10.5 영상의 해상도 : (a) 256×256, (b) 128×128, (c) 64×64, (d) 32×32

일단 표본화된 영상 신호는 양자화를 거쳐 디지털 데이터로 변환된다. 이 때 중요한 것은 각 화소의 값을 몇 단계로 양자화 하느냐의 문제이다. 만약 8비트의 A/D변환기를 사용한다면 입력신호는 밝기에 따라 2^3, 즉 256단계 중 하나의 값으로 변환된다. 양자화의 해상도는 영상의 깊이 해상도(depth resolution), 혹은 단순히 화소의 깊이[1]라고 부르며, 시각 장치의 용도에 따라 결정될 수 있다. 만약 디스플레이만을 목적으로 할 경우에는 인간이 약 30단계의 명암 차이만을 구분할 수 있다는 사실에 비추어 5비트 이상이면 충분하겠지만[Snyder85], 자동화 검사 등의 목적으로 사용될 때는 일반적으로 깊이가 클수록 좋다. [그림 10.6]은 여러 가지 다른 깊이로 영상을 표현한 예이다. [그림 10.6(a)]와 같은 통상적인 흑백 영상(B/W, gray image)에서 화소 깊이는 256단계, 즉 8비트(즉, 1 byte)로 표준화되어 있으며, 컬러 영상의 경우에는 R(red), G(green), B(blue)로 구성되므로 한 화소의 표현에 3×8=24비트가 필요하다. 만약 하나의 화소 밝기를 2단계, 즉 1비트(bit)로 표현하면 이를 이진 영상(binary image)이라고 한다([그림 10.6(d)]).

1 시각에서 깊이(depth)라는 용어는 카메라로부터 피사체까지의 거리를 의미하는 것으로 사용되기도 한다. 이는 시각뿐 아니라 3차원 거리 계측을 위한 센서에서 흔히 사용되는 용어이다.

그림 10.6 영상 화소 깊이의 변화 : (a) 256단계, (b) 16단계, (c) 4단계, (d) 2단계

02 영상의 기초적 처리

2.1 잡음의 제거

영상은 전기적 방식에 의해 얻어지므로 어느 정도의 잡음(noise) 신호가 포함되기 마련이다. 보통 영상 내에서 주변과 두드러지게 다른 밝기를 가지는 독립 화소는 잡음에 의한 것이다. 따라서 영상 내 잡음의 제거는 주변 화소들과 크게 다른 화소의 밝기값(gray level)을 주변의 것들과 비슷하게 만들어 주는 작업이 될 수 있으며 이를 평활화(smoothing)라 한다.

어떤 화소에 대해 주변 화소의 범위를 어디까지 하느냐 하는 것은 일정한 기준이 없으며 활용영역에 따라 다르지만, 보통은 [그림 10.7(a)]에서와 같이 팔방의 인접 화소들을 고려하는 경우가 많으며, 이들을 8-이웃(8-neighborhood) 화소라 부른다. 한편 [그림 10.7(b)]에서와 같이 상하좌우의 4개 화소만을 고려하는 경우는 4-이웃 화소라 한다. 평활화는 중심 화소와 그 이웃 화소들에 [그림 10.8(a)]와 같은 마스크(mask)를 적용하는 절차라고 생각할 수 있다. 만약 영상좌표(x, y)를 중심으로 8-이웃 화소를 고려하여 3×3의 마스크가 사용되는 경우, 연산은 식 (10.1)에 의한다.

$$p(x, y)=\sum_{i=-1}^{+1}\sum_{j=-1}^{+1}m(i, j)f(x+i, y+j) \tag{10.1}$$

단 p는 중심 화소의 연산 후의 결과 값, m은 연산에 사용된 마스크의 값, 그리고 f는 원래 화소의 밝기 값(gray level)을 나타낸다.

식 (10.1)과 같이 마스크를 적용하여 영상과 부분적으로 연산하는 과정을 코릴레이션(correlation, 상관)이라고 한다. 즉, 코릴레이션은 입력 영상의 화소들을 차례로 스캔해 나가면서 현재 위치의 화소 및 그 이웃 화소들을 마스크(mask), 윈도우(window), 혹은 커널(kernel)이라 불리는 특정 계수 배열과 연산을 수행하여 결과를 얻고, 그 값을 현재 화소를 처리한 결과 값으로 얻는 것이다. 코릴레이션을 쉽게 이해하기 위해서 아래와 같은 1차원적 데이터 I와 마스크 M을 생각할 때, M의 맨우측 칸과 I의 맨 왼쪽 칸을 맞추는 작업을 시작으로 하여, M을 I 위로 겹쳐 이동하면서 각 칸의 데이터 값과 마스크 값들을 서로 곱하고 합한 값을 결과로 C를 얻을 수 있다.

I =

0	0	0	1	0	0	0

M =

1	2	3

C =

0	0	3	2	1	0	0

예를 들어 C의 3은 I의 1의 위치에 M의 3이 겹쳤을 때, 즉 I의 [0 0 1]과 M의 [1 2 3]이 코릴레이션된 결과이고, 2는 I의 [0 1 0]와 M이, 그리고 1은 I의 [1 0 0]과 M이 코릴레이션된 결과이다. 여기서 얻어진 결과는 M이 뒤집힌 형태임에 주목할 필요가 있다. 이를 방지하려면 M을 아래와 같이 180° 뒤집은 M′를 적용하면 된다. 이와 같은 방법을 컨볼루션(convolution, 합성곱)이라고 한다.

M′ =

3	2	1

컨볼루션 연산의 특징은 코릴레이션과는 달리 결합법칙이 성립한다는 것이다. 즉, 임의의 두 마스크 M, F에 대해서 컨볼루션 연산 *은 F*(M*I)=(F*M)*I이며 이는 F*M으로 새로운 마스크를 정의할 수 있기 때문에 영상의 처리를 간단하게 할 수 있는 유용한 성질이다. 하지만 마스크가 좌우 대칭이면 코릴레이션과 컨볼루션의 결과는 당연히 같다.

[그림 10.8]의 (b)와 (c)는 영상 내 잡음의 감소를 위한 용도로 자주 사용되는 평활화 마스크의 예를 보여준다. 만약 [그림 10.8(b)]의 마스크가 사용되었다면 식(10.1)로부터 이는 단순히 중심 화소를 포함한 9개의 화소를 산술평균하여 중심 화소의 값으로 대치시킨 것이라고 생각할 수 있다. 이에 비해 [그림 10.8(c)]는 중심 화소의 값에 가중치를 둔 것이다. 한편 [그림 10.8(b)]와 [그림 10.8(c)]에서와 같은 산

술평균 마스크는 중심 화소에 대해 대칭이므로 이를 사용한 평활화는 2D 코릴레이션, 혹은 컨볼루션 연산이다.

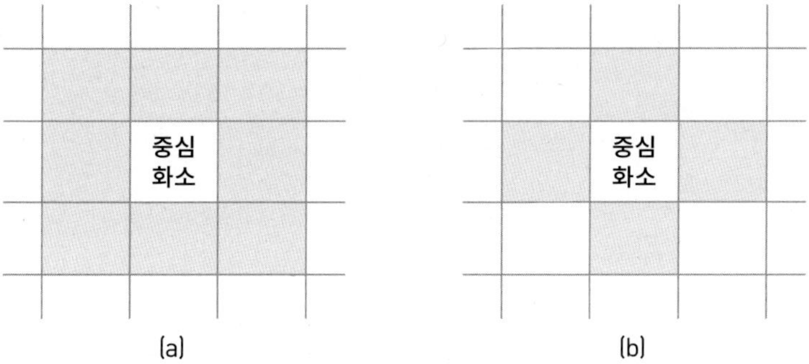

그림 10.7 이웃화소의 범위: (a) 8이웃, (b) 4이웃

m(-1,-1)	m(0,-1)	m(1,-1)
m(-1,0)	m(0,0)	m(1,0)
m(-1,1)	m(0,1)	m(1,1)

(a)

1/9	1/9	1/9
1/9	1/9	1/9
1/9	1/9	1/9

(b)

1/10	1/10	1/10
1/10	2/10	1/10
1/10	1/10	1/10

(c)

그림 10.8 (a) 평활화를 위한 3×3 마스크의 일반형, (b) 산술평균형, (b) 중심화소에 가중치를 둔 평균형

예제 03 **[그림 10.9(a)]와 같은 영상에 잡음 제거를 위해 평활화 마스크를 적용하였다. 산술 평균 마스크를 적용한 결과를 구하라.**

풀이 03 결과는 [그림 10.9(b)]와 같다. 여기서 영상의 크기가 줄어든 이유는 영상의 가장자리에 있는 화소들은 이웃화소가 부족하여 처리할 수 없었기 때문이다. 보통 마스크를 적용할 수 없는 가장자리의 화소들은 원 영상 값을 그대로 가져 오는 등의 적당한 처리방법을 고안하고 적용하여 원 영상의 크기를 보존한다.

10	10	10	10	10	10	10
10	10	10	10	10	10	10
10	10	46	10	10	10	10
10	10	10	10	10	10	10
10	10	10	10	10	10	10
10	10	10	10	10	1	10
10	10	10	10	10	10	10

(a)

14	14	14	10	10
14	14	14	10	10
14	14	14	10	10
10	10	10	9	9
10	10	10	9	9

(b)

그림 10.9 평균 마스크에 의한 영상의 평활화

[예제 10.3]의 결과에서 볼 수 있듯이 단순한 평균 마스크는 화소의 값들을 주변 화소로 퍼지게 하는 몽롱화 현상(blurring effect)을 초래하게 되며, 이는 주변에 비해 두드러진 값을 가지는 잡음을 누그러뜨리게 하지만 잡음이 아닌 영상의 세밀한 부분도 흐려지게 하여 전체적으로 선명성을 저하시키는 부작용도 있다. 이러한 문제에 대해서는 중간값 여과기(median filter)를 사용하는 방법이 유용할 수 있다. 이는 마스크가 적용되는 영역 내의 화소값들 중에서 중간 순위의 값을 찾아 이를 중심 화소 처리의 결과 값으로 사용하는 방식이다. 중간값 여과기는 임펄스(impulse) 형태의 잡음을 저하시키는 데 탁월한 비선형 여과기로 알려져 있다. 예를 들어 [그림 10.10(a)]와 같은 영상에 3×3의 마스크를 사용하여 중간값 여과하면 잡음(즉, 46과 1)의 영향은 완전히 없어진다. [그림 10.10]은 Lena 영상에 잡음을 첨가한 후 평균 마스크와 중간값 여과기를 적용한 경우의 결과를 보여 준다. 중간값을 찾은 결과인 [그림 10.10(c)]는 평균 마스크의 사용에 의한 결과인 [그림 10.10(b)]에서 몽롱화 현상이 일어남과 비교할 때 훨씬 좋다. 그러나 마스크 영역 내에서 중간값을 찾기 위해서는 데이터 정렬(sorting)이 필요하므로, 마스크의 크기가 큰 경우 처리 시간이 길어지는 문제가 있다.

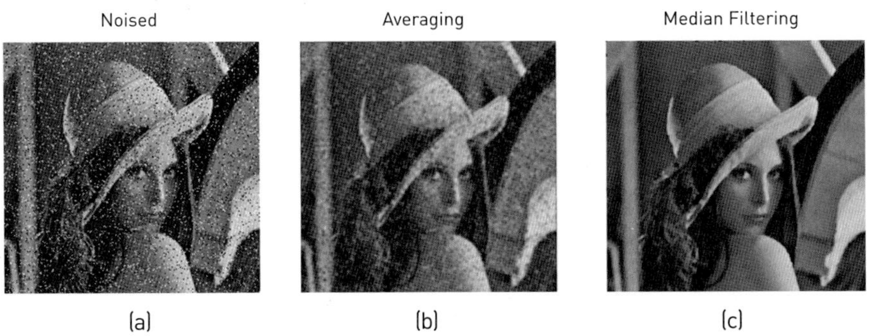

그림 10.10 (a) 잡음 영상, (b) 3×3 평균 마스크로 평활화된 영상, (c) 중간값 여과기를 사용한 결과 영상

예제 04 다음과 같은 1차원 배열에 3개의 격자로 구성된 중간값 여과기를 적용한 결과를 같은 크기를 가진 평활화 마스크를 적용시켰을 때의 결과와 비교하여 보아라.

23	24	25	20	58	22	21

풀이 04 만약 우리가 이웃하는 세 개의 화소값들을 평균하게 되면 결과는 아래와 같다. 즉 58이라고 하는 잡음이 상당히 줄어들지만 그 영향이 이웃으로 퍼지게 된다.

ave(23,24,25) ↓ … … ↓ ave(58,22,21)

24	23	34.3	33.3	33

이에 비해 중간값 여과기 사용한 결과는 아래와 같이 잡음의 영향이 나타나지 않는다.

med(23,24,25) ↓ … … ↓ med(58,22,21)

24	24	25	22	22

2.2 경계 검출

영상은 빛의 분포로 구성되므로 화소값이 급격히 변화하는 부분은 명암이 다른 물체나 면이 시작되는 부분, 즉 경계(edge)라 할 수 있다. 일반적으로 영상의 경계에는 피사체에 관한 많은 정보가 함축되어 있다. 이는 우리가 그림을 그릴 때 스케치가 중요한 역할을 하는 것과 마찬가지이다. [그림 10.11]은 경계 검출의 예를 보여준다.

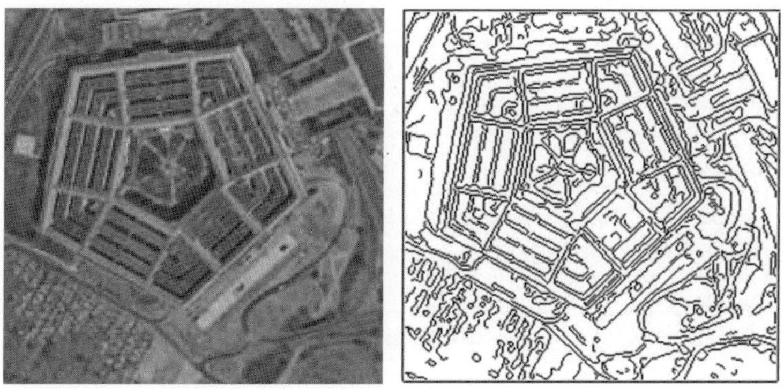

(a) (b)

그림 10.11 경계 검출의 예 : (a) Pentagon의 항공 영상, (b) 추출된 경계

영상으로부터의 경계 검출(edge detection)은 평활화에서와 같이 마스크를 사용하여 작은 영역별로 작업하는 방식이 널리 쓰인다. 이웃하는 화소들 사이의 밝기 변화를 계산하여 임의의 임계치(threshold) 이상이면 경계로 판단하는 것이다. 예를 들어 다음 [그림 10.12(a)]와 같은 1차원 화소배열을 생각해 보자. [그림 10.12(a)]에서는 n번째 화소부터 갑자기 밝기의 값이 확연히 달라지고 있으며, 이곳을 두 다른 밝기를 가지는 부분들 사이의 경계라고 볼 수 있다. 따라서 경계는 이웃하는 화소들의 밝기 변화를 살펴봄으로써 알 수 있으며, 이러한 작업은 [그림 10.12(b)]와 같은 마스크를 사용하여 현재 위치의 화소값과 이후 위치의 화소값의 차이를 계산하면 가능하다. 즉, 임의의 두 화소값 $f(k)$와 $f(k+1)$에 대해서 마스크 연산의 결과인 $|(+1)\times f(k)+(-1)\times f(k+1)|=|f(k)-f(k+1)|$이 미리 정해 놓은 어떤 임계치보다 크면 마스크가 적용된 현재의 위치에 급격한 밝기의 변화가 있으므로 경계라고 판단하는 것이다.

	…	n-2	n-1	n	n+1	n+2	…	
35	37	33	32	87	95	97	99	96

(a)

+1	-1

(b)

그림 10.12 일차원 경계의 검출

[그림 10.12(b)]에서 사용된 마스크는 좌우의 명암차를 고려하므로 수직으로 존재하는 경계선의 검출만 가능하며, 이의 개념을 2차원의 영상에 확대시키면 [그림 10.13(a)]와 같이 여러 가지 방향의 경계를 검출할 수 있는 마스크를 생각할 수 있다. 영상 내 어떤 부분에 마스크가 적용되었을 때의 결과가 4개의 마스크들 중 어느 것에 의하든 임계치 이상이면 그 부분(즉, 마스크의 중앙부)은 경계에 해당하는 화소로 판단될 수 있는 것이다. [그림 10.13(b)]는 경계 검출용으로 널리 사용되는 Sobel 마스크이다. Sobel 마스크는 경계 검출 시 약간의 가중치를 준 것이고, 경계는 마스크와 영상을 코릴레이션, 혹은 컨볼루션한 결과로부터 판정한다.

마스크를 사용하여 국부적인 특성으로부터 경계를 검출하는 방법은 뚜렷하지 못한 경계보다는 잡음에 오히려 더 민감해지는 문제가 있다. 또 임계치의 설정이 경계 검출의 성능에 큰 영향을 미친다. 그러나 개념적으로 간단하고 프로그래밍하기 용이하며 속도도 빠른 장점이 있어 널리 쓰인다.

1	1	1
0	0	0
-1	-1	-1

수평(—) 경계

1	1	0
1	0	-1
0	-1	-1

사선(/) 경계

1	0	-1
1	0	-1
1	0	-1

수직(|) 경계

0	-1	-1
1	0	-1
1	1	0

사선(\) 경계

(a)

1	2	1
0	0	0
-1	-2	-1

수평(—) 경계

2	1	0
1	0	-1
0	-1	-2

사선(/) 경계

1	0	-1
2	0	-2
1	0	-1

수직(|) 경계

0	-1	-2
1	0	-1
2	1	0

사선(\) 경계

(b)

그림 10.13 경계 추출용 마스크 : (a) Prewitt 마스크, (b) Sobel 마스크

2.3 영상의 이진화

물체와 배경만으로 구성된 단순한 영상의 경우 물체에 해당하는 영역(즉 전경, foreground)과 배경(background)에 해당하는 영역을 구분하여 이진의 화소값만으로 표현되는 영상을 얻는 것이 유용할 수 있다. 카메라로부터 얻어진 명암 영상(gray image)을 이진화하기 위해서는 각 화소의 밝기값을 미리 결정된 임계치를 기준으로 2개의 집합으로 구분하는 작업이 필요하다. 만약 $N \times M$의 배열을 가지는 영상에서 임의의 좌표 $(x,\ y)$에서의 화소 밝기를 $f(x,\ y)$라 하면, 이진화 작업 후의 화소값 $b(x,\ y)$는 아래와 같은 과정에 의해 얻어진다.

$$b(x,\ y)=\begin{cases}1 \text{ if } f(x,\ y)>threshold \\ 0\ otherwise\end{cases} \qquad (10.2)$$
$$(\text{단}\ ,\ 0 \le x \le N-1,\ 0 \le y \le M-1)$$

이진 영상(binary image)은 화소가 1 혹은 0의 값만을 가지므로, 표현이 간단하고 기억용량의 수요가 작을 뿐 아니라 실시간 처리에 유리하다. 예를 들어 [그림 10.14(a)]와 같은 간단한 영상을 생각해 보자. 영상은 가로와 세로가 각각 32개의 화소를 가지며 각 화소의 값은 3비트로(즉 0에서 7까지) 표현되어 있다. 영상은 가상된 것이므로 아주 단순한 형태로 되어 있으며, 배경은 대체로 어둡고(즉 0에서 2의 밝기값을 가지고) 사각형 물체는 그보다 밝다(대체로 5 이상의 밝기값을 가진다). 이 경우 배경으로부터 물체를 구분하는 일은 단순히 3 또는 4를 중심으로 이보다 큰 값을 가지는 화소와 이보다 작은 값을 가지는 화소들을 분리하는 작업이 된다. 즉 이진화된 영상은 [그림 10.14(b)]와 같은 형태로 저장될 것이다.

0	0	0	0	0	1	0	1	1	1	1	0	0	1	1	1	1	1	1	0	2	1	1	2	2	2	2	2	1	2	2	2
0	0	0	1	1	1	1	1	1	1	1	1	1	1	0	1	1	1	2	2	2	2	2	2	2	2	2	1	1	1	2	3
1	0	1	0	0	0	1	1	1	0	1	1	1	0	1	2	1	1	2	1	2	2	2	1	2	2	1	2	1	2	2	2
1	0	1	0	0	0	0	1	0	1	0	0	0	1	1	2	1	2	1	0	2	2	2	1	2	2	2	2	2	2	2	2
1	0	1	1	1	0	1	0	1	1	0	1	1	1	0	2	1	1	2	1	1	1	1	2	1	2	2	1	1	1	2	2
1	0	0	0	0	1	1	1	1	0	0	1	1	0	1	2	1	1	1	1	1	1	1	1	1	2	1	2	2	2	1	2
0	0	0	1	1	1	0	1	0	1	1	1	1	1	0	1	1	1	1	2	2	1	1	2	1	2	2	1	1	1	2	2
1	0	1	0	0	1	0	1	1	1	1	0	0	1	1	1	1	1	1	0	2	1	1	2	1	1	1	2	2	2	2	2
0	0	0	1	1	0	1	2	1	1	1	1	1	1	0	1	1	1	1	1	1	1	2	1	1	1	1	2	2	2	2	2
1	0	1	0	1	0	1	1	1	5	5	6	6	5	6	7	7	7	6	7	7	7	7	7	1	2	1	2	2	2	2	2
0	0	0	1	1	1	0	1	0	5	5	5	6	6	6	6	6	7	7	7	7	6	7	7	1	2	2	2	2	2	2	2
1	0	1	0	1	0	0	1	0	5	5	5	5	6	6	5	6	6	6	7	7	7	7	6	2	1	1	2	2	2	1	2
0	0	1	1	1	1	1	0	1	5	5	5	5	6	6	6	6	7	6	6	7	7	7	7	2	2	2	1	2	2	1	2
1	0	1	0	0	1	0	1	1	5	5	5	5	5	5	6	5	7	7	7	7	7	7	7	1	1	2	2	2	2	2	2
1	0	0	1	1	1	1	1	1	5	6	5	5	5	5	6	5	5	6	7	6	7	7	7	1	2	2	2	2	2	2	2
1	0	1	0	1	0	1	1	1	5	5	5	5	5	6	6	6	6	7	7	7	7	6	7	1	2	1	2	2	2	1	2
1	0	1	0	1	0	0	1	0	5	5	5	5	6	6	5	6	7	6	7	7	7	7	7	2	2	1	2	2	2	2	2
1	0	0	0	0	1	1	1	1	5	5	5	5	5	5	6	6	6	6	7	7	7	7	7	1	2	1	2	2	2	2	2
1	1	1	1	1	1	0	1	0	5	5	5	5	6	5	5	5	6	6	6	7	7	7	6	1	2	2	1	2	2	2	2
0	0	0	1	1	1	0	1	0	1	1	1	1	1	0	1	1	1	1	2	2	1	1	2	1	2	2	2	2	2	2	2
1	0	1	0	1	0	0	1	0	1	0	0	0	1	1	2	1	2	1	0	2	2	2	1	2	2	1	2	2	2	2	2
0	0	1	1	1	1	1	0	1	1	0	1	1	1	0	2	1	1	1	1	2	2	1	2	2	2	2	1	2	2	2	2
0	0	1	0	1	1	1	2	1	0	1	0	1	0	1	1	1	1	2	1	2	1	1	2	1	2	1	2	1	2	1	2
1	0	1	0	1	0	1	1	1	0	1	0	1	0	1	2	2	1	2	1	2	1	1	1	1	2	1	2	1	1	2	2
1	0	1	0	1	0	0	1	0	1	0	0	0	1	1	2	1	2	1	0	2	2	2	2	2	2	1	2	2	2	2	2
0	0	0	0	0	1	1	1	1	0	0	1	1	0	1	2	2	1	1	2	2	2	2	2	1	2	1	1	2	2	2	2
0	0	0	1	0	1	0	1	0	1	1	0	0	1	0	1	1	2	1	0	2	1	2	1	1	2	2	1	2	1	2	2
1	0	0	1	0	1	0	1	0	1	1	0	0	1	0	1	1	1	1	2	2	1	1	2	1	2	2	1	1	2	1	2
1	0	1	0	1	0	1	1	1	0	1	0	1	0	1	2	1	1	2	1	2	1	1	1	1	2	1	2	1	2	2	2
0	0	0	1	1	1	0	1	0	1	1	1	1	1	0	1	1	1	1	2	2	1	1	2	1	2	2	1	1	1	1	2
0	0	1	1	1	1	1	0	1	1	0	1	1	1	0	2	1	1	1	1	2	2	1	2	2	2	2	1	2	2	2	2
1	0	0	1	1	1	1	0	0	1	1	1	1	1	0	1	1	1	1	1	1	1	2	3	1	2	2	2	2	2	2	2

(a)

0	0	0	0	0	0	0	0	0	0	0	0	0	0	0	0	0	0	0	0	0	0	0	0	0	0	0	0	0	0	0	0
0	0	0	0	0	0	0	0	0	0	0	0	0	0	0	0	0	0	0	0	0	0	0	0	0	0	0	0	0	0	0	0
0	0	0	0	0	0	0	0	0	0	0	0	0	0	0	0	0	0	0	0	0	0	0	0	0	0	0	0	0	0	0	0
0	0	0	0	0	0	0	0	0	0	0	0	0	0	0	0	0	0	0	0	0	0	0	0	0	0	0	0	0	0	0	0
0	0	0	0	0	0	0	0	0	0	0	0	0	0	0	0	0	0	0	0	0	0	0	0	0	0	0	0	0	0	0	0
0	0	0	0	0	0	0	0	0	0	0	0	0	0	0	0	0	0	0	0	0	0	0	0	0	0	0	0	0	0	0	0
0	0	0	0	0	0	0	0	0	0	0	0	0	0	0	0	0	0	0	0	0	0	0	0	0	0	0	0	0	0	0	0
0	0	0	0	0	0	0	0	0	0	0	0	0	0	0	0	0	0	0	0	0	0	0	0	0	0	0	0	0	0	0	0
0	0	0	0	0	0	0	0	0	0	0	0	0	0	0	0	0	0	0	0	0	0	0	0	0	0	0	0	0	0	0	0
0	0	0	0	0	0	0	0	0	1	1	1	1	1	1	1	1	1	1	1	1	1	1	1	0	0	0	0	0	0	0	0
0	0	0	0	0	0	0	0	0	1	1	1	1	1	1	1	1	1	1	1	1	1	1	1	0	0	0	0	0	0	0	0
0	0	0	0	0	0	0	0	0	1	1	1	1	1	1	1	1	1	1	1	1	1	1	1	0	0	0	0	0	0	0	0
0	0	0	0	0	0	0	0	0	1	1	1	1	1	1	1	1	1	1	1	1	1	1	1	0	0	0	0	0	0	0	0
0	0	0	0	0	0	0	0	0	1	1	1	1	1	1	1	1	1	1	1	1	1	1	1	0	0	0	0	0	0	0	0
0	0	0	0	0	0	0	0	0	1	1	1	1	1	1	1	1	1	1	1	1	1	1	1	0	0	0	0	0	0	0	0
0	0	0	0	0	0	0	0	0	1	1	1	1	1	1	1	1	1	1	1	1	1	1	1	0	0	0	0	0	0	0	0
0	0	0	0	0	0	0	0	0	1	1	1	1	1	1	1	1	1	1	1	1	1	1	1	0	0	0	0	0	0	0	0
0	0	0	0	0	0	0	0	0	1	1	1	1	1	1	1	1	1	1	1	1	1	1	1	0	0	0	0	0	0	0	0
0	0	0	0	0	0	0	0	0	1	1	1	1	1	1	1	1	1	1	1	1	1	1	1	0	0	0	0	0	0	0	0
0	0	0	0	0	0	0	0	0	0	0	0	0	0	0	0	0	0	0	0	0	0	0	0	0	0	0	0	0	0	0	0
0	0	0	0	0	0	0	0	0	0	0	0	0	0	0	0	0	0	0	0	0	0	0	0	0	0	0	0	0	0	0	0
0	0	0	0	0	0	0	0	0	0	0	0	0	0	0	0	0	0	0	0	0	0	0	0	0	0	0	0	0	0	0	0
0	0	0	0	0	0	0	0	0	0	0	0	0	0	0	0	0	0	0	0	0	0	0	0	0	0	0	0	0	0	0	0
0	0	0	0	0	0	0	0	0	0	0	0	0	0	0	0	0	0	0	0	0	0	0	0	0	0	0	0	0	0	0	0
0	0	0	0	0	0	0	0	0	0	0	0	0	0	0	0	0	0	0	0	0	0	0	0	0	0	0	0	0	0	0	0
0	0	0	0	0	0	0	0	0	0	0	0	0	0	0	0	0	0	0	0	0	0	0	0	0	0	0	0	0	0	0	0
0	0	0	0	0	0	0	0	0	0	0	0	0	0	0	0	0	0	0	0	0	0	0	0	0	0	0	0	0	0	0	0
0	0	0	0	0	0	0	0	0	0	0	0	0	0	0	0	0	0	0	0	0	0	0	0	0	0	0	0	0	0	0	0
0	0	0	0	0	0	0	0	0	0	0	0	0	0	0	0	0	0	0	0	0	0	0	0	0	0	0	0	0	0	0	0
0	0	0	0	0	0	0	0	0	0	0	0	0	0	0	0	0	0	0	0	0	0	0	0	0	0	0	0	0	0	0	0
0	0	0	0	0	0	0	0	0	0	0	0	0	0	0	0	0	0	0	0	0	0	0	0	0	0	0	0	0	0	0	0
0	0	0	0	0	0	0	0	0	0	0	0	0	0	0	0	0	0	0	0	0	0	0	0	0	0	0	0	0	0	0	0
0	0	0	0	0	0	0	0	0	0	0	0	0	0	0	0	0	0	0	0	0	0	0	0	0	0	0	0	0	0	0	0

(b)

그림 10.14 사각형 물체의 영상(32×32, 8단계 밝기) : (a) 명암 영상, (b) 이진 영상

그러나 실제 영상의 경우 화소가 매우 많고 명암의 분포가 복잡해서 이처럼 직접 영상 파일을 열고 자료를 살펴서 이진화의 기준이 될 임계치를 결정하기는 불가능하다. 따라서 흔히 영상을 이루는 화소들의 밝기 빈도를 히스토그램(histogram)으로 그린 후 이로부터 임계치를 결정하게 된다. 예를 들어 [그림 10.15]는 히스토그램을 이용하여 이진화하는 과정을 보여준다. 즉 원래의 영상 [그림 10.15(a)]로부터 히스토그램을 [그림 10.15(c)]와 같이 얻고, 이로부터 적당한 값을 임계치로 설정하여 식 (10.2)와 같은 방식으로 이진 영상을 얻은 결과가 [그림 10.15(b)]이다. 여기서는 130에서 170 정도 사이의 밝기 값을 이진화를 위한 임계치로 설정할 수 있을 것이다.

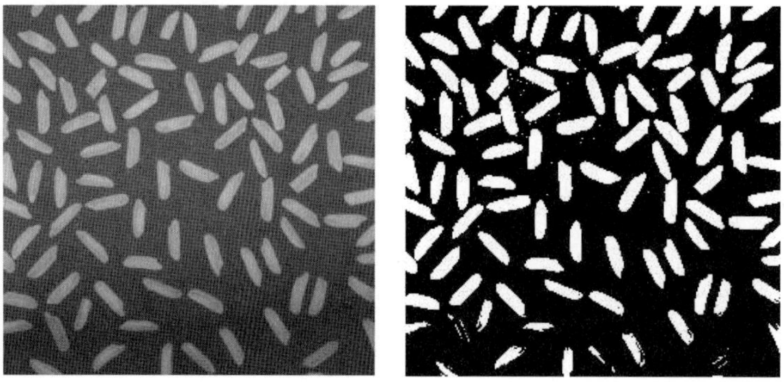

(a) (b)

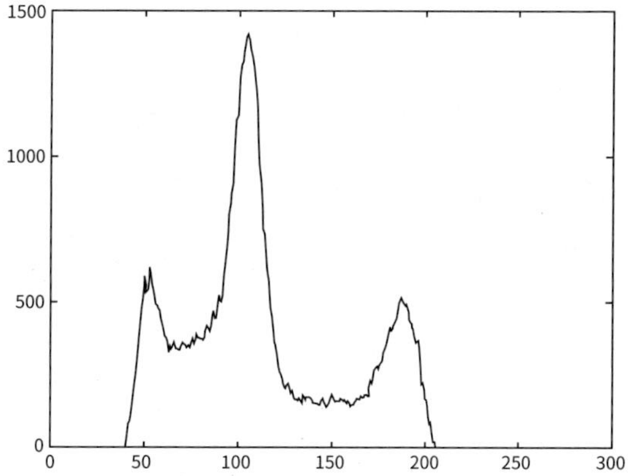

(c)

그림 10.15 영상의 이진화 : (a) 256단계의 명암을 가지는 원래 영상, (b) 120을 임계치로 이진화된 영상, (c) 임계치를 결정하기 위해 사용된 히스토그램 – 가로축은 명암, 세로축은 빈도(즉 영상 내에서 해당 밝기를 가지는 화소의 개수)

배경과 물체가 존재하는 영상에서 이진화를 위한 임계치의 설정은 기본적으로 히스토그램에서 많은 빈도를 보이는 밝기의 화소 그룹들 사이의 값으로 설정하면 된다. 그러나 많은 실제 영상에서는 물체와 배경의 밝기가 분명한 차이를 보이면서 분리되는 경우가 오히려 드물기 때문에 부가적인 처리가 필요할 수 있다. 하나의 영상에서 전체적으로 밝기가 고르게 분포되어 있을 것이라고 기대하기는 어려우므로, 영상을 작은 부분들로 나눈 후 각 부분별로 임계치를 달리 정하는 방법도 현실적으로 유용하다. 임계치를 자동으로 결정할 수 있는 기법들은 로봇과 같은 자동화 장치에의 응용을 위해서 유용하다[Jain95]. 이진화 과정에서 조명은 특히 중요한 역할을 하므로 적절히 제어하는 것이 영상의 처리를 쉽게 할 수 있다.

2.4 영역 분할

영상은 화소로 구성되지만 비슷한 특징을 가지는 이웃 화소들을 동일 영역으로 묶는 것이 영상을 이해하는 데 도움이 되며 이러한 작업을 영역 분할(segmentation)이라고 부른다. 영역 분할은 영상 내의 피사체, 즉 전경을 배경과 분리하기 위해서나 서로 다른 특성을 가진 영역들을 분리하기 위해서, 혹은 피사체 내의 면이나 특징 있는 부분들을 추출하기 위한 목적으로 행하여진다. [그림 10.16]은 영역 분할된 영상의 예를 보여준다.

전 절에서 다룬 영상의 이진화 작업은 물체와 배경을 분리한다는 의미에서 간단한 영역 분할이라고 볼 수 있다. 또 이진 영상에서 연결되어 있지 않는 영역들은 다시 독립 영역의 수만큼 다치(muti-valued) 영상으로 변경될 수 있다. 물리적으로 연결되어 있는 영역의 분할은 흔히 하나의 화소로부터 시작하여 비슷한 특성을 가지는 이웃화소들을 같은 영역으로 통합해 나가는 영역 확장법과 전체 영상을 우선 하나의 영역으로 둔 후 이질적인 화소들로 새로운 영역을 형성시키며 영상을 나누는 영역 분할법에 의해 실현된다.

그림 10.16 영역 분할된 영상

우선 이진 영상에서 물리적으로 떨어져 있는 영역들을 구분하는 작업을 생각해 보자. 즉, 서로 떨어져 있는 영역에 다른 값을 배정함으로써 영역의 수만큼 다른 값들을 가지는 결과 영상을 얻고자 한다. 이러한 라벨링(labeling) 작업은 영역 분할 작업을 위한 예비 작업으로 수행되는 경우가 많다. 예를 들어 [그림 10.17]의 경우 우선 5개의 연결되어 있지 않은 영역들을 구분하는 작업은 각 영역들의 관계를 파악하여 제대로 영역 분할을 하기 위한 기초 작업이 될 수 있다. [그림 10.17(b)]의 이진 영상은 완벽하지 못하며, 이는 실제 자주 발생하는 상황이다. 영역 1과 3을 연결한다든지, 영역 2와 4 및 5를 연결하는 작업, 혹은 1과 2의 영역에서 머리 부분을 몸통 부분의 영역과 구분하는 작업 등은 라벨링에 후행하여 수행될 수 있을 것이다.

(a) (b) (c)

그림 10.17 영역의 라벨링 : (a) 원래의 영상, (b) 이진화된 영상, (c) 영역의 라벨링

Haralick은 반복적인 영상 라벨링 기법을 제안한 바 있다[Haralick92]. 이 기법은 초기화 후, top-down 및 bottom-up 절차를 영역에 지정된 라벨의 변화가 더 이상 일어나지 않을 때까지 반복하는 방법이다. 기법은 다음과 같이 요약될 수 있으며, [그림 10.18]은 작업의 예를 보여준다.

- **1단계**: 초기화 단계로 모든 화소들에 다른 라벨들을 지정한다.
- **2단계**: top-down 단계로 모든 화소들에 대해 자신과 이웃화소들의 라벨들 중 가장 작은 값으로 자신의 라벨을 대치시킨다. 이때 작업은 상→하, 좌→우로 진행된다.

- **3단계:** bottom-up 단계로 하→상, 우→좌로 앞 단계의 작업을 진행해 나간다.
- **4단계:** 더 이상 라벨의 변화가 일어나지 않을 때까지 2와 3단계를 반복한다.

0	0	0	0	0	0	0
0	1	1	0	1	1	0
0	1	1	0	1	1	0
0	1	1	1	1	1	0
0	0	0	0	0	0	0

(a)

0	0	0	0	0	0	0
0	1	2	0	3	4	0
0	5	6	0	7	8	0
0	9	10	11	12	13	0
0	0	0	0	0	0	0

(b)

0	0	0	0	0	0	0
0	1	1	0	3	3	0
0	1	1	0	3	3	0
0	1	1	1	1	1	0
0	0	0	0	0	0	0

(c)

0	0	0	0	0	0	0
0	1	1	0	1	1	0
0	1	1	0	1	1	0
0	1	1	1	1	1	0
0	0	0	0	0	0	0

(d)

그림 10.18 영역의 라벨링

물리적으로 연결되어 있어 같은 라벨이 할당된 영역도 다른 특징을 가지면 분할될 수 있으며, 다른 라벨을 가진 영역도 실은 같은 영역일 수 있다. 영역 분할은 이처럼 어려운 문제이며, 연구가 활발한 분야이고, 많은 알고리즘들이 제안된 바 있으나, 기본적으로는 작은 동질의 영역을 확장시켜 가는 방식과 큰 이질의 영역을 나누는 축소의 기법에 의한다.

영역 확장법(region growing)에 의한 영상의 분할을 간단히 설명하면 처음 임의의 화소에서 시작하여 유사성을 가지는 인접 화소들 동일 영역 내로 흡수시키게 된다. 일단 동일한 영역으로 간주된 화소들에는 다른 영역에 속하는 화소들과 구분될 수 있도록 라벨링하게 되는데, 이를 위해 영상과 같은 크기를 가진 기억공간을 설정한다. 영역 확장법을 이해하기 위해 다음 [그림 10.19(a)]와 같은 영상을 고려하자. 영상은 4×7의 크기를 가지고 있으며, 결과를 저장하기 위한 기억공간에 모두 0의 번호를 부여하여 초기화한다. 만약 (1,3)좌표의 화소를 영역 확장의 시작점으로 하면, 이 화소에 번호 1을 할당하고 북동남서 순서로 4개의 수직, 수평 이웃화소를 살펴보아서 비슷한 특성(여기서는 밝기값)을 가지는 화소들에 모두 같은 번호, 즉 1을 부여한다. 이 같은 작업은 1의 값을 부여받은 화소들과 이웃한 화소들 중 비슷한 특성을 가진 화소가 없을 때 끝나게 된다. 물론 여러 개의 물체나 영역이 영상 내에 존재할 경우에는 그 개수만큼 기억 공간에서 사용되는 번호가 늘어나게 될 것이다. 즉, 영역 확장의 결과는 다수 영역으로 구성된 영상의 다치 영상이 된다.

	0	1	2	3
0	20	21	19	20
1	21	20	54	21
2	21	21	56	22
3	20	50	53	20
4	19	20	51	17
5	19	21	22	20
6	21	22	19	23

(a)

0	0	0	0
0	0	0	0
0	0	0	0
0	1	0	0
0	0	0	0
0	0	0	0
0	0	0	0

(b)

0	0	0	0
0	0	0	0
0	0	0	0
0	1	1	0
0	0	0	0
0	0	0	0
0	0	0	0

(c)

0	0	0	0
0	0	0	0
0	0	1	0
0	1	1	0
0	0	0	0
0	0	0	0
0	0	0	0

(d)

0	0	0	0
0	0	1	0
0	0	1	0
0	1	1	0
0	0	0	0
0	0	0	0
0	0	0	0

(e)

0	0	0	0
0	0	1	0
0	0	1	0
0	1	1	0
0	0	1	0
0	0	0	0
0	0	0	0

(f)

그림 10.19 영역의 확장에 따른 분할

03 특징의 추출

영상을 이진화하거나 분할하면 그 결과로 우리는 피사체의 외형을 얻을 수 있다. 만약 피사체에 대한 얼마간의 사전 지식을 가지고 있다면, 이는 영상 내 물체를 확인하고 기하학적 특성을 파악하는 데 도움이 된다. 예를 들어 크기가 다른 두 개의 물체를 영상 안에서 분리하는 작업을 생각하면 피사체의 면적만 확인하면 된다. 다음은 영상으로부터 물체를 인식하는데 유용한 특징들이다.

- **평균 밝기값**(average gray level): 특정 영역의 화소 값들의 합을 화소의 개수로 나눈 값이다.
- **최대, 최소 밝기값**(maximum and minimum gray level): 동일 영역으로 분류된 화소가 가지는 최대 밝기와 최소 밝기이다.
- **면적**(area): 면적은 물체를 인식하는 데 가장 기본적인 특징으로 특정 영역에 속하는 화소들의 개수로 정의된다.
- **둘레**(perimeter): 둘레의 정의는 여러 가지이지만 간단한 방법으로는 해당 영역에 외접하는 화소들의 총 개수로 구하는 것이 있다.

- **직경**(diameter): 물체의 경계에 존재하며 상호 간에 가장 멀리 떨어져 있는 두 화소 사이의 거리이다.
- **얇기**(thinness): 얇기를 정의하는 데는 (둘레)^2/면적, 혹은 직경/면적이 사용된다.
- **무게중심**(center of gravity): 물체의 실루엣에서 중심 좌표(m_x, m_y)는 물체의 영역으로 분할된 화소들의 x와 y좌표 평균으로부터 아래와 같이 정의될 수 있다.

  $m_x = \sum x/N,\ m_y = \sum y/N$ (단, N은 영역 내 화소의 개수)

- **형태비**(aspect ratio): 형태비는 물체 영역의 (길이/폭)을 말하는 것으로 [그림 10.20]과 같이 두 가지 형태로 정의될 수 있다.
- **모멘트**(moments): 배경은 0, 물체는 1로 표현되는 이진영상에서 모멘트는

  $$m_{pq} = \sum x^p y^q$$

  와 같이 정의된다. 모멘트의 정의를 사용하면 물체를 특징짓는 여러 가지 유용한 값들을 아래와 같이 얻을 수 있다 [Jain95]. 특히 불변 모멘트는 이동이나 회전 등의 변환에도 일정한 값이 되므로 유용하다.

  - 면적: m_{00}
  - 무게중심: $(m_{10}/m_{00},\ m_{01}/m_{00})$
  - 경사각: $\frac{1}{2}tan^{-1}\left[\frac{2(m_{00}m_{11} - m_{10}m_{01})}{(m_{00}m_{20} - m_{10}^2) - (m_{00}m_{02} - m_{01}^2)}\right]$
  - 불변 모멘트: $\frac{m_{00}m_{20} - m_{10}^2 + m_{00}m_{02} - m_{01}^2}{m_{00}^3}$

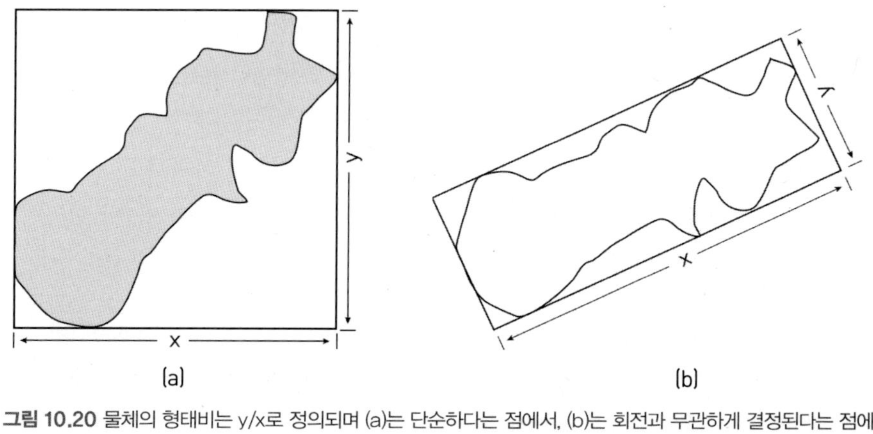

그림 10.20 물체의 형태비는 y/x로 정의되며 (a)는 단순하다는 점에서, (b)는 회전과 무관하게 결정된다는 점에서 장점이 있다.

예제 05

다음 [그림 10.21]과 같은 물체의 영상을 고려하여 보자. 모멘트를 이용하여 면적과 무게중심을 계산하여라.

풀이 05

	1	2	3	4	5	6
1	0	0	0	0	0	0
2	0	1	1	1	0	0
3	0	0	1	1	0	0
4	0	0	0	1	1	0
5	0	0	1	1	1	0
6	0	0	0	0	0	

그림 10.21 이진 영상의 예

면적 $= 2^0 2^0 + 3^0 2^0 + 4^0 2^0 + 3^0 3^0 + \cdots + 4^0 5^0 + 5^0 5^0 = 10$

$\overline{x} = (2^1 2^0 + 3^1 2^0 + \cdots + 5^1 5^0)/10$

$= (2+3+4+3+4+4+5+3+4+5)/10 = 3.7$

같은 방식으로 $\overline{y} = 3.5$이므로

무게중심 $= (3.7, 3.5)$

04 인식

초창기의 시각 시스템에서는 피사체의 종류가 한정되고 구조화된 환경(structured environments)이 사용되었으므로 영상 내 물체를 인식하기보다는 알고 있는 물체의 위치나 기울기 같은 정보를 얻는 작업이 주로 이루어 졌다. 그러나 기술이 발전하면서, 특히 카메라가 실외에 설치되면서 피사체와 촬영 환경을 제어할 수 없게 되어 인식(recognition) 작업이 중요해졌다. 경계선의 기하학적 구조를 해석하거나 영역의 특성이나 영역 상호 간의 관계를 측정하여 영상 내에서 특정 물체를 찾아내거나 미지의 물체가 무엇인지 알아내는 작업이 행하여졌다.

영상 내 물체를 인식하기 위해 사용되는 방법들 중 가장 기본이 되는 것은 대상의 원형(template)을 사용하는 방법이며, 확률적 기법들도 불확실성에 대처할 수 있다는 현실적 장점으로 인해 많이 사용되고 있다. 최근에는 기계 학습(machine learning)에 의한 인식 방법이 활발히 연구되고 있으며 좋은 성과를 내고 있다.

4.1 원형 정합

원형 정합(template matching)은 물체의 영상이나 처리된 결과를 미리 저장된 표준 모델, 즉 원형과 비교하여 대상을 인식하는 방법이다. 예를 들어 몇 개의 제품을 생산하는 공장에서 컨베이어 벨트를 통해 이송되는 물체들을 분류하기 위해 카메라를 사용했을 때를 가정하면, 카메라에 잡힌 영상과 미리 저장해 놓은 각 제품의 원형 영상을 비교하여 가장 정합도가 큰 원형의 물체로 판정하는 것이다. 이러한 방식은 간단하다는 면에서 장점이 있으나, 대상과 카메라의 각도나 거리 등이 가변이면 오인식될 우려가 있다. [그림 10.22]는 그러한 예를 보여 준다. 만약 대상이 2차원 형태라면 물체의 각도나 크기를 정규화(normalization)한 후 정합할 수 있지만 3차원 물체의 경우에는 이러한 작업도 쉽지 않다. 하지만 원형 정합은 문자의 인식과 같이 대상이 2차원 평면에 존재하고 크기나 종류의 가변성이 제한된 경우 유용한 기법이 될 수 있다.

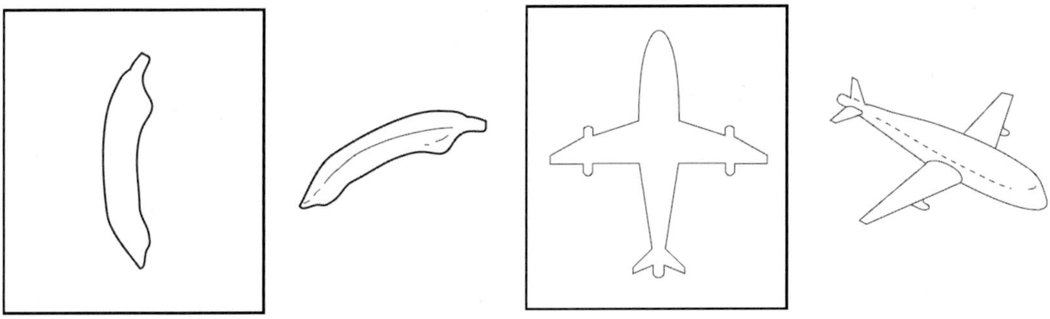

그림 10.22 단순한 원형 정합 방식을 적용하기 곤란한 경우

4.2 확률적 기법에 의한 인식

시각장치에 의해 획득된 물체의 영상은 여러 가지 요인에 의해 원형과 완벽하게 정합되지는 않는다. 따라서 불확실성에 대한 전통적 대처 방법인 확률의 사용이 유용할 수 있다. 특히 Bayes의 정리는 자동화된 패턴인식(pattern recognition)을 위한 기본적인 도구로 사용되어 왔다.

물체 영상으로부터 얻어질 수 있는 임의의 특징을 x라 하면, 어떤 물체가 n개의 물체들 중 w_k(단, k=1, 2, …, n)로 인식될 확률은 $P(w_k)$, x가 주어졌을 때 물체가 w_k로 인식될 확률은 $P(w_k|x)$, w_k에 속하는 물체가 x의 특징을 가질 확률은 $P(x|w_k)$로 표현된다. 여기서 몇 가지 경우를 고려해 보자[Duda73]. 먼저 우리가 만약 아무런 정보를 가지고 있지 못한 상황에서 막연히 어떤 물체를 예측하려 한다면, 관심의 대상이 되는(즉, 영상 내에 나타날 수 있을 것으로 예측되는) 모든 물체들은 다 같이 1/n의 가능성을 가진다고 생각할 수 있다. 둘째로 각 대상들의 가능성, 즉 $P(w_k)$가 알려져 있는 경우를 생각해보면 우리는 가장 확률이 큰 물체로 인식함으로써 인식의 성공률을 높일 수 있다. 이는 관측된 물체를 n개의 가능성 중에서 가장 확률이 높은 물체로, 즉 $P(w_m) \geq P(w_k)$, k=1, 2, …, n인 물체 w_m으로 예측하는 것이다. 마

지막으로 만약 영상 내 어떤 물체의 임의 특징 x의 측정치가 존재하고 모든 물체들에 대해 조건부 확률 $P(x|w_k)$가 알려져 있다면, 측정치 x로부터 인식될 수 있는 어떤 물체의 확률은 다음과 같이 Bayes의 정리를 사용하여 얻을 수 있다.

$$P(w_m|x)=\frac{P(x|w_m)P(w_m)}{\sum_{k=1}^{n}P(x|w_k)P(w_k)} \text{ 단}, 1\leq m\leq n \tag{10.3}$$

어떤 두 물체 영상의 평균 밝기값에 따른 확률밀도함수가 [그림 10.23]과 같이 나타나는 경우를 고려해 보자. 물체는 w_1이나 w_2 둘 중 하나로 판단될 것이므로, 각각의 경우 오인식의 확률은 다음과 같이 표현할 수 있다.

$$P(error|x)=\begin{cases}P(w_2|x) \text{ if } we\ decide\ w_1 \\ P(w_1|x) \text{ if } we\ decide\ w_2\end{cases} \tag{10.4}$$

따라서 오인식의 확률을 최소화하기 위해서는 $P(w_1|x)$가 $P(w_2|x)$보다 큰 경우에는 카메라에 잡힌 물체가 w_1이라고 추정하고, 반대로 $P(w_2|x)$가 $P(w_1|x)$보다 큰 경우에는 w_2라고 인식하여야 한다. 이러한 판정법은 식 (10.3)을 사용하면 $P(w_1|x)+P(w_2|x)=1$이므로 다음과 같이 표현할 수 있다.

$$Decide\ w_1 \text{ if } P(x|w_1)P(w_1)>P(x|w_2)P(w_2),\ otherwise\ decide\ w_2$$

이러한 판정법을 사용하는 데 있어 두 가지의 특수한 경우를 고려해 보자. 먼저 어떤 특징 x가 아무런 정보를 제공하지 못하는 경우, 즉 $P(x|w_1)=\mathrm{P}(x|w_2)$일 때는 물체의 인식은 단지 사전 확률(priori probability) $P(w_1)$과 $P(w_2)$에 의한다. 둘째로 만약 사전확률이 동일할 때의 판단은 x에 대한 w_1과 w_2의 가능성(likelihood), 즉 $P(x|w_1)$과 $P(x|w_2)$에 의한다. 따라서 [그림 10.23]의 경우 판단의 경계는 $P(x|w_1)=\mathrm{P}(x|w_2)$가 되는 x값이 된다.

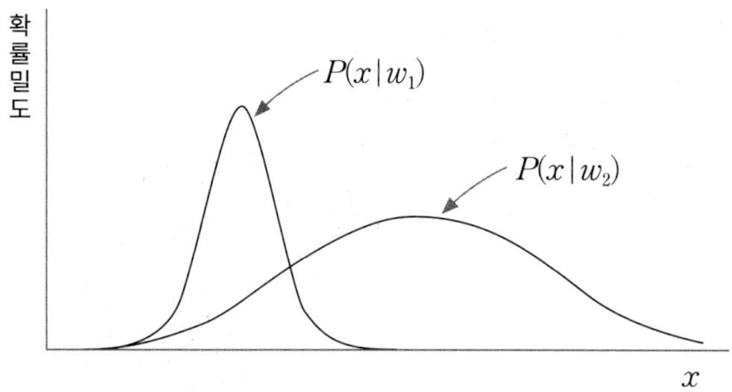

그림 10.23 두 물체의 특징 x에 따른 조건확률밀도함수

예제 06

어떤 공장에서 두 가지 물건 A와 B를 생산하고 있다고 가정하자. 또 A와 B의 길이를 측정하면 그 평균과 분산이 각각 (2.1, 0.8)과 (2.8, 1.3)인 정규 분포(Normal distribution)를 하고 있다고 하자. 만약 어떤 특정 물체를 측정하였을 때 길이가 2.5였다면 이 물체는 A와 B 중 무엇으로 판단될 수 있을까?

풀이 06

정규분포의 경우 다음 식 (10.5)에 의해

$$P(x|w_k)=\frac{1}{\sqrt{2\pi\sigma_k^2}}exp\left[-\frac{(x-\mu_k)^2}{2\sigma_k^2}\right] \tag{10.5}$$

$P(2.5 \mid A)=0.404$와 $P(2.5 \mid B)=0.338$을 얻을 수 있으므로, 다른 특별한 정보가 없는 한 측정된 물체는 A라고 판정지어질 수 있다. 그러나 두 확률값의 차이는 그리 크지 않으므로 판정에 대한 확신도 높을 수 없다. 이런 경우 10.3절에서 다룬 바 있는 영상의 여타 특징(예를 들어 둘레나 면적 등)을 추가로 측정하는 것이 유용할 것이다.

예제 07

4개의 패턴이 시각 장치에 의해 촬영된 후 몇 가지 특징이 [표 10.2]와 같이 측정되었다. 측정치가 정규분포를 하고 있다고 할 때 직경, 면적, 둘레 중 4가지 패턴을 모두 구분하기에 적합한 것은 어떤 것인가?

표 10.2 4가지 패턴에 대한 몇 가지 특성 측정

형태		직경		면적		둘레	
번호	형태	평균	표준편차	평균	표준편차	평균	표준편차
1	◆	1.06	0.027	3.12	0.034	6.66	0.057
2	●	1.60	0.037	3.12	0.028	7.40	0.127
3	■	2.47	0.063	3.16	0.038	8.55	0.117
4	▲	2.01	0.031	3.09	0.030	7.84	0.175

풀이 07

정규분포의 경우 평균치의 $\pm 3\sigma$ 내에 데이터의 99.7%가 존재하므로, (평균치$\pm 3\sigma$)가 서로 겹치지 않는 특징을 패턴을 구분하는 데 사용할 수 있다. 예를 들어 각 패턴의 둘레를 측정하여 패턴들을 구분하려 한다면, 원과 삼각형의 경우

$$(7.84 - 3 \times 0.175) - (7.40 + 3 \times 0.127) = -0.464 < 0$$

이므로 구분하기가 모호한 경우가 생긴다. 그러나 직경을 사용할 경우에는 이러한 경우가 생기지 않으므로 모든 패턴을 구분할 수 있다. 즉, 표준편차는 작고 서로 간의 평균의 차이가 큰 특성이 좋은 분류의 기준이 될 수 있다.

4.3 학습에 의한 인식

근래 기계 학습 기술의 발전은 영상에서 객체 인식의 성능을 확연하게 개선하였다. [그림 10.24]는 중요한 영상 인식 기술의 연대표를 보여 준다. 2012년을 전후로 심층 학습(deep learning) 기술이 본격적으로 사용되고, 이후 인식의 성능은 [그림 10.25]에서와 같이 크게 향상되었다. 단, [그림 10.25(a)]는 20개 종류의 물체를 대상으로 다양한 영상으로 구성된 PASCAL VOC 데이터 세트(data set)[Everingham10]에 대한 성능이며, [그림 10.25(b)]는 200개 종류의 ILSVRC 데이트 세트[Russakovsky15]에 대한 성능을 보여 준다.

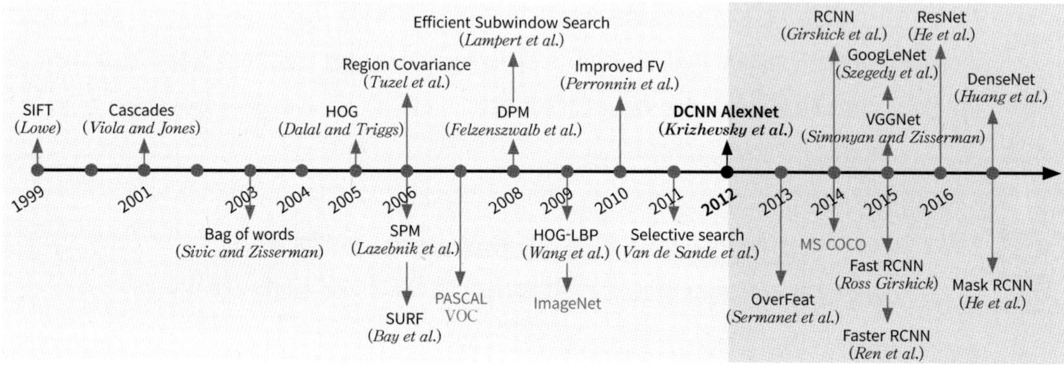

그림 10.24 영상 인식 기술의 연대표[Liu 19]. 단, 기술명 아래 괄호는 발명자이다.

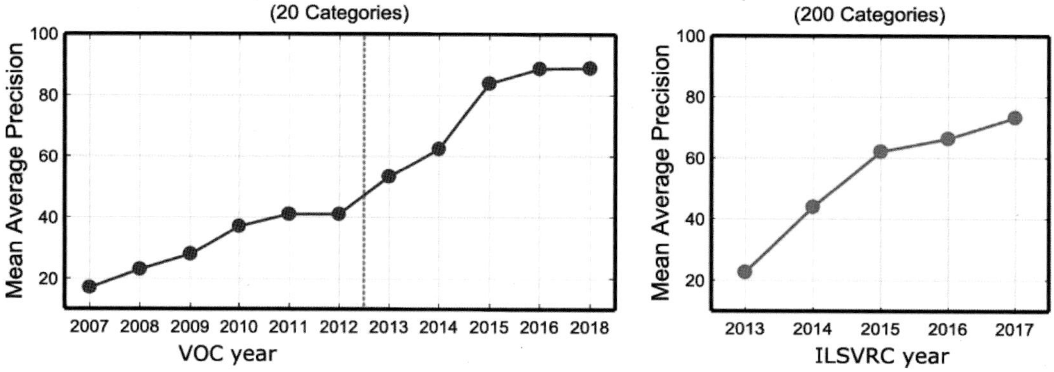

(a) (b)

그림 10.25 영상 인식 성능의 개선 예시: (a) VOC Dataset, (b) ILSVRC Dataset[Liu19]

많은 기계 학습 기반의 영상 인식은 다양한 관련 영상을 분류하여 컴퓨터에 입력하고, 이를 어떤 알고리즘에 의하여 컴퓨터가 효율적으로 학습하도록 하고, 학습이 완료된 컴퓨터 프로그램을 학습에 사용하지 않은 일반 영상에 적용하는 활용 단계를 거친다. 예를 들어 아라비아 숫자를 자동으로 인식하는 시각 장치를 생각해 보면, [그림 10.26]과 같이 다양한 필체를 우리 인간들이 별다른 어려움이 없이 인식하는 것과 같이 컴퓨터가 자동 인식해야 한다. 이를 위해서는 다양한 숫자 필체를 수집하여 학습하고, 그 학습률이 일정 수준 이상이 되면 일반 영상에 활용한다.

그림 10.26 다양한 숫자의 필체를 사람들은 쉽게 인식한다(출처: MNIST Dataset).

또 다른 유용한 예로써, 프랑스 INRIA의 Dalal과 Triggs는 영상 내 사람을 인식하기 위해 HOG(Histograms of Oriented Gradients) 방법을 제안하였다[Dalal05]. HOG는 영상을 작은 부분들로 나누고, 각 부분 마다의 화소값 변화의 크기와 방향을 히스토그램으로 표현하고, 그 결과가 사람의 실루엣 특징과 일치하는지를 서포트 벡터 머신(Support Vector Machine: SVM)이 판정하는 방법이다. [그림 10.27]은 HOG 특징과 보행자 검출의 예를 보여 준다. 이와 같은 연구를 위해서는 다양한 사람 영상들이 필요한데, MIT의 보행자 데이터 세트[Papageorgiou00]가 대표적이다.

(a) (b)

그림 10.27 (a) HOG를 이용한 사람 검출, (b) 차량 장착 카메라를 사용한 보행자 검출 예시

05 3차원 시각

근본적으로 카메라는 3차원 세계를 2차원 영상으로 표시하는 장치이므로 영상은 다대일(多對一) 대응의 결과이다. 따라서 일단 얻어진 영상으로부터 다시 3차원 정보를 복원하는 일은 특별한 사전 정보나 조건 없이는 불가능하다. 이는 사진이나 텔레비전에서 입체감을 느낄 수 없다는 사실에서도 우리들이 쉽게 경험할 수 있는 일이다. 사람이 공간 정보를 얻기 위해서 두 눈을 사용하듯이, 3차원 세계는 다른 위치에 설치된 카메라들에서 취득한 2개 이상의 영상이 주어졌을 때만 복원될 수 있다. 특히 두 대의 카메라를 사용하여 3차원 정보를 획득하는 기법을 스테레오 시각(stereo vision), 혹은 양안시(兩眼視) 기법이라 부른다.

[그림 10.28]에서와 같이 B의 간격으로 나란히 배치된 두 대의 카메라를 가정하자. 3차원 좌표계 내의 한 점 w는 스테레오 영상 $p_n(x_n, y_n)$, n=1, 2로 투사된다. 여기서 투사(projection)의 관계를 단순화하기 위해 각 카메라에서 정의되는 3차원 카메라 좌표계를 가정한다. 즉 카메라 영상좌표계의 x_n, y_n축과 평행하는 X_n, Y_n축과 이들과 수직하는 광학적 축(optical axis) 방향의 Z_n을 가정하면, w는 두 3차원 카메라 좌표계에서 $w_n(X_n, Y_n, Z_n)$으로 표현 가능하다. 만약 각 카메라로 입사되는 광선은 모두 영상평면으로부터 초점거리(focal length) λ만큼 떨어진 바늘구멍으로 모델링된 렌즈의 중심(lens center)을 통과한다고 하면, 임의의 3차원 점 w_n의 X좌표와 이 점의 영상 p_n의 x좌표와의 대응관계는 다음과 같음을 그림으로부터 쉽게 알 수 있다.

$$X_n = -\frac{x_n}{\lambda} Z_n,\ n=1,\ 2 \tag{10.6}$$

마찬가지로 3차원 점의 Y좌표와 영상의 y좌표 사이에도 다음과 같은 관계가 성립한다.

$$Y_n = -\frac{y_n}{\lambda} Z_n,\ n=1,\ 2 \tag{10.7}$$

이제 스테레오 영상 좌표로부터 3차원 공간 좌표를 복원(3D reconstruction)하는 과정을 생각해 보자. 그림에서 Z_1=Z_2이므로 이를 Z라 한 후, X_2=X_1+B를 식 (10.6)에 사용하면 Z좌표값을 다음 식 (10.8)과 같이 구할 수 있다. 즉, 카메라 사이의 간격과 초점거리를 알면 두 영상점의 x좌표로부터 Z값을 계산할 수 있는 것이다. 또 X_1, X_2, 혹은 Y_1, Y_2 좌표도 Z만 알면 식 (10.6)과 식 (10.7)로부터 쉽게 구할 수 있다.

$$Z = \frac{\lambda B}{x_1 - x_2} \tag{10.8}$$

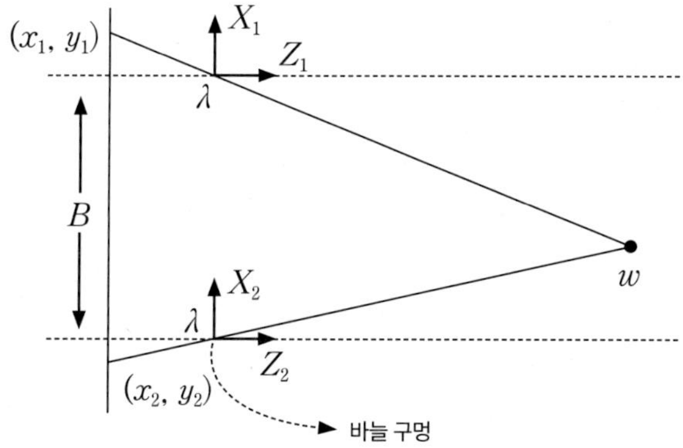

그림 10.28 바늘 구멍 카메라 모델을 이용한 양안시 장치

지금까지 설명한 방식은 동일한 광학적 특성을 갖는 두 대의 카메라를 동일선(base line)상에 평행한 시선을 갖도록 설치하였을 때만 적용 가능하다. 그러나 이처럼 정밀하게 카메라를 설치하는 일은 현실적으로 쉽지 않으며, 설치상의 오류는 곧바로 계측 오차로 나타나게 된다. 뿐만 아니라 초점거리 λ나 카메라 사이의 간격 B도 정밀하게 측정하기 곤란한 경우가 많다. 따라서 많은 실제 문제에서는 적당히 카메라를 설치한 후, 카메라의 공간상 위치나 방위 같은 기하학적 파라미터(parameter)와 초점거리나 영상좌표의 원점과 같은 광학적 파라미터를 3차원 복원과정에 앞서 구하게 되는데, 이러한 과정을 카메라의 보정(calibration)이라 한다. 카메라의 보정은 정확히 위치가 알려져 있는 3차원 점들(control points)과 이들의 영상점(image points) 사이의 대응 관계를 만족시키도록 파라미터를 결정함으로써 가능해진다.

한편 어떤 3차원 점을 스테레오 영상에서 찾아내는 일, 즉 [그림 10.28]에서 (x_1, y_1)과 (x_2, y_2)를 찾아내는 일은 3차원 시각에 있어 중요한 작업 중의 하나이다. 컴퓨터가 두 장의 복잡한 영상에서 3차원적으로 동일한 부분을 찾아내는 일을 스테레오 정합(stereo matching)이라 부르는데, 동일 부분의 영상이라도 다른 위치와 각도에서 얻어진 것이므로 약간 다르게 나타나기 마련이다. 스테레오 정합 과정은 오류가 발생하기 쉽고 많은 처리시간이 소요되므로, 기존 3차원 시각에 대한 연구의 상당 부분이 여기에 집중되어 왔다. 예를 들어 512×512의 화소배열을 가지는 두 영상을 정합한다고 할 때, 한 영상의 어떤 점에 대응하는 다른 영상의 점을 찾기 위해서는 512×512, 즉 262,144개의 화소와 비교되어야 하며 이러한 과정이 262,144개의 화소들에 대해 되풀이되어야 한다. 또, 어떤 경우에는 한쪽 영상에는 나타나는 부분이 나머지 영상에서는 다른 물체에 가려지는 등의 이유로 나타나지 않는 경우도 있으므로, 정합은 간단한 문제가 아니다.

기존의 스테레오 정합 기법은 크게 영역기반(area based)과 특징기반(feature based) 방식으로 나눌 수 있다. 영역기반 방식은 한 영상의 특정 점에 대해 다른 영상의 모든 점들을 대상으로 이웃화소들을 고려하면서 그 유사도를 판단하는 방식이다. 이 방법은 모든 화소들에 대해 정합을 수행하므로 세밀한 3차원 회복이 가능하지만 처리시간이 오래 걸린다는 문제가 있다. 이러한 부담은 화소단위의 정합보다는 영상을 영역분할한 후 이들 분할된 영역 간의 정합을 수행함으로써 경감될 수 있다[Kuroe86]. 한편 특징 기반 정합은 영상으로부터 추출된 경계선과 같은 특징을 이용하는 방법으로, 빛의 영향이 줄어들고 처리 시간도 단축할 수 있지만 특징 추출이 어려운 영역에 대해서는 처리가 곤란하다.

[그림 10.29]는 양안시 연구에 널리 사용되는 일본 Tsukuba 대학의 실험실 좌우 영상으로부터 거리 정보를 얻어낸 결과를 보여 준다. [그림 10.29(a)]와 [그림 10.29(b)]의 좌우 영상는 동일하게 보이지만 약간의 차이가 있으며, 이는 [그림 10.29(c)]에서와 같이 두 영상을 겹쳤을 때 보다 분명해 진다. [그림 10.29(d)]는 좌우 영상으로부터 거리 정보를 계산하여 흑백영상의 밝기로 표현한 것이다.

(a)

(b)

(c)

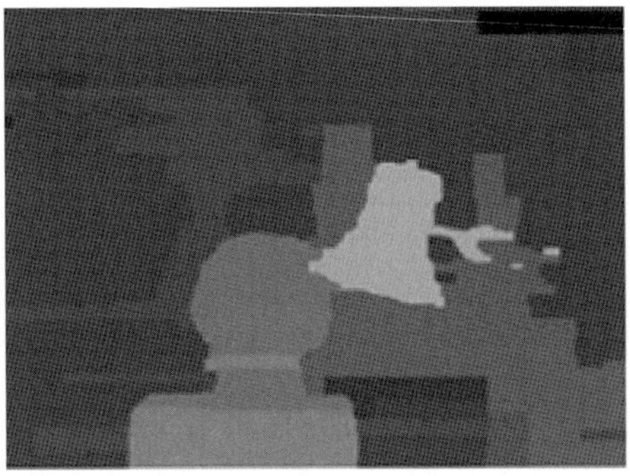

(d)

그림 10.29 양안시에 의한 거리 계측 : (a) 왼쪽 카메라에 의한 영상, (b) 오른쪽 카메라에 의한 영상, (c) 좌우 영상의 겹침, (d) 거리 정보를 영상의 밝기로 표현

06 컴퓨터 시각 기술의 활용

대체로 인간이 시각 정보로부터 사물을 인식하는 생물학적이고 심리학적인 메커니즘(mechanism)은 아직 정확히 규명되지 못하고 있다. 더욱이 하나의 영상에는 방대한 양의 정보가 포함되어 있고, 이들의 해석 또한 복잡한 알고리즘이 필요한 것이 보통이다. 따라서 대부분 컴퓨터 시각의 활용은 아직 많은 연구의 여지가 있다. [그림 10.30]은 시대별 컴퓨터 시각의 기술적 변천을 보여 준다.

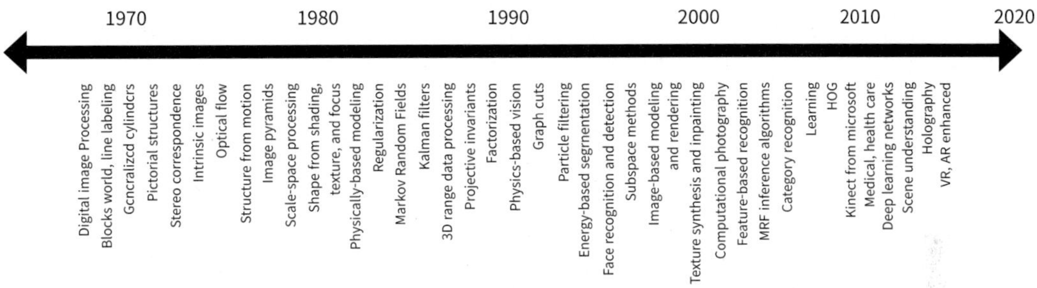

그림 10.30 주요 컴퓨터 시각 기술의 발전

시각 기술은 지금까지 다양한 영역에서 여러 가지 수준으로 활용되어 왔다. 공장에서 불량품을 외형 측정을 통하여 자동으로 찾는 작업에서부터(inspection), [그림 10.31]의 예와 같이 의료용 영상으로부터 특정 질병의 증거를 검색하거나(health care), 영상 내에서 일어나는 정황을 자동으로 이해하는 작업(scene understanding)까지 가능하다. 또 최근 급속도로 발전하고 있는 반도체 및 컴퓨터 기술, 그리고 특히 기계 학습에 힘입어 시각장치들도 고도화되어 가고 있으므로, 컴퓨터 시각 기술의 활용 가능성은 실로 크다. 그러나 많은 경우 시각기술은 인간의 눈을 대신하는 용도로 사용되고 있으므로, 기술의 한계를 인식하고 철학과 도덕에 바탕을 둔 연구와 활용이 무엇보다 중요하다.

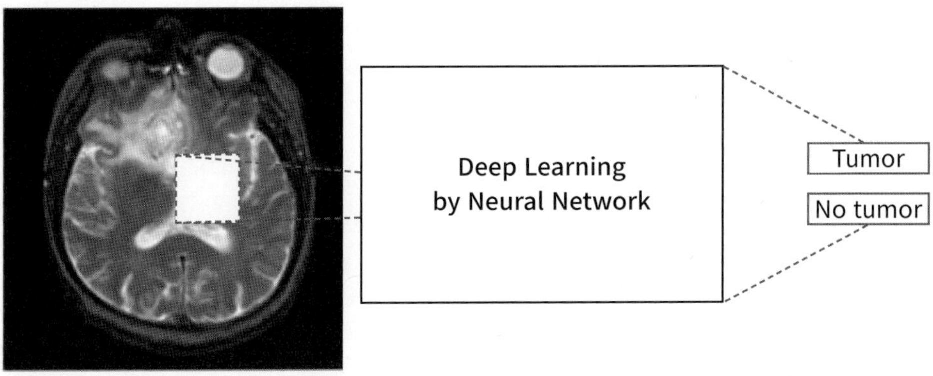

그림 10.31 의료 영상의 학습에 의한 분류[Ker18]

과제

01. 디지털 영상 처리를 직접 실행하여 본 후 그 결과를 보고하시오. 아래의 절차가 기준이 될 수 있을 것이며, 필요에 따라 생략하거나 부가적인 절차를 추가할 수 있을 것이다.

절차 ① 디지털 카메라, 웹 카메라, 휴대폰의 카메라, 스캐너 등에 의하여 실험용 영상을 취득하여라. 필요하면 웹상에 존재하는 영상을 사용하여도 좋으나, 영상 내에는 하나의 단순한 색상의 물체가 단순한 배경 안에 존재하여야 하며, 컬러 영상일 경우 흑백 영상으로 변환하시오.

절차 ② 얻어진 흑백 영상에 잡음을 인위적으로 첨가하고, 이를 감소시키기 위한 프로그램을 작성하시오. 프로그램의 실행 결과도 함께 보이시오.

절차 ③ 경계 검출을 위한 프로그램을 작성하고, '절차 1'에서 얻어진 영상에 적용하시오.

절차 ④ '절차 1'에서 얻어진 흑백 영상을 이진 영상으로 변환하는 프로그램을 작성하시오. 작성된 프로그램에는 히스토그램을 얻는 절차도 포함되어 있어야 한다.

절차 ⑤ 이진 영상 내 물체의 중심화소와 방향을 계산하는 프로그램을 작성하고 실행하시오.

절차 ⑥ 자신의 얼굴 사진에 대해 상기의 '절차 1'에서 '절차 4'까지를 실행해 보시오.

02. 숫자 0~9를 구분하는 프로그램을 작성하시오. 단, 숫자는 흑백 영상으로 제시될 것이며, 인쇄 혹은 필기의 형태가 될 것이다. 프로그램은 우선 입력 영상의 크기를 정해진 크기로 정규화(normalization)할 필요가 있을 것이다.

03. 양안시 장치의 좌우 영상으로부터 거리 영상을 얻는 프로그램을 작성하시오. 양안시(stereo vision)는 많은 시각 관련 교과서나 인터넷 자료 등에서 다루고 있는 중요한 문제이지만, 시각을 처음 접하는 사람들이 막상 카메라의 모델, 보정(calibration), 정합(matching) 과정 등을 실현하기에는 어려움을 느낄 수 있다. 따라서 팀별로 자료를 공동 학습하고, 문제를 서로 나누어 해결하는 것이 한 방법이 될 것이다.

11장

자연어처리

자연언어는 프로그래밍 언어와 같은 인공언어에 대응하는 개념으로서, 인간이 일상적으로 사용하는 언어를 말한다. 지구상에는 한인, 앵글로색슨인, 게르만인, 유대인 등 수많은 민족이 있고, 같은 민족은 자기 자신의 고유한 언어를 사용하고 있다. 언어란 동물과 달리 인간이 가진 고유한 특성이며, 자연스런 정보 전달 수단이다. 이러한 자연언어를 컴퓨터로 처리하려는 시도가 근래에 들어와서 활성화되고 있다. 가장 활발한 분야는 한국어와 영어, 일어 같은 서로 다른 언어를 상호 번역해주는 기계번역, 인간의 음성을 컴퓨터의 인터페이스로 사용하는 대화식 사용자 인터페이스, 데이터베이스의 질의를 자연어로 수행하는 자연어 질의, 웹 문서와 함께 출현한 시맨틱웹(semantic web) 등이 있다. 이와 같은 자연언어 처리를 위해서는 각 자연언어가 가진 특성을 잘 파악해야 하고, 각 언어의 특성을 잘 반영하는 처리 알고리즘의 개발, 언어의 처리를 위한 주변상황에 관한 지식(domain knowledge) 등을 연구하는 것이 중요하다. 최근에는 자연언어를 사용한 스마트폰의 활용이 상업적으로 활발히 연구 개발되고 있다.

01 자연언어 처리를 위한 지식

자연언어 처리 시스템을 설계하고 구축하려면 단어와 문장들이 조합되어 사물을 표현하는 과정과 방법을 이해할 필요가 있다. 자연언어에서 문장은 언어의 기본적 요소이고, 문장은 단어들로 구성되어 있다. 또한 문장은 주어와 술어가 있어야 한다. 주어는 그 문장이 무엇에 관한 것인지를 말해주고, 술어는 주어가 하는 일을 설명해준다. 이번 절에서는 자연언어 처리를 위한 기본 지식으로서 언어학에 관한 기초 이론과 자연언어 처리 단계에 대하여 기술한다.

언어학은 자연언어를 연구 대상으로 한다는 측면에서 자연언어 처리를 위한 기초 지식이 된다. 대표적인 언어학자인 Chomsky[1]는 자연언어 분석은 인간의 정신세계를 반영한 이성주의(rationalism)를 바탕으로 한다고 주장하였다[Chomsky 57]. 즉, 인간에게는 매우 복잡한 체계를 가진 의사소통 수단인 언어를 만들어 내고 익힐 수 있는 언어 능력이 있다고 하였다. 영어를 기본 모델로 한 Chomsky의 초기 변형문법 이론(transformational grammar theory) 이후 변형을 부정하고 의미와 어휘의 역할을 강조한 이론들이 제시된다. 예를 들어, 일반 구 구조 문법(Generalized Phrase Structure Grammar: GPSG), 중심어 주도 구 구조 문법(Head-driven Phrase Structure Grammar: HPSG), 어휘 기능 문법(Lexical Functional Grammar: LFG) 등이다. 이와 같은 변형을 부정한 문법 이론들은 컴퓨터에 의한 자연언어 처리를 염두에 두고 1970년대 후반부터 개발되었다.

언어학 이론이 발전하고 있던 시기에 컴퓨터도 반도체 기술의 변천에 따라 급속히 발전하여, 자연언어를 컴퓨터를 사용하여 처리하려는 시도가 싹트기 시작하였다. 초기에 자연언어 처리 연구자들은 인간이 사용하는 자연언어가 프로그래밍 언어와 같은 인공언어와 별 차이가 없다고 생각하여, 인공언어 처리를 확장하면 자연언어 처리가 쉽게 이루어질 것으로 판단하였다. 그러나 이들의 노력은 실패하였다. 왜냐하면, 인간은 언어 능력과 함께 상식과 전문 지식을 기억하며 사물이나 사실을 판단하는 추론 능력과 같은 지능을 가졌다는 사실을 간과하였기 때문이다. 컴퓨터는 이런 능력이 없었기 때문에 구 구조(phrase structure) 규칙을 넣고 어휘를 입력해도 그것의 구조가 구문 구조(syntactic structure)나 의미 자질 등에 한정되는 한 컴퓨터가 인간처럼 인간의 언어를 생성하고 이해하는 것은 불가능했다.

자연언어 처리란 사람의 입을 통해서 발음되는 문장을 입력으로 하여 이를 분석하고, 화자(speaker)의 믿음이나 주변 상황에 대한 지식을 토대로 문장의 의미를 이해하는 것이다. 자연언어 처리에서 가장 중요한 분석 단계는 일반적으로 형태소 분석, 구문 분석, 의미 분석, 실용 분석으로 구분할 수 있다.

먼저, 형태소 분석(morphological analysis)은 입력된 문자열을 분석하여 형태소라는 자연언어 분석을 위한 기본 단위로 분류하는 것이다. 이를 위해 형태소 분석기는 어휘 사전을 바탕으로 입력 문자에 형태소 결합 규칙을 역으로 적용하여 형태소를 분석하고, 각 형태소가 가진 범주(class) 정보를 어휘 사전으

1 노엄 촘스키(Avram Noam Chomsky, 1928~) 미국의 언어학자이자 철학자, 인지과학자, 역사학자, 사회 비판가 및 정치 활동가. MIT와 Univ of Arizona의 교수 역임.

로부터 추출하여 함께 출력한다. 즉, '감기는'이라는 문자열로부터 '감기(명사) + 는(조사)' 같은 결과를 만들어낸다.

둘째, 구문 분석(syntactic analysis)은 형태소들이 결합하여 문장이나 구절을 만드는 구문 규칙에 따라서 문장 내에서 각 형태소들이 가지는 역할이 주어인지, 목적어인지, 서술어인지 등을 분석하는 것이다. "직장인은 휴일에 쉰다"라는 문장에서 '직장인'이 문장의 주어이고, '쉰다'가 서술어가 됨을 분석하는 것이 구문 분석이다.

셋째, 의미 분석(semantic analysis)은 구문 분석의 결과를 해석하여 문장이 가지는 의미를 분석하는 것이다. 문장이 가진 의미는 문장을 이루는 각 형태소가 가진 의미가 단순 합성되는 형태에서 직유나 은유와 같은 보다 고도의 분석이 요구되는 형태까지 다양하다. 예를 들어, "배가 간다"라는 문장은 구문적으로는 올바른 문장이다. 왜냐하면 명사 '배'를 명사 '차'로 치환하면 "차가 간다"가 올바른 문장이기 때문이다. 하지만 '배'가 '먹는 배(pear)'를 의미한다면 이 문장은 의미상으로 틀린 문장이다. 따라서 자연언어의 의미 분석은 간단하지 않으며, 실제 문제 영역에 따라 그 처리 방법이 달라지기도 한다.

넷째, 실용 분석(pragmatic analysis)은 문장이 실세계(real world)와 가지는 연관 관계를 분석한다. 예를 들면, "지금 시간을 아니?"라는 문장은 현재 시간이 몇 시인지 아느냐와 함께 나에게 알려달라는 의미도 포함한다. 실용 분석은 실세계 지식이나 상식 등을 토대로 화자(speaker)와 청자(listener)의 대화 의도를 분석하는 것이 요구된다. 이와 같은 실용 분석은 자연어로 된 질의어를 분석하거나 사용자 인터페이스를 구축하는 데 중요하다.

자연언어 분석은 이상과 같은 네 단계로 수행하며, 많은 자연언어 이해 시스템도 이 모형을 토대로 구성되어 있다. 이외에도 보다 완전한 자연언어 처리 시스템을 만들려면 음성학적 지식과 처리하고자 하는 관련 분야의 지식도 요구된다. 음성학적 지식(phonetic knowledge)은 인간이 단어나 문장을 발음하는 지식에 관련된 것으로, 기술된 문장이 아니라 발음된 자연언어를 처리하려면 반드시 필요한 것이며 음성인식, 음성합성 등에 필수적이다. 또한 관련 분야의 지식으로서 대화의 주제가 되는 분야의 전문지식 또는 주변 상황에 대한 지식을 충분히 이해하고 있어야 한다.

다음 예는 간단한 자연언어 처리 시스템 모델을 보여준다. 지금까지 설명한 자연언어 분석의 네 단계를 이해할 수 있는 좋은 예이다.

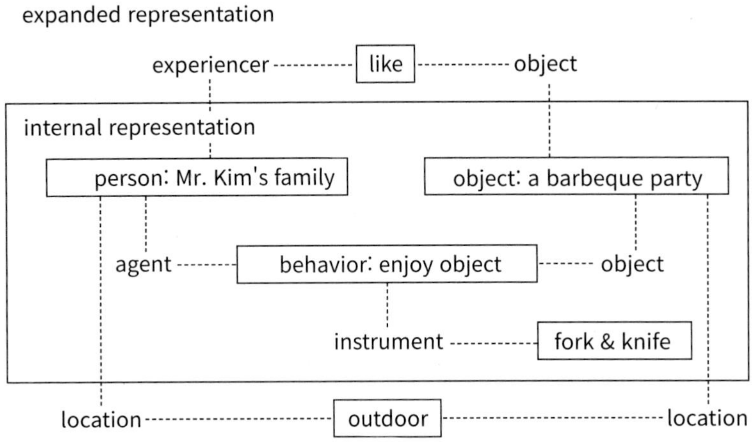

그림 11.1 자연언어 처리 시스템의 예

예제 01 **"Mr. Kim's family enjoyed a barbeque party."라는 문장을 앞에서 설명한 처리 단계에 따라 분석하여 보시오.**

풀이 01 먼저 "Mr. Kim's family enjoyed a barbeque party."라는 문장을 4단계로 분석하자. 형태소 분석을 수행하면 'Mr. Kim's family'+'enjoyed'+'a barbeque party'가 된다. 다음으로 구문 분석을 해보면, 'Mr. Kim's family'가 문장의 주어이고 'enjoyed'는 서술어이며 'a barbeque party'는 목적어임을 알 수 있다. 이제 의미 분석 단계를 거치면, 'Mr. Kim's famliy'라는 사람이 'a barbeque party'라는 대상을 'enjoyed'라는 행위를 수행한 결과를 얻는다. 마지막으로 실용 분석 단계와 문맥 내의 지식을 이용하여 해석한 결과는 [그림 11.1]과 같아진다.

02 자연언어 표현을 위한 문법

문법(grammar)은 인간의 언어 능력에 의해 해석되어 무한한 자연언어를 생성할 수 있는 유한한 규칙으로 정의될 수 있다. 이 문법에 대한 수학적 모델이 형식 문법(formal grammar)으로서 재귀적 방법에 의하여 유한한 규칙으로 무한한 문장의 생성을 가능하게 한다.

형식 언어(formal language) 이론에서는 자연언어를 문맥 의존 언어로, 프로그래밍 언어는 문맥 자유 언어로 분류하고 있다. 문맥 자유 언어란 문맥 의존 언어의 특수한 경우에 해당되기 때문에 프로그래밍 언어는 자연언어의 부분 집합임을 알 수 있다.

형식 언어 이론에서는 문법 G를 G = (N, T, S, P)로 정의한다. 여기서 N은 문법 기호에 해당하는 비단말 기호(nonterminal symbol) 집합을 의미하며, T는 단말 기호(terminal symbol)의 집합으로서, 비단말 기호 집합 N의 원소 가운데 하나이어야 한다. S는 시작기호로서 대개 문장을 나타내는 문법 기호가 시작기호가 된다. P는 시작기호 S로부터 시작한 유도 과정을 통하여 단말 기호의 열이 얻어지기까지 적용되는 생성 규칙들의 집합을 의미한다. 또한 어휘 V는 비단말 기호의 집합 N과 단말 기호의 집합 T 및 공문자열 ε으로 구성된다. 즉 형식 언어 이론에서는 문법 기호의 집합, 어휘의 집합, 생성 규칙의 집합을 정의하고, 문법 규칙 집합의 원소 가운데 하나를 시작기호로 정의한다면 하나의 문법이 정의되었다고 보는 것이다.

Chomsky는 형식 문법을 문법이 허용하는 생성 규칙(production rule)의 형태에 따라서 무제약 문법(0형), 문맥 의존 문법(1형), 문맥 자유 문법(2형), 정규 문법(3형)의 네 가지로 나누었다[Chomsky59].

먼저, 무제약 문법(unrestricted grammar)은 가장 일반적인 것으로서 다음과 같이 생성 규칙이 정의된다.

$$\phi A \psi \rightarrow \phi W \psi \begin{cases} A \in (N \cup T)^* - \{\epsilon\} \\ W \in (N \cup T)^* \\ \phi,\ \psi \in (N \cup T)^* \end{cases}$$

이때 A는 공백 문자가 아니어야 된다.

일반적인 생성 단계를 $W_i \rightarrow W_{i+1}$로 나타내며, 위의 생성 규칙에서 $W=\varepsilon$이면 W_{i+1}은 W_i보다 길이가 짧아질 수도 있다. 이러한 문법을 위축형 문법(contracting grammar)이라고 하며, 무제약 문법은 위축형 문법에 속할 수 있다. 예를 들어, cD→c는 위축형 생성이다. 이 문법에 의하여 구축된 문장은 튜링 기계(Turing machine)[2]에 의하여 인식될 수 있다.

둘째, 문맥 의존 문법(context-sensitive grammar)의 생성 규칙은 다음과 같다.

$$\phi A \psi \rightarrow \phi W \psi \begin{cases} A \in N \\ W \in (N \cup T)^* - \{\epsilon\} \\ \phi,\ \psi \in (N \cup T)^* \end{cases}$$

위의 생성 규칙은 비단말 기호 N의 원소인 A가 공백(ε)이 아닌 적절한 단말 및 비단말 기호열 W로 대치될 수 있다는 뜻이다. 단, 이 생성 규칙이 적용되기 위해서는 비단말 기호 A의 앞뒤에 각각 ϕ와 ψ로

2 현대의 컴퓨터가 개발되기 이전인 1936년 Alan Turing이 '계산 장치'의 개념을 설명하기 위해 제안한 가상의 기계로, 알고리즘에 의한 처리(계산)를 수행한다. 튜링은 자동화(automation) 기계라는 뜻에서 a-machine이라 불렀으나, 그의 사후에 제안자의 이름을 따서 튜링 머신이라 부른다.

규정된 단말 및 비단말 기호열과 일치되는 내용이 있어야 한다. 즉, 생성 규칙의 적용은 문법 기호뿐만 아니라 그 문법 기호의 앞뒤에 위치하는 구절의 내용인 문맥에 영향을 받는다.

셋째, 문맥 자유 문법(context-free grammar)의 생성 규칙은 아래와 같은 형태를 갖는다.

$$A \rightarrow W \begin{cases} A \in N \\ W \in (N \cup T)^* - \{\epsilon\} \end{cases}$$

문맥 자유 문법의 생성 규칙은 앞의 문맥 의존 문법의 생성 규칙에서 $\phi=\varepsilon$, $\psi=\varepsilon$인 제약이 가해진 경우이다. 즉, 생성 규칙의 적용이 문맥에 의하여 제한되지 않음을 의미한다. 문맥 자유 문법은 생성 규칙에 제약이 가해진 만큼 표현력은 떨어지지만, 처리하기는 보다 쉬워지게 된다.

넷째, 정규 문법(regular grammar)은 문맥 자유 문법에 제한을 주어 생성의 오른쪽에 최대로 하나의 비단말 기호를 가지는 문법으로서, 다음 형태의 생성 규칙을 갖는다.

$$A \rightarrow aB|a \begin{cases} A \in N \cup \{S\} \\ B \in N \\ a \in T \end{cases}$$

이러한 생성을 우선형(right linear) 생성이라 하며,

$$A \rightarrow Ba|a \begin{cases} A \in N \cup \{S\} \\ B \in N \\ a \in T \end{cases}$$

이러한 생성은 좌선형(left linear) 생성이라 한다.

여기서 수직선 표기(|)는 선택 사양을 나타낸다. 즉, A→aB|a는 A→aB 또는 A→a를 함께 표현한 생성 규칙이다.

예제 02 **다음 언어 $L_1=\{a_n b_n | n \geq 0\}$과 $L_2=\{a_n b_n | n \geq 1\}$ 중에서 어느 것이 문맥 자유 언어인가?**

풀이 02 답은 L_2가 문맥 자유 언어이다. L_2는 S→aSb|ab의 문법을 가지므로 ab 스트링이 최소한 한 번은 문법 규칙의 우변에 나타나므로 문맥 자유 언어가 된다. 반면에 L_1은 $n=0$인 경우에 $S \rightarrow \varepsilon$의 문법도 생성될 수 있으므로 문맥 자유 언어가 아니다.

정규 문법과 문맥 자유 문법은 제약이 많기 때문에 가장 많이 연구되었고, 따라서 가장 잘 이해되고 있다. 프로그래밍 언어는 인간이 만든 인공언어이기 때문에 처리의 용이성을 중시하여 대체로 문맥 자유 문법으로 설계되었다. 형식언어 이론에서는 자연언어가 문맥 의존 문법에 해당한다고 정의한다. 그러나 문맥 의존 문법을 효율적으로 처리하는 것은 아직 어렵다. 그래서 자연언어 처리를 위한 기존의 노력들은 일단 문맥 자유 문법을 기본 틀로 삼아서 문맥 의존적 요소를 부가하여 처리하는 방향으로 연구가 이루어져 왔다.

03 자연언어의 이해

자연언어를 이해하려면 문장을 형태소 분석과 파싱이라는 두 단계로 분석해야 한다. 형태소 분석이란 단어 단위로 분리된 입력 문자열로부터 각각의 형태소(morpheme)를 분리하고, 변형이 일어난 단어에 대해서는 원형을 복원하는 과정이다. 파싱(parsing)은 문장의 구조가 문법이론에 따라 구조적으로 맞게 되어 있는지를 분석하는 과정이다. 이 절에서는 형태소 분석(morphological analysis)과 파싱에 대해서 자세히 알아본다.

3.1 형태소 분석

형태소란 언어를 분석하기 위한 기본 단위로, 의미를 가지는 요소로서 더 이상 분석할 수 없는 가장 작은 문법 단위이다. 예를 들어, 단순어의 어근, 어미, 조사, 접두사, 접미사 등과 같이 더 이상 분석하게 되면 뜻을 잃어버리게 되는 언어의 최소 단위를 형태소라 한다. 그리고 용언의 불규칙 활용이나 굴절 현상이 일어난 단어에 대해서는 그 원형을 복원하는 과정이다.

형태소 분석이라는 용어 대신에 어휘 분석(lexical analysis)이라는 용어가 사용되기도 한다. 형태소 분석의 과정은 언어에 따라 차이가 있을 수 있지만, 일반적으로 전처리 단계, 후보 생성(candidate generation) 및 후보 선택(candidate selection) 단계, 후처리 단계로 구분된다.

먼저, 전처리 단계에서는 문서로부터 형태소 분석의 대상이 되는 단어를 추출하고, 문장을 분리하며, 숫자나 특수 문자열을 처리한다. 형태소 분석의 대상은 띄어쓰기 단위로 된 문자열이다. 따라서 한국어나 영어와 같은 경우에는 별 문제가 없지만, 중국어나 일본어와 같이 띄어쓰기를 하지 않는 언어는 문장을 입력 단위로 하므로 전처리 단계에서 단어를 분리하는 과정이 필요하다.

후보 생성 단계에서는 형태소 분리 과정과 원형 복원 과정을 거쳐 가능한 모든 분석 후보들을 생성한다. 한국어의 형태소 분리 과정에서는 하나 이상의 형태소로 이루어진 입력 문자열로부터 어근이나 조사, 어미, 접두사, 접미사 등과 같은 각각의 형태소를 인식한다. 그러나 형태소 분리의 기준은 의미를 갖는 최소 단위라는 형태소 자체의 의미에 따르지 않고, 형태소 분석의 용도나 사전에 저장되어 있는 단위에 따르기도 한다. 따라서, '예뻐지다'는 '예쁘' + '어' + '지' + '다' 또는 '예뻐지' +'다'로 분리될 수 있다. 원형 복원 과정에서는 활용이나 축약, 탈락과 같은 음운 현상으로 인하여 형태론적 변형이 일어난 형태소에 대하여 원형을 복원한다. 불규칙의 원형 복원의 예로는, '아름답' + '어'가 '아름다워'로 되는 'ㅂ' 불규칙 현상, '날' + '는'이 '나는(flying)'으로 되는 'ㄹ' 탈락 현상 등이 있다.

후보 선택 과정은 생성된 후보 형태소들을 단어 형성 규칙에 따라 최소한으로 확장하면서 후보 형태소들에 대한 어휘 사전의 검색과 결합 제약조건 등에 의해 최종적으로 올바른 후보를 선택한다.

후처리 단계에서는 복합 명사나 사전 미등록어, 줄임말 등과 같이 언어 종속적이거나 특이한 언어 현상들을 처리한다. 일반적으로 형태소 분석은 단어 자체만을 분석하기 때문에 품사 모호성과 같은 형태론적 모호성을 내포하고 있는 단어에 대해서는 두 가지 이상의 분석 결과를 제시한다. 예를 들어, '나는'이라는 단어에 대한 분석 결과로 '나(명사, I) + 는(조사)', '나(동사, produce) + 는(어미)', '날(동사, fly) + 는(어미)' 등이 제시될 수 있다.

예제 03 **동사의 현재분사형을 사용하여 형태소 분석 과정을 알아보자. 다음과 같은 입력과 목표가 있을 때 분석 과정을 설명하시오.**

- **입력**: working, shopping, dying, taking
- **목표**: working → work+ing
  shopping → shop+ing
  dying → die+ing
  taking → take+ing

풀이 03 형태소 분석은 다음과 같은 처리 과정을 수행한다.

1. 끝의 ing를 삭제하고 기본형 사전을 탐색한다.

   ; work, shopp, dy, tak

2. 끝의 중복된 자음 중 하나의 자음을 삭제한 뒤 사전을 탐색한다.

   ; shop, dy, tak

3. 끝이 y로 끝나면 ie로 바꾸어 기본형 사전을 탐색한다.

   ; die, tak

4. 끝이 자음으로 끝나면 모음 e를 붙인 뒤 사전을 탐색한다.

   ; take

3.2 파싱

파싱이란 입력 문장을 문장에서 의미 있는 단위들에 해당하는 계층 구조로 변환하는 작업이다. 파싱을 하기 위한 많은 방법이 있지만 거의 모든 시스템들은 두 가지 문제를 고려해야 한다. 첫째는 언어에서 허용하는 문장의 구조를 형식적으로 정의하는 체계인 문법이다. 둘째는 파싱 기법으로서 입력 문장의 구조를 문법에 따라 분석하는 방법이다.

문법을 표현하는 가장 일반적인 방법은 생성 규칙 또는 문법 규칙들의 집합을 사용하는 것이다. [그림 11.2]는 간단한 문맥 자유 문법 규칙의 예이다. 그림에서 첫 번째 규칙은 "문장(S)은 명사구(NP)와 동사구(VP)로 이루어짐"을 의미한다.

규칙 1. S → NP VP

규칙 2. NP → ART NOUN

규칙 3. NP → NAME

규칙 4. VP → VERB NP

규칙 5. VP → VERB

규칙 6. NAME → Bill

규칙 7. ART → a | an | the

규칙 8. VERB → bought

규칙 9. NOUN → book

그림 11.2 간단 영어 문법 규칙의 예

한편, 문장 구조를 표현하는 가장 보편적인 방법은 트리 구조(tree structure)를 사용하는 것이다. 파싱 트리는 전체 문장이 어떤 부분 구조들로 분리되는지를 명확하게 보여준다. 예를 들어, 문장 "Bill bought the book."은 [그림 11.3]과 같은 파싱 트리 구조로 표현될 수 있다. 트리 구조들은 표현의 편리를 위해 흔히 다음과 같은 내포된 리스트 구조(nested list structure)로 나타내기도 한다. [그림 11.3]의 트리 구조는 아래의 리스트 구조와 동일한 의미를 갖는다.

```
(S (NP (NAME Bill))
    (VP (VERB bought)
        (NP (ART the)
            (NOUN book))))
```

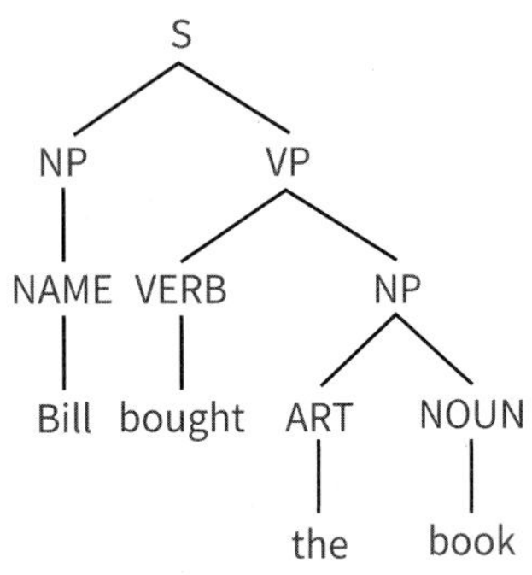

그림 11.3 문장에 대한 파싱 트리 구조

[그림 11.3]과 같이 임의의 자연언어 문장에 대한 트리 구조를 얻기 위해서는 구문 기호, 문법 규칙 등이 필요하다. 먼저, 단어는 문장을 구성하는 최소 단위로서, 문장을 구성하는 트리 구조에서 단말 노드에 나타나게 된다. 각 단어는 자신의 문법적 기능인 품사를 갖는다. [그림 11.3]의 예에서 Bill, bought, the, book 등은 단어의 예이며, NAME, VERB, ART(article), NOUN 등은 이 단어의 품사를 나타내는 품사 기호이다.

구문 기호는 트리 구조의 비단말 노드에 나타나는 문법적 구조들에 대한 이름이다. [그림 11.3]의 예에서는 문장, 명사구, 동사구를 나타내는 S, NP, VP 등이 그 예이다.

문법 규칙은 입력된 단어열이 일정한 규칙에 맞게 구성되어야 문장이 되는 규칙을 말한다. 자연언어의 문법 규칙을 기술하는 가장 일반적인 방법은 문맥 자유 문법이다. 이 규칙의 집합에서, 각 규칙은 트리 구조에 나타나는 어떤 구문 기호가 다른 기호들로 다시 구성될 수 있는가를 정의하고 있다. 문법 규칙의 예는 앞의 [그림 11.2]에 나와 있다.

이제부터는 입력된 문장에 대하여 트리 구조를 분석해 내는 과정인 파싱에 대하여 살펴보자. 파싱을 수행하는 프로그램을 보통 파서(parser) 또는 구문 분석기(syntactic analyzer)라고 한다. 파싱 기법을 분류하는 일반적인 방법은 트리 구조의 진행 방향에 따라 하향식(top-down) 파싱과 상향식(bottom-up) 파싱으로 구분하는 것이다.

하향식 파싱은 트리 구조의 최상단을 가리키는 문장 기호 S로부터 시작하여, 이 S를 문법 규칙에 따라 반복 적용함으로써 단어들의 열인 문장을 얻는 방법이다. 앞의 문장 "Bill bought the book."에 대한 하향식 파싱의 진행 과정은 다음과 같다.

S → NP VP(규칙 1 적용)
→ NAME VP(규칙 3 적용)
→ Bill VP(규칙 6 적용)
→ Bill VERB NP(규칙 4 적용)

→ Bill bought NP(규칙 8 적용)

→ Bill bought ART NOUN(규칙 2 적용)

→ Bill bought the NOUN(규칙 7 적용)

→ Bill bought the book(규칙 9 적용)

상향식 파싱은 단어들의 연속인 문장으로부터 각 단어들을 품사 기호로 변환하고, 그중의 일부 연속된 부분을 규칙에 의해 묶어서 새로운 기호로 바꾸어 준다. 이때 문법 기호의 오른쪽 기호들이 차례로 결합하여 왼쪽의 기호로 다시 쓰이게 된다. 앞의 예문을 상향식으로 파싱할 경우의 진행 과정은 다음과 같다.

Bill bought the book → NAME bought the book(규칙 6 적용)

→ NAME VERB the book(규칙 8 적용)

→ NAME VERB ART book(규칙 7 적용)

→ NAME VERB ART NOUN(규칙 9 적용)

→ NP VERB ART NOUN(규칙 3 적용)

→ NP VERB NP(규칙 2 적용)

→ NP VP(규칙 4 적용)

→ S(규칙 1 적용)

프로그래밍 언어와 달리 자연언어는 근본적으로 모호성(ambiguity)을 갖는다. 파싱 기법과 관련된 모호성으로는 구조적 모호성과 어휘적 모호성이 있다.

먼저, 구조적 모호성이란 문법 규칙에 따라 문장의 구조를 분석할 때 두 가지 이상의 구조로 분석될 수 있는 성질이다. 예를 들어, 다음과 같은 문법 규칙의 집합을 이용하여 구조적 모호성을 알아보자.

S → NP VP

NP → NAME | ART NOUN | NP PP

VP → VERB | VERB NP | VP PP | VERB PREP | VP NP

PP → PREP | NP

NAME → Bill

VERB → went

ART → the

NOUN → park | pigeons

PREP → to | with

문장 “Bill went to the park with the pigeons.”를 위 문법 규칙에 따라 파싱했을 때, [그림 11.4]와 같은 서로 다른 두 가지 트리 구조를 얻을 수 있다.

[그림 11.4(a)]의 트리 구조에서는 전치사구 'with the pigeons'가 명사구 'the park'를 수식하므로, 비둘기가 공원에 있음을 의미한다. 반면에, [그림 11.4(b)]의 트리 구조에서는, 'with the pigeons'라는 전치사구가 동사구 'went to'를 수식하므로, 문장의 주어인 Bill이 비둘기를 가지고 공원에 갔음을 알 수 있다.

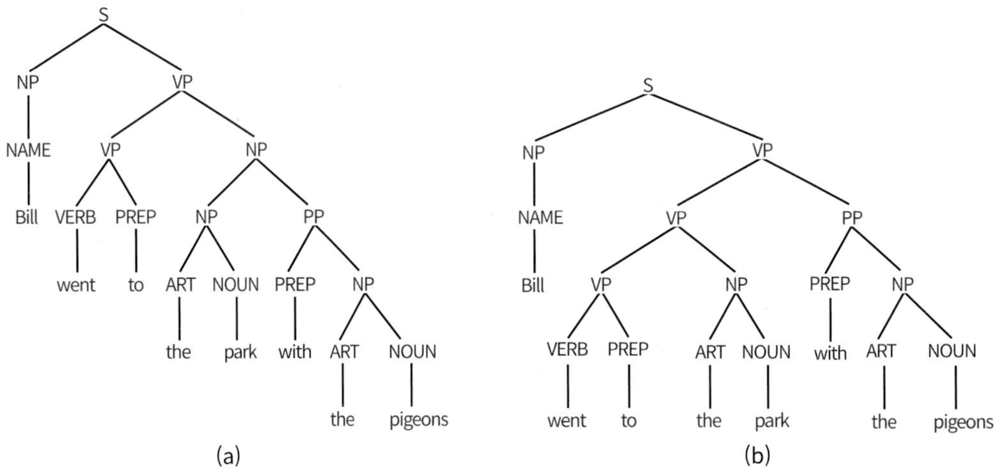

그림 11.4 구조적 모호성을 갖는 트리 구조의 예

순수하게 문법 규칙에서 비롯되는 구조적 모호성뿐만 아니라, 어휘적 모호성으로 비롯되는 현상도 자연언어 처리에서는 자주 발생한다. 어휘적 모호성이란 한 단어가 두 가지 이상의 품사로서 사용되는 성질이다. 다음과 같은 문법 규칙을 이용하여 어휘적 모호성을 밝혀보자.

S → NP VP

NP → NAME | ART NOUN | ADJ NOUN | NOUN

VP → VERB | VP NP | VP PP | VERB PREP

PP → PREP | NP

NOUN → time | arrow | flies

VERB → flies | like

ART → an

ADJ → time

PREP → like

문장 "Time flies like an arrow."는 자연언어의 모호성을 설명할 때 자주 인용되는 문장이다 [Amble87]. 위의 문법 규칙을 이용했을 때, 이 문장은 [그림 11.5]와 같은 서로 다른 두 가지의 트리 구조를 갖게 된다.

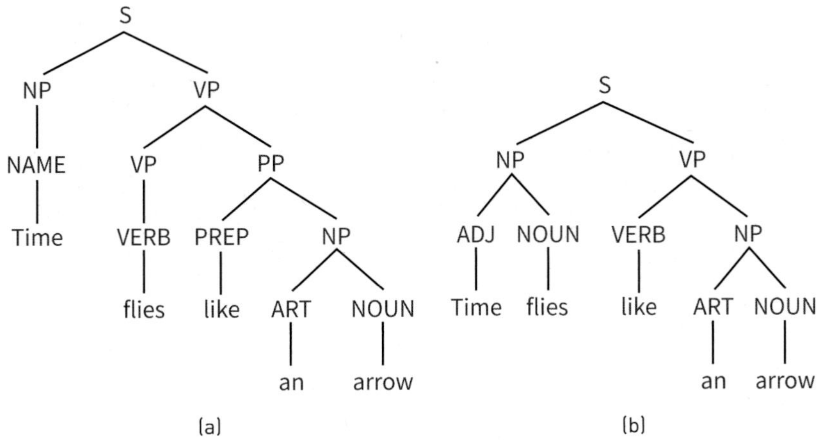

그림 11.5 어휘적 모호성을 갖는 트리 구조의 예

[그림 11.5(a)]의 트리 구조에서는 명사 'time'이 문장의 주어로서 사용되고 이 문장을 해석해 보면, "시간이 화살처럼 빠르게 흐른다"는 뜻이다. [그림 11.5(b)]의 트리 구조에서는, 'time'이 명사 'flies'를 수식하는 형용사로 사용되어, "일명 'time flies'는 화살을 좋아한다."가 된다. 이 예에서 'time'은 전혀 다른 뜻으로 해석됨을 알 수 있다. 따라서 트리 구조에 따라 단어의 문장에서의 역할이 전혀 달라지게 된다.

이상과 같은 모호성으로 인하여 문장의 구조를 해석하는 프로그램인 파서는 임의의 한 가지 결과만을 구하거나 모든 가능한 결과를 다 구한 뒤 그중에서 가장 적절한 결과를 선택해야 한다. 그러나 자연언어 문장이 두 가지 이상의 의미로 해석되는 경우가 많으므로 대개 파서는 후자의 모든 가능한 트리 구조를 생성하는 것이 일반적이다.

실제로 파싱을 수행하는 대표적인 기법들로는 확장 전이망(Augmented Transition Network: ATN), 차트 파싱(Chart Parsing), Tomita 파싱 등이 사용된다. 확장 전이망은 파싱 과정이 전이망 안의 시작 상태에서 종료 상태로의 상태 전이(transition)로 기술된다[Woods73]. 차트 파싱은 파싱의 중간 과정에서 구해지는 모든 부분 구조들을 저장하여 선택적인 파싱 경로를 따라 이들을 재사용함으로써 백업(backup)을 피하는 방법이다[Winograd83]. Tomita 파싱 알고리즘은 프로그래밍 언어의 파싱을 위해 개발되었던 LR 파싱 알고리즘을 자연언어를 파싱하기에 적합하도록 확장한 방법이다[Tomita86].

이들 가운데 간단한 파싱 기법인 차트 파싱에 대하여 알아보자. 차트란 파싱의 중간 과정을 모두 기록하는 일종의 표이며, 표를 이용하는 모든 파싱 기법을 차트 파싱이라 부른다. 차트 파싱은 문맥 자유 문법을 규칙으로 사용하여 부분적으로 완성되는 구조들을 모두 차트에 기록함으로써 구문 분석을 하며, 주로 상향식 파싱에 적용된다. 파싱의 과정은 문법 규칙에 대해서 그 우변의 기호들이 순서대로 모두 일치하면 좌변의 기호를 갖는 새로운 구조가 만들어지는 과정이다.

차트 파싱 알고리즘을 설명하면 다음과 같다. 먼저 차트 파싱을 구현하기 위해서는 차트와 키 리스트란 자료구조가 필요하다. 차트는 입력 문장에 대해 문법 규칙을 적용하여 구해진 모든 완성(complete) 및 미완성의 구조들에 대한 기록을 가진다. 키 리스트는 차트에 기록되었으나 아직 파서에 의하여 처리되지 않은 모든 완성 구조의 문법 기호를 $\langle C,\ p_i,\ p_j \rangle$의 리스트 형태로 유지한다. 여기서 C는 완성 구조에 최종적으로 적용된 문법 규칙의 우변 기호를 나타내고, p_i와 p_j는 해당 구조가 입력 문장에서 위치하는 구간의 시작과 끝 위치를 각각 나타낸다. 실제로 차트 파싱을 수행할 때는 입력 문장에 대해서 규칙 우변의 시작기호들을 하나씩 차례로 일치시키게 된다. 처음에 적용 가능성을 조사할 문법 규칙을 선택할 때는 각 문법 규칙 우변의 첫 기호가 차트에 존재하는 문법 기호와 일치하는가를 확인한다. 이를 만족하는 규칙은 차트에 이미 일치된 기호들과 앞으로 일치시킬 기호들 사이에 점(dot)을 찍는 표현식으로 기록되며, 계속하여 규칙의 다음 기호들을 순서대로 입력시키면 차트 내의 규칙을 확장하거나 모든 키를 일치시킨 후 규칙을 완성하게 된다. 이와 같은 과정을 반복하면 전체 차트가 구해지고 분석 결과를 얻게 된다.

예제 04 **다음과 같은 문법과 단어 사전이 주어졌을 때, 입력 문장 "He ate the pie."를 상향식으로 차트 파싱하는 과정을 단계별로 설명하시오.**

문법은 다음과 같다.

규칙 1. S → NP VP

규칙 2. NP → ART NOUN

규칙 3. NP → PRON

규칙 4. VP → VERB NP

단어 사전은 다음과 같다.

PRON={He}, VERB={ate}, ART={the}, NOUN={pie}

풀이 04 입력 문장 "He ate the pie."를 상향식으로 차트 파싱하는 과정은 다음과 같다. 문장의 첫 단어인 'He'를 읽고 그 문법 기호와 위치 정보인 ⟨PRON, 1, 2⟩를 키 리스트에 넣고, 차트의 1과 2 위치 사이에 단어 'He'로 구성되는 구조 'PRON'을 저장한다. 이제 각 문법 규칙 우변의 첫 기호가 차트에 존재하는 문법 기호 PRON과 일치하는가를 찾아보면, 규칙 3이 일치하므로 위치 1과 2 사이에 점을 찍는 표현식 NP → PRON.을 차트에 기록한다. 규칙 3의 구조는 완성되었으므로 NP를 차트의 구간에 저장하고 키 리스트에 ⟨NP, 1, 2⟩를 기록한다([그림 11.6] 참조). 키 리스트 ⟨NP, 1, 2⟩는 규칙 1의 첫 기호 NP와 일치되므로 위치 1과 2 사이에 점을 찍는 표현식 S → NP.VP를 차트에 기록한다.

다음 단어 'ate'를 읽어 그 문법 기호와 위치 정보인 ⟨VERB, 2, 3⟩을 키 리스트에 넣고 차트의 2와 3 사이에 단어 'ate'로 구성되는 구조 VERB를 저장한다. 이제 ⟨VERB, 2, 3⟩에 대하여 VERB가 차트에 존재하는 문법 기호와 일치하는가를 찾아보면, 규칙 4가 일치하므로 위치 2와 3 사이에 점을 찍는 표현식 VP → VERB.NP를 차트에 기록한다([그림 11.6] 참조). 위치 1과 3 사이에 미완성의 점 표현식 가운데 VERB가 일치되는 식이 없으므로 다음 단어를 읽는다.

'the'에 해당하는 문법 기호와 위치 정보인 〈ART, 3, 4〉를 키 리스트에 넣고 차트의 3과 4 사이에 단어 'the'로 구성되는 ART를 저장한다. 이제 〈ART, 3, 4〉에 대하여 ART가 차트에 존재하는 문법 기호와 일치하는가를 찾아보면, 규칙 2가 일치하므로 위치 3과 4 사이에 점을 찍는 표현식 NP→ART.NOUN을 차트에 기록한다([그림 11.6] 참조). 위치 2와 4 사이에 미완성의 점 표현식 가운데 ART와 일치되는 식이 없으므로 다음 단어를 읽는다. 'pie'는 문법 기호 NOUN에 해당하므로 위치 정보와 함께 〈NOUN, 4, 5〉를 키 리스트에 넣고 차트의 4와 5 사이에 단어 'pie'로 구성되는 NOUN을 저장한다. 위치 3과 5 사이에 규칙 2의 미완성식 NP → ART.NOUN에서의 NOUN과 매치되어 규칙 2의 구조가 완성되었으므로 NP를 차트의 구간에 저장하고 키 리스트에 〈NP, 3, 5〉를 기록한다([그림 11.6] 참조). 또 키 리스트 〈NP, 3, 5〉의 문법 기호 NP는 구간 2와 3 사이에 있는 규칙 4의 미완성 식 VP → VERB.NP의 우변 기호 NP와 일치하므로 규칙 4의 구조가 완성되어 VP를 차트의 구간에 저장하고 키 리스트에 〈VP, 2, 5〉를 기록한다. 마지막으로 키 리스트 〈VP, 2, 5〉의 기호 VP는 차트에서 1과 5 사이에 기록되어 있는 미완성의 식 S → NP.VP와 일치하므로 규칙 1의 구조를 확장하여 S → NP VP.가 완성되어 S를 차트에 저장하고 키 리스트에 〈S, 1, 5〉를 기록한다. 비로소 입력 문장 전체를 포함하는 구조 S가 완성되었으므로 입력 문장에 대한 파싱은 종료된다.

차트는 앞에서 설명한 상향식 트리 구조 생성과정과 비슷하며, 파싱의 중간 과정에서 구해지는 모든 부분 구조들을 기록하여 완성된다. [그림 11.6]은 입력 문장의 파싱이 수행될 때 단계별로 생성되는 차트 구조 및 점 표현식과 함께 차트 파싱이 완료되었을 때의 차트를 보여준다.

<table>
<tr><td colspan="4">S(규칙 1)</td></tr>
<tr><td rowspan="2">NP(규칙 3)</td><td colspan="3">VP(규칙 4)</td></tr>
<tr><td rowspan="2">VERB</td><td colspan="2">NP(규칙 2)</td></tr>
<tr><td>PRON</td><td>ART</td><td>NOUN</td></tr>
<tr><td>He</td><td>ate</td><td>the</td><td>pie</td></tr>
</table>

1 2 3 4 5

NP → PRON.(규칙 3)   VP → VERB.NP   NP → ART.NOUN

S → NP.VP

NP → ART NOUN.(규칙 2)

VP → VERB NP.(규칙 4)

S → NP VP.(규칙 1)

그림 11.6 예문의 파싱이 완료된 차트

04 자연언어의 생성

자연언어의 생성은 인간과 컴퓨터 간의 의사 전달을 위해 컴퓨터 내부의 지식 표현으로부터 문법과 사전을 이용하여 그에 해당하는 자연언어 문장을 만들어내는 과정이다. 일반적으로 자연언어 이해가 특정한 자연언어로 표현된 정보를 분석을 통해 의미 있는 구조로 변환하는 과정이라면, 자연언어 생성은 이와 반대로 의미 구조를 해당 언어로 표현하는 과정이라고 할 수 있다. 따라서 자연언어 생성은 자연언어 이해와 함께 자연언어 처리에서 중요한 역할을 차지하고 있다.

오늘날 많이 사용되는 대화식 사용자 인터페이스 시스템들은 사용자가 자연언어로 질문하고 응답을 받는 질의-응답 시스템(question-answering system), 사용자에게 추론 동작을 설명해주는 전문가 시스템, 내부에 저장된 데이터를 사용자에게 출력하는 데이터베이스 시스템 등이 있다. 이러한 시스템들은 사용자가 직접 이해하기 어려운 형식으로 정보를 저장하고 관리하는 경우가 대부분이기 때문에, 이들 정보가 자연언어로 표현되어 제공된다면 사용자의 이해도를 향상시켜 처리능력이 증대된다.

또한, 자연언어 생성은 의사 교환이나 정보 표현을 위한 인터페이스가 아닌 문서 생성 그 자체를 목적으로 하는 비대화식 시스템에도 응용될 수 있다. 예를 들어, 번역 결과를 목표 언어의 문장으로 기술해주는 기계 번역의 생성 시스템, 명세로부터 정해진 양식의 문서를 자동으로 생성해주는 보고서 생성기 등이 있다. 특히 비대화식 응용은 언어 자료의 처리가 확대되는 추세에 따라 더욱 많은 연구와 응용 가능성이 예상된다.

자연언어 생성 과정은 여러 가지 지식을 사용하여 나타내고자 하는 정보를 선택하고, 문법 구조와 어휘의 결정을 통해 문장을 생성한다. 따라서 생성되는 문장은 주어진 명제적 지식, 사용하는 언어학적 방법론, 화자의 의도, 상황 등에 따라 각각 다르게 표현된다. 예를 들어 같은 의미를 나타내는 문장이 다음과 같이 여러 가지로 표현 가능하다.

철수가 영희에게 민수의 책을 주었다.

영희는 철수로부터 민수의 책을 받았다.

민수의 책은 철수를 통해서 영희로 전해졌다.

예문의 경우에는 문장의 주어를 무엇으로 하느냐에 따라 다른 문장을 생성한 결과이다. 이와 같이 동일한 의미를 갖는 상이한 표현들은 주로 어휘 선택과 구문 선택의 차이에 의해 발생한다.

자연언어를 생성하는 방식도 다양하게 연구되어 왔다. 초기에는 문법이나 어휘에 대한 충분한 정보 없이 간단한 괄호 채우기나 패턴 변형에 의해 미리 준비된 문장을 조금씩 변형하여 출력하였다. 예를 들어, 60년대 초반의 ELIZA 시스템은 정신과 의사와 환자 간의 대화를 패턴 매칭(pattern matching)을 통해서 모방하는 시스템이다. 입력패턴 〈I am *〉에 대하여 ELIZA는 〈I know you are *〉라는 출력패턴으로 응답한다. 만일 환자가 "I am sick"라는 입력을 주면, ELIZA는 "I know you are sick"라는 올바른 대답을 출력한다. 하지만 "I am here to ask you for my disease"라는 입력에 대해서는 "I know you are here to ask you for my disease"라는 잘못된 결과를 출력한다. 이것은 단순히 패턴 변형만으로는 받아들일 수 없는 결과를 출력할 수 있다는 것을 보여준다.

단순한 패턴 변형만으로는 다양한 상황에 대한 융통성이 없고 제한된 유형의 문장밖에 출력하지 못하므로, 문법과 어휘 지식에 기반한 문장 생성 방식이 연구되었다. 이러한 방식은 정해진 내부 표현으로 다양한 유형의 자연언어 문장이 출력되는 것을 가능하게 한다. 생성하고자 하는 문장에 대한 내부 표현 방식으로는 기능 통합 문법(Functional Unification Grammar: FUG), 어휘 기능 문법(Lexical Functionalist Grammar: LFG) 등 통합 기반 계열의 문법들에서 사용하고 있는 자질 구조(feature structure)를 채택하기도 한다. 자질 구조는 문장 중에서 구성요소들이 갖는 문법 기능, 즉 주어는 무엇이고 술어는 무엇인지 등의 기능에 관한 정보를 중심으로 문장을 표현한다. 자질 구조로부터 문장을 생성해내기 위해서는 구문 생성 단계와 형태소 생성 단계를 거쳐야 한다.

구문 생성 단계에서는 술어와 그 술어에 의해 지배되는 인자가 갖는 관계에 대한 연산이 행해지며, 그 결과 관계의 변경을 수반하므로 술어가 지배하는 하위 범주가 바뀌게 되고 각 인자의 어순도 결정된다. 수동태의 경우를 예로 들어 보자. 수동태 적용의 결과로서 주어는 탈락되거나 사격(oblique case)으로, 목적어는 주어로 문법 기능이 변경되고, 술어는 수동형 술어로 대치된다. 여기서 사격이란 전통 문법에서 주격을 제외한 나머지 격을 의미한다. 예를 들면, '~을', '~를'의 목적격, '~의'의 소유격, '~에게'의 여격 등이 사격에 해당된다.

형태소 생성 단계에서는, 한국어를 예로 들면 각 인자가 갖는 문법 기능과 어휘 정보에 따라 적절한 형태소가 교착(agglutination)되는 형태소 첨가와 각 형태소가 음운 환경에 따라 변동되는 형태소 합성이 이루어진다. 예를 들어, '기술하' + '었' + '다'는 '기술해' + 'ㅆ' + '다'를 거쳐서 "기술했다"로 되는 과정이 형태소 첨가와 음운 변동의 과정을 보여준다. 이와 같은 과정을 거쳐서 언어의 음운 변동이 이루어져 최종적인 문장이 생성된다.

또한, 정보 전달에서 문장들의 개별적인 출력뿐만 아니라 담화(談話), 즉 연결된 이야기와 관련된 문장들의 조직화에 대한 중요성이 인식됨에 따라 텍스트 생성(text generation)에 대한 연구도 이루어지고 있다. 테스트 생성은 순차적인 개별 문장들의 생성 이상의 의미를 갖는다. 즉, 개별 문장들이 정확히 생성되어 순서대로 출력되었다고 해서, 생성된 문장들이 자연스럽고 이해하기 쉬운 것은 아니다. 이해하기 쉬운 텍스트는 잘 조직되어야 하고, 문장과 문장 사이의 연결이 자연스러워야 한다. 대용어나 접속사 등을 적절히 사용함으로써 자연스럽고 매끄러운 텍스트를 생성할 수 있게 된다. McKeown은 데이터베이스 응답 시스템인 TEXT에서 텍스트의 연속성을 위해 화제(focus)를 이용하였다[McKeown86]. 즉 텍스트 내에서 현재 문장의 화제로부터 다음 문장의 화제가 결정된다.

05 경험적 자연언어 처리

신조어(neologism)와 같이 새로운 언어현상이 계속해서 새로 나타나는 자연언어의 특성으로 인해, 규칙 기반 자연언어 처리의 실용화에 있어 가장 큰 걸림돌은 지식표현의 완전성(completeness)이다. 즉, 사전에 없는 용어가 나타나거나 규칙집합에 존재하지 않는 언어현상이 나타날 가능성이 항상 존재한다. 이런 문제를 해결하기 위하여 최근에는 말뭉치(corpus)에 기반을 두어 언어 지식을 구축하고자 하는 노력이 늘고 있다. 말뭉치 자체가 인간의 언어 쓰임새를 모아 둔 것이므로, 그 자체를 언어지식의 원천으로 볼 수 있다. 따라서, 인간의 언어 사용에 대한 경험으로부터 지식을 구축한 후 언어정보를 처리하려는 연구를 경험적 자연언어 처리(empirical natural language processing)라고 부른다. 이와 같이, 말뭉치를 통계적으로 분석한 후 통계정보를 이용하여 새로운 지식을 구축하거나 새로운 현상을 이해하려는 노력은 2000년대 들어 꾸준히 진행되어 왔으며, 2010년대 이후에는 심층 학습(deep learning)의 발달로 인해 심층 학습을 자연언어 처리를 위한 지식표현 도구로 쓰려는 노력이 자연언어 처리의 큰 흐름을 이루고 있다.

5.1 분산 가정에 따른 단어의 표현

언어처리에서 "두 단어가 비슷한 의미를 가지는지를 컴퓨터가 어떻게 판단할 수 있을까?"와 같은 질문은 단어의 의미를 표현하는 데 있어 오래된 문제들 중 하나였다. 즉, 단어를 어떻게 표현하면 컴퓨터가 "고양이"와 "사과" 중 "고양이"가 "개"와 더 비슷한 단어라는 것을 알 수 있을까? 이 문제를 해결하고자 하는 초기의 노력은 WordNet[Miller95]과 같은 시소러스(thesaurus)를 구축하려는 것이었다. WordNet은 단어의 의미를 synset(synonym set)이라는 집합으로 표현하며, 기본적으로 단어 사이의 IS-A 관계(relation)를 나타낸다. IS-A 관계는 각 단어의 상위어(hypernym)/하위어(hyponym)를 표현하고 있으며, [표 11.1]과 같이 이 외에도 반의어(antonym), 환유어(meronym) 등도 표현되어 있다.

표 11.1 WordNet에 표현된 단어 관계

명사		동사	
관계	예	관계	예
Hypernym	(breakfast, meal)	Hypernym	(fly, travel)
Hyponym	(meal, lunch)		
Instance Hypernym	(Twain, author)	Troponym	(walk, stroll)
Instance Hyponym	(composer, Mozart)		

명사		동사	
관계	예	관계	예
Part Meronym	(table, leg)	Entails	(snore, sleep)
Part Holonym	(course, meal)		
Antonym	(leader, follower)	Antonym	(increase, decrease)
Derivation	(destrunction, destroy)		

시소러스는 사람이 직접 구축하여야 하기 때문에 시소러스 구축에는 매우 많은 시간과 비용이 든다. 따라서 비영어 WordNet의 개발 및 공개는 활발하지 않으며, 이에 따라 영어가 아닌 다른 언어를 위한 WordNet은 널리 사용되고 있지 않다. 또한, 신조어나 외래어는 기 구축된 시소러스에 등재되어 있지 않을 가능성이 높다.

이와 같은 문제를 해결하기 위한 방법 중 하나는 대량의 말뭉치로부터 단어 표현을 자동으로 구축하는 것이다. 말뭉치에서 “stars”라는 단어의 쓰임을 추출했을 때 다음과 같다고 해보자.

```
he curtains open and the stars shining in on the barely
ars and the cold , close stars " . And neither of the w
rough the night with the stars shining so brightly , it
made in the light of the stars . It all boils down , wr
 surely under the bright stars , thrilled by ice-white
sun , the seasons of the stars ? Home , alone , Jay pla
m is dazzling snow , the stars have risen full and cold
un and the temple of the stars , driving out of the hug
 in the dark and now the stars rise , full and amber a
```

여기서 단어 “stars”의 의미를 제약하고 있는 것은 stars와 함께 나타난 “shining”, “cold”, “night”, “bright” 등이다. 언어학자 Firth에 따르면[3] 어떤 단어의 의미는 함께 나타난 단어가 결정한다. 단어들이 어떻게 말뭉치에서 사용되는지에 따라 결정되는 의미 유사성과 단어들의 실제 의미 유사성 사이의 관계를 분산 가정(distributional hypothesis)이라고 하며 경험적 자연언어 처리의 기반을 이루고 있다.

분산 가정에 따라 단어의 의미를 표현하는 기본적인 방법은 단어를 벡터로 나타내는 것이다. 단어를 벡터로 나타낼 때 사용할 수 있는 정보는 다양하지만, 공기(co-occur)한 단어들의 빈도수를 사용하는 것이 가장 일반적이다. 즉, 말뭉치에 나타나는 전체 단어의 수를 N이라고 할 때 단어 w를 N-차원 벡터로

3 “You shall know a word by the company it keeps.” (Firth, 1957)

표현하는 것이다. 이 벡터의 각 차원은 특정 단어 v를 나타내며, 이 차원의 값은 w가 v와 공기한 횟수이다. 공기한 횟수를 셀 때에는 앞 뒤 n개의 단어만 고려한다. 말뭉치로부터 stars와 공기한 단어의 빈도수를 세었을 때 다음과 같다면,

	…	bright	…	dark	…	hate	…	shining	…	sun	…	tree	…
stars	…	38	…	27	…	0	…	38	…	15	…	27	…

stars에 대한 벡터 표현은

$$\vec{v}(stars)=\langle \dots,\ 38,\ \dots,\ 27,\ \dots,\ 0,\ \dots,\ 38,\ \dots,\ 15,\ \dots,\ 27,\ \dots \rangle \tag{11.1}$$

이 된다.

두 단어 v와 w가 각각 다음과 같이

$$v=\langle v_1,\ v_2,\ \cdots,\ v_N \rangle \tag{11.2a}$$

$$w=\langle w_1,\ w_2,\ \cdots,\ w_N \rangle \tag{11.2b}$$

벡터로 표현되면 이들이 의미적으로 얼마나 비슷한지는 코사인 유사도로 측정할 수 있다.

$$\cos(v,\ w)=\frac{v \cdot w}{|v\|w|}=\frac{\sum_{i=1}^{N} v_i w_i}{\sqrt{\sum_{i=1}^{N} v_i^2}\ \sqrt{\sum_{i=1}^{N} w_i^2}} \tag{11.3}$$

두 벡터 사이의 내각의 크기가 작을수록 코사인 값은 커지므로, 두 벡터가 비슷하면 코사인 유사도는 커진다. 따라서, 말뭉치에서 "고양이", "개", "사과"를 벡터로 표현한 후, $cos(\vec{v}(\text{고양이}),\ \vec{v}(\text{개})) > cos(\vec{v}(\text{고양이}),\ \vec{v}(\text{사과}))$라면 "고양이"가 "사과"보다는 "개"와 비슷한 의미를 가지는 단어라고 판단할 수 있다.

5.2 단어 임베딩

"Time flies like an arrow."라는 문장에 있는 각 단어의 품사를 결정하는 모델을 다층 퍼셉트론으로 만든다고 가정해 보자. [그림 11.7]은 "like"의 품사를 결정할 때의 모습이다. 이 그림에서 다층 퍼셉트론은 "like" 앞의 두 단어인 "Time"과 "flies"를 문맥으로 삼아 "like"의 품사를 결정한다.

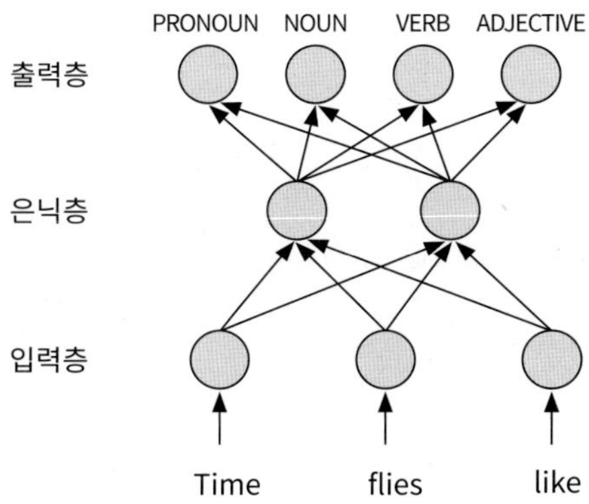

그림 11.7 단어 "like"의 품사를 결정하기 위한 다층 퍼셉트론

[그림 11.7]의 신경회로망은 9장에서 설명한 오류역전파 알고리즘으로 쉽게 학습시킬 수 있다. 하지만, 이 모델이 신경회로망이기 때문에 입력층은 수치(numerical value)로 주어져야 한다. 따라서 심층 학습을 포함한 모든 신경회로망으로 자연언어 문제를 해결할 때 가장 처음으로 해결해야 할 것은 심볼로 표현되는 단어를 수치로 표현하는 것이다. 분산 가정에 따라 단어를 벡터로 표현하는 방법은 이 문제에 대한 가장 기본적인 방법이다. 즉, 말뭉치에서 단어 w와 공기한 단어들의 빈도수에 따라 w를 벡터로 표현한 후 이를 신경회로망의 입력으로 사용한다.

이와 같이 단어를 벡터로 표현하는 것을 단어를 벡터 공간으로 사상한다고 생각하여 단어 임베딩(word embedding)이라고 부르며, 심층 학습이 자연언어 처리에서 널리 쓰이게 됨에 따라 다양한 임베딩 방법이 연구되었다. 구글의 Mikolov가 제안한 Word2Vec[Mikolov13]은 분산 가정에 입각하여 신경회로망으로 단어 벡터를 만드는 방법이다. Word2Vec은 단어를 벡터로 표현할 때 같이 사용된 주변 단어들을 사용하는 방법이다. Mikolov는 Word2Vec으로 Skip-Gram 모델과 CBOW(Countinuous Bag of Words) 모델을 제안하였다.

Skip-Gram 모델은 특정 단어가 그 주변 단어를 생성할 수 있다는 가정을 기반으로 하여 만들어진다. [그림 11.8]은 "like"로부터 "flies"와 "an"을 생성하는 모델을 보이고 있다. "like"로부터 "flies"와 "an"이 생성된다는 것은 조건 확률 $p(flies,\ like)$와 $p(an,\ like)$를 독립적으로 최대화된다는 의미이다. 전체 단어의 수를 V라고 할 때, Word2Vec에서는 각 단어를 V-차원 one-hot 벡터[4]로 초기화한다. 이 그림의 Skip-Gram 모델은 앞뒤로 한 단어만을 생성하므로 $C = 1$이다. T를 말뭉치에 있는 n-gram의 수라고 하면 이 모델의 파라미터 $\theta=[W_{V\times N},\ W'_{N\times V}]$는 비용함수를

4 One-hot 벡터 표현은 벡터의 차원 중 단 하나만 1이고 나머지는 0으로 표기하는 것이다. 따라서, "like"의 one-hot 벡터는 "like"에 해당하는 차원만 1의 값을 가진 벡터이다.

$$L(\theta)=\frac{1}{T}\sum_{i=1}^{T}\sum_{-C\leq j\leq C,\, j\neq 0}\log p(w_{i+j}|w_i) \tag{11.4}$$

로 하여 경사하강법으로 최적화시킨다. 입력층 단어 w_{in}의 one-hot 벡터를 w_{in}이라고 할 때, 이 식의 $\log p(w_{out}|w_{in})$은 소프트맥스(softmax) 함수를 사용하여 $p(w_{out}|w_{in})=softmax(W'^T W^T w_{in})$으로 계산한다.

$W_{V\times N}$이 $V\times N$ 행렬이므로, 학습이 완료된 후 k번째 단어 w_k의 임베딩 벡터로는 $W_{V\times N}$의 k번째 열벡터 $w_{k,\ 1:N}$을 사용한다.

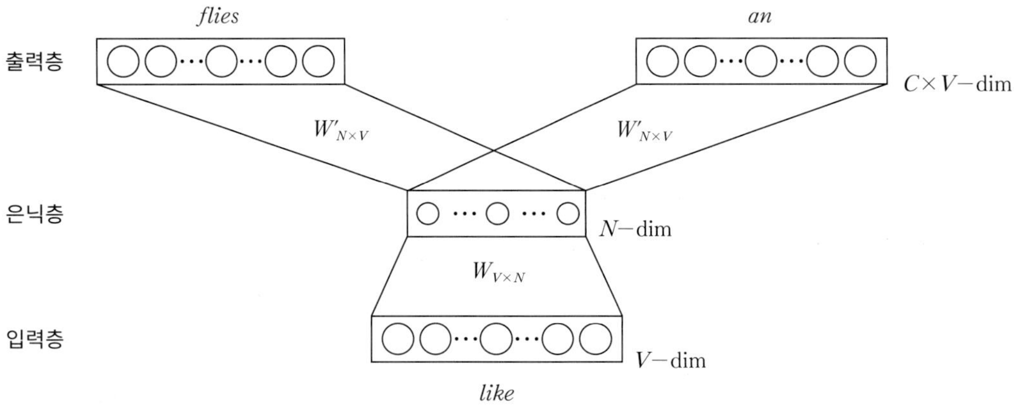

그림 11.8 "like"를 임베딩하기 위한 Skip-Gram 구조

CBOW 모델은 Skip-Gram과는 반대로 주변 단어로부터 특정 단어를 생성할 수 있다는 가정을 가진다. 따라서, CBOW는 [그림 11.9]와 같은 구조를 가진다. 그러므로 CBOW의 비용함수는

$$L(\theta)=\frac{1}{T}\sum_{i=1}^{T}\sum_{-C\leq j\leq C,\, j\neq 0}\log p(w_i|w_{i+j}) \tag{11.5}$$

가 된다.

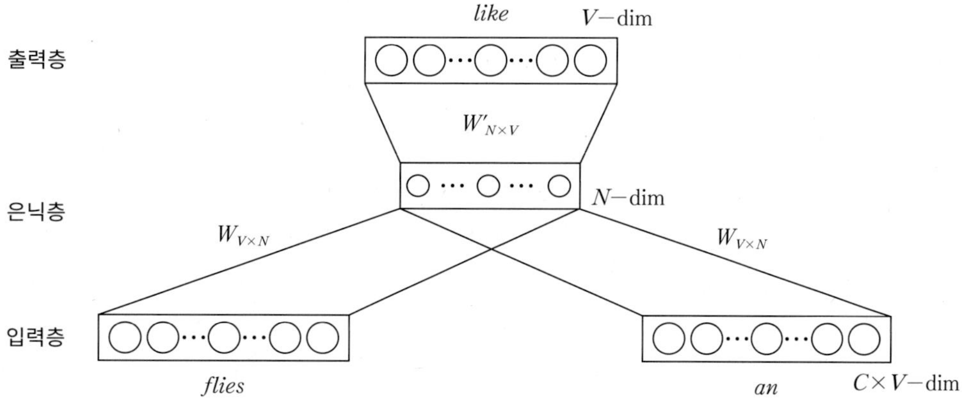

그림 11.9 "like"를 임베딩하기 위한 CBOW 구조

[그림 11.10]은 Skip-Gram 모델을 학습한 후, 나라 이름과 수도 이름에 해당하는 단어를 2차원 공간으로 사상(projection)한 결과이다. 이 그림을 보면 나라 이름은 나라 이름대로 클러스터링이 되고 수도 이름은 수도 이름대로 클러스터링되며, 각 나라와 수도 사이의 차이 벡터(difference vector)가 거의 비슷함을 알 수 있다. 따라서, 단어 벡터들이 단어의 의미를 잘 표현하고 있다면 단어 벡터들의 연산이 가능해진다. 예를 들면, 다음과 같은 연산 결과를 Word2Vec 단어 벡터로부터 확인할 수 있다[Mikolov13].

vec(Iraq) − vec(violence) = vec(Jordan)
vec(human) − vec(animal) = vec(ethics)
vec(president) − vec(power) = vec(prime minister)
vec(library) − vec(books) = vec(hall)

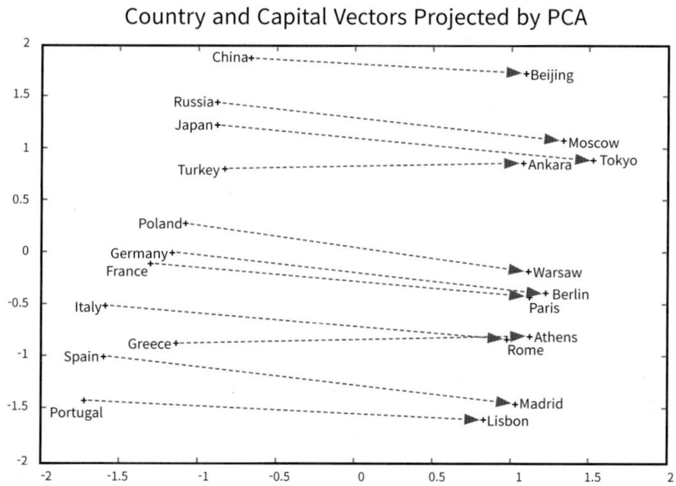

그림 11.10 Skip-Gram으로 나라 이름과 수도 이름을 학습한 후 PCA로 2차원 사상한 결과[Mikolov13].

Word2Vec의 성공 이후 GloVe[Pennington14], Fasttext[Peters18], ELMo[Vaswani17] 등의 다양한 단어 임베딩 방법이 개발되었다.

5.3 트랜스포머와 BERT

트랜스포머(Transfomer)[Vaswani17]는 구글이 발표한 심층 학습 구조이며 [그림 11.11]처럼 멀티헤드 어텐션(multi-head attention)과 피드포워드(feed-forward) 네트워크로 구성되어 있다. 트랜스포머는 문장 혹은 단어열(word sequence)을 벡터로 임베딩하기 위하여 스케일된 내적 어텐션(scaled dot-product attention)을 사용한다. 단어 임베딩을 수행한 문장의 행렬[5]을 X라고 하면, 이 X에 있는 모든 단어가 단어열을 임베딩하는데 모두 똑같이 중요하지는 않다. 따라서 단어마다 가중치를 가지는데 이를 어텐션(attention)이라고 부르며 스케일된 내적 어텐션에서는 아래와 같이 계산한다.

$$Attention(Q,\ K,\ V)=softmax\left(\frac{QK^T}{\sqrt{d_k}}\right)V \tag{11.6}$$

여기서, Q를 쿼리(query), K를 키(key), V를 값(value)이라고 부르며, 각각의 가중치 행렬 W^Q, W^K, W^V로부터 $Q=XW^Q$, $K=XW^K$, $V=XW^V$로 구해진다. d_k는 K의 크기이다. 행렬의 내적이 행렬 사이의 유사도로 나타내므로 이 어텐션은 QK^T로 문장 내에서 중요한 부분을 찾고 여기에 V를 곱하여 더 강조한다. 트랜스포머에서는 단어 임베딩의 차원을 h[6]개로 분리한 후 따로 내적 어텐션(dot-product attention)을 구한 후 결합(concat)하기 때문에 이를 다중 헤드 어텐션(multi-head attention)이라고 부른다.

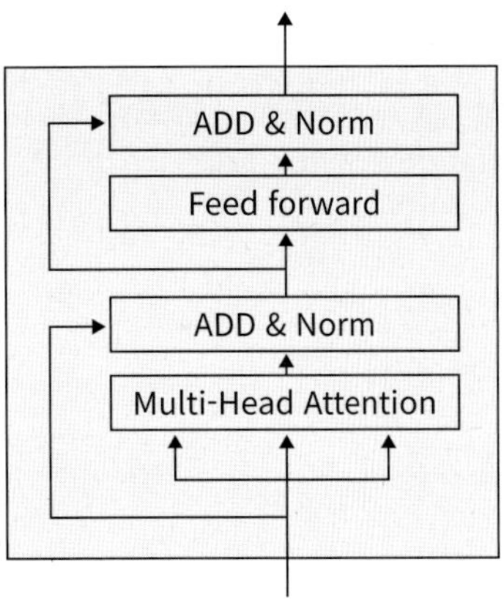

그림 11.11 트랜스포머 블록 구조

5 단어 임베딩을 통해 각 단어로 벡터로 표현되는데, 트랜스포머에서는 512차원으로 표현한다. 각 단어가 벡터로 표현되었으므로, 문장은 행렬로 표현된다.
6 Vaswani의 논문[Vaswani17]에서는 $h=8$로 설정하였다.

[그림 11.11]에서 "Add & Norm"으로 나타낸 부분은 residual 층으로, 입력과 어텐션으로 얻어진 표현을 더한 후 정규화(normalization)를 수행한다. "Feed Forward"는 Pointwise Feedforward Network 층이며 다음과 같이 수행된다.

$$FFNN(x) = \max(0,\ x \cdot W_1 + b_1) W_2 + b_{12} \tag{11.7}$$

즉, 가중치 행렬 W_1과 W_2를 통해 두 번의 선형변환(linear transformation)을 수행하며, 그 사이에 ReLU[Nair10]를 적용한다.

언어 모델(language model)은 단어열(word sequence)에 확률을 부여할 수 있는 모델로, 생성적 관점에서 보면 언어 모델을 통해 특정 단어들이 주어졌을 때 그 다음 단어를 예측할 수 있다. 단어열 w_1, w_2, ..., w_n의 확률은 체인룰(chain rule)을 사용해

$$\begin{aligned} p(w_1,\ w_2,\ \cdots,\ w_n) &= p(w_1)p(w_2|w_1)p(w_3|w_1,\ w_2)\cdots p(w_n|w_1,\ w_2,\ \cdots,\ w_{n-1}) \\ &= \prod_{i=1}^{n} p(w_i|w_1,\ \cdots,\ w_{i-1}) \end{aligned} \tag{11.8}$$

로 계산할 수 있다. 통계적 언어처리에서는 n-gram 가정을 통해 코퍼스(corpus)로부터 확률을 계산한다. 예를 들어, bigram 언어 모델은

$$p(w_i|w_1,\ \cdots,\ w_{i-1}) \approx p(w_i|w_{i-1}) \tag{11.9}$$

로 확률을 근사하여 단어열의 확률을 계산한다.

BERT(Bidirectional Encoder Representation from Transformers)[Devlin19]는 트랜스포머를 이용한 언어모델이다. BERT는 특정 문제에 맞는 단어열 표현을 위하여 사전 학습(pre-training)으로 대량의 말뭉치로부터 일반적인 언어 특성을 반영하는 임베딩을 학습한 후, 목적 문제에 맞게 이 임베딩을 미세 조정(fine tuning)하는 방식을 취한다. BERT의 사전 학습에서는 순방향과 역방향 문맥을 모두 언어 모델링에 반영하기 위하여 마스크 언어 모델(Mask Language Model)과 다음 문장 추정(Next Sentence Prediction)을 하위 태스크로 삼았다. 마스크 언어 모델은 단어열에서 마스킹된 단어를 추정하도록 학습시키는 것을 의미한다. 예를 들면, "Time flies [MASK] an arrow"라는 단어열에서 [MASK]가 "like"로 추정하도록 학습시킨다는 의미이다. [MASK]에 해당하는 단어를 잘 추정하기 위해서는 [MASK] 앞 문맥뿐만 아니라 [MASK] 뒤의 문맥도 필요하기 때문에 양방향 문맥을 활용하게 된다. 마스크 언어 모델은 [그림 11.12]에서 보인 바와 같이 트랜스포머 인코더(transformer encoder) 층, 완전 연결(fully-connected) 층으로 이루어져 있고 최종적으로는 softmax로 최적의 단어를 추정한다. BERT의 완전 연결 층에서는 ReLU 대신 GELU(Gaussian Error Linear Units)를 쓴다. 이 태

스크를 통해 BERT는 마스크된 단어를 맞출 수도 있고 주어진 문장이 비문인지 아닌지도 학습할 수 있게 된다.

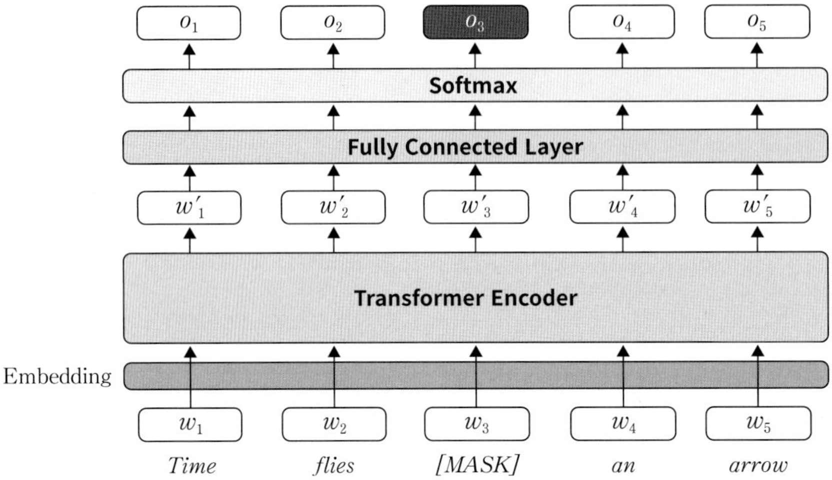

그림 11.12 BERT 마스크 언어 모델의 구조

또한 BERT는 문장들 사이의 관계를 학습하기 위하여 주어진 두 문장 A, B에 대하여 문장 A가 문장 B의 실제 앞 문장인지 아닌지를 추정할 수 있도록 한다. 이를 위해 두 문장을 [그림 11.13]처럼 표현한다. 여기서 [CLS]는 문장의 시작을, [SEP]은 문장의 종결을 의미한다. 가장 먼저 각 단어를 임베딩을 통해 벡터로 나타낸다. 세그먼트 임베딩은 이 단어가 문장 A의 것인지, 문장 B의 것인지에 대한 정보를 부여한다. 포지션 임베딩은 문장 내에서 단어의 순서를 주기 위한 것으로, 문장 내의 위치 pos를 임베딩하기 위해 다음의 두 함수를 사용한다.

$$PE_{(pos,\,2i)} = \sin(pos/10000^{2i/d}) \tag{11.10}$$

$$PE_{(pos,\,2i+1)} = \cos(pos/10000^{2i/d}) \tag{11.11}$$

여기서, d는 임베딩 벡터의 크기이고, i는 포지션 임베딩 벡터의 차원을 의미한다. 따라서, pos번째 단어를 위한 포지션 벡터는 다음과 같이 계산된다.

$$PE_{pos} = \langle \cos(pos/1),\ \sin(pos/10000^{2/d}),\ \cos(pos/10000^{2/d}),\ \cdots,\ \sin(pos/10000) \rangle \tag{11.12}$$

BERT는 각 단어마다 이 세 벡터를 모두 더하여 표현한다. 이 벡터들을 트랜스포머 인코더에 입력으로 준 후, 간단한 분류층을 두어 [CLS] 토큰의 출력을 2차원 벡터로 변환한다. 이 2차원 벡터를 소프트맥스로 확률로 변경한 후 두 문장의 선행 여부를 결정한다. 따라서, BERT를 사전 학습시킬 때에는 마스크 언어 모델과 다음 문장 추정의 결합 손실(combined loss)을 최소화하도록 학습시킨다.

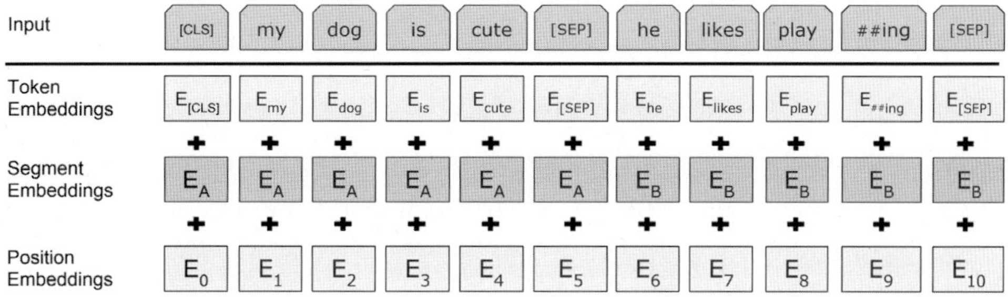

그림 11.13 BERT의 입력 표현[Devlin19]

지금까지 설명한 방법으로 단어 벡터들을 학습하는 것을 사전 학습(pre-training)이라고 부른다. 특정한 목적 문제를 풀 때에는 이 벡터들을 미세 조정(fine tuning)하여야 한다. 즉, 미세 조정은 추가 학습을 통해 임베딩 벡터들을 목적 문제에 적합하도록 업데이트하는 것을 의미한다. 목적 문제에 따라서 [그림 11.14]처럼 다양한 방법으로 미세 조정을 할 수 있다. 예를 들면, 감정 분류(sentiment classification)와 같은 문제(예제 b)는 클래스 레이블(class label) [C]의 벡터 위에 추가의 분류층(classification layer)을 쌓아 학습함으로써 문제를 해결한다.

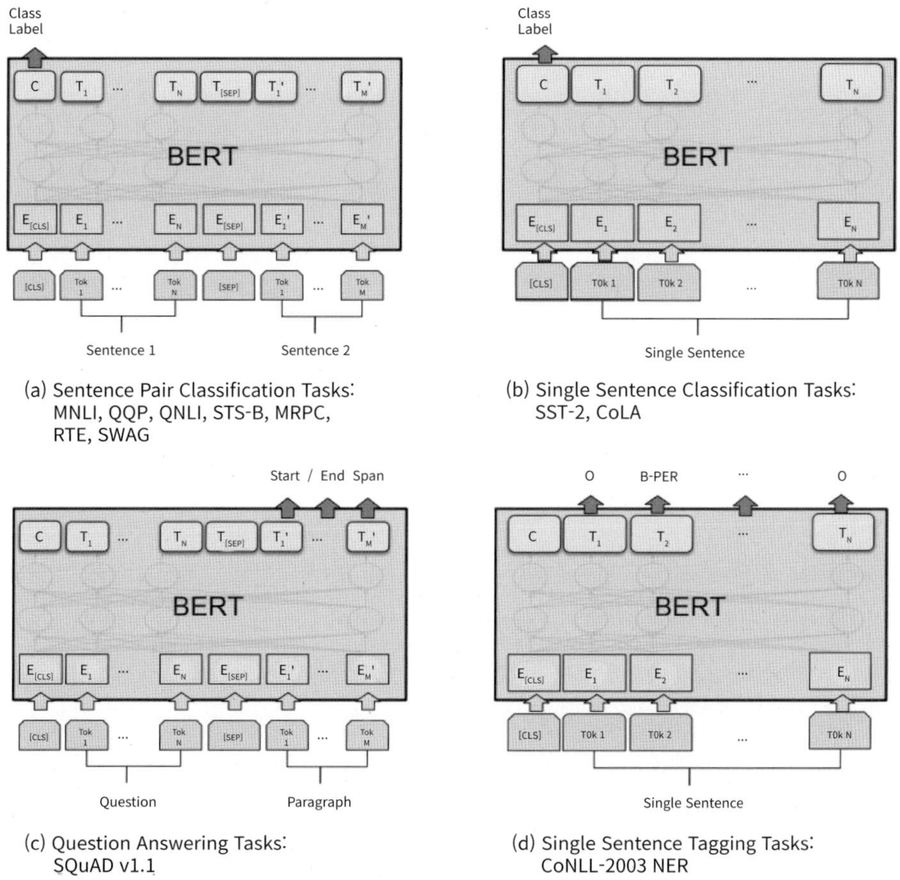

그림 11.14 BERT 미세 조정 구조의 예[Devlin19]

06 자연언어 처리의 응용 예

컴퓨터를 사용한 초기의 자연언어 처리는 특정 단어의 사용 빈도 조사, 특정 단어를 포함한 문장 빈도의 조사와 같이 패턴 매칭 수준의 단순한 응용에 국한되었다. 이 같은 접근 방식에 한계를 느끼고, 문장의 의미를 이해하려고 시도하였다. 하지만 문장의 의미를 이해하려면 문장의 구조, 단어의 의미, 화자와 청자의 모형, 상식과 응용 영역의 지식 등 인공지능의 연구 없이는 불가능함을 알게 되었다. 이에 따라서 휴리스틱(heuristics)을 이용하거나 예를 기반으로 하는(example-based) 분석 시스템과 같이 고성능 컴퓨터를 이용하는 기법 등이 시도되고 있다. 이 절에서는 기계번역을 포함한 현재까지 개발된 대표적인 자연언어 시스템들을 간략하게 살펴본다. 기계번역(machine translation)이란 컴퓨터를 사용하여 서로 다른 자연언어를 번역하는 것을 말한다.

6.1 초기 1950~1960년대의 시스템

초기의 자연언어 시스템으로는 1963년 Lindsay가 개발한 SAD-SAM(Syntactic Appraiser and Diagrammer-Semantic Analyzing Machine)이 있다. SAD-SAM은 가족관계에 대한 영어 문장을 분석하는 데이터베이스를 만들고 질의에 응답하는 시스템이다. 이 시스템은 문맥 자유 문법을 이용하여 문장을 분석하였으며, 간단한 추론도 수행하였다. 그러나 모호성이 있는 문장을 올바르게 분석할 수 없었고, 추론에도 한계가 있었다. 하지만 자연언어 이해에 대한 충분한 가능성을 보여준 시스템이었다.

초기의 대표적인 기계번역 시스템으로는 1952년에 시작되어 1964년에 완성된 GAT(Georgetown Automatic Translation)를 들 수 있다. GAT는 소련어로 된 물리학 관련 문서를 영어로 번역하는 것을 목표로 하였으나, 인간에 비해서 번역의 질이 매우 낮았다. 그러나 문서를 빠른 시간 내에 대충 훑어볼 수 있는 수준으로는 번역을 수행하였다. GAT는 언어학 이론을 전혀 사용하지 않았으며, 단어와 단어를 1 : 1로 대치하면서 약간의 숙어를 처리하는 수준에서 문서를 번역하였다.

6.2 1970년대의 시스템

1970년대에 개발된 LUNAR는 아폴로 11호의 달 탐험 후 달에서 가져온 돌과 흙에 대한 정보를 지질학자들이 자연언어로 검색할 수 있게 개발된 정보검색 시스템이다. 이 연구의 목적은 자연언어에 의한 사용자 인터페이스의 가능성을 시험하는 것이었다. LUNAR는 자연언어 문장을 질의어로 바꾸어 데이터베이스에 있는 정보를 검색하였다. LUNAR는 3,500 어휘의 사전, 확장 전이망(ATN) 문법에 의한 영어 구문 규칙, 데이터베이스 자료 검색 요청을 해석하기 위한 의미 규칙으로 구성된 언어 처리기를 가지고 있었다. 또한, 지질학자들이 상용적으로 쓰는 영어 문장의 유형, 데이터베이스의 내용을 접근하기 위해 사용하는 용어 등에 대한 정보도 가지고 있었다. 그러나 응용 영역이 제한된 만큼 다양한 유형의 복잡한 문장에 대한 분석은 어려웠다.

YSTRAN은 GAT의 개발에 참여했던 Peter Toma 박사에 의해 개발된 최초의 상품화된 기계번역 시스템이다. 1974년에 미국 항공우주국(NASA)에 의해 아폴로-소유즈 공동 연구를 위한 문서 번역을 위해 선택되었으며, 초기 시스템은 러시아-영어 번역만 가능했다. 1976년에는 영어-불어, 1978년에는 불어-영어, 1979년에는 영어-이태리어의 번역이 가능한 시스템이 차례로 개발되었다. SYSTRAN은 번역 수준이 우수하지는 않지만, 중요하지 않은 자료의 번역에는 충분히 쓸 만한 것으로 인정받았다.

6.3 1980년대 이후의 시스템

1980년대 이후에는 미국 이외에도 일본과 유럽을 포함하여 세계 각국에서 자연언어 처리에 큰 변화가 일어났다. 특히 80년대 중반을 지나면서 인공지능 연구에 대한 반성이 일어나고, 이에 따라서 단순히 주어진 문제만 해결할 수 있는 기술에서 확장 가능한 기술로 관심이 이동했다. 확장 가능한 기술개발의 시도로 일본의 교토대학의 Nagao 교수에 의해 예제 기반 분석 시스템이 시도되었다. 이 시스템은 새로운 문장을 분석하기 위해서 이미 분석 저장되어 있는 자료를 참고하여, 가장 가까운 형태를 찾고 이에 따라서 문장을 분석하는 방법이다. 특히 일본은 당시 기계번역에 대한 연구를 가장 많이 수행한 국가로서, 후지쯔, 히타치, NEC 등 기업체를 중심으로 연구가 진행된 것이 특징이다. 유럽에서는 유럽 공동체(EC) 국가들의 9개 언어를 상호 번역하기 위한 EUROTRA라는 프로젝트가 시작되어 1992년에 1단계 연구가 끝났으며, EUROTRA가 사용되고 있다는 보고는 없다.

1990년대에 들어오면서 자연언어 연구자들은 기존 자연언어 처리 기법에 한계를 느끼고, 체계적으로 정리된 언어학 이론을 자연언어 처리에 이용하려는 시도가 이루어졌다. 어휘 기능 문법을 이용한 Xerox사의 연구나 중심어 주도 구 구조 문법을 이용한 휴렛팩커드사의 연구가 대표적 사례이다. 한편, 미국의 카네기멜론대학에서는 지식에 의한 문장의 이해를 시도하였다. 지식에 의한 문장 분석은 대용량의 지식과 정보의 처리가 요구된다. 이외에도 인공신경회로망의 학습에 의해 자연언어를 이해하려는 연구도 시작되었다[Elman93].

이 가운데 국내에서도 영한, 한영, 일한, 한일 기계번역이 대학 및 국가 연구소에서 이루어졌다. 대표적인 상업용 영한 번역 시스템으로 앙꼬르 2.0[앙꼬르96]이 1996년에 서울대학교 자연언어 처리 연구실과 한국 IBM 소프트웨어 연구소에 의해 PC용으로 공동 개발되었다. 이 시스템은 기존의 앙꼬르 1.0이 IBM의 OS/2에서만 수행되던 것에 비하여 윈도우 운영체제에서 수행이 가능하였다. 앙꼬르는 구어체 문장을 제외한 20 단어 이내의 문법적인 문장을 대상으로 할 경우 평균 번역률이 90% 정도였고, 번역 속도는 문장의 길이나 난이도, 사용 시스템의 종류 및 사양에 따라 차이가 있지만 평균적으로 A4 용지당 2~3분 정도가 소요되었다. 특히 이 소프트웨어는 복수의 단어로 이루어진 단어를 해석할 수 있으며, 컴퓨터 전문사전을 내장하여 난해하고 전문적인 문장 해석을 보조하는 특징도 가지고 있었다.

6.4 2000년대의 시맨틱웹

시맨틱웹(semantic web)을 설명하기 전에, 먼저 월드와이드웹(World Wide Web)에 대해서 잠깐 살펴볼 필요가 있다. 월드와이드웹의 아버지로 불리는 Tim Berners-Lee는 1989년에 유럽입자물리연구소(CERN)에서 서로 다른 컴퓨터를 사용하는 여러 나라의 과학자들 사이에 정보 공유를 쉽게 하기 위해 '글로벌 하이퍼텍스트 공간' 개념을 제시했다. 이듬해 자신이 구상한 새로운 정보 공유 공간 개념의 이름을 월드와이드웹으로 정하고, 기술은 여러 사람이 나누어 써야 한다는 믿음 아래 1991년 월드와이드웹 아이디어를 공개하였다. Lee박사의 아이디어 공개를 통해 전 세계 인터넷 시대의 문이 열렸고, 이후 웹은 인터넷 주소 체계인 URL 등으로 발전하였다. 그는 1994년 MIT에 월드와이드웹컨소시엄(W3C)과 컴퓨터과학 및 인공지능연구소(CSAIL)를 세웠다.

특히 그는 1999년 한 학술회의에서 자신이 꿈꾸었던 인터넷이란 주제로 발표하면서, 인터넷 문서의 각 태그 노드들이 서로 의미적으로 연결되는 시맨틱웹 개념을 발표하였다. 그에 따르면, "정보에 잘 정의된 의미를 부여"한다는 것은 정보의 내용 또는 의미를 형식적으로 기술하기 위한 메타데이터(meta-data)들을 정의하고 이를 활용하여 개별 정보의 의미를 명시적으로 기술한다는 것이다. 이들 메타데이터들을 컴퓨터 소프트웨어가 활용하여, 언어 분석 과정 없이, 정보의 의미와 정보들 간의 의미적 연계 관계를 처리하게 하는 것이 시맨틱웹의 철학인 것이다. 메타데이터에 의존하는 시맨틱웹의 기술적 기반은 [그림 11.15]의 시맨틱웹 기술 계층도가 명확히 보여주고 있다.

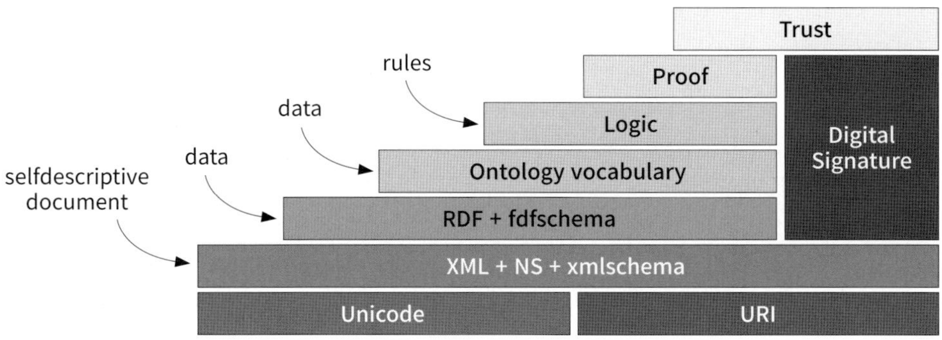

그림 11.15 시맨틱웹 기술 계층도

시맨틱웹은 다국어 문자 처리를 위하여 유니코드(unicode)를 기반으로 하며 주소 체계의 일종인 URI(Uniform Resource Identifier)를 사용하여 메타데이터로 기술될 정보 자원들을 정의하고 식별한다. 이는 사람의 경우에 개개인을 주민번호로 정의하고 식별하는 것과 동일하다. 메타데이터들은 XML(eXtensible Markup Language) 구문에 기반한 RDF(Resource Description Framework) 트리플(triple) 형식으로 표현되며, RDFS(RDF Schema)와 온톨로지(ontology)는 RDF 트리플 생성 시에 필요한 클래스(class)와 속성(property)을 정의하고 계층 관계를 설정한다. RDF 트리플이란, RDF 문서가 subject, predicate, object의 3가지 속성으로 구성된다는 것이다. 이와 같은 체계를 따라 만들어진 RDF 트리플 형태의 메타데이터들은 Logic(논리)에 포함된 추론 과정을 통하여 개별 단위 정보들에는 명시되지 않았던 새로운 정보를 얻을 수 있게 된다. 마지막으로 계층도의 상단에 위치한 proof와 trust 그리고 오른편의 digital signature는 시맨틱웹의 보안과 정보의 신뢰성 보장을 위하여 도입된 것이나 여타의 다른 부문과는 달리 현재까지 그 개념 정도만 언급되고 있을 뿐이다. 앞의 계층도에 언급된 기술들과 관련하여 W3C는 현재까지 메타데이터의 구축과 관련된 RDF, RDFS 및 OWL(Web Ontology Language)에 대한 표준을 발표하였다. DAML(DARPA Agent Markup Language)과 OIL(Ontology Inference Layer)이 통합된 DAML+OIL을 확장한 OWL은 온톨로지의 기술을 위한 표준 언어로서 그 표현력에 따라 OWL-Lite, OWL-DL 및 OWL-Full로 세분된다. OWL-Lite는 단순한 제약조건(constraints)과 분류 위계(classification hierarchy)가 필요할 때에 사용된다. 따라서 매우 간단하고 툴(tool)을 만들기에 가장 쉬운 방법을 제시한다. OWL-DL은 모든 OWL 언어 구성소를 포함하고 있지만, OWL-Full에 비해 약간의 제약이 따른다. 그렇지만 DL(Description Logics)이란 이름에서 알 수 있듯이 서술논리(description logics)에 기반을 두고 있어 큰 의미가 있다. 서술논리란 기존 인공지능 분야에서 추론을 위하여 제안되었던 것으로, OWL-DL이 자동 추론을 가능케 한다. OWL-Full은 가장 풍부한 표현력을 지니고 있으므로, RDF가 지닌 모든 것을 포괄한다. 그러나 그러한 점이 계산적 완전성(computational integrity)을 보장하지 않는다는 점이 문제라고 볼 수 있다 [W3C12].

시맨틱웹은 현재의 컴퓨터처럼 사람이 마우스나 키보드를 이용해 원하는 정보를 찾아 눈으로 보고 이해하는 웹이 아니라, 컴퓨터가 이해할 수 있는 웹을 말한다. 즉 사람이 읽고 해석하기 편리하게 설계되어 있는 현재의 웹 대신에 컴퓨터가 이해할 수 있는 형태의 새로운 언어로 표현해 기계들끼리 서로 의사소통을 할 수 있는 지능형 웹이다. 따라서 시맨틱웹은 자연어처리와 밀접한 관련이 있으며, 실제로 자연어처리 연구자들이 시맨틱웹에 많은 관심을 갖고 기존의 웹에 의미 정보를 부여하는 시맨틱태깅(semantic tagging/annotation)에 관한 연구도 현재 진행 중이다.

6.5 현재의 기계 학습 기반 자연언어 처리

2010년경을 기점으로 기계 학습이 중요한 인공지능적 방법으로 자리 잡게 되고, 그 성과는 특정한 영역에서 인간의 능력을 초월하게 되었다. 언어처리는 비록 특정의 작은 영역에 국한되기보다는 광범위한 인간 지식의 총체를 다루는 기술이기는 하지만, 인간이 학습을 통하여 언어를 습득하는 것과 마찬가지로 기계, 즉 컴퓨터도 학습을 통하여 인간의 언어를 습득하고 질의응답과 같은 영역에서 활용하려는 연구개발 및 상업화가 활발히 진행되고 있다. 이와 관련된 세부 기술에 대해서는 이미 이 장의 5절에서 간략하게 소개한 바 있다. 특히 인터넷과 사회관계망을 이용하여 언어 및 대화와 관련한 빅데이터를 수집하는 것이 용이해졌기 때문에 학습에 필요한 데이터를 충분히 확보할 수 있고, 반도체 및 컴퓨터 기술의 급격한 발전은 이전에는 불가능했던 고속의 데이터 처리를 가능하게 만들었다. 이러한 배경 아래 상용화된 챗봇(chatbot)이나 AI 스피커의 성능은 계속 향상되어 이미 어느 수준에서 자연스러운 인간과의 대화가 가능해졌다.

과제

01. 이 책의 [예제 11.4]에 주어진 입력 문장 "He ate the pie."를 상향식으로 차트 파싱하는 프로그램을 작성하시오. 예제에 주어진 4가지 문법 규칙과 단어 사전도 동일하게 사용한다. 수행 결과는 아래의 결과처럼 나오면 된다. 물론 표를 완전히 작성할 필요가 없으면 중간 과정을 확인할 수 있으면 된다. 예를 들어, 'He'는 규칙 3이 적용되어 〈NP, 1, 2〉를 표시하면 된다.

차트 구축 방향(상향식) ← → 규칙 매칭 과정

<table>
<tr><td colspan="4"><S, 1, 5> (규칙 1)</td></tr>
<tr><td rowspan="2"><NP, 1, 2> (규칙 3)</td><td colspan="3"><VP, 2, 5> (규칙 4)</td></tr>
<tr><td rowspan="2"><VERB, 2, 3></td><td colspan="2"><NP, 3, 5> (규칙 2)</td></tr>
<tr><td><PRON, 1, 2></td><td><ART, 3, 4></td><td><NOUN, 4, 5></td></tr>
<tr><td>He</td><td>ate</td><td>the</td><td>pie</td></tr>
</table>

1 2 3 4 5

NP → PRON.(규칙 3) VP → VERB.NP NP → ART.NOUN

S → NP.VP

NP → ART NOUN.(규칙 2)

VP → VERB NP.(규칙 4)

S → NP VP.(규칙 1)

02. 문자를 음성으로 변환해주는 Text-To-Speech 프로그램은 자연어처리의 실생활 응용 사례로 많이 연구되고 있다. 대표적인 엔진으로 Microsoft사의 MSAgent는 MS 제품군에서 거의 응용 가능하며, 한글을 지원한다는 장점이 있다. Sun사의 JSAPI는 API를 직접 제공하지는 않지만, 제3자(third party)에서 구현을 제공하고 있으며 한글을 지원하지 않는다. 인터넷 검색엔진으로 MSAgent의 멀린 캐릭터 에이전트를 이용하여 여러분의 소프트웨어를 에이전트로 변환하는 프로그램을 작성하시오. 당연히 코어 컴포넌트와 언어 컴포넌트, 캐릭터, TTS 엔진 등 모두를 다운로드 받아야 한다. 언어 컴포넌트와 TTS 엔진은 한글로 다운 받으면 되고, 개발에 필요한 문서 및 예제, 캐릭터 에디터 등을 다운로드 받으면 도움이 된다.

03. IBM의 Watson은 2011년 미국의 TV 퀴즈쇼인 Jeopardy에 출연하여, 인간 경쟁자들을 제치고 우승하였다. 주어진 문제에 대해 답을 찾는 것은 어차피 컴퓨터가 사람보다 우월하지만, 난점은 퀴즈쇼의 진행자가 말로 제시하는 문제에 대해 적절한 답을 찾고, 찾은 답을 말로 제시할 수 있어야 한다는 데 있다. Watson의 동작 방식(혹은 구조)에 대해 조사하시오.

04. 시중에 판매되고 있는 다양한 AI 스피커에 사용되고 있는 자연언어 처리 기술에 대해 조사하고, 제품별로 비교하시오.

12장

지능형 에이전트

에이전트(agent)는 복잡한 동적인 환경에서 목표를 달성하려고 시도하는 시스템이다. 에이전트는 외부 환경과 센서와 행위자를 사용하여 상호작용한다. 가상공간 환경에 위치하여 특별한 응용 프로그램을 다루는 사용자를 도울 목적으로 반복적인 작업들을 자동화시켜주는 컴퓨터 프로그램을 소프트웨어 에이전트(software agent) 또는 지능형 에이전트(intelligent agent: IA)라 부른다. 에이전트는 21세기 소프트웨어 산업에서 중요한 분야로서 현재 사용자를 도와주는 다양한 상품들이 에이전트라는 이름으로 시장에 출현하고 있다. 이 장에서는 지능형 에이전트를 정의 및 특성 그리고 기능에 따라 분류하고, 실제 적용되는 응용 사례들을 소개한다.

01 지능형 에이전트의 개요

1990년대 이후 반도체 기술의 발달로 저가의 고성능 개인용 컴퓨터가 보급되고 네트워크의 급속한 확산에 따라 인터넷 사용 인구가 크게 확대되었다. 동영상과 음성 등을 지원하는 멀티미디어 기술과 이를 인터넷상에서 다룰 수 있는 월드와이드웹(World Wide Web, 이하 웹으로 지칭) 서비스가 지원되기 시작하면서 인터넷상에서 온라인 서비스를 제공받는 사용자들의 수도 놀라울 정도로 빠르게 증가하였다. 인터넷이나 인트라넷상에서 정보를 누구나 제공하고 공짜로 서비스 받을 수 있게 됨에 따라 정보의 양이 폭주하게 되는 정보 범람(information overload) 현상이 발생하였다. 그러나 역설적으로 정보의 양이 많아질수록 필요한 정보를 발견하려면 훨씬 더 많은 노력이 필요하게 된다. 정보의 발견을 도울 목적으로 Google을 비롯한 검색엔진(search engine)들이 개발되어 사용자들이 수천만 페이지에 이르는 웹문서들을 검색하는 것을 보조하고 있지만 과다한 정보를 사람이 직접 검색하는 데 한계가 있어, 사용자들이 필요한 정보를 쉽게 접근하도록 해주는 도구의 개발이 절실하게 요구되었다. 지식 표현에 기반을 둔 인공지능은 웹 서비스를 사용자들이 쉽게 접근할 수 있도록 하는 새로운 도구들을 개발하기 위한 기법으로 새로운 전기를 맞게 된다[O'Leary97].

에이전트는 복잡하고 유동적인 실세계 환경에서 목표를 달성하려고 센서를 통해서 외부 환경을 인지하고 행위자(actuator)를 사용하여 환경에 영향을 미치는 상호작용 개체로 볼 수 있다. [그림 12.1]은 에이전트와 외부 환경과의 관계를 보여준다. 자율적응형 에이전트(autonomous adaptive agent)는 완전히 자동적으로 동작하며 시간이 경과함에 따라 자신의 목표를 달성한다. 가상공간 환경에 위치하여 특별한 응용 프로그램을 다루는 사용자를 도울 목적으로 반복적인 작업들을 자동화시켜주는 컴퓨터 프로그램을 소프트웨어 에이전트, 지능형 에이전트 또는 인터페이스 에이전트라고 한다[Maes94].

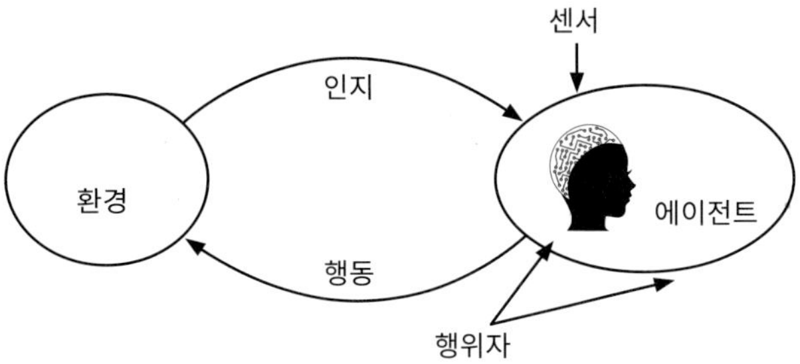

그림 12.1 외부 환경과 에이전트의 상호 작용 관계

전통적으로 인터페이스 에이전트를 설계하기 위해서 두 가지 접근법이 사용되었다. 첫 번째 접근법은 일반 사용자 프로그램을 에이전트화하는 것이다. 에이전트의 행동을 기술하는 규칙들을 사용자로 하여금 프로그램하도록 허용하는 Oval 시스템이 여기에 해당한다. 이 방법의 장점은 사용자에게 전체 권한을 위임하여, 사용자가 스스로 규칙을 생성하기 때문에 규칙을 신뢰하기 쉽다. 단점은 프로그래밍의 부담을

사용자가 가지는 것이다. 두 번째 기법은 응용문제와 사용자에 대한 배경 지식을 가진 지식공학자가 에이전트를 만드는 것이다. 사용자가 Unix 운영체제를 사용할 때 실수를 교정하도록 다양한 대안을 제시해주는 UCEgo 시스템이 이에 해당한다. 장점은 지식공학자가 프로그램해 주기 때문에 사용자의 부담이 없다. 그러나 에이전트가 개인의 선호도를 고객 지향화(customized)시키지 못하므로 에이전트의 신뢰도가 떨어진다. 이러한 접근법들의 단점을 극복하기 위하여 기계 학습(machine learning)을 사용하는 세 번째 접근법이 제안되었다. 이 방법의 목표는 사용자의 요구사항을 만족하고 기능도 달성하는 에이전트를 만드는 것이다. 반복적인 작업이 많고 유사성보다는 개별적 차이를 강조하는 환경에서는 기계 학습이 매우 유용할 수 있다.

기계학습은 동일한 성격의 작업을 더욱 효과적으로 수행할 수 있도록 시스템을 적응적으로 변화시킬 수 있어 유용하다. 기계학습은 이 책의 7장에서 다룬 바 있는데, 1960년대부터 게임이론에서 연구되기 시작하여 1980년대 이후 여러 기술들이 제안되어 왔으며, 최근에 와서 유용성이 입증되어 현재 인공지능 분야에서 가장 뜨거운 주제가 되었다. 전통적으로 기계학습의 네 가지 주요한 패러다임으로는 귀납적 학습(inductive learning), 연역적 학습(deductive learning), 유전 알고리즘(genetic algorithm: GA), 연결주의 학습(connectionism learning)이 있다[Carbonell89]. 이 중에서 연결주의 학습은 이 책의 9장에서 다룬 인공신경망(artificial neural networks)을 의미한다. 우리가 일상생활에서 가장 많이 접하고 있는 정보검색(information retrieval) 엔진이 속하는 정보검색 및 정보여과(information filtering) 분야에서는 이 책의 4장 불확실성에서 기술된 확률적 방법론인 Bayesian 분류기를 학습 알고리즘으로 사용한 정보여과 기법과 기계학습의 기술들을 이용한 정보검색 방법들이 개발되었다. 결국 이번 장은 이 책의 앞부분에서 기술된 많은 내용들을 조합하여 사람처럼 행동할 수 있는 지능형 에이전트를 만드는 이론과 응용을 설명하는 것이 주 내용이다.

많은 정보를 요구하는 사용자들의 다양한 취향과 변하는 욕구를 만족시키기에는 단일 에이전트로는 한계가 있다. 멀티 에이전트 시스템(Multi-Agent Systems: MAS)은 하나의 에이전트로는 해결하지 못하는 복잡한 문제를 해결하기 위하여 여러 에이전트 간의 협동이 필요하게 됨에 따라 출현하였다. MAS는 하나의 시스템 안에서 특정한 역할을 수행하는 에이전트들의 그룹으로 이루어진다. 멀티 에이전트를 학습시키기 위해서는 협력적 학습(cooperative learning)이 필수적이다. 협력 멀티 에이전트 시스템에서는 복잡한 문제를 단순한 문제들로 분산시켜 이들을 단일 에이전트로 해결하고, 나중에 이들 결과들을 조합해야 한다. 분산이란 복잡한 문제를 에이전트와 같은 복수의 처리요소들이 해결하도록 부문제(subproblem)들의 집합으로 분할하는 것을 의미한다. 분산처리(distributed processing)는 부문제들이 서로 독립적일 때 유리한 반면에, 분산문제해결(distributed problem solving)은 부문제들이 상호작용하고 국부적이면서 전체적으로 만족하는 해를 발견하는 데 적합하다[Lesser91].

에이전트는 이미 1990년대 중반부터 사용되었다. 예를 들어, MS 오피스 엑셀의 차트마법사로 사용된 Wizard는 우리가 할 일을 쉽게 하도록 도와주는 에이전트의 예이다. Magnet은 스케줄링 및 사용자를 위한 유사 작업들을 자동 분류해준다. "Open Sesame!"는 키보드와 마우스 사용의 반복적인 유형을 관찰함으로써 이를 감시해주는 학습 에이전트이다. Beyond Mail은 신규 전자우편에 자동으로 반응하는 법을 배우는 에이전트이다[Maes94]. IBM사의 Globenet은 주기적으로 인터넷으로 보내져서 IBM 제품에 관한 최근의 뉴스들을 검색하여 고객의 문의사항을 취급하는 직원을 보조하는 지능형 탁상 도우미(help-desks) 역할을 수행하는 등 다양한 상용 에이전트들이 출현하였다[O'Leary97].

1980년대 후반부터 미국에서 분산 인공지능(distributed AI) 연구자들을 중심으로 시작된 에이전트에 관한 연구는 학습, 계획, 탐색, 전문가시스템, 소프트컴퓨팅(soft computing) 등 인공지능 분야의 제 연구자들이 다양한 연구를 수행하고 있다. 국내에서는 1990년대 초반부터 연구소와 대학을 중심으로 컴퓨터와 인공지능이 결합된 단독형 에이전트에 관한 연구를 수행하기 시작하였고, 1990년대 중반부터 인터넷의 활성화에 따라 2000년대에는 연구 범위가 멀티 에이전트 시스템과 전자상거래 등으로 확대되었고, 현재는 다양한 영역에서 상업적으로 활용되고 있다.

02 지능형 에이전트의 정의와 성질

지능형 에이전트에 관한 여러 가지 일반적인 정의를 살펴보자. 먼저 MIT 미디어 연구소의 초대 소장을 역임한 N. Negroponte 교수는 "에이전트는 사용자의 위임된 권한을 갖는 개인 소프트웨어 도우미"라고 하였으며, IBM 연구소의 T. Selker는 "에이전트란 사람이 시간이 있으면 스스로 할 수 있는 일을 하는 방법을 아는 소프트웨어"라고 하였다[Janca97]. 에이전트 개발 회사로 유명한 General Magic사는 "네트워크를 이동하도록 발송되는 Telescript 프로그램이 에이전트"라고 하였다. 또 다른 정의로는 "목표를 성공적으로 달성하기 위해 적당한 방법으로 행동하며 환경으로부터 수집된 정보를 활용하여 주어진 임무를 수행하는 소프트웨어"가 있다. 이때 그 소프트웨어는 환경에서의 변화가 여전히 의도한 결과를 이루도록 환경의 변화에 자신을 적응시켜야 한다는 단서가 붙는다. [그림 12.2]는 에이전트의 정의를 쉽게 이해시켜 주는 예이다.

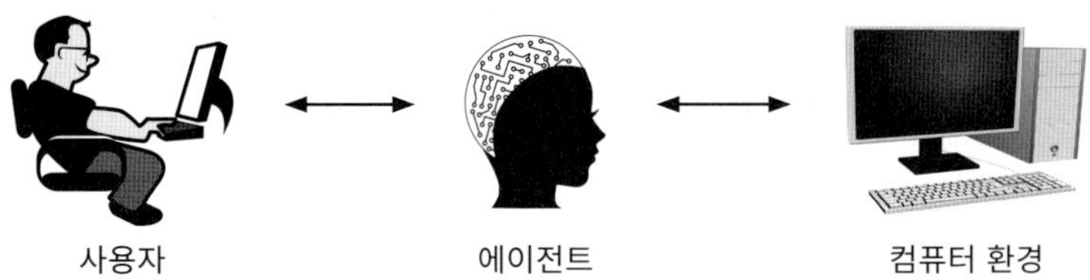

그림 12.2 에이전트의 정의

에이전트에 관한 다양한 정의들을 비교하여 공통된 부분을 정리해 보자. 먼저 에이전트는 특정한 목적을 위해 사용자를 대신해서 작업을 수행하는 자율적 프로세스(autonomous process)이다. 에이전트는 독자적으로 존재하지 않고 어떤 환경의 일부이거나 그 안에서 동작하는 시스템이다. 여기서의 환경은 운영체제, 네트워크, 또는 MUD[1] 게임 환경 등을 지칭한다. 에이전트는 지식베이스와 추론 기능을 가지며 사용자, 자원(resource), 또는 다른 에이전트와의 정보 교환과 통신을 통해 문제 해결을 도모한다. 에이전트는 스스로 환경의 변화를 인지하고 그에 대응하는 행동을 취하며, 경험을 바탕으로 학습하는 기능을 가진다. 에이전트는 수동적으로 주어진 작업만을 수행하는 것이 아니고, 자신의 목적을 가지고 그 목적 달성을 추구하는 능동적 자세를 지닌다. 에이전트의 행동 결과는 환경의 변화를 가져올 수 있다. 에이전트의 행동은 한 번에 끝나는 것이 아니라 지속적으로 이루어진다.

이상과 같은 에이전트의 정의는 절대적인 것이 아니지만 어떤 소프트웨어가 에이전트인지 아닌지를 판단하는 데 좋은 지표가 될 수 있다. 물론 판단 대상이 '에이전트이다', 또는 '에이전트가 아니다'라고 단정 짓는 것은 좋은 접근 방향이 아니다. 다만 위에서 정의된 항목에 얼마나 많이 부합되는가에 따라 에이전트의 역할을 좀 더 충실히 가지고 있다고 판단할 수 있다.

이제부터는 에이전트의 정형화된 정의를 설명하기 위한 성질들에 대해 자세히 살펴보자. 에이전트는 다음과 같은 성질들을 일반적으로 갖는다.

- **자율성**(autonomy): 에이전트는 사람이나 다른 사물의 직접적인 간섭 없이 스스로 판단하여 동작하고, 그들의 행동이나 내부 상태에 대한 어떤 종류의 제어를 갖는다.
- **사회성**(social ability): 에이전트는 에이전트 통신 언어를 사용하여 사람과 다른 에이전트들과 상호작용할 수 있다.
- **반응성**(reactivity): 에이전트는 실세계, 그래픽 사용자 인터페이스(GUI)를 경유한 사용자, 다른 에이전트들의 집합, 인터넷 같은 환경을 인지하고 그 안에서 일어나는 변화에 시간상 적절히 반응한다.
- **능동성**(proactivity): 에이전트는 단순히 환경에 반응하여 행동하는 것이 아니라 주도권을 가지고 목표 지향적으로 행동한다.
- **시간 연속성**(temporal continuity): 에이전트는 단순히 한 번 주어진 입력을 처리하여 결과를 보여주고 종료하는 것이 아니라, 전면에서 실행하고 이면에서 잠시 휴식하는 연속적으로 수행하는 데몬(demon) 같은 프로세스이다.
- **목표 지향성**(goal-orientedness): 에이전트는 복잡한 고수준 작업들을 수행한다. 작업이 더 작은 세부 작업으로 나뉘고 처리 순서가 결정되어 처리되는 등의 책임을 에이전트가 진다.

1 MUD(Multi-Dungeon) 게임이란 네트워크상에서 다자가 즐기는 구조를 가진다.

이상에 기술된 성질을 만족하는 에이전트의 명확한 예로 소프트봇(Software Robot: Softbot)을 들 수 있다. 소프트봇은 Unix 운영체제 같은 소프트웨어 환경에서 능동적으로 정보를 탐색하는 로봇이다.

한편 인공지능에 종사하는 일부 학자들은 에이전트의 정의를 위에 기술된 내용보다 더 강하게 묘사한다. 이들은 에이전트란 위에 기술한 내용에 추가하여 사람들에게 적용되는 개념들을 구현하는 컴퓨터 시스템이라고 본다. 예를 들어, 지식, 믿음(belief), 의도(intention), 책임(obligation) 등의 정신적 개념으로 에이전트를 형상화할 수 있다고 생각한다. 에이전트에게 사람 같은 속성을 제공하는 방법으로는 만화 같은 아이콘이나 동영상으로 얼굴을 묘사하는 기법을 사용하여 에이전트를 표현하는 것이다[Janca97]. 이처럼 보다 강한 의미의 에이전트는 다음의 속성들을 갖는다.

- **이동성**(mobility): 사용자가 요구한 작업을 현재의 컴퓨터에서 처리하지 않고 그 작업을 처리할 수 있는 다른 컴퓨터로 이동시켜 수행함으로써 효율을 높이고 네트워크 부하를 감소시킨다.
- **합리성**(rationality): 에이전트가 목표를 달성하기 위해 행동하는 것이지, 목표 달성을 방해하는 방향으로는 행동하지 않는다.
- **적응성**(adaptability): 에이전트는 사용자의 습관과 작업 방식 그리고 취향에 따라 스스로를 적응시킬 수 있다.
- **협동성**(collaboration): 에이전트는 다른 에이전트, 자원, 사람과도 복잡한 작업을 수행하기 위해 협력할 수 있다.

지금까지 기술한 에이전트의 정의 및 특성을 살펴봐도 여전히 대행(agency)과 지능(intelligence)을 구분하는 것은 어렵다. 대행은 에이전트에 부여된 자율과 권한의 정도를 말한다. 이것은 에이전트와 동작하는 시스템 안에 있는 다른 구성 요소들 사이의 상호작용에 의해 질적으로 측정될 수 있다. 최소한 에이전트는 비동기식으로 동작해야 한다. 대행의 정도는 에이전트가 사용자를 대표하면 증가한다. 이것이 에이전트들의 주요한 가치들 중의 하나이다. 보다 진보된 에이전트는 데이터나 응용 서비스 같은 다른 요소들과 상호작용한다. 그 이상 진보된 에이전트들은 다른 에이전트들과 협력하고 협상할 수 있다. 에이전트가 지능을 갖도록 하는 것이 무엇인지 정의하기는 매우 어렵다. 이것은 인공지능 분야의 오랜 토론 주제이고, 현재도 명확한 답을 제시하기 어렵다. 에이전트에게 지능을 부여하는 한 가지 가능한 정의는 다음과 같다[IBM95].

> "지능은 추론과 학습된 행위의 정도이다. 규칙 형태로 표현된 선호도가 있고 추론 엔진이나 메커니즘이 이들 선호도 위에서 동작한다. 고수준의 지능은 사용자가 원하는 것이 무엇인지에 관해 이해하고 추론하는 한편 목표를 달성하기 위한 수단들을 계획하는 기능을 포함한다."

에이전트는 설계 목적을 만족하기 위해서 융통성 있게 자율적으로 행동할 수 있는 어떤 환경에 놓여진 컴퓨터 시스템이라고 정의하기도 한다. 이 정의에는 세 가지의 핵심 개념으로 상황성, 자율성, 유연성이 있다[Jennings98]. 이 세 가지 핵심 개념들 중 첫째인 상황성(situatedness)은 에이전트들이 그들이 속한 환경의 센서로부터 입력을 받고, 어떠한 방법으로 그 환경을 변화시키는 행동을 수행할 수 있다는 것을 의미한다. 에이전트들이 속하게 될지도 모를 환경에는 실세계와 인터넷이 포함된다. 이런 상황성은 전문가 시스템에서 자주 나타나는 실체 없는 지능의 개념과 대비될 수 있다. 예를 들면, 전문가 시스템의 전형적인 예인 MYCIN[2]은 어떠한 환경과도 직접적으로 상호작용하지 않는다. 그것은 센서들로부터 정보를 받는 것이 아니라, 중개인으로 활동하는 사용자로부터 정보를 받는다. 비슷하게 이것은 어떠한 환경에서도 활동하지 않고 대신에 제3자에게 피드백이나 조언을 준다.

자율성(autonomy)은 정확하게 말하기는 어려운 개념이지만, 시스템이 사람이나 다른 에이전트의 직접적인 간섭 없이 작동하면서 자신의 움직임과 내부 상황을 조절할 지각능력이라고 정의할 수 있다. 또한, 자율성은 경험으로부터 학습하는 능력을 가진 시스템을 의미하는 더 강력한 지각 능력이라고도 한다.

물론 상황에 따라서 자율적으로 동작하는 컴퓨터 시스템은 새로운 개발이 아니다. 이런 시스템의 예는 많이 있으며, 일례로 소프트웨어 데몬(software daemon)을 들 수 있다. 소프트웨어 데몬이란 소프트웨어 환경을 감시하면서 조건들이 변경될 때 환경을 수정하는 행동을 수행하는 시스템이다. 예를 들면, 사용자에게 온 전자우편을 감시하고 새로운 전자우편이 발견되었을 때 아이콘을 보여주거나 신호음을 줌으로써 주목하게 하는 프로그램들이 있다.

이상에서 기술한 상황에 따라 자율적으로 동작하는 예제의 경우에 우리는 그것들이 에이전트의 설계 목적에 부응하기 위한 유연성(flexibility)이 없으므로 에이전트로 고려하지 않는다. 유연성이 고려될 경우에 이런 시스템들은 다음의 특징을 갖는다[Wooldridge95].

- **반응적**(responsive): 에이전트들은 그들이 처한 환경을 인식하고, 그 환경 안에서 발생하는 변화에 대해 적절한 방법으로 반응을 해야 한다.
- **능동적**(proactive): 환경에 대한 반응이 단순한 형태로 이루어지지 않고, 기회를 활용하여 목표 지향적인 행동을 취할 수 있어야 하며, 적절한 곳에서 행동을 시작해야 한다. 즉 환경에 대해 수동적으로 반응하는 것이 아니라 능동적으로 목표 지향적인 행동을 취해야 한다.
- **사회적**(social): 적절한 때에 에이전트들은 그들의 활동으로 다른 에이전트를 돕고, 그들이 가진 문제를 해결하기 위해서 인간과 다른 에이전트들과 상호 작용할 수 있어야 한다.

이런 세 가지의 특성들이 유연한 에이전트의 기본적인 특성이다. 물론 어떤 에이전트들은 부가적인 특성을 가질 것이고, 어떤 형태의 응용 프로그램을 위한 속성은 다른 것들보다 더 중요하게 여겨질 것이다. 그러나 소프트웨어 안에 존재하는 여러 에이전트 속성들의 존재가 에이전트 패러다임의 특성을 부여하

2 MYCIN은 1972년 Stanford 대학에서 개발한 전문가 시스템(expert system)으로 혈액 감염 분석을 수행한다. 약 500개의 규칙을 사용하여 높은 수준의 분석 능력을 달성할 수 있었다.

고, 에이전트 시스템을 관련 소프트웨어 패러다임들인 객체지향 시스템, 분산 시스템, 전문가 시스템과 구별되게 한다. 여기서 에이전트 기반 시스템(agent-based system)은 에이전트라는 용어에서 파생된 것 같지만 전혀 에이전트를 기반으로 하는 소프트웨어 구조로 구현되지 않았다. 이 점에서 객체지향 소프트웨어와 비교할 수 있다. 객체지향 소프트웨어 경우에 객체지향 환경 없이 구현할 수 있다. 비슷한 상황이 에이전트 기술에도 존재한다. 따라서 우리는 에이전트에 의해 설계 및 구현이 완전히 이루어지는 에이전트 기반 시스템을 기대한다.

03 에이전트의 역사

현재의 지능형 에이전트에 대한 관심은 갑작스럽게 나타난 것은 아니다. 많은 다른 분야의 연구 개발자들은 때때로 자신의 분야와 밀접한 관련이 있는 것에 대해 이야기했었고, 그 주요 관련 학문으로는 인공지능, 객체지향 시스템, 인간과 컴퓨터 상호작용(Human Computer Interaction: HCI) 등이 있다.

두말할 필요 없이 에이전트 분야의 주요 공로자는 인공지능이다. 인공지능은 최종적으로 지능 가공물을 만드는 것에 관한 것이고, 이런 가공물이 어떠한 환경 속에서 지각하고 행동할 수 있다면 그때 그것은 에이전트로 여겨질 수 있을 것이다. 에이전트가 인공지능 연구를 위한 중심이 될 수 있다는 사실에도 불구하고, 1980년대까지 지능형 에이전트의 연구를 이끄는 그룹은 인공지능 연구 공동체에서 소규모에 속했다. 이것의 주요 원인은 인공지능 연구자들이 기본적으로 다양하게 다른 지적 활동 - 학습, 추론, 문제풀이, 컴퓨터 시각 - 에 중점을 두는 경향이 있었기 때문이다. 이들은 만약 개별 연구결과가 통합되면 완전한 에이전트를 만들 수 있을 것으로 기대했다. 1970년대 초까지 이러한 가정들은 인공지능 연구의 가장 중요한 흐름으로 여겨졌다. 이 기간 동안 에이전트와 가장 밀접하게 연관된 연구 활동 분야는 이 책의 6장 내용에 해당하는 계획(planning)이다. 계획 연구는 무엇을 할 것인가: '작업 수행을 위해 어떤 행위를 취할 것인가'를 스스로 알아내는 것과 관련된 인공지능의 하부 분야이다. 결론적으로 에이전트는 어떤 환경에서 활동을 수행하는 시스템에 불과하고, 따라서 계획 연구가 에이전트 연구에 깊이 관여한다는 것은 놀라운 일이 아니다[Jennings98].

1970년대와 1980년대 초기까지의 계획에 대한 연구는 주로 행동을 위해 요구된 표현과 그것 자체의 단계별 수행 알고리즘에 집중되었다. 특별한 관심들 중의 하나는 증명되어진 계획 알고리즘의 효율성이었다. 가상 마이크로 세계 예제로 잘 알려진 블록 세계(block world)를 해결하는 STRIPS형 계획 알고리즘은 단순화된 환경에서 합리적인 수행을 하기 위해 나타난다. 그러나 그런 기술은 실제 문제들에 활용하는데 한계가 있다는 사실이 드러났다.

인공지능에서 대부분의 에이전트 모델들은 Newell과 Simon의 물리적 기호 시스템 가설(physical symbol system hypothesis)에 근거한다[Newell76]. 이 가설에 따르면, 에이전트들은 그들 세계의 내부적인 표현을 관리하고, 어떤 형태의 기호주의 추론에 따라 수정되는 외적인 정신 상태가 존재한다. 이런 에이전트를 심사숙고형 에이전트(deliberative agent)라 하고, 대표적 특성으로 믿음(belief), 욕망(desire), 의도(intention)에 기반을 둔다.

이와 다른 접근법으로 R. Brooks가 이끄는 반응형 에이전트(reactive agent) 모델이 있다. 그는 "지적이고 이성적인 행동은 정리증명(theorem proving)이나 전문가 시스템의 속성이 아니며, 지능은 에이전트와 환경의 상호 작용의 결과이다"라고 했다[Brooks91]. Brooks는 다양하고 간단한 행동들의 상호 작용으로부터 나타나는 지능적인 행동의 관점을 강조하였다. 특히 그는 전혀 기호주의 표현이나 추론을 사용하지 않는 에이전트 제어구조인 포함구조(subsumption architecture)를 개발하였다. 개념적으로 포함구조 에이전트는 작업 달성 행위들의 집합을 의미한다.

또 다른 접근 분야의 예로서, 1980년에 인공지능 그룹의 연구원들에 의해 복합적인 문제를 해결하기 위해 단순한 해결자를 결합하는 시스템에 관련된 문제를 논의하기 위해 분산 인공지능(DAI) 워크숍이 MIT에서 개최되었다. 이와 관련된 대표적인 에이전트 모델이 상호작용 에이전트(interacting agent)이다[Müller96]. DAI는 다수의 분산된 지능형 에이전트들 사이의 조정(coordination) 및 협력(cooperation)을 다룬다. 현재 이 분야는 멀티 에이전트 시스템(MAS)으로 알려져 있다.

지능형 에이전트는 객체지향 시스템과도 관련이 있다. 객체나 에이전트는 행동을 수행할 수 있는 어떤 상태를 캡슐화(encapsulation)하거나 이 상태에서 메소드(method)화하는 계산적인 개체로서 정의된다. 그리고 메시지 전달 방식으로 통신한다. 이런 면에서 객체와 에이전트는 유사한 면이 있다. 하지만 에이전트와 객체 사이에는 주목할 만한 차이점도 존재한다. 그 대표적 예가 에이전트와 객체들의 자율성의 정도이다. 객체지향 프로그래밍의 특성 정의를 상기해 보면, 그것은 객체가 그들 자신의 내부적인 상태를 제어하는 것이 가능하다는 생각이다. 객체는 프로그램 상태 전반에 걸쳐서 제어가 가능하지만, 그것의 행위에 대해서는 제어 표현이 불가능하다는 것이다. [표 12.1]은 에이전트지향(agent-oriented) 프로그래밍과 객체지향 프로그래밍을 잘 구분해 주고 있다[Shoham93].

표 12.1 객체지향 프로그래밍(OOP)과 에이전트 지향 프로그래밍(AOP)의 특성 비교

구분	OOP	AOP
기본 구성 단위	객체	에이전트
기본 구성 단위 상태 정의 파라미터	무제약	믿음, 위임, 능력, 선택 등
계산 과정	메시지 전송과 응답	메시지 전송과 응답
메시지의 형태	무제약	통지, 요청, 제안, 거절 등
방법들의 제약 조건	없음	정직성, 일관성 등

마지막으로 지능형 에이전트 기술은 인간과 컴퓨터 상호작용(HCI)과도 관련이 있다. 최근 우리가 사용자 인터페이스를 통해 컴퓨터와 상호작용을 할 때 우리는 직접 조작(direct manipulation)으로 알려진

상호 작용 사용의 패러다임을 사용한다([그림 12.3] 참조). 이것은 만약 우리가 명쾌하게 어떤 작업의 수행을 요구했을 때에 오직 요구받은 작업만 수행하는 컴퓨터 프로그램이 해당한다. 이것은 주로 한쪽의 방향으로 상호 작용을 한다. 사람은 하인처럼 단순하게 행동하기보다 오히려 사용자의 직무를 달성하기 위해서 협력하는 형태의 컴퓨터 프로그램을 희망한다. 이런 방식의 주도권을 잡기 위한 프로그램이 지능형 에이전트로서 활용되는데 영향을 끼쳤다. 즉 사용자가 특정한 일을 시키지 않아도 에이전트가 사용자의 행동을 일정 기간 동안 관찰하고 그 결과를 기반으로 사용자를 대신하여 작업을 수행한다는 것이다. 이러한 컴퓨터와 사용자의 관계를 간접 조작(indirect manipulation)이라 한다. 이런 간접 조작을 수행하는 에이전트들을 종종 전문적인 비서나 혹은 디지털 집사라고도 부르고 [그림 12.3]을 통해 의미를 쉽게 파악할 수 있다[Maes94].

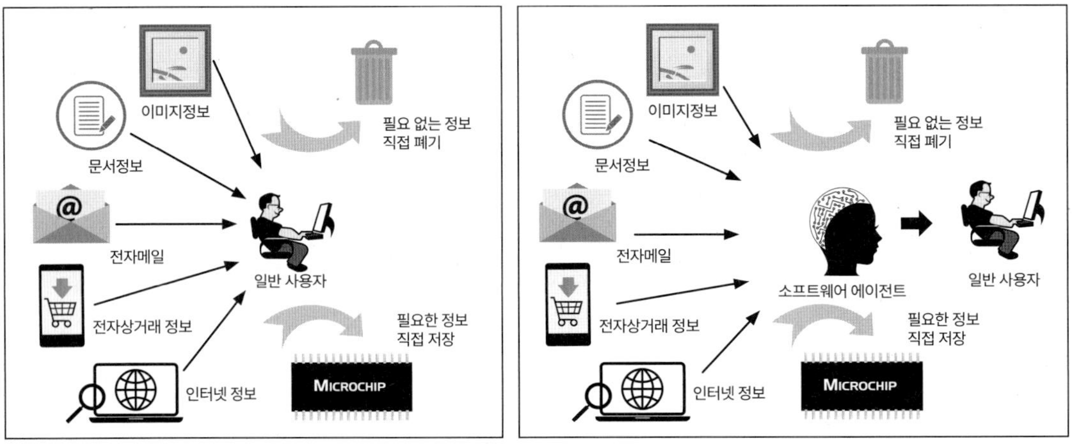

그림 12.3 사용자가 정보를 다루는 형태에 따른 에이전트 역할 이해(직접/간접 조작)

04 지능형 에이전트 분류

지능형 에이전트는 그 기능과 역할에 따라 여러 가지로 분류할 수 있다. 이 책에서는 학습 에이전트, 인터페이스 에이전트, 데스크탑 에이전트, 인터넷 에이전트, 모바일 에이전트, 전자상거래 에이전트로 구분한다.

4.1 학습 에이전트

에이전트가 과거의 사용자 경험이나 환경의 변화를 감지하고 이를 바탕으로 기존의 지식을 변경하고 환경에 적응하는 학습 능력은 에이전트가 지능을 갖기 위한 가장 중요한 기술 중 하나이다. 특히 최근 기계 학습을 위한 여러 효과적인 기법들이 개발되면서 학습 능력은 에이전트에서 중요한 요소가 되었다. 가장 많은 적용이 이루어지는 웹에서 구동되는 학습 에이전트(learning agent)에 관한 내용을 살펴보자.

학습 에이전트는 사용자가 웹 상에서의 수행하는 행동을 관찰하고, 어떤 내용에 관심을 가지고 있는지 판단하여, 사용자에게 알맞은 내용을 전달하도록 하는 것을 말한다[Maes94]. 사용자의 웹 내에서의 행동 중에서 중요하게 사용되는 것은 특정한 문서를 보는 시간이나 북마킹(bookmarking) 여부, 전자우편의 경우에는 사용자의 관심도에 따라 우편물의 우선순위를 부여하거나 알림 기능, 전자상거래의 경우에는 이전에 구매한 상품과 쇼핑 바구니에 넣은 상품 등을 들 수가 있다. 이러한 사용자의 행동을 관찰하기 전에 선행되어야 할 것은 웹 문서의 내용들에 대한 정보가 일정한 기준에 따라 분류되어 있어야 한다는 것이다. 즉 사용자에게 제공될 자료들에 대한 정보가 제공될 내용과 함께 자체 데이터베이스에 저장되어 있어야 한다는 것이다. 구축된 내용 데이터베이스와 관찰된 사용자의 웹 사용 습관을 기초로 데이터 마이닝(data mining)[3]의 과정을 거쳐 사용자의 취향과 관심을 결정하고 사용자에게 적합한 내용이 제공된다. 이러한 과정은 시스템이 사용자의 행동을 바탕으로 사용자의 취향을 학습한다는 점에서 학습 에이전트라고 불리고 있다.

일반적으로 사용자가 자발적으로 제공한 정보를 사용하여 사용자를 비슷한 선호도를 가진 집단으로 나누어 그 집단 내에서 서로에게 추천하는 협력적 여과(collaborative filtering)가 효력을 발휘하려면 일정 수 이상의 사용자가 필요한 것에 비해, 학습 에이전트는 분석에 사용되는 자료가 다른 사용자 자료와의 비교를 필요로 하지 않기 때문에 사용자 수가 적은 경우에도 적절한 내용을 전달할 수 있다. 그러나 협력적 여과가 사용자 자신의 선호도에 관한 내용을 입력하는 즉시 사용자들에게 맞는 내용을 전달할 수 있는 데 비해, 학습 에이전트 방식은 사용자의 웹에서의 행위를 일정 시간 이상 관찰한 이후에야 정보 제공이 가능하다는 점에서 차이가 있다.

학습 에이전트 방법을 실행하는 데 가장 어려운 점은 현재 사이트의 내용을 학습 에이전트를 사용할 수 있는 환경으로 재조정해야 한다는 데 있다. 또한 브라우저의 쿠키(cookie)를 활용하거나 회원 등록을 통해 사용자를 확인하는 과정이 필수적이라는 점도 어려운 점이 될 수 있다. 그것은 사용자들이 여러 번 접속하거나 긴 시간 동안 사이트를 사용한 후에야 사용자들에게 의미가 있는 서비스를 제공할 수 있기 때문이다. 그러나 일단 사용자에게 적절한 내용을 제공할 수 있는 단계를 넘어서면 사용자 정보가 계속 축적되어서 더욱 효과적으로 사용자에게 알맞은 정보를 제공할 수 있다.

학습 에이전트의 적용 사례로는 대중을 상대로 하는 서비스보다는 사용자의 숫자가 많지 않더라도 주기적인 방문을 기대할 수 있는 동호회나 정보 제공 서비스 등에 적합하다. 일례로 Yahoo의 My Yahoo 서비스는 미리 입력된 사용자 정보에 따라 주기적으로 정보를 제공한다. 또한 사용자 확인만 되면 사용자

3 데이터 마이닝이란 보유한 데이터에서 통계적 방법이나 모형화 기법을 이용하여 기존에 발견되지 않았던 숨겨져 있는 정보를 발견해내는 방법과 과정이다. 자세한 사항은 이 책의 8장을 참조하라.

의 신상정보를 공개할 필요가 없이 개인화하는 것이 가능하게 되기 때문에 최근에 관심의 초점이 되고 있는 사생활 보호라는 측면에서도 바람직하다고 할 수 있다.

학습 에이전트를 기계 학습 방법에 따라 분류하면 규칙기반 학습 에이전트, 결정 트리(decision tree) 학습 에이전트, 신경회로망 학습 에이전트, 강화 학습(reinforcement learning) 에이전트, 진화 학습(evolutionary learning) 에이전트, 통계적 학습 에이전트 등으로 분류할 수 있다[장병탁00].

예제 01 **인터넷 뉴스를 개인별로 학습시켜 주는 웹 학습 에이전트의 사용 예를 보여라.**

풀이 01 인공신경회로망과 지능형 에이전트 기술을 사용한 유즈넷(Usenet) 뉴스 그룹 필터링 학습 에이전트를 예로 들 수 있다. 인터넷의 활성화와 함께 여러 형태의 많은 정보들이 사용자들에게 제공되고 있다. 그 가운데 많은 뉴스 서버들을 통해 제공되는 다양한 뉴스들 중에서 사용자가 원하는 뉴스만 필터링해서 제공받을 수 있는 개인화(personalization) 서비스가 활성화되고 있다. 이러한 뉴스 서비스의 개인화에 대한 요구를 충족시키기 위해 뉴스 필터링 에이전트 시스템이 구현되었다[진승훈02]. 뉴스 필터링 학습 에이전트는 인공신경회로망을 사용자가 입력한 키워드에 대해 학습하여 뉴스 그룹을 분류하고, 이를 통해 사용자가 원하는 뉴스만을 제공해 줄 수 있다. 임의의 사용자를 대상으로 뉴스 선호도를 학습한 후 테스트한 결과, 사용자의 선호도를 반영한 뉴스 그룹들을 제시할 수 있었다. [그림 12.4]는 학습에 사용된 뉴스 그룹들이 학습이 완료된 후 신경망의 출력층에 배열된 예의 일부를 보여준다. 그림에서 알 수 있듯이, "리눅스"와 관련된 뉴스 그룹들이 코호넨 신경망의 (0,4) 출력 뉴런에 모여 있음을 확인할 수 있다.

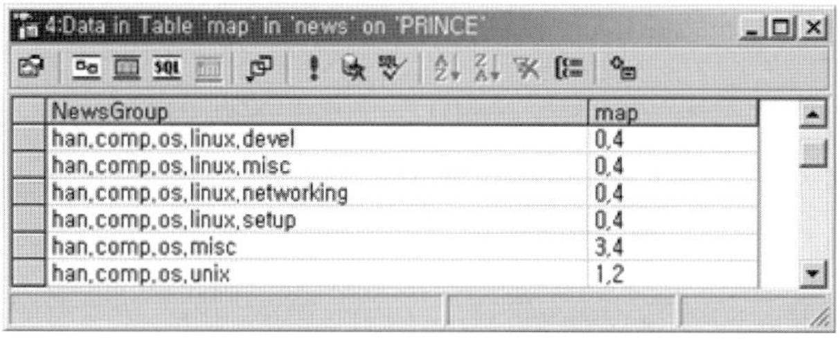

NewsGroup	map
han.comp.os.linux.devel	0,4
han.comp.os.linux.misc	0,4
han.comp.os.linux.networking	0,4
han.comp.os.linux.setup	0,4
han.comp.os.misc	3,4
han.comp.os.unix	1,2

그림 12.4 뉴스 필터링 학습 에이전트 실행 사례[진승훈02]

4.2 인터페이스 에이전트

현존하는 많은 컴퓨터 프로그램과 인터페이스는 명백하게 인간의 재능과 흥미를 표현하고 있고, 최근의 인공지능 기술 발전에 따라 여러 괄목할 성과들을 보이고 있으나, 인간과 컴퓨터 사이에는 아직도 대화 능력에서 아쉬운 점이 있다. 비록 이것이 여전히 논쟁을 일으키는 문제라 할지라도, 많은 사람들은 최신

소프트웨어들이 인간처럼 의사소통을 더욱 더 능숙하게 소화할 수 있을 것이라고 믿는다. 사용자 인터페이스 에이전트(user interface agent)는 사용자의 원하는 작업을 찾아내서 이들을 네트워크나 응용 프로그램 안 어디에서든지 실행할 수 있도록 이동시켜준다. 과거의 관련 예를 보면, 이것은 우리가 마이크로소프트사의 Bob 에이전트에서 작은 개와 작동할 때 우리가 볼 수 있거나, 로터스사의 cc:Mail 안에서 메일 조작을 설명하기 위해 사용하는 형태의 일부분이다[Janca97]. 여기서 사용자가 볼 수 있는 형태는 친숙한 지니, 의인화된 표현, 또는 만화 캐릭터처럼 보일 수도 있다. 다른 몇몇 연구는 사람들이 어떤 형태의 캐릭터도 원하지 않는다는 결론을 내린 것도 있다.

사용자 인터페이스는 규칙들을 전송하기 위한 양식을 정하는 것처럼 수동적일 수도 있고, 사용자와 작용하는 것처럼 능동적일 수도 있다. 수동적인 형태는 오늘날에 일반적이다. 왜냐하면 나머지 프로세스들에게 더 적은 모호성을 만들기 때문이다. 인터페이스 문법이나 규칙을 지켜야 하기 때문에, 수동적인 형태들은 사용자들에게는 좀 더 어렵다.

증가하는 다양한 형태의 응용 프로그램은 점점 더 어려워져 사용자들이 도움말 없이 사용하기 불편하고, 컴퓨터에 익숙하지 않은 사용자들에게 폭넓게 지원하기 위해 능동적인 인터페이스가 점차 늘어나고 있다. 성능이 향상된 컴퓨터가 현실적인 응답시간으로 이런 사용자들에게 지원되는 것을 가능하게 하고 있다.

수동이든 능동이든 사용자 인터페이스는 응용 프로그램의 성공에 있어 매우 중요하다. 이것은 사용자 요구의 자연적 모호성을 명확하게 해석하여 모호하지 않은 문장을 즉시 프로세스로 보낼 수 있어야 한다. 인터페이스는 또한 결과를 사용자에 의해 요구되고 이해되는 형태로 변환할 수 있어야 한다.

[그림 12.5]는 에이전트가 사용자의 응용 프로그램 사용을 관찰하고 이를 모방하는 과정을 보여준다. 이때 에이전트는 자신의 내부 영역 지식도 이용하고 있다.

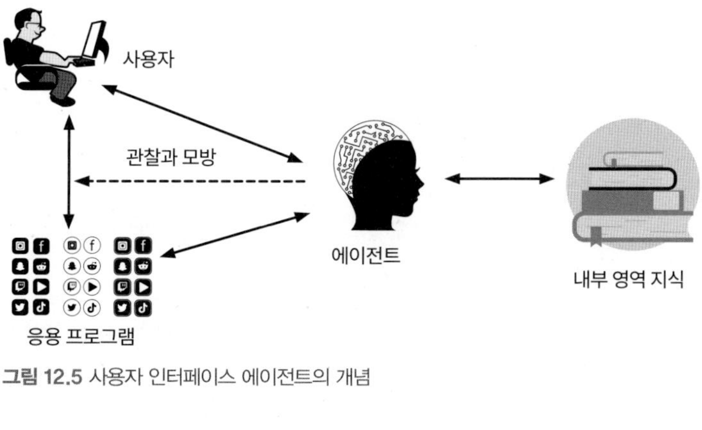

그림 12.5 사용자 인터페이스 에이전트의 개념

예제 02 인터페이스 에이전트의 예를 보여라.

풀이 02 미국의 CMU에서 개발한 WebMate를 살펴보자. WebMate는 웹을 탐색하는 사용자를 도와주는 사용자 인터페이스 에이전트이다. 사용자가 웹 브라우저를 사용하는 동안, 에이전트는 사용자 행위를 추적하면서, 병행하여 사용자의 관심 사항을 예측하고, 사용자의 현재 위치의 링크를 자동적으로 탐색해서 보여준다. WebMate는 사용자 프로파일로부터 기호를 추론하고 현재 페이지에 이어지는 페이지를 오프라인으로 탐색한다. 또한 HTTP 헤더를 여과하여 브라우저와 웹 서버 간의 트랜잭션을 기록하고 쿠키 정보를 여과하여 사용자의 사생활을 보호해주며, GIF 파일의 애니매이션을 막아서 탐색 속도를 높여준다. WebMate는 JAVA로 구현되었으며, [그림 12.6]은 이를 http://www.cs.cmu.edu/~softagents/webmate에서 다운로드 받아서 에이전트에 관심 있는 사용자가 연관 홈페이지를 클릭하는 것을 보고 WebMate가 추천한 결과 화면을 보여준다.

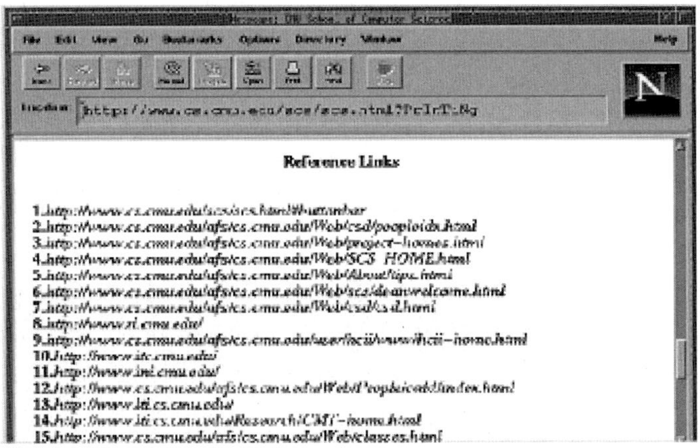

그림 12.6 WebMate 에이전트가 추천한 웹 페이지

4.3 데스크탑 에이전트

데스크탑 에이전트(desktop agent)는 PC나 워크스테이션의 운영체제에 상주하면서 국부적으로 실행되는 소프트웨어 에이전트이다. 데스크탑 에이전트는 운영체제 에이전트, 응용 프로그램 에이전트, 응용 프로그램 환경 에이전트로 분류된다[Caglayan97].

먼저 운영체제 에이전트는 사용자와 운영체제의 본질적인 상호작용을 필요로 하는 사용자 작업들을 수행한다. 운영체제 에이전트는 일종의 백그라운드 에이전트로서, 시스템 이벤트를 감시하기 위해 운영체제 API와 상호작용한다.

응용 프로그램 에이전트는 사용자에 의해 부여된 작업을 자동적으로 응용 프로그램 내에서 수행한다. 대표적인 예로 마이크로소프트사의 엑셀에서 그래프 작성에 사용되는 차트 마법사(Chart Wizard)를 들 수 있다. 마법사란 대화 모드로 특정한 작업 시 사용자를 안내하는 도움이다. [그림 12.7]은 엑셀에서 차트 마법사의 실행 화면을 보여준다.

응용 프로그램 환경 에이전트는 사용자를 대신해서 응용 프로그램 환경에서 작업을 수행한다. 일례로 마이크로소프트사의 Office Wizard는 사용자에 의해 부과된 작업을 응용 프로그램 환경에서 자동적으로 수행하는 에이전트이다.

그림 12.7 차트 마법사 실행 예(차트 종류 선택 단계)

4.4 인터넷 에이전트

인터넷 에이전트(internet agent)는 서버에 상주하면서 사용자와 직접적인 상호작용 없이 사용자를 대신해서 작업을 수행하도록 인터넷상에서 분산된 온라인 정보에 접근하는 컴퓨터 프로그램이다. 인터넷 에이전트는 웹 사이트나 유즈넷 뉴스그룹 같은 정보 제공자와 웹 사용자나 다른 에이전트 같은 정보 소비자 사이의 정보 중개인으로 동작한다. 그런 정보 매개체로서 인터넷 에이전트는 사용자들의 정보 요구를 정보 공급자, 정보 형태, 정보 내용에 따라 중재해 준다.

인터넷 에이전트는 기능에 따라 몇 가지로 구분할 수 있다. 먼저, 웹 검색 에이전트(web search agent)는 사용자를 대신해서 탐색 결과를 제공하기 위해 웹 공간을 순회하는 로봇 에이전트(robot agent)를 채용한다. 정보 여과 에이전트(information filtering agent)는 사용자의 개인적 취향에 따라 인터넷상에 있는 정보를 여과한다. 고지 에이전트(notification agent)는 개인적으로 중요한 사건이 발생하면 이를 사용자에게 알린다.

인터넷의 발달과 보편화로 인해 정보 요구가 점점 다양하고 복잡해지고 있다. 이런 거대한 정보의 바다에서 중요한 정보를 찾는 일은 사막에서 바늘을 찾는 것만큼 어려운 일이다. 하지만 사용자는 아주 편리한 소프트웨어를 요구하고 있다. 사용자가 원하는 정보량은 너무 많지만, 단지 일부는 발견되기도 하고 때로는 아무 것도 발견되지 않는 경우도 있다. 이런 문제를 해결해주기 위한 대표적 인터넷 에이전트가 웹 검색 에이전트이다.

현재 대표적인 검색 엔진들인 Google, Bing, Yahoo, Naver, Daum 등은 검색 서비스를 제공하기 위해 웹을 분류 및 검색한다. 즉 사용자가 키워드 중심의 질의어를 검색 엔진으로 전송하면, 질의어에 부합되는 URL들의 리스트가 반환된다. [그림 12.8]은 검색 엔진의 일반적인 형태를 보여준다.

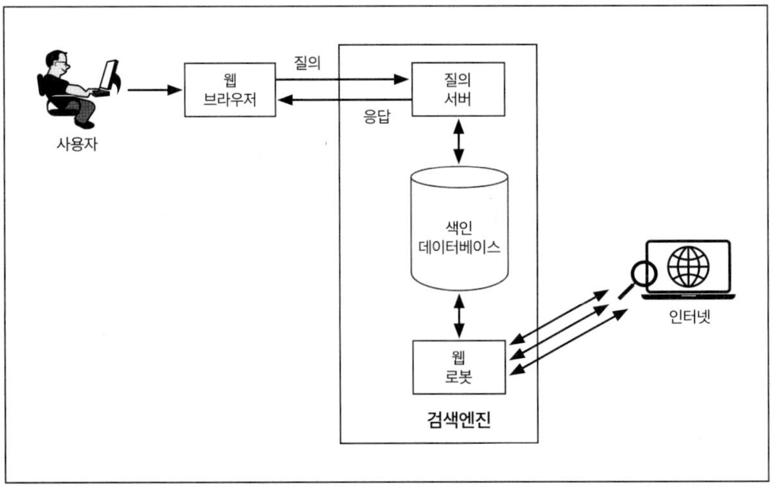

그림 12.8 검색 엔진의 구조도

검색 엔진의 성능은 정확도와 재현율로 평가된다. 정확도(precision)란 반환된 문서에서 질의와 연관된 문서의 비율(the fraction of results that are relevant)이다. 그리고 재현율(recall)은 질의어에 의해 반환된 연관 문서의 전체 연관 문서 중의 비율(the fraction of relevant results that are returned)이다. 즉, 정밀도의 정의는

$$precision=\frac{|\{relevant\ documents\}\cap\{retrieved\ documents\}|}{|\{retrieved\ documents\}|} \tag{12.1}$$

와 같고, 여기서 절대값 기호는 요소의 숫자를 의미한다. 그리고 재현율의 정의는 아래 식과 같다 [Ko2021].

$$recall=\frac{|\{relevant\ documents\}\cap\{retrieved\ documents\}|}{|\{relevant\ documents\}|} \tag{12.2}$$

[그림 12.9]는 정밀도와 재현율을 도식적으로 보여 준다. 그림에서 큰 점으로 표시된 왼쪽 정답들 중에서 검색 엔진이 참이라고 찾아 반환한 것들(true positives)이 있고, 검색을 통해 찾아 반환하지 못한 것들(false negatives)이 있다. 여기서 "false negative"는 "아니다(negative)"라고 한 것이 "잘못되었다(false)"는 뜻, 즉 실제로는 참인데 시스템이 잘못 대답했다는 뜻이다. 그림에서 작은 원으로 표현된 오른쪽의 오답들 중에서 일부는 검색 엔진이 참이라고 잘못 판단하여 반환한 것들(false positive)이고, 다른 일부는 검색 엔진이 정답이 아니라고 옳게 판정한 경우들(true negative)이다.

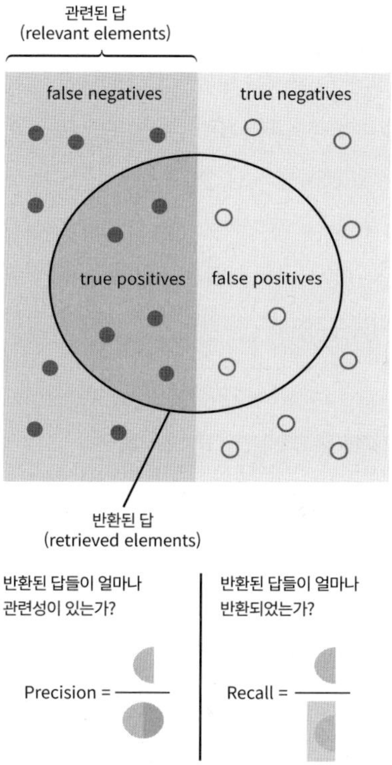

그림 12.9 정확도와 재현율의 정의[Ko2021]

예제 03 **Web 검색 엔진의 성능을 평가하기 위한 지표로서 정확도(precision)와 재현율(recall)이 각각 1이라고 할 때, 그 의미를 해석하여라.**

풀이 03 정확도가 1이라고 하는 것은 결과에 모두 참만 있다는 뜻이다. 즉, 검색의 모든 결과가 질의에 맞는 답이라는 뜻이다. 이에 비해 재현률이 1이라는 것은 결과에 모든 정답이 다 포함되어 있다는 뜻이다. 예를 들어, {김서방, 김씨네, 김모씨, 박서방, 이서방}의 집합에 대해서 "김씨의 성을 가지는 사람은?"이라는 질의에 대해서 검색의 결과가 {김서방, 김씨네}만으로 구성되었다 하더라도, 이 답들은 모두 참이고 오답이 없기 때문에 정확도는 1이다. 그런데 재현율이 1이 되려면 {김서방, 김씨네, 김모씨}가 답으로 반환되어야 한다. 다만 답이 {김서방, 김씨네, 김모씨, 박서방}으로 반환되었다고 하더라도 모든 김씨 성을 가진 사람들이 답으로 찾아졌기 때문에 재현율은 1이 된다. 그렇다면 이 경우에 정확도는 어떻게 될지 생각해 보라. 결국 재현율을 높이기 위해서 검색 엔진은 판정의 엄밀성을 낮추어서 가능한 많은 답을 찾아야 할 것이지만, 이 경우 정확도는 떨어지게 될 것이다. 반대로 정확도를 높이기 위해 판정의 엄밀성을 높이면, 정답들 중에서 일부를 놓치게 될 수 있다.

예제 04

웹 정보검색 에이전트의 예를 보여라.

풀이 04

다음 예는 워싱턴주립대학(University of Washington, Seattle)에서 개발한 Softbot을 보여준다. Softbot은 소프트웨어 툴을 사용해서 사용자를 대신한 정보 검색, 전자우편 발송, 파일 출력 등의 서비스를 수행한다[Etzioni94]. 많은 경우에 Softbot은 컴퓨터 사용자들이 쓰는 것과 같은 도구와 유틸리티들을 사용한다. Softbot은 그들이 원하는 것을 사람과 대화하도록 해서 어떻게 어디서든지 만족하도록 동적으로 결정한다. 대표적인 Softbot인 MetaCrawler는 다수의 웹 인덱스들을 병렬로 검색하도록 해서 가지치기한 결과를 보여주는 일종의 메타검색 엔진(meta-search engine)이다. Metacrawler Softbot(http://www.metacrawler.com)의 초기 화면을 [그림 12.10]에 나타낸다.

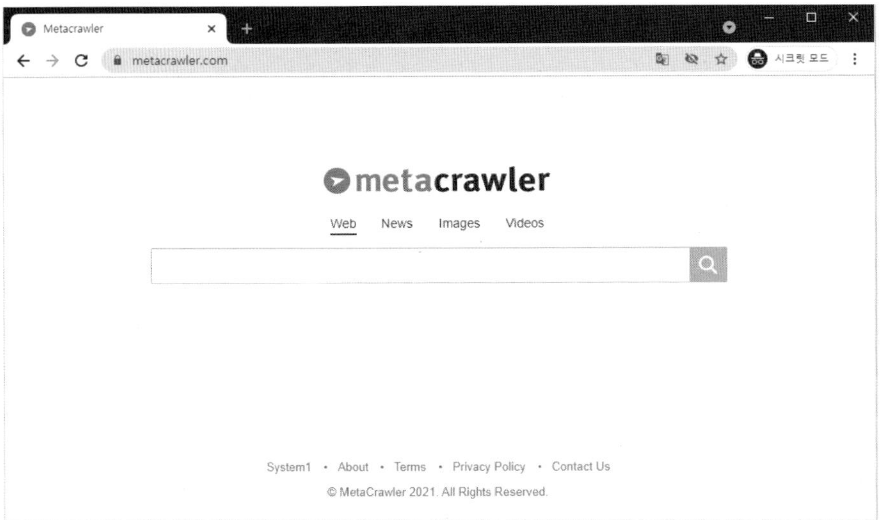

그림 12.10 MetaCrawler Softbot 에이전트의 초기 화면

4.5 모바일 에이전트

인터넷과 웹은 전자상거래를 위한 세계적인 도구가 되었다. 그러나 겉으로 보기에 무제한 대역폭을 가진 네트워크, 사용의 편리성, 온라인 거래의 보안 수단에도 불구하고 계산 패러다임의 변화는 전자상거래를 위한 도구 개발을 필요로 한다. 모바일 에이전트는 이러한 변화에 대한 대안을 제시하고, 궁극적으로 수천만의 네티즌들이 인터넷을 사용하는데 자유로움을 준다.

모바일 에이전트(mobile agent)는 클라이언트 컴퓨터로부터 원격 실행을 위해 다양한 서버들로 자기 자신을 이동시킬 수 있는 소프트웨어 에이전트이다. 원격 프로시저 호출(RPC)이 원격 서버에서 실행될 프로시저에 데이터를 전송하는 것과 달리, 모바일 에이전트는 데이터와 프로그램을 모두 전송한다. 이런 장점에 따라 모바일 에이전트 기술이 개인 휴대 단말기에 인터넷 응용 서비스를 제공할 수 있게 되었다.

에이전트가 이동성(mobility)을 갖게 되면, 온라인 작업을 줄여서 네트워크 부하를 줄일 수 있고 위치에 무관한 통신은 분산 시스템 기술을 향상시킬 수 있다. 대표적 예로 인터넷 공간에서 필요한 정보를 찾을 때 우리가 직접 돌아다니는 것이 아니라 로봇 에이전트가 미리 수집해 놓은 인덱스 정보를 이용해서 결과를 알려주는 검색 엔진을 들 수 있다. 여기서 로봇이 일종의 모바일 에이전트이다. 하지만 에이전트가 이동 능력을 갖는 것이 반드시 바람직한 것인가라는 질문에 대한 답은 확실치 않다. 모바일 에이전트 기술의 실용화에는 보안성 면에서는 약점이 있기 때문이다.

최초의 상업용 모바일 에이전트의 구현은 컴퓨터 네트워크에 대한 대화형 접근과 이의 자동화를 허용했던 General Magic사의 Telescript 기술이다[White96]. General Magic사의 상업적 의도는 전자상거래 시장에서는 상품과 서비스의 공급자와 소비자는 서로를 발견하고 비즈니스를 전자적으로 처리하도록 하는 네트워크를 필요로 한다는 것이다. Telescript 개발자들은 사용자를 대신해서 휴가를 보낼 최선의 호텔을 찾아주고, 스포츠 경기의 최신 점수 상황을 제시하며, 친구들 사이의 메시지 교환을 단순히 주고받도록 하는 기능 등이 구현되는 시장을 예측했다. 현재 이는 현실로 진행되고 있다.

한편 모바일 에이전트들은 여러 가지 방법으로 모바일 객체들 상에서 개선되어 왔다. 예로서 모바일 에이전트들은 미래에 대량의 데이터를 처리하기 위한 네트워크의 부하를 줄일 것이다. 초기의 분산 프로그래밍 패러다임은 원격 서버에 작업을 할당하기 위해 클라이언트/서버 모델에 기초하였다. 클라이언트/서버 모델이 데이터를 프로그램 소스에 적재하는 것을 보여 주는데 반하여, 모바일 에이전트들은 개발자에게 프로그램을 데이터 소스에 적재할 수 있는 융통성을 제공한 모델을 제시하였다. [그림 12.11]은 클라이언트/서버 모델과 모바일 에이전트 모델의 실행 과정을 비교한다.

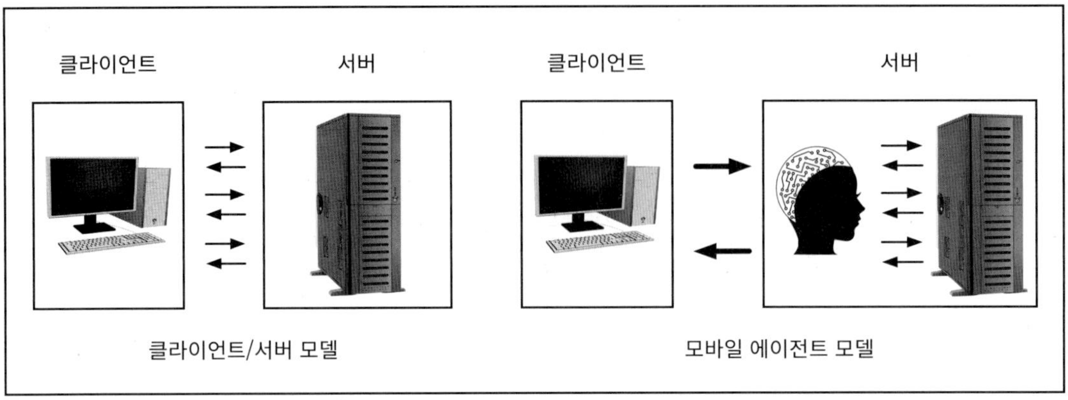

그림 12.11 클라이언트/서버 모델과 모바일 에이전트 모델의 비교

모바일 에이전트 기술은 세 가지 주요 요소를 갖는다. 에이전트가 프로그램되는 언어, 그 언어를 해석하기 위한 엔진 또는 인터프리터, 엔진들이 다른 컴퓨터상에 상주하도록 허용하는 통신 프로토콜이 필요하다. 이런 기술적 요소들 외에 인증(authentication), 보안(security), 사생활 보호(privacy), 책임(responsibility) 등에 대해서 에이전트에 부정적 시각을 가진 사람 중심으로 활발한 법률 및 도덕적 논쟁이 이루어지고 있다.

예제 05 **모바일 에이전트의 예를 보여라.**

풀이 05 IBM 도쿄 연구소에서 개발한 자바 기반의 모바일 에이전트 개발 툴인 Aglet을 설명한다. Aglet은 'Agent'와 'Applet'의 합성어이다. Aglet은 인터넷상에서 한 호스트에서 다른 호스트로 이동할 수 있는 자바 객체이다. 즉 어떤 호스트에서 실행 중인 하나의 aglet이 갑자기 실행을 멈추고 다른 원격 호스트로 자신을 이동시킨 후 그곳에서 실행을 재개하는 것이다. Aglet은 이동 시 자신의 데이터뿐만 아니라 프로그램도 함께 이동시킨다. 특히 ASDK(Aglets Software Development Kit)는 자바로 모바일 인터넷 에이전트를 프로그래밍하기 위한 개발환경이다. [그림 12.12]는 ASDK의 Tahiti 프로그램의 실행 예를 보여준다. Tahiti는 에이전트 서버로서 동작하는 응용 프로그램이다. Tahiti는 에이전트들의 감시, 생성, 전송, 및 철회 기능과 에이전트 서버에 대한 접근 권한을 설정하는 사용자 인터페이스를 제공한다.

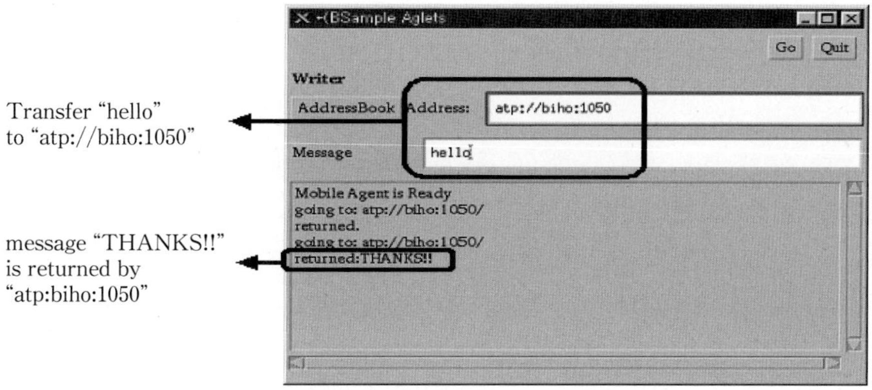

그림 12.12 IBM Aglet을 활용하여 메시지 전송을 실행한 예

4.6 전자상거래 에이전트

과거 상거래는 물건을 사고파는 업무가 거의 전적으로 사람에 의해 이루어졌다. 그러나 근래 상거래 과정의 일부는 에이전트가 대신하는 전자상거래 에이전트(electronic commerce agent)가 출현하였다.

전자상거래는 인터넷의 대중화와 함께 진행되다가, 2020년 COVID-19 사태로 인한 비대면 활동의 확산으로 추진력을 받아 현재 활발하게 진행되고 있다. 구매자들은 상품과 서비스의 판매자들을 발견해야 하므로, 자신들의 문제인 기술 사양과 발전 가능성 등의 문제 해결에 필요한 상품 정보를 찾아야 한다. 또한 구매에 앞서 전문적 조언을 들어야 하고 구매 후 지원 서비스도 알아야 한다. 판매자들 역시 구매자를 찾아야 하고, 고객 서비스 및 지원뿐만 아니라 전문 조언을 제공해야 한다. 구매자와 판매자 모두 자신들의 재정 처리도 전자적으로 자동화시켜야 한다.

지능형 에이전트는 여러 가지 방법으로 전자상거래를 도와줄 수 있다. 전자상거래 에이전트는 사용자를 대신해서 쇼핑을 가서 제품 사양을 얻어오며 사양에 만족하는 구매 추천 목록을 반환해 줄 수 있다. 에이전트들은 상품이나 서비스 판매를 제공함으로써 판매자들을 대신한 점원 역할을 하면서 고객 상담 기능도 수행할 수 있다.

대표적인 예로 사용자가 원하는 상품에 대해서 최저가의 판매자를 탐색하고 추천해주는 서비스를 들 수 있다. 이와 같은 가격비교 검색 기능을 제공하는 에이전트로는 Jango가 있다. Excite사의 Jango는 예를 들어 온라인 상점들을 검색하여 상품의 재고 여부와 가격 정보를 사용자 개인별로 제공해준다. 이런 가격비교 검색 엔진들의 실제적 문제는 가격 이외의 조건에서 우위를 점하는 전자상거래 사이트에 불리하므로 이들 사이트들에 의해 접속이 제한되고 있어서 완전한 가격 비교가 불가능하다는 것이다.

예제 06 **전자상거래 에이전트를 실행해 보고, 특징을 살펴 보아라.**

풀이 06 우리나라를 비롯한 여러 나라에서 가격을 비교하여 구매자 중심의 가격비교 에이전트가 다수 있다. 가격 비교 사이트는 특정 전자 제품 모델의 가격을 기준으로 최저가로 살 수 있는 곳의 리스트를 제공하기도 하고, 여행지 호텔의 최저가 숙박 가격을 제시하기도 한다. 한편 가격의 비교가 쉬워지면 판매자는 이에 맞게 대처하여 이익을 보존하려 한다. 예를 들어 가격비교를 통하여 특정 쇼핑몰의 물건을 구매할 때는 회원들에게 통상적으로 제공하는 할인 쿠폰을 사용할 수 없게 하거나, 호텔의 경우 취소 수수료를 높이는 등의 방법을 적용하는 경우도 있다. 다만, 사용자들마다 물품이나 서비스를 구매할 때 다른 성향을 보일 수 있다. 즉, 가격은 조금 비싸더라도 더 빠른 배송을 원할 수 있고, 반품의 수월성이 높은 곳을 선택할 수도 있다. 인공지능은 이러한 사용자의 패턴을 학습하여 적응적인 답을 제공할 수도 있다.

그림 12.13 전자상거래 에이전트의 실시간 검색 예시

05 멀티 에이전트 시스템

과거 에이전트 기반 시스템들 대다수는 단일 에이전트로 구성되어 있었다. 그러나 기술이 발달하고 더욱 복잡한 응용 프로그램에 관한 요구가 강조됨에 따라, 대등한 방식에서 통신 기능을 갖는 다수의 에이전트들로 구성되는 시스템의 필요성은 명백해졌다. 멀티 에이전트 시스템(MAS)의 설계와 효과적인 동작은 분산 인공지능 그룹에서 오랫동안 논의해 왔던 핵심적인 주제이다. 이 절에서는 멀티 에이전트 시스템의 개요와 대표적 응용 예들을 기술한다.

5.1 멀티 에이전트 시스템 개요

전통적으로 분산 인공지능(DAI)의 분야에서 수행되는 다수의 에이전트로 구성된 멀티 에이전트 시스템에 관한 연구는 지금은 다수의 자율적인 요소들로 구성된 모든 유형의 시스템에 사용되고 있다. 고전적 분산 인공지능의 대표적 기법인 분산 문제 해결(Distributed Problem Solving: DPS)은 많은 모듈로 하나의 특별한 문제를 풀 수 있는지 고려하고, 문제들의 해석을 끌어내는 것과 그 문제에 관한 지식을 나누고 공유하는 것을 함께 처리한다.

복잡한 문제를 해결하기 위한 단일 에이전트들이 상호 협력적 네트워크형으로 구성된 멀티 에이전트 시스템에서, 상호 협력은 에이전트들이 그들 자신의 부문제를 해결하려고 할 때나 그 결과들을 하나의 해로 통합할 때 필요하다. 전자의 경우에 협력은 개별 에이전트들이 다른 에이전트들의 부분 결과들을 이용하기 위한 하나의 메커니즘이다. 후자의 경우에 협력은 에이전트에 의해 해결되는 부문제들이 상호 의존적이면서 중첩된 경우에 해들 사이의 비일관성(inconsistency)을 해결한다. 임기응변적으로 대응하면서 문제 해결을 지원하기 위해 에이전트들은 상황이 변함에 따라 다른 에이전트들과 대화와 협력하기 위한 행위나 전략을 취해야 한다. 이것이 바로 협력 분산형 문제해결(Cooperative Distributed Problem Solving: CDPS)이다. 협력 분산형 문제해결은 단일 에이전트를 단순히 네트워크형으로 배치하고 이들 간의 정보교환만으로 문제를 해결하려는 기존의 분산처리 개념과는 완전히 다르다.

대표적인 상호 협력형 분산문제해결 기법으로서 Lesser 등에 의해 제안된 기능적으로 정확하고 협력적인 FA/C(functionally-accurate cooperative) 패러다임은 부문제들 간의 상호종속성(interdependency)이 문제를 효율적으로 해결하도록 에이전트들을 자극하여 국부 정보를 증대시켜 전체 문제해결 활동에 필요한 정보를 주고받도록 하고 있다[Lesser91]. 부분적인 결과나 메타 정보를 받아들이는 문제해결 활동들을 주고받음으로써, 이들 상호종속성은 국부적으로나 전체적으로 문제 해결 능력을 향상시킬 수 있는 다양한 방법에 이용될 수 있다.

멀티 에이전트 시스템은 다음의 특성을 갖는다. 각 에이전트는 불확실한 정보 또는 문제 풀이 능력을 가지므로 제한된 견해를 갖는다. 전체 시스템의 포괄적인 제어 기능이 없고, 데이터는 분산되어 있으며, 계산은 비동기식으로 이루어진다[Sycara98].

멀티 에이전트는 자신이 존재하는 시스템이나 자신의 보다 나은 목표 달성을 위해 상호작용하고 에이전트들 사이의 상호작용들이 서로 조화되도록 대화한다. 목표들은 에이전트가 목표 지향적인지 아닌지에 따라 에이전트들에게 드러나기도 하고 아닐 수도 있다. 대화는 에이전트들이 그들의 행동이나 행위를 조정하도록 해준다.

조정(coordination)이란 공유 환경에서 활동하는 에이전트들이 갖는 중요한 성질로서 에이전트의 동작을 중재하는 기능이다. 조정의 정도는 에이전트들이 자원 경쟁을 줄이고 교착상태를 피하며 안전성을 유지함으로써 이질적인 활동을 피하는 정도이다. 멀티 에이전트 시스템은 협력과 타협에 의거하는 대화 기술들을 필요로 할 것이다. 협력(cooperation)이란 비적대적인 에이전트들 간의 조정이고, 타협(negotiation)은 경쟁적이거나 이기적인 에이전트들 사이의 조정이다. 따라서 성공적으로 조정하기 위해서 각 에이전트는 다른 에이전트들의 모델을 유지하면서 미래의 상호작용 모델을 개발해야 한다. [그림 12.14]는 에이전트들이 그들의 행동을 조정하는 몇 가지 경우를 나타낸다[Huhns99].

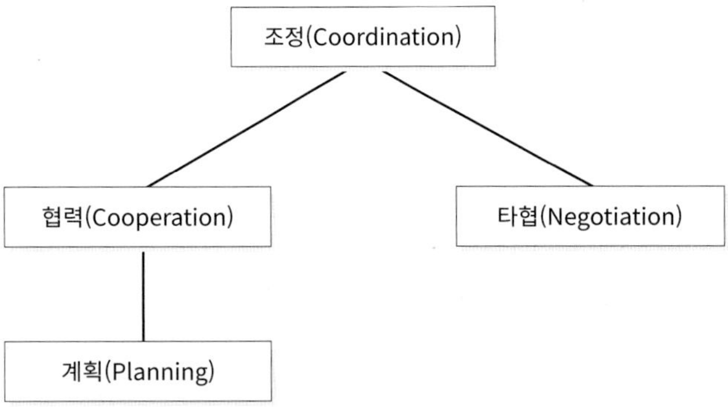

그림 12.14 멀티 에이전트 시스템에서 조정 기법 분류

멀티 에이전트 조정 기법에는 에이전트들 간의 일련의 메시지를 교환하는 상호작용 프로토콜(interaction protocol)이 필수적이다. 몇 가지 상호작용 프로토콜들이 멀티 에이전트 시스템을 위해 제안되었다. 에이전트 간에 충돌이 일어나는 목표를 갖거나 단순히 자기중심적인 경우에는 에이전트들의 이득을 최대로 하는 것이 프로토콜의 목표가 된다. 에이전트들이 비슷하거나 공통의 목표를 갖는 경우에 프로토콜의 목표는 자율성을 침해하지 않고 에이전트들이 전체적으로 일관된 성능을 유지하도록 하는 것이다. 이것은 간단한 문제가 아니므로 여러 가지 방법들이 제안되었다. 대표적인 기법들로는 조정 프로토콜 기법, 협력 프로토콜 기법, 계약망 프로토콜 기법, 흑판 시스템 기법, 타협 프로토콜 기법 등이 있다[Huhns99].

- **조정 프로토콜**(coordination protocol): 제한된 자원을 갖는 환경에서 에이전트들은 그들 자신의 관심사를 증대시키거나 그룹의 목표를 달성하기 위해 서로 자신의 활동을 조정해야 할 때 필요하다. 다수 에이전트들의 행동은 중재되어야 한다. 왜냐하면 에이전트 행동 간에는 의존성이 있고, 전체적인 제약조건을 만족할 필요가 있으며, 어느 에이전트도 완전한 능력과 자원 등을 소유하지 못하기 때문이다. 조정의 예로는 다른 에이전트에게 시간적으로 적절한 정보를 제공, 에이전트 행동의 동기화를 보장, 중복된 문제 해결을 회피하는 것 등이 포함된다.
- **협력 프로토콜**(cooperation protocol): 협력 기법은 작업을 분할하고 이를 에이전트들에게 분배할 때 필요하다. 이런 분할 해결 전략은 작업 능력이 떨어지는 에이전트와 소수의 자원을 가지고 복잡한 문제를 해결해야 하는 경우에 유용하다.
- **계약망 프로토콜**(contract net protocol): 이 기법은 분할된 작업을 분배할 때 사용되며, 에이전트 사이의 협력적 문제 해결을 위한 상호작용 프로토콜이다. 특히 이 기법은 상품과 서비스를 교환하는 비즈니스 세계에서 사용되는 메커니즘을 모델로 했다. 즉 이 프로토콜은 제품의 구매자가 사양을 설명하고 입찰을 실시하면, 입찰에 응하는 공급자들이 자신들의 견적서를 구매자에게 발송하고, 구매자는 적합한 사업자를 선정하여 계약을 맺는 과정을 모델화한 것이다. 따라서 이 기법은 멀티 에이전트를 활용한 전자상거래 시스템에서 보편적으로 많이 사용되고 있다. [그림 12.15]는 계약망 프로토콜의 진행과정을 개념적으로 잘 보여준다.

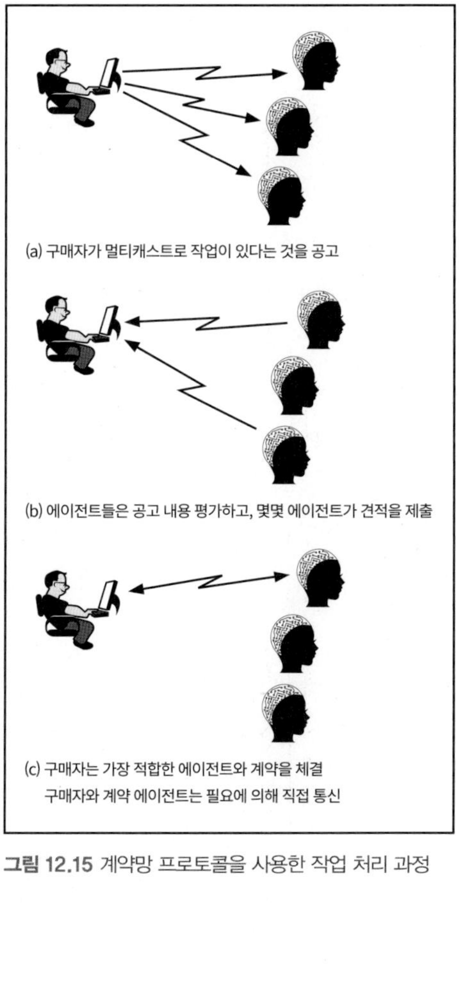

그림 12.15 계약망 프로토콜을 사용한 작업 처리 과정

- **흑판 시스템**(blackboard systems): 흑판 시스템에 기반한 문제 해결은 종종 다음의 표현으로 설명된다[Huhns99]. "사람이나 에이전트 전문가 그룹이 큰 흑판을 앞에 두고 앉아 있다. 전문가들은 문제를 해결하기 위한 작업 장소로 흑판을 사용하여 협력적으로 문제를 풀고 있다. 문제와 초기 데이터가 흑판에 기술되면 문제 풀이가 시작된다. 전문가들은 흑판을 지켜보면서 자신의 전문성을 발휘할 기회를 탐색한다. 한 전문가가 자신이 기여할 충분한 정보를 찾으면 그는 흑판에 자신의 업적을 작성한다. 이런 기회는 다른 전문가에게도 제공된다. 전문가의 흑판에 참여하는 작업은 문제가 해결될 때까지 계속된다."

위 표현에서 전문가를 에이전트로 한정하면 흑판 시스템 기법이 하나의 조정 프로토콜 역할을 수행하게 된다. 여기서 흑판이란 에이전트들 사이에 사건, 자료, 작업 등을 공유할 수 있는 하나의 매개체라고 생각하면 이해가 쉬울 것이다.

- **타협 프로토콜**(negotiation protocol): 이 기법은 다른 목표를 갖는 에이전트들 사이에 빈번하게 일어나는 상호작용이 요구될 때 사용된다. 타협이란 두 개 이상의 에이전트들에 의해 결합 판단이 이루어지는 과정이다. 타협 과정에는 참여 에이전트들이 사용하는 언어와 그에 따른 프로토콜, 그리고 각 에이전트가 합의점을 도출하거나 차선책을 찾는 판단 작업이 필요하다.

5.2 멀티 에이전트 시스템 응용

멀티 에이전트 시스템은 복잡한 문제를 해결하기 위해 에이전트 설계, 자원 할당, 작업 분할 및 업무 분담 같은 기능이 필요한 모든 분야에 적용될 수 있다. 멀티 에이전트 시스템이 사용되는 여러 가지 응용 예를 살펴보자.

먼저 에이전트 그룹의 계획들 사이에서 일어나는 충돌 문제를 해결하기 위한 응용으로서, 각 항공기 에이전트가 최소한의 연료 소모로 목적지에 도착하는 것과 같은 추가적인 제약사항을 만족시키고, 다른 항공기 부근에서 안전거리를 유지할 수 있는 운항계획을 세우는 것을 목적으로 하는 항공 교통 제어 분야를 위해 협력 전략을 적용시켰다. 공정 제어기들은 자동적인 반응 시스템들이므로 공정 제어는 하나의 자연스런 에이전트 응용 영역이 된다. ARCHON은 멀티 에이전트 시스템을 개발하기 위한 소프트웨어 플랫폼이며, 이 플랫폼상에서 응용 프로그램들을 개발하기 위한 방법론이기도 하다[Jennings96]. ARCHON은 전기 전송 관리나 발전소의 입자 가속 제어 등에 적용된 가장 초기에 현장 배치된 멀티 에이전트 시스템이다.

최근에는 에이전트를 사용하는 응용 분야에 대한 관심이 증가됨에 따라 더 많은 에이전트들이 팀으로서 협력하게 만들어졌다. 이 부류에 속하는 예로는 군사 훈련, 마이크로 마우스 크기의 작은 로봇들이 팀을 이루어 상호 협력하는 프로토콜을 사용하는 로보컵(robocup) 축구, 인터넷상의 다자간 오락 등이 있다.

또한, 전자상거래가 빠르게 현실화됨에 따라 협상 기술을 위한 필요성은 불완전한 정보, 다중 협상 문제, 협상 마감시간 같은 실세계의 복잡성을 고려하게 되었다. 계약을 맺고 상거래를 진행하다가 중간에 계약 파기도 허용하는 기능이 요구되기도 한다.

예제 07 **정보 시장(information marketplace)에서 멀티 에이전트 개념을 활용하는 실례를 보여라.**

풀이 07 작업 스케줄링, 계획, 문서 처리, 그리고 해석적 문제 해결(interpretation problem solving) 등 인공지능의 다양한 기술들을 통합하여 인간 정보 수집자의 역할을 수행할 수 있는 정보 수집 에이전트인 BIG(resource-Bounded Information Gathering)은 정보 시장에서 대표적인 멀티 에이전트 시스템 구현 사례이다. 전체적인 BIG 에이전트 구조는 [그림 12.16]과 같다[Lesser00]. 그림에서 알 수 있듯이 BIG은 복잡한 문제 해결자들로 구성된 몇 가지 복합적인 컴포넌트들로 구성되어 있다. BIG의 장점은 정보 검색과 수집 기술들을 동적으로 통합하기 위해 다양한 인공지능 기법들을 사용하는 것에서 비롯된다. BIG을 확장하면 B2C 전자상거래를 위한 멀티 에이전트 시스템을 개발할 수 있다. 또한 고객 중심의 서비스를 수행하기 위해 고객 선호도 정보를 학습함으로써 보다 편리한 상거래 시스템이 된다.

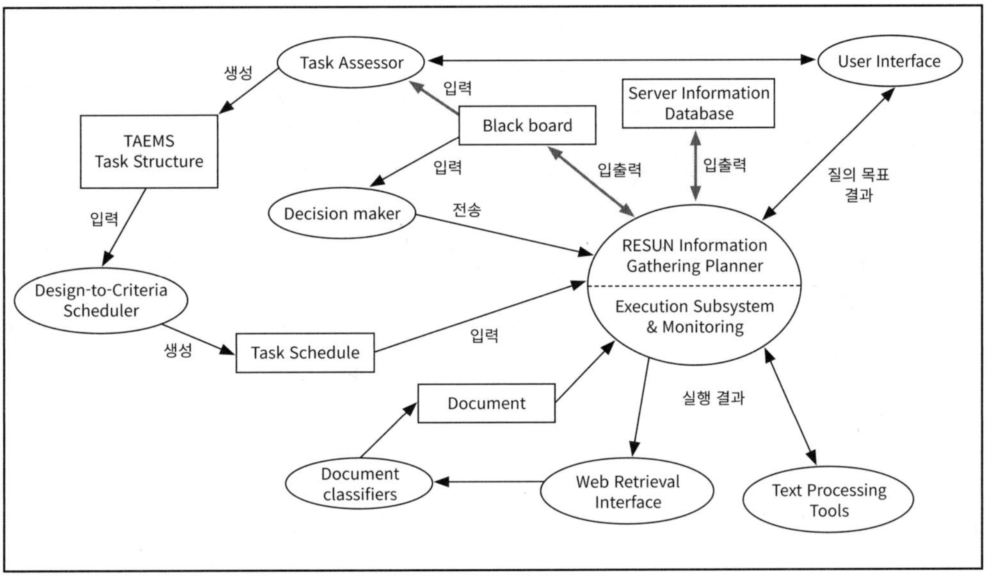

그림 12.16 BIG 에이전트 구조 및 실행 시나리오

06 에이전트 응용

지능형 에이전트 기술은 대학과 연구소를 중심으로 빠르게 확산되었고, 제조업과 상업의 폭넓은 적용을 통해 실세계 문제를 해결하기 위해 사용되고 있다. 에이전트에 기반을 둔 응용들이 보고되어진 주된 분야를 살펴보자. 첫째, 제조업, 공정 제어, 정보통신, 항공 운항 관제, 교통 및 운송관리 등 산업적인 응용은 그것이 처음 시작되어 오늘날에 이르기까지 넓은 범위에서 수행됐다. 둘째, 상업적 응용 분야로서 어플리케이션이 매우 복잡한 경향을 띠고 있지만 비교적 작은 틈새에서 작동되는 시스템이나, 요즘 정보의 다양화와 급속한 증대에 기인한 거대 시장이 형성되고 있는 정보검색 및 여과 그리고 정보 수집 및 통합 등 정보 관리 분야가 있다. 이외에도 전자상거래와 비즈니스 프로세스 제어를 포함한다. 오락산업에서 지능형 에이전트들은 컴퓨터 게임들과 인간과 컴퓨터 간의 대화식 극장 그리고 3차원 가상 현실 분야에서 역할을 한다. 마지막으로 새로운 응용 분야로 건강 산업에서는 환자 관찰과 건강 보조 분야에 에이전트 기술이 적용되고 있다.

미래의 에이전트 상용화를 위해서 여전히 부딪히는 한계가 있다. 먼저 지능형 에이전트 시스템을 설계하고 구축하려면 전문적인 소프트웨어 기술자가 많이 필요하다. 아직도 인공지능 분야는 다수에게는 어렵게 느껴지지만, 이 문제의 극복이 있어야 훌륭한 에이전트 개발자들을 양성할 수 있다. 둘째, 에이전트 기술을 광범위하게 채용하는 데 있어서 두 개의 중요한 기술적인 장애가 있다. 멀티 에이전트 시스템 응용 제품을 정확히 특징짓고 그들의 구조를 조립할 수 있는 체계적인 방법을 사용할 수 있는 설계자가 부족하고, 유용한 에이전트 시스템 개발 도구가 부족하다. 분산 객체 기술인 CORBA를 이용하면 어떤 영역에서는 편리하게 사용할 수 있다. 다른 중요한 장애는 기술적인 측면뿐만 아니라 사회적인 측면도 가져야 에이전트 기술을 광범위하게 채용할 수 있다. 작업을 에이전트들에 위임하고 사용자가 마음을 놓을 수 있게 하려면 우선 사회적으로 그들을 신임해야 한다. 이를 위해서는 에이전트가 불법을 저지르지 않는다는 도덕적 확신이 필요하다.

지능형 에이전트 분야는 연구와 개발 영역이 빠르게 확산되고 있다. 이것은 분산 컴퓨팅, 객체지향 시스템, 소프트웨어공학, 인공지능, 경제 및 경영, 사회학, 인지 과학 등의 영역에 속하는 사상들을 융합시킨 학문이다. 에이전트 기술은 지금 상업적인 제품과 현실의 소프트웨어 해결들로 자신의 길을 활발히 발견하고 있다. 그러나 많은 잠재적 능력에도 불구하고 다양한 기본적인 연구와 개발 주제들이 변함없이 남아있다.

과제

01. 네이버와 다음 등의 웹메일 서버에서는 스팸 메일 처리를 위해서 기계나 관리자가 특정 키워드 차단이나 블랙메일 리스트를 이용하는 내용 중심의 필터링 서비스를 제공한다. 하지만, 사람마다 동일한 이메일에 대해서도 스팸 여부는 다를 수 있으므로 사용자 중심의 필터링 서비스가 요구되는 추세이다. 사용자 중심 스팸 메일 필터링 시스템을 개발하기 위한 필요 구성 요소를 찾고 이들을 중심으로 전체적인 시스템을 설계하고 기능적 차이를 분석하시오(이 과제는 5장의 과제 3과 연관이 있다).

02. 웹에서 필요한 정보를 찾아주는 검색 엔진은 가변적인 질의어에 대하여 모든 사람에게 동일한 결과를 제시하는 정보 검색과 고정된 질의에 대하여 사람별로 다른 결과를 제시하는 정보 여과로 나눌 수 있다. 정보 검색과 정보 여과의 평가 기준의 차이를 조사하고, 보편화된 정보 검색 엔진 대신에 사용자별로 특화된 여과 엔진을 만드는 데 필요한 요소 루틴을 설계하고, 얻어진 결과를 평가하기 위한 성능평가 척도를 제시하여 보시오.

03. 에이전트 관련한 논문들을 검색한 후, 하나를 선택하여 읽고 요약하시오. 가능한 양이 많지 않고, 개론이나 소개의 성격을 가진 논문이 처음 에이전트를 접하는 사람들에게는 읽는 데 부담이 적을 것이다. 예를 들어 다음과 같은 논문들은 비교적 이해하기가 어렵지 않고 에이전트에 관련한 유용한 정보를 제공해 준다. 만약 논문의 길이가 길거나 최신의 논문인 경우 Team Reading 방식도 고려해 볼 수 있다.

- 김수중 , 윤용익, "모바일 에이전트 시스템 기술 동향," 정보처리학회지, Vol.8, No.5, pp. 111–118, 2001.
- 이은석, "멀티 에이전트 기술의 실세계 시스템으로의 응용," 정보과학회지, Vol.15, No.3, pp. 17–28, 1997.
- 장혜진, "Web 정보와 지능형 에이전트 기술," 한국멀티미디어학회지, Vol.3, No.2, pp. 83–90, 1999.
- 최중민,"에이전트기술 및 전자상거래,"공학교육, Vol.7, No.2, pp. 37–40, 2000.
- A. R. K. Abolfazl,"Intelligent software agents as tools for managing ethical issues in organisations caused by the introduction of new information technology," Proceedings of International Conference on Engineering and Technology Management (IEMC 96), pp. 1 – 5, 18–20 Aug. 1996.
- A. Moreno, "On the evolution of applying agent technology to healthcare," IEEE Intelligent Systems, Vol. 21, Issue 6, pp. 8–10, Nov.–Dec. 2006.
- A. Nijholt, "Agents, believability and embodiment in advanced learning environments – Introduction to a panel discussion," Proceedings of IEEE International Conference on Advanced Learning Technologies, pp. 457–459, 6–8 Aug. 2001.

13장

지능 로봇

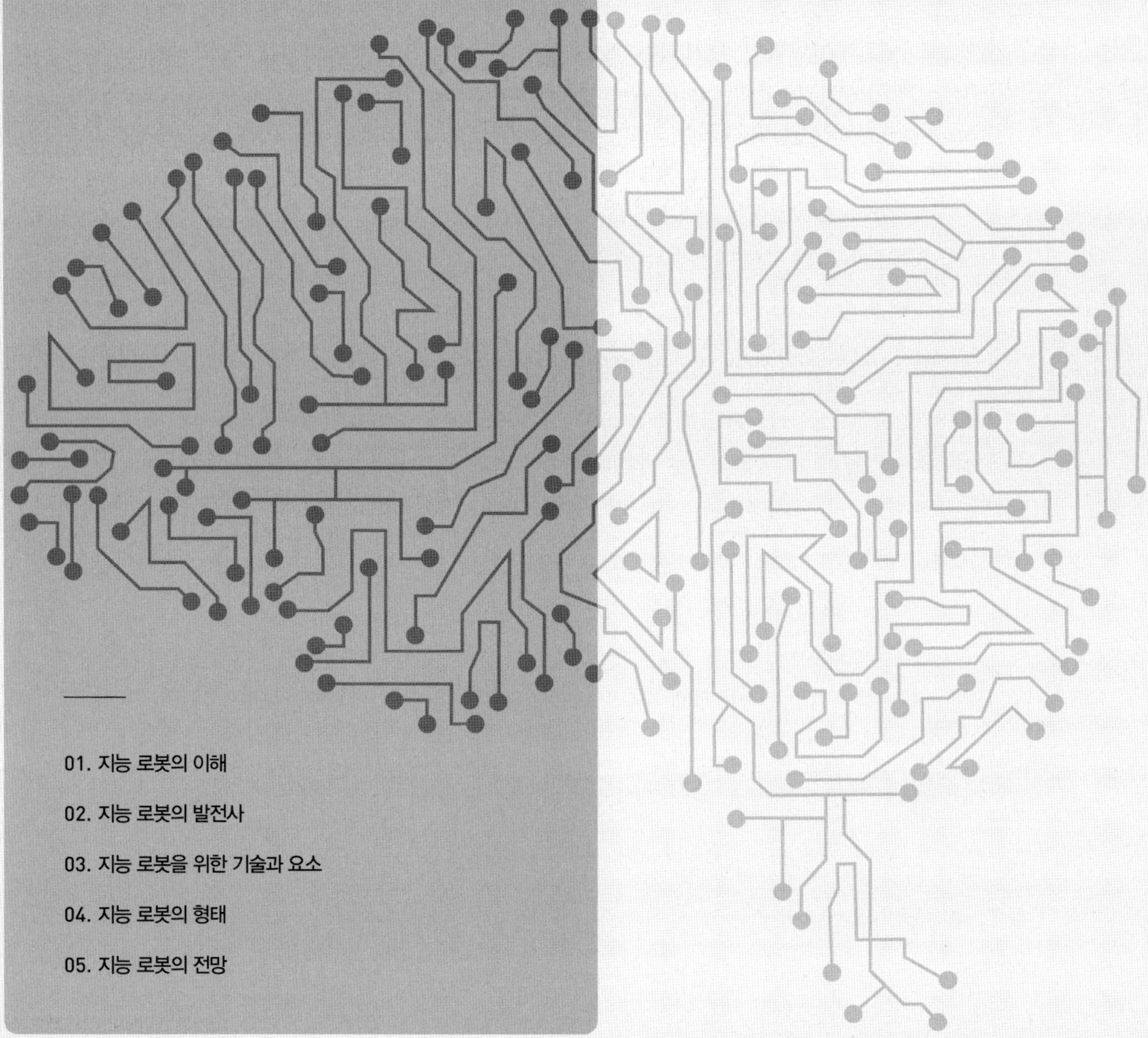

로봇은 인공지능 기술을 활용하기 적절한 기기이다. 인공지능과 비슷한 시기에 태동되어 함께 발전해 온 측면이 있고, 현재도 다양한 시도와 활용이 진행되고 있다. 이 장에서는 인공지능 기술을 어떻게 자동화 및 자율 동작 기기인 로봇에 적용하는지에 대해 살펴 본다.

01 지능 로봇의 이해

지능 로봇(intelligent robot)은 지능을 가진 로봇, 즉 똑똑한 로봇(smart robot)을 의미한다. '지능(intelligence)'에 대해서는 이미 1장에서 다룬 바 있으므로, 이 절에서는 로봇에 대한 정의와 그 기술적 범위에 대해 보다 구체적으로 알아볼 필요가 있다.

그림 13.1 영화에 나타나는 로봇들: (a) 스타워즈(20th Century Fox), (b) 아이로봇(20th Century Fox), (c) 트랜스 포머(DreamWorks, Paramount)

옥스포드 영어사전에서는 로봇(robot)을 '사람과 같이 동작하도록 만들어진 기계'라고 정의하고 있다. 사실 대부분의 사람들이 가지고 있는 로봇에 대한 생각도 이와 유사하다. [그림 13.1]에는 영화에 나타난 로봇들의 모습을 보여 준다. 그러나 실제 로봇은 이와는 거리가 있다. 일찍이 미국로봇협회(Robotics Institute of America: RIA)에서는 '프로그램된 동작에 의하여 다양한 작업을 수행할 수 있는 재프로그램이 가능한 다기능의 조작기'[1]로 정의한 바 있다. 이 정의는 산업체의 자동화 공정에서 작업 대상체를 이송 등 조작하기 위한 생산용 기계로서의 로봇 팔(robot arm), 즉 [그림 13.2]와 같은 조작기 혹은 매니퓰레이터(manipulator)가 로봇 시장의 대부분을 차지하던 최근까지 유용하였다. 그러나 현재 로봇기술은 종래의 기계기술 이외에도 디지털 전자공학, 인공지능, 생명공학 등과 융합되는 과정에서 그 정의의 범위가 급속히 확대되고 있다. 즉, 기존 RIA의 정의는 현대의 로봇을 정의하기에는 너무 협소하다.

로봇이 산업 생산 공정 밖의 다양한 영역에서 여러 가지 형태로 구현되고 있음을 고려할 때, 이제 로봇을 한마디로 정의하기는 어렵다. 실제로 현대 산업용 로봇의 발전에 지대한 공헌을 한 Joseph Engelberger는 이와 비슷한 이야기를 한 적이 있다. 즉, 그는 "내가 로봇을 정의할 수는 없지만, 보면 로봇인지 안다"[2]고 하였다. 여기서 우리들도 비슷한 감각을 가지도록 하자. 즉, 로봇을 하나의 문장으로 정의하기보다는 다양한 영역에서 자율성을 가지고 동작하는 기기로서 폭넓은 의미에서 로봇을 이해하여 보자.

---

1 Re-programmable multi-functional manipulator designed to move materials, parts, tools, or specialized devices through variable programmed motions for the performance of a variety of tasks.

2 "I can't define a robot, but I know one when I see one."

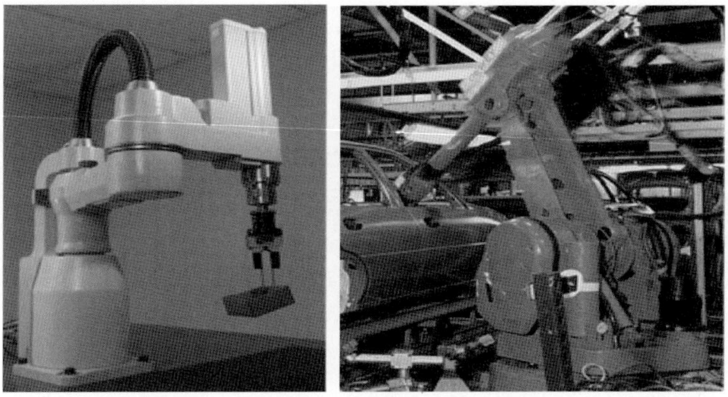

그림 13.2 매니퓰레이터(manipulator)라고 불리는 산업용 로봇 팔

예제 01 공사현장에서 흔히 사용되는 [그림 13.3(a)]와 같은 굴삭기와 애니메이션 로봇인 [그림 13.3(b)]의 마징가 Z는 모두 사람이 탑승하여 조종하는 대로 움직이는 기계이다. 즉, 두 기계는 근본적인 원리가 같다. 그렇다면 굴삭기를 로봇이라고 부를 수 있을까?

그림 13.3 로봇과 비로봇 : (a) 굴삭기, (b) 마징가 Z, (c) 원격조정 폭발물 제거 로봇

풀이 01 사실 [그림 13.3(a)]의 굴삭기는 사람이 조종하는 대로 움직인다는 점에서 [그림 13.3(b)]의 마징가 Z와 원리적인 면에서 닮았을 뿐 아니라, [그림 13.3(c)]의 폭발물 제거용 로봇과 거의 흡사하다. 그러나 굴삭기를 로봇이라고 부르는 사람은 없으며, 대부분은 이를 건설장비로 인식한다. 로봇들이 공통적으로 가지는 특성들을 자동화 기계기구, 자율성, 재프로그래밍에 의한 융통성있는 활용, 센서와 지능 프로그램에 의한 상황 대처 능력 등으로 생각한다면 [그림 13.3]의 세 가지 기계들은 모두 로봇이라 하기 어렵다. 그러나 [그림 13.3(b)]의 로봇은 인간의 모습을 한 기계로 일반인들이 가지고 있는 로봇에 대한 상상과 일치한다는 점에서 로봇이 아니라 하기 어려우며, [그림 13.3(c)]는 원격조종(tele-operation)이 로봇공학 영역들 중의 하나이고 전통적인 로봇의 구조나 제어기술을 이용한다는 점에서 로봇공학자들은 거의 이견없이 로봇으로 간주할 것이다. 결국 이상의 예로부터 로봇과 비로봇의 구분을 명확히 할 수 있는 경계가 뚜렷하지 않음을 알 수 있다. 이러한 경계의 모호성은 미래에 로봇의 영역이 확대되면서 더욱 커질 것이다.

예제 02 지능 로봇의 예를 서적이나 인터넷 등을 사용하여 조사하여 보아라. 1장에서 살펴본 바와 같이 지능(intelligence)의 정의가 쉽지 않고, 또 로봇의 영역도 급속히 확대되어 가는 추세에 따라 지능 로봇을 정의하기가 간단하지 않다고 할 때, 이의 예들을 찾다 보면 오히려 '로봇이란 무엇인가'의 문제에 대한 해답을 얻기 쉽고, 그 탐색의 과정 중에 다양한 예들을 접할 수 있는 부가적인 장점도 있다.

풀이 02 지능 로봇이 최근 가장 주목받는 주제의 하나이므로, 실로 다양한 예들을 쉽게 찾을 수 있을 것이다. 여기서는 지능 로봇의 초기 개발 예로서 영국의 Bristol 대학에서 1980년대 중반 개발한 당구(snooker)치는 로봇의 예를 살펴보자. 이 로봇은 당구를 치기 위한 이동형 로봇 팔과 공들의 위치를 인식하기 위한 카메라, 그리고 당구 게임의 규칙과 기술, 그리고 판단 지식을 갖춘 지능 시스템으로 이루어져 있다[Ho07]. 이 로봇은 1988년 BBC의 과학 프로그램에서 인간과 경기를 벌였고, 그 결과 예상과는 달리 상당히 높은 점수를 얻었다. 그러나 당시의 컴퓨터 및 하드웨어 성능 때문에 카메라 영상을 획득하고 처리한 후 판단을 내리는데 3~5분 정도의 시간이 걸렸다. [그림 13.4]는 당구 로봇과 기능상 구조를 보여 주고 있으며, [그림 13.4(b)]에서는 전통적인 생산요소로서의 로봇 기능과 당구치는 로봇의 기능을 상자 내 상하로 비교해 두었다.

(a)

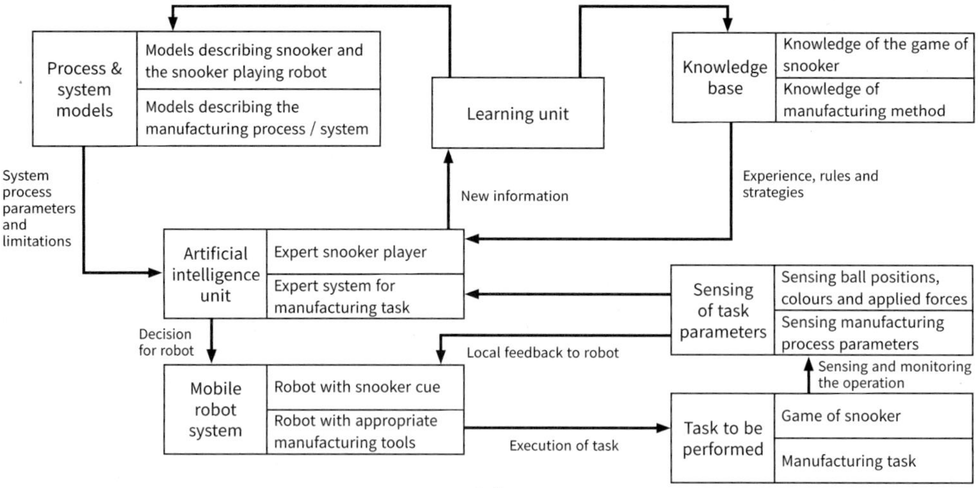

(b)

그림 13.4 (a) 영국의 Bristol 대학이 개발한 당구치는 로봇, (b) 구조와 기능

02 지능 로봇의 발전사

지능 로봇의 발전사를 살펴보면 이를 좀 더 잘 이해할 수 있을 것이다. 인간은 오랜 기간 동안 향상된 삶을 추구하기 위해서 인간이 하는 일을 대신할 수 있는 자동화된 기계를 구현하고자 하여 왔으므로, 로봇의 역사는 실로 오래되었다. 또 사람을 닮은 움직이는 인형들도 여러 나라에서 오래 전부터 만들어져 왔다.

로봇(robot)이란 단어는 본래 체코어로 강제 노동(forced labor)을 뜻하는 robota에서 유래되었으며, 1921년 체코의 극작가 Karel Capek이 그의 풍자적인 희곡 'R.U.R'(Rossum's Universal Robots)에서 처음 사용하였다. 1950년에는 Isaac Asimov가 그의 공상과학소설 Runaround에서 로봇의 원칙(Laws of Robotics)을 다음과 같이 기술하였다.

1. 로봇은 인간을 다치게 해서는 안 되며, 또한 로봇의 행동이 인간에게 해를 끼쳐서는 안 된다.
2. 로봇은 첫 번째 규칙을 위배하지 않는 범위 내에서 인간의 명령에 복종을 해야 한다.
3. 로봇은 위의 두 가지 원칙을 벗어나지 않는 범위 내에서 그 자신을 보호해야 한다.

이상의 원칙은 마치 주인을 자기 자신보다 더 위하는 충직한 하인을 연상하게 한다. 아시모프가 주창한 '로봇의 원칙'은 산업용 로봇에서는 그리 중요하게 다루어지지 않았지만, 이제 집안이나 사무실과 같이 인간의 생활영역 내에 로봇이 적극적으로 사용되면서 그 의미가 증대되고 있다.

1954년 미국의 발명가 George Devol은 프로그램을 사용하여 기계의 동작을 지정하고, 그 동작을 계속 되풀이하여 실행할 수 있는 장치에 관한 특허를 출원하여 로봇을 상업화할 수 있는 토대를 닦았다. 인공지능의 연구가 1956년 Dartmouth 대학의 학술회의에서 비롯되었음을 생각하면, 로봇과 인공지능은 그 시작 시점이 비슷하다. 최초의 산업용 로봇은 Devol의 특허를 기반으로 Unimation사에서 Joseph Engelberger의 주도하에 개발되었고, 이는 1960년대 초 GM의 자동차 부품 생산 공정에 투입되었다. 비슷한 시기 MIT에서 Heinrich Ernst는 컴퓨터와 센서에 기반한 최초의 로봇 매니퓰레이터인 MH-1을 자신의 박사학위 논문을 위한 연구로 개발하였다.

이후 산업의 급속한 발전에 힘입어 로봇도 고도화를 거듭한다. 1960년대 말부터 1970년대 초에 걸쳐 SRI[3]에서 개발한 Shakey는 경로를 자율적으로 탐색할 수 있는 지능형 이동 로봇의 효시가 되었고, 1974년 Cincinnati Milacron사는 최초의 컴퓨터 제어에 의한 산업용 로봇인 T^3(The Tomorrow Tool)를 개발하였다. 1985년 General Robotics사에서 개발한 RB5X는 적외선 센서와 충돌 센서, 원격 음성 및 영

3 Stanford Research Institute

상 전송 기능, 그리고 음성합성 기능을 가지고 있었고, 주변의 환경을 학습하는 기능도 있었다. 이 기능들 중 상당수는 현대의 인터넷 로봇[4]을 통해 효율적으로 구현되고 있다. 1998년 Lego사는 Mindstorms라는 교육용 로봇설계 시스템을 출시하였고, 1999년에는 일본의 SONY사가 센서로 주위 환경을 인지하고 반응하는 능력을 가진 강아지 로봇인 Aibo(Artificial Intelligence Robot)를 출시하였다. 2000년에는 수술용 로봇 시스템인 다빈치(da Vinci)가 미국 FDA[5]의 승인을 받았으며, 현재 국내외의 병원들에서 활용되고 있다. 2003년 NASA에서 쌍둥이 로봇인 Spirit과 Opportunity를 화성 탐사에 사용하여 성공적으로 임무를 수행하였고, 2012년에는 미국의 3세대 화성탐사 로봇 Curiosity가 화성 착륙에 성공하였다. 이전의 2세대 화성탐사 로봇인 Spirit과 Opportunity의 주요 기능이 지질 탐사였으나, Curiosity는 냄새나 기후 관측과 같은 다양한 분석 작업을 할 수 있다.

한편 2000년 일본의 Honda에서는 인간형 로봇(humanoid robot)인 Asimo를 개발 공개하였으며, 2005년 KAIST에서는 HUBO를 개발하였다. 2002년 미국의 뉴욕 주립대에서는 살아 있는 쥐의 뇌에 전극을 연결하여, 쥐의 움직임을 컴퓨터로 제어하는 실험을 실시하였다. 이 쥐는 카메라를 장착하여 기계장치로는 움직이기 어려운 좁고 복잡한 장소를 재빨리 움직이며 곳곳의 영상을 전송할 수 있었다. 2004년 KAIST의 김종환 교수에 의해 특허 등록된 유비쿼터스 네크워크 기반의 소프트웨어 로봇, 즉 Sobot은 사용자의 습성이나 성격 등 여러 종류의 정보들을 관리해 주며, 언제 어디에서나 자신에게 맞는 서비스를 제공받을 수 있게 하는 가상적 존재이다.

이처럼 로봇이 다양한 형태로 다채롭게 존재하게 됨에 따라, 이에 따른 활용 및 개발에 관한 윤리적 문제가 중요하게 되었다. 국내에서는 2007년 로봇윤리에 대해 전문가 그룹의 논의가 있었고, 2008년에는 로봇윤리헌장의 초안이 발표되었다. 로봇을 우리 인간 사회에 어떻게 받아들일 것인가의 문제는 로봇의 지능이 향상됨에 따라 점점 더 현실적인 문제가 될 것이다. 예를 들어 홍콩의 Hanson Robotics에 의해 개발된 인간형 로봇인 Sophia는 2017년 사우디 아라비아가 국적을 부여함으로써 시민권을 취득한 최초의 로봇이 되어 화제를 모았지만, 소피아가 투표를 할 수 있을지, 소피아 시스템의 전원을 내리는 것이 살인으로 취급되어야 할지 등 여러 가지 생각할 이슈들이 생긴다.

4 Internet Robot, 혹은 Network Robot은 각종 센서와 이동성을 갖춘 로봇을 인터넷을 통하여 원격지의 컴퓨터가 제어하게 함으로써, 로봇 단말기의 가격은 낮추고 성능을 높이고자 하는 로봇 구현 방식이다.

5 U.S. Food and Drug Administration

예제 03 로봇 발전의 연대표를 작성하여라.

풀이 03 [그림 13.5]는 로봇의 발전에 대한 간략한 연대표이다. 이를 1장의 인공지능의 발전 연대표와 비교해 보는 것은 흥미로울 것이다.

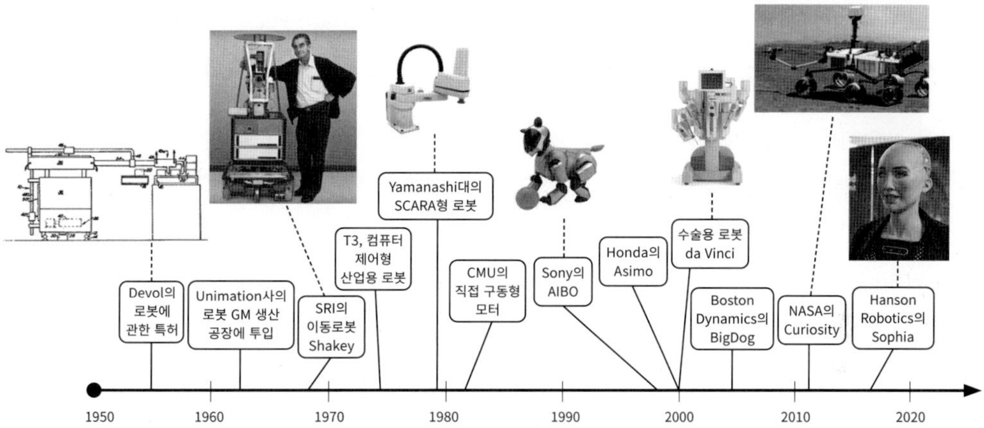

그림 13.5 로봇의 발전 연대표

03 지능 로봇을 위한 기술과 요소

지능 로봇은 인공지능을 비롯한 다양한 영역의 기술들과 전자 및 기계 부품들이 집적되어 실현된다. [그림 13.6]은 지능 로봇을 포함한 로봇의 일반적인 구성을 보여 준다. 즉, 로봇이라고 불리는 자동화 기계가 존재하고, 이 기계의 각 요소들은 전동기(motor)와 같은 구동기(actuator)에 의하여 동작한다. 구동기는 제어기 및 제어 알고리즘에 의해 조작되는데, 특히 지능 로봇의 경우 이 알고리즘의 일부가 인공지능 기법이다. 센서는 로봇 자체와 작업 대상 및 주변 상황을 관측하고, 그 결과를 제어기를 통하여 로봇의 동작을 수정하거나 향후 동작을 계획하는 데 사용한다. 로봇에 사용되는 기술들 중에는 전통적인 기계 장치와 관련된 것들도 있고, 최근의 조류와 필요에 따라 다른 기술이 접목되거나 새로이 고안된 것들도 있다. 본 절에서는 지능 로봇을 구현하기 위해 필요한 여러 기술들과 구성 요소들 중 중요한 몇 가지를 살펴본다. 보다 자세한 사항은 로봇과 관련한 다른 책들, 예를 들면 [이석규13]을 통하여 얻을 수 있다.

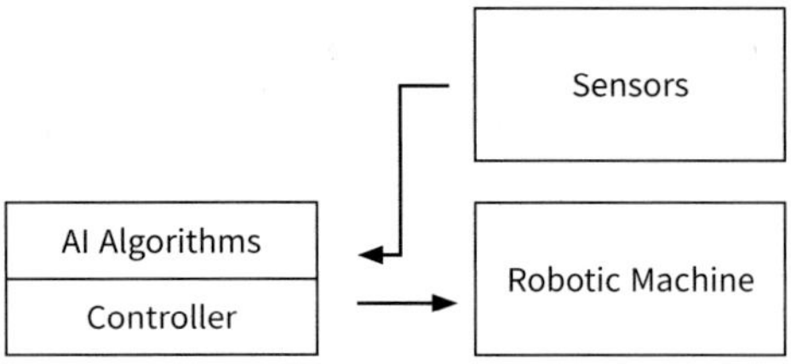

그림 13.6 지능 로봇의 기본 구조

3.1 로봇의 구성 요소와 구동

로봇은 유연한 동작을 요하는 작업을 하게 되는 경우가 많고, 따라서 하나의 고정된 몸체를 지니기 보다는 다수의 작은 부속품들이 자연스러운 움직임을 할 수 있도록 연결되어 있다. 사람의 골격과 같이, 로봇은 링크(link)라고 불리는 강체들이 관절(joint)이라고 불리는 부분에 의해 연쇄적으로 연결되어 있다. 통상 관절에는 구동기에 의하여 힘이 가해지고, 전체적으로 조화로운 운동이 발휘된다. [그림 13.7]은 로봇 매니퓰레이터와 사람 팔이 모두 관절과 링크로 구성되어 있음을 보여 준다. 단, 사람의 경우 근육이 구동기의 역할을 한다. 한편 근래 그 활용도가 높아지는 이동 로봇(mobile robot)의 경우 바퀴를 구동기로 굴리는 방식을 채용하는 경우가 많고, 이 경우 링크와 관절이 따로 필요하지는 않다.

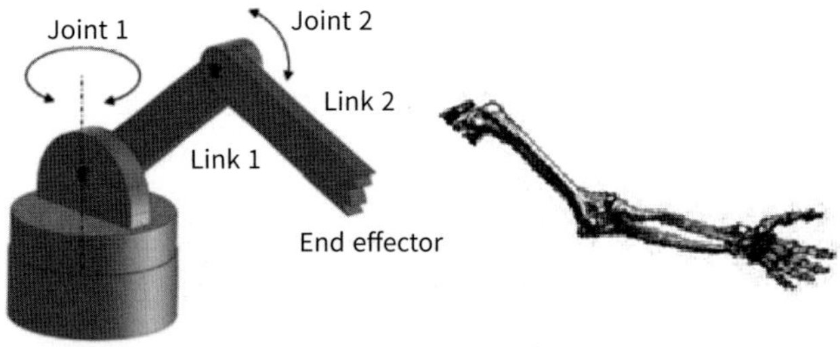

그림 13.7 관절과 링크로 구성된 로봇 팔과 사람의 팔

로봇에 있어 구동기는 크게 전기식(electric), 유압식(pneumatic), 그리고 공압식(hydraulic)으로 나누어진다. [표 13.1]은 각 구동 방식의 장단점을 요약한 것이다. 대체로 전동기에 의한 방식, 즉 전기식이 세 가지 방식들 중에서 중간 정도의 장단점을 가지면서 제어 입력에 따른 전동기의 동작, 즉 응답이 양호하고 같은 동작을 반복할 때 이를 정밀하게 재현하는 능력도 높아 널리 사용되고 있다.

표 13.1 로봇 관절 구동기(actuators) 방식의 비교

	전기구동	유압구동	공기압구동
구조	간단하다	복잡하다	복잡하다
가격	저렴하다	고가이다	약간 고가이다

	전기구동	유압구동	공기압구동
청정도	깨끗하다	오염이 있다	깨끗하다
안전성	과부하에 약하다	발열이 크다 과부하에 강하다	과부하에 매우 강하다 발열이 없다
응답성	보통(저관성 서보 개발로 양호) 이다	좋다 (토크-관성비가 크다)	나쁘다
기타	정확도가 높다	고속구동이 가능하다	정확도가 낮다
	반복성이 좋다	잡음이 있다	반복성이 나쁘다
	관리에 편하다	유지가 필요하다	관리가 쉽다
	설계가 쉽다	설치에 넓은 면적이 필요하다	
	저속 구동이다		

3.2 로봇의 동작 : 기구학, 역학, 그리고 자코비안

로봇이 실체를 가지는 기계 기구라고 하면, 이를 제어하기 위해서는 물리학 및 기계공학에서의 해석 기법이 필요하다. 여기서는 로봇공학의 기초에 해당하는 몇 가지 해석 기법을 소개한다. 먼저 기구학(kinematics)이란 링크와 같은 강체의 움직임을 다루는 영역으로, 움직임을 유발하는 힘이나 속도는 고려하지 않는다. 이에 비해 동역학(dynamics)은 강체의 움직임을 유발하는 힘을 다루며, 속도는 자코비안(Jacobian)이라는 미분행렬을 통하여 해석할 수 있다.

로봇은 3차원 공간에서 작업하는 기계이므로, 공간 내의 위치와 움직임을 기구학적 해석을 통하여 이해한다. 앞 절에서 살펴본 바와 같이, 로봇은 주로 전동기의 회전에 의하여 관절이 움직이는 구조물로, 직선 혹은 회전의 운동을 하게 된다. 예를 들어 [그림 13.7]의 로봇 팔에서 Joint 1의 회전은 로봇 팔의 끝점의 위치를 변화시킨다. 로봇 팔의 끝점은 말단 조작기(end effector)라고 불리며, 여기에 로봇 손이나 용접봉 등 여러 가지 도구들이 장착되므로, 실제 로봇의 작업이 일어나는 곳이다. Joint 2의 회전도 마찬가지로 말단 조작기의 위치를 변화시키며, 이들 두 관절의 독립적이면서도 동시에 일어나는 운동도 말단 조작기의 위치를 변화시킨다. 각 관절의 회전이 어떻게 말단 조작기의 위치 변화를 유발시키는지를 해석하는 것을 순기구학(forward kinematics)이라고 하고, 반대로 말단 조작기를 특정 위치에 두기 위해서 각 관절, 즉 전동기가 어떻게 회전하여야 하는지를 계산하는 것을 역기구학(inverse kinematics)이라고 부른다. 대부분의 로봇 동작 제어는 역기구학적 해를 구하는 절차의 연속이다. 인간의 신체 구조와 같이 로봇에 많은 링크와 관절들이 존재할 때 각 관절들의 회전에 따른 신체 각 부위의 움직임, 즉 위치 변화를 해석하는 것은 복잡한 모델링과 수학적 계산을 필요로 한다. 한편 이동 로봇의 기구학 문제는 바퀴의 회전각도가 어떻게 로봇 몸체의 위치와 방향을 변화시킬 수 있는지의 문제가 된다.

예제 04 **하나의 링크가 하나의 관절에 의하여 구동되는 가장 단순한 형태의 로봇에 대한 기구학적 해를 구하여라.**

풀이 04 문제의 조건은 로봇이라기보다는 전동기에 연결된 하나의 막대라고 여겨지지만, 사실 복잡한 로봇도 이처럼 단순한 구조를 기본으로 한다. 주어진 문제는 [그림 13.8]과 같이 나타나며, L이라는 길이를 가지는 막대 끝의 위치를 관절, 즉 전동기의 회전각 θ와 연관짓는 것이다. 관절각 θ가 주어졌을 때 로봇 끝 점의 위치는 X-Y 평면상에서 $(L\cos\theta,\ L\sin\theta)$의 좌표로 주어진다. 이는 그림에 주어진 단일 링크 로봇의 순기구학적 해이다.

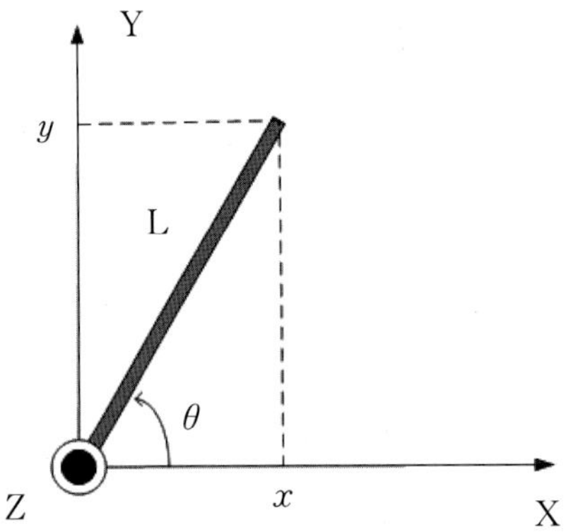

그림 13.8 단일 링크 로봇의 기구학 해석

한편 역기구학적 해는 로봇의 끝 점을 어떤 (x,y) 좌표로 보내기 위해서는 관절이 얼마나 회전하여야 하는가를 구하는 문제이다. 즉, 주어진 로봇의 역방향 기구학은 $\theta=\tan^{-1}(y/x)$로 주어진다. 단, 기구학과는 달리 역기구학에서는 답이 존재하지 않을 수도 있다는 점에 주목하여라. 예를 들어 $L=10$일 때, $(x, y)=(5,0)$을 만족시키는 회전각 θ는 존재하지 않는다. 마찬가지로 $(x, y)=(0, 20)$을 만족시키는 θ도 존재하지 않는다. 즉, 역기구학적 해는 존재하지 않을 수 있으나, 기구학적 해는 항상 존재한다.

이제 역학(力學)의 문제를 생각해 보자. 만약 [예제 13.4]에서 다룬 단일 링크의 로봇에서 관절 회전 각도를 0으로 유지하고자 한다면, 관절에 연결된 구동기가 얼마나 큰 힘을 공급하여야 할까? 문제를 간단하게 하기 위해서 로봇의 말단 조작기에 M이라는 무게를 가진 물체가 달려 있고, 로봇 링크의 무게는 M에 비해 충분히 가벼워 무시할 수 있다고 가정해 보자. 즉, [그림 13.9]의 경우, 기초물리학에서 배운 기억을 되살릴 수 있다면, M의 질량이 받는 힘은 중력에 의하여 Mg가 된다. 여기서 g는 중력가속도로 지구상에서는 9.8m/sec^{2}로 일정하다. 이 힘에 맞먹는 회전력, 즉 토크(torque)는 힘의 크기와 회전의 중심으로부터 힘이 작용하는 점까지의 거리의 곱과 같다. 즉, 그림의 로봇 상태를 유지하기 위해 필요한 전동기의 토크는 $\tau=MgL$이다. 토크는 관절의 각도에 따라 달라지므로, $\tau=MgL\cos\theta$로 나타난다. 즉, 만약 관절의 각도가 −90°로 정지해 있는 경우 토크는 0이 된다. 한편 로봇이 정지해 있지 않고 동작하고 있는 중에는 원심력 등 다른 요소도 고려하여야 하므로 토크의 계산이 복잡하게 되며, 이는 이 장에서 다루고자 하는 범위를 벗어난다.

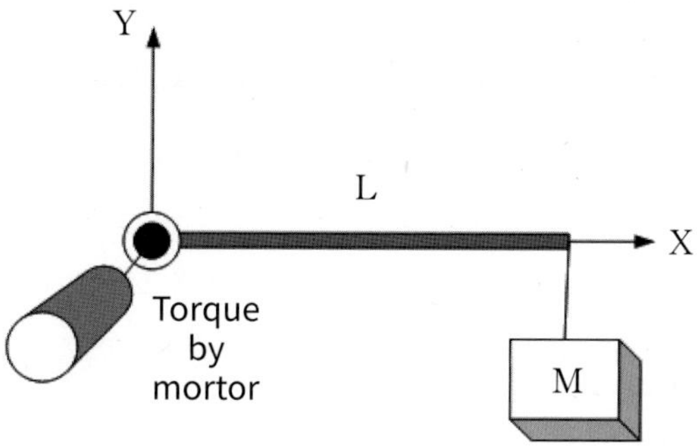

그림 13.9 단일 링크의 역학 문제

그럼 이제 속도에 대해서도 잠시 생각해 보자. [그림 13.8]의 해석으로부터 순기구학적 해가 다음 식 (13.1)과 같음은 이미 [예제 13.4]에서 논의한 바와 같다.

$$x = L\cos\theta \tag{13.1.a}$$

$$y = L\sin\theta \tag{13.1.b}$$

이 식을 시간에 대해 미분하면 다음과 같이 속도를 얻는다.

$$\begin{aligned}\frac{dx}{dt} = \dot{x} &= \frac{d}{dt}L\cos\theta \\ &= L\frac{d\theta}{dt}\frac{d}{d\theta}\cos\theta \\ &= -L\dot{\theta}\sin\theta\end{aligned} \tag{13.2.a}$$

y좌표에 대해서도 마찬가지로,

$$\frac{dy}{dt} = \dot{y} = L\dot{\theta}\cos\theta \tag{13.2.b}$$

따라서 관절의 회전 속도 $\dot{\theta}$에 기인하는 로봇 말단 조작기의 속도는 위의 식으로부터 다음과 같이 주어진다.

$$v = \sqrt{\dot{x}^2 + \dot{y}^2} = \dot{\theta}L \tag{13.3}$$

불행히도 다수의 관절과 링크를 가지는 복잡한 구조의 로봇에서 속도 해석은 이처럼 단순하지 않아서 다차원의 미분 행렬인 자코비안을 이용하여 해석한다.

3.3 센서

인간은 오감을 통하여 주변 상황을 인지하고 적절하게 반응할 수 있다. 따라서 인간의 지능도 감각기능 없이는 완전해질 수 없다. 인간의 감각기와 같은 기능은 로봇에서는 센서(sensor)에 의하여 구현된다. 초기의 산업용 매니퓰레이터는 대부분 지정된 동작을 반복하는 작업만 수행하였으므로, 센서는 로봇 스스로의 동작 정확도를 유지하기 위한 용도로 사용될 뿐이었다. 그러나 현대의 로봇은 자율적으로 적절한 동작을 계획하고, 동작 중 발생하는 불확실성에 유연하게 대처하는 능력을 갖추는 것이 중요하므로, 주변 상황의 감지를 위한 센서의 중요성이 강조되고 있다.

로봇을 비롯한 자동화 기기에서 센서란 기기의 내외부 조건 및 상황을 계측하기 위하여 사용되는 감각기를 총칭한다. 센서는 한 형태의 물리적 양을 다른 형태의 물리적 양으로 변환하는 기기, 즉 트랜스듀서(transducer)의 일종으로, 현대의 컴퓨터 및 디지털 전자회로와 접속할 수 있도록 피측정량은 주로 전기적 양으로 변환된다.

로봇이 센서를 사용하여 내외부 정보를 획득하는 방법은 다양하다. 예를 들어 카메라로 시각을 구현할 수 있고, 마이크로 청각을 구현할 수 있다. 시각은 특히 중요한 요소로 인간이 시각으로부터 얻게 되는 정보의 양은 다른 감각기능에 비교할 수 없을 만큼 방대하다. 시각에 관해서는 이미 이 책의 10장에서 다루었으므로, 여기서는 시각을 제외한 센서들에 대해서 학습한다. 이들 비시각 센서들은 시각 센서에 비하여 그 원리나 출력신호의 처리가 비교적 간단하다.

로봇을 위해 사용된 센서들은 [표 13.2]와 같이 내부 센서(internal sensors)와 외부 센서(external sensors)로 구분할 수 있다. 표에서 알 수 있듯이 내부 센서는 기기의 동작을 위해 필수적인 값들을 측정하기 위한 센서류이며, 외부 센서는 기기의 동작 환경과 작업 대상체에 대한 정보를 취득하기 위해 채용되는 센서들을 지칭한다.

표 13.2 로봇 센서의 구분

센서 구분	기능	예시
외부 센서	로봇의 작업 환경이나 대상체를 측정하거나 감지하기 위한 센서	작업 대상체 인식용 카메라 전방 장애물 감지를 위한 초음파 센서
내부 센서	로봇 팔의 회전 각도나 이동 로봇 바퀴의 회전 속도와 같이 로봇을 제어하기 위해 기기 내부에 장착된 센서	전동기의 회전량을 계측하는 인코더 기계의 작동 범위를 제한하는 한계 스위치(limit switch)

인코더(encoder)는 로봇의 대표적인 내부 센서로서 전동기에 장착되어 회전의 각도와 속도를 측정하는 데 사용된다. 고해상도와 고정밀도가 가능하고, 디지털 출력을 가지며, 가격이 비싸지 않다는 이유 등으로 로봇의 관절뿐 아니라 공작기계, 프린터, 벨트 컨베이어 등 회전체의 제어가 필요한 경우에 광범위하게 사용되고 있다. [그림 13.10]은 광학적 원리를 이용한 인코더(optical encoder)를 보여준다. 발광소자(Light Emitting Device: LED)에 의하여 발생한 광은 디스크가 회전함에 따라 투명창이 LED 앞에 위치하는 짧은 시간 동안만 수광소자(photo-sensitive device)에 전달된다. 빛을 검출하는 수광소자로는 흔히 광다이오드(photo-diode), 광트랜지스터(photo-transistor), 그리고 광전지(photo-cell) 등이 사용된다. 이들 수광소자는 입사된 광량에 비례하는 출력 신호를 센서와 접속된 계측용 전자회로로 전달하게 된다. 이 출력을 측정하면 디스크에 연결된 기기의 회전을 측정할 수 있다.

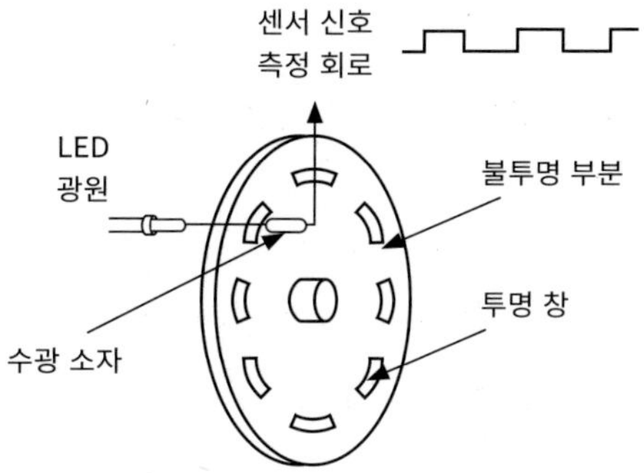

그림 13.10 전동기의 회전을 측정하기 위한 광학 인코더

인코더를 이동 로봇의 바퀴에 부착하여 로봇의 위치를 판정하는 데 사용할 수 있다. 즉, 바퀴의 직경을 알고, 바퀴의 회전량을 인코더에 의하여 측정하면, 이동 로봇의 진행 경로를 추정할 수 있는 것이다. 인코더와 같이 이동 로봇의 바퀴 축에 부착하여 그 회전량을 검출할 수 있는 센서를 주행거리계(odometry)라고 한다. 또 이동 로봇이 주행거리계를 이용하여 자신의 위치를 추정하는 경우를 데드 렉커닝(dead reckoning)이라 한다. 데드 렉커닝은 그 개념이 간단하고, 적용하는데 드는 비용이 적다. 그러나 주행거리계에 의한 위치의 판정에는 바퀴의 미끄러짐과 같은 원인에 의한 오차가 있고, 그 오차는 주행의 진행에 따라 계속 누적되면서 커진다. 따라서 이동 로봇은 다른 센서들을 조합하여 사용하거나 주기적으로 다른 계측 방식에 의하여 오차를 보상할 필요가 있다.

[그림 13.11(a)]는 데드 렉커닝에 의한 위치 판정이 어떤 결과를 가져올 수 있는지에 대한 과장된 예이다. 이는 미국 CMU의 Matthew Deans가 이동 로봇의 한쪽 바퀴를 고의로 파손한 후 로봇에게 큰 원을 그리며 움직이도록 하여 얻은 것이다. 그림에서 보듯 로봇은 의도한 바와는 전혀 다른 궤적을 그렸지만 이를 보상할 방법이 없다. 한편 [그림 13.11(b)]는 카메라를 부가적으로 사용하여 외부의 공간을 기준으로 궤적을 수시로 보상한 결과로 얻어진 것이다. 그림에서 보듯이 로봇의 동작이 훨씬 의도한 바에 가까워졌다. 이와 같이 여러 종류의 센서들을 사용하여 이동 로봇이 주변 환경을 인식하고 위치를 판정하며

지도를 작성하는 SLAM(Simultaneous Localization And Mapping) 기술이 주행의 효율을 높이기 위해 근래 널리 사용되고 있다.

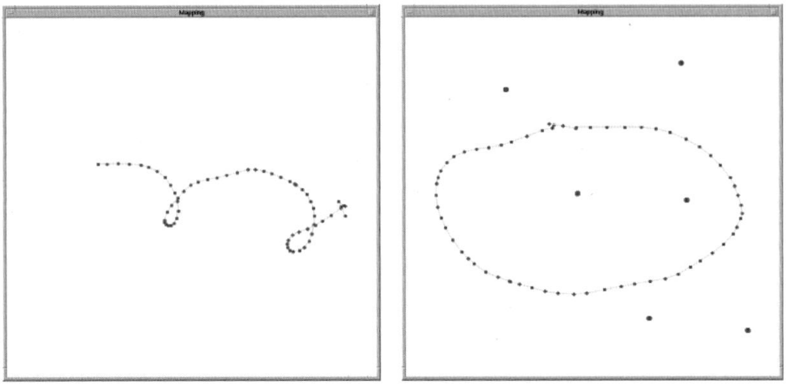

그림 13.11 고장난 바퀴를 가진 이동 로봇의 위치 제어 : (a) 데드 렉커닝에 의한 결과, (b) 주행거리계와 카메라를 조합하여 사용한 결과. 그림의 검은 점들은 카메라가 위치 판정을 위하여 사용한 외부 공간의 표식(landmark)들이다(출처 : http://www.cs.cmu.edu/~deano/research/slam.html).

로봇은 인코더와 같이 내부에 장착된 센서들을 이용하여 자신의 동작을 정밀하게 제어하지만, 여러 가지 요인에 의하여 목표로 한 바를 달성하지 못할 수 있음을 [그림 13.11]의 예에서 살펴보았다. 로봇은 자신만의 동작뿐 아니라 작업의 대상이나 주위의 상황을 능동적으로 파악하여야만 유연하고 지능적인 동작을 할 수 있다. 즉, 로봇 외부의 환경을 감지할 수 있는 센서의 필요성이 생긴다. 로봇의 외부 센서로 가장 널리 사용되는 것으로는 카메라와 같은 시각센서와 초음파 센서와 같은 거리 센서가 있다.

초음파(ultrasonic waves)는 가청 주파수(audible frequency: 20~20,000[Hz]) 이상의 주파수를 가진 음파(sound waves)로서 다양한 분야에서 널리 사용되고 있다. 특히 2차 세계대전 중 잠수함을 찾아내기 위해서 SONAR(SOund Navigation And Ranging) 기술이 사용된 이래, 주로 군사적 목적으로 수중에 사용되는 센서로 초음파 센서(ultrasonic sensor) 관련 기술이 축적되어 왔다. 근래에는 이동 로봇의 장애물 감지용으로, 혹은 자동차 후방 감지의 용도로도 사용되고 있다.

초음파의 발생은 전압 혹은 자장에 의해 유발된 진동을 이용하게 되며, 검출은 음압을 전기로 변환하여 주는 장치(예를 들어 마이크로폰)를 사용한다. 이를 이용한 거리 측정은 [그림 13.12(a)]에 보인 바와 같이 초음파가 어떤 대상체에 부딪혀 돌아올 때까지의 시간을 측정함으로써 가능해진다. 이를 펄스 반사식(pulse-echo) 측정법이라 부르며, 초음파가 발생된 후 반사되어 되돌아올 때까지 걸린 시간을 비행시간(Time Of Flight: TOF)이라고 한다. 만약 초음파를 계속해서 발생 및 전파시키면 수신기에서 검출된 반사파가 언제 발생된 파였는지를 알 수가 없으므로, TOF를 측정할 수 없게 된다. 따라서 [그림 13.12(b)]에 보인 바와 같이 어느 정도의 짧은 시간 동안 초음파를 발생시키고, 그 후 일정 시간 동안은 초음파가 반사되어 돌아오는지를 기다리게 된다. 그림에서 (1)번 신호는 초음파의 발생을 위해 센서에 인가하는 전압 펄스, (2)는 수신된 반사파, (3)은 수신된 파를 전자회로로 처리하여 포락선 검출(envelope detector)한 결과, (4)는 포락선 신호를 임의의 임계치(threshold)와 비교하여 생성한 디지털 펄스를 나타낸다. 이때 포락선 검출은 잡음에 의한 오검출을 방지하기 위한 신호처리 절차이다. 만약 일정 시간 동안 반사파가 감지되지 않으면 감지거리 내에 장애물이 없다는 뜻이 되고, 반사파가 있으면 TOF를 거리값으로 환산한다. 식 13.4는 초음파의 TOF 측정치 T로부터 전방 장애물까지의 거리 L을 계산하기 위한 식이다. 여기서 분모의 2는 음파가 목표물까지의 거리를 왕복함을 감안한 것이며, c는 음파의 진행 속도를 나타내는데 상온(20℃)의 대기 중에서 343 m/s이다. 시판되는 초음파 센서들은 초음파의 송신기와 수신기가 동체로 되어 있는 것도 있고, 이와는 다르게 송신기와 수신기가 분리되어 있는 것도 있다.

$$L = cT/2 \tag{13.4}$$

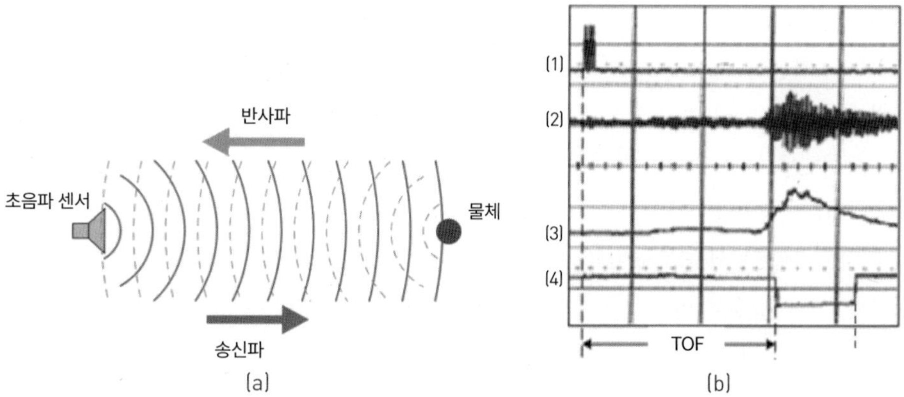

그림 13.12 펄스 반사 방식의 초음파 거리 센서: (a) 센서 동작의 원리, (b) 송수신 파와 신호처리: (1) 초음파 발생용 전압펄스, (2) 수신파, (3) 포락선 검출, (4) 출력 펄스

예제 05

(a) 상온에서 펄스 반사 방식에 의한 초음파 거리 센서를 사용하였을 때, TOF가 10ms로 측정되었다. 센서가 장착된 로봇으로부터 장애물까지의 거리를 계산하여라.

(b) 초음파를 사용하여 거리를 측정할 때 가장 큰 문제 중의 하나는 음파 속도의 환경에 대한 의존성이다. 특히 온도에 대한 의존성은 아래 식 13.5로 주어진다. 단, 식에서 T_{em}은 온도 [℃]이다. 만약 0.5m의 거리에 있는 목표물에 대해서 온도가 0℃에서 보정된 초음파 센서를 사용하여 40℃에서 측정하였을 때 측정치의 오차는 얼마인가?

$$c = 331.5 + 0.60\,T_{em} \tag{13.5}$$

풀이 05

(a) 식 13.4를 사용하면 장애물까지의 거리 L은 1.715m이다. 통상 시중에서 쉽게 구입할 수 있는 초음파 센서를 사용하여 신뢰성 있게 측정 가능한 거리는 수십 cm ~ 5m 정도이다.

(b) 식 13.5를 사용하였을 때 0℃에서의 음속은 c=331.5m/sec이다. 이제 온도가 40℃로 올라갔을 때 초음파의 비행시간 T=0.5×2/(331.5+0.60×40)≃2.81msec이고, 센서가 보정된 때의 음속 c=331.5m/sec을 여전히 사용하면 L=331.5×0.00281/2≃0.466m가 계산되어 실제 거리인 0.5m와 비교하면 약 3.4cm의 오차가 발생한다. 이 정도의 오차는 실내에서 동작하는 서비스용 이동 로봇의 경우에는 온도에 따른 보상이 필요하지 않음을 의미한다. 그러나 초음파 센서를 이용하여 보다 정밀한 작업을 하게 되는 경우에는 온도 보상이 반드시 필요하다.

근래에 와서 로봇뿐 아니라 로봇이 작업하는 환경이나 작업의 대상체까지 지능화하려는 새로운 접근법에 대한 관심이 커지고 있다. 이는 로봇의 작업 공간을 쉽게 인지 가능한 상태로 변모시킴으로써 로봇의 대처능력을 증대시키려는 시도에서 비롯된다. 다수의 분산 배치된 저전력 센서 노드(node)들과의 무선 통신을 통한 정보교환이 가능한 센서 네트워크(sensor networks)[Ryu15]는 로봇이 작업 공간을 효과적으로 인지하게 하는 데 중요한 방법이다. 작업 공간 내 모든 영역을 끊김 없이 다양한 센서들이 관측하게 할 때, 작업의 주체인 로봇과 객체인 사물, 그리고 이들이 포함된 환경이 서로 필요한 정보를 교환할 수 있는 유비쿼터스(ubiquitous) 환경을 구현할 수 있다. [그림 13.13]은 로봇이 자신에게 장착된 센서뿐 아니라 분산 배치된 각종 센서들과 RFID(radio frequency identification) 태그(tag)가 제공하는 정보를 이용하여 실시간으로 상황을 인지하고 자신에게 주어진 임무를 수행할 수 있는 이른바 로봇 타운(robot town)[Hasegawa06]의 개념을 보여준다. 넓고 열린 영역에서 센서 네트워크를 실제로 구현하기는 어려운 점이 많지만, 이처럼 제한된 공간에서는 충분히 가능하다.

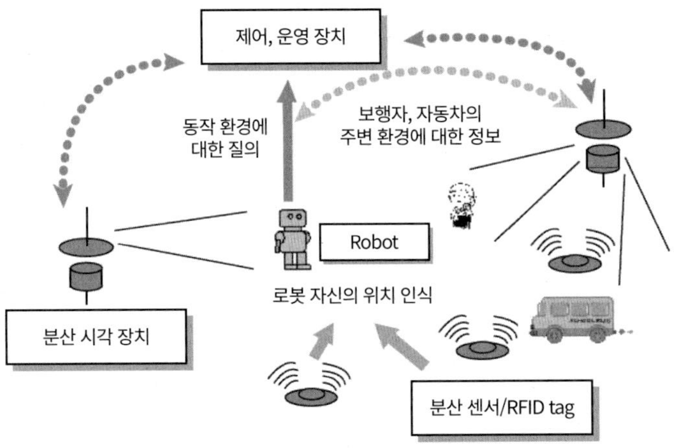

그림 13.13 센서 네트워크에 의한 로봇 타운의 개념[Hasegawa06]

3.4 제어

로봇은 각 구동기를 적절히 제어함으로써 전체적인 동작을 할 수 있다. 각 구동기는 어떤 위치에서 다른 위치로 정해진 시간에 이동하게 된다. 만약 로봇을 위해 사용된 구동기로 전동기(motor)를 고려한다면, 전동기의 회전각을 주어진 시간에 맞도록 회전시켜야 하는 것이다. 이는 위치와 시간의 연계 문제이므로 로봇공학에서는 궤적 생성(trajectory generation) 문제라고 부른다. 궤적 생성을 위해서는 주어진 구간 내 구동기의 가속과 정속, 그리고 감속 운동의 과정을 계획하여 유연한 동작이 가능하도록 한다.

제어 알고리즘은 각 구동기가 당초 의도한 바와 같이 움직이는지를 계속 점검하면서 위치 오차를 보상한다. 위치를 감지할 수 있도록 인코더와 같은 센서를 사용하게 되며, 센서의 출력은 실시간으로 제어기로 입력되어 오차를 보상하는 데 사용된다. 이와 같은 구조는 제어기 동작의 궁극적인 출력인 구동기의 위치값이 센서에 의해 다시 제어기의 입력으로 되돌아오는 폐루프(closed-loop) 형태의 되먹임 제어(feedback control)이다.

많은 실제적 상황에서 로봇은 물건을 이송한다든지, 도구를 다룬다든지, 문을 연다든지 하는 식으로 외부 사물과 상호 작용하는 힘을 필요로 한다. 이 경우에는 위치 제어뿐 아니라 힘 제어가 필요하다. 힘은 특정 방향으로 작용하게 될 것이며, 다른 부분은 단지 위치 제어만 필요하게 될 것이므로, 이들의 혼합 제어(hybrid control) 방식이 요구되어 진다.

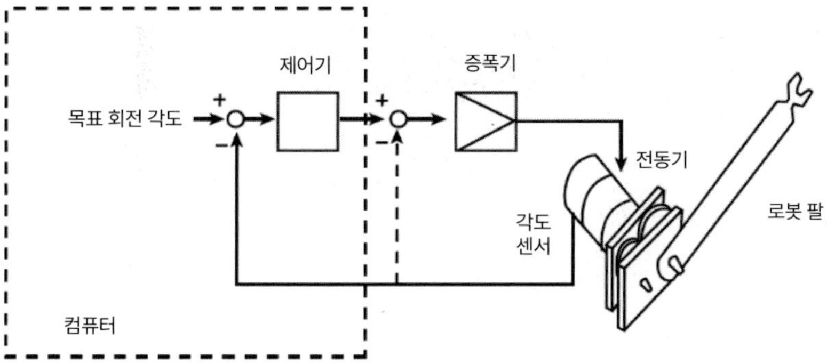

그림 13.14 로봇의 되먹임 제어 구조

3.5 지능 알고리즘

산업현장의 생산공정에서 용접이나 조립 작업을 계속해서 되풀이하는 [그림 13.2]와 같은 전통적인 로봇에서는 지능 알고리즘이 크게 중요하지 않다. 오히려 정밀성과 위치 정확성, 속도 등의 기계적 성능이 중요한 특성이다. 그러나 최근 로봇이 집이나 병원, 공공장소 등에 활용되면서 로봇과 사람이 직접 접촉하는 상황이 생기고, 로봇의 동작 환경은 예측하기 어렵게 되었다. 이런 경우에 로봇은 지능을 갖추고 자신에게 주어진 상황을 인지하여 적절한 판단을 내린 후 자신의 향후 동작을 스스로 계획할 필요가 생겼다.

이와 같은 상황에서 지금까지 이 책에서 다룬 여러 가지 인공지능 이론들이 로봇을 위해 사용될 수 있다. 예를 들어 인공신경망을 로봇의 역기구학적 문제에 적용할 수 있고, 퍼지이론을 사용하여 로봇이 작업환경에 적절하게 반응하도록 제어 알고리즘을 작성할 수도 있다. 또 시각 기술을 이용하여 로봇이 장애물을 인식할 수 있으며, [예제 2.6]에서와 같이 이동 로봇이 탐색기법에 의하여 목표 지점까지 스스로 적절한 경로를 통하여 나아갈 수 있다. 다음 예제는 간단하지만 이 책의 앞에서 배운 인공지능 이론을 로봇에 활용하는 예이다.

예제 06

단일 링크의 로봇에 대한 기구학 문제를 다시 생각하자. 이 문제는 [예제 13.4]에서 다룬 바 있고 삼각함수의 정의만 알면 풀 수 있는 간단한 문제이지만, 다수의 링크와 관절이 연결된 구조를 가지는 로봇에서 기구학의 문제는 복잡한 절차와 수학적 해법을 요한다. 여기서는 [그림 13.8]의 단일 링크 로봇의 역기구학적 해를 인공신경망을 활용하여 얻어 보자. 만약 이 해법이 신경망의 학습에 의하여 얻어진다면, 비슷한 접근법을 보다 복잡한 구조를 가지는 로봇의 역기구학 문제에도 적용할 수 있을 것이다. 문제를 간단하게 하기 위하여 로봇의 회전 범위가 $\pi/3 \leq \theta \leq 5\pi/3$(즉, 60°~300°)이라고 하고, 링크의 길이 L을 1이라고 가정한다. 그리고 관절의 회전각도와 로봇 링크 말단의 위치 좌표를 [표 13.3]과 같이 얻었다고 하고, 이를 신경망의 학습에 이용하여라.

표 13.3 학습 데이터

X	Y	θ
0.500	0.866	π/3=1.05
0	1	π/2=1.57
−0.500	0.866	2π/3=2.09
−0.866	0.500	5π/6=2.62
−1	0	π=3.14
−0.866	−0.500	7π/6=3.67
−0.500	−0.866	4π/3=4.19
0	−1	3π/2=4.71
0.500	−0.866	5π/3=5.24

풀이 06

주어진 문제는 [그림 13.15]와 같이 생각할 수 있다. 즉, 로봇의 목표 위치 (x,y)가 주어질 때, 그 위치에 다다르기 위한 관절 모터의 회전각도를 학습에 의하여 구하는 것이다. 신경망의 학습을 위해서 9장에서 다룬 오류역전파(BP) 학습 알고리즘을 사용할 때, Python 코드는 아래의 예와 같이 작성할 수 있다. 주어진 코드는 [예제 9.3]에서 배타적 논리합(XOR)을 위하여 작성한 코드와 거의 같으나, 몇 가지 차이가 있다. 먼저 입출력 값을 [표 13.3]에서 주어진 데이터를 사용하였다. 또한 은닉 뉴런의 수를 3개로 하였다. 그리고 [그림 9.3(d)]의 시그모이드(sigmoid) 함수를 뉴런의 활성함수로 사용할 때 함수의 출력값이 최대 1까지로 한정되지만, 이 예제의 출력값은 그 범위를 벗어난다. 그래서 표에서 주어진 데이터의 출력값을 2π로 나누어 1보다 작은 값이 되도록 변환하여 학습하고, 학습이 끝난 후에는 다시 2π를 곱하여 원래의 크기로 복구한다. Python 프로그램 코드는 다음과 같다.

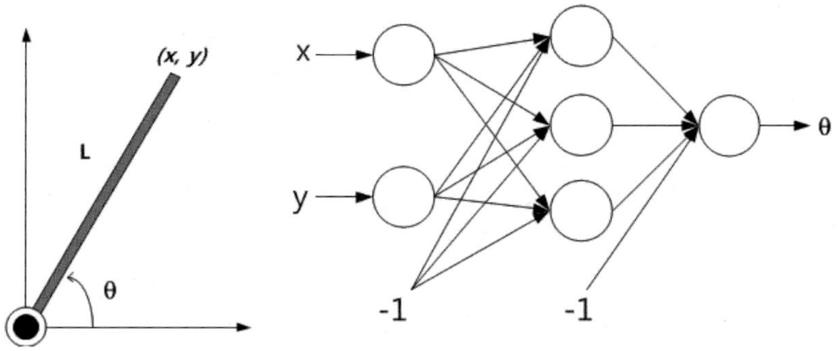

그림 13.15 단일 링크 로봇 역기구학 문제의 신경망을 사용한 해법

```
# Single link manipulator의 inverse kinematics 문제의 파이썬 코드
import numpy as np                # 넘파이 라이브러리 사용
import matplotlib.pyplot as plt   # 학습 추이를 관찰하는 그래프 위한 라이브러리

# 신경망 초기 설정 = 2층 퍼셉트론, 2입력 뉴런 3은닉 뉴런 1출력 뉴런----------------
N=2                     # 2개의 입력 뉴런
H=3                     # 3개의 은닉 뉴런
M=1                     # 1개의 출력 뉴런
alpha=0.2               # 학습률을 임의로 설정
pi=3.141592             # 파이값 정의
E=100                   # 아래 while문에 진입하도록 임의의 큰 비용함수값으로 초기화
Es=0.0001               # 학습을 중지할 충분히 작은 오차(비용함수) 기준
max_epoch=50000         # 너무 긴 시간 학습을 방지하기 위해 최대 학습 횟수 제한
epoch=0                 # 학습 횟수 계수기 초기화

w_ji=np.random.rand(H,N+1)-0.5      # 연결가중치를 -0.5~0.5의 임의 실수로 초기화
w_kj=np.random.rand(M,H+1)-0.5

X=np.array([[0.5,0,-0.5,-0.866,-1,-0.866,-0.5,0,0.5],
            [0.866,1,0.866,0.5,0,-0.5,-0.866,-1,-0.866],
            [-1,-1,-1,-1,-1,-1,-1,-1,-1]])                   # 학습 입력값 제시
d=np.array([pi/3,pi/2,2*pi/3,5*pi/6,pi,7*pi/6,4*pi/3,3*pi/2,5*pi/3]) # 학습 출력값 제시
D=d/(2*pi)            # sigmoid 함수 사용 시 출력의 최대값이 1보다 작도록 2*pi=6.28로 나눔
L=len(D)              # 학습용 데이터의 길이
```

```
out=np.zeros(L)                 # 신경망 출력값 초기화
Error=[]                        # 학습 오류 기록을 위한 배열 초기화
while E>Es and epoch<max_epoch:    # 학습이 충분히 이루어질 때까지 반복학습
    epoch=epoch+1                  # 반복학습 횟수 계수
    E=0                            # 반복 학습별 비용함수를 0으로 초기화

# 입력값의 전방향 전파를 통하여 출력값 계산 ----------------------------
    for p in range (L):            # 주어진 모든 학습 데이터에 대해서
        net_pj=np.zeros(H)         # 은닉 뉴런 입력이 되는 가중합을 초기화
        o_pj=np.zeros(H)           # 은닉 뉴런 출력 초기화
        for j in range (H):        # H개 은닉 뉴런에 대해 순방향 연산
            for i in range (N+1):  # N개 입력과 임계치 학습을 위한 -1 입력에 대한 가중합 계산
                net_pj[j]=net_pj[j]+w_ji[j,i]*X[i,p]
            o_pj[j]=1/(1+np.exp(-net_pj[j]))   # sigmoid 함수에 의한 은닉 뉴런 출력
        o_pj=np.append(o_pj,[-1])  # 임계치 학습 위한 가상입력 -1

        net_pk=np.zeros(M)         # 출력 뉴런에 입력되는 가중합 초기화
        o_pk=np.zeros(M)           # 출력 뉴런의 출력값 초기화
        for k in range (M):        # 모든 출력 뉴런에 대해서
            for j in range (H+1):
                net_pk[k]=net_pk[k]+w_kj[k,j]*o_pj[j]  # 출력 뉴런의 가중 입력합
            o_pk[k]=1/(1+np.exp(-net_pk[k]))    # sigmoid 함수에 의한 출력 뉴런의 출력

 # 이제부터 오류를 입력쪽으로 역전파하면서 연결가중치 수정 --------------------------
        delta_pk=np.zeros(M)              # 출력 뉴런 델타 초기화
        for k in range(M):                # 출력 뉴런에 대해서
            delta_pk[k]=(D[p]-o_pk[k])*o_pk[k]*(1-o_pk[k])  # 출력 뉴런 델타 계산
            E=E+0.5*(D[p]-o_pk[k])**2    # 패턴별 비용함수 계산
        delta_pj=np.zeros(H)              # 은닉 뉴런의 델타값 초기화
        for j in range(H):                # 은닉 뉴런의 델타 계산
            for k in range (M):
                delta_pj[j]=delta_pj[j]+delta_pk[k]*w_kj[k,j]*o_pj[j]*(1-o_pj[j])
        for k in range(M):              # 은닉층과 출력층 간의 연결가중치 조정
            for j in range(H+1):
                w_kj[k,j]=w_kj[k,j]+alpha*delta_pk[k]*o_pj[j]
        for j in range(H):              # 입력층과 은닉층 간의 연결가중치 조정
            for i in range(N+1):
                w_ji[j,i]=w_ji[j,i]+alpha*delta_pj[j]*X[i,p]
        out[p]=o_pk[k]                  # 패턴별 신경망의 출력
    Error=np.append(Error,E)            # 반복학습에 따른 비용함수의 변화 기록
    if (epoch % 10000)==0 and (p==(L-1)):        # 10,000회 학습마다 학습 진행 사항 출력
        print('Error at epoch ', epoch,' = ', E*2*pi) # 오차값은 축소 전 크기로 복구하여 출력
```

```
# 이상 반복 학습 종료. 아래는 결과 출력 ----------------------------

print('Desired, Computed, Error')        # 학습 종료 후 결과: 실제값, 신경망 계산값, 오차
for n in range (L):                      # 모든 데이터에 대해서
    NN_out=out*2*pi                      # 학습 시 1 이하로 줄여 학습한 값을 원상 복구
    Prediction_error=d - NN_out          # 신경망 출력의 오차
    print("{:.2f}".format(d[n]),end=',      ')  # float 출력값을 소수 2째 자리까지만 출력
    print("{:.2f}".format(NN_out[n]),end=',      ')
    print("{:.2f}".format(Prediction_error[n]))
print("Results: ",E, 'after', epoch, '[learning epochs]') # 신경망 학습 결과 요약

plt.plot(Error)  # 학습 과정 중 신경망 학습 오차 기록의 그래프 출력
plt.show()
# 프로그램 끝 ----------------------------------------
```

프로그램을 실행한 결과는 다음과 같다. 다만, 신경망 가중 연결치의 초기값으로 난수 발생기의 불규칙한 값을 사용하였기에, 학습 결과의 값은 실행 시마다 달라질 수 있다. 결과를 살펴 보면 신경망은 대체로 원하는 값과 근사한 출력을 생성하였다.

```
Error at epoch  10000  =  0.0063791152270102815
Error at epoch  20000  =  0.0012975625995524226
Error at epoch  30000  =  0.0007434955783933005
Error at epoch  40000  =  0.0006507335581561553
Desired, Computed, Error
1.05,     1.06,     -0.01
1.57,     1.54,     0.03
2.09,     2.14,     -0.04
2.62,     2.58,     0.03
3.14,     3.14,     0.00
3.67,     3.70,     -0.03
4.19,     4.15,     0.04
4.71,     4.74,     -0.03
5.24,     5.22,     0.01
Results:  9.99999683809753e-05 after 44373 [learning epochs]
```

그런데 일단 학습을 완료한 신경망이 학습에 사용되지 않은 입력에 대해서도 유효한 값을 출력하는지를 알아보기 위해 아래와 같은 함수 코드를 작성할 수 있다. 이 함수는 comp_nn_out(입력과 은닉층 간의 가중치, 은닉층과 출력 간의 가중치, [x좌표, y좌표])의 형식으로 호출할 수 있으며, 함수의 반환값은 로봇의 회전각 θ[rad]이다. [표 13.4]는 함수 실행의 몇 가지 예를 보여 주는데, 신경망은 문제에서 주어진 범위 60°~300° 내에서 실제값에 근사한 값을 출력함을 알 수 있다.

```
def comp_nn_out(w1,w2,in_data):  # 입력 in_data에 대해 가중치 w1과 w2로 신경망 출력 계산
    r, c=w1.shape                # w1의 크기=(r×c): r=은닉 뉴런 수, c=입력노드 수
    net_hidden=np.zeros(r)       # 은닉 뉴런의 가중합 입력 초기화
    o_hidden=np.zeros(r)         # 은닉 뉴런 출력 초기화
    in_data=np.append(in_data,[-1])   # 은닉 뉴런 임계치 학습 위한 가상 입력으로 -1

    # 아래는 입력층에서 은닉층까지의 feedforward 연산 -------------
    for j in range (r):               # 은닉 뉴런 j로 순방향 연산
        for i in range (c):           # 입력 뉴런 i에 대해서
            net_hidden[j]=net_hidden[j]+w1[j,i]*in_data[i]   # 은닉 뉴런의 가중입력합
            o_hidden[j]=1/(1+np.exp(-net_hidden[j]))    # sigmoid 활성함수
        o_hidden=np.append(o_hidden,[-1])    # 출력 뉴런 임계치 학습 위한 가상입력

    # 아래는 은닉층에서 출력층까지의 feedforward 연산: 단 출력 뉴런은 1개 --------
    net_out=0              # 출력 뉴런에 입력되는 가중합 초기화
    o_out=0                # 출력 뉴런의 출력값 초기화
    for j in range (r+1):    # 모든 은닉 뉴런에 대해서
        net_out=net_out+w2[0][j]*o_hidden[j]   # 출력 뉴런의 가중 입력합
    o_out=1/(1+np.exp(-net_out))           # 가중합의 sigmoid 함수로 출력 계산
    o_out=o_out*2*3.141592          # 출력을 2*pi로 나누어 학습하였으므로 원래 크기로  복구
    return(o_out)                   # 신경망의 계산 출력 반환
```

표 13.4 학습된 신경망의 일반화 능력 시험: D는 역기구학적 해의 참값이며, Out은 신경망의 출력

X	Y	D	Out[rad]
−0.71	0.71	2.36[rad]=135°	2.36
−0.94	−0.34	3.49[rad]=200°	3.53
0.26	−0.97	4.97[rad]=285°	5.05

04 지능 로봇의 형태

지능 로봇은 실제로 다양한 형태를 가진다. 사람의 형태에서부터, 자동차, 개, 물고기, 새 등 다양한 모습으로 로봇들이 만들어지고, 나름대로의 지능 알고리즘이 사용된다. 이는 산업용 로봇들이 대체로 매니퓰레이터라고 불리는 팔의 형태를 가지는 것과는 비교된다. 우리는 여기서 지능 로봇의 여러 가지 형태들 중 두 가지 중요한 예를 살펴본다. 즉, 청소용 로봇에 흔히 사용되는 바퀴형 이동 로봇(wheeled mobile robot)과 인간과 같은 모습을 가진 휴머노이드(humanoid) 로봇이 그것들이다.

이동 로봇들 중 가장 보편적인 형태는 바퀴를 사용하는 것이며, 지능 로봇 중 우리가 가장 쉽게 접하는 것이 청소 로봇이다. 다양한 종류의 청소 로봇이 이미 시중에서 판매되고 있다. 이들 청소 로봇은 대부분 바퀴의 굴림에 의하여 움직이는 이동 로봇의 형태를 가진다. [그림 13.16(a)]는 실내용 청소 로봇의 한 예를 보여 주는데, 통상 이런 식의 로봇들은 초음파 센서를 사용하여 장애물을 회피하며, 주행 중 흡입구를 사용하여 진공 청소하게 된다. 그리고 적외선 센서는 로봇의 아래에 설치하여 현관이나 문턱 등과 같이 바닥의 형태를 감지하여 주행에 활용한다.

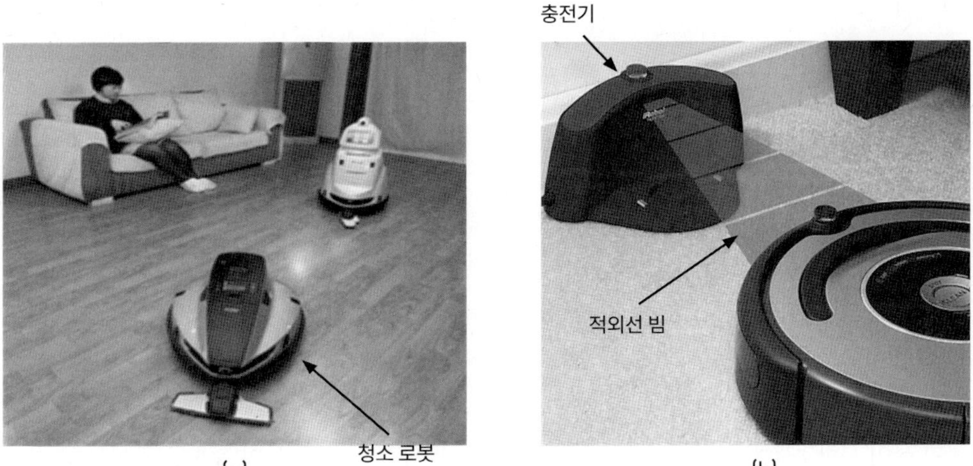

(a) (b)

그림 13.16 청소용 로봇: (a) 가정 실내의 청소, (b) 충전기와의 자동 도킹

청소 로봇에서 난제는 전력과 위치 확인이다. 전자의 경우, 여러 가지 이유로 로봇을 경량화 및 소형화하면 탑재할 수 있는 배터리의 용량도 작아지게 되지만, 사용자는 강력한 흡인력을 원하므로 이들 사이에 적절한 해결책을 찾는 것이다. 어떤 청소 로봇 모델은 자율적으로 청소를 하다가 전력이 떨어졌을 때 [그림 13.16(b)]와 같이 적외선을 사용하여 스스로 이동하여 충전기와 도킹(docking)하는 기술을 채용한다. 후자의 경우, 즉 위치 확인 문제는 얼마나 효율적으로 로봇이 공간을 청소할 수 있을까 하는 문제와 관련되어 있다. 로봇이 자신의 위치를 정확하게 알고 있고, 청소할 공간에 대한 정보가 있어야 제대로 청소가 가능하다. 또한 청소한 부분과 아직 청소되지 못한 부분을 알고 있어야 적절하게 주행하여 청소를

효율적으로 완료할 수 있다. 앞에서 간단히 다룬 바 있는 센서 네트워크를 이용한 방법 등 여러 가지 해법이 제안되었으며, [그림 13.17]은 국내에서 개발된 시각 기반 위치 측정 장치를 보여 준다. 천장에 설치된 표식들을 적외선을 사용하여 로봇이 인식함으로써 위치를 추정하는 기법으로, 표식은 단지 미리 정해진 위치에 장착되어 로봇이 쏜 적외선을 반사만 하는 수동적 역할을 한다. 이러한 위치 인식 원리는 마치 옛날 범선들이 밤하늘의 별들을 보고 항해해 나가던 것을 연상하게 한다. 근래에는 영상 센서를 사용하여 천장의 형상으로부터 로봇의 위치를 추정하는 기술을 채용하기도 한다. 천장은 실내의 다른 곳에 비해 변화가 적고 가려짐도 적기 때문에 천장의 형상으로부터 로봇이 자신의 위치를 추정하는 기술은 흔히 사용된다.

그림 13.17 실내 이동 로봇의 위치 인식을 위한 아이디어

현재 주목받고 있는 지능 로봇의 한 형태는 인간형 로봇, 즉 휴머노이드(humanoid) 로봇이다. 이 로봇은 사람과 흡사하게 얼굴, 팔, 몸통, 다리 등을 지녔고, 대체로 다리를 움직여 걸을 수 있다. 따라서 바퀴를 굴리는 것보다 훨씬 어려운 제어 기술과 정교한 기계 구조가 필요하다. 그렇다면 왜 이처럼 어려운 기술을 사용하여 굳이 사람과 같은 로봇을 만드는가 하는 의문이 생긴다. 예를 들어 청소용 로봇은 그 용도에 적합하게 바퀴로 만들면 되는 것이지, 굳이 사람의 모양을 하고 빗자루를 들고 있을 필요는 없는 것이 아닌가? MIT의 인공지능 연구소(AI Lab) 소장을 역임한 Rodney Brooks 박사는 이에 대해 두 가지 이유를 제시하였는데, 그 첫 번째는 로봇이 인간과 같은 지능 수준을 가지려면 인간과 같은 모습을 하고 있어야 한다는 것이고, 그 두 번째는 인간과 공존하기 위해서는 인간의 모습을 하고 있어야 유리할 것이라는 것이다. 실제로 로봇이 사람과 달리 머리 뒤에도 눈(즉, 카메라)을 달고 있다면, 사람이 뒤에서 날라오는 공을 피하지 못했다는 상황을 이해하지 못할 것이고, 바퀴형의 로봇은 사람이 계단을 올라간다는 것을 이해할 수 없을 것이다. 따라서 지능 로봇이 사람과 상호 교감하기 위해서는 궁극적으로 로봇은 사람의 형태를 해야 하는 것이다. 휴머노이드 로봇을 개발하는 또 다른 이유는 어려운 기술을 실현하고자 하는 공학자의 욕구와 인간과 같은 로봇을 상상하는 대중적 요구와의 교집합에서 찾을 수 있다. 어려운

휴머노이드 기술을 실현함으로써 로봇 공학자는 성취감을 얻을 수 있고, 대중은 이에 주목함으로써 더욱 높은 관심과 많은 투자를 가져오고, 이는 로봇 산업 및 기술을 발전시킬 수 있는 선순환의 고리 역할을 할 수 있다. 그러나 휴머노이드 로봇의 상업적 활용은 아직 그 비용과 기술적 어려움으로 인하여 바퀴형 로봇에 비해 활발하지 못하다.

그림 13.18 MIT에서 제작한 인간형 지능 로봇 Cog

05 지능 로봇의 전망

현재 우리는 실로 흥미진진한 시대에 살고 있다. 반세기 이상의 기간 동안 가속도를 얻으며 발전해 온 인공지능의 기술이 컴퓨터 및 전자공학의 발전과 함께 실험실에서 벗어나 우리의 일상 속으로 급속히 들어오고 있다. 이 때 로봇은 인공지능 기술 적용의 중요한 대상체이다. 과거 생산현장에서의 로봇이 이제는 우리가 사는 집안과 사무실로 들어 와서 우리와 함께 생활하는 시대가 되었다. 로봇은 우리를 대신해서 끊임없이 청소해 주고, 부지런히 건물을 경비하며, 관공서에서 우리를 친절하게 안내한다. 또 병원에서 정교한 수술에 로봇이 사용되고 있으며, 로봇 팔이나 다리가 사람의 수족 기능을 대신하기도 한다. 근래에 와서는 생물과 로봇 기술이 접목하여 현재의 기계기술이 실현할 수 없는 수준에 도달하고자 하는 시도들도 있어 왔다. 또 달루이시오[달루이시오02]처럼 미래에는 사람의 몸에 로봇이 장착되어, 호모 사피엔스(Homo-Sapience, 즉 사람)와 로봇(Robot) 사이에 새로운 종인 로보 사피엔스(Robo-Sapience)가 자연스럽게 생겨날 것이라고 상상하는 사람도 있다.

로봇은 다양한 기술들이 집약된 존재이다. 그리고 그 목적이나 활용 영역도 매우 다양하다. 따라서 단지 로봇을 사람과 같은 형태로 생각하거나, 공장의 생산현장에서 활용되는 로봇 팔만 생각할 필요가 없다. 예를 들어 [그림 13.19(a)]는 Apple의 특허[Apple15]를 보여 주는데, 휴대폰을 떨어뜨리면 이를 센서가 감지하여 모퉁이에서 충격흡수용 막대가 돌출한다. 한편 독일의 한 대학원생이 충격 방지용 휴대폰 케이스를 개발하였는데[Frenzel20], 이는 [그림 13.19(b)]에 보여 준다. 사실 이러한 구조는 지능 로봇이 센서로 주변 환경을 감지하여 실시간으로 적절한 동작을 취하는 것과 기본적으로 다를 바가 없다. 즉, 센서 기반 지능(판단과 제어)에 의한 구동기의 동작 구조는 지능 로봇의 구조와 동일하다. 또한 이미 4장에서 배운 바와 같이 자율주행 자동차는 인공지능 기술을 활용하고 있고, 이 또한 각종 센서와 인공지능 알고리즘, 그리고 구동기에 의한 동작 구조를 가지는 로봇 기술과 근본적으로 같다.

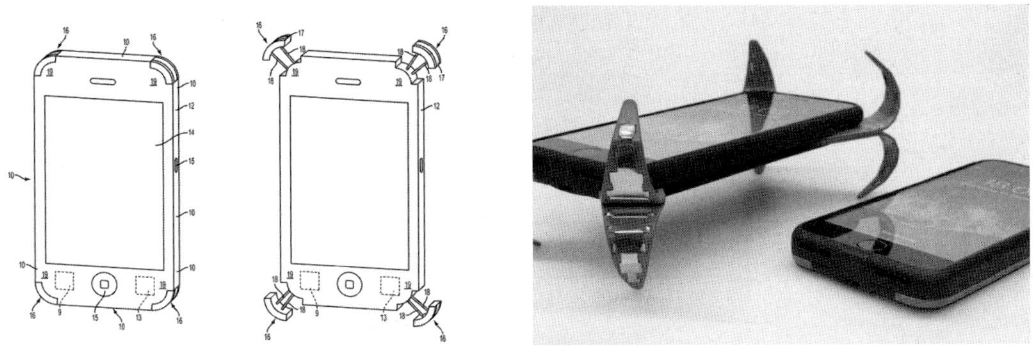

(a) (b)

그림 13.19 로봇 기술의 견지에서 본 휴대폰 기술: (a) Apple의 휴대폰 충격 흡수 장치 특허, (b) 에어백을 갖춘 휴대폰 케이스

이제 로봇과 인간이 같은 공간에서 밀접하게 공존하게 되면서 안전의 문제를 넘어 소통 및 윤리의 문제까지 중요하게 대두되고 있다. 이는 과거에 생산 로봇이 노동자들을 대체함으로써 발생했던 사회경제적 문제들 못지않게 어려운 과제들이다. 여기에 인공지능이 더해져서 로봇이 점점 인간과 닮아가고, 경우에 따라서는 인간의 능력을 뛰어 넘을 때 로봇과 관련한 사회적 이슈는 더욱 중요한 의미를 가질 것이다.

로봇에 대한 자세한 현황과 미래에 대한 자료는 세계 로봇 연맹(International Federation of Robotics: IFR)의 홈페이지(http://www.ifr.org)를 참조할 수 있으며, 지능 로봇에 대한 최신의 개발 정보들은 국내외 유수의 대학과 연구소의 홈페이지를 방문하여 얻을 수 있다.

과제

01. [그림 13.5]의 로봇의 발전에 대한 연대표를 가능한 자세히 보완하시오. 그리고 그중 중요한 사건을 2개 골라서 심층 조사하시오.

02. 전 세계의 지능 로봇과 관련된 연구소, 대학, 기관 및 기업체의 웹 사이트를 방문하고, 몇 가지 중요한 연구 및 개발 결과를 골라서 각각 한 페이지 정도의 분량으로 요약하시오.

03. 현재 시중에서 판매 중인 청소용 로봇들의 성능과 가격을 조사하고 비교하시오.

04. 인간의 노동을 대신할 지능 로봇으로 무엇이 필요한지와 그 이유를 설명하시오.

참고문헌

제01장 서론

- [크루제03] 홀크 쿠루제 외(저), 박규호(역), 지능의 발견 – 개미도 사고할 수 있는가, 해바라기, 2003.
- [Barr81] A. Barr, and E. A. Feigenbaum(Eds.), "Sample search programs: general problem solver", Handbook of Artificial Intelligence , Vol. 1, pp. 113 –118, 1981.
- [Bellman78] R. E. Bellman, An Introduction to Artificial Intelligence: Can Computers Think?, Boyd & Fraser, San Francisco, 1978.
- [Ferrucci10] D. Ferrucci et al., Building Watson: An overview of the DeepQA project. AI Magazine, 2010
- [Hinton06] G. E. Hinton, S. Osindero, and Y.–W. Teh, "A fast learning algorithm for deep belief nets", Neural Computation, Vol. 18(7), pp. 1527–1554, 2006.
- [Newell61] A. Newell, and H. A. Simon, "GPS, a program that simulates human thought", H. Billing, editor, Lernende Automaten, pp. 109 – 124, R. Oldenbourg, Munich, Germany, 1961.
- [Ralston83] A. Ralston and E. Reilly, Encyclopedia of Computer Science and Engineering, Van Nostrand Reinhold Co., New York, 1983.
- [Rich91] E. Rich and K. Knight, Artificial Intelligence (2nd ed.), McGraw – Hill, New York, 1991.
- [Russell95] S. Russell and P. Norrig, Artificial Intelligence: A Modern Approach Prentice Hall, 1995.
- [Schalkoff90] R. J. Schalkoff, Artificial Intelligence: An Engineering Approach, McGraw – Hill, New York, 1990.
- [Wang60] H. Wang, "Toward mechanical mathematics", IBM Journal of Research and Development, vol. 4, pp. 2 – 22, 1960.
- [Weizenbaum66] J. Weizenbaum, "ELIZA – A computer program for the study of natural language communication between man and machine", Communications of the Association for Computing Machinery, 9, pp. 36 – 45, 1966.
- [Weizenbaum76] J. Weizenbaum, Computer Power and Human Reason, W.H. Freeman, San Francisco, 1976.

- [Winston84] P. H. Winston and B. K. P. Horn, Lisp (2nd ed.), Addison Wesley, Reading, 1984.
- [Winston92] P. H. Winston, Artificial Intelligence (3rd ed.), Addison Wesley, Reading, 1992.

제02장 탐색

- [박근태05] 박근태, "[Basic 원리를 찾아라] 운전의 길라잡이: GPS 차량항법장치", 과학동아, 229호, p. 116, 2005년 1월.
- [이재무98] 이재무, 김종훈, 전흥석, "차량 항법 시스템의 경로 탐색을 위한 탐색 알고리즘들의 성능 비교," 한국정보교육학회논문지, 2(2), pp. 252–259, 1998.
- [Dean95] T.Dean, J.Allen, and Y.Aloimonos, Artificial Intelligence: Theory and Practice, Benjamin/Cummings Publishing, Redwood City, 1995.
- [Hart68] P.E.Hart, N.J.Nilsson, and B.Raphael, "A formal basis for the heuristic determination of minimum cost paths,"IEEE Transactions on SSC 4, pp.100–107, 1968.
- [Hart72] P.E.Hart, N.J.Nilsson, and B.Raphael, "Correction to 'A formal basis for the heuristic determination of minimum cost paths'", SIGART Newsletter 37, pp.28–29, 1972.
- [Nilsson98] N.J.Nilsson, Artificial Intelligence: A New Synthesis, Morgan Kaufmann, 1998
- [Pang07] G. Pang and M.-H. Chu, "Route selection for vehicle navigation and control," Proc. IEEE Conf. Industrial Informatics, pp. 23–27, 2007.
- [Raphael76] B. Raphael, The Thinking Computer: Mind Inside Matter, W.H.Freeman & Company, San Francisco, 1976.
- [Ralston83] A. Ralston and E. Reilly, Encyclopedia of Computer Science and Engineering, Van Nostrand Reinhold Co., New York, 1983.
- [Samuel63] A. L. Samuel, "Some studies in machine learning using the game of checkers," in Computers and Thought, ed. E. A. Feigenbaum and J. Feldman, New York, McGraw-Hill, 1963.
- [Shannon50] C. E. Shannon, "Programming a computer for playing chess," philosophical magazine (Series 7) 41, pp.256–275, 1950.
- [Turing53] A. Turing, "Computing machinery and intelligence," in Computers and Thought, ed.E.A.Feigenbaum and J.Feldman, New York, McGraw-Hill, 1963.
- [Yokoo99] M. Yokoo, T. Ishida, "Search algorithms for agents," Chapter 4 in Multiagent Systems, ed. G. Weiss, Cambridge, MA, MIT Press, 1999.

제03장 지식 표현과 논리

- [Benjamin99] Benjamin N. Grosof and Yannis Labrou, "An approach to using XML and a rule-based content language with an agent communication language", Proceedings of the IJCAI-99 Workshop on Agent Communication Languages (ACL-99),1999
- [Brachman04] Brachman, R and Levesque, H, Knolwedge Representation and Reasoning, ELSEVIER, 2004
- [Moses03] Moses, Y., Vardi, M. Y., Fagin, R. & Halpern, J. Y., Reasoning About Knowledge, MIT Press, 2003
- [Poole10] Poole, D. and Mackworth, AK, Artificial Intelligence: Foundations of Computational Agents, 2010
- [Russell09] Russell, S. and Norvig, P., Artificial Intelligence, Prentice-Hall, 2009.
- [Winograd86] Winograd, T. and Flores, F., Understanding Computers and Cognition: A New Foundation for Design
- [Winston92] Winston, P. H., Artificial Intelligence, Addison-Wesley, 1992.

제04장 불확실성

- [공나영94] 공나영, "TMS 기법을 이용한 학습자 모델의 설계", 이화여대 전자계산학과 석사학위 논문, 1994.
- [김명원08] 김명원, 곽후근, 정규식, "튜링 테스트 기반으로 한 VoIP 스팸방지", 정보과학회논문지 : 컴퓨팅의 실제 및 레터, 제14권 제3호, pp. 261 ~ 265, 2008.
- [김현준04] 김현준, 정재은, 조근식, "가중치가 부여된 베이지안 분류자를 이용한 스팸 메일 필터링 시스템", 정보과학회논문지 : 소프트웨어 및 응용, 제31권 제8호, pp. 1092 ~ 1100, 2004.
- [전명중18] 전명중 외, "SWAT: 분산인-메모리 시스템 기반 SWRL과 ATMS의 효율적 결합 연구," 정보과학회논문지, 제45권 제2호, pp. 113-125, 2018.
- [차미영20] 차미영, "인공지능으로 코로나-19 바이러스 진단 예측," 기초과학연구원(IBS) 코로나19 과학리포트, Vol. 4, 2020.03.12.
- [Chen20] K. Chen, "COVID-19 and artificial intelligence: protecting health-care workers and curbing the spread", Lancet, 2020.

- **[Clark90]** D.A.Clark, "Numerical and symbolic approaches to uncertainty management in AI," Artificial Intelligence Review, 4, pp.109–146, 1990.
- **[Dean95]** T.Dean, J.Allen and Y.Aloimonos, Artificial Intelligence: Theory and Practice, Benjamin/Cummings Publishing, Redwood City, 1995.
- **[Dempster68]** A.P.Dempster, "A generalization of Bayesian inference," Journal of the Royal Statistical Society, Series B, 30, 1968.
- **[Doyle79a]** J.Doyle, "A glimpse of truth maintenance," in P.Winston and R.Brown (eds.) AI: An MIT Perspective, Vol.1, MIT Press, Cambridge, Mass., 1979.
- **[Doyle79b]** J.Doyle, "A Truth Maintenance System," Artificial Intelligence, 12(3), 1979.
- **[Duda80]** R.J.Duda, J.Gaschnig, and P.Hart, "Model design in the Prospector Consultant System for mineral exploration," in D.Michie,(ed.), Expert Systems in the Microelectronic Age, Edinburgh University Press, Edinburgh, 1980.
- **[Garvey81]** T.D.Garvey, J.D.Lowrance and M.A.Fischler, "An inference technique for integrating knowledge from disparate sources," Int. Joint. Conf. Artificial Intelligence, pp.319–325, 1981.
- **[Johnson–Laird77]** P.N.Johnson–Laird and P.N.Wason, Readings in Cognitive Science, Cambridge University Press, Cambridge, 1977.
- **[Kanal86]** L.N.Kanal and J.F.Lemmer, eds, Uncertainty in Artificial Intelligence, New York, North–Holland, 1986.
- **[Kanal88]** L.N.Kanal and J.F.Lemmer, eds, Uncertainty in Artificial Intelligence 2, New York, North–Holland, 1988.
- **[Kanal89]** L.N.Kanal, T.E.Levitt, and J.F.Lemmer, eds, Uncertainty in Artificial Intelligence 3, New York, North–Holland, 1989.
- **[Li07]** D. Li and Y. Du, Artificial Intelligence with Uncertainty, Chapman & Hall, 2008.
- **[Luo89]** R.C.Luo and M.G.Kay, "Multisensor integration and fusion in intelligent systems," IEEE Trans. Systems, Man, and Cybernetics, 19(5), 1989.
- **[Nilsson98]** N.J.Nilsson, Artificial Intelligence – A new Synthesis, Morgan Kaufmann, 1998.
- **[Ralston83]** A.Ralston and E.Reilly, Encyclopedia of Computer Science and Engineering, Van Nostrand Reinhold Co., New York, 1983.
- **[Rolston]** D.W.Rolston, Principles of Artificial Intelligence and Expert Systems Development, McGraw–Hill, New York, 1988.

- [Reiter80] R.Reiter, "A logic for default reasoning," Artificial Intelligence, 13(1–2), 1980.
- [Rich91] E.Rich and K.Knight, Artificial Intelligence, Second Edition, McGraw– Hill, New York, 1991.
- [Scholz83] R.W.Scholz, Decision Making Under Uncertainty, North Holland, 1983.
- [Shafer76] G.Shafer, A Mathematical Theory of Evidence, Princeton University Press, Princeton, 1976.
- [Shafer90] G.Shafer and J.Pearl, eds., Readings in Uncertain Reasoning, Los Altos, CA, Morgan Kaufmann, 1990.
- [Shortliffe76] E.H.Shortliffe, Computer–Based Medical Consultations: MYCIN, Elseviser, New York, 1976.
- [Spiegel75] M.Spiegel, Probability and Statistics, McGraw–Hill, New York, 1975.
- [Thrun06] S. Thrun 외, "Stanley: The Robot that Won the DARPA Grand Challenge", Journal of Field Robotics, Vol. 23, No. 9, June, 2006, pp. 661–692.
- [WSJ18] "The bumps ahead for autonomous vehicles," The Wall Street Journal, Nov. 15, 2018.
- [Zhao20] H. Zhao,K. Yao, X. Yang 외, Special issue on decision making and uncertainty. Soft Computing Vol. 24, 2020.

제05장 퍼지 이론

- [김종완97] 김종완, "다양한 교통량에 적응하는 교통 신호 제어용 퍼지 논리 제어기," 한국정보과학회논문지(B), Vol.24, No.9, pp. 976–985, 1997.
- [나카지89] 혼다 나카지, 오사토 아리오, 「퍼지공학입문」, 일본 해문당 출판사, 1989.
- [마사오88] 무카이도노 마사오, 「알기쉬운 퍼지이론」, 전자신문사 출판국역, 1988.
- [Boegl04] K. Boegl et al, Knowledge acquisition in the fuzzy knowledge representation framework of a medical consultation system, Artificial Intelligence in Medicine, 2004
- [Giles76] R. Giles, "Lukasiewicz Logic and Fuzzy Theory", Int. J. Man– Mach. Stud. Vol. 8, pp. 313–327, 1976.
- [Ishizuka82] M. Ishizuka, K. S. Fu, J. P. T. Yao, "A Rule–Based Inference with Fuzzy Set for Structural Damage Assessment", in M. M. Gupta, E. Sanchez eds., Approximate Reasoning in Decision Analysis, New York, Oxford, pp. 261–275, 1982.
- [Kim98] J. W. Kim, B. M. Kim, J. Y. Kim, "Genetic simulation approach to determine membership functions of fuzzy traffic controller," Electronics Letters, Vol.34, No.20, pp. 1982–1983, 1998.

- [Lee11] C. S. Lee and M. H. Wang, "A fuzzy expert system for diabetes decision support application," Systems, Man, and Cybernetics, Part B: Cybernetics, IEEE Transactions on, vol. 41, pp. 139–153, 2011
- [Lee90a] C. C. Lee, "Fuzzy Logic in Control Systems: Fuzzy Logic Controller–Part I", IEEE Trans. on Syst. Man Cybern., Vol. 20, No. 2, pp. 404–418, 1990.
- [Lee90b] C. C. Lee, "Fuzzy Logic in Control Systems: Fuzzy Logic Controller–Part II", IEEE Trans. on Syst. Man Cybern., Vol. 20, No. 2, pp. 419–435, 1990.
- [Mamdani77] E. H. Mamdani, "Application of Fuzzy Logic to Approximate Rea– soning using Linguistic Synthesis," IEEE Trans. on Computer, Vol. 26, pp. 1182–1191, 1977.

제06장 계획과 문제 풀이

- [Fikes72] R. E. Fikes, P. E. Hart, and N. J. Nilsson, "Learning and executing gene– ralized robot plans", Artificial Intelligence, Vol. 3, pp. 251–288, 1972.
- [Fried79] P. E. Friedland, Knowledge–based experiment design in molecular genetics, Rep. No. 79–771, Computer Science Dept., Stanford University, (Doctoral Disserta– tion), 1979.
- [Newel72] A. Newell, and H. A. Simon, Human problem solving, Englewood Cliffs, N. J.: Prentice–Hall, pp. 429–439, 1972.
- [Russe10] S Russell, and P. Norvig, Artificial Intelligence: A Modern Approach, 3rd Ed. Prentice–Hall, 2010.
- [Sacer74] E. D. Sacerdoti, "Planning in a hierarchy of abstraction space", Artificial Intelligence, Vol. 5, pp. 115–135, 1974.
- [Sacer75] E. D. Sacerdoti, A structure for plans and behavior, Tech. Note 109, AI Center, SRI International, Inc., Menlo Park, Calif., (Doctoral Dissertation.), 1975.
- [Stefi80] M. J. Stefik, Planning with constraints, Rep. No. 80–784, Computer Science Dept., Stanford University, (Doctorial Dissertation.), 1980.
- [Sussm75] G. J. Sussman, A computer model of skill acquisition, New York: American Elsevier, 1975.
- [Waldi77] R. Waldinger, "Achieving several goals simultaneously", In E. W. Elcock and D. Michie (Eds.), Machine Intelligence, Vol. 8, New York: Halstead/Wiley, 1977.

제07장 기계 학습

- [오일석17] 오일석, 기계 학습, 한빛아카데미, 2017.
- [Bucha78] B.G.Buchanan, and E.A.Feigenbaum,, "DENDRAL and META-DENDRAL: their application dimension," Artificial Intelligence, Vol. 11, pp. 5–24, 1978.
- [Carbonell83] J. G. Carbonell, R. S. Michalski, and T. M. Mitchell, "Machine learning: A historical and methodological analysis," AI Magazine, 4(3), 69, 1983. https://doi.org/10.1609/aimag.v4i3.406
- [Davis80] R.Davis, and D.B.Lenat, Knowledge based systems in artificial intelligence, McGraw-Hill, 1980.
- [Diett81] T.Dietterich, and R.Michalski, "Inductive Learning of Structural Descriptions," Artificial Intelligence, Vol. 16, 1981.
- [Hayes78] F.Hayes-Roth, and J.McDermott, "An interference matching technique for inducing abstractions," Communications of the ACM, Vol. 21, No. 5, pp. 401–410, 1979.
- [Lenat79] D.B.Lenat, F.Hayes-Roth, and P.Klahr, "Cognitive economy in artificial intelligence systems." IJCAI 6, pp. 531–536, 1979.
- [McCar58] J.McCarthy, "Programs with common sense," Proceedings of the Symposium on the Mechanization of Thought Processes, National Physical Laboratory, pp. 77–84, 1958.
- [Micha83] R.S.Michaliski, "A theory and methodology of inductive learning," Machine Learning, Vol. 1, Carbonell, J. G., and Mitchell, T. M. (Eds.), Tioga Publishing, 1983.
- [Mosto79] D.J.Mostow, and F.Hayes-Roth, "Operationalizing heuristics: Some AI methods for assisting AI programming," IJCAI 6, pp. 601–609, 1979.
- [Quinl79] J.R.Quinlan, "Discovering rules from large collections of examples: a case study," Expert Systems in the Micro Electronic Age, D.Michie (Ed.), Edinburgh University Press, Edinburgh, 1979.
- [Simon83] H.A.Simon, "Why should machines learn?" Machine Learning: An Artificial Intelligence Approach, R.S.Michalski, T.M.Mitchell, and J.Carbonell (Eds.), Tioga, 1983.
- [Winst75] P.H.Winston, "Learning structural descriptions from examples," The Psychology of Computer Vision, P.H.Winston, (Ed.), McGraw Hill, New York, ch. 5, 1975.

제08장 데이터마이닝

- [Friedman75] J. H. Friedman, F. Baskett, and L. J. Shustek, "An algorithm for finding nearest neighbors," Computers, IEEE Transactions on, vol. 100, pp. 1000–1006, 1975.
- [Han11] J. Han and M. Kamber. (2011). Data Mining: Concepts and Techniques. Morgan Kaufmann, 2011.
- [Kenney62] J. F. Kenney and E. S. Keeping, "Linear Regression and Correlation." Ch. 15 in Mathematics of Statistics, Pt. 1, 3rd ed. Princeton, NJ: Van Nostrand, pp. 252–285, 1962.
- [Mountrakis11] G. Mountrakis, J. Im, and C. Ogole, "Support vector machines in remote sensing: A review," ISPRS Journal of Photogrammetry and Remote Sensing, vol. 66, pp. 247–259, 2011.
- [Padhy12] N. Padhy, P. Mishra, and R. Panigrahi, "The Survey of Data Mining Applications And Feature Scope," International Journal of Computer Science, 2012.
- [Witten05] I. Witten and E. Frank, Data Mining: Practical Machine Learning Tools and Techniques 2nd, Morgan Kaufmann, 2005.
- [Zhou08] H. Zhou and Y. Liu, "Accurate integration of multi-view range images using k-means clustering," Pattern Recognition, vol. 41, pp. 152–175, 2008.
- https://www.cs.waikato.ac.nz/ml/weka/

제09장 인공신경망

- [Carpenter88] G.A.Carpenter and S. Grossberg, "The ART of Adaptive Pattern Recognition by a Self-Organizing Neural Networks," IEEE Computers, Mar., pp.77–88, 1988.
- [Cybenko88] G.Cybenko, "Continuous Valued Neural Networks with Two Hidden Layers Are Sufficient," Tech. Report, Dept. of Computer Science, Tufts University, Medford, MA, 1988.
- [Ding11] S.Ding, C.Su, and J.Yu, "An optimizing BP neural network algorithm based on genetic algorithm," Artificial Intelligence Review, Vol. 36, pp. 153–162, 2011.
- [Hebb49] D.O.Hebb, The Organization of Behavior, John Wiley & Sons, New York, 1949.
- [Holland75] J.H.Holland, Adaptation in Nature and Artificial Systems, The University of Michigan Press, Ann Arbor, MI, 1975.

- [Kim98] J.Kim, B.M.Kim, and J.Y.Kim, "Genetic algorithm simulation approach to determine membership functions of fuzzy traffic controller," Electronics Letters, Vol. 34(20), pp. 1982–1983, 1998.
- [Kohonen95] T.Kohonen, Self–Organizing Maps, Springer–Verlag, Berlin, 1995.
- [Leung03] F.H.F.Leung, H.K.Lam, S.H.Ling, and P.K.S.Tam, "Tuning of the structure and parameters of a neural network using an improved genetic algorithm," IEEE Transactions on Neural Networks, Vol. 14(1), pp. 79–88, 2003.
- [Lippman87] R.R.Lippman, "An Introduction to Computing with Neural Nets," IEEE ASSP Magazine, Apr., pp.4–22, 1987.
- [McCulloch43] W.S.McCulloch and W.Pitts, "A Logical Calculus of the Ideas Imminent in Nervous Activity," Bulletin of Mathematical Biophysics, 5, pp.115–133, 1943.
- [Minsky69] M.Minsky and S.Papert, An Introduction to Computational Geometry, MIT Press, 1969.
- [Rosenblatt59] F.Rosenblatt, Principles of Neurodynamics, New York, Spartan Books, 1959.
- [Rumelhart86] D.E.Rumelhart, G.E.Hinton, and R.J.Williams, "Learning Internal Representation by Error Propagation," in D.E. RumelhPart and J.L. McClelland eds. Parallel Distributed Processing, Vol.1, MIT Press, 1986.
- [Schalkoff92] R.Schalkoff, Pattern Recognition: Statistical, Structural and Neural Approaches, John Wiley & Sons, New York, 1992.
- [Wasserman89] P.D.Wasserman, Neural Computing : Theory and Practice, Van Nostrand Reinhold, 1989.
- [Widrow60] B.Widrow and M.E.Hoff, "Adaptive Switching Circuits," In 1960 IRE WESCON Convention Record, part 4, pp.96–104,New York.

제10장 컴퓨터 시각

- [Ballard82] D. H. Ballard and C. M. Brown, Computer Vision, Englewood Cliffs, 1982.
- [Dalal05] N. Dalal and B. Triggs. "Histograms of oriented gradients for human detection", Proc. Computer Vision and Pattern Recognition, pp. 886 – 893, 2005.
- [Duda73] R. O. Duda and R. E. Hart, Pattern Classification and Scene Analysis, John Wiley and Sons, New York, 1973.

- **[Everingham10]** M. Everingham, L. V. Gool, C. Williams, J. Winn, and A. Zisserman, "The pascal visual object classes (voc) challenge," IJCV, vol. 88(2), pp. 303 – 338, 2010.
- **[Guzman69]** A. Guzman, "Decomposition of a visual scene into three-dimensional bodies," Proceedings of the American Federation of Information Processing Societies, Vol.33, pp.291–304, 1969.
- **[Haralick 92]** R. M. Haralick and L. G. Shapiro, Computer and Robot Vision, Addison-Wesley Pub., Reading, MA, 1992.
- **[Ker18]** J. Ker, L. Wang, J. Rao, and T. Lim, "Deep learning applications in medical image analysis," IEEE Access, Vol. 6, pp. 9375–9389, 2018.
- **[Kuroe86]** S. Kuroe외, "Segmented-region based stereo reconstruction," in Proc. SPIE, vol.595: Computer Vision for Robots, pp.119–124, 1986.
- **[Jain95]** R.Jain, R.Kasturi and B.G.Schunck, Machine Vision, McGraw-Hill, New York, 1995.
- **[Levine85]** M. D. Levine, Vision in Man and Machine, McGraw-Hill, New York, 1985.
- **[Liu19]** L. Liu 외, "Deep learning for generic object detection: A survey," IJCV, vo. 128, pp. 261–318, 2019.
- **[Papageorgiou00]** C. Papageorgiou and T. Poggio, "A trainable system for object detection," IJCV, vol. 38(1), pp. 15 – 33, 2000.
- **[Raphael75]** B. Raphael, The Thinking Computer: Mind Inside Matter, W.H.Freeman and Company, San Francisco, 1976.
- **[Russakovsky15]** O. Russakovsky, J. Deng, H. Su, J. Krause, S. Satheesh, S. Ma, et al. "ImageNet large scale visual recognition challenge," IJCV, vol. 115(3), pp. 211 – 252, 2015.
- **[Snyder85]** W. E. Snyder, Industrial Robots: Computer Interfacing and Control, Ch.13: Computer Vision, pp.89–106, Prentice-Hall, Englewoods Cliffs, NJ, 1985.

제11장 자연언어 처리

- **[김영택91]** 김영택, 「컴파일러 구성론」, 희중당, 1991.
- **[앙꼬르96]** 서울대 자연언어 처리 연구실, 「한국 IBM」, 「영한기계 번역시스템 앙꼬르 DREAMPAK 2.0」, (주) 드림 C&C, 1996.
- **[Allen87]** J. Allen, Natural Language Understanding, Benjamin Cummings, 1987.

- [Amble87] T. Amble, Logic Programming and Knowledge Engineering, Addison- Wesley, 1987.
- [Chomsky57] N. Chomsky, Syntactic Structures, Mouton, 1957.
- [Chomsky59] N. Chomsky, "On Certain Formal Properties of Grammars", Information and Control, Vol. 2, No. 2, pp. 137–167, 1959.
- [Devlin19] J. Devlin, M. Chang, K. Lee, and K. Toutanova, "BERT: Pre-training of Deep Bidirectional Transformers for Language Understanding," In *Proceedings of the 2019 Conference on the North American Chapter of the Association for Computational Linguistics: Human Language Technologies*, pp. 4171–4186, 2019.
- [Elman93] J. L. Elman, "Learning and Development in Neural Networks: The Importance of Starting Small", Cognition, Vol. 48, pp. 71–99, 1993.
- [McKeown86] K. R. McKeown and Kathleen, "Language Generation: Applications, Issues, and Approaches", Proceedings of IEEE, Vol. 74, No. 7, 1986.
- [Mikolov13] T. Mikolov, I. Sutskever, K. Chen, G. Corrado, and J. Dean, "Distributed Representations of Words and Phrases and their Compositionality," In *Proceedings of the 26th International Conference on Neural Information Processing Systems*, pp. 3111–3119, 2013.
- [Miller95] G. Miller, WordNet: A Lexical Database for English, *Communications of the ACM*, Vol. 38, No. 11, pp. 39–41, 1995.
- [Nair10] V. Nair and G. Hinton, "Rectified Linear Units Improve Restricted Boltzmann Machines," In *Proceedings of the 27th International Conference on Machine Learning*, pp. 807–814, 2010.
- [Pennington14] J. Pennington, R. Socher, and C. Manning, "Glove: Global Vectors for Word Representation," *In Proceedings of the 2014 Conference on Empirical Methods in Natural Language Processing*, pp. 1532–1543, 2014.
- [Peters18] M. Peters, M. Neumann, M. Iyyer, M. Gardner, C. Clark, K. Lee, and L. Zettlemoyer, "Deep Contextualized Word Representations," In *Proceedings of the 2018 Conference of the North American Chapter of the Association for Computational Linguistics: Human Language Technologies*, pp. 2227–2237, 2018.
- [Tomita86] M. Tomita, Efficient Parsing for Natural Language: A Fast Algorithm for Practical Systems, Kluwer Academic Publishers, 1986.
- [Vaswani17] A. Vaswani, N. Shazeer, N. Parmar, J. Uszkoreit, L. Jones, A. Gomez, L. Kaiser, and I. Polosukhin, "Attention Is All You Need," In *Proceedings of the 31st International Conference on Nerual Information Processing Systems*, pp. 6000–6010, 2017.

- [Winograd83] T. Winograd, Language as a Cognitive Process, Vol. 1: Syntax, Addison-Wesley, 1983.
- [Woods73] W. A. Woods, "An Experimental Parsing System for Transition Network Grammars", In Natural Language Processing, R. Rustin ed., New York Algorithmic Press, 1973.

제12장 지능형 에이전트

- [장병탁00] 장병탁, 이종우, 서영우, "학습 에이전트," 정보과학회지, Vol.18, No.5, pp.26-35, 2000.
- [진승훈02] 진승훈, 김종완, 이승아, 김영순, 김병만, "코호넨 신경망을 사용한 유즈넷 뉴스 필터링 에이전트 구현," 한국산업정보학회논문지, Vol.7, No.5, pp.21-28, 2002.
- [Brooks91] R. Brooks, "Intelligence without reason," Proc. of the Twelfth Int. Joint Conf. on AI, Sydney, pp.569-595, 1991.
- [Caglayan97] A. Caglayan, C. Harrison, Agent Sourcebook, John Wiley & Sons, 1997.
- [Carbonell89] J. G. Carbonell, "Introduction: Paradigms for Machine Learning," Artificial Intelligence, Vol.40, pp.1-9, 1989.
- [Etzioni94] O. Etzioni, D. Weld, "A softbot-based interface to the internet," Comm. of the ACM, Vol.37, No.7, pp.72-79, 1994.
- [Huhns99] M. Huhns, L. Stephens, "Multiagent Systems and Societies of Agents," In Gerhard Weiss ed, Multiagent Systems: A modern approach to distributed artificial intelligence, pp.79-120, MIT Press, Cambridge, MA, 1999.
- [IBM95] IBM, 1995. The Role of Intelligent Agents in the Information Infrastructure.
- [Janca97] P. Janca, D. Gilbert, Practical Design of Intelligent Agent Systems, In N. Jennings, M. Wooldridge eds, Agent Technology: Foundations, Applications, and Markets, pp.73-89, 1997.
- [Jennings96] N. Jennings, J. Corera, I. Laresgoiti, E. Mamdani, F. Perriolat, P. Skarek, L. Varga, "Using ARCHON to develop real-world DAI applications for electricity transportation management and particle acceleration control," IEEE Expert, Vol.11, No.6, pp.60-88, 1996.
- [Jennings98] N. Jennings, K. Sycara, M. Wooldridge, "A Roadmap of Agent Research and Development," Autonomous Agents and Multi-Agent Systems, Vol.1, pp.7-38, 1998.
- [Ko2021] https://ko.wikipedia.org/wiki/정밀도와_재현율 (Retrieved 2021.01.10.)
- [Lesser91] V. R. Lesser, "A retrospective view of FA/C distributed problem solving," IEEE Trans. on Systems, Man, and Cybernetics, Vol.21, No.6, pp.1346-1363, 1991.

- [Lesser00] V. Lesser, B. Horling, F. Klassner, A. Raja, T. Wagner, and S. Zhang, "BIG: An Agent for Resource-Bounded Information Gathering and Decision Making." Artificial Intelligence Journal, Special Issue on Internet Information Agents, Volume 118, Number 1-2, pp. 197-244, May, 2000.
- [Maes94] P. Maes, "Agents that reduce work and information overload," Comm. of the ACM, Vol.37, No.7, pp.31-40, 1994.
- [Müller96] J. P. Müller, The Design of Intelligent Agents: A Layered Approach, Springer, Berlin, 1996.
- [Newell76] A. Newell, H. Simon, "Computer science as empirical enquiry: Symbols and search," Communications of the ACM, Vol.19, No.3, pp.113-126, 1976.
- [O'Leary97] D. E. O'Leary, "The Internet, Intranets, and the AI Renaissance," IEEE Computer Magazine, Vol.30, No.1, pp.71-78, 1997.
- [Shoham93] Y. Shoham, "Agent-Oriented Programming," Artificial Intelligence, Vol.60, No.1, pp.51-92, 1993.
- [Sycara98] K. Sycara, "Multiagent Systems," AI Magazine, Vol.19, No.2, Summer, pp.79-92, 1998.
- [White96] J. White, "Mobile Agent," In J. Bradshaw ed., Software Agents, pp.437-472, MIT Press, 1996.
- [Wooldridge95] M. Wooldridge, N. Jennings, Intelligent agents: Theory and Practice, The Knowledge ngineering Review, Vol.10, No.2, pp.115-152, 1995.

제13장 지능 로봇

- [김곤우08] 김곤우, 이상무, "지능형 로봇을 위한 디지털 융합기술," 전자공학회지, 35권 2호, pp. 118-127, 2008.
- [달루이시오02] 페이스 달루이시오, 피터멘젤 저, 신상규 역, 로보사피엔스-새로운 종의 진화, 김영사, 2002.
- [이석규13] 이석규, 도용태, 박창용, 이재원, 로봇 공학의 이해(2판), 사이텍미디어, 서울, 2013.
- [Apple15] "Apple Patents iPhone Security System with Automated Shock Absorbers", https://www.iphoneincanada.ca/news/apple-patents-iphone-security-system-with-automated-shock-absorbers/, 2015.
- [Frenzel20] "Student Invents Mobile Airbag Case That Protects Your Phone When You Drop It", Intelligent Living, Jan. 2020, https://www.intelligentliving.co/mobile-airbag-case-protects-phone-drop/, 2020
- [Hasegawa06] T. Hasegawa, K. Murakami, "Sensor network for intelligent robot in daily human life," Proc. Int'l Forum on Strategic Technologies(IFOST), pp.63-67, 2006.

- **[Ho07]** K. H. L. Ho, T. Martin, J. Baldwin, "Snooker robot player – 20 years on," Proc. IEEE Symposium on Computational Intelligence and Games (CIG), pp. 1–8, 2007.
- **[Ryu15]** J. Ryu, M. Irfan, and A. Reyaz, "A review on sensor network issues and robotics," Journal of Sensors, pp. 1–14, 2015.

찾아보기

ㄴ

ㄷ

ㄹ

ㅁ

ㅂ

ㅅ

ㅈ